四川旅游发展研究中心研究成果集萃

Sichuan Lüyou Fazhan Yanjiu Zhongxin
Yanjiu Chengguo Jicui

优秀论文集

YOUXIU LUNWENJI

主编　武克军　　副主编　冯晓兵　汪舟

西南财经大学出版社
Southwestern University of Finance & Economics Press

中国·成都

图书在版编目(CIP)数据

四川旅游发展研究中心研究成果集萃:优秀论文集/武克军主编. 一成都:西南财经大学出版社,2017.11

ISBN 978 - 7 - 5504 - 3241 - 3

Ⅰ.①四… Ⅱ.①武… Ⅲ.①旅游业发展—四川—文集

Ⅳ.①F592.771

中国版本图书馆 CIP 数据核字(2017)第 242228 号

四川旅游发展研究中心研究成果集萃——优秀论文集

主 编:武克军

副主编:冯晓兵 汪 舟

责任编辑:廖 韧

责任校对:田 园 张春韵

封面设计:杨红鹰

责任印制:封俊川

出版发行	西南财经大学出版社(四川省成都市光华村街55号)
网 址	http://www.bookcj.com
电子邮件	bookcj@ foxmail.com
邮政编码	610074
电 话	028 - 87353785 87352368
照 排	四川胜翔数码印务设计有限公司
印 刷	四川五洲彩印有限责任公司
成品尺寸	185mm × 260mm
印 张	27.25
字 数	655 千字
版 次	2017 年 11 月第 1 版
印 次	2017 年 11 月第 1 次印刷
书 号	ISBN 978 - 7 - 5504 - 3241 - 3
定 价	99.00 元

编委会

总 主 编：宋　秋

副总主编：郭剑英　郑元同

委　　员（以姓氏笔画为序）：

干鸣丰　王　瑛　冯晓兵　刘军荣

但　强　汪　舟　汪明林　邱云志

武克军　罗富民　郑柳青　姜敬红

秦　容　熊　艳

总　序

四川旅游发展研究中心成立以来的 15 年，正是中国旅游业高速发展的黄金时期，旅游业成为战略性支柱产业，全域旅游上升为国家战略。但是高速发展不能掩盖旅游乱象，伴随着各地旅游大开发、大发展，资源保护与开发的矛盾、东道主与游客的矛盾、政府与社区居民的矛盾也越发凸显出来。自然生态环境保护、文化传承与发展、政府的权力与责任、社区参与、社区获益，这些问题伴随着旅游业的发展而出现，也需要在发展中得到解决。研究旅游现象，发现问题与矛盾，解决问题并指导实践，在这个过程中形成新理论、新观点、新方法、新思路，是当代旅游人不可推卸的责任。它需要来自不同学科的学者运用多个学科的理论知识，展开多维度的研究。四川旅游发展研究中心一直以学术研究和服务地方为己任，15 年来辛勤耕耘，终于有了本套丛书的出版。

本套丛书具有以下几个特点：

1. 研究内容丰富

本套丛书，包含了遗产旅游、山地旅游、文化旅游、乡村旅游、旅游与区域发展等多个研究主题，涉及遗产保护与可持续利用、旅游资源价值评估、乡村旅游发展模式、旅游扶贫、社区参与等诸多内容，几乎涵盖十余年来旅游研究的所有热点问题。本套丛书对遗产资源保护和旅游发展中的政府作为研究既有深度也有广度，既有理论也有实践；对地方文化旅游资源的内涵挖掘深入，价值分析科学，而且不乏新意。

2. 研究视角广阔

在学科维度上，研究者从不同学科领域出发，运用历史学、地理学、管理学、社会学、经济学、法律学多个学科的理论知识，多视角地展开研究。比如，从法律学的角度研究世界遗产的保护，从经济学的角度提出旅游产业融合发展，从历史学、地理学等角度综合分析旅游资源价值，研究视角广阔又不失独特性，让读者得以全方位地认识和思考学习。在时间维度上，本套丛书收录的成果其完成时间差别很大，体现了不同时间、不同阶段人们对现实问题的研究与思考，反映了旅游研究的发展。

3. 研究方法科学得当

本套丛书采用多学科交叉，多种方法并用的研究方法，以定性研究为主，结合定量研究；以田野调查为主，结合文献研究。主要研究方法包括参与观察、深度访谈体验、问卷调查等。从观察、认识现象入手，分析现象发现规律。在具体研究方法上也不乏创新，比如利用意愿调查价值评估法（CVM）评估旅游资源的非使用价值。其科学的研究方法值得学习和借鉴。

中国旅游业的广泛持续深入发展，为学界提供了研究的沃土。围绕本套丛书中的每一个研究主题，都有更多的问题值得我们去探索。它需要我们坚持以问题为导向，以实践为出发点和落脚点，在研究理论、学术观点、研究方法上不断创新，让学术研究更好地服务于中国的旅游实践。四川旅游发展研究中心是旅游研究的一股重要力量，希望中心在未来有更好的发展，有更好的作品出现。

2017 年 8 月

序

　　"十年磨一剑"，《四川旅游发展研究中心研究成果集萃》经历十余载岁月，集十余位作者的心血，最终得以付印出版，甚感欣慰！

　　四川旅游发展研究中心其前身为1985年由原乐山师专与中国科学院成都山地环境研究所联合成立的乐山师专旅游研究所；2002年经四川省教育厅批准，成为全省第一个人文社会科学重点研究基地——乐山师范学院旅游发展研究中心；2006年更名为四川旅游发展研究中心；2007年，通过四川省社科联和教育厅联合评审，被确定为四川省哲学社会科学重点研究基地。四川旅游发展研究中心集聚了省内一批知名旅游研究学者，通过课题发布与立项，促进旅游学术研究，同时，积极投身实践，服务地方，推动旅游产业发展。在中心成立15周年之际，我们出版这套丛书有着特别的意义。这套丛书既是对中心研究成果的阶段性总结，也是在向一直以来关心和支持中心发展的所有人致敬，更是为践行中心建立之初所确立的"整合研究力量，服务旅游发展"的宗旨。

　　本套丛书汇集了四川旅游发展研究中心专兼职研究人员十余年的研究成果。这些研究成果大致集中在遗产旅游、山地旅游、文化旅游、乡村旅游、旅游与区域发展五大主题，并将中心近三年立项课题发表的优秀论文进行选编。在编排时，我们将整套丛书分为6卷，每卷围绕一个主题。《遗产旅游》卷从政府作为、世界遗产立法保护、遗产的非使用价值和非物质文化遗产的保护与旅游开发多个视角对遗产旅游展开讨论；《山地旅游》卷对山地旅游资源保护与开发、山地旅游扶贫效应、山地旅游可持续发展以及山地旅游与区域经济社会发展等内容进行了研究；《文化旅游》卷聚焦古蜀文化、四川汉地佛教饮食文化、峨眉山佛教史和禅茶文化等文化旅游资源，研究其发展历史、保护措施、开发对策和开发模式；《乡村旅游》卷以四川乡村旅游研究为重点，对乡村旅游资源评价、乡村旅游开发的政府行为、乡村旅游发展模式、乡村旅游经营模式、乡村旅游社区利益、现代农业与乡村旅游等内容进行了研究；《旅游与区域发展》卷探讨了旅游业在区域发展中的作用以及如何实现旅游业与区域良性互动发展；《优秀论文集》卷按生态旅游、体育旅游、文化旅游、智慧旅游、旅游服务、旅游经济、旅游规划七个方面进行优秀论文选取、整理和编辑。

　　由于上述各个主题在内容上有交叉，有些成果适用于多个主题，在编排时考虑到各卷篇幅需要，对各卷内容做了适当调整。若有不当之处，敬请批评指正！入选丛书的各篇文章完成于不同时间，有的文章完成于十多年前，编排时虽然也请作者进行了审核修改，但并未做大的调整。以今天的眼光来看，我们对有些问题认识还不够深刻，阐述也不够深入。但是这恰恰符合人类的认识规律，因为人类对事物的认知都有一个由表及里、由浅入深的过程；这也恰恰体现了学术研究的发展。另外，尽管我们一心想要编一套质量较高的丛书，但是由于笔者水平有限，我们深知一些地方仍有不足，有的环节仍存疏漏，敬请批评指导！

最后，感谢各位作者的辛勤劳动，尤其是各位主编、副主编不厌其烦多次审核、校稿。同时，感谢四川省社科联、四川省教育厅长期以来对四川旅游发展研究中心的指导和帮助。对西南财经大学出版社诸位编辑在出版过程中付出的努力也表示衷心的感谢！

宋秋

2017 年 8 月

前　言

"旅游是传播文明和增进友谊的桥梁，标志着人民生活水平的提高"。旅游业已成为我国国民经济的战略性支柱产业和满足人民群众精神文化需求的现代服务业。中国目前正处于全面建设小康社会的关键时期，新时期呼唤新旅游，新旅游需要新理论和新实践。鉴于旅游研究在旅游可持续发展中的地位和作用，结合国家旅游发展战略和四川旅游实践新需求，值此四川旅游发展研究中心成立15周年之际，四川旅游发展研究中心于2017年启动了"四川旅游发展研究中心（2012—2017）课题资助论文精编项目"，将本中心2012—2017年来立项课题资助的论文集结出版，于是有了本论文集。本论文集系统梳理了2012—2017年四川旅游研究的内容体系，深入分析了四川旅游研究发展的趋势和前沿，旨在为四川旅游的可持续发展献言献策、提供智力支撑。

本论文集共收录58篇研究论文，根据论文的主题将其分为七个章节。文章研究主题既包括传统的旅游经济、旅游服务、旅游规划、旅游文化等方向，又有生态旅游、体育旅游、智慧旅游、"旅游+互联网"等现代旅游发展的新方向。其中：第一章为生态旅游（5篇）；第二章为体育旅游（4篇）；第三章为文化旅游（9篇）；第四章为智慧旅游（9篇）；第五章为旅游服务（10篇）；第六章为旅游经济（11篇）；第七章为旅游规划（10篇）。论文作者来自四川大学、四川师范大学、西南交通大学、四川农业大学、西华师范大学、乐山师范学院、西南科技大学、西昌学院、宜宾学院等四川省内的多个高校，多为四川旅游研究领域的中青年学术骨干，活跃在四川旅游研究的学术舞台上，具有较为宽阔的视野和扎实的研究基础。本论文集是对2012—2017年四川旅游研究的阶段性总结，包含了作者们的最新旅游研究成果，也包括了四川旅游研究的前沿，可作为供从事旅游研究的人员阅读的专业文献。

最后，感谢四川省社科联、四川省教育厅长期以来对四川旅游发展研究中心的指导和帮助。对西南财经大学出版社诸位编辑在出版过程中付出的努力也表示衷心的感谢！

编者

2017 年 8 月

目　录

第一章　生态旅游

第二章　体育旅游

第三章 文化旅游

第四章 智慧旅游

第五章　旅游服务

第六章　旅游经济

第七章　旅游规划

第一章
生态旅游

岷江流域三江交汇区
景观格局变化研究[①]

王海军[1]，武克军[2,3]，孔祥冬[1]，张勃[4]

（1. 成都理工大学工程技术学院，四川成都 610065；

2. 乐山师范学院旅游学院，四川乐山 614000；

3. 四川旅游发展研究中心，四川乐山 614000；

4. 西北师范大学地理与环境学院，甘肃兰州 730070）

引言

景观空间格局一般是指景观要素的组合与分布特性[1]，景观动态是指景观的格局、结构、生态功能随时间发生的演化过程[2-3]。目前景观空间格局与景观动态都是景观生态学研究的重点内容[4-5]。区域林地、草地等景观格局变化会对生态系统的物质平衡产生重要影响，从而影响区域各种群的演替。目前景观格局与变化研究逐渐从全球尺度细化到区域尺度，包括流域、山地、城市景观等[6-7]。尤其是近些年遥感与地理信息技术在景观生态学领域中得以应用，研究方法逐步由传统的区域调查转向遥感检测[8-10]，并且实现了多方法的集成应用[11-14]。这大大提高了研究的效果，促进了景观生态学的发展。

流域内的景观是一个典型的地理综合体。岷江中下游三江交汇区位于四川盆地与西南山地、川西高原结合地带，自然条件复杂多样、动植物资源丰富。气候受不同季风环流交替控制，降水丰沛，境内径流量大。区域内分布着中亚热带-暖温带-温带-寒温带的垂直气候带谱。同时交汇区具有重要科学研究价值，为动植物资源、地理、土壤、水文、气象和生态等多个学科的研究提供了试验场所。近些年岷江中游沿岸地区的城市化进程使得该地区的地表景观发生了改变，加之区域微气候的调整和变化，导致该地区地表植被类型发生了转化。三江交汇区的生态环境对岷江下游径流量、工农业发展都会产生影响。有鉴于此，本文以生态景观理论为基础、以地理信息与遥感技术为支撑，研究该区域景观格局与生态过程之间的关系，揭示交汇区景观演化的驱动力机制，为该区域

① 基金项目：四川省教育厅自然基金项目（16zb0402）；乐山市科技局重点基金项目（16szd030）；四川省社会科学重点研究基地——四川旅游发展研究中心立项课题（LYC17-34）。

的自然资源开发与合理利用提供科学参考。

一、研究区概况

三江交汇区位于四川省南部，岷江、大渡河、青衣江交汇处，地理跨度为东经103.3°~104.1°，北纬29.0°~30.0°，区域总面积为275 600公顷（见图1）。该区处于岷江中下游，属于丘陵山地地貌，最高处为峨边县马鞍山主峰，海拔为4 288米；最低点为犍为岷江口，海拔为307米。该地气候上属于中亚热带季风气候，分布着中亚热带-暖温带-温带-寒温带的垂直气候带谱，四季分明，平均气温为16.5~18.0℃，年均降水量1 000毫米以上。三江交汇区植被的垂直带谱明显，区域内的树林以阔叶林为主，随着海拔升高由亚热带喜暖性低山常绿阔叶林变为亚热带耐寒性中山常绿阔叶林再变为亚热带常绿落叶阔叶混交林。同时在林地间隙分布着灌丛和草甸以及农田植被，在岷江、大渡河与青衣江河谷两侧以及交汇处分布着部分河滩草地。

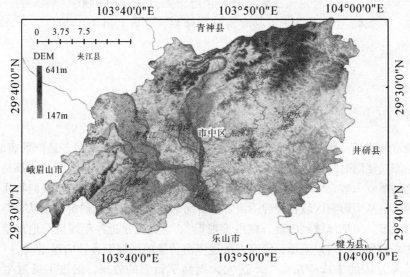

图1　研究区域示意图

二、数据获取与研究方法

（一）数据获取与处理

本文使用Landsat TM、ETM+两种传感器数据，具体过境日期：1990-8-4TM数据，2002-8-13TM数据，2014-7-28ETM+数据，数据空间分辨率为30米，光谱范围为0.45~12.50微米。数据下载自美国USGS（美国地质勘探局）全球数据共享服务平台；地理辅助数据，DEM（数字高程模型，30米）、气温、降水、四川省土地利用变化数据（30米），以及岷江、大渡河径流数据来自寒区旱区科学数据中心；社会统计数据，如区域内人口数量、粮食产量、城市面积来自乐山市统计局；景观采样数据，对研究区进行实地景观采样，全区共计采样32个样点。利用ENVI4.8与Matlab9对三期遥感数据进行了几何与光谱校正，根据land-cover数据、zy03高分辨率数据和实地采样数据，结合本文研究目标，建立了区域景观分类系统：林地、草地、农田、河滩草地、水体、居民地、裸地。在 e-Cognition Developer 软件中对三期遥感数据进行分割与分类，同时对分类结果利用采样数据进行精度验证，Kappa 系数为 92.40%。景观指数提取基于 Arcgis10.1 与 Fragstats4.2 完成。社会统计数据（人口、GDP、粮食产量等）利用 Origin Pro9.0 进行数理统计与 PCA（主成分分析）。

（二）研究方法

1. 景观指数

景观格局特征可以在三个层次上进行分析：单个斑块、斑块类型、整体景观。因此，景观格局指数也分为三个层次：斑块水平指数、斑块类型水平指数、景观水平指数。景观指数的评价除了考虑单个景观格局指数的适应性和描述能力，还要将单个景观指数置于景观指数体系中综合考虑。实际应用中，景观指数的选择要参照景观指数的特点、研究目的、研究内容。若不考虑实际意义，计算大量不相干的景观指数，则失去了景观格局研究的本意。基于研究区在景观格局分析方面的重点，以及考虑各个景观格局指数的生态意义、内涵和信息叠加，本研究选择了以下几方面的景观指数：斑块面积指数（CA）、斑块面积百分比（PLAND）、最大斑块指数（LPI）、聚合度指数（AI）、斑块个数指数（NP）、密度指数（PD）、散布与并列度指数（IJI）、景观形状指数（LSI）、香农多样性指数（SHDI）、面积方差指数（ARE_CV）、面积均值指数（ARE_MN）。

2. 面积转移矩阵

本文在分析 1990 年、2002 年、2014 年三期景观的转化与转移过程时，采用的是转移概率矩阵方法。景观类型转移的确定原理为，A1 年到 A2 年的各个景观类型平均单位转化面积占原有该景观类型面积的百分比。例如，把水体区域转化为其他景观类型的转化率作为第一行，将裸地景观转化为其他景观类型的转移概率作为第二行，以此类推，建立转移概率矩阵。因此，可以使用下列数学表达式来表达转移矩阵：

$$p = \begin{bmatrix} p11 & p12 & 0... & p1n \\ p21 & p22 & 0... & p2n \\ ... & 0... & 0... & 0... \\ pn1 & pn2 & 0... & pnn \end{bmatrix} \tag{1}$$

公式（1）中 Pij 表示景观类型 i 转换成景观类型 j 的转移概率，其中 Pij 为正值，每行概率值相加为 1。

3. 主成分分析

主成分分析是一种多元统计分析方法。该方法可以将多个变量转换降维，提取出少的新变量，以及含有多个变量的主要信息[15-16]。本文利用影响区域景观类型变化的因子与区域景观 CA 指数建立相关性分析，统计出与 CA 指数变化相关的系数矩阵，将置信度水平大于 0.05 的因子进行主成分分析，获取主成分载荷矩阵，从而分析导致区域景观发生变化的主要影响因素及其贡献率。

三、结果分析

1. 三江交汇区景观类型空间分布

本文结合研究区的地表自然景观的类型和分布特点，建立了分类系统，将地表景观划分为：林地、草地、农田、裸地、水体、居民地六种（见图 2）。对三期遥感数据进行解译，对解译结果利用四川省土地利用/覆被数据集和 2014 年的资源三号遥感数据进行图像对图像形式的精度验证，发现三期分类结果的 kappa 系数均高于 90.1%。1990 年数据分类结果显示，三江交汇区主要的景观类型为农田，占全区 72.83%；其次是林地，占 15.98%。全区景观类型面积排序依次是：农田＞林地＞水体＞草地＞居民地＞裸地。2002 年农田所占比例为 75.48%，其次分别是林地、水体、居民地、草地、裸地。2002 年面积最大的斑块仍然为农田，并且增加了 2.65%；而林地和草地明显减少，其中草地减少得较多，减少了 3%；居民地所占面积增加较明显。到 2014 年农田所占面积下降，而林地、草地明显增加，其中林地相比 2002 年增加了 3.57%；同时居民地增加也较多，增加了 3.41%（见图 3）。

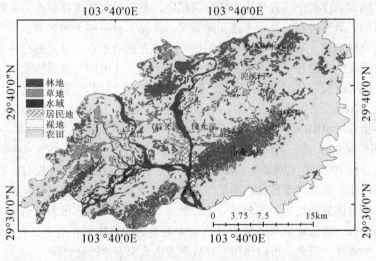

1990 年地表景观

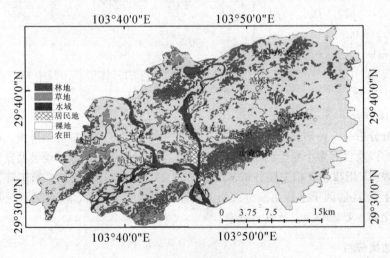

2002 年地表景观

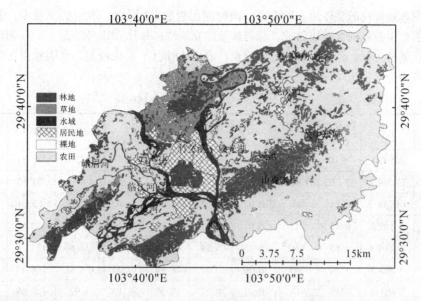

2014 年地表景观

图 2 三期遥感数据分类结果

1990 年 2002 年 2014 年

图 3 景观类型面积统计

2. 三江交汇区景观指数分布特征

通过对三江交汇区生态景观指数进行提取，获取了 1990 年各景观类型特征与指数分布，如表 1 所示。研究区 PLAND 值最高的是林地，占全区的 78.03%；其次为草地，占全区的 7.76%。全区景观类型面积排序依次是：林地>草地>农田>水体>居民地>裸地>河滩草地。其中最大斑块为林地，反映出林地是该区域的优势景观类型。

一些重要的生态过程受到 NP 指数的影响。NP 指数表示某种景观类型图斑的数量，可以体现出景观的异质性，其决定了整体生态景观中的每种类型景观的空间分布，对区域的同景观类型的分布稳定性有着重要影响。同时 NP 指数对景观受到外部干扰的蔓延有强化作用，如某种景观类型板块数目较为稀疏，对外部干扰的蔓延就会起到抑制作用。从表 1 中可以看出，1990 年研究区内 NP 指数最大值为 1 496，是草地景观类型；IJI 指数最低为 50.53%；而且草地景观的聚合度指数 AI 高（AI = 96.09%），说明研究区草地景观一旦受到来自外部的干扰，其受到的影响就很大，草地景观自身就会产生较大的变化；同时草地形状指数 LSI 较大，表明草地区域分布形状较为复杂。林地的 AI 值最大，说明林地斑块的整体聚合度较高；同时面积指数 CA 最大，斑块数又较少，表明林地景观类型由较多的大斑块组成，具有较低的异质性；并且 ARE_MN 最大，从而证明林地景观连通性较好，景观具有一定的规模。农田 ARE_CV 系数较大，说明农田在整个区域分布较为分散，斑块较大。

表 1   1990 年三江交汇区各景观类型格局指数

类型	CA	PLAND（%）	NP	PD	LPI	LSI	IJI（%）	ARE_MN	ARE_CV	AI（%）
林地	225 685	78.03	277	0.09	25.04	27.38	66.52	814.75	735.51	97.33
草地	22 399.1	7.76	1 496	0.51	0.18	75.17	50.53	14.97	231.83	96.09
农田	14 788.3	6.85	85	0.02	1.02	21.06	52.70	27.93	1 553.10	95.70
河滩草地	1 248.5	0.43	211	0.07	0.01	25.10	75.36	10.78	230.60	79.32
水体	12 569.6	4.55	450	0.15	3.19	43.02	63.21	232.80	174.76	88.71
居民地	3 290.7	1.24	305	0.12	28.96	70.20	108.85	138.78	85.27
裸地	3 483.2	1.10	32	0.01	0.27	12.38	53.10	5.92	105.69	94.17

2002 年三江交汇区域景观指数计算结果如表 2 所示。林地景观的 PLAND 值为 72.76%，其次分别是草地>农田>水体>裸地>居民地>河滩草地。2002 年最大斑块仍然为林地，并且具有明显的下降趋势。相比之下农田斑块数下降明显，下降 2% 左右。水体的 NP 指数值最大，PD 指数值最大，同时 IJI 指数值较小，说明水体发生了明显的变化。农田的形状指数 LSI 很高，说明农田景观类型中斑块的形状极为复杂；同时农田的 NP 指数值大，最大斑块指数 LPI 也较高，体现出了农田分布具有斑块小而多、复杂的特征，并且小斑块还有聚集度较高的特点。此时的河滩草地斑块个数也较多，区域内个数为 233，排第四位；同时，散布与并列度指数 IJI 也较高，而且 ARE_CV 平均斑块变异系数较高，说明河滩草地受到外部影响较大；由于区域内河网密布，河滩草地分布较为分散，同时河滩草地斑块差距较大，与三江交汇处河滩草地表现出的特征吻合（见表 2）。

表 2   2002 年三江交汇区各景观类型格局指数

类型	CA	PLAND（%）	NP	PD	LPI	LSI	IJI（%）	ARE_MN	ARE_CV	AI（%）
林地	212 773.4	72.76	242	0.08	19.96	21.45	79.67	879.22	664.39	98.66
草地	35 389.8	11.26	51	0.01	5.44	19.17	44.93	20.47	238.10	97.09
农田	13 229.7	5.58	571	0.19	9.25	43.13	58.91	23.16	1 696.30	88.97
河滩草地	2 335.3	0.80	223	0.07	0.25	21.25	79.19	13.67	549.17	87.31
水体	13 065.4	4.52	638	0.22	0.17	48.27	64.68	10.47	470.41	87.54
居民地	2 488.1	1.86	182	0.06	0.06	26.35	71.70	693.91	321.43	84.63
裸地	9 160.6	3.17	15	0.01	1.21	10.46	40.21	610.71	143.82	97.02

2014 年三江交汇区域景观指数计算结果如表 3 所示。全区 PLAND 值最高的依然是林地，占到 68.97%。农田比例明显升高，由 2002 年的 5.58%，上升到 2014 年的

10.91%。其他景观类型所占比重大小排序为：草地>居民地>水体>裸地>河滩草地。林地在研究区仍然是主要的优势群种，不过整体优势不如 1990 年和 2002 年明显，林地的 LPI 指数值最大，为 30.57，表明了林地在全区内的优势地位。NP 指数值的大小与景观破碎度有很好的正向相关性。从表 3 可以看出，2014 年农田的 NP 指数最大，为 205，说明农田在全区内分布较为破碎；其斑块密度 PD 值是所有景观类型中最高的，也表明斑块分布破碎，并且呈现集中分布的态势，与 NP 体现出来的分布特征一致。同时农田的景观形状指数 LSI 值最大，说明该区内土地景观类型中农田斑块形状特征较为复杂。另外草地的 LSI 指数值较高，同时聚合度指数 AI 也处在较高的区间，说明草地分布相对集中，虽然整体呈现一定规模，表面上看分布较完整，但是其内部存在一定的破碎性。居民地的 PLAND 值明显高于 1990 年和 2002 年，同时形状指数 LSI 值和 IJI 值均较高，说明居民地在区域内有明显增加的趋势，并且整体较为复杂。

表3　　　　　　　　　2014 年三江交汇区各景观类型格局指数

类型	CA	PLAND（%）	NP	PD	LPI	LSI	IJI（%）	ARE_MN	ARE_CV	AI（%）
林地	209 148.7	68.97	83	0.03	30.57	21.96	84.35	2 640.34	469.94	98.65
草地	22 181.5	6.56	99	0.03	1.13	29.06	8.13	215.92	316.69	94.28
农田	15 164.6	10.91	205	0.07	0.40	36.91	74.99	112.05	167.81	90.91
河滩草地	3 769.6	1.30	31	0.01	0.17	13.72	83.79	90.32	140.69	93.73
水体	8 039.1	3.78	89	0.03	0.22	22.14	74.49	69.09	174.61	92.89
居民地	12 438.1	5.31	111	0.04	0.37	25.73	76.87	121.60	97.19	93.32
裸地	9 068.9	3.14	42	0.02	1.48	28.72	78.22	220.33	211.30	91.23

3. 三江交汇区景观动态演化及其驱动力

将景观变化的时期分成 1990—2002 年、2002—2014 年，通过在 Arcgis10.1 中进行空间分析运算，得到两个时期景观类型的面积转移矩阵以及土地变化空间分布图（见图4）。1990—2002 年，耕地增加了近 760 公顷，农田的增加主要来自林地和草地的转化，其中草地转化了近 700 公顷。增加的居民地则由草地和林地转化而来。该时期内较明显的特点为草地急剧减少，而耕地增加明显。2002—2014 年，耕地明显减少，减少 3 480 公顷，农田减少量转化成林地和草地的增加量，林地和草地增加量分别为 1 030 公顷和 1 490 公顷。1990—2002 年草地转化成耕地主要发生在青衣江西岸和岷江（交汇处）东山地南坡区域。而林地转化成耕地较明显的区域为大渡河南岸的安古镇周围，与岷江和青衣江中间丘陵区域。2002—2014 年林地和草地出现了明显的增加，其空间部分集中在绵竹北岷江西岸地区，尤其草地面积在该区明显扩大，其他地区如临江河、泥溪河两侧也出现了不同程度的增加。而林地增加较为明显的区域分布在大渡河南岸、安古镇南侧和研究区的东北部山地。此区域特点是平均海拔在 500 米以上，属于丘陵山地。而这个时期刚好与乐山市政府对丘陵山地实施退耕还草、退耕还林政策的时间重合。

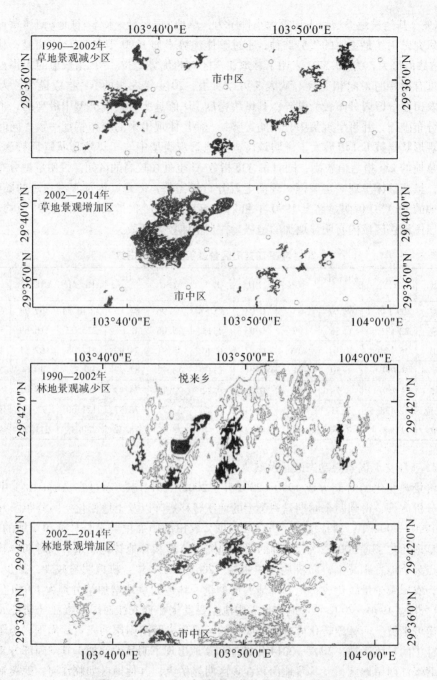

图4 1990—2014年林地、草地景观空间变化

引起地表景观发生变化的驱动力主要分为自然因素和社会因素（人文因素）。本文在探究引起研究区景观变化的驱动力时，考虑到时间序列较短，而短期气候变化相对较为稳定，认为导致景观发生变化的驱动力主要为社会因素。因此本文利用 PCA 分析方法将影响区域景观变化的因子设置成自变量 x（x_1——农业人口数量、x_2——粮食产量、x_3——大牲畜头数、x_4——播种面积、x_5——城市人口、x_6——农业增加值、x_7——工业增加值、x_8——商品房审批面积、x_9——果品产量），将各景观类型的 CA 指数设置成因变量 y（y_1——林地、y_2——草地、y_3——农田、y_4——河滩草地、y_5——居民用地、y_6——裸地）。然后将以上数据按照年份 1990 年、2002 年、2014 年基于 Origin9 进行相关性分析，得到景观类型与社会因子相关系数矩阵，如表 4 所示。对通过 0.05 和 0.01 置信度水平检验的变量进行主成分分析，得到载荷超过 0.8 的变量 PC1 和 PC2 主成分。结果表明导致区域景观发生变化的主要驱动力因子是农业耕作面积扩大和城市化进程，此结果与乐山市近 20 年的土地政策与城市化特点相符合。在近十年，乐山市政府实施退耕还林、还草政策，并且主要针对海拔超过 500 米的丘陵山地区域建立生态保护区，从而使得三江交汇区的林地和草地面积逐年增加。而居民地面积明显增加主要由区域城市化进程导致，其中最明显的是成绵乐铁路和高速路网的完善，使得三江交汇区的土地类型加快向建设用地转化，且主要集中在乐山市市中区和周围城镇。

表4　　　　　　　　各类景观 CA 指数与驱动力因子相关系数矩阵

	y_1	y_2	y_3	y_4	y_5	y_6
x_1	-0.950^{**}	-0.850^{*}	$+0.950^{**}$	-0.812^{*}	-0.767^{*}	$+0.925^{**}$
x_2	-0.556	-0.556	$+0.910^{**}$	-0.435	-0.478	$+0.221$
x_3	-0.977^{*}	-0.912^{**}	-0.877^{*}	-0.247	$+0.862^{*}$	-0.724^{*}
x_4	-0.846^{**}	-0.846^{*}	$+0.996^{**}$	-0.541	-0.809^{*}	-0.967^{**}
x_5	-0.550	-0.150	-0.910^{**}	$+0.112$	$+0.658$	-0.892^{*}
x_6	-0.756^{*}	-0.556	$+0.856^{*}$	-0.321	-0.932^{**}	$+0.712^{*}$
x_7	-0.477	-0.277	-0.771^{*}	-0.532	$+0.891^{**}$	-0.823^{*}
x_8	$+0.446$	$+0.146$	$+0.046$	$+0.241$	$+0.815^{*}$	$+0.138$
x_9	$+0.886^{*}$	-0.211	$+0.762^{*}$	-0.421	$+0.432$	-0.254

注：** 表示通过 0.01 置信度水平检验，* 表示通过 0.05 置信度水平检验。

四、结论

1990—2014 年研究区景观类型面积排序为：农田＞林地＞草地＞水体＞居民地＞裸地。优势景观为农田，所占比例由 72.83% 下降到 63.32%；草地所占比例呈现波动变化，总体增加了 2.81%；林地比例由 15.98% 上升到 18.79%；居民地所占比例升高了 4.10%。1990 年研究区内草地景观易受到外部干扰，其分布形状复杂；林地景观整体聚合度较高，同时具有较低的异质性，分布通透性好、规模连续；农田分布较为分散且斑块较小。2002 年农田斑块分布变得复杂化，同时具有聚集度高的特点。2014 年研究区内农田的优势地位下降，此时农田分布比较破碎并且呈现集中的态势。草地分布规模性较好、分布较为完整，但是内部存在一定的破碎性。

1990—2002 年，耕地增加了近 760 公顷。农田的增加主要来自林地和草地的转化，其中草地转化了近 700 公顷。草地转化成农田的区域主要集中在青衣江西岸和岷江（交汇处）东山地南坡区域。2002—2014年，耕地明显减少，减少了3 480公顷，农田减少量转化成林地和草地的增加量，林地和草地增加量分别为1 030公顷和1 490公顷。其空间部分集中在绵竹北岷江西岸地区，尤其草地在该区面积明显扩大，而林地增加较为明显的区域分布在大渡河南岸。导致三江交汇区景观类型相互转化的主要原因：一是，退耕还林、还草政策的实施，以及在海拔超过500米的丘陵山地区域建立了生态保护区，从而使得三江交汇区的林地和草地面积逐年增加；二是，区域城市化进程，其中最明显的是成绵乐铁路和高速路网的完善，使得三江交汇区的土地类型加快向建设用地转化，且主要集中在乐山市中区和周围城镇。

参考文献

[1] 邬建国. 景观生态学：格局、过程、尺度与等级 [M]. 北京：高等教育出版社，2000.

[2] 摆万奇，张镱锂，包维楷. 大渡河上游地区景观格局与动态 [J]. 自然资源学报，2003，18（1）：75-80.

[3] HE X Y, ZHAO Y H, HU Y M, et al. Landscape changes from 1974 to 1995 in the upper Minjiang River Basin, China [J]. PEDOSPHERE（土壤圈），2006，16（3）：398-405.

[4] SLEETER B M, SOHL T L, LOVELAND T R, et al. Land-cover change in the conterminous United States from 1973 to 2000 [J]. Global Environmental Change，2013，23（4）：733-748.

[5] JIN S, YANG L, DANIELSON P, et al. A comprehensive change detection method for updating the National Land Cover Database to circa 2011 [J]. Remote Sensing of Environment，2013，132：159-175.

[6] 白军红，欧阳华，崔保山，等. 近40年来若尔盖高原高寒湿地景观格局变化 [J]. 生态学报，2008，28（5）：2245-2252.

[7] 王永丽，于君宝，董洪芳，等. 黄河三角洲滨海湿地的景观格局空间演变分析 [J]. 地理科学，2012，32（6）：717-724.

[8] YANG X, ZHENG X Q, CHEN R. A land use change model：Integrating landscape pattern indexes and Markov-CA [J]. Ecological modelling，2014，283：1-7.

[9] 赵军，杨凯，邬俊，等. 区域景观格局与地表水环境质量关系研究进展 [J]. 生态学报，2011，31（11）：3180-3189.

[10] 彭保发，陈端吕，李文军，等. 土地利用景观格局的稳定性研究：以常德市为例 [J]. 地理科学，2013，33（12）：1484-1488.

[11] 刘宪锋，任志远，林志慧，等. 2000—2011年三江源区植被覆盖时空变化特征 [J]. 地理学报，2013，68（7）：897-908.

[12] 徐建华. 现代地理学中的数学方法 [M]. 2版. 北京：高等教育出版社，2002：37-41.

[13] PEñUELAS J, CANADELL J G, OGAYA R. Increased water-use efficiency during the 20th century did not translate into enhanced tree growth [J]. Global Ecology and Biogeogra-

phy, 2011, 20（4）：597-608.

［14］BABST F, POULTER B, TROUET V, et al. Site - and species - specific responses of forest growth to climate across the European continent ［J］. Global Ecology and Biogeography, 2013, 22（6）：706-717.

［15］何英彬，姚艳敏，唐华俊，等. 土地利用/覆盖变化驱动力机制研究新进展［J］. 中国农学通报，2013, 29（2）：190-195.

［16］吴健生，王政，张理卿，等. 景观格局变化驱动力研究进展［J］. 地理科学进展，2012, 31（12）：1739-1746.

（本文发表在《中国环境管理》2017 年第 3 期上）

社区参与生态旅游发展实证研究

——以瓦屋山森林公园为例①

徐娟[1,2]，严贤春[1,2]

（1. 西华师范大学生命科学学院，四川南充 637002；

2. 四川省环境科学与生物多样性保护重点实验室，四川南充 637002）

生态旅游作为一种实践，强调保护自然环境，密切关注当地居民的原始生态文化、当地社区和社会经济福利的参与机会[1]。尽管各地生态旅游实践中社区参与方式不同，但都涉及政府、非政府组织、当地社区、旅游企业等多个利益主体[2-5]，差异在于各利益主体在模式中的地位和作用不同，从而影响了社区参与生态旅游实践的有效性。目前国外学者对生态旅游社区的研究大多处于实践探索[6]和开发研究[7]的初期阶段，国内学者对生态旅游社区的研究主要集中在概念和综述上[8-14]，具体研究森林公园的案例还较少。

为此，本文尝试在国外学者所提出的社区参与型旅游的理论基础上，结合瓦屋山森林公园生态旅游发展的具体情况，基于利益相关者理论，探讨生态旅游发展与社区发展之间的关系，以及最好的社区参与生态旅游活动的模式。这种模式应充分调动发展生态旅游目的地社区居民的热情，使生态旅游确实有利于当地经济的发展，又有利于环境资源的可持续发展。

一、瓦屋山森林公园生态旅游社区概况

瓦屋山森林公园地处四川省眉山市洪雅县西部瓦屋山镇，东交高庙镇，南连乐山市金口河区，西与雅安市荥经县、汉源县相邻，北与雅安市雨城区接壤[15]。镇内水能资源、林业资源、旅游资源、矿产资源丰富。

瓦屋山镇社区居民依托资源优势，大部分都参与到了旅游开发中。目前，瓦屋山镇到瓦屋山景区山门外沿途的吴庄、王坪、李湾村、新寺村、金花桥等村已开办农家饭店，还有一部分村民从事导游、旅游交通工作。

---

① 基金项目：四川省哲学社会科学规划应用类项目（SC12LY16）；四川旅游发展研究中心项目（LY09-45）。

二、瓦屋山森林公园利益主体的确定

根据索特（Sautter）和莱森（Leisen）制作的利益相关者图，结合国内相关文献[16-17]，可绘制出瓦屋山森林公园旅游利益相关者图（见图1）。风景区的规划阶段包括基本主题，所以图1是确定瓦屋山森林公园原有的利益相关者的基础。

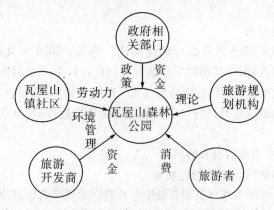

图1 瓦屋山森林公园旅游业利益主体关系

三、旅游效应和问题分析

自2005年地区调整以来，瓦屋山国家森林公园赢得了更大的经济效益，和森林公园相邻的金花桥、新寺村的产业结构和就业方式也出现了较大的变化。新寺村、金花桥原来的产业结构是以种植养殖业为主，但现在旅游业及其相关产业在产业结构的比例上有显著增长，产业结构逐步过渡到以第三产业为主。

（一）瓦屋山社区参与生态旅游的成效

瓦屋山旅游在金花桥、张村的经济增加值中所占的比例迅速上升。随着当地社区居民参与，旅游发展和收益也呈现出增长的态势。因为金花桥、庙村发展旅游，当地社区发展导游业务，开办商业家庭餐馆，开发旅游商品，酒店开展生态旅游等娱乐项目，所以社区居民的收入和社区建设取得了很大的发展。

1. 收入水平变化

自2005年以来，村民的收入水平有了很大提高。2005—2013年，从事旅游社区居民收入的直接和间接价值为15%～25%，平均每年增长25%，有的年份甚至超过50%。洪雅县2012年共接待游客139.1万人次，同比增长16%，实现旅游收入11.5亿元，同比增长24.6%；2013年，完成农业向第三产业经营转变的有205人，完成年度目标任务的102.5%，实现近200个家庭的年收入新增万元以上，切实让老百姓得到了实惠；至2014年，社区居民的收入水平还在不断的上升。

2. 就业结构变化

最初，社区居民主要从事农业种植活动，第一产业就业比重非常大。但在生态旅游活动中，社区居民在旅游行业代表的第三产业中所占的就业比重大幅增加，而第一产业的比重大幅下降。由于瓦屋山镇环境改善，旅游产业的兴旺，现在旅游产业已变成第二位了。

3. 观念

很多当地居民过去没有做生意的经验，开展旅游活动后，许多居民都在公园里和公园脚下从事餐饮、住宿、交通运输和其他商业活动。由于直接经济效益深化了社区居民对环境保护和可持续发展的理解，因此，大部分的居民都非常支持政府的森林资源保护政策。

4. 社区建设成效显著

2008 年瓦屋山镇获得了"省级环境优美镇"称号，2009 年又成为"省级卫生集镇"，并两次获得"眉山市十佳场镇"荣誉。在四川省首个"全国生态文化村"——复兴村，家家户户栽花种草，全民自觉参与绿化。2011 年采用了街道高压清洗设备，解决了乡镇的清洗难题。2012 年社区开展了环境卫生综合治理行动，1 820 人次参加了清洁卫生行动。

（二）社区参与生态旅游存在的问题

1. 当地居民在旅游开发中的角色缺失

从访谈中得知，瓦屋山森林公园开展生态旅游活动的经营管理决策几乎都由上级相关政府部门做出，社区居民对森林公园生态旅游的参与权完全被忽视。造成这样的局面有两方面的原因：一是我国的管理体制是一条直线，在上级指导下，下级垂直负责，这种关系的组织结构已经排除了居民；二是我国民众普遍缺乏公共意识村民认为森林公园的管理是政府的事情，与个人无关，持一种置身事外的态度，因此不会发表意见，更谈不上参与决策了。

2. 开发商、管理者与当地社区的关系模糊

根据现阶段旅游业发展的特点，瓦屋山森林公园有 3 个主要利益主体，农民、政府机构、开发人员。开发人员必须成为不可或缺的景区利益主体。景区管理方在缺乏足够的政策和社区参与的情况下，将当地居民排除在利润分配之外，单独与开发者共享利益，无法保证当地居民利益。当地居民只会采取冷漠态度对待风景区发展，他们为了生存可能会极端利用风景区的资源，这将不利于景区长远发展。

3. 社区居民参与旅游经营活动的形式单一

目前，参与瓦屋山森林公园旅游经营活动的主体是沿炳灵湖各村的居民，居民以个体方式自发参与到旅游商品经营和旅游服务的经济活动当中。居民经营餐饮、住宿的约占 50.2%；从事景区交通运输业的约占 16.3%；从事导游工作的约占 4%。此外，还有部分农户靠买卖瓦屋山的土特产增加收入。

4. 政府对社区居民参与旅游经营活动缺乏扶持

对森林公园周边社区旅游方面，黎洁[18]认为影响社区居民旅游收入的主要因素为居民的受教育程度和其从事农业生产的情况；隋春花[19]针对性地提出要重视社区居民的参与，加强社区居民技能培训和建立合理的经营管理模式。大多数的社区居民希望政府在贷款方面给予优惠政策[20]，希望政府组织森林生态旅游就业技能培训和经营管理培训。而瓦屋山森林公园在居民参与旅游经营活动的过程中，当地政府几乎没有作为。

四、社区参与旅游发展和利益分配的思路

（一）旅游发展具体流程

社区参与旅游发展的操作流程如图 2 所示。

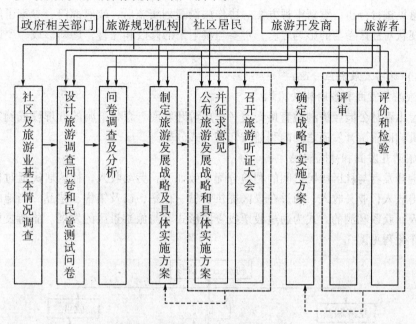

图 2 社区参与旅游发展操作流程

1. 社区及旅游业基本情况调查

政府组织相关人员来完成这部分的调查任务。旅游业发展基本情况，如旅游形式、游客数量、旅游资源开发程度等，应由当地旅游局来进行调查。对社区基本情况的调查，一是通过当地政府部门数据，二是通过入户访谈、绘制社区图等方式。社区基本情况包括社区人口、工农业产值、人均收入水平、政府政策等。

2. 设计、修正旅游调查问卷和民意测试问卷

组织旅游专家基于旅游调查设计调查问卷，组织社区居民代表和社会集体修改问卷[21]。这些代表应当包括农民、个体户、私营主、公务员等。在问卷调查之前，政府要对社区居民代表传授相关知识，使居民从真正意义上参与到公园的决策中来。

3. 问卷调查及分析

将问卷调查发放到每个农户及随机的游客手中，整个过程受到专家的指导和引导。通过调查，专家运用科学的统计方法分析居民代表对社区旅游发展的关注点以及不同利益主体的利益所在。

4. 制定旅游发展战略及具体实施方案

根据调查结果以及国家的相关政策，利用生态旅游开发原则从整体上把握当地旅游业的前景，制定出旅游发展战略和具体实施方案。具体实施方案设计为多个，供社区居民选择。

5. 公布旅游发展战略和具体实施方案并征求意见

政府要采用多种方式公布旅游发展战略和具体实施方案。首先通过当地媒体（电视台、报纸、宣传栏、门户网站等）宣传旅游发展战略和具体实施方案，受到所有居民的监督。然后可采用入户发放有关资料、过一段时间再征求意见的方式。最后专家再根据反馈的意见进行分析，重新审视方案。协作旅游规划实施后，政府部门、专家了解旅游业发展现状对社区参与的影响之后，再参与接下来的修改和完善，逐渐形成一个固定的机制。

（二）旅游发展利益分配

1. 旅游开发商和政府相关机构

瓦屋山森林公园经济利益直接受益者是旅游开发商。森林公园的管理模式确定了政府相关机构同旅游开发商之间的利益按何种方式分配。

2. 旅游开发商和社区居民

旅游开发者与社区居民之间的利益分配大致如下：劳动收入，社区居民通过出售劳动力获得收入；业务收入，通过在景区提供餐饮、住宿，以及销售工艺品、当地的产品获得收入；获取利润的方式为通过股票投资的形式参与旅游景区的发展。旅游发展利益分配操作流程见图3。

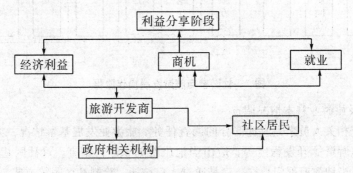

图3 旅游发展利益分配操作流程

3. 政府相关机构和社区居民

由相关部门组建培训机构，来对社区居民进行必要的培训，培训费用由政府买单[22]。在旅游开发过程中相关机构可为社区居民提供资金支持，提供一定数量的贷款折扣。

五、结语

社区参与生态旅游作为一种新的旅游形式，对促进旅游业和社区的可持续发展具有重要的意义。虽然基于社区的生态旅游面临很多困难，但这是一条实现旅游可持续发展的道路。让瓦屋山森林公园相关社区参与生态旅游是一个系统工程，它需要政策制定者、非政府组织、旅游开发者、其他社会支持力量、研究人员、游客共同协作。

参考文献

[1] 杨桂华，钟林生. 生态旅游 ［M］. 北京：高等教育出版社，2000.

［2］连玉銮.白马社区旅游开发个案研究：兼论自然与文化生态脆弱区的旅游发展［J］.旅游学刊，2005，20（3）：13-17.

［3］陈金华，李洪波.试论自然保护区生态旅游社区参与：以武夷山为例［J］.北京第二外国语学院学报，2005（1）：11-15.

［4］唐晓云，吴忠军.农村社区生态旅游开发的居民满意度及其影响：以广西桂林龙脊平安寨为例［J］.经济地理，2006（5）：879-883.

［5］侯国林，黄震方，张小林.江苏盐城海滨湿地社区参与生态旅游开发模式研究［J］.人文地理，2007（6）：124-128.

［6］BRIASSOULIS H. Sustainable tourism and the question of the commons［J］. Annals of tourism research，2002，29（4）：1065-1085.

［7］FOUCAT V S A. Community：Based ecotourism management moving towards sustainability，in Ventanilla，Oaxaca，Mexico［J］. Ocean & Coastal Management，2002，45（8）：511-529.

［8］何艺玲.如何发展社区生态旅游：泰国 Huay Hee 村社区生态旅游（CBET）的经验［J］.旅游学刊，2002，17（6）：57-60.

［9］成竹.论社区参与生态旅游的研究进展［J］.生态经济，2004（10）：39-42.

［10］佟敏，黄清.社区参与生态旅游模式研究［J］.学习与探索，2004（6）：126-128.

［11］刘静艳，韦玉春，黄丽英，等.生态旅游社区参与模式的典型案例分析［J］.旅游科学，2008（4）：59-64.

［12］邓冰，吴必虎.国外基于社区的生态旅游研究进展［J］.旅游学刊，2006（4）：84-88.

［13］武春友，卢小丽，柳振万.社区生态旅游研究述评［J］.管理学报，2004（1）：32-36.

［14］张帆.社区参与在生态旅游管理中的作用［J］.环境科学与管理，2007（3）：7-12.

［15］刘晓琴，严贤春，黄尤优.瓦屋山森林公园旅游者人口学特征和行为特征分析［J］.四川林勘设计，2009（4）：20-26.

［16］唐晓云，赵黎明.农村社区生态旅游发展分析：基于利益相关者理论［J］.西北农林科技大学学报（社会科学版），2006（2）：93-97.

［17］徐福英.基于利益相关者分析海洋生态旅游发展研究［J］.资源开发与市场，2012（7）：656-659.

［18］黎洁.西部生态旅游发展中农村社区就业与旅游收入分配的实证研究：以陕西太白山国家森林公园周边农村社区为例［J］.旅游学刊，2005，20（3）：18-22.

［19］隋春花.广东小坑国家森林公园发展社区生态旅游构思［J］.特区经济，2006（5）：51-54.

［20］唐承财，钟林生，成升魁.典型藏族社区参与生态旅游开发的态度与感知分析：以西藏申扎为例（英文）［J］. Journal of Resources and Ecology，2012（1）：8-15.

［21］张一恒，叶文，沈超.社区参与生态旅游的内在动因分析：以滇西北哈木谷社

区为例 [J]. 旅游科学，2006（3）：23-28.

[22] 刘纬华.关于社区参与旅游发展的若干理论思考 [J]. 旅游学刊，2000（1）：47-52.

（本文发表在《安徽农业科学》2014 年第 34 期上）

生态旅游视野下的甘孜藏区
旅游可持续发展研究①

于潇¹，王春英²

（1. 四川民族学院，四川康定 626001；
2. 西南民族大学，四川成都 610041）

1983 年，墨西哥专家 Ceballos Lascurain 首次提出"生态旅游"（Ecotourim）一词[1]，强调生态旅游是一种旅游者追寻置身于相对古朴、原始的自然区域，尽情研究野生动物和享受旖旎风光的旅游形式。经过 30 多年的探索，人们对生态旅游内涵的认知已远远超出"到自然区旅行"这样简单的层面，逐渐认识到"生态"还应包括对区域的积极反馈作用，即生态旅游是推进旅游区生态保护和可持续发展的观光行为，包含区域环境保护、当地居民福利状况改善、低影响、负责任等多方面的内容。2004 年 8 月，《国际生态旅游标准》进行了第一次重大修改，使之更科学可行。它强调了如下三个方面：环境与文化的可持续性、造福当地社区和促进社会公正、真正的生态旅游产品[2]。

甘孜藏族自治州向来以其山河壮丽奇伟、民族文化多样而闻名于世。区域内自然生态系统完整，各种动植物活化石资源保存丰富，有海螺沟、木格措、稻城亚丁、318 景观大道等景点，包含冰川温泉、高山峡谷、雪山草原、森林湖泊等多样化自然景观。该州同时也是"康巴文化""藏彝走廊"的核心区域，具有深厚的文化底蕴，有甲居藏寨、东女国秘境、德格印经院、塔公寺林、巴塘弦子、木雅藏戏、茶马古道及被语言学界、民族学界认为是文化宝藏、活化石的一个个村落的"地脚话"等文化景观。近年来，该州提出建设"人文生态旅游第一州"的目标，希望通过发展生态旅游促进当地经济发展，提高人民生活水平。但该地区特殊的高原地理特征使得其生态环境更具脆弱性和敏感性，不当的旅游开发会致使原生植被遭到严重破坏、冰川大面积消减、土地荒漠化程度加重、原生文化不断消解。要在开发和保护之间找到平衡，目前最好的解决办法是发展生态旅游。

近年来，国内外学者对生态旅游的研究大多集中在生态旅游资源、生态旅游规划和

---

① 本文系四川旅游发展研究中心项目四川省教育厅科研项目"甘孜州低碳旅游发展研究"（项目编号：LYM12-14）、四川民族学院 2013 年度学院资助项目"生态旅游视野下的甘孜藏区旅游可持续发展研究"（项目编号：13XYZB005）阶段性研究成果。

生态旅游活动项目等方面，研究内容丰富，方法多样。关于欠发达地区、少数民族地区的生态旅游及民族旅游业可持续发展的研究有很多，但对甘孜藏区生态旅游方面的研究则相对欠缺，且主要是从自然环境的角度对甘孜藏区某区域的生态旅游及其经济发展进行研究，而从高原生态自然环境角度对甘孜藏区民族生态旅游及其可持续发展的研究相对缺乏。本文拟结合甘孜藏区旅游现状及当地民族文化两个方面，考量当地开展生态旅游过程中遇到的问题及解决方向。甘孜藏区既有奇绝瑰丽的自然风光，也有万花筒一般的多样民族风情，其旅游资源的丰富性、多样性是吸引众多旅游者、学者、探险人士进入甘孜藏区的重要原因，具有其他地方所无法比拟的优势。但是，依然存在四大问题。

第一，生态系统破坏与环境恶化。

甘孜藏区属高原气候，地广人稀，环境承载力弱，随着大量外来人口的涌入及大量现代化设施的建设，不少地区的生态环境受到很大影响。国土资源部地质大调查《青藏高原地质生态环境遥感调查与监测》结果显示，包括甘孜藏区在内的整个青藏高原冰川面积减少 4 420.78 平方千米，平均每年减少 147.36 平方千米，总减少率达到 9.05%。区内包括海螺沟冰川在内的贡嘎山冰川群的冰舌处于退缩状态，大部分冰峰的雪线在上升[3]。甘孜藏区乃至整个横断山脉地区的生态环境对整个西部乃至全球都有重要意义，生态环境的保护已成为经济发展中必须注意的首要问题。

第二，旅游业产值目前在甘孜州总产值中所占比重不大，远未达到预期。

据甘孜州旅游局的统计数据显示：2012 年全州接待游客 490 万人次，实现旅游收入 33 亿元，大约占全州总产值的 18.37%。这个比例对于拥有如此多的旅游资源的地区来说，提升的空间还很大。

第三，旅游发展还停留在基础阶段，以欣赏自然风光为主，对于州内丰富的民俗风情资源开发不够，缺乏让游客停留、消费的项目，当地人受益度有限。

第四，精品成熟的旅游品牌项目少，生态旅游尚处于起步阶段。

针对上述问题，甘孜州发展生态旅游应该注意以下几个方面。

第一，加强基础建设的同时要注意生态保护。

甘孜藏区旅游发展的瓶颈之一就是交通问题。"世之奇伟、瑰怪、非常之观，常在于险远，而人之所罕至焉，故非有志者不能至也"，甘孜藏区的旅游资源几乎都存在这个问题。如今要发展旅游业，就是要解决"人之罕至""难至""不能至"的问题，因此，甘孜藏区一直着力加强道路、机场等交通设施和饭店、宾馆等接待设施的建设，以提高藏区旅游的进入能力和接待能力。但在这个过程中，当地的生态环境和文化的保护必须得到重视。比如搞基础建设，一定要在环境保护方面多方论证，不能因为建设而人为地造成环境破坏。另外，建设也要考虑到当地风俗，一些承载了当地人精神文化的神山圣湖，要尊重当地人的意见，不能单纯从建设的角度设计线路，应尽量不破坏原有的自然文化景观，这也是保护当地旅游资源的原生态所必须考虑的。

第二，避免生态旅游泛化。

调查显示，因为缺乏统一规划、盲目开发、人造景观和设施泛滥、超负荷接待等因素，国内开展"生态旅游"的自然保护区都不同程度地存在环境受到破坏、资源出现退化、垃圾公害严重、水污染、噪声污染、空气污染等问题[4]。甘孜藏区地处高原，特殊的地质结构在带来壮丽奇险风景的同时，也表明该地生态环境脆弱，一旦遭到破坏，很难恢复。所以，在甘孜州的旅游开发过程中，尤其要重视生态保护问题，一切应以不破坏当地生态为前提。除了要统一规划、制定各项保护措施外，还应引导和约束游客行为，使环保理念深入人心。

第三，提高当地人的参与度。

《国际生态旅游标准》中的一条重要内容就是造福当地和促进社区公正。生态旅游的开发，要让当地老百姓在开发过程中真正受益。当地的生态环境之所以到现在还保持较为原始的风貌，这与当地人长期以来遵循的习惯有很大关系，如藏传佛教中的"十善"戒律。长期以来形成的人与自然和谐相处的生活方式，都是生态旅游的重要组成部分。所以，当地的生态旅游开发一定不能抛开当地人，完全遵循外部现代化意识。规划时不能仅考虑外来游客的需要，更重要的是要考虑当地生态和文化的可持续发展，应引导游客适应当地环境，而不是不断地以外来者的视角要求当地提供符合游客想象的产品。只有充分尊重当地自然文化，才是当地旅游常保魅力的发展之道。不当的旅游开发会破坏当地生态环境，不仅当地人的生存环境受到影响，游客也会因为当地失去原始秘境的魅力而不愿再来。

第四，打造文化产业品牌。

甘孜藏区拥有相当丰富的旅游资源，但能给游客提供体验式旅游的产品较少，"不去跑马山终生遗憾，去了跑马山遗憾终生"的戏言就反映了这个问题。游客满怀憧憬来到当地，但是却并没有体验式的旅游内容，难免遗憾。另外，也没有足够促使游客消费的旅游项目、内容和措施，对当地的旅游业增收有很大影响。最近，这类情况正在逐步得到改善，如"藏家乐"的发展、藏式民居的体验等。但相较国内外其他发展成熟的旅游景区来说，还有很大差距。

总体来说，甘孜州的生态旅游发展应紧紧围绕原生态，考虑地理条件、生态环境、文化多样性、民风民俗等多方面因素，科学规划，突出甘孜藏区生态、地质、民族风情等独有的特色文化旅游品牌，努力打造世界旅游目的地；根据当地的特色设计统筹连贯的旅游线路，共享藏区文化的品牌和资源，配套当地真正原生态的旅游产品，全民动员，将大型景区和民居村镇结合起来，突出自然与文化的双重吸引力；抓紧共建大香格里拉旅游环线的机遇，加快区域内道路交通网络建设。

参考文献

[1] LASCURAIN H C. The future of ecotourism [J]. Mexico Journal, 1987, 987 (1): 13-14.

[2] 喇明清. 国际标准视野中的生态旅游：兼议我国生态旅游发展问题 [J]. 西南民族大学学报（人文社科版），2005, 26 (8): 172-176.

[3] 颜军. 生态旅游：甘孜藏区旅游可持续发展的实现途径——对甘孜藏区生态旅游开发的思考 [J]. 科技管理研究，2009, (2): 243-245.

[4] 钟国平，周涛. 生态旅游若干问题探讨 [J]. 地理学与国土研究，2002, 18 (4): 64-67.

（本文发表在《文化学刊》2015 年第 9 期上）

文化古城与生态旅游资源综合开发的实证研究
——以南充市湿地旅游资源开发为例[①]

李献青[1]，崔莉[2]，杨浩淼[3]

（1. 川北医学院，四川南充 637000；

2. 成都体育学院，四川成都 610041；

3. 成都纺织高等专科学校，四川成都 611731）

21 世纪初，党中央、国务院把扩大内需、促进消费作为促进国民经济增长的长期战略方针。旅游业是第三产业的重要组成部分，是发展最快的产业之一。《国务院关于加快发展服务业的若干意见》提出，要围绕小康社会建设目标和消费结构转型升级的要求，大力发展旅游、文化、体育和休闲娱乐等面向民生的服务业。旅游资源、旅游设施、旅游服务是旅游业赖以生存和发展的三大要素，旅游资源是发展旅游事业、开展旅游活动的物质基础，主要以自然旅游资源和人文旅游资源为主。四川省人民政府主持并编制的《四川省生态旅游发展报告》白皮书将嘉陵江生态旅游确定为省级重点建设的十大生态旅游精品之一。南充市地处川北丘陵地区、嘉陵江流域中游，具有丰富的湿地资源、两千年的丝绸文化，拥有嘉陵第一桑梓、嘉陵第一曲流、嘉陵第一江、千年绸都第一坊等旅游资源，是中国著名的"丝绸之都""三国文化之源""伟人故里""国际游学基地""中国古代民间天文研究中心"，是中国优秀的旅游城市。南充有着丰富的湿地生态资源。湿地是陆地与水域之间的生态交错带，对人类发展具有巨大的经济、社会和环境价值，对保持生态平衡起着重要的作用，更被誉为"地球之肾"。如何合理化、科学化开发湿地旅游资源并予以保护，实现可持续发展，显得尤为重要。

一、南充历史文化古城旅游资源发展现状

南充市深厚的文化底蕴和人文资源，使其有着异彩纷呈的人文旅游资源，具有极深远的艺术观赏价值。南充市具有悠久的历史文化，历史上曾有安汉、果州、顺庆府之名，而南充下辖的阆中曾为巴国国都。南充是集三国文化、风水文化、科举文化等古代

---

① 基金项目：四川省教育厅人文社会科学重点研究基地——四川旅游发展研究中心课题（LYC13-10）。

历史文化和红色文化为一体的著名古城。

（一）古代历史文化旅游资源

悠久的历史长河为南充市留下了极为丰富的历史人文资源。这里流传着蜀将张飞的传说、王平的典故，著名的"南充三绝"之一张飞牛肉便因此而命名；"巴蜀第一文人"司马相如、《三国志》作者陈寿在此完成巨著，星象学家袁天罡、李淳风在此做过研究。这些人文资源已作为旅游资源，供全世界各国人民游览，传承着南充历史文化。其中包括中国四大历史文化名城之一——阆中，阆中古镇保存了大面积的原始建筑：国家级重点文物保护单位张桓侯祠（张桓侯祠是汉时张飞死后当地人为其所筑）、永安寺、五龙庙文星阁。此外，南充还有司马相如故宅、洗笔池、卓剑水、琴台、相如里、文君里等十大遗址。南充也是甚多文人墨客的畅游之地，《三国志》作者陈寿就是在此完成巨著的，杜甫等诗人也曾畅游于此并留下墨宝。

（二）红色旅游资源

南充是第二次国内革命战争时期革命根据地——川陕苏区的重要组成部分，老一辈革命家、军事家在此留下了丰功伟绩。老一辈无产阶级革命家徐向前、刘伯承、李先念、吴玉章曾在这里浴血奋战、艰苦生活；这里也是朱德、罗瑞卿和张澜的出生地。现有包括朱德故里在内的三大景区——朱德纪念园、民俗文化区和客家文化馆，以及罗瑞卿故居作为当地人文旅游资源。此外，阆中市大象山摩崖造像、南充白塔、南充革命烈士纪念馆等历史文化旅游资源，也蕴含着极高的历史文化价值。

二、生态旅游资源发展现状

南充特殊的地理位置和美丽的自然风光，使其有着得天独厚的生态旅游资源。随着人们环境保护意识的觉醒，"绿色"字眼频频出现在大众的眼球下，如绿色消费、绿色运动等。生态旅游作为绿色消费的一种，已为全世界所倡导。生态旅游的内涵是绿色旅游、可持续旅游，是改变环境恶化问题的重要举措，因为保护环境人人有责。生态旅游在发达国家和发达地区开展比较成功，如美国、我国的长江三角洲旅游区、环太湖生态旅游区。南充规划建设的八大湿地公园，已建成阆中构溪河湿地公园、蓬安嘉陵第一桑梓湿地公园和升钟湖湿地公园，而高坪磨尔滩湿地公园、西充青龙湖湿地公园、营山北门河湿地公园正在建设中，仪陇县嘉陵江湿地公园和思德湿地公园正在规划建设中。湿地公园的建设对保护水源、净化空气、保护生态环境起到了重要的作用。其中，构溪河畔空气清新、风景秀丽，尽享大自然美丽风光；升钟湖，是西南蓄水量最大的人工湖，也是集观光、度假、水上娱乐于一体的旅游胜地；嘉陵第一桑梓湿地公园是集自然生态、人文历史、休闲娱乐于一体的诗画田园型旅游区。

三、南充市湿地旅游资源的开发策略

（一）理论策略

1. 策略前提——秉承可持续理念

坚持多重效益并进的可持续开发理念是旅游资源开发的前提。要以生态保护为前提，兼顾经济、文化、社会等多重效益，重视生态环境检测。经过合理开发、时时保护、适时监测和生态补偿，实现可持续湿地旅游资源开发。对已退化的湿地要进行湿地恢复，使其主要生态状况在一定的自然变化范围内运转正常。该旅游项目中的产品、设施设备、服务都应与"绿色"相关，时刻提醒游客、工作人员和管理者等牢记环境保护。要秉承可持续开发理念，将此理念渗透到旅游中的各个环节中（见图1）。

图1 可持续理念循环图

然而，根据阆中市林业局调查情况显示，构溪河湿地部分区域环境恶化，污染程度严重，湿地区域环境状况堪忧，急需引起高度重视并采取有力措施加以整治。类似构溪河湿地公园的情况比比皆是。发展过快，人员急剧增加，配套设施尚未完善，河水自洁能力差，人员和经费保障不能及时到位，管理上鞭长莫及，等等，导致生态旅游景点的环境遭到破坏，这与生态旅游的内涵"绿色旅游、可持续旅游"相违背。因此，生态环境问题是一个亟待解决的问题。

2. 策略核心——建立人才培养机制

邓小平曾经说过："当今世界的竞争归根结底是人才的竞争。"湿地旅游的开发不是一蹴而就的，它的附带问题如环境保护、生态恢复等较为棘手，因此生态旅游资源开发对人才的依赖性较强，并且需要各方面的人才。人才在旅游资源开发中也是一种资源。人才培养机制包括培养、吸引、使用和留人四个环节，其核心是留住人才，因此要建立留住人才机制。此外要主动吸纳外界有用之才、青年才俊，为旅游业发展注入新鲜的血液、新鲜的思想。

3. 策略重心——健全科学化管理机制

科学化管理是保证工作得以有序进行和完成的重要途径。旅游业对管理的依赖性较高，应建立符合文化古城与生态湿地整合发展的双重管理机制。开展文化古城和生态湿地旅游，就是要在保护古城遗迹和生态环境基础上发展旅游业。因此，对遗迹和环境的管理，需要因地制宜，建立针对性的管理机制。同时要理顺旅游管理部门和地方政府、其他相关部门之间的关系，实行协调管理。如地方食管部门、卫生部门对旅游景区附近的民营酒店、小吃等进行有效管理，可有效控制正在恶化的生态环境。

（二）实践策略

1. 开展湿地环保教育

近几年湿地遭到了不同程度的破坏。虽说湿地干涸是自然进程的必然结果，但目前不少湿地的消失与人类不科学、不合理的开发有着千丝万缕的联系。土壤破坏是湿地遭遇破坏的一大因素，由于人类不合理地使用土地，水、大气污染导致了土壤的酸化与污染，破坏了湿地的生态环境。针对这一问题，政府相关部门采取了相应措施，南充市环保局2013年5月召开了"实现伟大中国梦，建设美丽繁荣和谐四川，打造川北投资首选地"主题教育环保活动，致力于环保事业。湿地保护人人有责，应该呼吁大家从个人做起。此外，社会应组织环保教育，引导社会大众关注湿地环保，参与湿地环保活动。通过全社会共同保护来降低湿地破坏指数。

2. 合理开发湿地旅游资源

政府及旅游开发相关部门不仅要强调经济效益、社会效益，更要从环境学、旅游学角度科学开发旅游资源，切忌盲目开发。查阅资料后得知，南充市林业局负责人曾表示将以嘉陵江为主线，打造景观优美的湿地公园。专家指出，对兼具保护环境与旅游开发双重功能的八大湿地公园，规划者要站在全市的高度统筹安排，投入人力量保护，另外还需经过一个整合的过程。据统计，沿嘉陵江两岸的野生植物有近 2 000 种，其中包括野生银杏等 10 余种受国家保护的植物；南充嘉陵江内的野生动物有近 665 种，占全省野生动物的 33%。这样数目庞大的野生动植物，表明在湿地开发和旅游过程中，生态保护是极其重要的环节。据嘉陵区林业局局长文成海透露："保护湿地，就必须建立起'大湿地观'，没有这些丰富的野生动植物，湿地就不是完整的、真正的湿地。"因此，具有丰富湿地资源的地方要合理、科学开发湿地旅游资源，要平衡旅游开发和生态平衡之间的矛盾关系。

3. 文化古城和湿地旅游合二为一进行旅游资源开发

南充市得天独厚的生态旅游资源和异彩纷呈的人文旅游资源可以整合发展。观赏大自然的原生态，品味深远的古城文化，从刺激游客的眼球到触碰游客的心灵，自然风光给游客感性认识以刺激其眼球，古城文化则给予其理性认识，触碰其心灵。感性与理性的触碰，生态旅游和人文旅游的巧妙联合，可以提高南充旅游景区的吸引力和综合竞争力。这是人文旅游资源和生态旅游资源丰富之地的旅游发展的必然趋势，如甘肃张掖打造国家级历史文化名城和湿地生态之城。这也将是南充未来旅游发展的必然趋势。

4. 以市场为依托，合理开发有南充文化与生态特色的旅游商品

目前南充市场上较有旅游特色的商品包括："千年绸都"的蚕丝丝巾、丝绸制品，著名的南充三绝——张飞牛肉、阆中醋、冬菜，保宁醋、保宁蒸馍、蓬安姚麻花、嘉陵江彩绘石等特产，能体现生态、绿色的旅游产品较少。因此，开发具有绿色色彩的旅游产品，以及集南充文化和生态特点于一体的特色商品，一方面可以为南充文化古城和生态湿地的开发做宣传，增加其知名度；另一方面，可以促进当地旅游经济发展，推动经济增长。

四、南充文化古城与生态旅游资源综合发展规划

（一）文化古城与生态旅游资源综合发展的优势分析

1. 赏其景、知其史

文化古城与生态旅游资源综合发展，其意义不仅在于人类可以尽情观赏自然界所提供的景观，同时也可以了解非物质性的、可理解的、可意会的文化景观。南充阆中地理位置特殊，湿地资源丰富，历史悠久。南充阆中积淀了深厚的文化底蕴，有风水文化、以张飞为主题的三国文化和科举文化。从旅游学和环境科学的角度来看，南充湿地旅游资源丰富，南充市规划建设的 8 大湿地公园，其中 3 个是国家级湿地公园，由此可见湿地旅游已经受到瞩目。将南充阆中的古城文化和南充湿地生态旅游综合规划发展，可以消除古城文化旅游的单一性，为游览增添新意，留住游客，发展南充旅游业。

阆中古城自 1986 年国务院公布其为"国家历史名城"，当地旅游便开始发展起来。然而随着生活水平的不断提高，游客对旅游的标准也提高了，单一的古城旅游、文化熏

陶，已不能满足更多旅游消费者的需求。因此，生态湿地公园旅游项目的提出，可谓集中了天时、地利、人和。"绿色旅游"背景下提出生态湿地旅游是天时；南充处于特殊的地理位置，生态资源丰富是其地利；开发湿地生态旅游为南充旅游增添色彩，消除当地旅游的单一性，是其人和。阆中古城与生态湿地整合发展既带动当地经济发展，也满足了广大游客的旅游需求。

2. 促发展、保生态

文化古城和生态旅游资源的综合开发，既带动了当地经济、社会的发展，吸引海内外游客至此游玩，传承其深远文化，又对保护文化遗产和生态资源有着积极的作用。文化古城、生态湿地与旅游业之间是相互依存的关系。一方面旅游业的迅速发展，与文化古城和生态湿地的申遗、开发、保护有着千丝万缕的关系；另一方面，发展旅游业，又可以进一步促进文化古城和生态湿地的保护工作。据资料显示，阆中古城的旅游资源已经取得较大规模的开发和利用，享有较高的知名度，是目前保存较好的四大古城之一，并被授予"国际游学基地"。南充规划建设八大湿地公园，其中已建成三个国家级湿地公园——阆中构溪河湿地公园、蓬安嘉陵第一桑梓湿地公园以及升钟湖湿地公园。湿地公园对保护水源、净化空气、保护生态环境有着重要的作用。

（二）文化古城和湿地旅游发展的中心——"原"

1. 保持原生态

文化古城和湿地虽经过后期建造，但都尽可能保持了其原生态。阆中文化古城真实记载了南充漫长的历史长河，具有原始性；自然湿地生态公园，资料显示其90%以上具有天然性。它们都以原始、天然的面貌呈现在人们面前。文化古城和生态湿地都是极其珍贵的。但一份记录显示，随着旅游业的大力发展，原生态旅游资源的开发过于商业化，使其逐渐失去了天然元素，这是一个堪忧的问题。

2. 保护生态平衡

文化古城和湿地公园作为旅游资源，其开发和保护之间存在矛盾，但对两者做好协调、降低矛盾带来的影响是规划中必须体现的部分。与生态湿地相比，阆中古城更早被开发为旅游胜地，其周边的商家愈来愈多，游客倍增，对当地的环境承载力构成了巨大挑战。开发生态湿地公园旅游项目大大降低了其压力，也为当地旅游业增添新意。然而，旅游业的发展，却使其周边的居民、商家、游客等造成环境的破坏，这不禁让人唏嘘。因此，需要将旅游工作者、周边居民商家和广大游客考虑进来，制订一个完善的生态保护计划，达成既不影响旅游业的经济效益，又能保护生态环境的双赢效果。

五、结论

从旅游学角度出发，将生态湿地定义为"回归大自然旅游"和"绿色旅游"；从环境学角度出发，将生态湿地旅游定义为"维持生态平衡"和"保护生态环境"。生态湿地能够维持生态平衡，将其开发为旅游资源，能更好地保护生态资源。文化古城和生态湿地整合发展，为南充旅游业增添了新意，可以带动当地旅游业发展。这既能减轻南充文化古城的负担，改变南充旅游主题单一的现状，又可以吸引更多国内外游客，推动南充旅游发展。

参考文献

［1］林永坚，冯明义.嘉陵江干流生态旅游联动发展研究［J］.林业科学，2008（1）：90-94.

［2］彭敏，傅桦.四川省南充市旅游资源的开发初探［J］.首都师范大学学报（自然科学版），2006（5）：80-84.

［3］李超.丽江古城旅游的可持续发展研究［D］.昆明：昆明理工大学，2012.

［4］冯国杰，严贤春，贾文军.四川阆中古城旅游资源定量评价实证研究［J］.生态经济（学术版），2013（1）：332-335.

［5］杨文琪.发展生态旅游的 SWOT 分析与战略设计：以新乡黄河湿地鸟类国家级自然保护为例［J］.广东农业科学，2010（6）：266-268.

［6］周波.澳大利亚生态旅游经济的可持续发展［J］.经济导刊，2011（1）：16-17.

（本文发表在《成都纺织高等专科学校学报》2015 年第 3 期上）

武隆世界自然遗产地
旅游交通碳排放研究[①]

杨曦[1]，李云云[2]，林楚[2]

（1. 成都信息工程大学银杏酒店管理学院，四川成都 611743；

2. 四川大学旅游学院，四川成都 610065）

缓解全球气候变化的消极影响需要世界各国，尤其是主要排放国，迅速采取强有力的降低碳排放的行动。目前中国是世界第二大经济体，也是世界二氧化碳排放量最多的国家之一。为世界控制碳排放对中国来说是非常严肃的国际承诺。2014 年，中国政府发布了到 2030 年时的最大碳排放目标。为完成这一目标，迫切需要社会各部门降低碳排放。随着旅游业逐步成为中国重要的经济产业，中国旅游业在减少碳排放上面临着独特的挑战。自 1978 年后期中国旅游业以全球最快的速度增长开始，经过不断发展，中国现已成为全球排名第三的旅游目的地国家。到 2014 年，游客总量达 39 亿，其中国内旅游人数达 358 万。2013 年，国内和入境旅游收入达 8.5 亿元，并为中国创造了 6 400 万就业岗位。

不少研究已表明旅游者消费过程中矿物燃料的消耗相对较高，将产生较高的碳排放量。联合国世界旅游组织的报告表明，旅游业负责约 5% 的全球碳排放，在一些严重依赖旅游业并将旅游业作为国民生产总值一部分的国家，这一数值可能会达到 14%。此外，六大基本旅游部门（食、住、行、游、购、娱）的碳排放量存在较大的差异。Loo 和 Li 采用基于燃料和基于距离的方法，指出 1949—2009 年，交通是中国碳排放的主要贡献者。由于迫切需要平衡经济、社会和可持续旅游的环境目标，有关旅游业需要削减化石能源使用、减少碳排放的挑战在中国显得尤为重要。为使旅游经济向低碳增长路径转型，中国旅游业有必要明确旅游交通中影响能源消耗的关键因素。指数分解分析（IDA）是现在最广泛使用的用以明确影响能源消耗和碳排放关键因素的方法。研究表明，游客量目前是促使旅游相关碳排放增加的最主要因素，而能源强度是降低旅游碳排

---

① 项目资助：教育部人文社科项目（No. 15YJC790129）；四川省教育厅科技项目（No. 15ZB0371）；成都信息工程大学银杏酒店管理学院项目（No. YXK2015-03）；四川省农村发展研究中心项目（No. CR1609）；四川旅游发展研究中心项目（No. LYC16-12）；西南减贫与发展研究中心项目（No. SCP1608）；四川省民办教育研究中心项目（No. MBXH16YB21）。

放的关键。这就意味着，降低旅游交通的碳排放需要同时减少旅游人数和提高能源利用效率。然而正如前文所述，预计未来十年中国旅游业将继续快速发展。能源强度的降低与整个国家能源效率的改善紧密相关，而不仅仅是单一部门做出改善。另外，当前的研究表明，由于反弹效应，能源效率的改善可能不足以降低能源消费。因此，只有采取其他方法以明确影响旅游交通碳排放的潜在因素，才可能实现低碳旅游。本研究使用突变检验方法以明确产生的旅游相关的碳排放量是否存在变化，并检测发生突变的时间；再结合分解分析法以及突变分析方法揭示影响旅游业二氧化碳排放量的潜在关键因素。

一、研究区和数据来源

（一）研究区概况

武隆世界自然遗产地位于三峡库区，是 17 个主要全球生物多样性保护区之一。同时也是中国典型的生态敏感和脆弱区之一。武隆世界自然遗产地也是国内游客甚至入境游客的热点区域。武隆世界自然遗产的天坑地缝、天生三桥和芙蓉洞是热带和亚热带喀斯特地貌的三大典型，面积达 380 平方千米（见图 1）。2007 年 6 月 27 日，联合国教育、科学及文化组织（UNESCO）将包含武隆世界自然遗产地在内的中国南方喀斯特世界遗产收录至《世界遗产名录》。

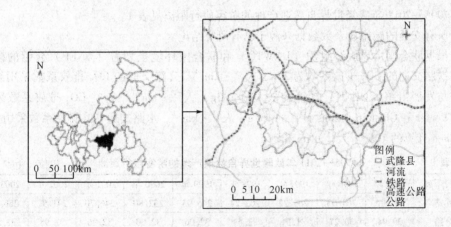

图 1　研究区及旅游交通空间分布

根据武隆县旅游局及武隆县政府统计，2015 年武隆世界自然遗产地游客量达 2 160 万人次，增长 13.2%。同年，武隆县居民仅为 41.43 万人。旅游业为当地带来 65 亿元的收入，占地区生产总值的比例近 50%。毫无疑问，旅游已成为武隆世界自然遗产地重要的收入来源。然而，大量的国内外游客产生了巨大的电力、石油、天然气等能源消耗。近年来，新兴的自驾游人数的快速增长刺激了更高的油耗。

（二）数据来源

比例为 1∶10 000 的数字城市数据集包括矢量多边形数据，如行政边界、河流、铁路和公路。

1995—2011 年 4 种交通（铁路、公路、水路等）的客运量数据来源于重庆统计年鉴。而同时期的游客总量数据由武隆县旅游局提供。

二、方法

（一）旅游交通的碳排放

根据 IPCC（联合国政府间气候变化专门委员会）介绍的方法，旅游交通中能源消耗产生的二氧化碳排放量为 $E_t = \sum_{i=1}^{n} p_i d_i \beta_i$。其中，$E_t$ 是旅游交通中能源消耗产生的二氧化碳排放量，单位为 Kg；P_i 是使用交通方式 i（铁路、公路、水路等）的游客量；d_i 为使用交通方式 i 的旅行距离，单位为 Km；β_i 为交通方式 i 的排放系数，单位为 Kg·人$^{-1}$·Km^{-1}。尽管缺少游客旅行距离的具体统计数据，但旅游交通是客运周转量影响因素的重要组成部分，因此客运周转量 $d_i = \dfrac{T_i}{p_i}$，其中，T_i 为交通方式 i 的客运量；$P_i = p \times \dfrac{T_i}{T}$，式中 p 是游客周转总量。旅游交通中能源消耗产生碳排放的最终公式为：

$$E_t = \sum_{i=1}^{n} p \times \frac{T_i^2}{T \times p_i} \beta_i \tag{1}$$

1995—2011 年武隆世界自然遗产地的游客旅行距离见表 1。

所有交通的碳排放系数数据来源于已有研究结论。

根据联合国世界旅游组织（UNWTO）和联合国环境规划署（UNEP）介绍的标准值，铁路交通的 CO_2 排放系数为 27g·人$^{-1}$·km^{-1}。公路交通的 CO_2 排放系数采用经济合作与发展组织（OECD）计算的最大值 133g·人$^{-1}$·km^{-1}。航空 CO_2 排放系数采用 Paul Peeter 和 Ghislain Dubois 计算的 137g·人$^{-1}$·km^{-1}。水路交通 CO_2 排放系数采用 Kuo 和 Chen 计算的 106g·人$^{-1}$·km^{-1}。

表 1　　　　　1995—2011 年武隆世界自然遗产地的游客旅行距离　　　单位：千米

旅行距离	1995 年	1996 年	1997 年	1998 年	1999 年	2000 年	2001 年	2002 年	2003 年
铁路	271. 15	264. 93	263. 22	262. 24	246. 95	252. 80	246. 70	241. 97	256. 54
公路	29. 04	30. 27	31. 31	32. 44	32. 06	32. 00	32. 96	32. 98	33. 59
水路	138. 91	147. 49	129. 43	124. 69	119. 90	139. 02	125. 33	131. 97	91. 74
航空	2 852. 87	1 226. 42	1 279. 42	1 293. 92	1 292. 68	1 287. 31	1 324. 39	1 232. 88	1 221. 38

旅行距离	2004 年	2005 年	2006 年	2007 年	2008 年	2009 年	2010 年	2011 年
铁路	251. 49	326. 80	317. 00	336. 28	364. 08	357. 29	356. 71	395. 46
公路	37. 15	37. 47	36. 44	35. 74	27. 27	27. 33	28. 74	29. 97
水路	84. 36	79. 25	77. 41	87. 84	57. 03	81. 54	78. 31	83. 21
航空	1 197. 92	1 294. 64	1 333. 34	1 317. 13	1 323. 21	1 228. 52	1 258. 85	1 288. 96

（二）Kaya 系数和二氧化碳排放量的分解

为理解旅游交通碳排放的驱动因素，kaya 系数的扩展形式为：

$$E = x_{\text{pop}} \times \frac{T}{x_{\text{pop}}} \times \frac{T_i}{T} \times \frac{E}{T_i} \tag{2}$$

令 $d = \dfrac{T}{x_{\text{pop}}}$, $m = \dfrac{T_i}{T}$, $g = \dfrac{E}{T_i}$, $p = x_{\text{pop}}$

则（2）式可写成 $E_i = d \times m \times g \times p$，旅游业的二氧化碳排放量可表达为距离因素 d、交通结构 m、排放因子 g 和总旅游规模 p 的综合产物。

下式用来计算从 0 年到 T 年的二氧化碳排放量的变化量：

$$\Delta E_{tot} = E^T - E^0 \tag{3}$$

ΔE_{tot} 是 0 到 T 年的总变化量；E^T 是 T 年的排放量；T^0 是 0 年的排放量。根据累计对数平均 Divisia 指数法将总变化量 ΔE_{tot} 分解为下式中的因素。

$$\Delta E_{tot} = E^T - E^0 = \Delta E_d + \Delta E_m + \Delta E_g + \Delta E_P \tag{4}$$

ΔEd 是距离因素效应；ΔEm 是交通结构效应；ΔEg 是排放因子效应；ΔEp 是产业规模效应。

根据 Ang 的研究，（4）式中各解释因素为：

距离因素效应 $\Delta E_d = \dfrac{E^t - E^0}{\ln E^t - \ln E^0} \cdot \ln \dfrac{d^t}{d^0}$；

交通结构效应 $\Delta E_d = \dfrac{E^t - E^0}{\ln E^t - \ln E^0} \cdot \ln \dfrac{m_i^t}{m_i^0}$；

排放因子效应 $\Delta E_g = \dfrac{E^t - E^0}{\ln E^t - \ln E^0} \cdot \ln \dfrac{g^t}{g^0}$；

产业规模效应 $\Delta E_p = \dfrac{E^t - E^0}{\ln E^t - \ln E^0} \cdot \ln \dfrac{p^t}{p^0}$。

（三）突变检验

突变是当量变达到开始引起质变的转折点时发生的质变。例如，气候的突变指的是天气由一个状况向另一状况快速转变（跳跃）。在社会和经济范畴中，突变通常意味着社会和经济活动变化过程中不连续的现象。突变的时间发生在断点处。

本文使用 Pettit 法确定武隆世界自然遗产地旅游交通的碳排放的断点年。Pettit 法最先是由 Pettit 检测断点的非参数检验的方法。对于样本序列 x_1，x_2，$\cdots$，x_n，其相应的秩为 r_1，$r_2 \cdots$，r_n。进一步构建统计如下：

$$S_k = 2 \sum_{i=1}^{k} r_i - k(n+1), \; k = 1, \cdots, n; \; r_i = \begin{cases} +1, & x_i > x_j \\ 0, & x_i = x_j \\ -1, & x_i < x_j \end{cases}, \; j = 1, 2, \cdots, i_{\circ}$$

$$\tag{5}$$

秩 S_k 代表当第 i 次比 j 次的值大或小时的累积值；S_k 是检测的结果。假设 E 为断点年，则：

$$S_E = \max_{1 \leqslant k \leqslant n} |S_k|_{\circ}$$

（四）引起二氧化碳排放量变化的潜在因素的分析

综合收集关于研究区断点年发展的信息对于区分影响旅游发展的重要感应事件是必

要的先决条件。可采取的方法是，首先研究关于旅游发展的感应事件的影响，其次检测感应事件与旅游交通相关的碳排放的突变的因果关系。

三、结果

（一）旅游交通碳排放总量的变化特征

1995—2011 年期间，旅游交通碳排放总量增加了 80 倍。从 1955 年的 851 吨增加到 2011 年的 68 528 吨（见表 2）。时间序列分析表明旅游者旅行中二氧化碳排放量总体呈显著上升趋势。根据拟合曲线，武隆旅游相关的交通碳排放呈显著的指数增长趋势（$P<0.01$），且通过了拟合优度检验、回归方程和回归系数的显著性检验。对于旅游交通总体碳排放量的拟合，$R^2=0.918$，$F=167.167$，$P<0.01$，$T=12.929$，$P<0.01$；铁路旅游交通碳排放量，$R^2=0.876$，$F=105.523$，$P<0.01$，$T=10.272$，$P<0.01$；公路旅游交通碳排放量，$R^2=0.938$，$F=225.285$，$P<0.01$，$T=15.010$，$P<0.01$；水路旅游交通碳排放量，$R^2=0.345$，$F=7.898$，$P<0.05$，$T=2.810$，$P<0.05$；航空旅游交通碳排放量，$R^2=0.924$，$F=182.458$，$P<0.01$，$T=13.530$，$P<0.01$。突变分析（见图 2）的结果表明，总体旅游交通、铁路旅游交通、航空和公路旅游交通二氧化碳排放量的突然增加发生在 2002 年，而水路旅游交通碳排放在 2005 年开始显著增加。

表 2　　　　　　　　　1995—2011 年武隆旅游交通中 CO_2 排放量的变化

年份	铁路旅游交通碳排放（吨）	公路旅游交通碳排放（吨）	水路旅游交通碳排放（吨）	航空旅游交通碳排放（吨）	旅游交通碳排放总量（吨）
1995	57.85	534.67	198.76	59.81	851.08
1996	31.47	384.18	155.53	37.72	608.90
1997	97.95	1 287.02	405.69	11 059	1 901.25
1998	58.68	855.82	164.67	107.35	1 186.51
1999	75.15	1 090.90	181.18	115.27	1 462.51
2000	95.62	1 481.35	216.08	135.08	1 928.13
2001	109.56	1 856.39	207.61	169.35	2 343.11
2002	101.19	1 850.04	206.27	177.73	2 335.24
2003	114.63	2 111.74	117.00	186.12	2 529.49
2004	213.25	4 023.84	156.09	421.82	4 815.02
2005	187.39	5 238.50	202.32	689.36	6 317.58
2006	253.25	6 010.56	248.56	934.51	7 416.90
2007	418.78	7 403.77	270.26	1 280.78	9 373.59
2008	498.74	7 643.18	195.80	1 715.20	10 052.92
2009	1 028.96	16 404.75	434.37	4 266.64	22 134.72
2010	2 059.22	37 477.76	850.98	10 228.66	50 616.62
2011	2 947.81	51 072.81	1 097.43	13 410.09	68 528.14

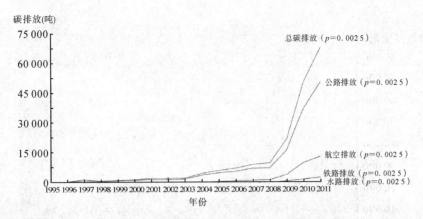

图 2　1995—2011 年武隆旅游交通中 CO_2 排放量的突变时间

（二）旅游交通碳排放结构

旅游交通 CO_2 排放量的结构中，公路旅游交通是最大的贡献者。公路旅游交通碳排放占碳排放总量的比重超过 60%，2002—2006 年的比重甚至超过 80%。此外，关于 CO_2 排放量的结构变化，航空旅游交通的比重呈增加趋势，而水路旅游交通呈下降趋势。公路和铁路旅游交通的比重相对保持不变（见图 3）。1995 年，由航空引起的旅游交通碳排放占总碳排放的 7%，而 2011 年增长到 19%。水路旅游交通碳排放从 1996 年的最大比重 25% 下降到 2011 年的最小比重 1.6%，可见水路旅游交通的重要性逐年下降。铁路旅游交通碳排放的比重相对较低，但 17 年后却增加了 100 倍。铁路旅游交通的碳排放总量从 1996 年的最低值 31 吨增加到 2011 年的最大值近 3 000 吨。

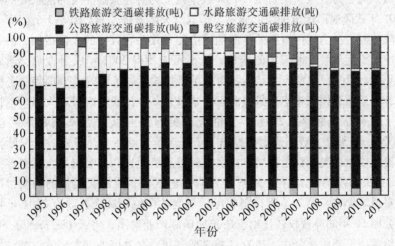

图 3　1995—2011 年武隆旅游交通 CO_2 排放量的结构

（三）影响碳排放的主要因素

分解分析的结果表明产业规模效应和交通结构效应对 CO_2 排放量的增长具有正向作用，而距离因素和排放因子具有负向作用（见图 4）。产业规模效应是碳排放增加最重要的驱动因素，影响程度的百分比达 100.8%。距离因素效应和排放因子效应是碳排放下降的两大主要影响因素，占总下降量的 -7.5%。能源分配和消费结构的贡献总体较小。

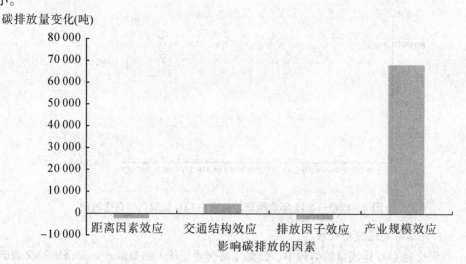

图4 距离因素效应、交通结构效应、排放因子效应和
产业规模效应对旅游交通 CO_2 排放量变化的贡献

从上述突变检验结果看，2002 年、2005 年是遗产地旅游引起的碳排放量突然增加的年份。本文通过对 2002 年、2005 年前与武隆遗产地旅游发展相关的重大事件的资料进行分析，提出如下几个主要影响因素：第一，是景区品牌的影响。品牌升级会对旅游的产业规模产生相当大的影响，增加碳排放。2007 年前，AAAA 级是国家旅游局认证体系下最高级别的旅游景区，是否是 AAAA 级景区成为游客旅游决策的最重要的参考标准之一。2001 年武隆遗产地范围内形成了芙蓉洞、天坑三桥、仙女山等 3 个国家 AAAA 级景区，武隆旅游区成为国内重要的旅游地，由此导致游客数量的大幅增加。游客数量的增长，相应地引起旅游交通需求的增加，从而可能使得 2002 年成为旅游交通碳排放发生突变的年份。第二，旅游产品结构也对旅游碳排放产生了影响。2002 年国务院批准重庆武隆芙蓉江景区为国家重点风景名胜区，景区是一个江峡型小尺度大容量喀斯特地貌和原始水上森林型风景区。2004 年《重庆市芙蓉江国家重点风景名胜区总体规划（2003—2020）》编制完成，规划中提出了依托芙蓉江峡谷自然景观、以黑叶猴等动物观赏为主要吸引物的芙蓉江游船观光产品。峡谷游船观光产品吸引了大量游客乘坐以化石燃料为动力的游船观光，导致 2005 年武隆旅游区水运旅游交通量的增加，以及相应的碳排放量显著增多。第三是所有制和运行机制的影响。武隆县政府 2001 年将仙女山国家森林公园 50 年的经营权转让给重庆长松国际产业集团；将天生三桥景区 50 年的经营权转让给重庆汇邦旅业公司。2002 年将芙蓉江风景名胜区的开发经营权整体转让给重庆汇邦旅业公司。通过转制，景区的经营管理体制也得到了创新，旅游企业活力和投资信心得到增强，旅游区获得了大量资金投入，保障了旅游基础设施、旅游市场开发等活动的开展，为武隆旅游 2002 年旅游人次大幅增长奠定了基础。旅游碳排放量的显著增加就是旅游人次的增加的重要表现形式。

四、结论

1995—2011 年期间，武隆遗产地旅游交通碳排放量呈显著增加的趋势。其中，公路旅游交通是最大的"贡献者"。航空旅游交通的比重呈增加趋势，而水路旅游交通呈下降趋势，公路和铁路旅游交通的比重相对保持不变。2002 年和 2005 年是武隆遗产地旅游交通产生的碳排放量增长的"转折点"。

利用扩展的 Kaya 恒等式和 LMDI 分解法，发现旅游产业规模和交通结构是导致遗产地碳排放量增长的主要因素，而距离因素和排放因子则是导致碳排放量减少的主要因素。全面分析旅游目的地碳排放发生突变的年份前发生的与旅游密切相关的重大事件，可以识别一些潜在的影响旅游目的地碳排放变化的主要因素。旅游目的地品牌的提升、产品结构的调整以及管理体制和机制的转变是影响旅游地交通碳排放变化的重要因素。

参考文献

[1] EDENHOFER O. Climate Change Intergovernmental Panel on Climate Change 2014：Mitigation of Climate Change：Summary for Policymakers [M]. [S. l.：s. n.]，2014.

[2] STREETS D G, JIANG K, HU X, et al. Recent Reductions in China's Greenhouse Gas Emissions [J]. Science, 2001, 294：1835-1837.

[3] World Tourism Organization. Tourism highlights [R]. Madrid：World Tourism Organization，2002.

[4] SIMPSON M C, GöSSLING S, SCOTT D, et al. Climate change adaptation and mitigation in the tourism sector：frameworks, tools and practices [J]. Unep Division of Technology Industry & Economics, 2008 (3)：47-72.

[5] SCOTT D, JONES B, KONOPEK J. Implications of climate and environmental change for nature-based tourism in the Canadian Rocky Mountains：A case study of Waterton Lakes National Park [J]. Tourism management, 2007, 28 (2)：570-579.

[6] GöSSLING S, GARROD B, AALL C, et al. Food management in tourism：Reducing tourism's carbon 'foodprint' [J]. Tourism Management, 2011, 32 (3)：534-543.

[7] LIN T P. Carbon dioxide emissions from transport in Taiwan's national parks [J]. Tourism Managemengt, 2010, 31 (2)：285-290.

[8] LOO B P Y, LI L. Carbon dioxide emissions from passenger transport in China since1949：implications for developing sustainable transport [J]. Energy policy, 2012, 50：464-476.

[9] ANG B W. Decomposition analysis for policymaking in energy：which is the preferred method? [J]. Energy policy, 2004, 32 (9)：1131-1139.

[10] KWON T H. Decomposition of factors determining the trend of CO_2 emissions from car travel in Great Britain：1970—2000 [J]. Ecological economics, 2005, 53 (2)：261-275.

[11] HUISINGH D, ZHANG Z, MOORE J C, et al. Recent advances in carbon emissions reduction：policies, technologies, monitoring, assessment and modeling [J]. Journal of Cleaner Production, 2015, 103：1-12.

［12］LIU J, FENG T, YANG X. The energy requirements and carbon dioxide emissions of tourism industry of Western China：A case of Chengdu city［J］. Renewable and Sustainable Energy Reviews, 2011, 15（6）：2887-2894.

［13］ROBAINA-ALVES M, MOUTINHO V, COSTA R. Change in energy-related CO_2 （carbon dioxide）emissions in Portuguese tourism：a decomposition analysis from 2000 to 2008 ［J］. Journal of Cleaner Production, 2016, 111：520-528.

［14］重庆市统计局. 重庆统计年鉴：2011［M］. 北京：中国统计出版社, 2011.

［15］UNWTO, UNEP, WMO. Climate change and tourism：responding to global challenges［R］. Madrid：UNWTO, 2008.

［16］PEETERS P, DUBOIS G. Tourism travel under climate change mitigation constraints ［J］. Journal of Transport Geography, 2010, 18（3）：447-457.

［17］KUO N W, CHEN P H. Quantifying energy use, carbon dioxide emission, and other environmental loads from island tourism based on a life cycle assessment approach［J］. Journal of cleaner production, 2009, 17（15）：1324-1330.

［本文发表在《重庆师范大学学报（自然科学版）》2017 年第 1 期上］

第二章
体育旅游

峨眉山旅游环线户外休闲
旅游的发展现状与策略①

宋海宾

（乐山师范学院体育学院，四川乐山 614000）

2013 年 10 月，峨眉山市被国家旅游局列入全国首批旅游综合改革试点县，建构"观光、休闲度假"复合型旅游成为峨眉山旅游改革的重要战略。按《峨眉山旅游度假区总体规划》，将打造"一核、七区、一带、两环线"的国际休闲度假旅游环线，即以峨秀湖复合型度假为核心，分为观音湖山水运动休闲度假区、大庙飞来殿道家文化养生度假区、梅子湾温泉避暑度假区、万槽湖乡村田园休闲度假区、张沟森林避暑休闲度假区、城镇建设发展控制区、大沟生态涵养区七个功能区；"一带、两环线"即川主河农耕文化休闲度假带，峨秀湖—万槽湖—张沟—四季坪—峨眉山景区南部环线和观音湖—沈山—梅子湾、川主河—峨眉山景区北部环线[1]。峨眉山国际旅游休闲度假区是四川省"十二五"期间规划建设的三大重点旅游区之一，它是峨眉山由观光型景点向休闲度假旅游目的地进行战略转型的标志性事件。转型后，峨眉山旅游度假区将形成以休闲度假、养生保健为特点的旅游新优势。

目前，全世界的旅游方式在发生重大的变革，以户外运动作为载体的户外休闲旅游成为当今休闲旅游的重要旅游形态[2]。在当前，越来越多的国际国内各级名胜风景区，都在将户外休闲运动引入到景区，其主要目的是打造地方旅游品牌，推广景区产品，提升景区旅游影响力，从而带动地区旅游经济的发展[3]。在当前的旅游多元化时代，国际知名度高的峨眉山风景区拥有无可比拟的号召力与优势，户外休闲旅游的推广与发展，在峨眉山旅游发展战略中自当扮演重要角色。发展户外休闲旅游是峨眉山旅游发展战略转型期的重要措施与手段，它的发展水平高低与峨眉山旅游经济战略转型的成功有直接的关系。

一、峨眉山旅游环线地区户外休闲旅游的发展现状

（一）户外休闲运动资源的开发与利用水平较低，主题单一

峨眉山旅游环线地区有丰富的户外休闲旅游资源，包含地理资源与人文资源。但由

---

① 基金项目：四川旅游发展研究中心资助课题（LYC14-40）。

于峨眉山长年只重视观光旅游的发展，这些丰富的户外休闲旅游资源，利用与开发水平相当低，峨眉山在全国户外休闲旅游方面并没有号召力和吸引力。环线地区依托核心景区，每年接待大量的旅游人群。目前这些人群的目的地主要集中在报国寺景区、神水阁-清音阁景区、零公里-七里坪地区、张沟地区，这些地区分布着大量的酒店、宾馆、农家乐、度假村、旅行社。来这些地区旅游的人群以养生和观光休闲为主要目的，夏季避暑和冬季泡温泉是其两大主题，期间所从事的活动多数是以棋牌娱乐、喝茶聊天、散步健身、嬉水玩耍等形式为主。目前可以从事户外休闲旅游活动的区域，仅分布在张沟-四季坪、龙池-万佛顶一小部分地区，多由乐山地区的个别俱乐部组织，以自发性参加为主，参加者主要从事徒步穿越、登山与宿营为主的户外休闲活动，参与人数、线路数量、项目开发方面都较少，诸如朔溪、漂流、攀岩、速降等主题项目，还没有得到有效的开发与发展。纵观目前峨眉山环线地区，并没有充分利用自然和人文资源，有目的地开发适宜的户外休闲旅游项目以丰富当地旅游主题，吸引旅游者从事更多旅游活动。

（二）没有显著的户外休闲旅游产业形态

目前，由于峨眉山旅游环线地区旅游发展的主题单一，整个区域尚没有形成明显的户外休闲旅游产业形态。其主要表现在：首先，户外休闲旅游的产业水平很低，没有形成吸引力。目前在环线地区中，还没有一家专业的运营户外休闲旅游产业的俱乐部或产业公司入驻；在报国寺景区内有个别宾馆、酒店兴建了素质拓展基地与自驾游宿营营地，但这些设施与基地的运营并不是主营业务，其使用率和经济收入都非常低，主要起到配套的作用，仅仅是一个规划概念。其次，产业形态零乱，雷同经营现象普遍。环线地区户外休闲旅游产业形态，主要以农家乐的形式接待，并以游客自发性地从事相关户外休闲活动为主，没有发挥各地区的资源特色来经营户外休闲旅游的产品与项目，还没有出现以户外休闲旅游项目为主题的集中区域，各地区存在的户外休闲旅游项目大多雷同，大部分人群从事散步健身、戏水玩水，少数人从事登山、宿营活动。这些单一与雷同的产业形态，并不能支撑户外休闲旅游产业的发展，导致整个环线地区户外休闲旅游的产业链还处于相当低的水平，户外休闲旅游产业布局尚不完整。

（三）赛事活动对户外休闲旅游的推广作用不足

近几年，户外休闲旅游发展十分迅速，全国的很多景区与地方人民政府都在举办一些国内、国际的户外运动赛事，用以推广本地区的户外休闲旅游，扩大自己的影响力。但峨眉山近几年来，有规模的赛事，仅有2009年举办的"全国首届定向运动大会"，和2014年10月举办的"中信国安杯2014年峨眉山市国际钓鱼邀请赛"。这两届赛事立足峨眉山的自然条件与品牌号召力，吸引了国际国内的爱好者来参加，起到了推广峨眉山旅游的作用。但从这两届赛事的组织目的来看，其主要目的是推进地区内部分旅游地产的发展。因为没有后续配套项目与服务跟进，这些活动对地区户外休闲旅游发展的推动作用有限。从峨眉山所具备的丰富的赛事资源来看，目前峨眉山所举办的赛事非常少，规模有限，在赛事的多样性、相关性、连续性、延续性等方面，都不足以支撑峨眉山户外休闲旅游发展的需要。

（四）对户外休闲旅游活动的安全管理意识滞后

户外休闲旅游有一定风险性，近年来国内各风景区时常有意外事故，甚至游客身亡的事件发生。以安全为核心的组织与管理、防控与急救、标准与公约等硬软件配套保障体系的建设，是户外休闲旅游可持续发展的根本[4]。目前在环线某些地区，已经有户外休闲旅游业态的萌芽产生。面对巨大的发展潜力，峨眉山在户外休闲旅游的保障体系建设方面，尚没有做出有效工作，对户外休闲旅游的安全管理意识还很淡泊。安全管理机构与专业管理团队还没有建立，没有建立准入标准与安全保障公约，各个区域所从事项目的安全性评估与等级划分还没有标准。在当前受到爱好者们推崇的一些主要区域，诸如张沟-四季坪、龙池-万佛顶这两个危险系数较高的区域，没有建立系统的、专业性强的公告、安全警示标识等基本保障体系。由于安全管理意识水平较低，使得受众人群的可预见性判断力降低，导致这两个区域几乎每年都有安全事故发生，甚至发生过死亡事故。目前，峨眉山户外休闲旅游的安全配套保障体系建设明显滞后于观光旅游的发展，不利于户外休闲旅游的发展，不能有效支撑峨眉山旅游的发展，更不适应当前旅游发展大趋势。

二、环峨眉山旅游环线地区发展户外休闲旅游的策略

（一）从规划方面

1. 加强政策引导，合理完成环线地区户外休闲旅游的产业布局

目前，峨眉山旅游环线地区户外休闲旅游的发展水平较低，与当前的旅游经济发展的趋势不符。地方人民政府和景区管理机构应在总体规划框架下，制定相关的户外休闲旅游产业发展政策，避免盲目无序开发所带来的产业混乱、环境破坏、事故频发等问题[5]。按《峨眉山旅游度假区总体规划》，在整个环线将形成更多旅游点与聚集区域，如何开发与发展户外休闲旅游产业，避免无序开发与恶性竞争所带来的一系列问题，合理进行户外休闲旅游的产业布局，是非常必要的。地方人民政府和景区管理机构，应对环线户外休闲资源进行普查，邀请专家学者，对各个区域的项目开发与准入标准进行规划，形成发展户外休闲旅游产业的规划方案，引导各个区域按规划有序发展户外休闲旅游产业，形成合理的产业布局。这样，既能保护整个环峨眉山地区的生态与人文环境，也能可持续发展户外休闲旅游产业。

2. 打造并重视特色项目运动基地的建设

在峨眉山旅游环线地区户外休闲旅游发展的规划中，一定要将特色项目的运动基地打造放在规划蓝图中，因为户外运动项目基地的作用很大。目前国内以基地为依托发展户外休闲旅游的成功案例较多，如四川小金县打造的登山运动基地、江西武功山景区打造的宿营基地、广西桂林打造的自然岩壁攀岩基地等。这些基地的建设与运营，吸引了大量的爱好者和专业运动员前来体验和挑战，在当地旅游业发展中发挥了龙头作用，也扩大了地区的户外休闲旅游产业的宣传与推广力度，并有效地促进了当地户外旅游向专业化管理方向发展。

（二）从营销方面

1. 充分发挥户外运动赛事在营销方面的强大推广作用

近年来，国内很多的旅游景区都成功地举办了在国际国内有影响力的户外运动赛事，如武隆国际山地户外运动公开赛、中国（桂林）国际市民徒步大会、全国露营大会系列活动等参与其中当前的户外运动赛事将运动挑战与生活体验结合，参与其中的既有专业运动员，也有广大的全民爱好者。每次赛事均吸引了大量的参赛者，国际国内的媒

体也争相报道。举办户外休闲运动赛事，已成为景区营销自身的重要载体，它的营销作用是无可比拟的。峨眉山旅游环线有着丰富的赛事资源，完全可以组织多种不同级别的赛事活动。在国家发布《关于加快发展体育产业促进体育消费的若干意见》的背景下，不论是当地政府，还是景区管理机构，都要意识到举办户外休闲运动赛事的巨大商机和强大的营销推广作用。应借助峨眉山在世界上的品牌号召力，采用多种渠道，以创新的手段引入专业比赛或创办地方特色赛事活动，力求保持一项或多项在国际国内有影响力的持续赛事，从而在峨眉山旅游环线地区打造户外休闲旅游的强大的营销平台。

2. 充分利用现有的营销媒体资源与渠道

峨眉山在观光旅游的营销方面已经开始采用多媒体营销手段和渠道。当地政府非常重视峨眉山景区的营销工作，从景区的全信息化建设的完成，到四川首届国际旅游博览会的成功举办，全领域多手段的营销体系已在日渐完善，且在国内处于领先的地位。国际国内的旅游人士，都可以通过便捷的方式，全方位地了解峨眉山旅游。所以，在环线地区发展户外休闲旅游，已具备了较好的营销媒体平台。在发展过程中应充分利用现有媒体资源和渠道，开辟一些专门的窗口来进行营销宣传，实时地发布动态，建立信息互动平台，形成线上、线下一体化的营销体系，有效地促进整个地区户外休闲旅游业的发展。

(三) 从风险防控与保障方面

1. 组建各级风险防控管理机构

作为国际著名旅游目的地的峨眉山，发展户外休闲旅游，必然会吸引广大人群来体验与参与。地方人民政府与管理者应有前瞻性，为户外休闲旅游的风险管理做出周密布置，建立健全组织管理体系，在发展的前期就必须要高度重视这项工作。必须组建诸如安全与应急管理服务中心之类的管理机构或部门，在相关区域设立分支机构，并规定各级管理机构的职责与权限，对环境保护、商家经营行为、旅游者的旅游行为进行分级分类管理。应急团队可以由官方组建，也可以引进民间的专业团队进驻，前提是必须熟悉本区域环境情况、技能专业、经验丰富、装备精良，接到预警时能第一时间到达救援地展开救援。

2. 建立完善的风险管理配套规章制度

在风险管理与防控时，加强制度建设与落实，可以有效地避免风险与降低损失。管理者应落实管理机构的职责，制定各个区域不同级别的安全应急管理预案、风险管理问责制度、线路开发与分级制度、风险防控信息发布机制、风险管理检查与巡视制度等规章制度。经营者要建立高危项目的经营许可管理制度、高危项目经营保险与处罚制度、高危项目日常经营登记制度、从业人员资质培训与审查制度、专业装备设施检查与报废制度、卫生管理配套制度等规章制度。旅行者要制定各类项目准入标准、高危项目进入报备制度、旅行者安全旅行行为公约等规章制度。建立完善的制度不仅能有效防控风险，降低损失与负面影响，还可以有效保护整个区域的自然生态与人文环境，确保环线的户外休闲旅游产业良性发展。

3. 加强多手段的应急管理与信息发布平台建设

当前一些户外运动中的危险的发生，多是因为参与者对区域信息把握不准确，以及在超出自身能力极限而盲从的情况下发生的。所以在制定完善的风险防控规章制度基础上，必须加强多手段的信息发布的平台建设，借助峨眉山景区成熟的互联网营销平台，创建微信、微博或短信发布平台、在各区域经营项目的营地、入口处、聚集区建立信息发布点，设立警示标识，将该区域从事项目的准入标准、强度难度等级、安全旅游行为公约等内容，以及实时天气、水文、地质、交通、通信、路线状况等信息进行发布并做到实时更新。建立多手段的应急与信息发布平台，让旅行者能实时把握准确信息，避免因误入和盲从而发生意外。

三、结语

在峨眉山旅游环线发展户外休闲旅游，可充分利用峨眉山旅游环线的资源特色，大力发展户外休闲旅游，这是区域旅游产业发展的重要战略。目前峨眉山户外休闲旅游业发展还没有走上产业化发展道路，严重滞后于观光旅游的发展，不利于峨眉山旅游转型。峨眉山当地政府和管理机构应立足峨眉山品牌优势，充分了解当前旅游发展的新趋势，制定出切实有效的具体措施，充分利用社会各界资源，贯彻可持续发展思维，合理有效进行环线户外休闲旅游的产业布局，在安全管控有效的基础上，循序渐进地开发旅游项目，使峨眉山环线户外休闲旅游与核心景区观光旅游完美结合，从而有效支撑峨眉山完成旅游战略转型。

参考文献

[1] 丁怀宇. 挖掘旅游资源　打造国际旅游度假区 [N]. 乐山日报, 2011-12-04 (1).

[2] 周立华. 国内外体育旅游开发的比较研究 [J]. 武汉体育学院学报, 2005, 39 (1): 23-25.

[3] 宋培. 山岳型专项旅游与户外旅游的研究 [J]. 知识经济, 2009 (11): 72-72.

[4] 陶宇平, 李中华, 李月华, 等. 全民健身工程中户外运动休闲的安全管理体系研究 [J]. 四川体育科学, 2013 (1): 84-88.

[5] 王平. 我国户外运动旅游发展现状及策略研究 [J]. 旅游纵览, 2014 (5): 34-36.

（本文发表在《乐山师范学院学报》2016年第8期上）

岷江流域少数民族传统体育
非物质文化遗产保护及旅游业开发[①]

李欣，上官若男，杨力源，张蕾

（成都大学体育学院，四川成都 610106）

岷江发源于四川省松潘县，松潘至都江堰为上游段，都江堰至乐山为中游段，乐山至宜宾为下游段，在宜宾汇入长江。在此流域中分布着54个少数民族（含14个人口上万的少数民族）。其中上游主要是羌族、藏族，中游以彝族居多，下游主要为苗族。现代经济发展过程中少数民族传统体育文化面临严峻的挑战，日益枯竭消亡；加之2008年大地震对岷江流域少数民族聚居地造成巨大破坏，使得岷江流域少数民族非物质文化遗产的保护出现了许多亟待解决的问题。国务院在《关于进一步繁荣发展少数民族文化事业的若干意见》中提出将发展民族文化事业作为巩固民族团结、推动文化发展繁荣的重要措施。我们认为：在少数民族地区，将传统体育文化与旅游产业进行融合开发，将使旅游业具备广泛的民俗性、显著的健身性、良好的观赏性和娱乐性；能改善传统旅游产品的结构，增强旅游产品的竞争力，提高当地经济效益。

少数民族传统体育文化与旅游产业的融合开发，既是社会发展的必然规律，也是经济产业发展的需要。

本文将从非物质文化遗产保护和文化旅游产业发展两个视角，来探讨四川省岷江流域少数民族传统体育非物质文化遗产的保护与旅游产业开发问题。本文以岷江流域少数民族（主要包括藏族、羌族、彝族和苗族）传统体育非物质文化遗产保护和旅游产业的开发作为研究对象，对该地区少数民族传统体育非物质文化遗产的项目、分布和特征进行分类总结，对体育文化旅游产业的开发进行细致的剖析和重新认识，指出了体育文化旅游产业开发的意义，制定了具体的开发策略。这不仅可以丰富少数民族体育文化的理论研究，也可为实现少数民族体育文化产业健康、持续发展提供理论策略上的参考和借鉴。

---

① 基金项目：四川省哲学社会科学重点研究基地彝族文化研究中心项目（YZWH1520）；四川省社会科学重点研究基地四川旅游发展研究中心项目（LYC15-31）；四川省教育厅地方文化资源保护与开发研究中心（重点研究基地）开放课题（15DFWH015）。

一、体育非物质文化遗产

体育非物质文化遗产，主要是指被群体或个人视为其文化重要组成部分，具有游戏、教育和竞技特点的运动技艺与技能，以及在实施这些技艺与技能的过程中所使用的各种器械、实物和空间场所。它既有与体育活动相关的竞赛程序、器械制作等，又有与各民族的社会特征、经济生活、宗教仪式、风俗习惯息息相关的传统文化现象，是一种"活态人文遗产"。少数民族体育非物质文化遗产概念的提出，对这类珍贵文化形态的抢救和保护大有帮助。少数民族体育非物质文化遗产的文化内涵应该包括以下几种形式：①少数民族体育文化中的精华；②少数民族体育文化代表性形态和形式；③少数民族濒危性传统体育；④少数民族特殊形式的体育非物质文化（不受创造时间限制）。

少数民族传统体育文化与旅游产业的开发融合，将对少数民族地区的传统民族文化保护传承和产业结构调整、发展经济带来巨大的好处。从文化保护传承的角度看，目前少数民族文化产业多数处于粗制化、低端化和同质化的粗放型发展阶段。发展少数民族体育文化旅游产业，一方面可以使文化资源转变为经济资源，从而促进少数民族地区经济的发展；另一方面可以提高大家对少数民族文化的保护意识，增强民族自豪感，促使少数民族文化得到更好的保护和传承发展。从产业结构的角度来说，我国西部地区少数民族传统体育资源丰富，形式多样，如能选择具有开发价值的传统体育文化资源进行开发和市场推广，将少数民族传统体育文化与旅游产业融合形成一个新的经济增长点，将有利于少数民族地区调整产业结构，实现少数民族地区社会经济文化事业的全面可持续发展。

二、岷江流域主要少数民族传统体育项目统计

根据我们的统计，岷江流域少数民族（主要包括藏族、彝族、羌族和苗族四个少数民族）有传统体育项目共计 83 个。按其性质不同，我们将其分为竞技、娱乐、民族舞蹈和武术气功四大类。具体统计情况详见表 1。

由表 1 可知，藏族传统民族体育项目共计 14 项，羌族传统民族体育项目共计 32 项，彝族传统民族体育项目共计 22 项，苗族传统民族体育项目共计 15 项。其中竞技类 26 项，娱乐类 28 项，传统舞蹈类 24 项，武术气功类 5 项。竞技类、娱乐类和民族舞蹈类明显占据主导地位，也反映出岷江流域少数民族勤劳勇敢、热爱生活、能歌善舞的民族特性。这些项目也将是我们进行非物质文化遗产保护及体育旅游产业开发的重点项目，尤其是娱乐类和民族舞蹈类的项目，可参与性强，具有较高的文化价值和愉悦身心的功效。我们认为，应当从这些项目中优先挑选合适的项目进行少数民族体育旅游项目开发。

表 1　　　　　　岷江流域主要少数民族传统体育分类一览表

类别	藏族	羌族	彝族	苗族
竞技类	抱石头、射碧秀（射响箭）、格吞（脖颈拔河）、赛马、赛牦牛、射箭、跑马打枪	推杆、摔跤、提石墩、斗鸡、赛马、射击、明火枪打靶、扭棍子、扳手劲、甩皮封	赛马、斗牛、摔跤、蹲斗、磨儿秋、射箭	赛马、斗牛、射箭
娱乐类	大象拔河、藏棋、打吉韧、放风筝、俄多（用羊鞭甩石头）	抱蛋、抓石子、翻杠子、金骨牌、跳船（船哦得杀）、秋千、丢窝窝、五马跑四角、拍球、抓天杆、溜索	跳火绳、爬油杆、打陀螺、藤秋、跳水牛	秋千、打泥脚、麻古（苗族手毽）、上刀梯、爬花杆、爬坡杆、打禾鸡
民族舞蹈类	跳锅庄	跳沙朗、羊皮鼓舞、铠甲舞、牦牛愿、跳麻龙、舞龙灯、秋格拉萨、耍狮灯	大刀舞、盾牌舞、羊皮鼓舞、铃铛舞、芦笙舞、铜鼓舞、跳花灯、烟盒舞	舞狮、接龙舞、猴儿鼓舞、跳鼓
武术气功类	藏式摔跤	羌族武术、羌族气功、羌族摔跤		苗拳

三、少数民族体育文化的特点和发展体育旅游的优势

（一）岷江流域少数民族传统体育文化的特点

根据我们的总结，可将岷江流域少数民族传统体育文化归纳为宗教性、劳动传承性和休闲娱乐性文化。

1. 宗教性

岷江流域少数民族传统体育具有较强的宗教性特征，大部分的民俗舞蹈都是伴随着宗教信仰和祭祀活动同时发展的。这些民俗舞蹈具有明显的功利性，即避祸趋福、祈求丰收和人丁兴旺。如彝族人民以虎为图腾，作为腊罗巴传统体育舞蹈的重要代表——老虎笙，则是拜虎傩仪的再现。再如羌族普遍信仰万物有灵和崇拜祖先的原始宗教，他们在祭祀时以舞蹈娱神，在各种类型的祭祀舞蹈中又都以巫为组织者和领导者，形成了流传至今的羊皮鼓舞。由此可见，少数民族传统民俗文化与宗教信仰密不可分，祭祀、庆典、祈福、祈祷等宗教活动成为民俗文化的重要载体。

2. 劳动传承性

远古时期的彝族、藏族、羌族、苗族同胞，受地理条件所限，主要以打猎及采集野果为生。跑跳、攀爬、投掷、射箭就成为他们生存所必需的生活技能。我们的调查发现，射箭（射击）是这些少数民族共有的传统体育活动。而随着生产方式的进步，少数民族同胞开始了牧猎与耕种，又出现了诸如赛马、跳水牛等传统体育项目。这些民俗体育活动与当地的历史、文化、社会、政治、经济、宗教变迁紧密相连，在生产劳动中产生和发展，具有明显的劳动传承性。

3. 休闲娱乐性

随着岷江流域文化和经济的繁荣，该区域的少数民族传统体育呈现出了休闲娱乐性。表现为传统体育不再仅仅是反映宗教祭祀和生产劳动的项目，而且具有较强的表演性和休闲娱乐性。如放风筝、跳船、爬坡杆等，都是为了欢庆佳节、庆祝新婚添丁等而形成的，具有较强的娱乐性。这种类型的民俗体育项目就是一种游戏，其娱乐性可以促进人民身心健康，提高生活质量，从而流传至今。

（二）岷江流域开展少数民族传统体育文化旅游的优势

1. 政策的扶持

四川省对岷江流域经济开发进行了合理的政策扶持和规划。这是岷江流域进行少数民族体育文化旅游开发的重要保障。四川省出台了《四川汶川地震灾后旅游业恢复重建规划（2008—2010）》等文件，涉及成都市、德阳市、绵阳市、广元市、雅安市及阿坝藏族羌族自治州6个市（州）的30个县（市、区），对四川灾后旅游业重建和开发起到了重要作用。

2. 旅游资源的优势

岷江流域具有十分丰富的旅游资源，国家级风景名胜区、国家森林公园、国家地质公园、国家级自然保护区、国家旅游度假区、5A级旅游区都是开展观光旅游、休闲度假、休闲体育的理想场所。此外，岷江流域人文景观资源丰富，如青城山是我国著名的道教仙山，乐山大佛亦闻名中外。这些优质旅游资源为开展少数民族体育旅游提供了重要基础。

3. 少数民族传统文化是开展体育文化旅游的特殊动力

少数民族体育文化旅游的特殊性在于少数民族地区独有的传统文化。岷江流域少数民族地区独有的经济、生态和人文环境，决定了其不应用传统旅游的方式来进行市场开发，而应该认清该地区开展旅游活动的特殊性，充分利用好旅游资源的独有性，开展少数民族体育旅游，通过保护、研习和弘扬少数民族文化，来开发少数民族体育文化旅游市场。少数民族传统文化是形成少数民族传统体育文化的根源，体育文化旅游产业的开发应在弘扬传统文化的基础上进行，否则就是无本之木；而少数民族传统体育活动具有较好的原始性、神秘性、观赏性和参与性，也为旅游爱好者提供了感受当地民族文化、人文风情的机会。

四、少数民族传统体育非物质文化遗产旅游产业开发的意义

（一）少数民族体育非物质文化遗产是宝贵的旅游资源

目前少数民族体育非物质文化遗产常见表现形式包括民俗体育、民俗歌舞和民俗节庆三大类。这些非物质文化遗产资源是当地少数民族长期形成的智慧结晶，文化内涵丰富，旅游附加价值高。通过对该地区少数民族体育非物质文化遗产的旅游产业开发，既可吸引对少数民族传统文化感兴趣的旅游爱好者，还可通过对其中的传统文化精髓的提炼，促进传统文化的传承和发展，可为当地经济注入新力量。

（二）少数民族体育非物质文化遗产能为旅游产业带来巨大的经济效益

少数民族体育非物质文化遗产具有独特性、民族性、不可再生性和稀缺性，这些特征保证了它的独特魅力，对广大旅游者来说具有极大的吸引力，能为当地带来巨大的旅游效益和经济效益。像羌寨、藏族锅庄、彝族风情旅游等都已经成为当地旅游的热门项目。而这种经济效益又可以反哺当地经济的发展，促使当地政府部门和旅游产业经营者更好地抢救、保护、传承和开发非物质文化遗产资源，达到双赢的目的。

（三）旅游产业是保护少数民族传统体育非物质文化遗产的重要手段

开展少数民族传统体育非物质文化旅游后，旅游经营者会自发地收集、整理、保护及开发出适合的旅游产品。这不仅有利于非物质文化遗产的保护，更可以通过旅游产品，提高少数民族传统体育非物质文化在群众中的影响，增强群众的保护意识，更好地传承和开发非物质文化遗产。此外，旅游产业可以为非物质文化遗产的文化传承、技艺继承、知识产权保护以及项目开发等多个方面提供资金。利用市场，解决了由政府部门单一管理的弊端，为少数民族传统体育非物质文化遗产找到了一个可持续发展的道路。通过旅游开发，可以更加充分地挖掘少数民族传统体育非物质文化遗产中的文化、经济和社会价值。将少数民族传统体育非物质文化遗产转变为旅游产品后便于实现其文化价值；旅游产品市场化，能够实现其经济价值；通过旅游产业，群众逐渐了解、认可并喜欢上少数民族传统体育非物质文化遗产，则实现了社会价值。

五、少数民族传统体育非物质文化遗产旅游的开发策略

（一）对少数民族传统体育非物质文化遗产进行收集、整理和保护

要进行少数民族传统体育非物质文化遗产旅游产业开发，应该开展相关资源的调查、收集、整理工作，了解体育非物质文化遗产的数量、分布、现状。运用文字、影像等多种方式，将上述资源分门别类地建档保存。在此基础上，对这些资源进行评估，找出适合旅游产业开发的项目，对于目前尚不具备旅游开发条件的项目也要意识到它们的稀缺性和珍贵性，加大保护力度，以待后续开发。进行旅游产业资源开发，不能仅仅局限于现有的自然景点结合体育旅游的模式，还要加大对非物质文化遗产中传承人的保护和开发，因为现有少数民族体育非物质文化遗产往往都是口口相传、单脉相承。保护好传承人，培养好接班人，可以使少数民族传统体育非物质文化遗产旅游走上可持续发展的道路。

（二）进行合理的政策扶持和规划

可以对岷江流域少数民族传统体育非物质文化旅游产业进行分区域开发，即上游的羌藏族文化体验旅游区域（阿坝地区）、中游的彝族文化体验旅游区域（乐山至西昌地区）以及下游的苗族文化体验旅游区域（宜宾地区）。它们各自发展成熟后，可将三块区域结合起来，打造岷江流域少数民族传统体育非物质文化旅游产业带。政府在政策法规、战略规划、基础设施建设、市场监管、形象宣传、公共服务、安全保障等方面提供支持。另外，还要分清主次，合理布局。目前阿坝、乐山与西昌的羌藏族旅游和彝族旅游已经达到了一个较高的水平，可以优先打造羌藏文化和彝族文化旅游产业经济区，进行少数民族传统体育非物质文化旅游试点，待取得一定成绩和经验后，再进行宜宾的苗族体育非物质文化旅游开发。

（三）进行旅游产业开发要植根于民族文化

首先，我们要认清在少数民族地区开发旅游产业的特殊性。充分利用当地独有、稀缺的文化旅游资源，开展体育旅游活动，不仅能促进经济发展，还能弘扬民族文化，提

高旅游体验度，促进经济持续发展。其次，我们要认识到少数民族的民族文化是少数民族传统体育非物质文化遗产之根。传统体育非物质文化遗产的保护、发掘和创新都应在弘扬传统民族文化的基础上进行，否则就是无本之木。而少数民族传统体育活动作为民族传统文化和民族精神的一种重要外在表现形式，具有较好的原始性、神秘性、观赏性和参与性，也为旅游爱好者提供了感受当地民族文化、人文风情的机会。最后，要突出少数民族原生态，强化旅游者的切身体验。现有的旅游开发不应局限于传统的观光旅游活动，而应通过创新传统民族文化的表现形式来强化旅游者的切身体验。例如可以对少数民族的民间音乐、舞蹈及体育表演进行创新，以求吸引更多的游客和观众。充分利用当地独特的原生态文化并加以创新改良，突出旅游资源特色，满足旅游市场需求。

（四）走生态化旅游产业开发的道路

岷江流域地区具有脆弱而复杂的生态环境，进行旅游产业开发，必须要保护该地区生态的原生性与真实性。这就必然要走生态化旅游产业开发的道路。

1. 可持续原则

政府、开发商、当地居民和旅游者都要以生态化、可持续为原则，对当地的生态环境进行维护，树立保护意识，减少旅游产业带来的环境破坏和资源浪费。

2. 保护性开发原则

在保护中开发，在开发中保护，这是生态旅游和传统大众旅游最大的区别。在羌族地区进行生态旅游开发时，应注意贯彻"低流量、高质量、高附加值"的发展新思路，强调开发和保护并重，将生态旅游承载量控制在阈值范围内。

3. 协调性原则

生态旅游开发过程中，应保持生态旅游资源的原生性和真实性。具体表现为要保护大自然的原始韵味，避免过度的人工开发和干预，旅游景点建筑应与周围生态环境和自然景色相协调。例如在羌寨的重建过程中，应保留历史文化韵味，与传统文化和自然环境相融合；在民族体育相关的旅游过程中，可安排旅游者进入当地居民家中吃住，提供原生态的旅游产品。

4. 全民参与原则

旅游项目开发中应吸收当地民间组织和个人，利用民间组织和个人对民族传统体育非物质文化遗产的熟悉和热爱，设计出与文化-自然遗产不同的旅游项目来。

参考文献

［1］曾思麟，刘永峰，荆治坤. 佛山体育非物质文化遗产保护传承现状与对策：以佛山蔡李佛拳为例［J］. 广州体育学院学报，2014（4）：25-27.

［2］赵显品. 体育非物质文化遗产保护与传承策略研究：以温州南拳个案为例［J］. 搏击·武术科学，2014（1）：34-36.

［3］张莉杰. 非物质文化遗产旅游开发探究［J］. 内蒙古教育（职教版），2012（5）：73-74.

［4］秦刚. 我国民族传统体育文化资源与产业发展研究［D］. 武汉：武汉理工大学，2012.

［5］代凌枝. 非物质文化遗产旅游开发研究［D］. 曲阜：曲阜师范大学，2011.

［6］华春霞，贾鸿雁. 非物质文化遗产与旅游开发 ［J］. 东南大学学报（哲学社会科学版），2007（12）：159-161.

［7］李欣. 腊罗巴文化在彝族传统体育中的作用研究 ［J］. 成都大学学报，2014（3）：115-117.

［8］闫华芳. 非物质文化遗产数字化保护的风险及防范对策 ［J］. 洛阳师范学院学报，2015（4）：69-72.

［9］李欣. 震后四川羌族地区生态化休闲体育旅游市场重建与开发 ［J］. 成都大学学报，2015（3）：26-30.

［10］蔡朝双. 福州市非物质文化遗产旅游开发研究 ［D］. 福州：福建师范大学，2010.

［11］陆莹. 川西民族地区生态旅游发展问题研究 ［D］. 成都：西南财经大学，2006.

（本文发表在《成都大学学报》2016 年第 4 期上）

浅析黑龙滩水库开发休闲体育旅游的可持续性[①]

周建辉[1]，黄毅[2]，李志鹏[1]

（1. 四川理工学院，四川自贡 610059；

2. 成都体育学院，四川成都 610041）

黑龙滩水库拥有广阔的湖水资源，湖周长达到 160 千米，南北长度为 13 千米，储水面积也基本达到了 3 亿立方米，被誉为"川西第一湖"。有 72 座不同大小的岛屿分布其中；地处亚热带季风气候区，环境宜人，空气清新，景区环境无污染；景区林木面积约有 5 000 公顷，森林覆盖率更是达到 98%，有三千多种稀有花草树木，有 60 余种鸟类；景区人文旅游资源也非常可观，湖中北区的太乙坝，是文物沉淀的标志，有唐代的龙崖、坐佛等。

一、黑龙滩休闲体育旅游开发的理论依据

（一）旅游开发的理论基础

黑龙滩景区拥有"成都后花园"和"川西第一海"美誉，拥有在休闲体育旅游中最具有潜质的旅游资源，可以打造有规模的休闲垂钓业、户外旅游，以及新奇的农业休闲体育旅游等。通过休闲体育旅游产品、产业模式、景区管理和经营理念的创新，来打造产业的差异性和独特性。黑龙滩景区对自己进行精致的包装和完善，通过广告等多种方式进行宣传。在加强对外宣传、树立产品的独特品牌形象时，要达到独特的效果，打造产业内最具特色的乡村旅游。

（二）资源整合的理论基础

资源整合就是将资源全面地开发、利用和挖掘，在开发资源时要有取有舍，将资源整合达到最优化的地步。黑龙滩景区应以休闲体育旅游业为主体，向舒适、健康、享受型旅游转变，让游客在旅游中身心得到放松，同时身体也得到充分锻炼。将身心放松与身体锻炼有效地结合起来，这也符合当代人的需求。黑龙滩景区应该将资源优化配置，整合各类旅游资源，以政府牵头，加强企业间的合作及与周边居民的联系，结合景区经

---

① 四川省社会科学重点研究基地——四川旅游发展研究中心立项课题（编号：LYC13-36）成果。

营者和周边居民的努力，实现由传统的观光旅游到享受型休闲体育旅游的转变。景区可以依托本身的广阔水域和历史文化底蕴，把自然资源和文化资源二者紧密整合。这样既能添加新的休闲娱乐元素，发展新的旅游特色产品，又能实现黑龙滩本身的价值和意义，同时提高黑龙滩的经济水平。

二、黑龙滩景区体育旅游开发存在的问题

（一）旅游资源布局不合理

黑龙滩水域宽，有85座岛屿，资源整体开发过程中存在着极大的困难。去过黑龙滩景区的游客都知道，有一定规模的只有湖岸和湖中几个岛屿，而大多数岛屿其实就是荒岛，没有得到开发。其旅游资源开发得比较分散，没有形成统一的布局。当游客想去下一个景点时，不得不通过渡船的方式前往，而到达该岛后才发现只有单一的景点或者简单的建筑。因此，在建设"新"的黑龙滩时，对这些因素，应多多改善。

（二）宣传力度不到位

在这个经济飞速发展的时代，传统的观念已不符合当今的发展。黑龙滩应该将自己的特色产品和旅游线路等信息向大家传递，加强对外宣传力度，这样才能使黑龙滩的形象深入人心，让游客产生"我要去黑龙滩看看，我想去黑龙滩看看，我应该去黑龙滩看看"的想法。可是我们打开眉山旅游信息网站查阅，其中有很多信息已经跟不上潮流，没有具体的介绍和对外宣传的资料，因此对游客没有足够的吸引力。

（三）没有充分利用自身的历史文化底蕴

黑龙滩景区拥有丰富的历史文化资源，但这些资源都没能得到合理开发，传统的东西未能得到人们重视。

（四）缺乏地方特色和高端旅游产品

黑龙滩景区没有很好地将产品开发出来。产品开发应该符合当代人的旅游观念，打造健康的休闲体育旅游产业。景区应该围绕"人无我有，人有我先"的发展观念，将特色项目和高端体育旅游项目开发出来并向大家推广。

三、策略和建议

（一）坚持原则，打造鲜明特色

一个景区的资源和旅游产品的开发必须要具备当地特色，只有做到与众不同，有足够的吸引力，才会赢得游客的青睐。进行资源的开发要与环境效应、社会效应相协调。景区除了开发新的旅游产品以外，还要提高自身的接待能力和吸引力，达到旅游功能的多样化，避免单一的旅游功能。在不违背大自然发展规律的情况下，应该将开发与环境保护相结合，既要保证景区的吸引力和特色原则，将可持续发展深入到每个人心中，又要注意优化产业结构，做到人与大自然和谐相处。

（二）建议

黑龙滩水库一定要利用自身资源开拓体育产品市场，这对带动仁寿县经济发展有着很大的作用。政府应该更加重视黑龙滩休闲体育旅游开发以提升景区旅游功能和吸引力，做好宣传工作，树立品牌形象，加强与周边的合作，加强景区管理，保护好环境，促进旅游的可持续发展，使黑龙滩景区发展更加成熟。

1. 丰富休闲垂钓

休闲垂钓业在当今休闲体育产业中占据举足轻重的地位。目前我国有钓鱼爱好者约9 000万人，在风景秀丽的水库、湖泊建立了游钓乐园。垂钓活动不受年龄的限制，只要喜欢垂钓，都可以进行这项活动。垂钓休闲活动是让喜爱垂钓者重复到此地旅游的因素之一。喜欢垂钓活动的人更愿意待在风景秀丽的大自然中享受人与自然融洽相处的感觉。垂钓者利用一天的时间待在景区内，会有饮食、住宿、娱乐等基本需求，这些需求会给景区创造很大的经济效应。休闲垂钓业相对于很多休闲活动来说，污染小而且节能，有利于自然环境的保护，减少天然水域中资源捕捞的压力。合理开发垂钓业可以为黑龙滩渔业生态发展提供可持续发展的机会。

2. 开展皮划艇休闲运动

黑龙滩水域较宽，能发展皮划艇等水上休闲体育活动，其娱乐性很可能使其成为当地旅游的特色。皮划艇操作简单易学，游客们应会喜欢这个高端游玩项目。特别是青龙咀岛上有省林科院试验场引种的世界各地的300多种稀有林木花卉，使这里四季景色多彩多姿，常年鸟语花香，环境优美，惹人留恋。游客不仅可以划船，同时也可以欣赏各类植物，可谓一举两得。黑龙滩旅游景区也可定期举办皮划艇比赛，促进并带动餐馆等附属经济。在四川像黑龙滩水库这样拥有宽阔水域的地方少，若将其打造成四川省乃至全国皮划艇运动训练基地，为国家输送一部分人才，便可使黑龙滩的旅游资源得到宣传，也便于有志之士来到黑龙滩投资，使资源得到整合和利用。

3. 发展定向越野休闲运动

定向越野运动是一项非常健康的智慧型体育项目，是将智力和体力有机结合的运动。它能培养人的独立思考的能力。定向越野可以将三大弯作为活动场地，三大弯位于景区腹心地带，大型岛屿之上。该岛形貌奇特，弯多水深，岸线曲折，与西部丘陵以一桥相连。岛上山与山相互连接交错，隔岛相望，山清水秀，环境优美，被四川省林业厅命名为"省级森林公园"，对开展和发展定向越野项目非常有利。成都离黑龙滩很近，周末或节假日一家人来到此地参与这项运动，回归自然，放松身心，可以增加不少乐趣。

参考文献

［1］四川省仁寿县黑龙滩景区旅游发展总体规划［EB/OL］.［2016-09-18］. http：//www. rsgover. com. cn.

［2］胡召芹. 安徽环巢湖旅游区休闲旅游开发研究［D］. 武汉：华中师范大学，2008.

［3］吴克祥，李舟. 休闲旅游产业发展模式探讨［J］. 商业时代，2004（8）：62-62.

（本文发表在《经营管理者》2016年第28期上）

生态绿道体育旅游发展的现状研究
——以峨眉河生态绿道为例①

周咏松

（乐山师范学院体育学院，四川乐山 614004）

峨眉河生态绿道是乐山市借鉴国内外绿道而建设的一条示范绿道，它体现了交通、生态、游憩和保护的统一，并且为市民和来峨眉山旅游的游客增加了一种新型的体育旅游项目，因此峨眉河生态绿道的发展成为人们热议的话题。虽然峨眉河生态绿道体育旅游的发展势头很好，但是对市民和游客的调查显示，峨眉河生态绿道体育旅游仍然存在一定的问题。

一、研究对象与方法

（一）研究对象

本文以峨眉河生态绿道体育旅游爱好者、峨眉河绿道主管部门、体育旅游俱乐部为研究对象。

（二）研究方法

1. 文献资料法

通过查阅绿道研究、体育旅游、绿道体育发展等相关书籍和学术论文，获取了翔实的理论依据和方法论。

2. 问卷调查法

根据研究内容综合设计了《峨眉河绿道体育旅游调查问卷》，经多次审核、修改后定稿。经效度检验具有有效性。共发放调查问卷 650 份，回收 650 份，回收率 100%，剔除无效问卷 50 份，有效问卷共 600 份，有效率 92.3%。

3. 访谈法

向峨眉河绿道负责人、乐山市体育局领导、峨眉河生态绿道体育旅游爱好者等了解峨眉河生态绿道体育旅游的开展情况。

4. 实地调查法

到峨眉河生态绿道对体育旅游设施和体育旅游服务进行调研，通过调研找出其中的问题。

---

① 基金项目：四川省哲学社会科学重点研究基地——四川旅游发展研究中心立项课题（LYC13-18）；四川省教育厅人文社会科学（体育社会科学）重点研究基地课题（TY2013213）。

研究结果如图1、表1、表2、表3和表3所示。

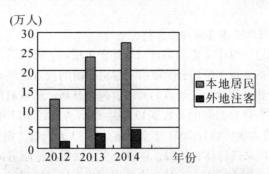

图1　峨眉河生态绿道历年体育旅游人数统计

表1　　　　　　峨眉河生态绿道体育旅游人员年龄调查表

	少年	青年		中年			老年
年龄	18岁以下	18~28岁	29~40岁	41~48岁	49~55岁	56~65岁	65岁以上
人数（人）	32	61	111	121	124	131	20
比例	5%	10%	19%	20%	21%	22%	3%
合计	5%	29%		63%			3%

表2　　　　　　峨眉河生态绿道体育旅游参与项目（n=600）

	散步	快走	骑自行车	徒步	钓鱼	太极拳	穿越
人数（人）	238	39	254	31	15	18	6
比例	40%	7%	42%	5%	2%	3%	1%

表3　　　　　　体育旅游者满意度调查统计表（n=600）

	满意	基本满意	一般或不太确定	不太满意	不满意
人数（人）	67	174	237	103	19
比例	11%	29%	40%	17%	3%

表4　　　　　　体育旅游不满意原因统计（n=600，本选项为多选）

不满意原因	人数	比例
峨眉河生态绿道不太好找	306	51%
峨眉河生态绿道离城远，交通不便	192	32%
峨眉河生态绿道休息点和厕所不够	432	72%
峨眉河生态绿道可以租赁自行车的地方太少	264	44%
峨眉河生态绿道上有些道路不安全	180	30%
峨眉河生态绿道上应该修建更多体育设施	60	10%

二、研究结果分析

（一）峨眉河生态绿道体育旅游者分析

对峨眉河生态绿道体育旅游者的调查结果如图1所示。可以看出，随着我国经济的发展，参与体育旅游的人数不断增长，政府对绿道旅游的投入也越来越高，开展的项目也越来越多，对政府建设体育旅游景点的要求也越来越高。从峨眉河生态绿道管理部门了解到，来峨眉河进行体育旅游的人数2012年达15万人次，2013年达28万人次，2014年5月已经达到20万人次，估计2014年全年将达到33万人次。调查问卷结果显示，有11%的游客也是第一次来进行体育旅游，且纷纷表示以后将把峨眉河生态绿道介绍给自己的亲朋好友，让他们周末或者节假日也来峨眉河生态绿道锻炼健身。在峨眉绿道上锻炼的外地旅游者比本地居民少，主要原因是峨眉河生态绿道体育旅游项目还没有正式完工，政府方面没有把此处作为一个旅游景点进行宣传，很多外地体育旅游者不知道这条绿道；并且外地旅游者时间有限，而这条绿道距离峨眉山景区还有一定的距离，没有直达的交通车，所以去的人不多。不过外地体育旅游者这3年的增长幅度很大，说明峨眉河体育旅游对外地体育旅游者的吸引力在逐渐增强。还有一个原因是这两年峨眉地区的交通建设提速，峨眉山市已经完成了与各省、各市的高速路口对接，很多外地群众可以直接从高速公路到达峨眉旅游景区。同时体育旅游人员也反映了一个问题，峨眉河生态绿道一期的建设很完善，多数人都是在一期进行体育旅游活动。但人太多了不利于安全，而且环境承载量也有限，人们期望尽快把峨眉河二期完工并投入使用。

按照中国对年龄的分段，对600名峨眉河生态绿道体育者年龄结构做出分析。青年和中年人群是峨眉河生态绿道体育旅游的主力军，其中青年群体占总调查人数的29%，中年群体占据调查人数的63%。而少年群体仅占调查人数的5%，老年群体更少，仅仅占3%。

在对峨眉河旅游者的访谈和调研中得到的信息显示，峨眉河生态绿道体育旅游中的少年群体和老年群体均是由青年或中年群体所带过来的，属于被动参与，而主动参加的很少。这个原因很值得探究。中国处于老龄化人口急剧增加的时期，老年人在城市里面跳广场舞扰民的现象已经由个案发展成常态，如何有效地把老年人的身体锻炼从城市引导向城郊，达到不扰民又健身的效果，绿道体育旅游是一个很好的解决途径。在访谈中，老年人均表现出对绿道体育旅游的向往，但是实际上他们的需求目前无法满足。主要在于峨眉河生态绿道较远，且交通不方便，连从城区直达峨眉河生态绿道的公交车都没有；从身体素质方面考虑，他们也不可能像年轻人一样直接骑车到峨眉河生态绿道；更何况现在的峨眉河生态绿道连基础服务设施都没有完善，所以老年人的顾虑很多。

参与峨眉河生态绿道体育旅游的少年人数也较少，原因主要集中在以下几个方面：青少年学习生活的压力较大，没有多余的时间进行锻炼；峨眉河生态绿道体育旅游项目主要集中在骑车和散步两个方面，而青少年更喜欢运动比较剧烈、对抗性比较强的项目，如篮球、足球等；少年目前的身体状况较好，对健身锻炼、科学健身的认识还没有中年人深刻。

参与峨眉河生态绿道体育旅游的青年人数达到了29%。在走访调查中发现，青年人到峨眉河生态绿道进行体育旅游的原因是：第一，绿道体育旅游是由国外引进到国内的一种健康的生活方式，青年人对新生事物充满了兴趣，通过绿道体育旅游可以得到新的体验；第二，当今体育健身的主流是走出场馆，探索自然，户外、休闲、健身、骑行都是青年人健身的热门话题，而绿道体育旅游集中了户外、休闲、健身、骑行等各种元素，因此绿道体育旅游深受青年人的喜爱；第三，绿道体育旅游参与的广泛性和低门槛为青年人提供了一个交朋结友的平台，青年人可以通过绿道体育旅游结识更多的朋友，获得更多的人脉资源。

中年人是峨眉河生态绿道体育旅游的主力军，占调查人群的63%，这与过去的统计有较大不同。过去进行的传统全民健身的一般统计，长期以来中年人都不是全民健身的主要群体，原因在于中年人承担着抚养家庭和工作竞争的压力，都不注意自身的身体锻炼。峨眉河生态绿道的中年体育旅游者成为主力军的原因，首先，是在峨眉河生态绿道健身主要进行的是散步和骑行，这两个项目是低强度的有氧运动，不算剧烈运动，但是很容易达到锻炼效果，非常适合中年人进行。其次，峨眉河生态绿道体育旅游倡导一种走进户外、亲近自然的慢生活方式，通过远离城市可以有效地缓解中年人的心理压力，使其身体和心灵得到极大的放松（见表1）。

（二）峨眉河生态绿道体育旅游群众参与项目分析

从表2可看出，多数来峨眉河生态绿道参与体育旅游的群众选择的锻炼方式以散步和骑车为主。其中散步人数为238人，占总调查人数的40%；骑自行车的人数为254人，占总调查人数的42%。这也符合绿道体育旅游的慢行特点。多数人参加绿道体育旅游，本身是为了通过体育锻炼的形式亲近自然，体验休闲旅游生活。在此基础上，绿道体育旅游现阶段的发展重点就应该为这两类体育活动提供相应的旅游服务，改善旅游服务设施，为散步和骑行旅游提供便利，以此为峨眉河生态绿道体育旅游的发展提供重点发展方向，也为全民健身提供一个良好的锻炼环境。对于来绿道上进行其他体育旅游项目的群众也应该鼓励和支持，毕竟绿道体育旅游是一个新生事物，对绿道体育项目都应该保持一种开放的态度。通过对绿道体育旅游项目的不断尝试，开发出具有峨眉河特色的体育旅游项目，最终促进整个绿道体育旅游的发展。

（三）峨眉河生态绿道体育旅游者满意度分析

峨眉河生态绿道体育旅游发展中最重要的是旅游者的体验感受，旅游者对峨眉山绿道体育旅游的满意程度是衡量峨眉河生态绿道体育旅游开发水平的最重要指标。根据对调查表的统计分析可知，目前峨眉河生态绿道体育旅游者的满意度呈现出两头小、中间大的态势。现阶段峨眉河体育旅游发展表现出良好的发展势头，说明峨眉河生态绿道体育旅游发展方向是正确的。尽管如此，但是对峨眉河生态绿道体育旅游的满意度为一般或者是不太确定的人数达到了调查人数的40%，这也是值得注意的群体。这部分群体总体来说是认可峨眉河生态绿道体育旅游这个项目的，但是这个体育旅游服务在服务上有细节不完善，不能完全满足他们的要求。最值得重视的是对峨眉河生态绿道体育旅游不太满意的群体，这个群体虽然人数仅占调查人数的17%，但是这部分群体必须重视。实际上这部分人也是经常到峨眉河生态绿道进行体育旅游的群体，他们对峨眉河生态绿道体育旅游的关注程度比其他人群都高。这部分人的意见也基本代表了公众对峨眉河生态绿道的看法，政府需要认真审视他们的意见，如果忽视他们的诉求，这部分群体就会滑落到不满意的地步，最终导致峨眉河生态绿道体育旅游的衰落。因此了解他们的意见，是迫在眉睫的问题（见表3）。

（四）对绿道体育旅游不满意的原因分析

绿道体育旅游的发展趋势是向上的。但是绿道在我国是新生事物，在体育旅游方面，全国都是在探索中发展。发展中出现一些问题是不可避免，正视问题的存在并对问题进行改正是保持绿道体育旅游发展的首要保证。在调查表上的对绿道体育旅游不满意的统计结果显示，一共有6项意见超过调查人数的10%（低于10%不计入统计）。经过分析，其中主要包含两个方面的意见：一是峨眉河生态绿道体育旅游服务设施不完善；二是峨眉河生态绿道的外部环境硬件不达标。

1. 峨眉河生态绿道体育旅游服务设施不完善

多达72%的受访人士均反映绿道上的休息点和厕所不够。据笔者的实地观察，峨眉河生态绿道上几乎没有什么休息点，绿道体育旅游人员想休息就得随便在绿道上找个地方坐下，或者是去附近村落的农民家休息；绿道上的厕所很少，峨眉河生态绿道一期7.1千米的路上就只有3个厕所，分别在起点、途中和终点，很多来旅游的人找不到厕所，有可能造成生态污染，而且降低了体育旅游的乐趣。

占44%的调查人群提出，峨眉河生态绿道自行车租赁点较少，且参与调查的人员很多都没有租到自行车。现在，骑游已经成为当今体育旅游的一个组成部分，峨眉河生态绿道提供的骑游路线是很多人所向往的路线。峨眉河生态绿道离主城区很远，一般来峨眉河的都是开车或者坐车，到了绿道以后才租自行车，但是峨眉河生态绿道还没有完工，自行车租赁还没有开始。多数自行车租赁点均是由当地农民自己买车来设立的，同时供骑游的自行车比一般交通使用的自行车昂贵，且保养需要一定的工艺，当地的农民在这方面的投入非常谨慎，因此峨眉河生态绿道上可使用的自行车数量较少。由于自行车租赁点很少，很多人不得不选择其他体育旅游项目，降低了对绿道体育旅游的兴趣。由此造成很多人乘兴而来，败兴而归，对绿道体育旅游发展不利。

另有30%的人不满意的原因在于绿道有些路段不安全。这种不安全体现在以下几个层面：第一，峨眉河生态绿道有些地方是依托各乡村的交通道路，这些路段的路口没有交通安全提示标志，自行车道和汽车道也没有界限，再加上当地农民交通安全意识淡漠，骑摩托车时无视交通法规，超速和乱占道的现象到处可见，给旅游者增加风险；第二，在一些有陡坡和水沟的路段没有路标提示，导致体育旅游者发现的时候，危险已经降临；第三，峨眉河生态绿道有些地段，能看到自然风光，但是人烟稀少，没有天网和警用探头的监视，而且手机移动信号不好，体育旅游者一旦遇到人身安全伤害，根本没有求救的机会。

峨眉河生态绿道上体育锻炼设施不够，需要更多的体育锻炼设施，也是调查中比较突出的问题。这个问题主要可从两方面来看。一方面说明绿道体育旅游已经被人们所认可接受，人们已经不满足绿道所提供的体育休闲旅游服务，峨眉河生态绿道体育旅游应该重视人们的体育诉求。但是另一方面从绿道的功能来看，绿道本身是一种绿色的慢行通道，与社区体育健身中心有明显的区别，绿道本身就是一个开放的空间，流动性强是绿道体育旅游的一个特点；而且在绿道上修建大量的体育设施有可能对绿道脆弱的生态系统和自然风光造成极大的破坏。之所以人们会提出这样的要求，主要是在于政府对绿道的作用和功能的宣传不够深入，导致人们对绿道的体育锻炼功能理解上有偏差。

2. 峨眉河生态绿道的外部环境硬件不达标

在不满意原因统计中有两个问题比较突出：一个是峨眉河生态绿道不太好找，另一个就是交通不便。不管是外地来乐山体验绿道体育旅游的人员还是乐山本地旅游者都反映了这个问题。主要原因在于乐山市政府对峨眉河生态绿道旅游项目也不是太重视，具体表现在：首先没有任何的公交线路经过峨眉河生态绿道入口，其次从卫星导航上找不到峨眉河生态绿道的位置，乐山旅游手册也没有峨眉河生态绿道的旅游路线，在峨眉河附近的高速公路上没有一个有关峨眉河生态绿道的指示标志，甚至在峨眉河周边的郊区路上也没有有关峨眉河生态绿道的提示牌。本来峨眉河生态绿道就位于乐山郊区，依托峨眉河沿线而建，地处偏僻，入口在一个小镇的场口上，没有标志给体育旅游者找路带来极大的困难。更重要的后果是造成大量的体育旅游游客流失。目前到峨眉河生态绿道的游客，第一次来都是依靠朋友带路或者是找当地的农民问路才找到目的地（见表4）。

三、结论和建议

（一）结论

峨眉河生态绿道体育旅游的开展提高了体育健身人群的数量，有效地优化了全民健身人口结构，改变了过去全民健身中青年参与较少的局面，满足了体育旅游者的体育健身需求，为旅游提供了一种新型方式。在发展的同时，峨眉河生态绿道体育旅游存在体育旅游服务设施不完善和峨眉河生态绿道的外部环境硬件不达标两个突出问题，这两个问题不解决，未来最终可能导致峨眉河生态绿道体育旅游开发失败，峨眉河生态绿道丧失体育休闲旅游的功能。

（二）建议

政府应重视峨眉河生态绿道在全民健身中的重要作用，设立专项资金改造峨眉河生态绿道的外部环境，重新打造峨眉河生态绿道的入口，规范峨眉河生态绿道的路线标识，设立峨眉河生态绿道旅游专线和公交线路，修建旅游车停车场。应该建立由市政府多个部门参与的峨眉河生态绿道管理委员会，完善峨眉河生态绿道体育旅游服务设施，邀请体育和旅游方面的专家对峨眉河生态绿道进行调研，为未来峨眉河生态绿道体育旅游的发展拟定方向。政府还有必要通过新闻媒体和网络媒体对峨眉河生态绿道体育旅游进行持续宣传，增加峨眉河生态绿道的曝光频率，提高峨眉河生态绿道在全国的知名度，适当举办峨眉河生态绿道自行车公开赛等赛事，把峨眉河生态绿道作为新兴旅游点，突出峨眉河生态绿道体育旅游的特色。

参考文献

[1] 楚海月，练志宁. 体育公共服务视角下绿道体育产品的开发和利用：以广东绿道为例 [J]. 沈阳体育学院学报，2013，32（4）：40-43.

[2] 刘琦，陈东田，沈龙，等. 基于"绿道"理念的城市旅游发展规划研究：以荣成市寻山绿道旅游为例 [J]. 山东农业大学学报（自然科学版），2014，45（1）：59-63.

[3] 谢冬兴. 绿道体育管理绩效评估指标体系构建：以珠三角绿道为例 [J]. 四川体育科学，2014，33（4）：10-15.

[4] 丁伟. 数百名骑友体验四川乐山峨眉河绿道 [EB/OL]. (12-04-26) [2014-01-02]. http：//365jia. cn/news/2012-04-27/19FE2C41C627DAAB. html.

（本文发表在《当代体育科技》2014 年第 30 期上）

第三章
文化旅游

道教隐喻研究的内涵与价值[①]

赵静

（西南交通大学人文学院，四川成都 610000）

一、道教隐喻研究与道教隐喻语料库建设的价值

道教作为中国土生土长的宗教，被海外学者誉为"汉学中的汉学"。中国文化大致以儒、释、道三家为骨架，儒家文献和语言研究已经非常充分，佛教语言研究自 20 世纪 80 年代以来蔚为大观，而道教语言研究至今在学术界尚是非常薄弱的部分。已有的道教研究，多是从道教教义本身即从宗教学角度进行的研究，如内丹学、外丹学的研究，对这些内容的载体即语言文字符号的研究却非常欠缺。正如葛兆光先生在《青铜鼎与错金壶——道教语词在中晚唐诗歌中的使用》一文中所说："同样是中国极为重要的宗教，道教的语言在中国古代诗歌中的意义却研究得不够，本来，从古到今的中国文化人对佛道之间就有些厚此薄彼的偏心，而注意到道教与文学之间关系的现代研究者又大多把目光投向了道教传说在文学中的出现、道教思想在文学中的影响，于是，很少有人对道教的语言习惯、道教的词汇特点及其在中国诗歌中的使用加以注意……"

道教作为以"道"为最高信仰的中华民族的传统宗教，由于其内在特质原因，道教典籍自道教创立以来就具有明显的隐喻色彩，和佛教语言、儒家语言大不相同。认知语言学认为隐喻不仅仅是一种修辞格，本质上还是一种用于建构思维和行动的概念。道教隐喻中暗含着道教对万物及其相互关联的独特体验，从中可以窥见一个民族的宗教文化心理。道教的理论不仅充满了隐喻性思维，其语言中的隐喻性表达也随处可见，特别是一些内外丹术修炼作品更是具有隐喻色彩。"道教丹经对丹法不作系统的叙述，用比喻象征等隐语，略示端倪。"与其他宗教相比，道教最大的不同之处在于其注重秘传，特别是内炼口诀、道法道术以及炼丹术中的火候要领更是师徒口口相传，不留文字。葛洪《抱朴子内篇·勤求》说："道家之所至秘而重者，莫过于长生之方也。故血盟乃传，传非其人，戒在天罚。先师不敢以轻行授人，须人求之至勤者，犹当拣选至精者乃教之。"应该说"秘而不宣是道教传道的'法门'，道士著书往往不把'真诀'写在书上，他们担心、害怕上天的罪罚乃至殃及子孙，既怕不传而'闭天道'，又怕不该传而传以'泄天

① 基金项目：四川省社会科学重点研究基地——四川旅游发展研究中心立项课题（编号：LYC14-31）。

机'，于是故意用隐语写书，设迷布阵，让修道者自己领悟"。这种审慎性和隐秘性使得流传于世的众多道教典籍无不具有相当的隐喻色彩。

在早期道教经书中，被称为"道教第一部典籍"的《太平经》，"承袭了传统的天神崇拜观念，构筑了以'天君'为最高神灵的鬼神系统"来投射人间封建王权；作为"五斗米道政权的施政纲领"的《老子想尔注》把"道"作为"有机生命、人的投影"，认为"它既是无法表象的自然神，又是可以表象的人格神"。这些典籍无疑都具有相当程度的隐喻特征。而道教一些内外丹术修炼作品更具有隐喻色彩。如丹鼎派的重要著作《周易参同契》，"由于《参同契》把方士炼丹、黄老养性和周易卦爻三者掺和，融为一体，说明炼丹、养性的情理，这就弄得很神秘、很隐晦，常用譬喻来表达其意思"。甚至有学者认为"该书大量使用的隐喻性语言，为后世道教典籍的造作在用语上开创了隐秘晦涩、古奥神诡的先例，给宗教抹上了谲怪神圣的色彩，形成了一种瑰丽绚烂的语言风格"。"魏伯阳在《参同契》中，用《周易》的爻象和比喻的手法解说炼丹、内养，使得本来就比较复杂的这一神秘现象，变得更加神秘，以致'奥雅难通'，仁智各见。这种文风，也影响以后的丹书，它既是中国古代炼养术特有的表现形式，也表明炼丹术士的保守倾向，直接或间接妨碍以后内外丹术的进一步发展。"

因此，道教文献向来难读，历代注释歧义百出，很大程度上是因为道教思想是建立在隐喻概念之上的，这些隐喻概念潜在地制约着道教理论推论的起点和方向。但目前国内关于道教隐喻的研究主要集中于对《老子》《庄子》等个别文本的隐喻辞格分析，缺少系统性的研究。

国外对隐喻的研究从亚里士多德开始至今已有两千多年的历史，主要研究方向有三个：修辞学、语义学、思维认知。近年来，西方宗教哲学最突出的转向就是"语言学转向"和"修辞学转向"。西方的宗教语言研究基本围绕《圣经》文本的语言分析展开，随着17世纪末圣经评鉴学的兴起，圣经文本的修辞受到广泛重视。"理解圣经文学的独特性，展示一个文学单元所运用的文体结构模式，看它是散文体还是诗体，辨别部分在组合成整体时所用的技巧手段。这种工作我称之为修辞批评。"圣经修辞批评主要就是基于《圣经》文本的语言分析和篇章结构分析，揭示其意义和效果。其中，所谓基督教"隐喻解经法"，一般认为是由犹太教经师斐洛（Philo）于埃及所肇创，而后经早期基督教教父奥利金（Origen）提倡，逐渐成为当时极具影响力的阐释《圣经》的方法。因为在某些早期基督教神学家们看来，《圣经》除了其字面意义，还包含着更深奥的真理，而这只能借助隐喻来阐释。利科提出了"隐喻的真理"概念，即隐喻不仅仅是名称的转移，也不仅仅是反常的命名或一些学者所说的对名称的有意误用，而且是语义的不断更新活动。"隐喻不是话语的某种装饰。隐喻远不止有一种情感意义。它'包含新的信息'。实际上，通过'范畴错误'，新的语义领域就从一些新的关系中诞生了。简言之，关于现实，隐喻提出了新的说法。"几乎所有的宗教早期经典都充满了隐喻，如果不能对这些经典的隐喻进行合理的解释，宗教文本就难以理解。利科指出，"隐喻并不存在于自身中，而存在于解释中。隐喻解释预设了一种字面意义要被摧毁的情况。隐喻解释在于将一种战胜自身的意外的矛盾转变为一种有意义的矛盾。正是这种转变将某种扭曲强加到语词上去"。以这种观点为根据的隐喻诠释学方法被一些宗教哲学家和神学家成功地用来解释《圣经》的某些章节，特别是其中的神迹与寓言。自20世纪80年代初以来，隐喻成为宗教学、心理学、哲学、语言学、人类学等学科的核心内容之一。

从西方宗教文化的视角来看待道教这一中国传统宗教时，首先遇到的障碍就是词汇和概念范畴的局限。施舟人在《道体论》的开篇就将西方宗教研究中的宗教定义和信仰分类的框架视作理解道教的概念障碍。道教学者在比较研究中也十分重视西方概念在中国语境中可能引起的误解，例如，索安考察了道教中的末世与救主和弥赛亚之间的区别；劳格文倡导研究者必须将中国人的宗教经验及中国人理解自身宗教现象所采用的范畴概念纳入研究议程之中。在《宗教与中国社会——研究领域的转变、启迪与中国文化》一文中，劳格文指出："由于宗教研究是一门起源于西方的学科，所以我们先要反省及质疑那些在建构'中国宗教'这一研究领域时起决定作用的词汇与范畴：这些概念、范畴及词汇所筑构的研究领域，现实上是不是根本不存在呢？"他倡导的方法论是尽量使用中国人自己对这个领域的词汇、概念和范畴来理解中国宗教。

因此，在西方人研究中国道教的时候，不自觉地会陷入一个误区，即以西方语言的隐喻系统来阐释中国文化事物。这首先体现在对概念的翻译和理解上，美国道教学者柏夷针对"存思"一词的翻译指出："翻译以青睐于目标语言的方式抹煞了隐喻体系，很多现代学者不自觉地将他们用来思考的隐喻结构强加到了过往时代的'古老隐喻'之上。"比如，在西方学者对于"涂炭斋"的研究中，涂抹于额上的"泥"，被翻译为"烟灰"，因为在基督教传统中，忏悔者在额上涂灰表示个人的悔罪。所以，不少学者将涂炭斋作为西方基督教传统中的忏悔仪式来解释。这就是在用自我文化中的象征要素来解读乃至取代其他文化中的隐喻结构。事实上，参与涂炭斋的道士并不是在进行忏悔，更不认为自己有罪。刚好相反，他们要通过这种代父母和他人受过的仪式，来解救正在遭受三涂五苦的人。

目前国外一些学者已经将文本考据和词源学的方法带入道教词语和概念的研究中，将道教文献语言研究的水平提升到了一个新的层次，如康德谟的论文《灵宝：关于一个道教术语的笔记》。道教词语的研究也是近年来日本道教研究中的一个重要领域，如《隋唐道教思想史研究》关于"虚"的词汇意义的研究，《中国宗教思想》收有神塚淑子、小南一郎、蜂屋邦夫、麦谷邦夫、吉川忠夫等学者所撰写的关于佛教道教中的"人与神""时间与存在"等词语的研究，以及小野泽精一、福永光司、山井涌等人编的《气的思想》，论证了道教的关键词语"气"这一概念的来龙去脉和内涵外延。

可以说，道教经典诠释和翻译的最大难题在于如何处理隐喻概念，隐喻导致了不可译信息的出现。因此，考察道教词语的构成理据，对道教隐喻概念的相互关系、定名、内部层次、语义系统进行系统研究，建设道教隐喻语料库，不仅在道教语言研究、道教跨文化传播研究方面具有重要意义，而且对开拓道教学的新的研究模式和研究方法具有重要价值。

二、道教隐喻语料库建设的理论基础

随着自然语言研究从字面义到非字面义研究的转变，隐喻作为非字面义的典型，逐渐受到计算语言学家的重视。计算隐喻学是计算语言学与现代隐喻学结合的产物，其宏观目标是用计算机模拟隐喻的工作机制，将隐喻的生成和理解模型化。自 20 世纪 70 年代以来，出现了一些隐喻语言理解的初步模型，以及隐喻语言的形式化表示和隐喻类比逻辑系统的初步构建。从目前的发展趋势看，隐喻计算方法已经处于由单纯的知识推理向基于大规模语料的统计方法转变的过程，因此隐喻语言知识库的建设也得到了应有的重视。

目前隐喻的语料库研究尚处于起步阶段，具有代表性的国外隐喻语料库有加利福尼亚大学 Berkeley 分校 George Lakoff 等人的英语常规隐喻 表 达 在 线 知 识库 Master Metaphor List（MML），Dan Fass 建设的词例化隐喻知识库 Sense-FraMe，J. H. Martin 关于自然语言中习惯性隐喻的语料库 MetaBank，英国 Birmingham 大学开发的隐喻模拟推理系统 ATT-Meta，等等。国内的隐喻语料库建设起步较晚，目前公布的只有厦门大学的汉语隐喻标注句库，其隐喻句均摘自《读书》1980—1997 年的文章语料库，共 47 万句。

Neignan 在《隐喻与语料库语言学》中指出，确定作为思维的隐喻理论如何能够解释自然语言中所发现的语言模式，是隐喻语料库研究的目的。道教隐喻语料库研究的总体目标是基于自然发生的道教文本，对表层语言隐喻进行描绘，发现道教隐喻的语言规律和模式，最终揭示其宗教内涵和本质。

三、道教隐喻的识别

建设道教隐喻语料库，首先要解决的问题是道教隐喻的识别，包括字面义和隐喻义之间的划界问题、本体和喻体的辨别问题、从语言隐喻推断概念隐喻的问题、从数据模型推断规约隐喻的问题等。本研究的隐喻识别工具为 Steen2010 年开发的 MIPVU，主要步骤如下：①确定词语的基本意义及语境意义。②确定该词语的基本意义及语境意义是否存在差别。③考察该词语的基本意义和语境意义的指称对象之间是否存在相似性关系。如果是，这个词语便为"隐喻"。

按照 MIPVU 模式，判断基本意义和语境意义时主要参考《麦克米伦高阶英语词典》，本文在判断道教词语的基本义和语境义时，主要参考了《汉语大词典》《道教大辞典》等。

四、道教隐喻语料库的构建

（一）分层构建道教隐喻

语料库可分别从词汇、短语、句子、语篇层面分别构建。本文首先讨论词汇化的道教隐喻交互语料库的建立。

（二）词汇的隐喻化

概念隐喻理论认为自然语言中语符的多义性大多是从隐喻表达式派生的，也就是说，大部分多义性可以看作隐喻化的结果。这种多义性产生的隐 喻 化 过 程，Willia M. 称之为内部题元的外化。即，连接词和外部题元（A flying toy is a kite 句中的主语）同时脱落，内部题元保留下来，经固化指代所论及的事物。因此上例 A flying toy is a kite 中，kite 具备多义性：kite1 指一种鸟；kite2 指风筝。经历了这一隐喻化过程的词语由此获得了具有隐喻理据的第二义项。由于隐喻化的结果，就语义而言会出现以下两种情况：①本义部分消失，形成新的语义单元，即两个义项之间还有共同的义素或语义因子。②本义全部消失，产生新的意义，两个义项之间已没有共同的义素或语义因子。即隐喻化产生的义项已完全取代了该词的本义，这就是所谓的语义的嬗变。

（三）道教隐喻词特征字段的设立

本研究主要参照 MetalUDe 的建库标准。MetalUDe 始于 1992 年，是由 Andrew goatl 研究创建的一种已经词汇化的英语隐喻交互语料库。MetalUDe 包含 9 000 多个英语词条，每个词条包含有它的字面义、隐喻义、词类、实例等属性信息。其所收的隐喻均根据概念隐喻或构成隐喻的基本类比来进行分类，因此一个词往往有多个词条。根据 MetalUDe 的建库标准和原则，本文初步设立了道教隐喻词的特征字段，包括：词类、关系类别、组配位置、组配情况（单用、搭配）、组配对象、搭配形式等。因此，道教隐喻词库中的特征字段记录了每个道教隐喻词的句法、语义属性及其用法等语言学知识。

（四）道教隐喻语料的标注

标注信息：语料来源信息；一般语言学信息（分词、语法单位等）；语义信息，即隐喻的源域和目标域的描述，隐喻意义和字面意义描述。

示例一：炼化是道教重要的修行方法，相关词语有"炼（身、神、形、魂、魄、精、髓、容、质、气）""受炼""变炼""炼变""炼化""化炼""冶炼""烧炼""保炼""宝炼""灌炼""炼灌""盟炼""炼度""制炼"等。

类：道教修行即冶炼，好像用加热等方法使物质熔化。

词条：炼。字面意义：冶炼；用加热等方法使物质熔化并趋于纯净或坚韧，（Vt）| Vt。隐喻意义：修炼人体精、气、神。

例句：

有志之士，不必丹砂之炼。（《修程真祠记》）

乃入武当山修真内炼，心一志凝。（《御制大岳太和山道宫之碑》）

由是精炼至行，济导舍识，行充功格，升列真籍。（《天庆观五岳真君殿记》）

吐吸烟霞，变炼丹液。（《桐柏山金庭馆碑》）

乃麻衣道人、谢自然真人炼丹所在。（《明万历碑记》）

世传仙师程太虚修炼于此。（《修程真祠记》）

终曾为始皇采药修炼于此。（《秦中观记》）

望空峒之辽邈兮谩传广成之修炼。（《万州虚鉴真人岑公赞并序》）

受回风、混合万景、炼形飞化之道。（《神女庙记》）

炼形洪雅之山。（《金釜观记》）

既而炼形物表，卷迹方外。（《老氏碑》）

尔其调形炼骨，却粒茹芝。（《龙鹤山成炼师植松柏碑》）

修真内炼心志宁。（《御制真武庙碑》）

炼气则谷仙留诀，回颜则桂父陈方。（《梓州道兴观碑铭并序》）

朱鸟含津，苍龙炼气。（《道士胡君新井碣铭并序》）

相传汉王方平、阴长生炼道登仙之所。（《重修平都山景德观记》）

炼道其一也。（《迎仙阁记》）

受炼神、飞化之道。（《神女考》）

丹崖万丈，炼仙舟飞。（《东岳殿灯油碑记》）

在道教典籍中，"炼"指道教修行。这种修行好比"冶炼"，即用加热等方法使物质熔化并趋于纯净或坚韧。"炼"的对象主要有"身""神""形""髓""魂""魄"

"精""容"等，都表示对修行者形体、精神的冶炼。因此，"炼"除了后接实体名词外，也可以接抽象名词，出现了"炼性""炼形""炼气""炼神"等。《道枢》卷23："道有三焉：曰炼形、曰炼气、曰炼神。其要在乎法四时之机会、五行之造化，与夫坎离匹配之用，于是内使龙虎及夫三田气满，混而成真，则一气伏于体矣。故玄谷三田气满而入于玄，上不皎，下不晦，然后炼气合神焉。"因此，旧时将某些懂得"炼养""炼丹"之法的道士，尊称为"炼师"。

《道教大辞典》收录有"炼丹""炼度""炼己""炼精""炼气""炼铅""炼情""炼神""炼师""炼药""炼睡""炼炁""炼心""炼形""炼性""炼汞铅""炼丹诀""炼神结胎""炼神还虚""炼剑铸镜""炼精化气""炼功五关""炼法三则""炼法入道""炼质分形""炼形六法""炼形内旨""炼丹三法""炼度之法""炼己筑基""炼阳销阴""炼丹不成者有三"等词语，未收录"炼"字。《道教大辞典》的编写原则是"词目务必出自经书，释文亦必尊重道经原旨"。"其词目释文，是以道教本旨为准则，言而有据，不加编写者臆断或批评之语"，着眼点为"主要为教徒、学者阅读道经道书提供方便"。因而，其专业性较强，对词语之间的联系、本义引申义之间的关系，词语发展演变的线索，以及词义的系统性等语言学问题不太关注。葛兆光先生著文分析学术界对"道教的语言在中国古代诗歌中的意义却研究得不够"这一现象时，曾特别提到："也许这也和缺乏一部搜罗完备、释义准确的道教大辞典有关，这使研究者很难轻易地判明那些词汇和意象的出身和来历。"如果从隐喻入手，在辞典编纂中，以"炼"为词目，可以将与"炼"有关的道教词语全部联系起来，揭示其语义演变线索，以及其区别于日常语义的道教语义的产生根源，对于普通读者和道教典籍的译介和对外传播来说可能更具实践价值。

示例二：

类：道教修炼去阴气存阳气的过程，即达到所谓有胎、有孕的程度。

词条：胎。字面意义：人和哺乳动物孕于母体内的幼体，(n)｜n。隐喻意义：神、气。

例句：

神光流入于琼胎，瑞彩结成其金骨。（《西川青羊宫碑铭》）

三壬三乙之神，离胎于水木。（《西川青羊宫碑铭》）

有圣研极，镌胎剖魄。（《成都府玉局观新建五符幢记》）

临目而万八千神，咽胎而千二百息。（《御制叶真人碑》）

上圣凝气为真，与道合体，非寓胎禀化之形，乃西华少阴之气也。（《神女庙记》）

岂非以水生于金，而西方为其胎息之地耶。（《玄帝祠碑》）

中有一二羽客，危坐胎息，何其逸也。（《重修三台观碑记》）

千龄胎化，中以驾羽之期；万岁岩者，献以华封之寿。（《益州至真观主黎君碑》）

在道教典籍中，"胎"并非指婴儿，《天仙正理直论增注·胎息直论第九》："古《胎息经》云：'胎从伏气中结，炁从有胎中息。'斯言为过去、未来诸神仙、天仙之要法也。男子身中本无胎，而欲结一胎，必要有因。则因伏气于丹田炁穴中而结胎，是胎从伏炁中而结也。元炁静而必动，欲得元炁不动，必要有藏伏。因有胎，即藏伏之所，乃息而不动，是炁从有胎中而息也。胎因愈伏气而愈长，气因愈长胎而愈伏，共修成一个圆满胎神，斯所以为神仙、天仙之要法，非此，抑将何以成之？"经过一系列的去阴气存阳气的过程，当修炼达到一定程度即"负阴抱阳"时，即达到了所谓有胎、有孕的程度。《道枢·契真篇》："其六曰玄一炼神结胎。刘根曰：凝入丹田、成童而去，此结胎者也。故精有主焉，气有源焉，呼吸绵绵，合于自然，则胎结而真全矣。夫蚌饮月华之气，犹成珠于腹，况炼其神乎。是以炼气成形，其名曰仙人；炼仙成形，其名曰真人；炼真成形，其名曰至人；炼圣成形，其名曰神人。"因此，道教语言中，"胎仙"指结圣胎之人。《海琼问道集·玄关显秘论》："先师陈泥丸学丹法，每到日中冬至之时，则开乾闭巽，留坤塞艮……从无入有，无质生质，抽铅添汞，结成圣胎，十月既满，气足形圆，身外有身，谓之胎仙。"《性命圭旨·性命双修万神圭旨第六节口诀》："陈泥丸云：男儿怀孕是胎仙。""胎气"谓自然正气。《黄庭内景经·百谷章》："臭乱神明胎气零。"梁丘子注："胎气谓无味之味，自然之正气也。服气有胎息之法。零犹失也。""胎息"是道家的一种修炼方法。《高上玉皇胎息经》："胎从伏气中结，气从有胎中息。气入身来谓之生，神去离形谓之死。知神气可以长生。故守虚无，以养神气。神行即气行，神住即气住。若欲长生，神气相注。心不动念，无来无去，不出不入，自然常在。勤而行之是真道路。"《后汉书·方术传下》载王真："年且百岁，视之面有光泽，似未五十者。自云：'周流登五岳名山，悉能行胎息胎食之方，嗽舌下泉咽之，不绝房室。'"李贤注引《汉武内传》："习闭气而吞之，名曰胎息；习嗽舌下泉而咽之，名曰胎食。"并引《抱朴子》："胎息者，能不以鼻口嘘噏，如在胎之中。"

《道教大辞典》收录有"胎教""胎精""胎生""胎食""胎田""胎息""胎仙""胎圆""胎息真趣""胎息抱一歌"等词语，未收录"胎"字。其实在道教典籍中，"胎"字单用的时候很多，而且大多是隐喻用法，揭示出"胎"的隐喻义，能更好地解释以"胎"为语素组合而成的道教词语意义的内涵和词源特征。

五、道教隐喻语料库的应用

道教隐喻不是孤立的个别的现象，而是在一定文化中形成的系统化的体系。尽管道教典籍的词语研究已取得了许多成果，但都只是就专书中的个别或部分词语进行考释，没有系统性的研究。语料库语言学研究表明：对多次出现的词或短语进行研究，能揭示它们的细微之处和联想义，但若单独检视这些词语，这些细微之处和联想义就不容易被察觉。

有两种可用的道教隐喻的研究方法。一是可以使用语言隐喻分析法，即在辨别语言隐喻的基础上，对语言隐喻在上下文语境中的使用特点和规律进行归纳统计。Neignan指出，许多司空见惯但又不被注意的语言事实，可以通过大型语料库技术得到证实，并发现语言隐喻的使用规律和模式。二是批评隐喻分析法。将相同体裁的不同文本分别设置参照语料库，分析对比不同文本中隐喻使用的频率。运用道教隐喻语料库，分析道教隐喻词的本义、引申义，以及词义引申演变方式，揭示道教隐喻的文化理据和词汇化过程，建立道教隐喻的语义场和语义系统集，对道教辞典编撰、道教典籍译介有着重要的参考价值。

20世纪后期以来愈演愈烈的国际性和地区性的重大冲突，几乎都有其错综复杂的宗教背景。目前道教语言与文化在西方获得越来越多的关注，考察道教概念的构成理据及其历史源流，不仅在道教语言与文化研究方面具有重要意义，而且可以加强道教的跨文化传播研究，重新审视道教文化的现代意义。

参考文献

[1] 葛兆光，吴光正. 青铜鼎与错金壶：道教语词在中晚唐诗歌中的使用 [M] // 吴光正. 想象力的世界：20世纪道教与中国文学研究论文选. 哈尔滨：黑龙江人民出版社，2006：564.

[2] 詹石窗. 符号学在宗教研究中的应用初探 [J]. 宗教学研究，1995 (3)：61-66.

[3] 王明，葛洪. 抱朴子内篇校释 [M]. 北京：中华书局，1985.

[4] 蒋振华. 汉魏六朝道教文学思想研究 [M]. 长沙：中南大学出版社，2006.

[5] 任继愈. 中国道教史 [M]. 上海：上海人民出版社，1990.

[6] Beyond form criticism：Essays in Old Testament literary criticism [M]. [s. l.]：Eisenbrauns，1992.

[7] 汪堂家. 隐喻诠释学：修辞学与哲学联姻：从利科隐喻理论谈起 [J]. 哲学研究，2004 (9)：71-77.

[8] 劳格文，李凌翰. 宗教与中国社会：研究领域的转变、启迪与中国文化 [J]. 香港中文大学崇基学院宗教与社会研究中心通讯，1999 (4)：1-3.

[9] Purposes，means and convictions in Daoism：A Berlin Symposium [M]. [s. l.]：Otto Harrassowitz Verlag，2007.

[10] BOKENKAMP S R. Sackcloth and Ashes，Self and Family in the Tutan Zhai [M]. Wiesbaden：Harrassowitz Verlag，2005：43.

[11] NEIGNAN. A Corpus-Based research into Metaphor [M]. Shanghai：Shang hai foreign Education Press，2001：177-199.

[12] STEEN G J, DORST A, HERRMANN B, et al. A method for linguistic metaphor identification Amsterdam [M]. The Netherlands：Benjamins，2010.

[13] WILLIAMS E. Argument structure and morphology [J]. The linguistic review，1981，1 (1)：81-114.

[14] 赵彦春，黄建华. 隐喻：认知词典学的眼睛 [J]. 现代外语，2000 (2)：151-162.

[15] 曾慥. 道枢 [M]. 上海：上海古籍出版社，1990：172-213.

[16] 李叔还. 道教大辞典 [M]. 杭州：浙江古籍出版社，1987.

[17] 伍冲虚，柳华阳. 古本伍柳仙宗全集 [M]. 台中：瑞成书局，1998.

[18] 道藏 [M]. 北京：文物出版社，1988.

[19] 李安刚. 性命圭旨 [M]. 上海：上海古籍出版社，1990.

[20] 张君房. 云笈七签 [M]. 济南：齐鲁书社，1988.

[21] 范晔. 后汉书 [M]. 北京：中华书局，1965.

[22] CHARTERIS B J. Corpus approaches to critical metaphor analysis [M]. Berlin：Springer，2004.

（本文发表于《宗教学研究》2016年第1期）

基于电视传媒视角的羌族
非物质文化遗产保护与传承[①]

陶长江[1]，鲁敏[2]，王颖梅[3]

(1. 四川农业大学旅游学院，四川成都 611830；
2. 四川成都易宝科技有限公司，四川成都 610032；
3. 成都农业科技职业学院经济管理分院，四川成都 611130)

一、前言

非物质文化遗产（以下简称"非遗"）作为一个民族特有的文化印记，是本民族区别于其他民族的重要标志。由于大众对非遗的活态性、传承性和变异性缺乏深刻认识，加之社会经济发展导致少数民族文化特性处于逐步丧失的危险境地，我国少数民族非遗的保护与传承工作存在诸多问题。但可喜的是，一批优秀的以少数民族文化为题材的电视传媒作品进入大众视野，推动着少数民族非遗的保护与传承，如《冰山上的来客》《走进香巴拉》《金凤花开》《长白山下我的家》和《新疆姑娘》等电视剧作品，以及以《花腰新娘》《山间铃响马帮来》《芦笙恋歌》《边寨烽火》《刘三姐》和《阿诗玛》为代表的电影作品。

羌族非遗内容丰富，囊括民间习俗、民间文学、民间音乐、民间舞蹈、传统戏剧和传统手工艺，拥有联合国教科文组织所颁布的所有项目。但羌族没有本民族的文字，非遗主要通过口传心授和实物来记录和传承。五年前的汶川地震给羌族非遗的传承保护带来巨大灾难：非遗传承人和研究人员伤亡严重，大量珍贵文物遭损毁。地震后，采取科学可行的方式加强对羌族非遗的保护与传承显得尤为迫切。回顾近五年关于羌族非遗的研究文献，多数研究者赞同采用博物馆式的静态保护和重视传承人（以"释比"为代表）的活态保护来实现羌族非遗的保护与传承，但多停留在灾后重建规划方案的讨论、保护和传承模式的理论上的总结，尚缺少有关具体措施的实证研究。

随着传播技术的发展，传媒在发展和传播文化的过程中起着重要的作用。作为主流传媒的电视具有传播信息及时、覆盖面广、互动性强等优点，可否运用电视传媒以助于

---

① 基金项目：四川省教育厅四川旅游发展研究中心课题"四川世界遗产景区安全标识系统优化研究"（LYC13-24）。

羌族非遗的保护与传承工作？学界尚缺乏相关研究成果。本研究在分析羌族非遗保护与传承现状的基础上，结合问卷调查和半结构访谈的数据分析方式，探讨采用电视传媒手段来保护和传承羌族非遗的可行性和着力点。

二、文献回顾

国内对非遗的研究较为成熟，从保护模式、开发方式、相关法律政策到传承主体、保护等主题均有诸多研究成果。针对羌族非遗的研究，运用 Note Express2 软件查证到，从 2007 年至 2013 年国内的期刊文章、会议论文、报纸文章、学位论文共有 57 篇，其中期刊文章有 47 篇。汶川地震后，研究者开始重视羌族非遗的研究，相关文献数量达 53 篇，从 2008 年到 2013 年每年分别为 7 篇、11 篇、8 篇、11 篇、11 篇和 5 篇。

从论文发表年限和研究主题看，2008 年汶川地震后，相关学者在第一时间关注到羌族非遗的保存问题：基于地震给羌族非遗带来的巨大破坏，指出抢救羌族非遗的重要性；归纳整理出羌族非遗的丰富内容，包括世界非遗所规定的五大种类；指出羌族遗产文化空间主要由天火坪、勒色坪、火塘屋、照楼台、芋初坝、议话坪等组成。研究者指出地震给阿坝羌族非遗的生存空间和文化空间带来的严重威胁，并就羌楼及时抢救的重要性、羌语和释比文化的抢救对策做了研究。2009 年的研究聚焦于震后羌族非遗的传承和重建问题。灾后北川羌族非遗传承的研究新思路是将羌族非遗置于北川独特的自然、人文系统中，探寻其与人的发展的互动关系。要实现羌族非遗的灾后重建，需要发挥政府的主导作用，依法实施羌族非遗保护与传承工作，发挥学校在羌族保护与非遗传承中的教育功能，积极呵护羌族非遗传承人；关注羌文化数据库建设和灾后重建中羌文化元素的融入；等等。除此而外，为更好保存羌族非遗，高校图书馆大有作为；将藏羌锅庄引入民族地区的高校体育课中，也有利于藏羌非遗的保护。

2010—2013 年的相关研究重点可概括为三点：一是基于灾后重建规划，分析羌族非遗灾后的重建和保护现状，讨论异地安置对羌族非遗传承的影响和因"生存根基松动、传承意识式微和不得已的商业操作"而导致的灾后北川羌族非遗身份存在的焦虑；二是从宏观角度探讨羌族非遗静态保护和活态传承的保护模式以及保护中的政府行为，从微观角度探索多媒体技术、纪实摄影和影像技术在羌族非遗保护中的运用；三是就具体的羌族非遗项目，如羌年、推杆、瓦尔俄足节和释比文化的保护进行较深入的探讨。

综上，国内对羌族非遗的保护和传承给予了持续关注，关注主题涉及羌族非遗的价值认同、非遗在地震中的受灾事实以及传承、保护模式。在羌族非遗传承和保护研究上，目前并没有公认的模式或切实可行的方法，研究者多立足于宏观角度，从政府、高校、图书馆、传承人和学者等方面做定性分析，即便是探讨多媒体技术、纪实摄影和影像技术在羌族非遗保护中的运用，也多从重要性、可行性做定性阐述。

当前，面对地震的打击以及外来文化强势的冲击劲头，羌族非遗的保护与传承处于"内忧外患"的困境。其保护与传承固然离不开专业部门和专业队伍，但更重要的还在于发挥大众传媒优势，调动起全社会的热情，培育其深厚的非遗传承保护意识。电视作为主流大众传媒，是社会知识的倍增器、发生器与文明的推进器。电视媒体能否在羌族非遗保护与传承中有所作为？本研究将立足于实地调研分析来得出结论。

三、电视传媒与羌族非遗的保护、传承

（一）电视传媒对非遗保护、传承的作用

电视媒体与平面媒体、广播媒体、网络媒体、户外媒体和手机媒体并称为现代六大媒体。据 CSM（央视-索福瑞媒介研究有限公司）2010 年的调查显示，全国有 99% 的受众在半年内看过电视，电视的日使用指数达到 89.4%，两项指标数均超过其他媒体（报纸、广播、杂志、互联网、车载、户外/楼宇、手机电视）。电视传媒以拥有最多的受众群、不需要识字能力、声像结合、具有强烈的冲击感和现场感、能够实现历史保存等特点占据着媒体主导地位。

联合国教科文组织在《关于建立人类活珍宝制度的指导性意见》中指出："保护无形文化遗产最有效的方法之一是通过收集、记录、归档来保存它们，而更有效的方法应该是确保那些文化遗产的负载者继续获取更深厚的知识和技巧并传授给下一代。"电视凭借其画面和声音，利用动态和富有表现力的手法，可以为观众呈现极具吸引力的非遗，实现与观众面对面的交流，使非遗的技术、技能以及知识得到很好的传承。此外，电视媒介对受众的要求不高，即观众不会受到技术水平的限制，这样可以扩大对非遗保护的覆盖面，提高宣传力度。电视具有其它媒体所无法企及的权威性、公信力、专业性和影响力。它对非遗保护工作的助力作用可概括为宣传、保护和传承三个方面。

（二）羌族非遗保护、传承现状

羌族自称"尔玛"（Rrmea），主要聚居在四川西北部高原的茂县、汶川县、理县、松潘县、黑水县，甘孜藏族自治州的丹巴县，绵阳市的北川县，贵州省的石阡县、江口县以及云南省的文山州等地。传承至今的羌族非遗种类比较丰富，其中包括：大禹崇拜；"咂酒"酿制、"羌绣"技艺、水磨漆器制作；"萨朗舞""盔甲舞""皮鼓舞""集会舞""礼仪舞"等民族传统舞蹈；多声部的民歌、酒歌；古老的羌笛、羌笛曲和"羌戏"；"羌历年""祭山会""瓦尔俄足节"等传统节日。

但目前羌族非遗的保护传承面临巨大挑战。一方面，社会经济发展在客观上加速消融着羌民族的文化特性。羌族，被历史学家称为"输血的民族"。三千多年以来，羌族向中原和其他民族输送文化，同时也不断吸收外来文化，不断和其他民族通婚融合。由于历史和地理因素，近 200 年来，羌民族自身的特征已不太明显。历史发展到今天，面对日新月异的现代生活，少数民族文化同化问题严重。越来越多的羌族人陆续走出石碉房，脱下羊皮褂，放弃伴随千年的语言，当前能说羌语的不足 2 万人。另一方面，汶川地震对羌族非遗造成毁灭性打击。地震导致大约 2 万多羌族人丧生或失踪，约占羌族总人口的 10%；大量文化器物被埋或遭严重损毁，世界急需保护非遗项目"羌年"文物损毁 50 多件，省级非遗项目"许家湾十二花灯戏"道具损毁 80 件，"口弦"道具损毁 20 件，此外"羌族山歌""莎朗""白什马马灯""青片龙灯""片口高跷狮灯""大禹的传说"等珍贵的禹羌文化也遭受不同程度的破坏。我国惟一的羌族自治县——北川县在此次地震中被夷为平地，羌族现存的非遗实物和非遗普查资料全部被掩埋。部分通晓羌族语言、历史文化的羌族人与民间艺人遇难，以禹羌文化研究专家谢兴鹏、羌族音乐传承人计学文、羌族舞蹈传承人李红果等为代表的一批约 50 人的非遗项目传承人和研究者或死亡或失踪。

地震后，国家和各级政府部门在灾后重建中积极抢救与保护羌族非遗。国家批准设立了羌族文化生态保护区；四川省发布了《阿坝藏族羌族自治州非物质文化遗产保护条例》；相关部门启动了紧急保护羌族非遗的行动，包括：抢救羌族非遗珍贵资料，申报羌族非遗项目和代表性传承人，扶持与培养羌族非遗代表性传承人，恢复与重建羌族文化特色建筑，创作羌族文艺精品和宣传羌文化。另外，在民间，萝卜寨80后小伙成立了"影救尔玛"工作组，茂县农民自发成立尔玛文化协会，其目的无一不是保护和传承羌族非遗。

总体看来，震后羌族非遗的保护、传承工作在如火如荼地开展。但目前采取的设置羌文化生态保护区、加强保护立法、抢救文物资料、扶持培养传承人等措施的效用度有待检验。考虑到电视传媒在非遗保护与传承中的特殊作用，对电视传媒运用于羌族非遗保护、传承的研究就显得非常必要。

（三）电视传媒在羌族非遗保护、传承中的尝试

美国作家约翰·埃利斯曾说："电视是一个国家和民族的私生活。"在大众眼中，电视是一种重要的休闲娱乐方式。在羌族非遗的保护传承中，电视可真实记录、挖掘和整理非遗的原生态，以便建立活态档案；若非遗流失，还可以根据影视记录复活。近年来，电视传媒提高了大众对羌文化的关注度。据不完全统计，涉及羌族非遗的电视作品主要包括影视作品、纪录片、综艺节目和教学片（见表1）。其中，影视作品《尔玛的婚礼》是中国电影史上第一部表现当代羌族人生活的电影，带有原生态少数民族风格，影片讲述一名羌族少女在即将和汉族爱人举行婚礼时所面临的困惑和矛盾；纪录片《羌族》记录了旅游局副局长周兴琦为让更多人了解羌族文化，跋山涉水去拜见一位年近古稀的"许"（村寨中德高望重的一个人物）的故事；旅游综艺节目《舞动羌山》集中展示了羌族的舞蹈；教学片《西哥教你跳萨朗》介绍了羌族热血男儿蝉西传承羌族文化、传习羌族萨朗舞的过程。

表1　　　　　　　　　　　　与羌族非遗相关的电视作品

作品类型	与羌族非物质文化遗产相关的作品名称
影视作品	《尔玛的婚礼》《羌笛颂》《云上的人家》《欢迎你到阿尔村》《云上尔玛》《杀生》《钞票飞》《见山》《莫多格依》（也译为《天籁羌音》）
纪录片	《羌族》《羌》《通往理想之路》《羌族婚礼》《瓦尔俄足》《释比还愿》
综艺节目*	《羌乡风采》《平安羌城》《舞动羌山》《羌乡欢歌》《走遍羌寨》
教学片	《西哥教你跳萨朗》

注：* 指集中在茂县广播电视台、北川电视台和北川电视台二台播放的综艺节目。

这些电视作品中涉及的"羌"文化元素，给观众留下了深刻的印象，带来了羌族地区旅游业的兴盛。汶川地震前，阿坝州旅游业的收入已占地区生产总值的28.3%，占第三产业的74%，为全省第一；三个主要羌寨（桃坪羌寨、萝卜寨、黑虎寨）的旅游收入平均也占了第三产业的72%。尔后，地震进一步催生了羌区旅游的全面开花，羌区被镜头、闪光灯记录和追逐，铺天盖地的新闻报道引来大批游客，羌区旅游的发展提高了居民收入，促进羌族同胞就业，有利于羌族非遗的保护和传承。以电视为主的媒体报道使

羌族地区的受关注度达到空前程度，因此而兴起的旅游热潮也在灾后重建两三年内逐步袭来。以北川为例，具有羌族特色和现代气息的新县城开城以后，仅2011年春节期间便接待游客27万人次，实现旅游收入约650万元。

四、实证研究

（一）研究方法

为测试电视传媒对保护和传承羌族非遗的可行性，本研究采用问卷调查和重点访谈的方法获取数据，并采用SPSS17.0交叉列表中的定量分析和定性分析方法。问卷侧重调查受众对羌族非遗的认知度、对羌文化影视作品的知晓度，以及对电视传媒作用于羌族非遗保护与传承的基本看法。调查时间为2012年9—10月，采取定点随机调查，先后在北川、茂县、成都市区和都江堰市区向大众发放问卷201份，回收有效问卷180份，有效率为89.6%。另外，为进一步获取电视传媒对羌族非遗的影响评价，采用半结构访谈方式访谈了三位为羌族非遗传承和保护做出突出贡献的专家，他们分别是羌族优秀诗人、阿坝州羌学学会秘书长张成绪，羌学专家、中国羌岷网总编辑焦虎山和阿坝州电视台编导周礼旗。访谈主题是电视传媒促进羌族非遗保护传承的可行性、效果和意义。

（二）结果与分析

1. 被访者基本情况

被访者中有29.4%来自羌族地区，羌族占24.4%。在性别上，男女比例相当，分别为51.1%和48.9%；年龄构成上，以中青年为主，21~30岁的超过50%，31~40岁的占18.3%。另外，86.1%的被访者有高中以上学历，其中具有高中、技校、中专学历的占20%，具有大专和大学本科以上学历的各占20%和46.1%；在职业分布上较为广泛，占总样本比例前五位的是学生、企事业单位职工、企事业单位管理人员、公务员和农民，所占比例分别是26.1%、15%、13.9%、11.7%和8.3%。

2. 关于羌族和羌族非遗的认知

将"是否为羌族人"和"对羌族的了解程度"做交叉列表卡方检测，结果显示，卡方统计量（Chi-square = 53.358，P<0.001）表明不同人群对羌族的认知存在显著差异。另据调查，84.1%的受访羌族人自认为对羌族"非常了解"和"比较了解"，没人表示"不了解"；而只有1/2的非羌族人表示了解羌族，且有16.9%的人群表示"不了解"。在了解羌族的渠道上，羌族与非羌族存在差异，但电视节目都是重要渠道之一。羌族人选择的前五种渠道分别是"口耳相传、学校教育、电视节目、2008年地震和交流聊天"，非羌族人选择的是"2008年地震、电视节目、交流聊天、学校教育和网络"。另外，羌族非遗项目在本族中的知名度远高于在其他民族中的知名度。其中，羌绣在羌族人心中拥有最高知名度（占被访羌族人的72.7%），其次是羌笛、羌年、羊皮鼓舞、多声部民歌，还有36.4%、34.1%和18.2%的人知晓萨朗、瓦尔俄足节和释比文化。与之对应，80.1%的非羌族人知晓羌绣，其次是羌年、羌笛、羊皮鼓舞和萨朗，另有16.9%、10.3%和7.4%的人知晓多声部民歌、释比文化和瓦尔俄足节。

3. 电视传媒应用于羌族非遗保护的认同

被访谈的张成绪老师认为，电视传媒将会在羌族非遗的宣传、影响的扩大以及文化再现中起重要作用。在问卷的分析中也得出了类似的结论。当问及"希望通过何种方式来了解羌族非遗"时，"电视传媒、歌舞表演和旅游"是被访者普遍的选择，选择率共占总样本的73.3%。唯一不同的是，65.9%、63.6%、50%、50%和31.8%的羌族人选择歌舞表演、电视传媒、旅游、羌文学作品和羌族名人（如释比、羌文化研究者等）来了解羌族非遗，61%、58.5%、55.9%和27.9%的非羌族人更倾向于通过旅游、电视传媒、歌舞表演和羌文学作品来了解羌族非遗。选择方式的差异，一定程度上与羌族能歌善舞的特性以及其他民族人群的游客心理有关。

在涉及羌族非遗的影视作品调查中，知名度相对较高的是《羌笛颂》《尔玛的婚礼》和《云上尔玛》，其次是《云上人家》和《欢迎你到阿尔村》；同时，虽然羌族人对相关作品的熟悉度高于非羌族人，但总体上看知名度都不高，仍有6.8%的羌族人和31.6%的非羌族人不知道其中任何一部影视作品。这显示出目前的羌族电视作品（包括影视作品）数量不多，知名度不高。正如张成绪老师的观点：现有的羌族影视作品量少、质量不高，没有再现羌族优秀的传统文化。

从访谈和问卷调查看，被访者基本认同电视传媒对羌族非遗保护与传承的积极作用。焦虎山老师认为，基于电视传媒的模式比传统的宣传和保存模式更具优势，主要体现在两方面：一是电视传媒的宣传平台有利于羌族非遗的保护与传承，二是电视传媒的方式有利于羌族非遗的记录与研究。问卷分析结果也显示，63.3%的被访者认同电视传媒的作用。但不容忽视的有两点：一是有31.7%的被访者对电视传媒的作用表示怀疑；二是不同人群对电视传媒发挥的保护与传承作用认知存在明显差异（t = −1.710，P < 0.05），羌族人认同电视传媒对羌族非遗保护作用的比例高于非羌族人（见表2）。导致该情况的原因，可能是目前电视传媒较少应用于羌族非遗保护（如相关的影视作品知名度较低），尤其是非羌族人还对电视传媒能否获得好的效果持怀疑态度。

表2　　　　　不同人群对电视传媒发挥的保护与传承效果的认知

			电视传媒能否更好地保护与传承羌族非遗			合计
			能	不能	难说	
是否为羌族人	是	计数（人）	33	1	10	44
		比例	75.0%	2.3%	22.7%	100%
	不是	计数（人）	81	8	47	136
		比例	59.6%	5.9%	34.6%	100%
合计		计数（人）	114	9	57	180
		比例	63.3%	5.0%	31.7%	100.0%

4. 电视传媒应用于羌非遗保护与传承的作品类型

在综艺节目、电影、电视剧、选秀节目、相关比赛和纪录片六种电视节目类型中，电影、综艺节目和电视剧被认为是对羌非遗保护与传承最有效的三种类型，其次是选秀节目和纪录片。不同的是：羌族人认为最有效的作品类型是综艺节目而不是电影，羌族人对电视剧和纪录片的认可度也高于非羌族人（见表3）。这一定程度上跟羌族人对纪录片的熟悉程度有关。周礼旗编导在访谈中提到，阿坝州电视台在汶川地震前就组织拍摄了记录羌族非遗的纪录片《羌婚礼》《瓦尔俄足》和《释比还愿》，纪录片在阿坝州有较高的知名度。

表3　　　　　　　　不同人群对电视作品类型的保护和传承效果的认知

			保护羌族非遗有效的电视作品类型						总计
			综艺节目	电影	电视剧	选秀节目	相关比赛	纪录片	
是否为羌人	是	计数（人）	20	19	18	14	6	14	43
		百分比	46.5%	44.2%	41.9%	32.6%	14.0%	32.6%	
	不是	计数（人）	64	70	50	47	21	40	136
		百分比	47.1%	51.5%	36.8%	34.6%	15.4%	29.4%	
合计		电视作品类型的频数（次）	84	89	68	61	27	54	383
		电视作品类型的百分比	21.9%	23.2%	17.8%	15.9%	7%	14.1%	100%

五、结论、讨论、局限与展望

（一）结论

（1）羌族非遗宣传不到位，急需有效的宣传方式。调查中发现，羌族人群对代表本族文化精髓的非遗的了解非常有限。如释比文化是羌族口述文化传统的核心，但只有不到五分之一的羌族人知道释比文化。外界对羌族更是了解不多，对羌族非遗知之甚少，原因之一是缺乏有效的宣传方式。

（2）电视传媒是羌族非遗保护传承重要且有效的方式。首先，电视传媒是很好的宣传方式。受访者均表示电视传媒是了解羌族的重要渠道之一，也普遍赞同通过电视传媒、歌舞表演和旅游的方式来了解羌族非遗。其次，电视传媒是有效保存文化的方式。75%的羌族人和近60%的非羌族人认同电视传媒对羌族非遗的保护与传承的积极作用。

（3）羌族和非羌族人就电视传媒在羌族非遗保护传承中的作用和运用上存在认知差异。与非羌族人相比，羌族人更熟悉本族的非遗，更认可电视传媒对非遗保护与传承的积极作用，更认可采用综艺节目来保护与传承非遗。因此，应加强非遗在羌族内部的宣传，唤起羌族人的文化自觉。通过策划与非遗相关的综艺节目、电影或电视剧，将非遗渗入到电视节目中，寓教于乐，可给深受各类电视节目和网络游戏影响的羌族青少年以启蒙教育，使其建立民族自豪感，引导其主动保护和传承文化。

（4）电视传媒作用于羌族非遗的保护与传承最有效的作品形式是电影、综艺节目和电视剧，其次是选秀节目和纪录。如2004年首届CCTV西部民歌电视大赛中6位羌族老人演唱了多声部歌曲《出征歌》和《酒歌》，第十二届CCTV青年歌手大奖赛中羌族歌手仁青、格洛演唱的多声部歌曲《羌族酒歌——唱不起了》获得了原生态唱法铜奖。

电视节目让羌族非遗吸引了不少观众的眼球。但要注意的是，在电视节目的制作过程中要严控质与量。目前有关羌族非遗的电视作品在羌族内的知名度并不高，不排除是因作品数量少、精品少，没能再现优秀的羌族文化所致。另外，还应使电视作品类型多样化，除电影和综艺节目外，可适当拍摄电视剧、策划选秀节目和知识竞赛等，如策划"寻找云朵中的羊角花""萨朗姐后人选拔"和"羌族服饰电视设计大赛"等。

（二）讨论

经过几年来的修复重建，羌族非遗保护已初见成效，但也存在羌语传承困难重重、缺乏有效的"供血"机制、缺乏羌族文化认同感等问题。将电视传媒引入羌族非遗保护传承中是非遗数字化保护与运用的延伸，也是强调基于人的活态传承的理念。目前，电视传媒在羌族非遗的保护与传承工作中的重要性未得到足够重视，有关羌族非遗的电视节目数量少、知名度小，加强电视传媒的运用是羌族非遗保护工作的必然选择。在此过程中，政府的支持和羌族聚居地的区域合作尤为重要。如"瓦尔俄足节"的一名传承人涂仁曾向茂县文体局提议将"瓦尔俄足节"的歌舞刻录成光盘，以备村民农闲的时候可以边看边学，但文体局的人并不同意，他们认为"瓦尔俄足节"是茂县的亮点，如果有光盘，理县、汶川的羌族一学就会了，这样茂县就失去了"瓦尔俄足节"的独占权。此外，不容忽视的是，电视创作中存在的一个重要问题就是缺乏深度思考。电视创作应有非遗传承人、羌族村民代表和羌学专家的参与，相关节目的拍摄和制作应力求严谨、科学，非遗的展示要具有真实性、系统性和艺术性。

（三）研究局限与展望

本研究初步探讨了将电视传媒运用于羌族非遗的传承与保护工作中的可能性和建议。由于语言障碍和羌族同胞居住分散的原因，在对羌族人的问卷调查和重点访谈数量上仍显不足。下一步可探讨在灾后搬迁和重建村寨的背景下，应用电视传媒到羌族非遗保护工作中的模式，讨论在具体运用电视传媒过程中如何保存羌族非遗的真实性；针对运用电视传媒保护和传承本族非遗，对比研究羌族和其他民族（如纳西族、白族、藏族等）在运作机理和管理模式上的异同。

参考文献

［1］陶长江，吴屹，王颖梅.文化生态视角下的非物质文化遗产保护性旅游开发研究：以广西瑶族盘王大歌为例［J］.广西民族研究，2013（4）：155-163.

［2］吴建国，张世均."汶川地震"对羌族非物质文化遗产保护和传承的影响［J］.西南民族大学学报（人文社科版），2009（6）：104-107.

［3］赵李娜.人地关系视野下非物质文化遗产保护：以上海松江舞草龙为个案［J］.云南师范大学学报（哲学社会科学版），2014（5）：68-76.

［4］刘锡诚.大地震后的文化担当：羌族非物质文化遗产亟待抢救［R］.北京：紧急保护羌族文化遗产座谈会，2008.

［5］周毓华.羌族的非物质文化遗产现状研究［J］.西藏民族学院学报（哲学社会科学版），2008（3）：61-65.

［6］周毓华，赵曦.羌族文化空间的多重性与发展价值考量［J］.西北民族大学学报（哲学社会科学版），2008（5）：41-45.

[7] 贾银忠. 四川汶川特大地震灾后羌族非物质文化遗产保护所面临的主要问题 [R]. 北京：紧急保护羌族文化遗产座谈会，2008.

[8] 高小华，张书. 传统羌寨的空间形态特征分析及其美学价值评价：四川羌寨传统与民间艺术研究调查报告 [J]. 职业天空，2008（11）：78.

[9] 蔡文君. 羌族非物质文化遗产研究：浅论羌族语言面临的困境及抢救对策 [J]. 贵州民族研究，2008（6）：86-91.

[10] 马宁. 羌族"释比"的传承和谱系研究 [J]. 湖北民族学院学报（哲学社会科学版），2008（1）：46-52.

[11] 郭凤鸣. 断裂与链接：灾后北川羌族非物质文化遗产的传承研究新思路 [J]. 贵州民族研究，2009（4）：70-73.

[12] 张世均. 论羌族非物质文化遗产的灾后保护与传承 [J]. 中华文化论坛，2009（2）：123-128.

[13] 周毓华. 汶川大地震之后的羌族文化重建研究 [J]. 西藏民族学院学报（哲学社会科学版），2009（5）：70-73.

[14] 纪辰. 高校图书馆保护羌族非物质文化遗产的若干思考 [J]. 河南图书馆学刊，2009（3）：48-50.

[15] 李琪，秀花，刘伟. 藏羌锅庄引入民族地区高校体育课研究 [J]. 内江师范学院学报，2009（6）：97-99.

[16] 陈煦，陈叙. 灾后重建中羌文化保护的考察与研究 [J]. 理论与改革，2011（1）：142-145.

[17] 郭凤鸣. 北川羌族非物质文化遗产的保护现状调查分析 [J]. 贵州民族研究，2010（2）：17-21.

[18] 廖恒，邓陈亮. 震后羌族非物质文化遗产保护现状调查研究 [J]. 音乐探索，2012（2）：13-19.

[19] 徐全利，张强，李洲，等. 异地安置对羌族非物质文化的影响及对策 [J]. 乐山师范学院学报，2011（6）：95-98.

[20] 郭凤鸣. 非物质文化遗产承载的文化表达：灾后北川羌族艺术的保护 [J]. 文艺争鸣，2010（20）：107-109.

[21] 徐用高. 羌族非物质文化遗产静态保护和活态传承结合模式构建研究 [D]. 重庆：西南大学，2011.

[22] 龚珍旭. 北川羌族灾后重建非物质文化遗产保护模式分析：上 [J]. 艺术评论，2012（1）：136-140.

[23] 龚珍旭. 北川羌族灾后重建非物质文化遗产保护模式分析：下 [J]. 艺术评论，2012（2）：132-135.

[24] 李夏芸. 四川羌族非遗保护中政府行为研究 [D]. 成都：电子科技大学，2012.

[25] 王璟. 多媒体技术在羌族非物质文化遗产保护中的应用研究 [D]. 北京：北京工业大学，2012.

[26] 范合琪. 利用纪实摄影加强羌族非物质文化遗产的保护：从"羌年"的拍摄

谈起 [J]. 四川戏剧, 2013 (7): 127-129.

[27] 赵雪红. 影像探索羌族非物质文化遗产保护面临的困难及应对策略 [J]. 戏剧之家, 2013 (11): 180.

[28] 廖恒. 羌族推杆研究 [J]. 体育文化导刊, 2012 (4): 123-126.

[29] 刘芳. 羌族"瓦尔俄足节"初探 [D]. 重庆: 重庆大学, 2010.

[30] 陈安强, 刘汉文. 汶川地震后羌族非物质文化遗产保护: 以"释比"和"释比文化"为例 [J]. 贵州民族研究, 2011 (5): 55-60.

[31] 赵胜昔. 电视在本土文化遗产传承保护中的作用: 以徐州电视台社教类专栏《社会大观》为例 [J]. 中国广播电视学刊, 2009 (1): 59-60.

[32] 尚丹. 非物质文化遗产传承中的地方电视传媒的作为 [J]. 长春理工大学学报 (社会科学版), 2013 (2): 95-96.

[33] 张丽君. 电视媒体与非物质文化遗产的保护探讨 [J]. 中国传媒科技, 2013 (8): 134-135.

[34] 李雅梅. 浅谈电视媒体在非物质文化遗产保护中的作用 [J]. 枣庄学院学报, 2012 (4): 137-138.

[35] 田明霞, 李娇. 保护羌族"非遗"专家有话要说 [N]. 绵阳日报, 2010-11-03 (5).

[36] 姜蕴菡. 浅谈中国古典文化在现代社会的传播: 以电视传播媒介为例 [J]. 大众文艺 (理论), 2008 (12): 168.

[37] 马宁. 羌族非物质文化遗产的现状及保护对策: 以阿坝藏族羌族自治州为例 [J]. 广西民族大学学报 (哲学社会科学版), 2007 (3): 93-97.

[38] 廖恒, 邓陈亮. 震后羌族非物质文化遗产保护的对策研究 [J]. 当代文坛, 2012 (6): 141-145.

[39] 赵旭东, 黄承伟, 盛燕. 震后羌族非物质文化遗产的现状与保护: 以羌族"瓦尔俄足节"为例 [J]. 中国农业大学学报 (社会科学版), 2010 (1): 121-127.

[40] 周瑾. "非遗类"电视专题片研究 [D]. 天津: 天津师范大学, 2012.

[本文发表于《四川师范大学学报 (社会科学版)》2015 年第 1 期]

乐山大佛博物馆
文化产品的设计方式研究[①]

王进修

（乐山师范学院，四川乐山 614004）

文化产品是在博物馆商店中展销的与该馆藏品以及该馆文化特性有关的带有文化性和纪念性的商品。博物馆的免费开放，使得文化产品的开发成为博物馆获得经济效益和社会效益的重要渠道。乐山大佛博物馆位于乐山大佛景区内，是集文物陈列展示、研究、会展和文艺表演于一体的多功能人文科学博物馆。文化产品的开发设计有利于增进游客对乐山大佛文化的了解，满足他们的文化消费需求。依托博物馆丰富的文化资源来开发设计文化产品，可以完善旅游商品开发，解决大佛景区旅游商品缺乏的问题。

文化内涵是一切设计作品的生命，博物馆文化产品也不例外。文化产品设计应当把文化内涵的物质化传承作为设计的宗旨，将文化属性与嫁接、组合、重塑、变异、模拟、植入、仿生等创意设计方法进行有效结合。文化产品是设计师在功能、技术、外观、理念上进行创新及让文化物化的成果。大佛博物馆文化产品的设计过程就是对遗产文化进行物化的过程。遗产文化如何物化成产品？完全克隆、局部模仿拼凑和符号元素的提取应用是文化传承与发展的 3 种普遍方式，但 3 种方式各有欠缺：完全克隆是对遗存的复制再现，并无创意性；局部模仿拼凑会导致风格混乱，不伦不类；符号元素的提取应用最具设计含金量，但是简单套用也会显得肤浅生硬。笔者认为，让遗产文化物化成优秀的文化产品，可以通过遗产文化向视觉符号转化、视觉符号向文化产品衍生的方式达成。

一、遗产文化向视觉符号的转化

在乐山大佛博物馆文化产品的设计中，视觉符号的提炼与表达离不开遗产文化。遗产文化既体现在有形的物质文化中，又体现在无形的精神文化中。在视觉艺术中，不管是物质文化还是精神文化，它们的最终表述和传播方式都是图形化即视觉符号化的。景区遗存是蕴涵遗产文化的最佳载体，发掘和筛选代表性的自然景观与建筑、知名度高的

① 基金项目：四川省社会科学重点研究基地——四川旅游发展研究中心立项课题成果（LYY14-04）。

典型器物、符号性极强的纹饰图案，是遗产文化向视觉符号转化的基础。人们可以通过对遗存的再造或借用，从色彩、形态、材质、风格、精神等方面，提炼出乐山大佛博物馆的核心视觉符号和辅助视觉符号。

（一）核心视觉符号

核心视觉符号就是核心图形。它是乐山大佛博物馆特征信息和文化内涵的核心载体，是运用最广泛和最能代表乐山大佛博物馆形象的图形语言。当年北京奥运会最显著的一个视觉符号就是祥云，它的适应性强，富有表现力，使用面广，起烘托整体视觉气氛的重要作用。因此核心视觉符号是作品成功与否的关键因素。

核心视觉符号来源于核心文化，是核心文化转化后的成果。核心文化向核心视觉符号的转化过程就是核心遗存向现代图形转化的过程，即形式再造和内涵升华。故宫博物院院徽设计师邵柏林，在讲述院徽的结构形态和附着内涵中说过：院徽以"宫"字为主体形态，上方由"海水江牙"和"玉璧"的图形元素构成，"宫"字的一点，取其珍如拱璧之意；下面的两个方形"口"格局与紫禁城"前朝后寝"的建筑理念相符。色彩选用金色、黄色、红色、蓝色作为基础色调，突显故宫的特点。故宫博物院院徽见图1（图1~3均摘自百度图片）。

图1　故宫博物院院徽图

邵柏林的这段话给了人们启示，可以从不同遗存中提炼出具有相同或相类的性质要素，通过延伸、拼贴、重构等方式进行融合性的再创造；提取遗存的古典色彩，赋予它现代装饰的特征，可感受到不同的情感寓意；把遗存的表征含义与博物馆的理念精神相结合，升华为全新的符号意义。

乐山大佛博物馆的核心遗产文化就是大佛文化。大佛文化主要体现在其宗教内涵和历史文化价值上，这两种价值的携带者正是乐山大佛本身。核心视觉符号是从乐山大佛物像中提炼出的、具有文化特质的视觉要素，是结合其他视觉要素创造而成的现代图形。整理分析相关资料后，笔者放弃了以乐山大佛整体形态作为核心视觉符号的基础图形。乐山大佛整体形态已被乐山地区的很多企事业单位使用过，例如乐山大佛景区标志和四川国际旅游交易博览会会徽都以乐山大佛整体形态为主。乐山大佛景区标志见图2，四川国际旅游交易博览会会徽见图3。这种被重复使用的图形，在视觉上识别性和独特性已经减弱。乐山大佛整体形态视觉效果单一，与其他视觉元素的融合性差，不利于后期文化产品的衍生设计。从乐山大佛局部细节提炼出图形成为另一种可能,笔者以大佛螺髻的形态作为视觉符号基础图形,并从内容、造型、色彩和精神几个方面进行了诠释。

图2　乐山大佛景区标志

图3　四川国际旅游交易博览会会徽

螺髻是乐山大佛头部的发髻,基础图形并没有脱离乐山大佛这一核心物像。螺髻具有独特的宗教和工艺价值。九宫螺髻见图4(图4~6均由笔者绘制)。中国汉地佛教文化中,弥勒佛造像的变化是很大的:第一阶段是从印度传入中国的交脚弥勒,第二阶段是具有中国特色的古佛弥勒,第三阶段是布袋弥勒。研究表明,乐山大佛是具有中国特色的古佛弥勒,其头上的发髻是古佛弥勒的重要特征。乐山大佛的螺髻看似是一个整体,实际是用1 051个单块螺髻石镶嵌而成。这种建造工艺充分体现了古代劳动人民的聪明才智和创造力。立体的螺髻经过平面化处理后,形态饱满圆润,具有很强的视觉美感。螺髻准确地传达了乐山大佛的文化内涵。9个螺髻中心点采用了不同连线,可得出"乐"和"山"二字,有效地传达了乐山大佛博物馆的地域特征。9还代表了乐山大佛的修建历时约90年。9在我国不仅表示数量和顺序,还有"多"的含义,体现出了乐山大佛博物馆藏品的丰富多样。结合佛教中象征成就德福的红色和乐山大佛红砂岩颜色提炼出标准色彩,即棕黄色,既传达了游客追求德福的美好意愿,又体现了乐山大佛的材质特点。

(二)辅助视觉符号

辅助视觉符号是核心视觉符号的补充,其数量众多,内涵单一。不同的辅助视觉符号可运用到不同的文化产品衍生设计中,以此获得种类繁多的文化产品。遗产文化向辅助视觉符号转化的过程相对容易,可以提炼出遗存的形态、色彩、纹饰、材质等。乐山大佛景区内的大佛、睡佛、灵宝塔、凌云禅院、乌尤寺、摩崖石刻等文化遗迹,博物馆内各种汉陶、唐佛头、明清陶瓷等文物,佛教文化中的莲花、如意、祥云等传统图形,它们的形、色、意都可以作为辅助视觉符号,在不同的文化产品中进行选取和运用。

二、视觉符号向文化产品衍生

这一阶段的重点是将视觉符号与文化产品类型进行有效融合,使其外形具有鲜明的

图 4　九宫螺髻

图形符号元素，令功能性扩展面更宽，用户体验感更愉悦。视觉符号的融合可以分为直接型、再造型和升华型 3 种。

直接型是将视觉符号直接融入博物馆的文化产品设计中。这种方式主要是通过平面设计的方式来运用视觉符号，如书籍、包装盒面等趋于平面化的产品。直接型设计简单，表达明确，产品开发周期短、成本低，是博物馆文化产品设计的常见方式。例如台北故宫博物院的文化产品自叙帖米白丝巾，就是提炼了唐代书画家怀素的《自叙帖》中的书法字体作为视觉符号，直接刺绣于米白丝巾的表面，使历史名帖有了不同的表现和运用。

再造型是将视觉符号与现代产品在功能、材质、使用方式等方面进行对接。相对于直接型方式而言，再造型方式不是将视觉符号直接附加在物品上，而是结合产品的功能和操作，让视觉符号具有实际意义。例如台北故宫博物院的文化产品莲花点心碗盘，便提炼了北宋汝窑青瓷花式温碗十瓣莲花的样式作为视觉符号，用莲花样式与碗口相结合，使产品不仅实用，而且具有趣味性。升华型不是对视觉符号形、色的简单套用，而是视觉符号与产品在精神层面的融合，使产品达到中国画所倡导的意境之美。

升华型是博物馆文化产品设计的最高境界。它在产品上已经找不到具象的符号，但细细品味后，会感受到强烈的符号意蕴。例如台北故宫博物院的文化产品书法系列西式餐具，它将宋徽宗的瘦金体的形式特点和韵律，运用在西式餐具的设计中，整个餐具并不能直接看到瘦金体，但是能够感受到瘦金体的特点和韵律。

（一）直接型衍生产品

乐山是全国产茶区，可将佛文化和茶文化相结合，打造禅茶系列产品。整个系列应包括盒装、罐装和袋装，形式多样，符合不同消费层次的需求。禅茶系列的设计重点应放在包装设计上。笔者直接运用九宫螺髻于包装中，色彩上选用黑色、黄色和红色，来加强对大佛博物馆主题文化的渲染。以盒装为例，盒装的外包采用长形盒体，配以腰封。外包盒体画面以九宫螺髻阵列图形为装饰，中心位置配以馆标，盒体色彩分为黑色和乌金色两种，材料采用锡箔，腰封左右两面各配"禅""茶"二字，上下两面都配以大佛和莲花的结合图形，色彩分别为棕黄色和鹅黄色，材料采用特种纸。茶盒最终效果精致雅趣，禅意盎然（见图5）。

图5　禅茶盒装

（二）再造型衍生产品

佛教认为香与圆满的智慧相通，是修道的助缘。在世俗生活中，熏香作为一种活力与诗意的精神活动而受到人们的喜爱。作为具有深厚佛教文化底蕴的主题性博物馆，乐山大佛博物馆开发禅香系列产品再合适不过。禅香设计包括香炉、香料、香架3个部分。香炉采用传统圆形的三足形态，上方有炉盖，炉内可置香料。炉盖中间的9个出烟孔与九宫螺髻的形式相似，巧妙地把九宫螺髻融入其中。色彩采用黑色，材料采用铜，这样结实耐用，价格适中。香料直接采用单个螺髻的立体化形态，色彩选用赭黄色。香架利用"佛"字的字体结构作为支撑片，支撑片用时可以从底座上立起，不用时可以收入底座内。色彩采用黑色，与香炉遥相呼应（香炉、香料、香架见图6）。

图6　香炉、香料、相架

三、结语

运用遗产文化向视觉符号转化、视觉符号向文化产品衍生的设计方式，对乐山大佛博物馆的文化产品进行设计，能够有效地找到设计的切入点和支撑点。通过遗产文化的转化获得的视觉符号形式优美，蕴涵着乐山大佛博物馆的精神内涵。这些由视觉符号衍生而成的文化产品，美观实用，独具特色，正符合当下博物馆文化产品开发所倡导的设计理念。

参考文献

[1] 熊子莹. 博物馆文化衍生产品设计分析研究 [R]. 北京：中国美术学院，2010.

[2] 敖景辉. 开平碉楼文化探索及相关旅游品开发研究：以茶具为例 [J]. 装饰，2013（1）：136.

[3] 王文瑜. 旅游文化产品创新设计方法研究 [J]. 包装工程，2015，36（14）：125.

[4] 陈建宪. 民俗文化与创意产业 [M]. 武汉：华中师范大学出版社，2012.

[5] 张琳，尹欢. 注入山西符号的旅游纪念品设计 [J]. 包装工程，2015，36（8）：77.

[6] 梁雅明. 河洛文化在旅游创意产品设计中的符号运用 [J]. 包装工程，2014，35（24）：131.

[7] 王进修. 世界遗产景区博物馆视觉符号研究 [J]. 设计，2015（9）：122.

[8] 杨静，罗哲辉. 地域文化视觉符号的提炼与呈现：以佛山手信汉唐饼包装设计为例 [J]. 装饰，2012（11）：123.

[9] 周岳. 又见祥云：北京奥运会核心图形的再利用 [J]. 装饰，2015（1）：122.

[10] 孟国忠，徐丽，徐朝阳. 中国传统文化元素及其在包装设计中的应用 [J]. 包装学报，2015，7（3）：60-63.

（本文发表于《包装工程》2016 年 6 月第 37 卷第 12 期）

旅游节庆活动经济效益刍议[①]

汪舟

（乐山师范学院，四川乐山 614000）

一、研究背景

近年来，我国节庆旅游发展迅速。在西昌火把节、潍坊风筝节、哈尔滨国际冰雕节等大型品牌节庆活动如火如荼进行的同时，龙泉桃花节、什邡马祖文化节等中小城市的节庆活动也在开展。在中国的传统观念中，节庆活动一定要热热闹闹，场面越大越好，参加人数越多越好。与之相对应的是，其名字也越叫越大。陈永涛、肖洪磊指出，不论举办地规模如何，这类节庆活动为了吸引眼球，追求轰动效应，往往给自己取个非常响亮的名字，导致"国际""中国"级别的头衔满天飞[1]。但这类节庆活动，通常超越了一个城市的举办能力，导致投入了大量人力物力，却没有取得很好的效果。而且 2013 年党中央也提出了八项规定，要求厉行节俭。因此笔者认为节庆活动也应当响应号召，从经济角度出发，考虑如何降低旅游节庆成本，提高节庆活动的经济效益，做到开源节流，保证旅游节庆活动的长久持续发展。

二、影响旅游节庆活动经济效益的主要因素

本文的旅游节庆活动采用的是吴必虎在 2001 年提出的狭义旅游节庆概念，即指周期性举办的（一般 1 年 1 次）节日活动等，不包括各种交易会、展览会、博览会、文化体育等一次性结束的特殊事件。旅游节庆活动的经济效益主要取决于投入与产出的比较。从经济学角度考虑，可以从规模、主题、承办方式、参与度四个方面进行衡量。

（一）旅游节庆活动规模

目前对旅游节庆活动的规模没有统一的定义，参照《群众性文化体育活动治安管理办法》对参与人数的规定及目前通常的节庆活动的规模，我们可以认为整个活动期间现场参加的人数超过 50 万人（含工作人员）的属于超大型、25 万~50 万的为大型、10 万~25 万的为中型、10 万以下的为小型节庆活动。

旅游节庆活动的不同规模既影响投入，也影响产出，从而影响举办地的经济效益。

---

① 基金项目：本文为四川省哲学社会科学重点研究基地——四川旅游发展研究中心项目"四川节庆文化旅游资源开发研究"的阶段性成果，项目编号：LYC13-29。

在投入方面，大型旅游节庆活动需要的投入较大，会给举办地带来人员、资金和游客的压力。如在西昌火把节期间，当地政府为维持秩序一共出动了4 000名警力。在资金方面，各种准备及会场布置等也需要较大的投入。而中小型旅游节庆活动在这些方面需要的投入相对就少得多。在产出方面，大型旅游节庆活动可以产生较大的社会影响，并吸引更多的现实与潜在的外来参与者，通过外来参与者的消费给当地带来较好的收益。而中小型旅游节庆活动产生的社会影响较小，吸引的现实与潜在的外来参与者也相对较少，通过外来参与者的消费给当地带来的经济收益也相对较少。通常来说，在大城市所能承受的财力范围内，大规模的节庆活动能吸引大规模的游客参与，以基数优势实现节庆活动的整体收益。但是中小城市财力有限，且自身的接待能力也有限，若盲目追求大规模，举债办节庆，很容易导致赔钱赚吆喝的结果。

旅游节庆活动的不同规模所面临的不同问题也影响其最终经济效益。大型旅游节庆活动面临的主要问题是游客的食宿及交通问题。由于大量游客的涌入，游客数量如果大大超出本地的正常接待能力，如何保证节庆活动时游客有住处，没有节庆活动时这些设施会不会大量闲置，便是提高节庆活动经济效益所面临的重要问题。中小型旅游节庆活动面临的最大问题是活动的可持续性。由于组织成本低，一旦活动没有打出知名度，没有被游客或者当地居民真正接受，主办方往往会放弃该项节庆活动。这可能使得很多原本有发展前景、可以做大做好的节庆活动折损在初期阶段。一旦旅游节庆活动不能每年持续举行，其社会影响将大打折扣，并影响其应有的经济效益。

（二）旅游节庆活动主题

每一个节庆活动都应该有一个主题，这个主题可以是独一无二的，如黄帝陵祭祀、曲阜孔庙祭孔等；也可以是某一个种类，如西岭雪山的冰雪节和四姑娘山的攀冰节都是以"冰雪"作为主题的。节庆活动的主题对节庆活动经济效益的影响主要表现在成本多少（财力、物力的投入）和吸引强度两个方面。

不同的旅游节庆活动主题所需要的成本差异较大。如举办灯会主题节庆活动，那么制作花灯的费用就会是一笔不小的开支；如果是以火、水等危险物品作为主题，那安保费用又将是主要支出项目。而若是以鲜花、当地种植的水果等为主题，重在让群众参与，其道具、材料等方面的费用就会大幅降低。对于像里约热内卢嘉年华、纽约花车巡游等世界级的节庆活动来说，服装、道具、花车都是一笔庞大的费用。国内的众多节庆活动，为弥补内容形式上的不足，往往都安排了一定规模的文艺演出，其中明星的出场费也是一笔不菲的开支。

不同的旅游节庆活动主题对游客所产生的吸引强度也是不同的。一般来说，其主题越宏大，越富有特色，对游客的吸引强度也就越大。这也是为什么我国许多旅游节庆活动的名称越叫越大的原因。而对游客的吸引力越大，前来参与的游客可能也就越多，游客越多，带来的消费也就越多，其经济效益也就越好。

（三）节庆活动承办方式

在实际中，节庆活动的承办方式主要有政府承办和服务外包两种。前者是指整个节庆活动的策划、组织、营销宣传以及人、财、物的支出等均由政府相关部门负责，后者是指将整个节庆活动的相关事项交由相关专业公司承办，政府只负责提供预算的经费及协调工作。

节庆活动的承办方式对经济效益的影响主要体现在节庆活动效果与成本控制两方面。在节庆活动效果方面，相对于专业公司而言，政府在熟悉举办规律、熟悉市场等方面具有局限性，难以保证民俗节庆旅游活动的地域性和广泛参与性，并实现预期的经济效果。当然，如果没有政府某种形式的赞助或支持，许多活动是不可能举办的。在成本控制方面，由于专业公司在预算管理、人员组织及工作效率等方面优于政府部门，因而更容易控制成本。如果节庆活动动员的工作人员越多，开支就越大。在产生的旅游经济收入一定的情况下，如果能降低组织的人工成本，则经济效益又会得到提升。

（四）当地居民及外来游客的参与度

很多学者在研究节庆活动时，都提出了目前节庆活动游客参与度不高的问题，但更多的是强调本地社区民众的参与。如邓云波、贤成毅提到了社会普通民众的参与度不够；连建功也提到，"我们认为旅游节庆本质是旅游产品，这样就导致了一种思维定式，即旅游节庆是吸引外地人来消费，而忽略了当地群众的需求"。事实上，当地居民及外来游客参与程度的高低都会影响旅游节庆活动的经济效益。

当地居民的参与度可以影响节庆活动的氛围，并降低成本，吸引游客。在国外的很多活动都是居民自备道具、自发地参与，形成氛围热烈的场面。如威尼斯狂欢节、日本的各地花火大会，很多服装道具都是本地居民自己准备，并且可以常年多次使用。外来游客的参与程度主要会影响其停留时间与花费。一般来说，游客的参与程度越高，停留的时间就越长，其在食宿等方面的花费也就越多。对当地来说，其经济效益也就越好。

从节庆活动的圆满开展和持续意义上说，社区居民的参与度是非常重要的。但是从经济角度看，外来游客的参与度更为重要。因为节庆活动的大部分开支都是由本地居民的税收承担，所以如果仅仅是提高本地游客的参与度，也仅能做到"取之于民，用之于民"的内部收支平衡。如果要进一步提高节庆活动的经济效益，必须尽量吸引外来游客，提高他们的参与度。

三、提高旅游节庆活动经济效益的对策

（一）选择适合当地的节庆活动规模

一般来说，影响节庆活动规模的因素主要有地方财力和住宿设施状况。对于国内经济发达的大城市，如北上广及各省省会城市等，可以通过举办国际级的节庆活动，以高投入收获高回报。即使不能直接通过游客产生收益，名声打响后，依然可以通过招商等方式拉动地方经济，为促进地方经济发展做贡献。而中小城市以及城镇则应正视自己在财力上的不足，不去刻意与大城市比拼吸引的总游客人数，而是通过扩大相对规模（人均接待量）来发展节庆经济。

在国外，一些成功的节庆活动如奥地利的水仙节和西班牙的番茄节，都是在人口不足1万的小城镇举行，游客数量比起国内动辄几十万人的游客数量，也是小巫见大巫。但是细心对比却可以发现，这几个成功的节庆活动，却能吸引到数倍于自己本地居民数量的游客，通过扩大相对规模（人均接待量）产生了更大的经济效益（见表1）。

对于扩大相对规模所带来的住宿问题，一方面可以通过住宿多样化来解决。如奥地利的水仙节，只有不到5 000人的小镇在节日期间共接待了2.5万人的游客。他们的做法就是将主要的接待任务分配给了当地的居民。平时这些居民自己在家中生活，遇到游

客高峰期就利用自己家中空余房间进行接待活动。而斯洛文尼亚的金属营地节庆之所以能接待 10 倍于本地居民的游客，也是因为其中大部分（接近 3 万人）是采取自助户外野营的方式住宿。这也给我们提供了参考，为了扩大游客接待量，不能一味地扩大酒店规模，造成接待能力过剩，而是应该因地制宜，采取多样化方式，更有效、环保地解决游客的住宿问题。另一方面是通过延长节庆时间来解决。如西班牙的奔牛节每天早上 8 点开始，只持续 30 分钟，但延续 1 周时间。由于是重复活动，而且一周内任何一天来看到的景象都差不多，所以游客一般会随机选一天前来参加活动，并且只需要住一个晚上。这样就大大提高了住房流通率，缓解了酒店压力，使得当地住宿业能够平稳地度过游客高峰期。

表 1 　　　　　　　　　　几个著名节庆活动的人均接待量

举办地	节庆名称	当地人口（万）	游客数（万人/年）	人均接待量（人/年）
布尼奥（西班牙）	番茄节	0.99	3	3
巴德奥赛（奥地利）	水仙节	0.48	2.5	5.2
潘普洛纳（西班牙）	奔牛节	19	100	5.26
特沃明（斯洛文尼亚）	金属营地	0.35	3~4.8	10~13

（二）选择符合当地的恰当主题及内容

要提高旅游节庆活动的经济效益，选择符合当地的恰当主题及内容也是十分重要的。事实上，主题内容选择应该遵循"就地取材，化繁为简"的原则。

所谓就地取材，指的是选取当地的特色资源来打造节庆活动。这种资源可以是自然资源，也可以是文化历史资源。如奥地利的水仙节就因为当地盛产旱水仙。居民在采摘旱水仙的同时要注意保护茎秆部分，这样一株水仙重新生长开花，来年还可以继续利用。墨西哥的仙人掌节也是得益于墨西哥盛产仙人掌，而且当地仙人掌品种繁多，构成沙漠中独特的自然风貌。我国自然条件复杂，物产丰富，各地都有许多富有特色的物产，在旅游节庆活动中，我们应充分利用这些物产资源。如成都的"竹文化节"在"竹"上做了更多文章，在望江公园现场制作、展示竹子古法造纸技艺、展出精美竹意景点等。

所谓化繁为简，指的是在活动的内容安排上以简单直接为主，采用最能带给游客欢乐的方式。如西班牙的斗牛节，主题内容仅仅是几头牛追着人跑，却被视为考验男人意志和胆魄的象征，每年吸引上万游客前来。番茄节的主要花费也就是 120 吨的番茄，按照中国的市场价格计算也不过 20 万左右。我国历史悠久，在长期的历史进程中形成了丰富的地域文化，形成了众多的民俗文化特色节庆活动，我们应充分挖掘那些既有丰富的文化内涵又具有鲜明地域特色的节庆主题及内容。

（三）改进承办方式

正如前文所提出的，许多学者对政府大包大揽的组织方式提出了批评，但也不可否认，如果没有政府的参与和组织，在中国很难成功举办一次有规模的节庆活动。因此，好的节庆活动不是不需要政府参与，而是需要政府更智慧地参与。

在一定程度上将旅游节庆活动服务外包就是一个很好的选择。在管理学上，广义的公共服务外包是指为实现公共利益最大化，政府通过竞争机制，利用外部比较优势资源，将本应由自身承担的公共服务或内部辅助性服务委托给私人部门、非营利部门或其他政府部门完成的方式。

国内政府的核心优势就是能够快速有效地集中力量办事情。在节庆活动中，最需要也是最能发挥政府这种职能优势的就是安保、环卫工作。其他方面可以交给专业的策划公司负责。目前在我国的一些节庆活动中，已经有将策划组织交给专业的旅游营销策划公司的例子出现。这类公司不仅会给节庆活动带来新的创意，而且更能从市场角度出发，经济办节庆。

（四）提高本地居民及外来游客在活动中的参与度

提高本地居民的参与度的关键在于将本地居民作为节庆活动组织中不可或缺的一部分。在筹办旅游节庆活动时，如果能根据主题，将可以分发的道具发到当地居民手中，让其每年节庆时携带出来，或通过一次性补贴让其自行准备。这样一次支出却可以得到循环使用的效果，既节省了成本，也能极大地唤起当地居民的积极性，提高他们的参与度。

提高外来游客参与度的关键在于换位思考，根据游客的实际情况精选活动内容，创新活动形式，开展游客喜闻乐见的、富有特色的节庆活动。主办地在举行节庆活动时，除了拟定应有的活动流程外，还应该站在外来游客的角度思考：外地游客能参加什么活动、获得什么感受，本地具有什么特色？并据此设计活动内容。在设计节庆活动形式时要给外地游客留下参与的环节，通过让游客亲身加入到活动中来帮助其融入节庆氛围，从而增加其亲近感，这样有助于建立节庆活动对游客的持久吸引力。

（五）创新公关宣传形式

旅游节庆活动要想吸引更多的外来游客，取得更好的经济效益，创新公关宣传形式也是十分必要的。一方面应根据节庆活动的特点及游客的主要来源选择合适的传媒对象，加大宣传的力度；另一方面，还应根据节庆活动的特点及游客对象确定传媒的内容，将节庆活动的特色充分展现出来，通过在媒体上的宣传广告来吸引游客。

除了必要的媒体宣传以外，还应该通过第三方做好吸引外地游客参与的工作。如在节庆活动举办期间可以和旅行社合作，把参加节庆活动列入当地旅行社的接待日程中，让外地游客切身感受节庆氛围，有利于让其成为节庆活动的回头客。同时，还可以开展相关的奖励活动。如在节庆活动期间的外地游客，可以持票在活动现场的某个固定点领取小纪念品。这样，不管外地旅客原本是出于商务、探亲还是其他目的，都容易被吸引到活动现场参加节庆活动。

四、结语

旅游节庆活动作为经济活动的一种方式，不应仅作为一地招商引资的点缀，而应实在地促进当地经济。本文通过对影响旅游节庆活动经济效益的因素进行分析，并结合国外成功经验进行探讨后发现，通过多元化方式解决住宿问题、延长活动时间可以提高人均接待量，选择合适的节庆主题和采取节庆活动外包方式可以降低成本，从而达到开源节流的效果，有利于旅游节庆活动的持久发展。

参考文献

［1］陈永涛，肖洪磊.云南民族节庆旅游发展的意义及对策［J］.云南农业大学学报，2012，6（4）：71-76.

［2］吴必虎.区域旅游规划原理［M］.北京：中国旅游出版社，2001：265.

［3］汪舟.日本民俗节庆及其对中国节庆旅游发展的启示［J］.特区经济，2012（1）：139-142.

［4］邓云波，贤成毅.桂林文化节庆活动发展现状及问题研究［J］.社会科学家，2013（2）：154-158.

［5］连建功.关于旅游节庆若干问题的探讨［J］.河南商业高等专科学校学报，2009，22（4）：66-68.

［6］国际在线.西班牙举办"西红柿节"［EB/OL］.（2013-08-29）［2014-01-22］.http：//gb. cri. cn/42071 /2013 /08 /29 /6011s4235393. htm.

［7］水仙节：奥地利最大最美的花卉节［EB/OL］.（2010-06-04）［2014-01-22］.http：/ /fashion. ifeng. com/travel/culture / detail_ 2010_ 06 /04 /1588047_ 0. shtml /.

［8］San Fermines' Passion and Tragedy［EB/OL］.（2013-08-19）［2014-01-22］.http：/ /translating cuba. com/san-fermines passion-and-tragedy-miguel-iturria-savon /.

［9］MIHA K. Festival tourism and production of locality in a small Slovenian town［J］.Journal of Tourism and Cultural Change，2011（9）：298-319.

［10］刘波，崔鹏鹏，赵云云.公共服务外包决策的影响因素研究［J］.公共管理学报，2012，7（2）：42-53.

（本文发表于《四川旅游学院学报》2014 年第 5 期）

旅游文化传播对旅游经济及景区形象提升的影响研究[①]

曾琳

（四川旅游学院，四川成都 610000）

近年来，旅游业在我国得到了较好的发展，该行业具有资源消耗低、就业率高、综合效益优等特点，已经成为国民经济发展的支柱性产业。随着旅游市场竞争势头的不断加大，以及旅游资源同质化情况越来越突出，怎样通过旅游文化传播、树立良好的景区形象，吸引广大旅游者的到来，成为旅游业相关人员当前必须考虑的问题。

一、旅游文化传播与旅游经济发展

（一）旅游文化翻译与旅游经济

旅游翻译主要涉及旅游专业、旅游活动，是针对旅游行业而进行的翻译，具有专业性特点。而旅游文化翻译则是为国外游者讲解中国文化的主渠道，它的翻译质量对推广中国文化、营造中国特色形象，以及加强国际文化交流、保障中国国际旅游发展具有实际意义。旅游翻译发挥着信息传递、诱导行动的优势功能。旅游翻译涵盖了所有与旅游相关联的资料及文本，如书信、旅游日程安排、广告等，涵盖了社会、文化、地理、民俗、艺术、生态学等领域的知识，这就要求翻译人员具备厚实的语言功底及丰富的知识。如果对上面各领域的知识了解不足，那么就很难保证译文的准确性。现阶段，我国仍有一些旅游翻译人员的翻译水平不高，实际中要么是采用了错误的语法，要么是中式英语，要么是用词不当，要么是文化误解。这些问题的存在将直接导致信息传递不完整、甚至是传递错误信息，降低了旅游者的兴致，进而无法深入细致地了解景区、景点、旅游地区的产品内容、产品特色、历史背景。这样一来就会使旅游者产生认知错误，不仅影响了景区、景点、旅游地区的品位，而且还损害了景区、景点、旅游地区的形象，难以吸引更多旅游者的眼球。所以旅游文化翻译应充分掌握交际意图及旅游者的认知，还应考虑旅游者的文化心理及审美情趣，观察语言文化差异。只有优秀的翻译，才会给国外旅游者带来美感，才能传播博大精深的中国文化，使国外旅游者感受千年文

---

① 基金项目：四川省社会科学重点研究基地——四川旅游发展研究中心立项课题（LYC14-46）。

明的魅力。在旅游对外宣传方面，要想达到国际旅游业的发展水平，就必须不断提升自身旅游质量。吸引大量的外来游客，让更多的外来游客深入了解中国的旅游业及旅游资源，将中国旅游品牌推向国际旅游市场，以旅游带动社会开放和发展。这些目标的实现必定离不开跨文化的旅游翻译。

旅游文化翻译的主要目的是让国外游客能够充分全面地了解中国的地理、文化、风俗、自然各领域的知识，所以翻译过程中应保证译文具有较高的实用性，掌握不同语言文化的差别，采用高效灵活的翻译手段、科学选择翻译语言，通过翻译语言传递文化信息。同时还要满足旅游者的审美需求及欣赏需求，吸引更多的游客前来观光，从而推动本国旅游业的持续健康发展。

（二）旅游文化特色与翻译原则

旅游翻译并非简单的语言转换，而是对文化层面的诠释。旅游材料是文化的重要载体，而文化则是人们在创造活动中构建的一种产物。它不仅色彩鲜明，还有独特的民族特色，涉及各领域的内容，如语言知识、人生观、价值观、艺术心理、道德等。自然景观中涵盖了人文景观，和历史事件、典范事迹等密切相关。正是由于这些特点的存在，旅游文化翻译人员应充分考虑不同民族间的文化差异及历史差异，将原文的思想内涵充分地表达出来，通过符合译文规范及文化标准的语言形式突出原文的基本意义。总之，翻译人员应平衡双语的文化，围绕目标语读者阐释原文意思，保证读者在看到译文时能产生和原语读者相同的感受。所以翻译人员在遵循原文作者意愿的同时还应全面考虑译文读者的情况，尽量避免错误的翻译。

对于旅游景点简介，翻译人员除了要传递原语文本的旅游信息外，还应为目标读者提供丰富的关于景点方面的旅游文化。此外，翻译人员应了解读者或听者的认知水平、心理感受，结合旅游文本的性质及其功能，增强吸引力与感染力。

（三）旅游文化翻译策略

文化与旅游密切相关，文化对旅游业的发展具有重要的推动作用。但是在文化因素影响下，旅游文化翻译常常难以顺利进行。旅游翻译属于一种文化解码，只是进行语言的转换远远不够，还必须掌握好语音、词汇、语法等语篇层面范围内的文化。旅游文化翻译的目标是传播中国文化、吸引更多的国外游客，推动国内旅游业发展。旅游文化翻译的文体特点及表达方式决定了翻译人员实际翻译时应当真正掌握原文的意图，考虑读者的认知，通过读者感兴趣的语言形式传递原文内涵。应结合具体情况灵活处理，以保证预期的译文效果。旅游文化翻译要紧跟语言使用的语境，结合任务性质，以读者与译文为中心，在充分掌握原文意思的基础上，分析中西双方的文化差异，运用合理的文化词汇，明确相应的语言表达形式，遵循以文化翻译为取向、以译文为重点的原则，了解译文的最终目的、意图和效果。翻译人员可采用全译、摘译、类比、删减、释义等翻译策略，不仅要全面传播文化，还要满足国外读者和游客的审美需求，从而实现吸引游客、推动旅游经济发展的目的。

二、旅游景区形象内涵

景区形象在旅游形象中占据重要地位。良好的形象是旅游景区的灵魂，也是促进景区竞争实力提升的核心载体。旅游景区形象共有以下几点内涵：

（一）景区的景观形象

具体体现在旅游者对景区内各种旅游资源的直观感受，涵盖了景观外貌特征、民俗风情、自然成因、地方特产、历史文化等要素，这些要素有助于吸引更多旅游者的光顾，带动当地效益。所以景区的景观形象在整个景区形象中占据基础位置。

（二）景区的设施形象

景区设施大致分为两种，即基础设施和旅游服务实施。其中，基础设施主要为当地居民使用，旅游者的旅游活动也依赖于一定的设施，如水、电、银行、交通等。服务旅游设施主要是为外来旅游者提供的各项服务设施，如饭店、休闲娱乐场所、旅游纪念品商店等，它不仅为旅游者的旅游活动提供了便捷，而且还能发挥旅游资源的效用，受到广大旅游者的青睐。

（三）景区的服务质量

旅游业属于第三产业，它的服务性质明显，相关人员的服务是旅游产品的核心部分。景区服务是综合所有单项服务的一项服务体系，包括景区内各部门、售票检票、车辆指挥、卫生保洁、讲解服务等各项工作的服务质量，这些都属于景区形象范畴。优质的服务，有助于增强旅游资源的感染力和竞争力。

（四）景区的社会环境

主要指的是地域政治、文化、经济等景区形象，包括当地政府对旅游业持有的态度、当地的开放程度、当地民众对待旅游者的态度等。一个优良的社会环境能够帮助景区树立良好的口碑，吸引旅游者，提高景区的重游率。

三、提升旅游景区形象的策略

（一）获取旅游者的高度认同

旅游市场竞争除了要考虑产品与价格之间的竞争，还要注重文化意义上的竞争，用文化吸引广大的旅游者，用文化吸引"回头客"，用文化获取旅游者的认同。旅游景区通过文化的传播及营销来满足旅游者的心理需求，达到和旅游者共鸣的效果。景区营销中应充分体现旅游产品及旅游服务的文化特性，确立新的文化价值链，在文化的亲和力、凝聚力基础上将各利益关系有机结合，从而促进旅游消费的认同感，并以此集中旅游者的注意力，提升景区文化形象。

文化是旅游经济发展的核心。旅游景区是愉悦身心的地方，通过文化传播将景区所有文化意蕴传达给旅游者，充分发挥文化资源的作用，从而提升景区形象及影响力。

（二）挖掘资源精髓，树立景区品牌形象

品牌形象是旅游市场中影响力和号召力最大的形象。和其他行业相同，旅游业中的多数产品都是经过整合后形成的企业最希望呈现给顾客的最美好形象。和其他行业不同的是，旅游景区中涵盖了大量的旅游产品，但这些产品只是有形的旅游消费的一部分，还有众多的无形资源，如生态、环境、文化等，也是产品的核心内容，却很少引起人们的注意。一个景区的资源不可能十全十美，打造品牌也不能做到面面俱到，但我们总会从中获取到关键的东西，通过一定的文化包装后产生景区品牌。比如绿维创景对"新中国金融摇篮冀南银行"品牌的包装。冀南银行的前身是晋察冀边区 1939 年 9 月在山西黎城小寨村成立的八路军银行，很长时期只存在于一座 50 平方米的旧房子内，在较长一段时间里默默无闻。后来随着规划建设的开展形成了占地面积在二十平方千米左右的充斥着红色、绿色与情景化旅游全面结合的新型旅游景区。景区内主要有冀南银行旧址、小寨民俗村老园山风景区、中国红色金融博览馆、红色金融俱乐部、冀南银行纪念馆等供游客参观的地方。著名革命家薄一波为景区题词"冀南银行 新中国金融摇篮"。该项目之所以取得了成功，正是因为挖掘了其潜在的精华部分，也就是冀南银行的历史地位。

（三）提升景区的文化价值

在旅游资源空间固化性影响下，景区开展旅游营销活动时只有通过地域文化才能反映及提升景区文化价值，而通过文化营销则有助于增强附加值。资源这一有形资产只能创造一定的利润；文化营销侧重文化这一无形资产，不仅可以为景区创造可观的利润，而且还使景区的灵魂得到升华，为景区带来较高的文化价值。

四、结语

综上所述，经济新常态下，我们应树立辩证思维、系统思维，深入、细致地调查和研究，统筹规划，把握好事物之间的内在联系，全面体现旅游业提升社会经济、调整社会结构、促进改革的作用。科学认识事物、正确把握规律，开阔视野，解放思想，向更深层次发展。

随着我国旅游景区的蓬勃发展，旅游景区已经从最初的旅游资源之间的竞争转变为旅游产品之间的竞争。而要想打造一系列独具特色的旅游景区文化品牌，就必须加强文化传播和营销，推动旅游景区发展，提升旅游景区形象。

参考文献

[1] 任梦雅，杜政. 谈导游讲解对旅游景区形象的影响 [J]. 边疆经济与文化，2010（9）：11-12.

[2] 李卓. 对"文明的冲突"的一种传播学阐释 [D]. 上海：复旦大学，2012.

[3] 张玲. 基于知识旅游的知识转化研究 [D]. 西安：陕西师范大学，2010.

[4] 仝好林. 基于模糊综合评价的旅游景区品牌形象评价 [J]. 中小企业管理与科技，2009（8）：125-126.

[5] 王梓岍. 基于文化传播理论的城市旅游形象设计与营销应用研究 [D]. 武汉：华中师范大学，2013.

[6] 廖宁怡，欧阳晓波，王莉娟. 旅游文化营销研究 [J]. 商业经济，2010（2）：111-112.

[7] 李娇. 我国城市文化品牌的塑造与传播研究 [D]. 长沙：中南大学，2009.

[8] 林湫. 解剖宣传媒介的优劣和对旅游促销的作用 [J]. 剑南文学，2009（8）：154.

[9] 贺娟娟. 中国旅游广告的跨文化传播研究 [D]. 西安：西北大学，2010.

[10] 池筠. 中国旅游广告的文化传播研究 [D]. 沈阳：辽宁大学，2011.

（本文发表于《中国商论》2015 年第 23 期）

民族村寨旅游发展中的
主要社会问题研究[①]

马东艳

（攀枝花学院，四川攀枝花 617000）

少数民族聚集的民族村寨以其古朴神秘和独特的民族风情，在新时期引领着中国乡村旅游的发展方向。但在民族村寨旅游如火如荼开展的同时，许多矛盾也日益暴露并不断扩大。本文研究了民族村寨旅游发展中凸显的社会问题，以期为乡村旅游持续健康发展提供借鉴和思路。

一、民族村寨旅游发展过程中凸显的社会问题及其影响

（一）"原真"民族文化被过度商品化

文化的真实性与原生性是民族旅游得以持续开展的根基与灵魂，也是吸引旅游者不断涌入的源泉。因此具有"原汁原味"的"原真"民族文化是开展民族旅游的核心。但当前却出现了大量民族文化被过度商品化的现象，比如：传统节日庆典和民间习俗不按照传统规定的地点和时间举行；旅游工艺品粗制滥造，不遵循当地的制作技艺和传统风格；民俗文化演示中传递虚假信息；等等。这些现象导致旅游者所追寻和体验的"原真"，只不过是经营者根据旅游者的偏好、期望和想象而组织、设计和构建起来的早已偏离"原真"形象的"原真性效果"。这种抹杀民族文化"真"与"伪"界限的伪真实，不但会误导旅游者，还会造成传统民族文化的失真甚至消失，从而加重民族文化保护和存续的难度。

（二）旅游收益分配不公平

民族村寨旅游开发的特殊性就在于，是以民族文化缩影的村寨和民族文化传承者的村民作为旅游的主要吸引物。因此，村寨和村民本应在旅游开发与发展中处于中心和主流地位并成功分享旅游开发所带来的巨大成果。但现实的情况却是，有些基层政府和以

---

① 基金项目：四川省高等学校人文社会科学重点研究基地——四川省农村社区治理研究中心"民族村寨社区旅游村民权益保障研究"（项目编号：SQZLB）；四川省教育厅课题"基于 RFID 技术下的旅游景区低碳化发展模式研究"（项目编号：SB）；四川省哲学社会科学重点研究基地——四川旅游发展研究中心立项课题"基于 RFID 技术下的低碳景区信息化集成管理模式研究"（项目编号：LYB12-01）。

开发商为主导的商业资本合谋，通过直接对农民利益进行"合法"侵占而共同瓜分了旅游收入这块蛋糕，使村民难以分享到旅游发展带来的经济利益。感觉自身被旅游发展所利用和排斥的村民就会自发拿起"弱者的武器"，通过群体性的堵路、上访、破坏景观、静坐等行为进行抗争，由此引发了多起村民与当地政府或开发商的恶性暴力冲突事件，严重影响着当地社会的稳定和旅游的健康发展。

（三）旅游征地补偿不合理

在不断发展民族村寨旅游的同时，不可避免地要发生旅游征地问题，特别是在旅游资源较为丰富的民族村寨，村民失地问题更为突出。目前虽然几乎所有民族村寨的土地征收都会给予一定的补偿，但补偿标准大部分采用一次性买断的"产值倍数法"即按照被征土地的原有用途进行补偿，缺乏对土地级差地租和机会成本的考虑，更未考虑失地农民进行转产转业以及学习新谋生技能等方面的费用。加之，旅游开发带动了村寨及周边土地迅速升值和消费水平的大幅度提升，使有限的补偿费用无法满足失地农民的长远生计问题，生活愈发陷入困境，由此造成的村民对旅游开发的不满情绪也日益高涨，成为一大社会隐患。

二、原因分析

（一）旅游者能力限制和经营者逐利的驱使

旅游者前往民族地区旅游的目的是为了体验和了解"原真"异域文化所带来的心灵冲击和震撼，从而满足其求新、求异、求乐、求知的心理预期，但大多旅游者虽具有追求文化"原真性"的动机却不具备获得"原真性"的能力（没有足够的专业知识去分辨何谓文化的"原真性"）。同时经过商业化（过度商业化）包装的民族文化更容易为经营者带来巨大利润。因此，本能的逐利行为驱使经营者成为这种伪真实的创造者和推动者，并进一步营造和强化旅游者意象中的"真实"。

（二）社区参与的表面化和形式化

社区参与是使那些被排除在主流权力之外的社区居民能真正被包含进来并参与到与旅游相关的决策和谈判中，是保障弱势群体权益、防止官商合谋对居民进行利益掠夺的最优举措。但目前社区参与的表面化和象征性，使社区参与变成了仅仅允许当地社区对即将实施的计划、方案和决策在小范围内做出反应或使社区被动接受任务安排的过程。这种社区参与决定了旅游产业会继续被政府或开发商所控制而不是被社区所控制。社区参与的形式化使社区居民被剥夺了在旅游开发与发展中的主体地位，也就从根本上被剥夺了公平分享旅游收益分配的可能性。

（三）土地征用补偿机制不完善

旅游征地补偿是国家基于旅游开发需要，对归农民集体所有和使用的耕地依法实施征收或征用，同时给予农民相应补偿的过程。但现行"产值倍数法"的耕地补偿标准中，既未包含土地在旅游开发中的增值收入，又未对失地农民非生产性方面的损失以及因失地而造成的生产、生活成本增加予以考虑。因此，按照这种补偿标准对失地农民进行补偿，其费用额度明显偏低，同时对关系失地农民重新就业、社会保障和社会福利等方面的长远生计问题并没有给予充分的考虑和进行相应制度安排。因此对失去生存之本、立命之基而又无一技之长的农民而言，也就注定了其生产生活的困难。

三、对策建议

（一）规范旅游经营行为

在直接经济利益的诱导下，民族文化过度商品化不仅不能为民族文化的发展注入新的要素和发展机会，而且首先丧失掉的一定是自我文化的根基。因此，为了防止民族文化过度商品化而使其丧失发展的核心竞争力，就必须规范旅游经营，坚决打击并杜绝为获得短期最大利益而牺牲文化"原真性"和质量来盘剥旅游者的行为。开发的旅游产品必须真实、准确、客观地体现其文化内涵和文化主题，从而实现商业目标和文化目标的一致性。

（二）以制度保障社区参与的有效性

当前中国等发展中国家的社区参与并不能有效解决旅游收益分配失衡问题，其根源就在于现行制度无法使社区的参与权真正落实到社区层面。因此，要解决因社区参与的表面化和形式化而导致社区村民合法利益被侵害和剥夺的问题，就必须通过相关程序性和支持性的制度建设，使在现行主流权力结构中被边缘化的弱势村民群体真正享有参与、分享、控制旅游开发决策的各项权利。也就是说只有村民真正成为占主导地位的利益主体和管理主体，才能获得与政府和开发商等外部主要利益相关者进行政治博弈或权力较量的能力或潜能，并成为影响旅游开发与发展、实现旅游收益公平分享的现实力量，从而真正维护自身的合法权益。

（三）完善旅游征地补偿机制

需要以市场为依据，按照被征用土地的价值、供求关系以及地理区位，进行科学的考察、评估并制定富有弹性的公开、公正、公平的补偿新标准，并根据人们的工资收入水平、物价水平和生产生活水平，建立动态的调整机制，从而使征地过程给当地居民带来的好处超过其在整个征地过程中的损失。同时政府要以保障失地农民的长远生计入手，加大对失地农民在就业技能、生产经营、医疗、社会保障等方面的扶持力度，从而彻底解决失地农民的长远生活出路问题。

参考文献

[1] 乐可敏.我国民俗旅游原真性价值取向下的开发路径探析 [D].上海：华东师范大学，2007.

[2] 张朝枝，马凌，王晓晓，等.符号化的"原真"与遗产地商业化：基于乌镇、周庄的案例研究 [J].旅游科学，2008 (5)：59-66.

[3] 马炜，陈庆德.民族文化资本化 [M].北京：人民出版社，2004.

[4] 黄湘敏.小议我国现行征地补偿 [J].中国国土资源经济，2013，26 (1)：28-30.

（本文发表于《贵州民族研究》2015 年第 6 期）

日本非物质文化遗产保护与传承经验及对我国完善相关保护体系的启示[①]

汪舟

（乐山师范学院旅游学院，四川乐山 614004）

非物质文化遗产是一个国家或地区的历史文化的重要组成部分，也是重要的精神财富。随着我国世界非物质文化遗产项目的不断增多，国内对非物质文化遗产重视程度的不断提高，对其的保护与传承工作也日显重要。目前我国的非物质文化遗产工作取得了许多重要的成绩，但在制度、体系规范上仍有不足。本文通过对日本国内非物质文化遗产保护与传承的现状及面临问题时所采取的对策进行分析，为我国更好地进行非物质文化遗产的保护和传承做出了思考，并建议从制度上规范申报和认定体系；财政上应当进一步完善资助体系，并规定被资助人的相应的责任义务；管理上明确地方人民政府的日常和危机管理体系；同时鼓励建立分类创新体系，按照不同类别采取不同措施，维护和提高非物质文化遗产的活态生命力。

根据联合国教科文组织《保护非物质文化遗产公约》第 2 条中的定义：非物质文化遗产（Intangible cultural heritage）是指被各群体、团体（有时为个人）所视为其文化遗产的各种实践、表演、表现形式、知识体系和技能及其有关的工具、实物、工艺品和文化场所。2013 年随着珠算被列入世界非物质文化遗产，中国的世界非物质文化遗产数目已达到 30 项。与此同时，拥有相似文化渊源的日本，目前也拥有 22 项世界非物质文化遗产。研究日本对本国非物质文化遗产的传承与保护，对于做好我国非物质文化遗产的传承与保护，促进遗产旅游的健康发展，具有重要的借鉴意义。

一、日本非物质文化遗产的保护与传承现状

日本对本国非物质文化遗产的保护与传承十分重视，目前已形成了较为完整的认证与保护体系。总体来看，主要有以下几个方面：

（一）分类与认定体系

对非物质文化遗产进行分类与认定是做好其保护的前提。日本把文化遗产称为"文

---

①　基金项目：四川省社会科学重点研究基地——四川旅游发展研究中心立项课题，项目编号 LYC13-29。

化财",其中对可列入非物质文化遗产进行保护的分为四类。这四类是:重要的无形文化财;重要的无形民俗文化财;不属于重要无形文化财,但特别有必要存在的应当采取记录作成等措施的无形文化财;不属于重要无形民俗文化财,但特别有必要存在的应当采取记录作成等措施的无形民俗文化财。截至 2014 年 10 月,日本全国非物质文化财的类别及项目数如表 1 所示。

表 1　　　　　　　　　　日本全国非物质文化财类别及项目

	管理机构	适用法律	非物质文化财分类	项目数
日本	文化厅	文化财保护法	重要无形文化财	102 项
			重要无形民俗文化财	286 项
			应当采取记录作成等措施的无形文化财	132 项
			应当采取记录作成等措施的无形民俗文化财	594 项

资料来源:日本文化厅国家认定文化财数据库。

对于分类中各项目的认定,通常分为三种。第一种是个人认定。即把称号授予个人,这类人通常被称为"人间国宝",是某项技能或才艺的高度精通者。第二种是综合认定。假如某项技能或艺能是由 2 人或 2 人以上的团队一起展现的,则团队成员可以通过综合认定得到肯定。第三种是保持团体认定。即在某项艺能或技法中,个人的角色很淡薄,而且掌握这项艺能或技法的人数也较多,就可以对以这些人为主所构成的团队进行团体认定。艺能方面通常采用个人认定和综合认定,工艺技术方面一般多采取个人认定和保持团体认定。截至 2014 年 11 月,在艺能方面,有 57 人获得了个人认定,13 个团体获得了综合认定;在工艺技术方面则有 59 人获得个人认定,14 个团体获得保持团体认定。

在认定的层次中,又分为国家认定和地方都道府县认定,以及基层的区市町村认定。对每年提交联合国教科文组织申请列入世界非物质文化遗产的项目,一般从国家认定的项目中选取。国家认定的项目从都道府县已认定的项目中挑选,由当地提交申请,经过现场调查以及各种审议、报告、答辩,最后由文化厅认定。一旦被国家认定,则原都道府县的认定自动取消。而都道府县的认定可以由个人、团体和基层组织提出申请,由主管部门认定。

(二)政策上的保护体系

日本虽然没有单独对非物质文化遗产保护立法,但很早就在政策层面上规定了对"文化财"的保护。1929 年制定的国宝保护法是现行文化财认定与保护制度的基础。1950 年颁布的《文化财保护法》,把非物质文化遗产也作为保护对象纳入其中。之后《文化财保护法》历经 6 次修改,才形成今天的法律体系。

日本现有的《文化财保护法》规定:"政府和地方团体,必须正确认识到文化财是国家的历史、文化,也是将来发展的基础,因此必须注意正确周到地对其进行保护,并贯彻本法的宗旨。""为了重要文化财的保护,文化厅长官可以对非物质文化财的保持者、保持团体或地方团体及其他被认为适合承担保护任务的人进行必要的劝告或建议。"

这既确立了保护的主体，也保证了政府可以对本国非物质文化财产的保护进行必要的干预。

在国家层面外，各地方政府也都出台了自己的保护政策。有些还会设立专门的文化财保护部门行使保护工作，如群马县就在县教育委员会下设文化财保护科。《群马县文化财保护条例》颁布于1976年，后历经3次修改，共9章50条，并有6项附则。除了贯彻国家《文化财保护法》的条例外，还规定了本县重要文化财的所有者必须遵守本县的文化财保护条例，听从教育委员会依据此条例做出的指示。同时还规定在特殊情况下，重要文化财的所有者可以选择其他人代为履行重要文化财的管理工作，但在选择代理人和解除代理人时必须向教育委员会提交相关材料。如果所有者不明或者所有者或管理者难以进行管理，或被认为管理不当，教育委员会可以指定其他法人进行必要的管理。这样如果文化财的保护面临困境时，政府有法律依据可以进行直接干预，为保护工作平添一份保障。

（三）财政上的资助体系

不论是物质文化遗产还是非物质文化遗产的保护，来自政府的经费支持都是必不可少的。在日本，政府在财政上的经费资助是分类、分层次进行的，并已形成了较成熟的体系。根据《文化财保护法》的规定："重要文化财的管理或修理需要较多经费时，在其所有者或管理团体无法负担的或其他特殊情况下，政府可以给予重要文化财所有者或管理团体适当的补助金作为维修经费的一部分。"对于国家认定的非物质文化遗产保护项目，所需经费主要由国家资助。其中对于个人认定者，由国家每年直接拨款200万日元；如果是综合或团体认定者，其资助金额由文化厅长官根据各项审查和现场调查情况等决定。同时，所在都道府县甚至市町村也会给予一定资助。对于地方认定的项目则由地方进行资助，金额由各地自行制定。国家和地方所提供的资金都称为"补助金"，并且一个项目可以同时接受国家和地方的资助，但国家和地方出资比例在各个地方不尽相同。如栗东市对市内被认定的文化财产的补助金不超过所需经费的1/2。若项目同时受到国家和县政府的资助，则补助金为扣除国家、县政府补助后经费的1/2以内。青梅市则规定受国家资助的文化财产保护项目的资助不超过总经费的1/8。在东京都，对受到政府资助的文化财保护项目的资助不得超过总经费的1/10。

二、日本在非物质文化遗产保护与传承中积累的经验

与我国一样，日本在非物质文化遗产的保护与传承方面也面临许多问题。针对不同的问题，日本采取了不同的对策，这些对策在实际操作中都被证明是可行的成功经验。

（一）针对后继者匮乏的问题，采取研修形式

即使在传统文化保持得较好的日本，很多非物质文化遗产类别下的传统艺术技能也面临后备人才匮乏、难以传承的困境。许多年轻人对学习传统艺术技能不感兴趣，导致好的传承人越发难寻，从而面临技艺失传的危险。如能乐、文乐等传统艺术项目就面临这种情况。

为此，政府主要采取了研修制度以保障后继者的培养。根据最新一期日本独立行政法人——日本艺术文化振兴会的研修生募集通知显示，研修是为培养文乐技艺员而进行的基础教育。募集人员为中学毕业生，23岁以下男子，或其他日本艺术文化振兴会和公

益财团法人、文乐协会等认为适合报名的人。参与报名的人员一般都要进行考试，考试内容有面试、作文和简单的技艺测试，考试通过者方可进入研修班学习。整个研修期为期2年，免费学习。入学8个月后进行适应性测试，正式确定人选，通过的合格者继续学习，并可以获得一定的助学金或助学贷款，没有通过的学生将失去研修生资格。最终毕业的人员将编入文乐协会，师从干部技艺员后可以进行登台演出。截至目前，已经有26期文乐研修生毕业，其中很多后来不仅成功出道，一部分还获得了重要的非物质文化遗产中的综合认定，更有优秀者成为文乐方面"人间国宝"竹本住大夫师的演奏助手，可以和其同台演出。

（二）针对民众熟悉度不高的问题，实行巡演制度

很多非物质文化遗产是某一地区的特殊传统艺能，在当地知名度较高，但其他地区的民众往往对此缺乏认识。还有一些艺术在老一辈人群中有较高人气，但在年青一代中受欢迎程度较低。因此保护与传承工作不能仅仅依靠当地人，或者某个取得认定的协会、团体的努力，而应当扎根于更广泛的群众中，才能有更强大的生命力。为此，日本采取的主要做法是组织传承者个人或团体不定期到各地巡回演出，实行巡演制度。巡演可以是在本地区巡演，也可以走出当地，去全国其他地区进行宣传巡演。这些巡演有时也会得到政府的资助，如2012年，日本独立行政法人——日本艺术文化振兴会从获得的国家拨款中，共拨出870万日元资助了东京都的能乐协会在全国举行的9场公演。

为了弘扬传统文化，许多已经被认定为"人间国宝"的国家级非物质文化遗产传承人也不遗余力地在全国各地进行巡演。如生于1919年的茂山千作，长年在各地学校进行巡回演出，普及传统艺术"狂言"。表演义太夫的竹本绫之助，每个月的义太夫协会公演、学校巡演、都市巡演等都会积极地参加，为培养广大民众对传统文化的兴趣做出了巨大贡献。

（三）针对传统技艺与现代科技的差距问题，允许其自我发展和创新

被列入非物质文化遗产的工艺类项目，很多都是传统的生产方式，由于生产力低下，很难满足现代生产生活的需要。如果原封不动地保存，虽然能够保持它的历史原貌，但却禁锢了其自身发展的可能。针对这种情况，日本的做法是允许其技能保持者根据现代社会需要，在保留技艺精华的前提下有针对性地自我发展和创新，使其能适应现代社会的需要，维持其生命力。

日本非物质文化遗产的自我发展和创新可以分为两类。

一类是使用目的的创新。2008年，石川县的能登扬浜式制盐法被列入国家重要非物质民俗文化遗产，这是一项已经有超过400年历史的传统制盐方法。具体是在海边高地上用黏土铺制一个盐田，然后灌入海水，通过自然蒸发，把附着有盐分的砂土收集起来，从中获取卤水，然后在釜里通过煮卤水获取盐结晶。明治维新后，这项传统工艺在现代技术的冲击下急速衰退。后来，人们认识到了它的文化与观光价值，在政府帮助下这项传统技术开始得到复兴。不仅如此，制盐的传承人还与当地企业联手，把盐加工成肥皂等当地独一无二的特产，在全国进行售卖，并把收入的一部用于资助当地制盐人购买制盐工具和进行制盐文化、技术传承工作。

另一类是使用范围的创新。千叶县的上总挖掘法是日本的重要非物质民俗文化遗产，它的特点是不依靠机械、使用很少的人力就能挖出很深的井。然而如今，在挖掘机

的帮助下，人们也能安全、迅速地挖掘各类深井。在这种情况下，上总挖掘法的生存空间受到了较大冲击。这时上总挖掘法的技术传人们并没有把目光局限在国内，而是投向了更大的海外市场。在亚非拉的很多地方，对这项技术依然有很大需求。于是在各类NGO（非政府组织）和JICA（独立行政法人国际协力机构）的支持下，上总挖掘法被运用到菲律宾、肯尼亚、赞比亚等地，为当地居民寻找水源，挖掘水井。仅2005年在肯尼亚的Loitokitok地区就完成了6口井的挖掘，并培养了7名当地工程师。在非洲的成果还受到了联合国及其他国家NGO组织的高度评价。

三、对我国完善非物质文化遗产保护与传承体系的启示

非物质文化遗产的保护与传承是一个系统的工程，需要做好各个方面的工作。借鉴日本在这方面的经验，结合我国目前的实际情况，笔者认为应采取如下措施进一步完善我国的非物质文化遗产保护与传承体系：

（一）规范申报和认定体系

2011年颁布的《中华人民共和国非物质文化遗产法》是我国关于非物质文化遗产保护最全面、最直接的一部法律。该法规范了非物质文化遗产的调查、入选非物质文化遗产代表性项目名录的程序和条件、非物质文化遗产的传承与传播和法律责任等。此外，在法律法规方面还有文化部颁布的法规、各地方出台的保护条例等。由此可见，我国非物质文化遗产法律保护体系上是完善的。但是，相比完善的法律体系，非物质文化遗产的申报和认证体系尚未完全建立。

1. 申报和认定体系

《中华人民共和国非物质文化遗产法》规定国家级的非物质文化遗产申报可以由公民、企事业单位、社会组织等，向所在行政区域文化行政部门提出非物质文化遗产代表作项目的申请，由受理的文化行政部门逐级上报，也可以由省级文化行政部门对本行政区域内的非物质文化遗产代表作申报项目进行汇总、筛选，经同级人民政府核定后，向部际联席会议办公室提出申报。鉴于国家级非物质文化遗产认定审核工作需要组织专家经过反复调研、论证才能得出结果，如果申报范围放宽，申报项目增多，反而可能因为论证时间拖长而耽误认定工作。因此应当规范申报流程：市、县一级非物质文化遗产申报工作可以由个人、团体提名，当地政府行政部门认定；省级非物质文化遗产由市级行政部门从已有市、县级目录中选择合适项目申报，再由省级行政单位认定；而国家级非物质文化遗产则应当由省级行政部门从已有省级目录中选择合适项目申报，由国家非物质文化遗产保护工作部际联席会议认定。

2. 传承人认定制度

作为非物质文化遗产认定体系中重要的一环，各类传承人在非物质文化遗产保护中发挥着重要的作用。目前我国的传承人认定制度主要针对个人认定。对于那些有多人掌握的传统技能，也只认定其中极少的一两个人作为传承人，这就使得未被认定为传承人的其他人缺乏传承的积极性。因此，一方面，应扩展传承人的范围，使它既包括个人传承人，也包括团体传承人，使具有相同技能的人能够联合到一起，共同为保护技能而努力；另一方面，应细化传承人的责任、权利和义务，使传承人在享受应得的权利时，也要承担自己应有的责任和义务。

（二）进一步完善资助体系

资助体系的完善主要应表现在下列信息在相关的政策法规细则中得到进一步明确：各级各类非物质文化遗产各获得多少资助，各级政府应当承担多大的比例，什么人或团体可以被列入资助对象，什么项目可以被列入资助范围，资助的前提条件是什么、额度是多少，申请流程和项目评估体系是什么样，等等。只有这样，才可能使现有传承人、团体提高保护与传承非物质文化遗产的积极性，同时也让保护与传承的资助工作有法可依。

此外，很多非物质文化遗产难以传承，一个很重要的原因就是它很少成为传承者的职业行为，更多的是凭个人喜好来进行学习和表演。非物质文化遗产传承难以作为职业，是因其所带来的经济效益低。当地或本族的年轻一代往往更愿意学习一些能够直接用来谋生的手艺，甚至背井离乡去打工挣钱。为改变这一状况，中央及地方各级人民政府都应增加在非物质文化遗产保护方面的投入，建立起较完善的财政资助体系。在传承人方面，既应提高传承人的物质待遇，改善他们的生活条件，鼓励他们将非物质文化遗产的传承作为自己的终身职业；又要对传承人所带徒弟给予适当的物质补助，以鼓励他们安心学习，好好学习。这样既可保障非物质文化遗产的传承，同时也解决了就业。在传承活动方面，应根据传承活动的内容、形式、规模等给予一定的资金补贴。在挖掘与保护研究方面，政府也需要加大资金的支持。

（三）明确地方人民政府的管理体系

目前，我国非物质文化遗产的保护与传承一般实行的是分级分类管理，而当地政府在这方面往往是重命名，轻保护与传承。为此，需要特别强化地方人民政府在这方面的责任，并通过立法明确地方人民政府对非物质文化遗产保护的管理体系。

地方人民政府的管理体系应当分为两个部分。一是日常管理体系。在取得相关认定后，市县级的非物质文化遗产由市、县级主管单位管理，省级非物质文化遗产由省级行政单位管理，国家级非物质文化遗产由国家相关部门负责日常的监督管理。将认定与保护纳入到同一单位下进行，可以使保护工作更加清晰。地方人民政府除了有管理好非物质文化遗产档案的明确任务外，还应对当地非物质文化遗产传承人进行主动指导，同时有加强其传播的义务。如在地方一些重要的活动中，应有意识地加入非物质文化遗产的表演，通过实际表演提高当地非物质文化遗产的知名度。通过每隔一年或几年举行定期展示活动弘扬成绩，发现问题，予以改善，从而推进当地非物质文化遗产的保护与传承。

管理体系中的另一重点是危机管理体系。即非物质文化遗产面临保护危机时政府的干预流程。当非物质文化遗产的传承人由于身体或其他原因导致传承出现困难，或者传承团体因内部纠纷等原因使传承面临危机时，政府作为其监督主管部门就应当果断介入，根据情况采取必要的干预措施，保证非物质文化遗产的传承能够延续下去。

（四）鼓励建立分类创新体系

许多学者在研究非物质文化遗产时都提到了其"活态化"的特点，并有学者据此提出了"活性保护"的观点：要回归生活文化、表达个性特征、突出多样性、展示创造力。可见建立非物质文化遗产的创新体系对发扬其创造力、保持其生命力具有至关重要的作用。但很多非物质文化遗产受限于其传统性，创新较为困难。因此需要结合实际，进行有效分类，根据不同类别采取不同策略鼓励其创新发展。

第一类是传统手工艺品，这类产品可以采取走市场化、产业化的模式进行产品创新。如曾经辉煌的万安罗盘，因为现代生活中已经很少使用这一物品而导致市场萎缩，传承面临困境。在这种情况下，可以考虑在保留其技术精华的基础上，把技术运用到工艺品的生产上，如尝试生产带有指南针功效的精美旅游工艺品，这样市场会比单一的指南针大很多。而且只有得到市场认可的非物质文化遗产，才会有更强大的生命力，不易被历史淘汰。

第二类是对于以表演形式展现的非物质文化遗产，可以考虑在保持其精华的前提下，结合当地旅游发展的需要，对活动的内容、形式进行适度的创新，以满足游客的需求，并可通过旅游活动扩大影响，积累保护与传承所需资金。

第三类是工艺技术方面的非物质文化遗产，可以考虑异地移植发展。虽然很多学者反对非物质文化遗产的异地移植开发，认为"非物质文化与特定地方文化环境有着内在的联系，所以遗产资产一旦失去环境的规定性，其原真性即受到损害"。但是这种思路的前提是非物质文化遗产所在地的环境仍然能够满足其需要，而异地文化生态环境不适合其发展。如果原籍地的社会经济环境发生变化导致其已经不适合继续在原地生存，而其他地方却有适合其发展的文化土壤，就不能固守"不可异地移植"的思想。如兰州黄河大水车制作技艺，在现代大型水电站出现后，其在原有的社会环境下已经很难再有用武之地，发展面临困境。但广大亚非拉地区对这类技术却仍有需求。因此，政府应当转变思路，考虑把它像日本的凿井技术一样传播到广大发展中国家。这样做既可以作为文化输出增进国际友谊，也可以让这项技术继续发扬光大，以另一种方式继续延续其生命力。

（五）国民的教育体系

民众是非物质文化遗产传承的土壤。在日本，社会、学校、家庭一起构成了整个国家的教育体系。对民众的教育宣传也由这三部分来承担。日本虽然自明治维新后就非常推崇西方文化，但整个社会对本民族的传统也保留得非常好。以节庆活动为例，日本人在看重情人节、圣诞节、西历新年的同时也保留了很多民族传统节庆，这些节庆活动很多都被认定为国家或者地方非物质文化遗产。每当举行传统节庆活动时，日本家庭几乎是全体出动，身着民族传统服装，由长辈带着前往观看。小朋友从小耳濡目染，自然会对传统节庆乃至传统文化产生亲切感。比如，很多高校的学生课外俱乐部中设有太鼓部，太鼓表演也是民俗节庆活动中必不可少的组成部分。学生在老师指导下从零开始学习太鼓。当举行传统民俗节庆活动时，他们也可以作为表演者参与其中。不仅学校和家庭都将此视为荣耀，这些学生亲身参与演出后，对太鼓表演和节庆活动都会有更加深刻的体会和感悟，当他们长大后也会像父辈那样带着自己子女来参加节庆活动，或者支持子女学习一些民族传统技能，继续保持下一代对本民族非物质文化遗产项目的热爱。

（本文发表于《旅游纵览》2016 年第 1 期）

四川旅游纪念品的地域性文化整合[①]

周卓，邱勇

（四川商务职业学院艺术系，四川成都 610065）

一件好的旅游纪念品不光是一种产品更是一张代表了当地人文内涵和地域文化的名片。笔者在分析旅游纪念品市场的现状后，提出要从地域性创新、产品研发保护、品牌建立和推广等方面进行文化整合。这一系列的整合不单会影响产品本身，而且会改变整个旅游纪念品市场的现状，这样才能真正有助于区域性文化的保护与发展。

人们每到一个地方都会购买一些值得回忆和纪念的物品，这是由人们心理需求导致的行为。通过调查我们了解人们购买旅游纪念品的需求方向，大致可分为：

（1）观赏品。观赏品是通过设计者的巧妙构思把概念融入产品里。好的观赏品从细节的设计可以看到一个地区的文化。

（2）实用品。人们越来越重视旅游纪念品的实用性、功能性。既有当地特色又满足日常生活需求的纪念品很受游客青睐。

（3）趣味性物件。外出旅游可以接触到日常生活中接触不到的事物，做一些日常生活中没有条件做的事情，使自己得到日常生活中得不到的新鲜感。所以具有趣味性的新鲜感旅游纪念品会受到人们的喜欢，特别是被购买力强的年轻人所追捧。

（4）食品是人以食为天，吃是旅游的重要部分。现在也出现了美食旅游，是以"美食"作为吸引物的享受过程。现代的旅游业与饮食是分不开的，在游览美景的同时享受美味，已经越来越受到人们的欢迎。但是旅游与饮食又离不开文化。

中国有着丰富的文化底蕴，随着现代人物质水平的提高，人们越来越注重自己的修养，开始丰富自己的精神世界。因此旅游成为一种时尚，是一种很好的了解不同地域文化的方式。但是现在人们在购买纪念品时却越来越难找到称心如意的物品。现在的旅游纪念品开发层次低，产品形式单一、雷同，具有趋同性。在四川看到的旅游纪念品在其他省市也能看到和买到。旅游纪念品设计陈旧老化，缺乏创新，内涵挖掘不够，品位提升不够，要素整合不够，这是普遍存在的问题。

随着生活质量的不断提高，人们对于旅游纪念品的要求也不断提升。因此，创新就成为旅游纪念品设计中的重中之重。创新的最终目标在于打破常规，创造新的游戏法则

---

① 基金项目：四川省哲学社会科学重点研究基地——四川旅游发展研究中心立项课题编号（LYC13-44）成果。

和解决新的问题。创新需要在整合的基础上完成，在多样化中找出动态变化的新秩序，最终构筑起新的物品。这种整合性创造，是一种能够涵盖和平衡彼此矛盾的多元价值观，而且是能够囊括丰富概念的一种综合及构筑性活动。

旅游纪念品整合性创造可以通过现代思想与独具特色的区域文化交汇时产生的矛盾冲突来体现。文化产品负载了越来越多的意义，设计与文化整合，在有意无意之中，可以形成具有创新特色的物品。这样不仅有助于区域性文化的生存与发展，而且也可以超越现代主义的束缚，创造新的物品。新物品的创造需要在功能、技术、艺术、文化等方面的有机结合基础上，对新材料、新结构和新工艺进行探究和运用。

四川是一个物产丰富的多民族区域，又处于长江上游，形成了具有独特魅力的区域文化。如果旅游纪念品与文化整合创造出新的物品，那它将具有多样性、独特性、神秘性、神奇性等特性，因此产生更强吸引力，更能满足人们的消费需要。

目前四川旅游纪念品的设计，也逐渐打破了"功能决定形式"等单一的传统造型规则，在设计中也加入了区域文化元素，但是仍然停留在模仿传统物品的层面。因此，旅游纪念品设计不单单是设计师的任务，也应当是产品研发部门与当地旅游局、文化界、民间手工艺传承者甚至教育部门携手合作的过程。为了避免产品在其他地域出现同质现象，还必须对产品进行专利保护，以法律的手段避免产品的泛滥。

要在琳琅满目的纪念品中突显自己的优势，仅有产品设计的创新是远远不够的，必须创立四川自己的纪念品品牌，树立品牌价值。好的品牌犹如一个大家族，旗下的产品可以进行系列化设计，并产生不同品种的产品组合。从开发和生产的角度来看，进行产品系列化设计可以有效地规划和管理产品，节省同系列产品的开发和生产成本；从消费者的角度，产品系列扩大了目标消费群，增加了消费者的选择面并建立了连续一致的产品识别性和品牌认知；从品牌传播的角度，以产品为核心，统一的设计语言可以提升整体的品牌形象。品牌价值是对旅游地区有利的宣传，品牌专卖店的销售模式是最好的展示平台。政府部门可将产品列为对外交流的赠礼，这正是最好的品牌的推广。

比如，在日本，不同地区销售的旅游纪念品也各不相同。如富士山景区的富士山系列手链、挂饰和巧克力，在离开富士山后就再也看不到；浅草寺内所售的雷门灯笼，外面也看不到。因此游客每到一个景点就会去购买代表性的纪念品。我们的旅游和工商部门也应对产品销售地域进行区域性管理和划分，这也是地域性文化与销售渠道的整合。通过整合，游客在不同的景点能看到和买到不同的特色商品，这更能激发游客的新鲜感和购买欲。

我们现在说的旅游纪念品与文化整合，不再只是基于怀旧之情而去重复某个区域的独特符号或是粘贴片面的文化，而是重视并且开拓物质与精神层面上的积极意义，将各个组成单元的生命力全部吸纳，并由此形成一个可以不断成长与进步的创新机制。只有如此才能真正有助于区域性文化的保护与发展。

（本文发表于《城市旅游规划》2014 年 4 月下半月刊）

文化遗产展示真实性视角下的导游词规范化探讨①
——以都江堰景区为例

陶长江¹，郑虹梅¹，黄燕玲²，郭凌¹

（1. 四川农业大学旅游学院，四川都江堰 611830；

2. 桂林理工大学旅游学院，广西桂林 541004）

2008 年，加拿大魁北克通过了《文化遗产地解说与展陈宪章》（以下简称《宪章》）。《宪章》视解说（interpretation）和展示（presentation）为文化遗产保护和管理的重要组成部分。文化遗产地展示是指一切可能的可提高公众意识、增强公众对文化遗产地理解的活动，展示要坚持真实性和可达性的原则。其中，"真实性"要求遗产展示必须忠实地呈现和诠释文化遗产中与文化价值有关的部分；"可达性"要求由经过专门培训的导游和专业人士向来访者进行有关场所历史文化信息的介绍。不可否认，近年来，文化遗产以其不可替代的优势，在旅游业发展中的地位和作用日益重要。但目前，国内一些文化遗产景区由于粗放经营，对遗产解说系统中的导游词的重要性认识不足。导游词是遗产展示的重要凭借，它直接关系到文化遗产的真实性、知识的完整性、社会责任以及对文化意义和文脉关系的尊重。

一、相关研究回顾

《威尼斯宪章》指出，"真实性（authenticity）"是文化遗产保护的原则。文化遗产的保护应坚持保护它在生存全过程中所获得的有意义的历史、文化、科学和情感信息；保护它的真实性和原生性；保护它一定范围的历史环境。一定程度上讲，对文化遗产做适当的旅游开发（如遗产真实性展示对游客的教育和引导），本身就是对文化遗产的一种可持续保护。文化遗产用于旅游开发时，它是一种以文化为核心吸引力的旅游资源，而游客的出游动机是追求文化的真实。文化遗产展示的真实性主要受两方面影响：一是文化遗产本身的真实性，二是传递给公众（包括游客）的关于文化遗产信息的真实性。

① 基金项目：国家自然科学基金课题"'主客'感知视角下西南民族地区旅游影响机理与时空分异研究"（4036）；四川农业大学社科联课题"文化遗产展示真实性视角下的导游词规范化探讨"（203YB3）；四川旅游发展研究中心课题"四川世界遗产景区安全标识系统优化研究"（LYC13-24）。

文化遗产景区的导游讲解，是导游人员和景区讲解员讲解文化遗产、向游客传递文化遗产信息的重要过程。导游词是否与文化遗产承载的历史信息一致？这不仅影响游客的旅游质量，更是直接影响文化遗产展示的真实性。

事实上，国内诸多学者已开始关注文化遗产的真实性。张成渝、谢凝高认为，真实性和完整性（Authenticity and Intergrity）是世界（文化）遗产保护中非常重要的两个原则。王景慧进一步指出，文化遗产保护的原则是"真实性"，即最初刚刚建成的时候的真实，也包括文化遗产历史上各个时期的叠加物，并非只是要求文化遗产原初的真实（原真性）。吴晓隽研究发现，文化遗产旅游中存在真实性困境，其产生根源是旅游活动内在文化逻辑上的矛盾和旅游活动的后现代文化取向对遗产文化真实性的解构，并指出实现文化遗产地旅游发展的真实性与商品化均衡，有利于文化遗产旅游健康发展。张朝枝也认为，文化遗产保护与旅游产品开发是一个互动的过程，纯粹的遗产保护原真性标准也许并不存在，它其实还涉及价值观问题和话语权问题，对原真性的理解注定了是一个动态博弈过程。另外，徐雁飞等通过对《威尼斯宪章》《奈良真实性文件》和《北京文件》的分析，对比了东西方在文物建筑保护上关于真实性的不同理解。

对文化遗产展示的研究，国际文化遗产领域一直都很重视。国外学者主要从文化遗产展示的方法、遗产旅游与遗产展示的关系、社区居民在遗产展示中的责任等问题做了较深入的探讨，尤其是有学者研究指出遗产展示对遗产保护的重要性。Morate指出传播文化遗产信息对保护、了解和保存文化遗产具有重要意义；Netheery指出遗产展示对传承遗产精神至关重要，可以扩大公众了解和接近遗产的机会；Sterry指出更高效的遗产展示包括运用各种新技术以传递遗产精神、保护遗产并赋予遗产地以意义，并且可以使观众全身心投入对遗产的欣赏和体验，让游客在体验遗产价值和重要性的同时，提升他们参与遗产活动的主动性。但从国内看，甚少有学者关注文化遗产展示研究。从CNKI数据库中查询国内2000—2012年发表在核心期刊上的文章，仅有4篇高度相关的论文：孙燕用《关于适用于考古发掘的国际原则的建议》《文化遗产地诠释与展示宪章》等国际文件传达了文化遗产诠释与展示的国际理念；郭璇从国际视角介绍了文化遗产展示的理念和工作内容，对古迹遗址展示的方法与手段进行了详细的剖析；王伟华对博物馆文化遗产的数字展示与实体展示做了对比阐述；钟正、杨慧则讨论了文化遗产展示中的技术运用，采用Agent模型实现了"虚拟巴东"中重组"土家族婚礼"的诸多角色、行为等。

在旅游解说系统研究方面，Pearce认为旅游解说的作用是向公众传达一个地方的意义，使公众更喜欢它、理解它的重要性，产生保护的积极态度。Moscardo指出，旅游解说系统有助于提高旅游者在世界文化遗产地的体验质量，而体验质量的好坏直接影响旅游者对遗产保护的态度。导游讲解（包括地陪和景区讲解员的讲解）作为文化遗产景区解说系统的重要组成部分，是引导游客观光游览，向游客传播遗产文化信息的重要方式。因此，对导游讲解的内容（导游词）应有严格的要求。谢新暎指出，导游词是导游员对景点进行讲解的重要凭借，导游讲解要不断提升导游词的文化品位和审美情趣。闵庆文认为，旅游不仅是观光、休闲、体验，更是一种认知、学习，在世界文化遗产地，更应重视科普教育功能，提高导游词的科学性。但在如今各类旅游风景区的导游讲解中，导游词的"庸俗化"现象明显，表现为弱智化、神秘化、迷信化和雷同化，导游词的庸俗化对旅游产业、客源市场和旅游资源环境均存在极大危害。规范导游词，实际上是对导游服务人员所传播的文化知识的规范。综上，导游讲解是遗产解说系统的组成部分，也是文化遗产展示的重要手段。从对文化遗产保护和管理的角度来看，国内学者强调文化遗产展示的真实性，但基于文化遗产真实性的展示手段的探讨，缺少有价值的研究成果。如何通过规范导游词来提高文化遗产展示的真实性，这在国内还鲜有研究者涉及。本文以作为世界文化遗产地的都江堰景区为例，基于文化遗产展示真实性的角度，探讨都江堰景区导游词的规范化，以期能以小见大，从遗产展示角度探寻文化遗产保护的路径。同时，也对其他文化遗产景区导游词的规范化提供一定借鉴。

二、理论基础

（一）文化遗产展示与展示的真实性

文化遗产的展示最初是在考古遗址的保护和管理中开始受到重视的。与历史建筑不同，遗址通常具有残缺、不完全的特征，而普通大众仅仅从残垣断壁中很难完整地了解其历史文化价值，因此如何真实、完整地展现遗址所蕴含的历史文化信息的问题比较早被学界所注意到。1999年的《国际文化旅游宪章（重要文化古迹遗址旅游管理原则和指南）》第一次从遗产旅游角度提出遗产"诠释"的概念，指明遗产展示对遗产旅游的重要性，并强调遗产展示是遗产保护和管理的方式之一。2008年10月ICOMOS（国际古迹遗址理事会）通过的《文化遗产地诠释与展陈宪章》首次以国际文件的形式指出，"展示"（Presentation）是通过在文化遗产地安排解释性信息、亲身体验和诠释性基础设施等，对诠释性内容进行的精心策划的传达，这种传达方式包括信息牌、博物馆式的展览、正式的徒步旅行、讲演和有向导的游览及多媒体应用与网站等。该宪章还指出，"文化遗产地的展示"是一切可能的可提高公众意识、增强公众对文化遗产地理解的活动。

文化遗产展示是文化遗产保护工作中的重要组成部分，它直接关系到文化遗产的保存、保护和社会价值的实现。遗产展示对文化遗产的保护方式方法、材料及最终效果和长期影响等起决定性作用。同时，有效的文化遗产展示能充分展现文化遗产的内涵价值，使公众全面了解文化遗产，提高文化遗产保护意识，是实现文化遗产价值共享的最直接、有效的途径。1990年国际古迹遗址理事会在洛桑通过的《考古遗产保护与管理宪章》也从另一角度表明了展示的重要性："向民众展出考古遗产是促进了解现代社会起源和发展的至关重要的方法。同时，它也是促进民众了解对其进行保护需要的最重要的方法。"

文化遗产展示主要遵循真实性、完整性、可达性和可持续性的原则。1964年第二届历史古迹建筑师及技师国际会议在威尼斯通过的《国际古迹保护与修复宪章》（也称《威尼斯宪章》）中就表达了真实性理念，指出"保护文化遗产的真实性，并把真实性的全部丰富含义传承下去，是我们的职责"；2008年通过的《宪章》更是将"真实性"列为诠释和展示文化遗产的七大原则之一，强调要保护文化遗产免于诠释性基础设施、游客压力和错误及不当诠释对其真实性的不利冲击。

（二）文化遗产展示真实性与导游词规范化

导游词是导游人员引导游客观光游览时的讲解词，是导游人员同游客交流思想、向游客传播文化知识的工具，也是吸引和招徕游客的重要手段。导游词从性质上可分为书面语言和现场口语，广义上的导游词包括导游人员和景区讲解员的讲解词。本文的研究特指导游人员和景区讲解员的现场口语导游词。

导游讲解是文化遗产地诠释、展示的重要手段之一。通过导游讲解，可使游客透过文化遗产的物质形态，了解文化遗产所承载的真实的、丰富的历史文化内涵。真实性是游客渴望得到、并积极追求的一种经历，这种经历被认为是反映真实的、不掺假的目的地的日常生活。吴晓隽认为，导游在对文化遗产的诠释中，对严肃历史经典作大众化、虚拟化的改变和处理，这种经典与通俗之间的等级消解，事实上淡化了以文化遗产所代表的经典文化应有的认知功能、教育功能甚至审美功能，削弱了对人文关怀、心灵升华的执着，而强化了它的感官刺激功能、游戏娱乐功能。

文化遗产地的旅游发展要做到开发与保护的双赢，就需要从遗产资源的内在文化本源出发，还原一个真实的文化遗产给游客。在旅游讲解服务中，尽管电子导游等讲解方式已较为普遍，但它们不能替代导游人员的讲解，面对团队游客或对目的地文化体验要求较高的散客，实现导游词的规范化对提高旅游过程中的服务质量和文化遗产展示的真实性有着重要意义。

三、数据采集与分析

（一）都江堰景区的文化真实性

都江堰景区坐落于四川省都江堰市城西，被誉为"世界水利文化的鼻祖"。都江堰水利工程修建于公元前 256 年，截至 2013 年，已有 2 269 年历史，是全世界迄今为止年代最久的、唯一留存的、以无坝引水为特征的宏大水利工程。它由鱼嘴、飞沙堰、宝瓶口以及百丈堤、内外金刚堤、人字堤等部分组成，属全国重点文物保护单位。都江堰景区景色秀丽，文物古迹众多，1982 年被国务院批准列入第一批国家级风景名胜区名单。2000 年联合国世界遗产委员会第 24 届大会上，根据联合国《保护世界文化和自然遗产公约》第一条第二款有关文化遗产定义的规定，由于都江堰水利工程历史悠久、规模宏大、布局合理、运行科学，且与环境和谐结合，在历史和科学方面具有突出的普遍价值，因此被确定为世界文化遗产。2007 年，"青城山-都江堰"旅游景区被国家旅游局正式批准为国家 5A 级旅游景区，主要景点有都江堰水利工程、伏龙观、二王庙、安澜索桥、玉垒关、离堆公园、玉垒山公园、南桥等。

都江堰景区的文化底蕴非常深厚。第一，它是世界水利史上的一大奇迹。都江堰水利工程主要由鱼嘴、飞沙堰、宝瓶口三项主体工程组成。"鱼嘴"分水堤把岷江水一分为二；"飞沙堰"泄洪道把多余的洪水和流沙排入外江；"宝瓶口"引水口是进水咽喉，自行调控的节制闸，是自流灌溉系统的总开关。三大工程相互配合，协调分工，联合运行，发挥了引水、分洪、排沙的作用，"水旱从人""沃野千里"，孕育出"天府之国"。在两千多年的实践中，总结出"三字经""六字诀""八字格言"等一套治水真言，作为都江堰工程管理、维修的准绳。作为世界典型的无坝引水、自流灌溉工程，都江堰历经了 2 260 余年的风雨，至今仍发挥着巨大作用，成为世界水利史上的一大奇迹。第二，它既符合科学治水的原理，又是"天人合一"哲学思想的体现。人类的智慧是去寻找人与自然和谐共存的最佳点，而不是去征服自然，都江堰工程便是这一认识的典范。李冰主持都江堰水利工程，遵循"因高卑之宜，驱自然之势""乘势利导，因时制宜"的原则，实现了工程分水、排沙、防洪、灌溉等多种功能。都江堰工程很好地处理了人与自然的关系，懂得如何利用自然、顺应自然。都江堰工程的建成与两千余年的运用，不但没有破坏周围的自然生态环境，没有对灌区产生任何负面的影响，反而使枢纽所在地的自然人文景观更加和谐优美，使整个灌区的生态环境更加优良。

（二）游客对都江堰景区导游讲解的满意度调查

1. 问卷的设计

人类总有探究事物真实性的好奇心，旅游者对文化遗产地的兴趣包括了对体验文化遗产"真实性"的欲望。文化遗产展示的目的就是要引导观众对文化遗产的兴趣、理解和重视，因此，这种展示有必要满足观众的心理需求以期达到应有的效果。为调查游客对都江堰景区遗产展示真实性的看法，研究团队于2013年5月至12月在都江堰景区发放问卷以调查游客对景区导游讲解方面的满意度。

据有关学者观点，简单随机抽样调查的样本容量计算公式为：

$$n = \frac{z_{\frac{\partial}{2}}^2 p(1-p)}{d^2}$$

该公式中，n 为样本容量，$z_{\frac{\partial}{2}}^2$ 为标准正态分布的双侧 ∂ 分位数；d 为估计误差，p 为具有某种特征的单元占总体的比例。根据都江堰市旅游局统计资料，2012年都江堰市都江堰-青城山景区共接待游客1 731.4万人次，占成都市年接待游客总人数的14.0%（成都市接待游客总人数为12 246.47万人次），故取 $p = 0.14$。在置信水平为95%（$z_{\frac{\partial}{2}} = 1.96$）和估计误差 d 不超过0.05的情况下，应抽取样本容量为185份。调研共发放200份问卷，回收有效问卷191份，回收率为95.5%。在开展问卷调查前进行了预调查。

问卷内容分为两个部分，一是游客的基本特征，二是游客对都江堰景区导游讲解的满意度。在咨询"都江堰-青城山管理局"专家意见后，根据课题组讨论，将影响都江堰文化遗产景区展示真实性的内容分为三大主体工程、景区其他景点和跟遗产景区相关的历史文化信息共14个指标。同时，为测量游客对导游词的满意度，还调查游客对导游讲解重要性的认知和在游览前后对景区了解程度上的差异（如图1所示）。对于满意度的评价采用李克特五级量表法：从5分至1分，分别表示非常满意、满意、一般、不太满意、非常不满意，让被调查者从选项中勾选各观测变量值。通过对由景区讲解内容的14项指标组成的量表做信度检测，显示克朗巴哈 a 信度系数为0.805。

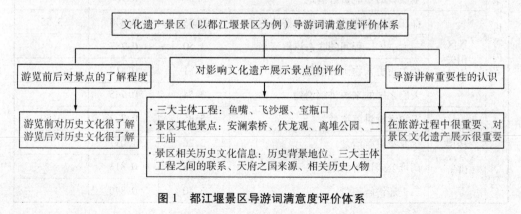

图1　都江堰景区导游词满意度评价体系

2. 问卷的分析

（1）被调查者基本情况。

被调查游客男女比例相当，男性占47.6%，女性占52.4%。在年龄上，以19~30岁居多，占统计人口的41.4%；其次是31~45岁的游客，占30.4%。在职业上，学生占的比例最大，为20.9%，其次是个体经营户、企业商务人士，分别占16.2%和14.7%。在受教育程度上，"高中或中专"和"大专或本科"所占的比例相同，为38.2%，"研究生及以上"和"初中及以下"分别占了10.5%和13.1%。

（2）均值分析。

对14项讲解内容指标构成的量表做KMO和Bartletts球形检验，结果显示KMO为0.818，比较接近于1，表明量表具有较高效度。据表1可知：第一，大多数游客对都江堰景区不甚了解（均值为3.04），经过导游讲解后，对遗产景区的文化信息了解度增加不多（均值为3.50）；第二，游客对都江堰景区导游讲解的总体满意度不高（均值为3.56）；第三，游客认为导游讲解很重要，尤其是对景区文化的展示有重要意义（均值为3.94）；第四，在影响"都江堰景区文化遗产展示"的诸多讲解内容中，游客对"三大主体工程的原理和功能"讲解的满意度最低（总均值为3.41），游客尤其是对飞沙堰、宝瓶口的科学原理和功能的讲解满意度不高（均值在3.40以下）；另外，游客对"景点相关信息"中的"相关历史人物"的讲解和"其他景点"中"伏龙观"的讲解满意度最低（均值分别为3.31和3.26）。

表1　　　　　　　　　景区导游讲解内容及游客认知的均值分析

	指标		Mean 均值	标准差	样本总均值
景区讲解内容	三大主体工程	鱼嘴的科学原理讲解清楚	3.49	0.899	3.41
		鱼嘴的功能讲解清楚	3.48	0.911	
		飞沙堰的科学原理讲解清楚	3.40	0.807	
		飞沙堰的功能讲解清楚	3.35	0.892	
		宝瓶口的科学原理讲解清楚	3.38	0.897	
		宝瓶口的功能讲解清楚	3.34	0.964	
	景区相关信息	都江堰历史背景、地位讲解清楚	3.85	0.848	3.55
		三大主体工程间的联系讲解清楚	3.50	0.787	
		相关历史人物讲解清楚	3.31	0.818	
		天府之国的来源讲解清楚	3.54	0.745	
	其他景点讲解	安澜索桥讲解清楚	3.85	0.823	3.50
		伏龙观讲解清楚	3.26	1.017	
		离堆公园讲解清楚	3.48	0.813	
		二王庙讲解清楚	3.40	0.870	

表1(续)

	指标		Mean 均值	标准差	样本总均值
游客认知	导游讲解重要性	导游在讲解过程中非常重要	3.78	0.873	3.86
		导游讲解对文化展示非常重要	3.94	0.776	
	游览前后的了解	游览前对都江堰景区非常了解	3.04	1.065	3.37
		游览后更了解景区的历史文化	3.50	0.746	
		对此次导游讲解词的整体评价	3.56	0.831	

（3）相关分析。

由表2的双变量相关分析可知，"景区文化展示重要性"与都江堰景区讲解内容中的"鱼嘴工程的科学原理和功能""飞沙堰的科学原理"和"安澜索桥"的相关性在0.01的水平下显著，与"飞沙堰的作用功能""二王庙""天府之国的缘由"和"与水利工程相关的历史人物"的相关性在0.05的水平下显著。由此可知，游客认为这些旅游景点对景区文化遗产展示意义重大。但结合表1可知，景区的导游讲解并没有给游客带来高的满意度（均值几乎都在3.30~3.50）。

表2　　　　导游讲解对文化展示的重要性与景区各讲解内容的相关关系

		鱼嘴		飞沙堰		宝瓶口		安澜索桥	伏龙观	离堆公园	二王庙	历史背景及地位
		科学原理	功能	科学原理	功能	科学原理	功能					
讲解对文化展示的重要性	Pearson Correlation	0.282 **	0.315 **	0.281 **	0.158 **	0.122 **	0.103 **	0.242 **	0.046	0.094	0.151 *	-0.013
	Sig (2-tailed)	0.000	0.000	0.000	0.029	0.092	0.155	0.001	0.532	0.197	0.037	0.854
	N	191	191	191	191	191	191	191	191	191	191	191

（三）都江堰景区导游词存在的问题

研究团队于2013年8月至12月数次勘查都江堰景区，记录了22位导游及讲解人员（景区专职讲解员9位，旅行社专职导游9位，旅行社兼职导游4位）的讲解，并随后对其开展问卷调查（问卷内容类似游客调查问卷）。被调查者女性多于男性，占总体的68.2%；年龄阶段为19~45岁，其中19~30岁的占72.7%；54.5%的导游、讲解员为高中或中专学历，大专和本科学历的分别占27.3%和18.2%；从业年限在1年以上的导游讲解员占72.7%，其中5年以上从业年限的占36.4%。进一步分析问卷，结果显示：①讲解人员认为"导游讲解在旅游中的重要性"和"导游讲解对景区文化展示的重要性"认同度均高于游客（均值分别为4.73和4.68）；②所有讲解人员对自己就景区各景点讲解的满意度均高于游客，只有"飞沙堰科学原理、二王庙、天府之国缘由和相关历史人物"的讲解满意度均值为3.68~4.00分，其余均值都高于4.00分；③88.9%的讲解人员和55.5%的旅行社专职导游对自己的导游讲解评价感到满意或非常满意。另外，对记录的各导游、讲解员的导游词进行梳理后，发现存在以下问题：

1. 导游词一成不变，相关景点讲解不深入

这种问题主要是对于景区专职讲解员而言的。跟踪记录景区讲解员的角讲解后发现，大部分讲解人员的讲解词一模一样，没有随着景区发展和游客群体的差异而改变，没有进一步深入挖掘和理解遗址景观。如讲解鱼嘴时，导游会讲它自动调节水量和泄洪排沙，却很少讲到它的设计原理和更多的拓展知识。又如在讲丁宝桢时，很多导游会说他是"宫保鸡丁"的创始人，却没有对他的生平事迹和重大贡献做介绍。停留在照本宣科阶段的讲解，既无法突显景区文化遗产的独特性，也无法让游客深刻体会到文化遗产的完整性和真实性。

2. 导游词准确性和可信度低

三大主体工程是都江堰的重要部分，其科学原理和功能是不容杜撰的，但地陪导游的讲解词却各不相同。导游词信息的模糊性体现在两方面。第一表现在时间概念上，如离堆的修建时间，有的导游说修建于 2 250 年前，有的说修建于 2 568 年前，有的又说修建于 2 000 多年前；又如人字堤的修建时间，有的导游说建于明代，有的说建于宋朝，而有的又说建于 1974 年。第二表现在人物事迹上，如人字堤是由何人组织修建也是各有各的说法，有的说是由李冰组织修建的，有的说由丁宝桢组织修建。另外，一些导游不会融会贯通，在解释比较书面化、专业化的语言时，出现陈述不清或不正确的情况，如不少导游没有讲清飞沙堰排沙的"弯道流体力学原理"。

3. 导游词内容庸俗且随意性强

有些地陪为满足个别游客的要求，在讲解历史典故和历史人物的事迹时，附着一些比较庸俗的内容。另外据调查，都江堰景区对导游讲解内容考核没有一个量化的标准，使导游讲解内容随意性强，致使某些责任心不强的导游偷工减料。有的导游"只游不导"或很少讲解；有些则是讲解自己熟悉的景点，忽略了精华部分；有的则是随兴讲解，同一个景点，面对这群游客可以讲两个小时，面对另一群游客却只讲半个小时。例如，伏龙观是都江堰景区的标志建筑之一，大部分导游不会带客人游览，只一句话带过——"这是伏龙观，原名范贤观，大家有兴趣可以进去参观一下"。

4. 导游词商业化明显，忽视遗产文化内涵

在现行的导游人员报酬机制中，导游的收入结构不够合理，大部分导游为提高收入，在游览过程中不注重景点的讲解而是花费大量时间在旅游购物上，一味地对商品进行宣传，忽略了景点的文化内涵。如导游为推销乌木，不会带游客进入伏龙观内，而是在应该讲解伏龙观的时间开始讲解乌木如何形成、乌木的功效及价值，为带游客进入乌木购物店做铺垫。导游的任务是引导游客观光游览，向游客介绍景点，使游客增长知识。太过商业化的导游讲解不仅易遭游客反感、折损讲解服务质量，且直接影响景区遗产教育功能的发挥。

四、结论与讨论

（一）结论与建议

本文基于导游讲解与文化遗产展示真实性的内在的逻辑关系，以世界文化遗产都江堰景区为研究对象，通过问卷调查游客对导游讲解满意度和观察记录导游（讲解员）的景点讲解内容，以探讨如何规范导游词来提高文化遗产展示的真实性。本文主要得出以

下结论并给出相应建议:

结论一,导游词规范化意识直接影响遗产景区展示效果。调查结果反映出的讲解人员的导游词内容庸俗、可信度低、随意性强等均是缺乏导游词规范化意识的表现。建议多途径提高讲解人员的导游词规范化意识。一方面,无论是文化遗产景区还是各级旅行社,在对景区讲解员和导游的日常培训中,应强调导游词规范化意识的重要性,强调导游讲解应做到语言的规范性、内容的科学性,注重对游客遗产教育的导向作用。另一方面,不论是老导游、新导游还是即将步入导游队伍的人员,都应自觉提高导游词的规范化水平,认识到这不仅关系到导游讲解服务质量,更是与景区文化遗产展示和遗产可持续发展事业紧密相关。

结论二,讲解人员对景区文化的理解程度影响文化遗产真实性的展示。调研中反映出的导游员的导游词一成不变、相关景点讲解不深入等现象,主要原因之一是讲解人员缺乏对景区文化遗产的深入理解。建议提高导游对景区文化的认识,并规范导游人员管理制度。导游不仅应熟悉景区的物质环境(景点布局、旅游设施等),还应深刻体会和理解各景点的文化内涵;景区讲解员和导游在带团过程中还应不断学习、总结,力求向游客传播真实、完整的文化信息。在导游人员管理方面,遗产景区管理中心(如都江堰景区)或旅行社可以制定讲解员或导游讲解水平考核表,考核内容分为讲解态度、讲解内容、讲解技巧三部分,由监督人员和游客进行打分,将讲解水平等级与薪酬体系挂钩,以避免导游词太过商业化,忽视文化遗产的真实信息。这样还可以提高导游讲解的规范性和讲解的积极性、主动性。这里需指出,通过研究团队的记录发现,地陪导游的讲解相比景区导游更不规范,为更好实现文化遗产的展示,文化遗产景区是否可以对各旅游团导游的讲解做出引导或监督?如果可以,又应采取何种方式?这是值得进一步探讨的问题。

结论三,文化遗产景区对游览线路的设计和游览时间的安排会影响导游服务质量和遗产展示效果。建议景区科学设计游览线路、合理安排游览时间。如目前都江堰景区设计的游览线路是:游客从景区大门经堰功道、伏龙观,到宝瓶口、飞沙堰和鱼嘴,再经安澜索桥到二王庙,这样的游览线路不符合李冰当年修建水利工程三大主体的顺序,给导游讲解和游客的认知带来不便;同时,还容易导致讲解重点不突出,遗漏部分景点(如因游客急于看三大主体工程,忽略伏龙观、离堆的形成历史)。因此,文化遗产景区游览线路要力求做到景点全面涵盖且突出重点,又不走回头路。另外,讲解人员或导游在游览时间上要充分安排(游览时间主要包括三部分:导游讲解;游客游览参观和思考;游客与导游员的互动讨论),使游客对景区的文化有更加深入地了解。

结论四,文化遗产景区导游词本身的真实性、完整性,直接影响相关人员的导游词和景区的真实性展示。建议文化遗产景区规范各景点导游词,并加大对导游和讲解人员的培训、考核。2005年通过的《会安草案——亚洲最佳保护范例》中指出,只有在了解特定的"语言"或"代码"后才能解读遗产中蕴含的非物质遗产痕迹,遗产管理人员有责任向观众阐明其历史内涵,以体现遗产地的真实价值。大部分导游人员以完成任务为目的,讲解词长时期按照固定的模式背诵,有的甚至是口口相传或道听途说,这使得景区导游词显得千篇一律、文化内涵较低。游客不仅希望通过游览带来身心的愉悦,还希望可以通过导游讲解获得有关旅游目的地和旅游景观的历史文化知识,以满足自身求知的心理需求。这就要求景区重视对各景点真实历史文化信息的归纳和整理,并融入对讲解员或导游人员的日常培训和考核中。

（二）讨论与展望

自 Mac Cannell 开始，旅游学者们主要从客体和主体两个角度分析真实性概念，文化遗产展示的真实性要求与"旅游客体的真实"相关，不同于"旅游者主观体验的真实"。关于"文化遗产客体的真实性"讨论也有个不容忽视的问题，即谁拥有权利来认定"什么是真实的"。本文只是基于都江堰景区提供的文献和中央电视台《世界遗产在中国》的影音资料来分析景区讲解的真实性，换句话说，是根据专家们的科学标准；然而，强调专家们的"科学"标准对真实性的决定性作用，客观上忽视了一个重要的可能性：即使是专家们眼中虚假的旅游吸引物，仍然可能被旅游者当作真实的吸引物去体验。

文化遗产地存在不同的旅游者类型，如以娱乐为目标的大众旅游者、对真实性要求稍高的旅游者和以人类学学者为代表的专业旅游者以及朝圣者。不同类型的旅游者对旅游体验真实性的要求的程度不同。单从游客体验的真实的角度看，导游词是否真实似乎只是为满足那些专业旅游者或朝圣者的需求，但从文化遗产展示的真实性（旅游客体的真实）的角度而言，则应对导游词的规范化提出严格要求。

现代旅游活动从内在文化逻辑上不可能自觉地关心或者完全符合文化遗产保护的真实性的要求，旅游活动中"劣币驱逐良币"的审美的格雷欣法则难免会造成文化遗产展示的肤浅和庸俗。规范导游讲解内容是校正和调节文化遗产展示的重要手段，有助于文化遗产教育和遗产旅游的可持续发展。但需要指出的是，导游词的规范化与导游词的个性化、灵活性并不对立，导游词的规范化要求导游讲解做到知识的真实性、完整性，但讲解方法需要灵活性和个性化。

真实性是文化遗产研究中的热点话题，而文化遗产展示的真实性讨论，目前国内的学术界研究得并不多。为了探讨导游词的规范性与文化遗产展示的真实性的关系，本文只是选择都江堰景区做了一个粗浅的尝试，在论文写作中，发现有诸多问题需要进一步讨论。如文化遗产的客体真实和遗产旅游者的主观体验真实如何区别？能否建立维度加以测量？不同类型的旅游者对遗产展示的真实性要求不一，遗产景区是否应采取措施以引导大众游客对遗产产生真实的体验？导游讲解中如何培育游客对遗产的责任？另外，如果利用 ROST Word Parser 等信息挖掘和文本分析软件对导游（讲解员）的导游词内容做更深入分析会是怎样的结果？本文的写作初衷是抛砖引玉，期望更多学者参与研究讨论，对本文提出批评、指正。

参考文献

［1］郭璇. 文化遗产展示的理念与方法初探［J］. 建筑学报，2011（9）：69-73.

［2］任文举. 地震后四川世界遗产可持续发展研究［J］. 国土与自然资源研究，2010（5）：70-71.

［3］吴忠才. 旅游活动中文化的真实性与表演性研究［J］. 旅游科学，2002（3）：15-18.

［4］张成渝，谢凝高. "真实性和完整性"原则与世界遗产保护［J］. 北京大学学报（哲学社会科学版），2003，40（2）：62-68.

［5］王景慧. "真实性"和"原真性"［J］. 城市规划，2009（11）：87-87.

[6] 吴晓隽. 文化遗产旅游的真实性困境研究 [J]. 思想战线, 2004, 30 (2)：82-87.

[7] 张朝枝. 文化遗产与旅游开发：在二元冲突中前行 [J]. 旅游学刊, 2010, 25 (4)：7-8.

[8] 徐雁飞, 王磊. 论文物建筑保护中的"真实性"：读《威尼斯宪章》《奈良真实性文件》和《北京文件》[J]. 建筑学报, 2011 (1)：85-87.

[9] 卜琳. 中国文化遗产展示研究 [D]. 西安：西北大学, 2012.

[10] 孙燕. 文化遗产诠释与展示的国际理念和规范：从"适用于考古发掘"到"遗产地诠释与展示"[J]. 东南文化, 2010 (6)：23-26.

[11] 王伟华. 博物馆文化遗产的数字展示与实体展示 [J]. 东南文化, 2011 (5)：91-95.

[12] 钟正, 杨慧. 基于关键事件的虚拟文化遗产展示 [J]. 系统仿真学报, 2011, 23 (11)：2417-2421.

[13] PEARCE P L. Analyzing tourist attractions [J]. Journal of Tourism Studies, 1991, 2 (1)：46-55.

[14] MOSCAR D O G. Mindful visitors：Heritage and tourism [J]. Annals of Tourism Research, 1996, 23 (2)：376-397.

[15] 谢新暎. 浅谈导游词的语言艺术 [J]. 长春理工大学学报, 2010, 5 (4)：56-58.

[16] 闵庆文. "科学性解说"是遗产旅游科学发展不可忽视的一个方面 [J]. 旅游学刊, 2012, 27 (6)：9.

[17] 陈世斌. 自然风景旅游区导游庸俗化探究 [J]. 华东经济管理, 2002, 16 (6)：114-116.

[18] 尚明娟. 现代导游语言规范化浅析 [J]. 黑龙江生态工程职业学院学报, 2011 (2)：124-125.

[19] 林美珍, 黄远水. 文化旅游之下的文化真实性与文化商品化 [J]. 广西民族学院学报, 2003 (11)：47-49.

[20] 赵敏. 试论都江堰的哲学内涵与文化底蕴 [J]. 河海大学学报（哲学社会科学版）, 2004, 6 (3)：62-64.

[21] 王伟华. 博物馆文化遗产的数字展示与实体展示 [J]. 东南文化, 2011 (5)：91-95.

[22] 程溪苹, 孙虎. 基于 IPA 方法的中国历史文化名城游客满意度分析 [J]. 资源与科学, 2012, 34 (7)：1318-1324.

[23] 胡志毅, 曹华盛. 西方旅游真实性研究综述 [J]. 桂林旅游高等专科学校学报, 2007, 18 (3)：440-443.

[24] REDFOOT D L. Touristic authenticity, touristic angst, and modern reality [J]. Qualitative Sociology, 1984, 7 (4)：291-309.

（本文发表于《旅游论坛》2014 年 9 月第 7 卷第 5 期）

第四章
智慧旅游

"大智移云"背景下四川省智慧旅游发展现状及对策研究[①]

李桂丽，吉晓晨

（西南科技大学马克思主义学院，四川绵阳 621010）

旅游业，是把吃、住、行、游、文、娱、购等诸多要素联系在一起的综合性服务行业。"大智移云"是对大数据智能信息化、移动互联网和云计算一体化发展模式的简称。作为一种新的社会发展潮流和趋势，"大智移云"必然会引起包括旅游业在内的传统产业的一系列变革。信息技术已成为现代社会发展的关键要素，信息的可靠性、及时性、准确性、重要性对于整个社会的政治、经济、文化、科技、军事、教育等的作用不言而喻。"智慧旅游"是将信息技术与传统旅游业融合发展的新兴旅游业态，以大数据分析、物联网、移动互联网、云计算等现代科学技术为支撑，对旅游资源进行整合，以游客为中心或主体，重构旅游发展模式，在旅游过程中实现管理、营销、服务的一体化、智能化和智慧化发展。"智慧旅游"是对传统旅游模式的转型和变革，充分体现了现代科学技术在旅游资源、人力、物力、资金等要素的合理配置中的作用。

一、四川省"智慧旅游"发展现状

（一）开始重视信息化在智慧旅游中的重要作用

早在 2004 年 4 月，四川省就召开了四川旅游信息化建设专家组第一次会议，针对当时旅游业信息化发展滞后的状态进行了研究分析，并于当年下半年又先后召开了三次专家座谈会。2005 年 3 月《四川省旅游信息化建设总体规划》《四川省旅游信息化建设内容标准》两个事关四川省旅游产业发展的重要文件通过评审。之后，包括成都、广元、资阳、绵阳、内江、乐山、遂宁在内的多个地区陆续开展了旅游信息化工作；与此同时，四川省与中国移动总公司签订了战略合作协议，开始建设四川省旅游信息服务平台，并开通 12301 旅游服务热线等。

《四川省"十二五"旅游业发展规划》指出，要充分利用"十二五"规划的五年时间，把四川建设成为"大成都旅游增长极"、成绵乐旅游经济带、成渝旅游经济带、成

---

① 基金项目：四川旅游发展研究中心项目"生态文明建设与四川旅游发展战略创新研究"（LYC14-23）。

雅攀旅游经济带以及大九寨国际旅游区、环贡嘎生态旅游区、秦巴生态旅游区和北环线、亚丁香格里拉旅游区、川南文化旅游区、西环线、东南环线、西南环线、东环线的"1355"战略布局，并在此战略布局中着力推进旅游产业的信息化建设，除加强"一库三网"（"一库"指旅游基础信息数据库，"三网"指旅游政务网、旅游咨询网、旅游电子商务网）基础设施建设外，还要开展试点景点工程建设，包括三大智慧旅游城市和十个智慧旅游景区建设。《四川省"十三五"旅游发展规划》虽然还没有发布，但从已发布的《四川省国民经济和社会发展第十三个五年规划纲要》中可以看出政府对于"智慧旅游"建设的重视："加快旅游资源开发和产品打造……实施乡村旅游扶贫、智慧旅游、旅游厕所建设等重点工程。"①

（二）立足传统，面向现代，发展智慧旅游

从传统旅游模式向现代化、智慧型旅游模式转变已成为旅游行业发展的必然趋势。从传统的创新1.0向创新2.0的转变是知识创新的发展新形态；自2012年提出"互联网+"的理念以来，"互联网+"已经引起了越来越多人的关注；2015年3月，李克强总理在十二届全国人大所做的《政府工作报告》中提出了"互联网+"的行动实施计划。如果应用到旅游产业的发展中，"互联网+"这一理念的体现便是"互联网+旅游"，即"智慧旅游"。从目前来看，四川省信息化旅游及"智慧旅游"发展状况良好，在基础设施建设方面取得了一定的成绩，但其中仍然有许多亟待解决的问题。下面以四川政务网以及九寨沟景区为例进行线上和线下分析。

（三）线上指导与线下实施的成效与不足、优点与缺点并存

线上指导——四川政务网建设。四川政务网（http：//www. scta. gov. cn/）于2004年投入使用，现在经过若干年的发展，已经成为四川旅游政务对外开放的主窗口。通过完善的信息报送机制，四川省内各地的旅游政务及其他信息可以即时在该网站发布。政务板块共有12个，分别是政策法规、产业发展、宣传促销、规划计划、行业监管、旅游统计、人事教育、党风廉政、执法投诉、旅游协会、旅游信息化和相关部门网站。在主网站页面上还开辟了旅游电子政务大厅，公开政府信息，施行阳光政务，方便了与公众的互动交流。同时，四川省旅游局还开设了新浪微博和腾讯微博，目前分别拥有约74万和90万的粉丝关注；在移动端开设有"四川旅游"和"旅游四川"两个微信公众号，定期推送四川省旅游信息；此外还开发了"四川好玩"的IOS和Android的中英文APP，供消费者下载。线下实施——九寨沟景区建设。九寨沟景区是实施数字化旅游建设的先行者，在四川省"智慧旅游"建设方面成绩突出。早在2010年，九寨沟景区就召开了第一届九寨沟智慧景区论坛，并提出了"智慧景区"的概念，构建九寨沟智慧旅游平台，推动景区营销、管理、服务等方面的不断升级。通过一系列的前期建设和运营实验，九寨沟景区已享受到了由智慧化、现代化所带来的旅游红利。但是，发生在2013年十一黄金周期间的游客滞留事件又给我们敲响了警钟。由于景区人流量太大，远远超出景区应有的接待量，致使景区各系统无法正常运营，陷入瘫痪。这暴露出景区管理的混乱无序、低效率和失职。

---

① 四川省国民经济和社会发展第十三个五年规划纲要 [N]. 四川日报，2016-02-15（1）.

（四）对症下药与统筹规划有机结合成为解决旅游发展的重要环节

对于九寨沟景区及其游客而言，2013 年国庆黄金周是留有遗憾的，而 2014 年的黄金周则充满了惊奇。2014 年，四川省完善了旅游运行监管及安全应急管理联动指挥平台，采用网络预售门票的模式科学预测人流量，并通过多个渠道及时发布人流量、路况、景区状况等信息，以保证旅游市场的整体平稳有序。在国庆黄金周来临之际，在各大旅游网站、微信、微博及其他媒体进行宣传，鼓励游客网上购票，以获取更准确的数据（见图 1、图 2）。

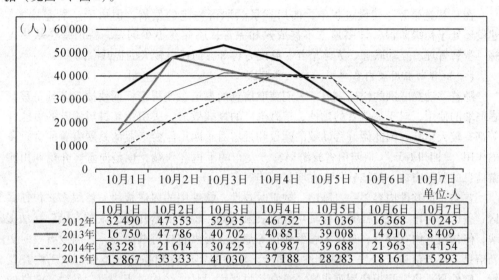

	10月1日	10月2日	10月3日	10月4日	10月5日	10月6日	10月7日
2012年	32 490	47 353	52 935	46 752	31 036	16 368	10 243
2013年	16 750	47 786	40 702	40 851	39 008	14 910	8 409
2014年	8 328	21 614	30 425	40 987	39 688	21 963	14 154
2015年	15 867	33 333	41 030	37 188	28 283	18 161	15 293

数据来源：九寨沟官方网站 http：//www. jiuzhai. com/index. php/news/dynamic. html

图 1　2012—2015 年国庆黄金周九寨沟游客分布图

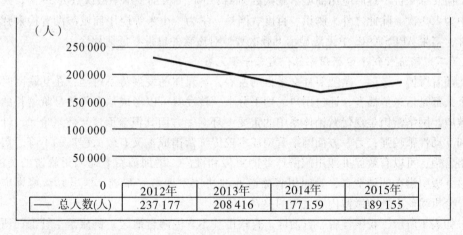

	2012年	2013年	2014年	2015年
总人数(人)	237 177	208 416	177 159	189 155

数据来源：九寨沟官方网站 http：//www. jiuzhai. com/index. php/news/dynamic. html

图 2　2012—2015 年国庆黄金周九寨沟游客总量分布

从图 1 和图 2 可以看出，2014 年 10 月 1 日的进沟人数只有 8 300 余人，相较日常进沟人数少了近 40%，可以看出九寨沟滞留事件对景区形象带来的负面影响。而后四川省旅游局及九寨沟景区在多个平台上向游客告知当前和今后几天的票务预定情况。10 月 2

日和 3 日游客数量有了明显回升；10 月 4 日和 5 日，进沟人数基本达到往年十一黄金周的正常水平。为了防止出现游客滞留的情况，四川省旅游局在通往景区的各大高速路口的 LED（发光二极管）、官方网站及其他相关网站上及时公布了售票情况，游客也可以通过官方网站的实时在线摄像头观看到景区的状况。两年的实践证明，运用大数据和云计算建设"智慧景区"，可以取得较好成绩。

二、四川省"智慧旅游"发展中存在的问题

在"智慧旅游"建设过程中，四川省虽然取得一定的发展，但由于"智慧旅游"建设还处于初级阶段，许多地方不甚成熟和完善，还存在不少问题，特别是在基建设施、智慧管理、互动联通、人才培养、制度完善等方面还有较大的提升空间。

（一）移动应用端内容单一，缺乏实用性

随着移动互联网的快速发展，人们获取信息的渠道也变得多样而快捷，尤其是移动客户端的使用，对于消费者的黏性、信息推广的蝴蝶效应、吸引游客进入旅游的可能性等都有较大影响，因此做好移动端的建设和推广对于四川旅游产业的发展有着非常重要的作用。"四川好玩"是四川省旅游局官方发布的手机客户端，也是向游客介绍四川旅游信息的重要窗口，但该软件存在明显缺陷。

首先，该软件内容单一且陈旧，缺乏时效性。软件中的内嵌板块虽然很多，包括景区、餐饮、宾馆、旅行社等，但其功能也只限于此；软件虽然开设了旅游资讯、互动板块，但却没有内容存在；景区的餐饮住宿等都无法提供直接订购服务，且因没有及时更新信息，部分信息已经失去时效性。其次，软件的实用性和易用性不强，缺乏内在逻辑。软件只是将常规板块罗列出来，没有经过版面设计，结构过于简单。最后，软件的推广度低。从各大应用分发平台搜索"四川好玩"这一 APP 软件，得到的结果令人吃惊。在安卓平台中魅族应用商城下载次数为 12；360 手机助手中下载次数为 59 次，豌豆荚中为 133 次。除此之外，腾讯、百度、网易、华为、小米等应用商城都没有检索到该软件，苹果 APPSTORE 中无法显示下载次数，对该软件也没有任何评论。

（二）网络营销平台利用率低，需进一步完善

随着微博、微信、贴吧等社交平台的发展，自媒体的发展势不可挡；在互联网时代每个人都是信息传播者，通过用户的随手分享、转发就可以形成信息传播幂阶增长的蝴蝶效应。网络营销是现代营销体系中的重要一环。一方面其覆盖面广，信息量大，针对性和互动性都较强；另一方面网络营销成本较传统营销成本又有较大程度的下降。借助网络营销，可以有效促进四川旅游产业的宣传和推广，增加消费者对四川旅游的关注，连接并吸引潜在的消费者，为四川省旅游业的快速发展打好基础。这里以微博推广为例，分析粉丝人数与微博内容之间的关系。

如表 1 所示，我国各省、自治区、直辖市（不含港澳台地区）的旅游主管部门所开设的新浪微博的粉丝数量和已发微博条数差异明显。微博粉丝量与已发微博条数大致呈正比关系，即伴随微博发布条数的增长，该微博的关注度也逐渐升高；但也不排除特殊情况，例如排名第一的河北旅游发展委员会微博，虽然微博数量只有 18 040 条，但其粉丝的关注度却高达 6 999 545 人，近 700 万人。分析其原因，该微博除了一般方式的图文，还包含了相关政策、视频、旅行者足迹、卡通绘图、美食制作及介绍等内容，形式

多样，内容丰富，富有情趣。从人们的需求出发，抓住消费者的关注重点，才能赢得消费者的喜爱。四川省旅游局微博账号虽然经常更新相关动态，但内容略显单调，形式也较为单一。四川省的微博平台建设尚需进一步完善。

表1　　　　　　　　　　　部分单位新浪微博情况统计表

开设单位	微博名称	粉丝数量（人）	已发微博（条）
国家旅游局	中国旅游	5 417 099	7 188
山东省旅游局	山东省旅游局	6 846 539	44 329
河北旅游发展委员会	河北旅游发展委员会	6 999 545	18 040
国家旅游局	国家旅游局	75 189	9 786
北京旅游发展委员会	北京旅游发展委员会	678 506	12 286
江西旅游发展委员会	江西风景独好	521 450	14 952
……	……	……	……

数据来源：新浪微博，由作者分析整理。

（三）智慧旅游专业化人才短缺，技术稍显薄弱

智慧旅游建设过程中，人才是非常重要的因素，尤其是既知晓旅游产业的发展规律，又懂得云计算、物联网、移动终端通信以及人工智能等一系列新型互联网技术的复合型人才。目前来看，四川省旅游行业专业人才非常稀缺，大部分是兼职，有的甚至没有经过专业培训。同时，专业管理人才也略显不足，很多拥有专业知识的高校毕业生没有进入旅游行业，用人育人的人才环境还需要优化。因此，四川智慧旅游发展呈现出专业人才缺乏和人才难进入并存的现象。

（四）个性化服务和定制服务较少

智慧旅游中的"智慧"不仅仅体现在管理和营销层面，也体现在旅游产业的服务化水平上。旅游业的核心是游客，只有从消费者的需求出发，为他们提供与之相适应的可定制的个性化服务，才能更好地吸引消费者，这也是发展智慧旅游的目标之一。如果说旅游信息化为消费者解决了"有和没有"的问题，那么智慧旅游则要更加关注"好与不好"的问题。当前各个旅游信息发布平台及第三方服务平台发布的信息，包括旅游景点、旅游路线、食宿等信息在内，大多数是重复的，用户在任意一个平台都可获得。如果不能根据消费者的需求和特点制定和推出系列旅游产品，提供个性化旅游线路等，那么反馈给我们的用户体验不佳、景点口碑不好等信息也就变得再正常不过了。

三、四川省"智慧旅游"发展的对策

针对四川省旅游产业发展现状及其所遭遇的问题，本文从旅游发展的平台、人才、模式等方面提出以下几条建议：

（一）完善相关平台和应用软件建设

相关平台和应用软件是推广四川旅游的重要门户。在"大智移云"信息化时代，人们的生产生活方式有了极大改变，对于作为市场主导者的政府而言，更应该履行好其管

理和监督职能，利用电子政务平台，总体布局，提高工作效率；对于作为市场主体的企业而言，要更好地推广旅游产品，分析预测景区发展态势，做出科学决策；对于作为消费主体的游客而言，从获取相关旅游资讯到制定旅游线路，到旅游出行，再到信息反馈都需要便捷快速的渠道。因此，要尽快完善"一库三网"建设，加大力度开发好"四川好玩"APP软件，加强与第三方平台的合作，完善整个线上营销体系。下面以构建"智慧九寨"为例说明这一问题。

"智慧九寨"的构建核心是三个"一"，即一个基础平台、一个数据中心、一个智能指挥系统（见图3）。三者相互配合、协作，实现对景区资源信息的实时掌控，从而合理配置资源，提高工作效率，降低管理成本。研究九寨沟"智慧景区"功能构建，对四川乃至全国其他景区的智慧化建设有很大的借鉴作用。

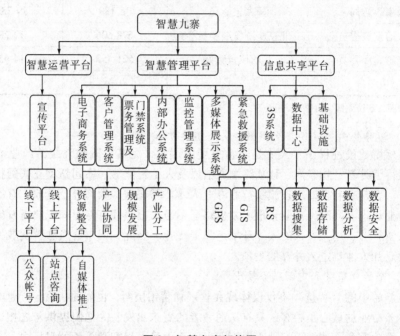

图3 智慧九寨架构图

（二）专业人才培养与引进专业人才相结合，打造高水平旅游人才队伍

人才对于每个行业来说都是最宝贵的资源，旅游业也不例外。四川省发展智慧旅游过程中，人才因素至关重要，需要一大批有知识、有才干、懂技术、能创造的复合型人才充实到四川旅游的队伍中来。因此，在推进四川智慧旅游发展的进程中，要特别关注人才的培养和引进。一方面要对现有旅游从业人员进行专业化培训，提高其职业道德和专业技能；另一方面要加强高职院校正规人才的培养，积极引导旅游和信息技术相关专业的毕业学生投身到旅游行业，从外部引进专业人才，给四川旅游产业注入新的活力，促进旅游事业的发展。

（三）探索旅游新模式，打造旅游新热点

创新就是创造新的生产力，没有创新就没有行业的进步与发展。近年来，乡村旅游、生态旅游、度假旅游、探险旅游等新兴旅游模式发展兴旺，势头良好。如果我们能够结合本地优势资源，探索具有差异化、个性化的新型旅游模式，势必将有力地推进地方旅游事业的大发展。在信息化时代背景下，应全力打造旅游新热点，开辟旅游精品路线，同时结合智慧旅游的发展成果，集中体现智慧、智能、个性的特点，使四川旅游业的发展迈上一个新台阶。

四、结论

"智慧旅游"是发展"互联网＋旅游"的趋势和结果，面对新形势，只有有效运用互联网思维模式发展旅游业，才能促使旅游业呈现出新的生命力。四川省应该立足本地特色，发挥旅游资源大省的优势，抓住机遇发展智慧旅游，把四川旅游事业做大做强。

参考文献

［1］STABB S, WERTHER H. Intelligent systems for tourism ［J］. IEEE Intelligent Systems, 2002, 17（6）：53-66.

［2］PYO S, UYSAL M, CHANG H. Knowledge discovery in database for tourist destinations ［J］. Journal of Travel Research, 2002, 40（4）：374-384.

［3］刘军林. 智慧旅游的构成、价值与发展趋势 ［J］. 重庆社会科学, 2011（10）：121-124.

［4］金江军. 智慧旅游发展对策研究 ［J］. 中国信息界, 2012（11）：22-23.

［5］朱珠，张欣. 浅谈智慧旅游感知体系和管理平台的构建 ［J］. 江苏大学学报（社会科学版），2011（11）：97-100.

［6］韩松，李新宇. 基于"两圈一带"的湖北旅游信息化建设战略初探 ［J］. 中国信息界, 2012（3）：32-34.

（本文发表在《晋中学院学报》2017年第1期上）

"数据流动"视角下智慧旅游公共服务基本理论问题探讨[①]

黎忠文[1,2]，唐建兵[3]

(1. 成都大学信息科学与技术学院，四川成都 610106；

2. 成都大学模式识别与智能信息处理四川省高校重点实验室，四川成都 610106；

3. 成都大学旅游文化产业学院，四川成都 610106)

　　"智慧旅游"是我国旅游信息化发展到一定时期的必然产物，目前在国际国内都还没有一个公认的定义。国外旅游业发达的国家的信息化建设，如美国的 Mountain Watch，韩国的 I Tour Seoul 和英国的 Mobile Applica-tionon London2012 Olympics，他们关注重心在于如何利用新技术提高竞争力以抓住商机，而不是"智慧旅游"的概念。"智慧旅游"自 2010 年被首次提出以来，得到政府部门的大力提倡、业界的高度认可和学界的热烈讨论。到目前为止，全国已有 17 个省区提出将旅游业建设为新型战略支柱产业，江苏、四川等旅游大省纷纷打造自己的智慧旅游示范区创新发展模式，以江苏为代表的旅游强省已经着力推进以"智慧旅游公共服务平台"为重点的智慧旅游建设。"智慧旅游公共服务"是智慧旅游发展的"重中之重"，是集成旅游行业各方资源、实现各项服务和管理职能有机融合的综合性平台，在推进旅游业发展过程中具有全局性和战略性的地位。目前，我国"智慧旅游公共服务"的研究尚处于萌芽阶段，旅游公共服务水平低下对我国旅游业发展的制约已经凸显，因此迫切需要开展智慧旅游公共服务的相关研究。

一、智慧旅游的概念

　　近年来，我国学者对智慧旅游概念进行辨析的文献有不少，但尚未对其达成一个公认的定义。但是，在技术层面上，大家都认同"智慧旅游"是以物联网、云计算和移动计算等高新技术为支撑平台的；在功能层面上，大家都赞同"智慧旅游"是为旅客提供各种与旅游相关的信息的，比如旅游产品信息、游程虚拟体验等，方便旅客进行行程自

　　① 基金项目：欧盟 Erasmus Mundus Action Sustainalbe E—Tourism；四川省哲学社会科学重点研究基地——四川旅游发展研究中心课题项目"智慧旅游视角下四川省旅游公共服务体系的构建及评价指标的研究"(LYC13—32)。

主规划、个人定制旅游方案和增强旅游的愉悦感等。

学者们对智慧旅游内涵的界定大相径庭。有的学者认为，它是为满足旅客个性化需求的一种系统化、集约化的综合旅游服务体系。有的学者认为，它是一场管理变革，会给旅游业的各个领域带来一次大变革，从而使旅游更加人性化、科学化和合理化。比如政府部门的职能定位、公共服务的理论和具体的措施、旅游产品的组织、旅游信息系统的构建等，与传统旅游相比都有了新变化。有的学者认为，它是全新的旅游发展理念与新模式，需要探讨一套组织、运营等方面的全新的运作机制。也有学者认为，它是一种综合应用平台，是现代高科技在旅游业中的应用，与智慧农业、智慧家居和智能交通等一样，是众多高新技术的应用之一。上述研究从不同的视角探索了智慧旅游的内涵，描述了智慧旅游带来的新现象或引起的新变化，但对智慧旅游的本质认识得还不够全面和深入。

李云鹏等从信息的视角提出智慧旅游是旅游者个体在旅游活动过程中所接受的泛在化（Ubiquitous）旅游信息服务，较充分地体现了智慧旅游的"智慧"本质。

综合上述研究，"智慧旅游"可以理解为：以移动计算、物联网等新兴技术为支撑，为旅游服务的提供者和接受者方便地提供旅游信息和多种智能工具，达到对各类旅游信息的智能感知、方便利用和提高工作效能的效果。

二、智慧旅游公共服务的研究和实践进展

目前，我国对智慧旅游公共服务的研究处于萌芽状态，研究文献较少。黄超等基于旅游者的视角，认为智慧旅游公共服务体系包括信息服务、交通服务、安全服务和环境服务，但没有进一步细分。张凌云等明确指出智慧旅游的属性分为公益和营利两种，建议应该从多利益主体的角度探讨智慧旅游的价值供给。李萌从大数据、价值网络和产业融合等方面分析了智慧旅游对传统旅游运行模式的重大创新之处。韩玲华等从江苏的建设需求出发，对如何布局智慧旅游公共服务平台开展了理论和技术探索，提出制度体系、基础设施体系、综合数据库、共享服务系统、应用体系和标准体系等八种体系的建设内容。黎忠文等运用层次分析方法，选取42项指标，对所建立的智慧旅游公共服务体系进行了定量和定性分析，建立了一套智慧旅游公共服务的评价指标体系。

相对于滞后的理论研究，中国一些旅游发达城市，如南京、北京、上海、厦门、成都和大连等，纷纷开展了智慧旅游的示范工程，对旅游公共服务（体系）的建设进行了许多有益的尝试。南京以"一部手机、一张卡"畅游南京，"一个平台、一张网"服务游客为目标，建立了数据服务中心、南京游客助手、新型游客体验终端，搭建了乡村游营销平台、旅游执法e通。镇江以"依托云计算平台，实现畅游天下，为游客提供智慧服务"为目标，建立了国家智慧旅游服务中心、智慧旅游云计算平台、智慧旅游感知网络系统、智慧旅游产业谷和产业联盟等。北京以"快捷信息查询和投诉、游客个性化行程定制、自助旅游"等为特点，编制了智慧旅游行动计划纲要、智慧旅游数字业态建设规范，开发了自助导游和导览、虚拟旅游系统和旅游信息触摸系统等。这些建设提升了我国旅游的信息化水平。

目前，发达国家如法国、英国、日本都将旅游部门与交通、文化、建筑、休闲等公共服务部门结合在一起设立，这些国家对旅游的职能定位十分清晰；同时，在旅游公共服务方面，政府投入很大，内容广泛，而且现代化程度高，随处可见"I"字符、大量免费旅游信息、针对不同游客提供的旅游咨询服务以及由政府运营的各种旅游急救服务机构等。相比之下，中国智慧旅游试点建设存在明显不足，比如智慧旅游科技研发与实施技术力量薄弱，盲目跟风、概念炒作，智慧旅游建设标准和评价体系缺失等。除住宿、景区等旅游设施之外，游客在整个旅行过程中感到最担心、最不满意的是与旅游相关的交通信息咨询、沿途休息、公共卫生间、社区环境以及紧急情况下的救援和投诉等，这也是中国与旅游发达国家差距比较显著的方面。由此可见，从理论研究和实践现状两个方面来看，迫切需要加强智慧旅游公共服务的理论研究，以期指导我国智慧旅游公共服务实践。

三、智慧旅游公共服务的基本理论问题

（一）智慧旅游公共服务概念的辨析

目前对旅游公共服务的定义主要有以下三种：

（1）旅游公共服务是指政府和其他社会组织、经济组织为满足海内外旅游者的公共需求而提供的基础性、公益性的旅游公共产品与服务，主要包括旅游公共信息服务、旅游安全保障、旅游惠民便民服务、旅游行政服务等内容。这个定义明确提出了旅游公共服务的内容。

（2）旅游公共服务是指由政府或其他社会组织提供，不以营利为目的，具有明显公共性，以满足旅游者共同需要为核心的公共产品和服务的总称。

（3）旅游公共服务是以旅游管理部门为主的相关公共部门为满足旅游公共需求，向国内外旅游者提供的基础性、公益性的公共产品与服务。

这三个定义在核心价值上是一致的，即公共服务的供给方是由政府和其他组织共同组成的多利益主体，需求方是旅游者，供给性质是公益性的，供给内容是公共产品和服务。

"智慧旅游"的特点在于智慧。"智慧"强调的是通过技术手段（设备）的主动感知和数据积累，使人可以被动地获得准确的服务（即可以主动发现人的需求而推送服务），对信息（数据）集成技术依赖程度更高。智慧旅游公共服务的智慧水平是由众多的数据采集、传输、挖掘、分析计算和决策等系统的能力来决定的，公共服务的供给主体要依赖这些系统不断提供产品/服务质量和设计新的产品/服务；需求主体要通过这些系统的人机界面获得想要的产品/服务。

上述三个定义中的供给内容是公共产品和服务。前者指的是有形的看得到的产品，比如景区虚拟旅游和线路评估；后者指的是公共服务供给主体为满足需求主体的公共需求而从事的一系列活动。显然，这些定义不能反映智慧旅游的特点。第一，在这些定义里，公共服务的提供主体和需求主体是简单的线性关系，而不是智慧旅游中的网状关系。公共服务提供主体依靠强大的数据处理工具综合分析公共服务需求主体的"痕迹"，从公共服务系统中获取有用的数据，在决策子系统的辅助下改进和完善自身的工作，进而为公共服务的需求主体提供更好的服务。所以，智慧旅游的数据流动过程使供需双方形成具有反馈功能的网状关系。第二，公共服务需求主体被动或主动留下的"痕迹"数据被公共服务系统搜集和处理，供公共服务提供主体使用。因此，除了公共产品和服务

外，智慧旅游公共服务活动中产生的宝贵数据也是不容忽视的，是旅游"智慧"的源泉，是智慧旅游公共服务的供给内容之一。上述三个定义的供给内容是公共产品和服务，没有涉及这些关键数据。从"数据流动"的角度来看，现有的旅游公共服务的定义存在较大的局限性。第三，旅游业信息化不是一蹴而就的，要经过专业化、数字化、智能化和智慧化等一些过程，每一个过程都有各自的特点和建设任务。我国各地经济发展差异大，对旅游信息化的投入和重视程度也不同，相当多的地区还要弥补数字化、智能化阶段的建设任务，投入和维护成本不小；我国是一个发展中的国家，如果智慧旅游公共服务主要用于公益，是很难实现和维持的，所以营利要作为公益的补充，这也符合多利益主体的公共利益。第四，智慧旅游是智慧城市的一部分，涉及国家安全，其公共服务系统的建立必然要依赖于现有的公共基础设施，比如有线与无线的数据传输设施等，因此智慧旅游公共服务系统又是一个安全关键系统。政府主导，其他参与提供旅游公共服务的组织或个人需要具有安全资质。根据上述特点，智慧旅游公共服务定义为：由政府主导，其他具有安全资质的社会组织或个人共同参与，以满足游客的公共需要为目的，而提供的供游客、旅游部门、旅游企业、旅游协会、媒体及本地居民等享用的服务、公共产品和数据的总和。

（二）智慧旅游公共服务的内容是共性和个性的统一

一般认为，旅游公共服务体系建设包括旅游公共交通服务、旅游公共信息服务、旅游公共安全服务、旅游公共环境服务和旅游公共救助服务五大方面内容。根据国家旅游局 2012 年 6 月下发的文件《关于进一步做好旅游公共服务工作的意见》，可以把智慧旅游公共服务内容分为信息服务类、安全保障类、交通便捷服务类、便民惠民服务类和行政服务类五个大类，每一个大类又进一步细分为多个子类（如表 1 所示）。智慧旅游公共服务的内容是共性和个性的统一。为了避免重复开发、提高信息利用率和系统兼容性，各地区可以上述五类作为智慧旅游公共服务建设的基础，预留接口，然后根据本地旅游信息化建设的程度和旅游区的特色，确定各自的特色智慧旅游公共服务类型，比如四川省就可以把农家乐作为插件插入到交通便捷服务类。当主办体育、文化等活动引起本地临时旅游热时，新的旅游公共服务需求也可作为插件插入到旅游公共基础服务类中。

表 1   **智慧旅游公共服务内容**

大类	子类
信息服务类	信息咨询类、信息发布类、游客体验类
安全保障类	监测类、预警类、应急处理类、第三方监督类
交通便捷服务类	交通引导标识系统类、自驾游服务类、交通服务设施类
便民惠民服务类	惠民游憩设施类、优惠旅游计划类、旅游电子商务类
行政服务类	本区域内规划开发类、区域外合作类、人才培养类、行业管理类

（三）智慧旅游公共服务的供给和需求主体是多元主体

在供给方面，多利益主体的观点得到普遍认可。该观点认为公共服务的供给主体应该是政府，旅游企业、当地居民、旅游协会、旅游者和媒体等为参与者。智慧旅游公共服务系统是一个安全关键系统，投资大，复杂度高，对公共基础设施依赖性强，它的供给主体除了政府以外，必然要包括其他的企业、媒体等多种组织或个人，因而是一个多利益主体。

智慧旅游公共服务的供给内容包括公共产品、服务和数据。笔者把公共产品和服务的供给者称为成品供给主体，把数据供给者称为原料供给主体，在建设智慧旅游公共服务体系时就能更好的定位不同的供给者。值得注意的是在选择多利益供给主体时要防止"内部效应"，即防止政府部门或官员在考评多利益主体时出现维护或追求自身利益或内部私利的非公共利益行为。智慧旅游公共服务需求者同样是多元主体，包括政府、传媒、企业和本地居民等，而不仅仅局限于游客。智慧的根源在于对众多旅游数据的有效处理和利用，这些重要数据的需求方就包括政府、企业、当地居民和旅游协会等多元主体。智慧旅游公共服务系统好比由多个生产者和消费者组成的生态系统，供给主体（即生产者）生产产品、服务或数据，并把它们放入共享池中；需求主体（即消费者）从共享池中获得所需消费品（即公共产品、服务或数据）。生产者同时也是消费者，反之依然，只不过消费者是原料供给主体，其提供数据的方式有主动（主动向公共服务系统提供）和被动（痕迹被公共服务系统自动收集）之分。

当政府、其他社会组织和个人是智慧旅游公共服务及产品的供给者时，他们就是产品或服务的供给主体，是主动提供者。但当他们接受智慧旅游公共产品、服务或者数据，进行新一轮公共产品和服务的加工制作时，他们的角色就转化为需求主体。反之，当游客、本地居民或旅游企业等需求主体在消费公共服务或产品时产生的数据，不论他们是主动反馈还是被动被公共服务系统采集，都会汇集到公共服务系统的共享池中待使用。这时需求主体就成为原料供给主体，他们的角色就转变为供给主体。所以，在智慧旅游公共服务系统中供给主体和需求主体都是多元的，供给和需求角色是相互转化的，不能简单地把供需双方割离开来。

（四）智慧旅游公共服务供给需求关系的确定需要进行前瞻性和可行性分析

智慧旅游公共服务需求主体具有多元性，需要针对不同的主体进行供给需求分析。比如对于游客而言，旅游公共服务需求可分为游前、游中和游后三个阶段。其中游前阶段有信息查询、出行规划咨询、景点体验和购买旅游产品服务等需求；游中阶段有吃/玩/住/行、精神/物品消费、及时分享体验等需求；游后阶段有分享体验和投诉等需求。有了需求分析以后，就可找到供给主体和相应的公共产品或服务。比如对应于游前的四种需求，政府、媒体和旅游企业等可以提供景点展示与介绍、行程建设与规划、旅行预订和广告等公共产品或服务，这样以游客为需求主体的原始供给需求关系就建立起来了。同样地，也可以分别以旅游企业、本地居民和媒体为需求方进行旅游公共服务供给需求分析。

原始供给需求关系是单纯从需求分析出发找出的需求与供给关系。支撑技术是不断向前发展的，智慧旅游公共服务的供给需求关系必然不是一成不变的。知识库的建立、最合理的技术方案和供应基础的选择绝非易事，还需要对这些原始的供给需求关系进行前瞻性和可行性分析，建立原始供给需求层次图。位于重要层次的供给需求关系优先在智慧旅游公共服务体系中得到实现。

（五）智慧旅游公共服务供给模式的选择要以安全分析为基础

旅游公共服务供给模式一般分为政府部门直接提供、政府通过市场手段提供、政府与社会组织（包括个人）合作提供、多个社会组织（包括个人）合作提供等几种类型。在互联网与金融相融合的时代，通过互联网能够直接快速地在网络上进行融资，上述供给模式能更快捷地在智慧旅游公共服务系统中得以实现。支付宝旗下一款名为余额宝的产品，在不到一个月的时间内催生了客户数量最多的货币基金，它在半年的时间就已经成为中国最大的过千亿元的货币基金。因此，在互联网金融时代，特别需要建立健全政府与社会组织、个人间的合作和竞争机制，慎重选择智慧旅游公共服务供给模式，引导互联网金融有效地参与到智慧旅游公共服务系统的建设中。

另外，智慧旅游公共服务系统是安全关键系统，需要对旅游公共服务进行适当的分类，按不同的类型选用与之相对应的供给模式。从系统工程的角度而言，安全关键系统要从安全评估的角度将安全相关部分与系统其他部分做适当的分隔，安全相关部分根据其安全等级采用不同的安全保障机制。智慧旅游公共服务系统的建立应采用类似的做法，把系统中的各项公共服务子系统划分为安全关键系统和非安全关键系统，前者必须由政府主导甚至直接提供。

政府主导的公共服务可以形式化为：$\alpha \in (Sigop) * g\ C\ (op)$

其中，op 是智慧旅游中政府主导的公共服务，Si 是这个服务的安全水平，Sigop 是由这些公共服务组成的集合，α 代表（Sigop）* 中具体的一种公共服务，C（op）表示对 α 的每一个输入输出功能政府都必须具有监控权。在确定供给模式时，分别对各类智慧旅游公共服务进行安全分析，对于满足上面公式的就由政府主导供给或直接供给。

（六）智慧旅游公共服务的评价需要体现服务提供主体的主动参与性

现有的旅游公共服务评价方法主要根据公共服务的内容，通过问卷和专家走访建立评价指标及其权重，然后用这个指标体系对旅游公共服务质量进行评价。这种方法用于评价智慧旅游公共服务水平存在明确不足。一方面，与传统旅游相比，智慧旅游的技术支撑平台日新月异，公共服务需求变化更频繁，公共服务内容也会随之改进，现有的公共服务评价指标体系不能很好地反映这种变化。另一方面，现有的公共服务评价指标主要关注游客和专家的意见，公共服务提供主体处于被动状态，这与其掌握大量旅游数据的地位不相称，没有充分调动公共服务提供主体主动更新和提高所提供的公共服务质量的主动性。笔者认为，可以借鉴 BSC（Balanced Score Card，平衡计分卡）方法对现有的服务评价方法进行补充。BSC 方法提出以财务、顾客、商务、学习和成长等四个视角对系统能力进行评估。其中，财务视角展示供给主体的实力和所提供产品和服务的成功度，顾客视角关注顾客的满意度。增加产品或服务，对顾客产生吸引力和不断提高其满意度，无疑是供给主体取得成功的重要保障。商务视角评估指标需要专业人员进行设计，该视角能让负责人了解本组织所提供的产品或服务是否与顾客的需求相一致。学习和成长视角关注本组织员工的成长和组织的可持续发展，该类评估指标能使组织负责人重视新业务开展后员工后续培训的资金投入问题。

如果每个智慧旅游公共服务提供主体能主动对自己提供的公共服务质量进行类似于BSC 的评价，再结合从共享池中获得的数据，必然会提高公共服务水平。

四、结语

旅游业与信息产业的不断融合，催生了"智慧旅游"。智慧旅游的特点在于"智慧"，强调主动感知和数据的积累，其公共服务的内涵、服务的内容、供给关系、供给模式等都与传统的旅游公共服务有着较大的差别，加强对智慧旅游公共服务的理论研究成为必然。本文从"数据流动"视角，深入研究智慧旅游公共服务的基本理论，在供给需求关系、供给模式的选择和公共服务的评价等方面提出了自己的观点，希望能为智慧旅游公共服务系统的建设提供新思路。笔者下一步将继续开展基于公共服务提供主体的智慧旅游公共服务评价方法的研究。

参考文献

[1] 韩玲华，姚国章. 江苏省智慧旅游公共服务平台建设 [J]. 郑州航空工业管理学院学报，2014 (3)：54-59.

[2] 徐舒. 基于智慧旅游的秦皇岛市旅游公共信息服务建设 [J]. 商界论坛，2013 (11)：217-218.

[3] 任瀚. 智慧旅游定位论析 [J]. 生态经济，2013 (4)：142-145.

[4] 罗成奎. 智慧旅游的智慧性研究 [J]. 旅游理论，2013 (2)：14-16.

[5] 付业勤，郑向敏. 我国智慧旅游的发展现状及对策研究 [J]. 开发研究，2013 (4)：62-65.

[6] 吴涛. 扬州：首批智慧旅游试点城市 [N]. 扬州日报，2012-05-24 (B3).

[7] 金卫东. 智慧旅游与旅游公共服务体系建设 [J]. 旅游学刊，2012 (2)：5-6.

[8] 李云鹏，胡中州，黄超. 旅游信息服务视阈下的智慧旅游概念探讨 [J]. 旅游学刊，2014 (5)：106-113.

[9] 黄超，李云鹏. 智慧旅游公共服务体系建设研究 [J]. 时代经贸，2013 (4)：201-203.

[10] 张凌云，黎巎，刘敏. 智慧旅游的基本概念与理论体系 [J]. 旅游学刊，2012 (5)：66-73.

[11] 李萌. 基于智慧旅游的旅游公共服务机制创新 [J]. 中国行政管理，2014 (6)：64-68.

[12] 黎忠文，唐建兵，刘龙蛟. 智慧旅游公共服务评价指标研究：以四川省为例 [J]. 资源开发与市场，2014 (11)：1299-1304.

[13] 徐菊凤. 旅游公共服务：理论与实践的若干问题 [J]. 旅游学刊，2012 (3)：6-7.

[14] 李爽，甘巧林，刘望保. 旅游公共服务体系：一个理论框架的构建 [J]. 北京第二外国语学院学报，2010 (5)：8-30.

[15] 窦群. 中国旅游公共服务体系：从理论到实践的探索 [J]. 旅游学刊，2012 (3)：5-6.

[16] 班若川. 八大工程构筑五大体系：中国旅游公共服务"十二五"专项规划解读 [N]. 中国旅游报，2011-12-16 (8).

［17］李军鹏. 加快完善旅游公共服务体系 ［J］. 旅游学刊，2012（1）：4-6.

［18］姚文平. 互联网金融 ［M］. 北京：中信出版社，2014.

［19］QIN S Y，ATKINS A S，YU H. Balanced Scorecard Approach to Evaluate Business Performance Measurement Using Web Tools in E-Tourism ［J］. International Journal of Computing Science and Communication Technologies，2013（5）：822-828.

［本文发表于《四川师范大学学报（社会科学版）》2015 年第 1 期］

低碳景区信息化集成管理模式研究①

马东艳

（攀枝花学院，四川攀枝花 617000）

　　低碳景区是低碳经济理念下旅游景区发展的一种新模式。所谓低碳景区就是通过现代信息技术或管理技术降低景区在经营管理过程中的能耗、污染和碳排量，从而消除高能耗、高污染和高排放以及游人非规范行为对景区生态环境的破坏，使景区在充分利用承载能力、扩大旅游规模、提高经济效益的同时，实现景区的长久开发利用与可持续发展的新型旅游景区。目前很多旅游景区普遍存在着"重开发，轻保护；重经济，轻生态"等问题，导致资源受损、生态退化，环境质量急剧恶化。这不仅成为低碳景区建设的瓶颈，而且严重威胁着景区旅游业的可持续发展。要有效地解决这些问题就迫切需要利用现代先进信息集成技术，对景区实行低碳化的运营管理，从而达到景区节能减排和生态保护的目的。

　　为了了解对低碳景区信息化集成管控模式研究的现状，本文以荷兰 Elsevier 公司提供的 Science Direct 检索系统和美国 EBSCO 信息服务公司提供的 EBSCO 检索系统为数据来源，于 2015 年 3 月 1 日以 "low-carbon scenic spot" "low-carbon scenic region" 分别与 "information integration" 和 "control mode" 组成不同的检索词，使用 "subject/title/abstract" 检索方式进行快速检索，所检索到的相关文献为零。由此可见，国际上对低碳景区信息化集成的研究相对欠缺。而在国内中文文献数据库中，以"中国知网"（简称 CNKI）的"中国学术期刊网络出版总库"和重庆维普（VIP）的"中文科技期刊全文数据库"所收录的期刊文献和学位论文文献数量最多，引用率最高，影响范围最大。以 CNKI 中国学术期刊网络出版总库为平台，文献出版来源设置为"中文期刊全文数据库"和"中国优秀博硕士学位论文数据库"，设定"主题"为"低碳景区集成管理""低碳景区管控模式""低碳景区信息化集成"分别进行文献检索，所能检索到的文献为零。在维普中文期刊库中，以任意字段＝"低碳景区信息化集成"和"低碳景区管控模式"为检索条件进行检索，得到的相关文献数量仍为零。

　　综上所述，当前国内外学者对低碳景区信息化集成管理的研究较为薄弱，到目前为

---

　　① 基金项目：四川省教育厅课题"基于 RFID 技术下的旅游景区低碳化发展模式研究"（编号 14SB0415）、四川省哲学社会科学重点研究基地——四川旅游发展研究中心立项课题"基于 RFID 技术下的低碳景区信息化集成管理模式研究"（编号 LYB12-01），和四川省教育厅人文社会科学重点研究基地资源型城市发展研究中心项目"资源型城市低碳转型机理与调控对策研究"（编号 ZYZX-QN-1303）共同资助。

止学术界并没有相关的研究成果问世。但低碳景区信息化集成管理是构建低碳景区的核心要素。不仅决定着景区能否真正实现可持续发展，而且也对整个旅游业的发展产生重要的影响。基于这样的学术背景，对低碳景区信息化集成进行研究，以丰富和完善低碳景区管理体系，并为蓬勃兴起的低碳旅游建设提供理论和技术支持。

一、RFID 技术与信息集成管理

（一）RFID 技术的应用

RFID（Radio Frequency Identification）即无线射频识别的缩写，是一种无须人工干预的非接触式的自动识别技术。它通过射频信号自动识别目标对象并获取相关数据，识别工作无须人工干预，可在各种恶劣环境中工作，具有非可视识别、多目标识别、高速移动识别、定位及长期跟踪管理等优点，是新一代的信息技术。

旅游业正在成为世界最大、发展最快的产业之一，急剧增长的旅游人次和旅游收入，以及以低能耗、低污染和高效能、高效益为特征的低碳景区经营管理的理念，将极大促进 RFID 技术在国内外旅游景区的应用和发展。Great Wolf Resorts 公司在其宾夕法尼亚州 Pocono 山脉的度假区引入 RFID 手腕带系统，实现门禁、购物一卡通。丹麦自然史博物馆（Danish Museum of Natural History）应用 RFID 技术，建立了一个鸟类的展厅，为游客提供全面的导览服务。而 RFID 技术在我国旅游业上的深度应用还很少，成功应用的景区首选九寨沟。九寨沟景区在应用 RFID 技术实现一卡通后，使景区门票经济效益提高 30%～40%，每年可以为企业新增效益 157 万～235 万元；而 RFID 技术的时空分离导航模式使景区游客承载能力的负荷率提高 55%～60%，每年新增门票收入 1.3 亿～1.8 亿元；同时通过运用 RFID 技术，成功实现了对景区游客量最大的 8 个景点的游客量和车辆的智能化控制和调度，不仅成功实现了对景区游客的分时限量游览管理，降低了景区管理成本，还通过创新景区管理模式，协调了旅游经济发展与生态环境保护的关系，有效推进了世界自然遗产的可持续发展。也正基于此，需要建立起基于 RFID 技术的景区信息化集成管理模式及应用系统，为建设低碳景区、实现对旅游资源的实时管理控制、保护景观和旅游环境提供依据和技术平台。

（二）低碳景区信息化集成管理的含义及运行机理

1. 低碳景区信息化集成管理的含义

低碳景区信息化集成管理是指通过采用特定应用下的 RFID 读写器集成技术和电子标签集成技术，建立信息化集成管控平台，对数据信息进行自动采集、识别和传递，并通过整合数据交换格式，解决各类信息系统之间数据转换格式标准和结构不一致的问题，使其在各种业务系统间准确高效地转换，并实行快速的联动，实现旅游景区各个管理系统之间的信息互连互通互操作，从而形成一个空间物理位置分散而逻辑上统一的旅游信息数据库管理系统（见图 1）。

2. 低碳景区信息化集成管理的运动机理

低碳景区信息化集成建设的实质就是通过利用先进的 RFID 集成技术，建立信息化集成管控平台，使过去相互独立的景区信息系统更加优化，从而显著降低景区的能耗和碳排量，达到用更少的成本投入获得更大的综合效益产出、实现景区生态环境保护与可持续发展的目的。

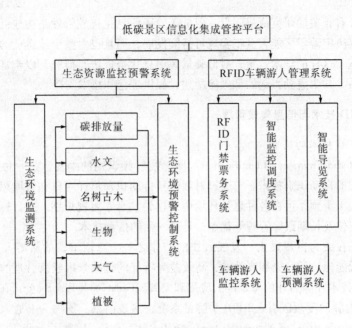

图 1　低碳景区信息化集成管控平台（作者绘）

二、RFID 各集成子系统在实践中的应用

（一）生态资源监控预警系统

旅游景区的生态资源和自然风貌是旅游景区的核心价值所在。尤其是很多景区的生态资源和景观都具有脆弱性和不可再生性，因此为了有效避免景区出现生态环境污染、物种减少和人文景观遭破坏等现象，就需要根据景区的布局和生态特点，将 RFID 技术与传感器（包括红外、超声、温度、湿度等）、图像捕捉装置（摄像头）、网络技术等配合使用，建立一套以数字视频的压缩、传输、存储和播放为核心，以智能实用的图像分析为特色的生态资源监控预警系统。该系统通过获取景区生态的各项指标并通过网络传输将相应的图像、数字信号传送到主监控中心。在主监控中心，只需一个工作人员，就能够实现对多个被控区域以及远距离区域的水文、植被、古树名木、生物、大气、CO_2 排放量等环境条件的全天候、全方位 24 小时的实时动态监测。同时，景区管理人员根据监测到的生态信息的现时数据和发展趋势，预测出生态信息的未来值。然后，将这 2 组数值与预先设定的景区预警阈值进行比较，如果这 2 组数值超过了阈值，则预警系统按照预先制定好的规则发出警报。主监控中心工作人员会及时将发出报警区域的异常检测结果，通过主监控系统的管理服务器授权给各责任管辖客户端，提醒相关管理者采取必要的控制措施，从而及时发现并有效避免景区生态环境的恶化。

（二）RFID 门禁票务系统

RFID 门禁票务系统由 RFID 自动售票系统和 RFID 自动检票系统两部分组成。RFID 自动售检票系统由自动售票模块、自动检票模块和中央管理模块（服务器）3 个功能模块组成。其工作原理是：首先，游客通过自动售票模块上的触摸式液晶显示器选择游玩的景点并显示出相应景点的旅游费用。其次，游客存入钱币后，控制器对钱币真伪进行鉴别，假则退回该钱币；真则对面值进行识别，并与游客消费总额进行比较，如果小于消费总额则提示游客补足差额，如果大于或等于消费总额则执行找零操作；付款完成后控制器发命令给读卡器，读卡器接到命令完成读卡、出卡等操作，从而实现系统的自动售票功能。最后，当游客在售票厅的电脑上获取 RFID 门票进入景区时，无须出示门票，系统会自动感应游客持有的 RFID 门票卡内的电子标签，并通过 RFID 读卡器实现对该门票卡数据信息的读取并发送至中央服务器，中央服务器及时对相关数据进行保存和处理。如果该卡对应的数据库有该景点，则服务器发送开门数据给检票模块，则自动门打开，否则报警，并提示该游客没有购本景点的票，相关管理人员就可及时阻止其进入该景点。游客经过自动门后，通过红外感应传感器控制自动门关闭。当游客离开景区时，将门票投入门禁机完成门票的回收，回收的门票在结算完成后将再次入库循环使用。

采用 REID 门禁票务系统，一方面可以实现全过程自动化无人值守售票检票一体化管理，这不仅可以避免以前票证繁多、等候时间长、购票环节多等弊端，并能有效杜绝各种漏票、假票、复票、人情票的使用，可以极大降低传统人工售票、验票的人力、物力成本和管理漏洞。同时 RFID 门票重复回收使用，既环保又节约了运营费用。通过对九寨沟 RFID 门禁票务的计算机仿真模拟，初步预算可使景区的票务成本降低 70% ~ 90%。另一方面，RFID 门票系统还可以对门票的查询、统计、汇总分析等工作进行自动化处理，不仅克服了传统人工售检票因为须由人工统计财务报表而存在的速度慢、票务漏洞多、出错率高、劳动强度较大等缺点，还能实时对各门票通道进行全方位的监控，便于景区管理服务部门更好掌握景区状况，并给游客提供及时有效的帮助和服务。

（三）智能监控调度系统

该系统主要是通过利用超高频 RFID 电磁反向散射耦合技术，实现对景区内各通道及景点的车辆、游人的动/静态信息的采集和智能调度。其原理是将 RFID 景区电子门票即射频卡，更换为可同时使用高频 13.5MHz 和超高频 915MHz 的双频点卡，其中高频 13.56MHz 部分仍在刷卡付费时使用，而超高频部分作为感应部分。通过在景区进出口和景区内一些重要的景点及通道安装超高频 RFID 采集器，当游人和车辆进出景区以及游览时，采集器终端就会通过游人和车辆所携带的射频卡内的电子标签，进行双方读写信息交换，获取各景点负荷、游人、车辆数量与位置、游客踪迹、工作人员到位情况等数据；并通过 RFID 中间件对原始冗余数据进行过滤整理后，通过 LED 显示屏给出，从而便于游客和车辆选择人数较少、通道相对空闲的景点和道路进行观光和通行。同时通过配备的 GPRS（通用分组无线服务技术）数据远传模块将车流和客流信息发回至后台的车辆游人监控系统，并通过与中央监控系统配合使用，形成无线视频指挥调度系统。这样，不但使到达景区的游人车辆信息与监控中心对车辆信息的管理实现精确同步，而且可以实现对景区车辆运行和游客行迹现状信息的可视化监控，从而使调度人员可以及时得到各个景区和各条线路中的游客及车辆数量与地理位置信息，从而能够准确实施调度。对于在时间和空间上客流量和车流量过于集中的路线和景点，管理者通过广播诱导和现场工作人员引导系统，可以对景区游客和车辆进行组织协调与指挥调度，使大量游客、车辆受到管理，实现景区高峰客流的平滑转移与合理分布，从而避免因景区承载能力分布结构性不足而导致游客拥挤、车辆堵塞、景区植被遭到践踏损伤、景区生态环境遭到破坏、安全隐患突出等问题，均衡利用各景点的接待能力和景区的空间维度，直接降低景区的碳排量，保护景区的生态环境。最后利用超高频 RFID 技术，根据以往历史记录数据并通过因子修正可以构建景区的车辆游人预测系统，对景区客流和车流进行预测。

（四）智能导览系统

根据 RFID 利用射频信号自动识别目标对象并获取相关数据、识别工作无须人工干预且能进行非接触识别的特点，可制作一款便携式智能导览系统。其工作原理是在景区需要导览的位置布置固定的非接触式射频卡，形成一定的 RFID 识读区域，且每张射频卡被赋予一个唯一的 ID（身份标识号）号。这样当参观者进入、经过 RFID 识读区域，参观者手持的 PDA（个人数字助手）识读机，通过从非接触式射频卡内读取的 ID 号进行信息处理后，就能自动播报各景点的语音信息，进行语音导览。游客还可以通过 PDA 识读机上的语言切换键，实现多种语言的播报，从而满足不同国籍游客的需求。而且当游客靠近禁游区时系统能够主动获取信息并自动报警，提醒参观者离开该区域。同时，通知安全监控子系统，触发报警器发出报警声，并在电子地图上高亮闪烁进入禁游区的游客位置，通过显示该参观者的基本位置信息，提示并辅助管理人员安排游客离开该区域。这种智能导览系统可以通过 USB 与电脑连接，更新系统中的语音数据并对系统进行充电。这不仅为景区节省了人力导游成本，解决小语种导游人才匮乏的问题，而且赋予了游客更大的自由度，同时可以及时发现并制止危害景区生态环境行为的发生。

三、结语

研制基于 RFID 技术的低碳景区信息化集成管理模式，不但可以极大地促进 RFID 技术在我国旅游产业中的深度应用，形成全产业链的循环经济模式，产生巨大的示范效应并带来极可观的经济收益，而且还将形成源头创新的信息技术管理平台，极大地提高景区服务的质量和效率，降低景区的能源消耗和碳排放量，从而有效解决低碳景区建设的重点和难点问题。这不仅已成为我国旅游产业和经济发展的重大课题，而且也是世界其他发展中国家自然生态环境保护方面面临的基础性、前沿性的重大课题。为解决该问题所产生的管理理论与技术方法，不但可以在我国大多数景区应用，而且还可扩展到全世界的景区，推动世界低碳景区和自然生态环境保护健康发展。因此本研究具有世界性，具有十分重大的理论与实践意义和广泛的应用前景。

参考文献

[1] 邱云美. 欠发达地区生态旅游可持续发展模式研究 [J]. 经济地理，2010 (2)：334-338.

[2] 陆均良，孙怡. 水利风景区生态信息构成与生态预警控制研究 [J]. 水利经济，2010，28 (6)：53-56.

[3] 徐广伟，陈金鹰，王小伟，等. RFID 在旅游景区自动售检票系统中的应用 [J]. 通信技术，2009，42 (7)：192-194.

[4] 刘涛，何宁，杨艺敏. RFID 在便携式智能导览系统中的应用 [J]. 计算机工程与科学，2011，33 (6)：168-172.

（本文发表在《中国园林》2015 年第 10 期上）

构建以服务游客为核心的智慧旅游发展模式研究[①]

赵丽琴，黎忠文

（成都大学信息科学与技术学院，四川成都 610036）

随着旅游信息化的升级和智慧城市建设的兴起，智慧旅游成为我国各地旅游信息化建设的重点和研究的热点问题。在以"云计算和物联网"等新技术为核心的智慧旅游时代，如何构建以服务游客为核心的智慧旅游发展模式，越来越受到关注。结合我们正在进行的"四川省智慧旅游公共服务体系的界定与内涵研究"项目的研究进展和对该领域的长期关注和积累，本文对如何构建以服务游客为核心的旅游发展模式进行探讨，以期对智慧旅游的建设和发展提出有效的路径。

一、智慧旅游发展模式的特征

（一）智慧旅游发展的时代背景

智慧旅游是在智能城市的基础上发展而来的，其主要的特征为信息化和个性化。智慧旅游发展具有其独特的时代背景。一是随着经济全球化进程的不断加快，国际旅游活动的人口规模和范围逐渐扩大，旅游者需求多样化特征日益明显，只有发展智慧旅游才能满足游客对个性化旅游信息的需求。二是旅游行业的重要性。旅游作为新兴的产业，已成为我国以及世界众多国家经济发展的支柱型产业，带动了大量人口就业和提升了外汇收入。三是信息化产业的迅速发展。信息化产业的规模化发展为智慧旅游大数据化提供了可能，同时，平板电脑和智能手机的发展，为智慧旅游提供了强劲的硬件支撑。

（二）智慧旅游发展现状

我国的智慧旅游发展起步较晚，但是发展速度很快。从国家把江苏镇江设立为智慧旅游试点城市以来，我国很多大城市根据自身特点相继提出符合本城市的智慧旅游发展规划，并取得一定成效，部分省市已经开始探索智慧城市向智慧城市群落转变：近期举行的智慧旅游峰会中，四川省提出构建智慧旅游带设想；浙江提出构建省内的"一中心

① 基金项目：四川省哲学社会科学重点研究基地——四川旅游发展研究中心科研课题"智慧旅游视角下四川省旅游公共服务体系的构建及评价指标的研究"（编号：LYC13-32）；成都大学校金"四川省智慧旅游公共服务体系的界定与内涵研究"（编号：XJR）阶段性成果。

三枢纽"的智慧城市体系；福建与联通签署"数字福建，智慧城市群"战略框架协议，未来投入100亿元打造福建智慧城市群落。一些高校，如东南大学将GPS（全球定位系统）导航和移动互联网结合起来，打造高度智能化的云旅游平台。同时，智慧旅游更加突出人性化，以服务游客为主，例如，北京市在智慧旅游建设中利用网络通信，做好了旅游指导工作，游客一进入北京区域即可收到北京旅游局提示的一日游信息和推荐旅游信息。

二、智慧旅游如何坚持以服务游客为核心

智慧旅游是利用互联网信息技术，通过整合大数据为游客提供最快捷、最便利的旅游信息反馈系统。当前，旅游者的需求已经从盲目需求转向个性化旅游需求，更加注重旅游体验，而"智慧旅游"系统可以让他们：足不出户，全面了解目的地旅游信息，预订产品和进行结算；旅游过程中能够动态了解旅游信息并获得帮助；旅游结束后还能够通过该系统进行有效的信息反馈。智慧旅游为游客提供了行前、行中、行后的全程化服务，让游客便捷地享受到高质量的旅游产品。

（一）依托人工智能做好景区景点讲解服务

最近，辽宁锦州世界园艺博览会中的人工智能机器人被摸坏成为热点新闻，其中的机器人正是人工智能技术在景区应用的代表。人工智能技术是通过将人的思维和行为方式利用其他硬件和软件设置模拟而成，使其具有一定的思维和理解能力，其表现形式为可以即时回复和解决问题的软件或者其他产品。目前，人工智能技术已经较为成熟，可以应用到旅游实践当中。智慧旅游使用人工智能技术可以及时自动处理海量信息以及及时提供游客需要的资源，最大限度上满足游客需求。例如，北京奥运期间游客可以使用"人工智能"手机进行景区景点信息的讲解，游客将在旅游全过程中获得更加个性化、智能化的服务，从而提升每次出行的体验。

（二）依托移动通信技术做好旅游信息咨询获取服务

移动通信技术是当前智慧旅游发展的必要条件。目前，3G移动通信技术已经替代了2G技术，并成为当前市场的主流，且逐渐向4G技术发展，其数据传输的规模和速度逐渐扩大。智慧旅游通过开发移动终端，充分利用移动通信技术，可以向散客提供具有个性化特点的旅游咨询和便利的旅游条件，具有高品质特征。游客通过移动终端上的电子地图，可以方便地进行路径导航；身处异国，通过语音语义识别技术，可实现无障碍沟通交流。利用移动通信技术，还可及时记录与分享自己的旅游感悟，通过移动支付技术提升游客的消费体验。

（三）依托物联网技术做好旅游产品服务

物联网技术是智慧旅游的核心。物联网是一种结合线上与线下的技术，它可以实现物与物、物与人、人与人的不同空间和时间的联系。例如，在物联网技术出现之前，由某地去往另外一个地方旅游时，其吃饭和住宿的地点只能到达当地以后才能订，不利于旅游线路的安排和规划；通过物联网，游客可以在旅游之前在旅游景点官网、团购网站或者直销网站进行相关旅游产品的购买。物联网技术有利于打破旅游产品的生产消费同步性特征，实现了不同空间不同事物之间的联系。

（四）依托云计算技术做好旅游产品定制服务

云计算技术是智慧旅游的基础。云技术为智慧旅游提供了大数据支持。随着网络时代的发展，网络技术已经存储了足够的旅游活动数据和个人数据，通过云技术可以将分散的数据统一到智慧旅游云技术平台当中，从而有利于智慧旅游在大数据基础上做好旅游服务。智慧旅游在应用云计算技术时需要注意两点。一是做好云平台建设。通过整合网络海量旅游数据，进行大数据基础上的分析和总结，找出数据之间的共性和区别，并且对数据间的区别进行人工分析。二是做好云平台开发。云平台开发建立在云平台建设基础上，只有足够规模的旅游数据，才能开发出包括旅游订购和查询服务在内的旅游应用。

三、如何构建以服务游客为核心的智慧旅游

（一）做好游客需求特征分析

构建以服务游客为核心的智慧旅游，就必须要做好游客需求特征分析。随着社会经济发展的不断深入，游客需求日益突出三大特征。一是旅游需求多样化。游客需求已经由盲目旅游向体验旅游转变，游客旅游时对旅游地和旅游类型的选择更加具有目的性，更加倾向根据自身特点选择旅游类型和旅游过程，而不是遵从旅行社固定线路。因此，智慧旅游建设过程中要针对旅游多样化需求的特点提供丰富多彩的旅游咨询，同时突出旅游攻略和旅游景点介绍。二是追求本色和自然。新时期游客更加喜欢本色旅游、自然旅游，智慧旅游建设过程中要尽量减少人工干预，将景区的本地人文风情和自然风光提供给游客。三是更加注重旅游体验。游客需求层次较高，注重精神满足和旅游过程中的服务，因此智慧旅游建设过程中要做好旅游六要素的协调和细节把握，通过旅游体验无缝对接，提供良好的旅游产品和旅游服务，提升旅游服务的质量和旅游者的满意度。

（二）加强政府引导

构建以服务游客为核心的智慧旅游发展模式必须要加强政府引导。智慧旅游发展是旅游市场发展的必然，但是如果单纯依靠旅游市场的自我调节，就会导致智慧旅游的发展速度较慢、水平较低、耗时较长。通过加强政府引导，利用国家政策引导，可以规范智慧旅游行业的发展，提升智慧旅游发展的速度。一是从宏观角度做好智慧旅游发展规划。政府相关部门应深入了解行业发展实际，通过对旅游行业六要素以及旅游地区实际发展情况的调研做出合理的智慧旅游发展规划，提出构建以服务游客为核心的智慧旅游发展的最终目标和阶段性发展目标，以目标促发展。二是要做好旅游市场的服务。政府除做好智慧旅游管理以外，还必须做好旅游市场服务工作。政府部门是市场重要的组成部分，政策法律法规直接影响着旅游行业的发展。因此政府必须要做好旅游市场服务工作，及时处理构建服务游客的智慧旅游发展过程中的问题并提出解决措施。三是加强市场企业服务。构建以服务游客为核心的智慧旅游发展模式离不开广大中小型旅游企业的支持。中小企业的发展水平和技术层次与大型旅游企业有一定差距，加强市场企业服务要求智慧旅游建设过程中要注重中小旅游企业建设，通过物联网等技术，将中小企业纳入智慧旅游发展建设中，实现公共服务的地域性和空间性的无缝对接。

四、构建以服务游客为核心的智慧旅游未来发展模式

（一）提供以最全面的地区性和全国性旅游咨询为主导的咨询旅游模式

提供最全面的地区性和全国性旅游咨询是构建以服务游客为核心的智慧旅游发展模式的重要发展方向。新时期旅游需求的层次性已经提高，传统的旅游模式已经不能适应当前旅游发展的需要，游客在旅游时更加注重旅游体验；同时，随着个性化旅游的兴起，旅游散客规模逐渐扩大，这些散客大多为个人或者小团体旅游，在旅游选择时根据自己了解的情况和爱好自主选择游览时间和游览线路。构建以服务游客为核心的智慧旅游发展模式，必须要为游客提供最全面最及时的游览地区或者全国性旅游咨询，以满足游客需求。例如，辽宁锦州北普陀山为纪念锦州光复而在当天进行的万人免费爬山活动，就利用了多种网络手段进行线上线下宣传，并取得了良好的活动效果。

（二）提供以定制服务为主导的定制旅游模式

提供定制服务也是构建以服务游客为核心的智慧旅游发展模式的发展方向。定制服务极大地满足了游客的需要。当前国内外旅游活动规模日益扩大，如果游客到达旅游目的地以后才开始购买门票和购买其他旅游服务，有可能会因为游客数量过多而产生不好的旅游体验。定制服务有利于提升游客的旅游体验。比如，很多景区和旅游咨询网站都开通了旅游门票定制服务，游客只需要在网上支付足够票额就可以定制成功，方便快捷。

（三）提供以畅游计划为主导的畅游旅游模式

畅游技术是指游客可以随时随地上网获取景区信息以及旅游六要素信息，并提供相关的实时定制服务。传统旅游条件下，游客提高旅游体验只能通过导游讲解和当地人介绍，既不省钱又有可能会因为人与人之间的沟通问题而产生不必要的矛盾。智慧旅游可以通过向游客提供景区畅游和食宿、交通从而提升旅游体验。当前，很多旅游景区已经实现了无线 WiFi 的覆盖，游客只要进入景区就可以直接无线上网，获取景区信息、相关的旅游攻略以及食宿和交通信息。而且很多景区也有人工智能机器人和其他软件作为景区讲解辅助浏览工具，用户只需要在游客服务区下载安装即可在游览过程中随时收听景点介绍。

五、结语

发展智慧旅游模式已经成为我国旅游行业发展的潮流，在整合我国旅游资源、提升行业发展水平方面具有十分重要的作用。智慧旅游必须要坚持以人为本的原则，从游客实际需求出发，提升旅游服务水平（让游客感觉像本地居民一样便利地生活和休闲旅游），以旅游信息服务为主线，着力满足游客散客化、社交化、自主化的旅游新需求，构建好以服务游客为核心的智慧旅游发展模式。

参考文献

［1］李云鹏，晁夕，沈华玉，等. 智慧旅游：从旅游信息化到旅游智慧化［M］. 北京：中国旅游出版社，2013.

［2］姚国章. "智慧旅游"的建设框架探析［J］. 南京邮电大学学报（社会科学版），

2012, 14 (2)：13-16.

[3] 叶铁伟. 智慧旅游：旅游业的第二次革命：上 [N]. 中国旅游报, 2011-05-25 (11).

[4] 金江军. 智慧旅游发展对策研究 [J]. 中国信息界, 2012 (11)：22-23.

[5] 张凌云, 黎 巎, 刘 敏. 智慧旅游的基本概念与理论体系 [J]. 旅游学刊, 2012 (5)：69-71.

[6] 王咏红. "智慧旅游" 的核心是游客为本 [N]. 中国旅游报, 2011-09-09 (2).

[7] 四川旅游局局长郝康理：智慧旅游体系该以服务游客为核心. [EB/OL]. (2013 -09-17) [2014-12-23]. http：//www. lvmama. com/info/newss/2013 -0917-195135. html.

[8] 郑瑞. 基于散客旅游需求的我国旅游目的地信息服务研究 [J]. 中国城市经济, 2011 (12)：255.

[本文发表于《成都大学学报（社科版）》2014 年第 1 期]

基于网络点评的旅游形象游客感知研究
——以峨眉山为例[①]

一、研究背景

　　旅游形象是人们对于旅游目的地的观念、影像的总体概括与评价，是潜在旅游者做出旅游购买行为的重要影响因素。互联网和移动通信技术的发展，使得旅游目的地的营销渠道变得更加多元化，旅游者可以通过旅游目的地的官方网站，或者通过第三方旅游资讯网站、旅游攻略网站等获取目的地的旅游信息。微信、微博等方式的产生使得游客可以随时分享自己的旅游经历和感受，也可以在旅游网站对目的地的旅游服务做出评价。由于在线点评信息内容的集中性、真实性等特点，使其具有很高的关注度和很快的传播性。根据网络口碑，对其他游客的在线点评内容进行分析整理，成为旅游者出游选择的重要参考标准。因此，在大数据时代背景下，对旅游者在线点评的内容进行分析，对于旅游景区改善自身旅游形象、提高游客满意度具有重要的现实意义。目前国内对在线点评、网络文本内容的分析，已得到了一定的研究成果。通过分析网络文本内容，对旅游目的地和旅游景区的旅游形象进行研究是现有文献中较主流的方向。张保伟通过分析网络文本对常州市旅游形象进行了研究；张春娥、吴宝清、杨雪珂、张至楠、张艳、王晓辉、杨秋风、王昱力同样采取分析网络文本内容的方法，分别对广州市、西安市、张家界市、中卫市、西安曲江、西藏、重庆市、甘南州的旅游形象进行了研究；张珍珍采用问卷调查和网络文本分析两种方法，对西安市旅游形象感知进行了比较研究。除了对旅游目的地旅游形象的研究，旅游景区游客感知形象研究也是学者关注的重点。滕茜对上海市 3A 级以上景区的形象感知及游客互动进行了研究；尹小娜分析了福州三坊七巷的旅游文化形象；王永明、屈册、苗红、李芷若、黄胜男分别对凤凰古城、三清山景区、平遥古城、嘉峪关、嵩山少林寺、黄山风景区的旅游形象进行了研究。

　　① 基金项目：四川省社会科学重点研究基地――四川旅游发展研究中心立项课题"基于在线点评的旅游服务质量感知研究"（LYC16-07）。

150 | 四川旅游发展研究中心研究成果集萃——优秀论文集

峨眉山是中国四大佛教名山之一，也是国家5A级旅游景区，而"峨眉山-乐山大佛"是世界文化与自然双遗产，在国内外具有很大的影响力。但是2015年国庆期间央视曝光的峨眉山强制购物现象，凸显出峨眉山旅游市场监管的不到位，对其旅游形象造成了强烈的负面影响。本文选择峨眉山为研究对象，以蚂蜂窝旅游网站上的游客点评文本为研究的数据来源，分析现阶段游客对峨眉山旅游形象的感知情况与情感倾向，以期为峨眉山塑造旅游形象、提升旅游服务质量提供相关依据与借鉴参考。

二、研究设计

（一）数据来源

蚂蜂窝旅行网是中国领先的旅游分享网站、旅游社交网站和旅游攻略网站，提供大量的真实、客观的旅游信息。通过对蚂蜂窝网站上关于峨眉山的1 728条游客在线点评内容进行整理，形成了81 712个文字的文本内容，作为本文研究的基础数据。

（二）研究方法

使用ROST Content Mining软件，提取网络文本中出现的高频词汇，对出现的高频词汇按照旅游形象维度进行分类、排序，并对高频词汇以标签云的形式展示出来；ROST中的情感分析工具，对高频词中的态度词进行情感倾向分析，了解游客对峨眉山旅游形象的情感态度；最后根据高频词中的词汇同时出现的频率，采用共现分析法进行语义网络分析，得到峨眉山旅游形象的语义网络图。

三、研究结果

在峨眉山在线点评的文本中提取高频词，发现排在前十位的分别是峨眉山、金顶、猴子、日出、风景、云海、景区、佛教、徒步和爬山，图1是通过可视化功能建立的高频词汇标签云，通过图1可以对峨眉山的旅游形象词条产生更直观的认识。

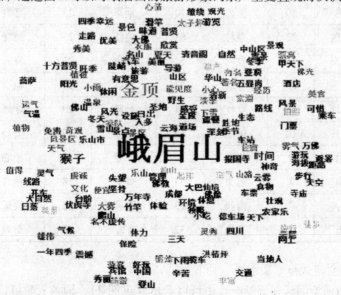

图1　峨眉山旅游形象高频词汇标签云

旅游形象是一个多维度的概念，国内外相关研究成果主要是从旅游认知形象和旅游情感形象两个维度出发，对目的地旅游形象进行测量。程圩等提出可通过"旅游空间认知形象、旅游景观认知形象、旅游服务及设施认知形象"三个维度进行旅游形象感知测量。在程圩旅游形象三维结构的基础上，考虑到高频词中出现了较多的情感态度词汇，本文提出"旅游体验认知形象"这一维度。文章对峨眉山旅游形象的认知就基于以上这四个维度，表1是对各维度下词汇出现频次以及排序前20的统计结果。

表1 峨眉山旅游认知形象词条及词频统计表

排序	旅游空间认知		旅游景观认知		旅游服务及设施认知		旅游体验认知	
	词条	词频（次）	词条	词频（次）	词条	词频（次）	词条	词频（次）
1	峨眉山	964	风景	323	爬山	184	值得	130
2	金顶	490	猴子	281	徒步	150	秀美	106
3	景区	134	日出	184	索道	104	著名	76
4	景点	71	佛教	177	门票	104	辛苦	62
5	万年寺	65	名山	171	缆车	87	壮观	55
6	清音阁	57	云海	166	酒店	37	遗憾	55
7	报国寺	54	云雾	101	大巴	33	美丽	54
8	四川	54	普贤	99	衣服	33	幸运	52
9	中国	43	雪景	96	住宿	41	漂亮	52
10	乐山	50	菩萨	76	滑竿	27	有趣	37
11	成都	30	佛光	70	乘车	23	可惜	35
12	中山区	22	森林	63	路线	23	缭绕	26
13	五显岗	18	自然	62	美食	22	灵秀	25
14	伏虎寺	15	寺庙	53	排队	20	仙境	22
15	洪椿坪	10	空气	44	台阶	20	陡峭	20
16	太子坪	10	道场	42	汽车	19	清新	18
17	华山	9	文化	37	车票	18	小心	18
18	西南	8	温泉	34	导游	18	神奇	16
19	九寨沟	7	海拔	33	交通	15	快乐	15
20	黄山	6	圣地	32	车站	15	奇观	14

（一）旅游空间认知形象分析

从峨眉山旅游空间认知词频统计中可以看出（见图2），词条大致可以分为以下几类：第一类是峨眉山景区内部的景点名称，如金顶、万年寺、清音阁、报国寺等，这些构成游客峨眉山旅游行程的一部分。第二类是地区名称，如中国、四川、乐山、西南，这是因为峨眉山位于中国西南地区四川省乐山市。第三类是其他景区的名称，如华山、九寨沟、黄山，对于一部分外地游客来讲，成都—九寨沟—峨眉山（乐山大佛）是一条比较经典的旅游线路，所以在点评的文本当中会出现这两个景区之间的关联；另外，这些名称看似与峨眉山无关，其实这些景区与峨眉山都属于山地型旅游目的地，游客在游览的过程中会对各个景区之间进行比较，如："说起来峨眉山景色应该还是不错的，但刚从九寨沟归来，又去过张家界，我再看峨眉山一下子没找到感觉""我是先去了九寨沟再去峨眉山的，其实峨眉山还是很美，可是有了对比，瞬间觉得峨眉稍稍逊色了""峨眉山是以秀出名的，嗯，很秀丽，但还是喜欢华山的险""峨眉山的景色没有黄山好，感觉就是一直向上的石阶，觉得路特别漫长"。

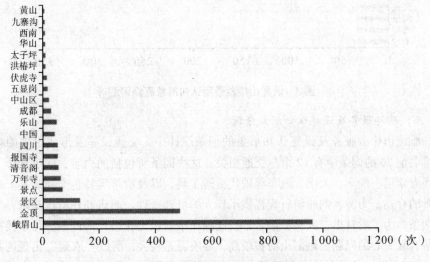

图 2　峨眉山旅游空间认知形象高频词汇

（二）旅游景观认知形象分析

从表1可以看出，峨眉山的旅游景观认知词条基本覆盖旅游资源分类的八大主类，其中尤以生物景观（猴子、森林、植被）、天象与气候景观（日出、云海、云雾、雪景）、建筑与设施类（寺庙、道场、佛像、金殿）、人文活动（佛教、普贤菩萨）最为著名。游客对于峨眉山旅游景观的认知比较全面，词条中既有自然景观又有人文景观，这也与峨眉山-乐山大佛"世界文化与自然双遗产"的地位相一致。而且，旅游景观认知形象的这些词条出现的频数，在全部文本中也处于靠前的位置，独特的自然风景和悠久的佛教文化共同构成了游客对峨眉山旅游形象的主体感知部分，而这也恰恰是峨眉山的核心吸引力所在（见图3）。

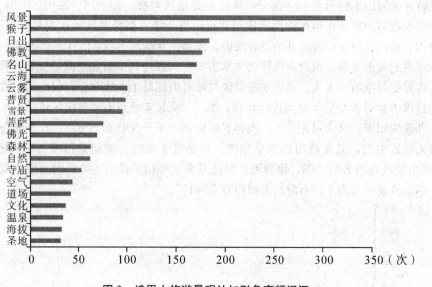

图 3　峨眉山旅游景观认知形象高频词汇

（三）旅游服务及设施认知形象分析

在峨眉山旅游服务及设施认知形象的词条统计中，交通设施及形式出现的频率最高，排名前 20 的词条中有 12 个与交通相关。这些词条所包括的内容，除了徒步、爬山外，还有索道、缆车、大巴、汽车等现代交通工具，以及滑竿等特色交通工具。多种交通工具的存在，为游客的旅游行程提供了较大的可选择性。酒店和住宿也是游客提及较多的词条，为了看日出，大多数游客都会选择在峨眉山上住宿，因此旅游住宿接待设施也是游客较关心的问题。峨眉山海拔较高，早晚温差较大，所以"衣服"出现的频率也较高。"门票"被提及的次数位于第四位，而且大都属于负面评价。峨眉山由于旅游景点之间比较分散，游客行程安排过于紧凑，导致很多景点来不及参观，使得游客的旅游体验质量不高，对门票价格有抱怨，如："峨眉山的门票和车票真贵，我们计算了一下，游完峨眉山的景点需要 500 多元，而对于才从九寨沟下来的我们，其风景的吸引力差了不知几千倍""峨眉山门票有效时间为两天，个人感觉若能改成三天更好些""单单是峨眉山的进山门票（节假日还涨价）+交通费用+一趟缆车费用，我跟我爸两个人就花了 720 元，我的天，分明全国最宰人的黑色旅游景点""先买了峨眉山门票和缆车的门票。感觉这里的票太贵，而且管理也很乱，门前和寺庙周围有很多人拉着客人购买一些东西，或者是不正规的闲散导游。这样的佛教圣地被这些人搅得很不清静"（见图 4）。

（四）旅游体验认知形象分析

峨眉山旅游体验认知形象排序前 20 的词汇中，带有积极、正向态度的词汇有 11 个，消极词汇有两个（分别是遗憾和可惜），中性词汇有 7 个。总体来说，游客对于峨眉山的旅游体验活动持积极的感知，表现为对旅游景观的赞美（秀美、壮观、有趣、神奇、快乐等），而且表现出较高的满意度（值得）。遗憾和可惜表现在由于天气的不可控因素，导致部分游客没能够看到日出，或者由于行程安排的原因，没有能够全面体验峨眉山，心情有点小失落。如："峨眉山的石梯很陡，猴子爱抢东西，遗憾没看见日出、

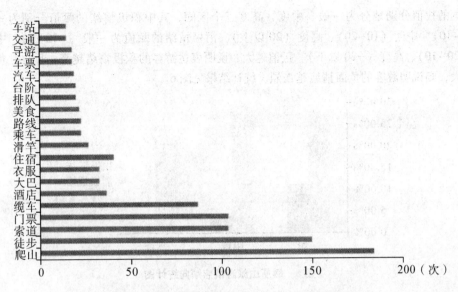

图4 峨眉山旅游服务及设施认知形象高频词汇

云海，以后肯定有机会再来""峨眉山看日出最棒，金顶很美，云海也很漂亮。我们在峨眉山待了两天，第一天去看猴了，第二天就上了金顶，时间充裕的话可以多住几天，可惜了，没来得及去泡温泉""四川游唯一一个让我念念不忘的地方，满山遍野的雾凇，实在是太美了，只可惜没有看到猴群和云海""峨眉山的景色还是十分美丽的，可惜时间不够，没能登上金顶，希望有缘下次可以实现这个小小的愿望"（见图5）。

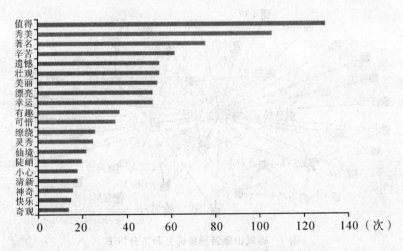

图5 峨眉山旅游体验认知形象高频词汇

（五）旅游情感倾向分析

情感倾向分析，主要是通过游客点评文本中传达的情绪的正面、负面等属性，判别文本的情感倾向性。本文采用 ROST 软件下的情感倾向分析工具进行分析，结果表明：积极情绪的评论占发言总数的 75.12%，中性态度的评论占 8.06%，消极情绪占 16.82%。根据情绪的强弱程度，又分别对积极情绪和消极情绪进行分段统计，将情绪态度词的权值分别划分为一般、中度、高度三个区间，其中积极情绪的赋值分别为一般（0~10）、中度（10~20）、高度（20以上），消极情绪的赋值为一般（-10~0）、中度（-20~10）、高度（-20以下）。正值越大，说明表达游客的积极情绪越高；反之，负值越大，则说明游客的负面情绪越强烈。统计结果见图6。

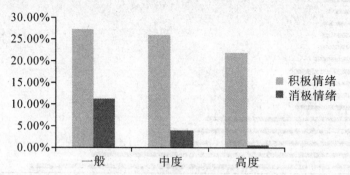

图6　峨眉山旅游情感倾向统计图

（六）峨眉山旅游形象语义网络分析

根据点评文本中高频词汇之间的相关性，本文使用ROST软件中的语义网络分析工具，形成了峨眉山旅游形象语义网络图。图中两个词汇之间的线条说明二者之间有联系，线条密度越大，说明共现频率越高。从图7中可以明显看出，峨眉山语义网络图以"峨眉山""金顶"和"佛教"为中心，其次则是"猴子""金顶""佛光""日出""云海""普贤"。

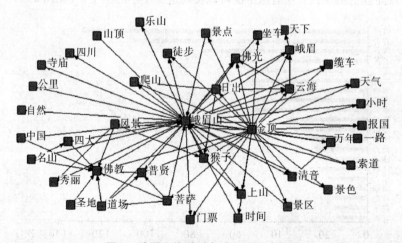

图7　峨眉山旅游形象语义网络分析图

四、研究结论

本文从网络文本分析的视角，使用ROST Content Mining软件对峨眉山旅游游客感知形象，从空间认知、景观认知、服务及设施认知、旅游体验认知多方面进行了研究，发现出现频率最高的十个词分别是"峨眉山""金顶""风景""猴子""日出""爬山""佛教""名山""云海""徒步"。从语义网络图中也可以看出，这些词汇共现的频率也很高，构成了峨眉山旅游形象游客感知的核心部分，可总结为独特的天象气候景观、丰富的佛教建筑与文化、清新的户外休闲度假胜地。

首先，从游客空间认知角度来看，高频词条大多是景区内部的景点，反映出游客在空间位置上的移动。目前景区内部的交通主要有步行道、索道、公路，峨眉山应做好旅游线路规划，合理设计景区内部旅游线，对道路沿线的景点进行合理串联，丰富游客的旅游行程。峨眉山应加快智慧景区的建设进度，完善峨眉山旅游 APP 面向游客的相关服务内容，如旅游线路规划、智能导游、智能导航等服务，使游客可通过手机 APP 终端实时查询自己所处的位置、与目的地之间的距离、预估到达目的地所需时间等，为游客合理安排时间、规划行程提供依据。

其次，从旅游景观认知角度来看，峨眉山-乐山大佛作为"世界文化与自然双遗产"可谓实至名归，高频词条基本围绕"自然+佛教"两大主题。其实除去自然风光和佛教文化外，峨眉山还有温泉、滑雪、文艺演出、武术养生、休闲品茗、主题运动等多种旅游产品，而且峨眉山的素斋、茶业、中草药也独具地方特色，但是被游客提及的频率却较低。

再次，在旅游服务及设施认知这部分，"交通""住宿""门票"被提及的次数最多，这三者也基本构成游客消费的主体部分，说明大部分游客在峨眉山的旅游活动还是以"爬山+看庙+睡觉"为主，休闲、度假、养生、娱乐等元素在游客的行程安排中涉及得较少，表现出游客旅游消费结构的单一化特征。为了改善景区收入结构，摆脱门票经济的依赖，景区应实时发布相关旅游资讯，包括住宿、餐饮、康体娱乐等项目的相关信息，尤其是消费价格的透明化；通过智慧旅游景区的建设，为商家提供广告营销的平台，为游客提供娱乐项目的推荐服务；景区管理机构要加强对旅游市场秩序的监管，建立商家诚信评价机制，对定价不合理、存在欺诈游客行为的商家，按照性质恶劣程度对其进行处罚，直至取消其经营资质。

最后，旅游体验认知形象的评价以积极正向和中性态度词为主，负面的消极词汇较少，持高度消极情绪的游客的比例只有 0.54%。总体来看，游客对于峨眉山"秀美""壮观""漂亮"的景色表现出了高度一致的认同，也有着较高的旅游体验质量，从"值得"一词出现的频率和积极情绪在高度赋值段上的统计分布可见一斑。当然，"日出""云海"等天象景观，受制于天气的不可控原因，欣赏到此景观的游客表达出"幸运"的激动，没看到此景观的游客则发出"遗憾""可惜"的感慨。针对这种情况，景区应在官方网站、景区 LED 屏实时更新天气信息。对于在网上提前订票的游客，可通过手机短信等方式提前告知游客景区未来几天的天气情况，提醒游客做好相关准备工作。

参考文献

[1] 王晓辉. 互联网传播的西藏旅游形象研究：基于中文旅游网站文本的语义网络分析 [J]. 贵州民族研究，2014（10）：165-168.

[2] 郭英之. 旅游感知形象研究综述 [J]. 经济地理，2003，23（2）：280-284.

[3] 张保伟. 基于网络文本分析的常州市旅游形象感知研究 [J]. 湖州师范学院学报，2016（4）：99-102.

[4] 张春娥. 广州旅游目的地形象感知研究：基于网络文本分析 [J]. 华南理工大

学学报（社会科学版），2015，17（4）：25-32.

　　［5］吴宝清，吴晋峰，吴玉娟，等.基于网络文本的TDI地域差异研究［J］.浙江大学学报（理学版），2015，42（4）：474-482.

　　［6］杨雪珂，吴健清，张晓虹，等.基于网络文本的旅游目的地投射形象分析：张家界案例［J］.中山大学研究生学刊（自然科学与医学版），2014（1）：82-97.

　　［7］张至楠，李陇堂，关红，等.基于网络文本分析的中卫市旅游形象定位研究［J］.宁夏工程技术，2014，13（1）：56-61.

　　［8］张艳.西安曲江旅游形象感知研究：基于游客网络日志文本分析［J］.西安文理学院学报（社会科学版），2014，17（4）：125-128.

　　［9］杨秋风.基于网络文本分析的重庆都市旅游形象感知研究［D］.重庆：重庆师范大学，2014.

　　［10］王昱力.基于网络文本分析的甘南州旅游形象研究［D］.兰州：西北师范大学，2014.

　　［11］张珍珍，李君轶.旅游形象研究中问卷调查和网络文本数据的对比：以西安旅游形象感知研究为例［J］.旅游科学，2014，28（6）：73-81.

　　［12］滕茜，杨勇，布倩楠，等.基于网络文本的景区感知及互动研究：以上海为例［J］.旅游学刊，2015，30（2）：33-41.

　　［13］尹小娜，郑向敏.基于网络文本分析的三坊七巷游客文化感知研究［J］.北京第二外国语学院学报，2015（9）：62-66.

　　［14］王永明，王美霞，李瑞，等.基于网络文本内容分析的凤凰古城旅游地意象感知研究［J］.地理与地理信息科学，2015，31（1）：64-67.

　　［15］屈册.基于网络文本分析的旅游世界建构对比研究：以平遥古城为例［J］.北京第二外国语学院学报，2014（3）：69-79.

　　［16］苗红，马金涛，张欢.基于网络文本分析的嘉峪关市游客感知形象研究［J］.西北师范大学学报（自然科学版），2014，50（2）：99-104.

　　［17］李芷若.嵩山少林景区旅游形象研究：以网络文本为例［J］.吉林工商学院学报，2014，30（3）：51-54.

　　［18］黄胜.基于网络文本分析法的旅游目的形象感知研究［D］.合肥：安徽大学，2014.

　　［19］程圩，隋丽娜，程默.基于网络文本的丝绸之路旅游形象感知研究［J］.西部论坛，2014，24（5）：101-108.

　　（本文发表在《乐山师范学院学报》2017年第1期上）

旅游景区微信公众平台
传播效应比较研究[①]

冯晓兵

（乐山师范学院旅游学院，四川乐山 614000）

一、研究背景

微信是腾讯集团旗下的一款社交软件，可支持文字、语音、图片、视频等方式的内容传播。除了具有即时通信功能之外，微信还提供公众平台服务，如订阅号、服务号、企业号等。企业通过微信公众平台开展营销活动，用户关注公众平台后可以接收到企业发布的推送内容，而且可以通过在线留言的方式与企业进行互动。得益于微信用户的庞大基数，微信内容发布的及时性、准确性，平台运营的低成本性，平台与用户之间的互动性等特性，微信正被越来越多的旅游企业用来开展营销活动。四川乐山大佛景区和峨眉山景区作为国家 5A 级景区、世界遗产地，都拥有自己的官方微信公众平台，定期发布相关营销信息。乐山大佛景区的官方微信公众平台定位于品牌宣传，2016 年 9 月 26 日发布了第一篇图文消息；峨眉山景区的官方微信公众平台定位于为游客提供旅游资讯服务，2013 年 10 月 9 日第一次更新图文消息。文章拟对这两个旅游景区官方微信公众平台的传播效应进行比较研究。

二、研究设计

冀芳认为微信公众平台的传播效果评价是一个定性的问题，并构建了由公众平台、粉丝、传播内容和传播方式组成的四维评价指标体系。马红岩以关注微信平台的用户数量、发布图文的阅读量和转发人数等数据为基础，对郑州树青微信公众平台的传播效果进行了研究，并发现不同类型的微信内容会对微信的传播效果产生影响。微信公众平台的用户数量只有运营后台才可以了解，这部分数据信息不好获得，因此本文主要从发文数量、发文频率、图文的阅读量、点赞数、留言数来对乐山大佛景区和峨眉山景区微信公众平台的传播效果进行比较。发文频率用来衡量微信公众平台的活跃度，发文数量、

---

① 基金项目：四川省社会科学重点研究基地——四川旅游发展研究中心立项课题（LYC16-07）。

图文的阅读量用来衡量平台内容的传播度，点赞数和留言数用来衡量用户和平台之间的黏稠度。在数据选择上，考虑到目前我国的带薪休假制度还不完善，假日经济的现象还很明显，本文选取了春节前一周、春节黄金周、春节后一周（2017.1.20—2017.2.12）这段时间的两个景区微信公众平台的数据。

三、研究内容

（一）平台活跃度比较

经过统计发现，从 2017 年 1 月 20 日到 2017 年 2 月 12 日，峨眉山景区微信公众平台共发布推送文章 70 篇，乐山大佛景区微信公众平台则发布 29 篇文章。如图 1 所示。峨眉山景区公众平台的信息更新每天都不间断，且每天发布图文的数量都在两篇以上；乐山大佛景区公众平台的信息更新则相对不连续，中间有几天没有发布图文消息，且每天发布图文的数量也较峨眉山景区少。总体来看，峨眉山景区微信公众平台的活跃度要高于乐山大佛景区。

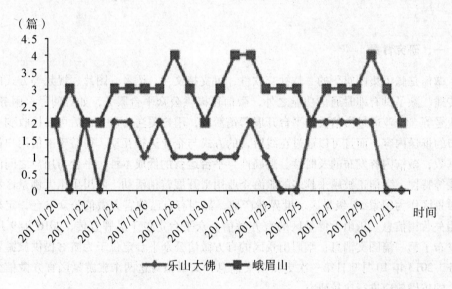

图 1　峨眉山景区和乐山大佛景区微信公众平台发文频次及数量比较

（二）内容丰富度比较

对峨眉山景区微信公众平台发布的 70 篇图文消息和乐山大佛景区微信公众平台发布的 29 篇图文消息进行分析，根据其发布的内容进行归类。如图 2 所示，峨眉山景区微信公众平台发布的文章大致可以分为四类：旅游攻略类、营销推广类、新闻报道类、心灵美文类。其中，营销推广类的文章最多，有 27 篇；心灵美文类的文章有 20 篇；新闻报道类的文章有 14 篇；旅游攻略类的文章有 9 篇。乐山大佛景区微信公众平台发布的文章主要是以新闻报道类和营销推广类为主，旅游攻略类的文章只有 1 篇，新闻报道类和营销推广类的文章则分别有 15 篇和 13 篇。总体来看，峨眉山景区微信公众平台发布的图文类型较丰富，且多为原创性文章，内容紧扣峨眉山景区；乐山大佛景区微信公众平台发布的文章内容则较为宽泛，不仅有大佛景区，还有乐山市中区的一些信息，新闻报道类的文章以转载的居多，且有较多的天气预报。

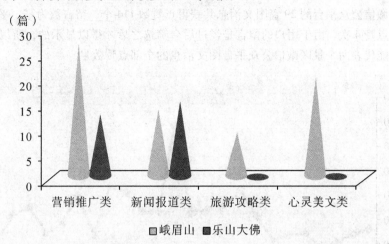

图2 峨眉山景区和乐山大佛景区微信公众平台图文类型比较

（三）图文阅读量比较

如图3所示，峨眉山景区微信公众平台发布的70篇图文消息，截至2017年3月20日，共被阅读127 880人次，平均每篇图文消息被阅读1 827人次；乐山大佛景区微信公众平台的29篇图文消息，共被阅读3 220人次，平均每篇图文消息被阅读111次。无论是从两个景区微信公众平台图文消息的总阅读量，还是比较每篇文章的平均阅读量，峨眉山景区微信公众平台的图文消息传播量都要高于乐山大佛景区微信公众平台。

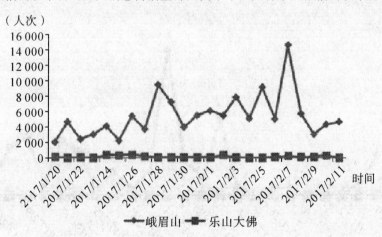

图3 峨眉山景区和乐山大佛景区微信公众平台图文阅读量比较

（四）用户黏稠度比较

微信公众平台提供留言功能，用户可以在平台上发布自己的消费经历，以及向企业咨询相关的问题，微信后台管理人员会实时对用户的留言进行回答。通过和用户的有效互动，从而增强企业与用户之间的黏稠度。用户的黏稠度主要从图文的点赞数和留言数进行衡量。如图4和图5所示，峨眉山景区微信公众平台的70篇图文消息，共获得点赞数 1 024 个，累计留言 268 条，平均每篇图文消息被点赞 15 次，被用户留言 4 条；乐山大佛景区微信公众平台的 29 篇图文消息共获得点赞数 114 个，留言数为零，平均每篇图文消息被点赞 4 次。由于用户的留言是经过后台筛选之后才得以显示的，所以统计的留言数并不能代表两个景区微信公众平台图文消息的全部点赞数量。

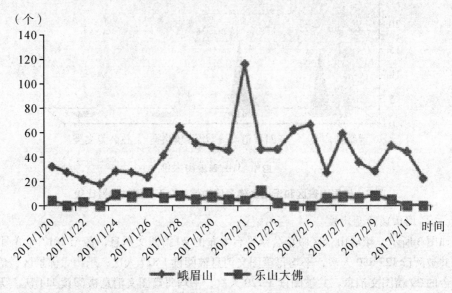

图 4　峨眉山景区和乐山大佛景区微信公众平台图文点赞数比较

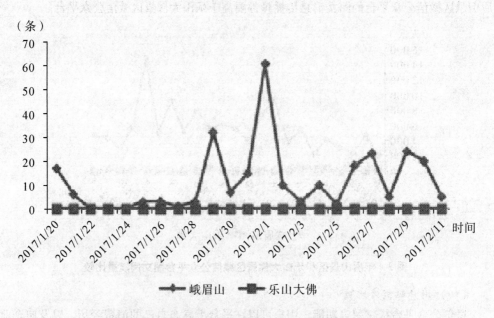

图 5　峨眉山景区和乐山大佛景区微信公众平台留言数比较

（五）图文类型对微信传播效应的影响

峨眉山景区和乐山大佛景区微信公众平台发布的图文消息，根据其内容可以分为几种不同的类型，分析不同类型图文消息的阅读量、点赞数、留言数，研究微信平台发布的图文类型是否会对传播效果产生影响。表1和表2分别是峨眉山景区和乐山大佛景区微信公众平台发布的不同类型图文消息的传播效果。

表1　　　　峨眉山景区微信公众平台不同类型图文消息的传播效果

图文类型	旅游攻略类	新闻报道类	营销推广类	心灵美文类
阅读数（人次）	22 931	21 090	72 584	11 275
点赞数（个）	207	158	484	175
留言数（条）	67	26	175	0
平均阅读数（人次）	283.1	107.6	99.6	28.2
平均点赞数（个）	23	11.3	17.9	8.8
平均留言数（条）	7.4	1.9	6.5	0

表2　　　　乐山大佛景区微信公众平台不同类型图文消息的传播效果

图文类型	旅游攻略类	新闻报道类	营销推广类
阅读数（人次）	106	1 461	1 653
点赞数（个）	3	45	66
留言数（条）	0	0	0
平均阅读数（人次）	106	97.4	127.2
平均点赞数（个）	3	3	5.1
平均留言数（条）	0	0	0

从表1可以看出，峨眉山景区微信公众平台发布的图文消息中，营销推广类的文章被阅读、被点赞、被留言的数量都要超过其他三种类型的文章，心灵美文类的阅读数和留言数最少，新闻报道类的文章被点赞的数量最少。由于不同类型图文发布的数量不同，为了消除图文数量对于传播效果的影响，本文采用平均阅读数、平均点赞数和平均留言数三个指标来衡量不同类型图文消息的传播效果，发现旅游攻略类图文消息的平均阅读数、平均点赞数和平均留言数都要高于其他三种类型的图文消息，心灵美文类图文消息的三项指标都要低于其他类型，新闻报道类的平均点赞数和平均留言数也较低。

乐山大佛景区微信公众平台发布的图文消息相比峨眉山景区要较单一，且没有留言数。从表2可以看出，乐山大佛景区微信公众平台发布的图文消息中，营销推广类无论是从总体阅读数、点赞数，还是平均阅读数、平均点赞数，都要高于其他两种类型的图文消息；新闻报道类的平均阅读数和平均点赞数较少，旅游攻略类的图文消息由于数量太少，只有一篇，不具有说服力，故不在此进行比较。

四、研究结论

本文基于峨眉山景区和乐山大佛景区微信公众平台发布的图文消息的数量、阅读量、点赞数、留言数、平均阅读量、平均点赞数、平均留言数等数据，对这两个景区微信公众平台的传播效应进行了比较研究。

　　研究发现，峨眉山景区微信公众平台同时间段发布图文消息的数量要多于乐山大佛景区，说明峨眉山景区微信公众平台的活跃度高于乐山大佛景区；从图文消息的内容来看，峨眉山景区微信公众平台的内容要更加丰富，图文类型也较多，乐山大佛景区内容则较单一；从阅读量、平均阅读量来看，峨眉山景区微信公众平台的传播效果要大于乐山大佛景区；从点赞数、留言数来看，峨眉山景区微信公众平台与用户的黏稠度要高于乐山大佛景区；从平均阅读量、平均点赞数、平均留言数来看，用户对营销推广类和旅游推广类图文消息的关注度最高。这些发现对国内旅游景区微信公众平台的信息传播具有一定借鉴意义。

参考文献

［1］张尔煦.微信推广的病毒性营销分析［J］.新闻传播，2012（6）：208-210.

［2］孙凯炜，陈章旺.微信营销视角下旅游景区的服务创新［J］.郑州航空工业管理学院学报，2014，32（5）：53-58.

［3］王艳.企业微信营销的模式与发展前景分析［J］.商业经济，2014（5）：80-82.

［4］冀芳，张夏恒.微信公众平台传播效果研究［J］.情报理论与实践，2015，38（12）：77-81.

［5］马红岩.基于内容营销的微信传播效果研究［J］.商业研究，2014（11）：122-129.

（本文发表在《互联网天地》2017年第3期上）

我国智慧旅游研究知识图谱分析
——基于文献计量视角[①]

冯晓兵

（乐山师范学院旅游学院，四川乐山 614000）

一、研究背景

以互联网、物联网、4G 移动通信等为代表的新技术的发展与应用，促进了旅游管理、旅游营销、旅游服务等领域的变革创新。国家旅游局 2001 年启动的"金旅工程"项目，使我国在旅游电子政务、旅游目的地营销、旅游企业信息化方面取得了可喜的成果，并诞生了一批有实力的旅游信息网络企业。智慧旅游是基于新一代信息技术，为满足游客个性化需求，提供高品质、高满意度服务，实现旅游资源及社会资源的共享与有效利用的系统化、集约化的管理变革，是在旅游信息化程度不断加深和智慧城市建设的背景下产生的。智慧旅游的发展是旅游产业转型升级和提高旅游服务质量的必然要求，国家层面对旅游产业的重视、国内旅游市场的强劲增长、发展智慧旅游技术条件的成熟等利好优势将加快我国智慧旅游发展的进程。在旅游学术界，智慧旅游也在逐渐被研究者所关注，成为新的旅游研究方向。

知识图谱可以将学科核心结构、发展历史、知识架构等通过可视化的方式表达出来。它作为一种科学的文献计量分析方法，被广泛应用于各个学科的文献分析研究工作中，在旅游研究中也产生了相关的成果，分布在国际生态旅游、旅游人类学、国内区域旅游、国内外低碳旅游、农业旅游、旅游移民、民族旅游、旅游公共服务、旅游目的地等领域。廖同辉和宋慧林分别对我国旅游学科和国际旅游的知识图谱进行了分析。本文使用 Cite Space 软件，从研究热点、发文作者、研究结构、高频被引文献四个方面，对我国智慧旅游研究的相关文献进行分析，构建我国智慧旅游研究的知识图谱，力求全面揭示我国智慧旅游研究现状和未来的研究趋势。

---

① 基金项目：四川省社会科学重点研究基地——四川旅游发展研究中心立项课题"基于在线点评的旅游服务质量感知研究"（LYC16-07）。

二、研究内容

（一）文献数量年度分布情况

以中国知网（CNKI）为文献搜索平台，以智慧旅游为关键词，检索时间截至 2016 年 9 月 30 日，共检索到相关论文 657 篇。其中，期刊论文 571 篇，会议论文 11 篇，硕士学位论文 75 篇。从时间来看，国内智慧旅游研究开始于 2011 年。2010 年 3 月，江苏省镇江市首先提出智慧旅游的概念；2011 年 5 月，国家旅游局正式发文同意在镇江设立国家智慧旅游服务中心；同年，黄超、李云鹏合作的《"十二五"期间"智慧城市"背景下的"智慧旅游"体系研究》一文揭开了我国智慧旅游研究的序幕。2011 年出现了 4 篇关于智慧旅游的文献，之后相关文献数量逐年上升，2012 年达到 26 篇，2013 年为 85 篇，2014 年为 149 篇，2015 年为 249 篇，2016 年为 144 篇（截至 2016 年 9 月 30 日）。

（二）研究热点领域分析

关键词是对论文主题的高度提炼，通过 Cite Space 中的关键词聚类功能，对 657 篇文献中出现的关键词进行词频统计和共现分析，可以有效明确智慧旅游研究领域的热点问题和发展方向。统计结果发现，在 2011—2016 年的智慧旅游文献中，出现频率最高的词是智慧旅游，达到 657 次；其次是智慧城市、大数据、旅游信息化和物联网。表 1 是出现频率排名前 20 的关键词。

对高频词关键词的共现频次进行可视化知识图谱描绘（见图 1）。图中，圆环的大小代表关键词出现频率的高低，圆环之间线条的粗细程度代表关键词之间共现的频次。某关键词的圆环越大，代表该领域受研究者的关注度越大。从图谱可以总结出，目前我国智慧旅游研究主要集中于建设与应用层面，包括智慧城市、智慧景区、旅游信息化等方面。智慧旅游主要应用于旅游管理、旅游营销和旅游服务三个方向，大数据、物联网、云计算、移动互联网是智慧旅游发展的技术支撑条件，智慧旅游人才队伍的培养与建设也是学者比较关注的一个领域。

表 1　　　　　　　　　我国智慧旅游研究高频关键词

序号	关键词	频次	序号	关键词	频次
1	智慧旅游	651	11	移动互联网	12
2	智慧城市	34	12	旅游管理	12
3	大数据	28	13	人才培养	12
4	旅游信息化	26	14	旅游产业	10
5	物联网	26	15	旅游体验	9
6	信息化	19	16	旅游企业	8
7	云计算	18	17	电子商务	8
8	智慧景区	18	18	营销策略	8
9	旅游业	15	19	发展策略	8
10	旅行社	14	20	旅游服务	7

图 1　我国智慧旅游研究关键词共现聚类图谱

为了揭示我国智慧旅游研究的发展趋势，通过 Cite Space 中的"Time-Zone"功能，以 1 年作为一个时区，对 2011—2016 年我国智慧旅游研究热点进行时区分析（见图 2）。从图中可以看出，2011 年，智慧旅游进入我国国内研究者的视野范围内，当时的研究集中于智慧旅游建设框架和发展技术层面的探讨，如云计算、物联网等，智慧旅游的发展得益于智慧城市的建设，是服务对象从城市居民向外来游客的延伸；2012 年，我国智慧旅游的研究热点是旅游产业信息化，包括旅游公共服务、智慧酒店、智慧景区等；2013 年，学者的研究重心转向于智慧旅游的发展现状和智慧旅游管理两大方面；2014 年，互联网和移动旅游服务（含公共服务）和移动互联网成为新的研究热点；2015 年，我国智慧旅游研究的热点区域是旅游体验和旅游营销，尤其是旅游目的地营销方向；2016 年，"互联网+"背景下的产业融合与旅游电子商务正被研究者所热衷。智慧旅游背景下旅游服务的研究，包括旅游公共服务、游客服务，起始于 2012 年，贯穿至今，并将长期成为智慧旅游研究的热点与重点领域；移动互联网的研究始于 2014 年，2014 年是美丽中国之旅——智慧旅游年，得益于移动终端、4G 通信技术、互联网的普及，移动互联网和旅游电子商务将会是研究者现阶段和未来一段时间内重点关注的方向；旅游信息化和智慧旅游功能的不断完善，将对未来的旅游管理、旅游营销、旅游服务带来新的变革。

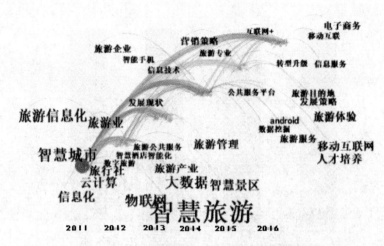

图 2 2011—2016 年我国智慧旅游研究热点聚类时区图谱

（三）发文作者分析

2011—2016 年，智慧旅游相关的文献共有 657 篇，累计出现作者人次 926 次。其中，发表文献数量在 5 篇以上的作者只有两位，分别是姚国章 8 篇（第一作者 5 篇）、韩玲华 5 篇（第一作者 3 篇）；发表 4 篇文献的有 4 人，其中凌守兴有 4 篇都是第一作者，张志刚有 2 篇为第一作者，郑耀星有 2 篇为第一作者，刘加凤只有 1 篇为独立作者，其余 3 篇是第二作者；发表 3 篇文献的有 12 人次。说明我国智慧旅游研究学者的分布比较零散，高产学者的数量很少（见表 2）。

表 2　　　　　　　　　　我国智慧旅游研究发文数量作者排序

序号	作者姓名	发文数量	序号	作者姓名	发文数量
1	姚国章	8	10	高振发	3
2	韩玲华	5	11	陈楠	3
3	凌守兴	4	12	唐永林	3
4	郑耀星	4	13	杜鹏	3
5	张志刚	4	14	陈兴	3
6	刘加凤	4	15	王亮	3
7	乐光学	3	16	江增光	3
8	王文姬	3	17	陈丽军	3
9	黎忠文	3	18	马荥	3

对我国智慧旅游研究的学者，根据其发表文献的数量，进行知识图谱可视化研究。从图 3 中可以看出，我国智慧旅游研究学者彼此之间的学术联系不紧密，而且该领域内的权威学者还没有诞生。从发文作者和文献数量可以看出，智慧旅游目前还不是国内旅游研究的主流方向。

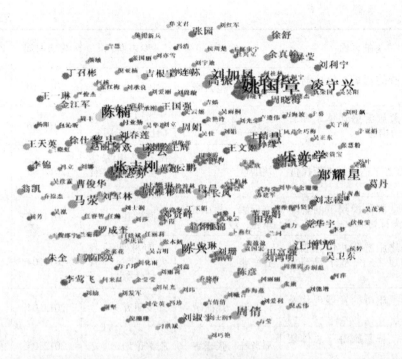

图 3　我国智慧旅游研究学者知识图谱

（四）高频被引文献分析

文献的被引频次是评价文献质量和学术影响力的重要指标。由于智慧旅游进入国内旅游学者视野的时间较短，发表在高级别刊物上的文献和具有高影响力的文献数量不多，被引频次在 100 次以上的文献只有 4 篇，而且都发表在 2012 年之前。张凌云等发表于旅游学刊的《智慧旅游的基本概念与理论体系》一文，被引频次最高，达到了 363 次，是目前智慧旅游研究领域最有影响力的文章；刘军林等发表的《智慧旅游的构成、价值与发展趋势》和朱珠等发表的《浅谈智慧旅游感知体系和管理平台的构建》分别被引 133 次和 119 次，排在高频被引文献的 2、3 位。对比高频被引文献作者与发文数量较多的作者可以发现，发文数量排在前 20 位的作者，只有姚国章《"智慧旅游"的建设框架探析》一文被引频次较高，说明目前我国智慧旅游研究的层次较低，成果的学术影响力有限。对前 50 名高频被引文献的研究主题和研究方法进行分析发现，研究内容主要分布于智慧旅游的概念体系、建设框架、发展对策方面，以定性分析研究为主（47 篇），其他 3 篇采取问卷调查的方法，对智慧旅游的评价指标体系、提升旅游体验的路径和智慧旅游发展的市场影响进行了分析。综合来看，我国智慧旅游研究在研究内容和研究方法上有待继续深入，智慧旅游研究的深度与广度有待继续拓展（见表 3）。

表 3　　　　　　　　　我国智慧旅游研究中的高频被引文献

文献名称	作者	发表期刊	发表时间	被引频次（次）
智慧旅游基本概念与理论体系	张凌云，黎嵘，刘敏	旅游学刊	2012.05	363

表3(续)

文献名称	作者	发表期刊	发表时间	被引频次（次）
智慧旅游的构成、价值与发展趋势	刘军林，范云峰	重庆社会科学	2011.10	133
浅谈智慧旅游感知体系和管理平台的构建	朱珠，张欣	江苏大学学报（社会科学版）	2011.06	119
"智慧旅游"的建设框架探析	姚国章	南京邮电大学学报（社会科学版）	2012.05	100
旅游信息服务视阈下的智慧旅游概念探讨	李云鹏，胡中州，黄超，段莉琼	旅游学刊	2014.05	62
关于构建旅游公共信息服务系统的思考——基于智慧旅游视角	乔海燕	中南林业科技大学学报（社会科学版）	2012.04	60
我国智慧旅游的发展现状及对策研究	付业勤，郑向敏	开发研究	2013.04	56
南京市"智慧旅游"总体架构研究	邓贤峰，张晓海	旅游论坛	2012.05	52
智慧旅游定位论析	任瀚	生态经济	2013.04	42
我国智慧旅游及其发展对策研究	丁风芹	中国城市经济	2011.12	42

（五）研究机构分布

根据发文作者的所属机构，可以统计出目前我国智慧旅游研究的阵地所在区域的分布情况。我国智慧旅游研究共来自538个单位，其中高等院校（以二级学院统计，如云南大学工商管理与旅游管理学院）出现341个，职业技术学院113个，其他企事业单位85个，说明高等院校是我国智慧旅游学术研究的主要阵地。

其中，发表文献数量排在前三位的高校是云南大学、洛阳师范学院和南京邮电大学，分表发表了12篇、11篇、10篇。像中山大学、北京第二外国语学院等在旅游教育行业内有影响力的院校，在智慧旅游领域的研究成果较少，这也再次验证了前文的观点——智慧旅游目前还不是我国旅游学术研究的主流方向，主流学者和主流院校对智慧旅游学术研究领域的关注较少。对研究机构所在的行政地域进行统计，可以总结出我国智慧旅游学术研究的区域分布情况。结果显示，江苏省的文献数量最多，达到102篇，也是文献数量超过100篇的唯一省份；其次是湖北省，有53篇；文献数量在41~50篇的有河南省（44篇）；文献数量在31~40篇的地区包括四川省（40篇）、河北省（34篇）、浙江省（33篇）；文献数量在21~30篇的地区有北京市（29篇）、辽宁省（26篇）、广东省（25篇）、福建省（24篇）、云南省（23篇）、安徽省（23篇）、贵州省（21篇）；文献数量在11~20篇的地区有江西省（20篇）、广西壮族自治区（20篇）、山东省（19篇）、吉林省（17篇）、陕西省（17篇）、上海市（15篇）、山西省（15

篇)、重庆市（11篇）、湖南省（11篇）；其他地区发表文献的数量在10篇以下，其中西藏自治区在智慧旅游研究领域仍是空白，目前还没有相关文献。

三、研究结论

以中国知网上检索到的657篇文献为数据基础，使用Cite Space文献分析软件，对2011—2016年我国智慧旅游研究的热点领域、发文作者和机构、高频被引文献进行了分析，主要得到以下结论：

第一，我国智慧旅游研究的热点区域主要集中于智慧旅游的建设与应用层面，智慧旅游主要应用于旅游管理、旅游营销和旅游服务三个方向，旅游服务是智慧旅游研究领域长期关注的重点，移动互联网和旅游电子商务将是未来一段时间内的研究热点。

第二，我国智慧旅游研究学者的分布比较零散，学者之间的学术联系不紧密，高产学者的数量很少，说明该领域内的权威学者还没有诞生。高等院校是我国智慧旅游研究的主要阵地，从学者所属机构的地域分布看，江苏和湖北的成果最为丰富，其次是河南、四川、河北和浙江，西藏目前还没有智慧旅游的研究成果。从文献数量、作者姓名、所属机构等方面可以看出智慧旅游目前还不是国内旅游研究的主流方向。

第三，我国智慧旅游研究有待在研究内容和研究方法上继续深入，发表在高级别刊物上的文献和具有高影响力的成果还很少。由于在检索论文的时候，选取关键词类别时可能会出现文献检索不完整的情况，如文章主题与智慧旅游相关，但关键词中没有包含"智慧旅游"字样；再加上软件本身所具有的局限性，可能会使最终的分析结果不够全面。因此，在之后的研究过程中笔者将更加注重文献检索的完整性、工具使用的科学性和分析内容的全面性。

参考文献

[1] 陈涛，徐晓林，吴余龙. 智慧旅游：物联网背景下的现代旅游业发展之道 [M]. 北京：电子工业出版社，2012.

[2] 张凌云，刘敏. 智慧旅游的基本概念与理论体系 [J]. 旅游学刊，2012，27 (5)：66-73.

[3] 黄思思. 国内智慧旅游研究综述 [J]. 地理与地理信息科学，2014，3 (2)：97-101.

[4] 于伟，张鹏，张彦. 国际生态旅游研究的知识图谱分析：基于SSCI数据库2005年以来文献的科学计量研究 [J]. 旅游科学，2012，26 (3)：10-17.

[5] 杨丽娟，张璇. 知识图谱视野下的中国旅游人类学研究现状的可视化分析：基于Cite Space软件和CNKI数据库 [J]. 旅游研究，2016，8 (3)：20-27.

[6] 赵慧莎，李向稻，王金莲. 1998—2014年国内区域旅游研究发展知识图谱：基于Cite Space的科学计量分析 [J]. 干旱区资源与环境，2016，30 (4)：203-208.

[7] 潘植强，梁保尔. 国内低碳旅游研究领域知识图谱：基于文献共词分析的计量研究 [J]. 旅游论坛，2015，8 (5)：11-18.

[8] 潘植强，梁保尔. 国外低碳旅游研究领域知识图谱：基于文献共词分析的计量研究 [J]. 地域研究与开发，2016，35 (2)：84-90.

［9］张瑜，章锦河，孙晋坤，等.境外农业旅游研究的知识图谱分析［J］.重庆师范大学学报（自然科学版），2016，33（3）：162-169.

［10］张业臣，卢松，杨仲元，等.基于 Web of Science 的旅游移民研究知识图谱分析［J］.安徽师范大学学报（自然科学版），2016，39（2）：181-188.

［11］杨丽娟，揭筱纹，朱永中.民族旅游研究的知识图谱分析：以国外期刊为例［J］.思想战线，2015，41（4）：29-34.

［12］陈洁，吴琳.国内旅游公共服务研究的文献计量和知识图谱分析：基于 CNKI 数据的分析［J］.旅游论坛，2015，8（6）：66-72.

［13］陈国柱.旅游目的地研究的科学知识图谱分析［J］.资源开发与市场，2015，31（12）：1545-1548.

［14］廉同辉，余菜花，宗乾进，等.基于 CSSCI 的 2000—2010 年旅游学科研究知识图谱分析［J］.旅游学刊，2013，28（3）：114 -119.

［15］宋慧林.国际旅游研究前沿的知识图谱分析：基于对 TM 和 ATR 所载文献的考察［J］.旅游科学，2009，23（6）：9-13.

［16］黄超，李云鹏.“十二五”期间“智慧城市”背景下的“智慧旅游”体系研究［C］//2011《旅游学刊》中国旅游研究年会会议论文集.北京：北京联合大学，2011：55-68.

［17］刘军林，范云峰.智慧旅游的构成、价值与发展趋势［J］.重庆社会科学，2011（10）：121-124.

［18］朱珠，张欣.浅谈智慧旅游感知体系和管理平台的构建［J］.江苏大学学报（社会科学版），2011，13（6）：97-100.

［19］姚国章.“智慧旅游”的建设框架探析［J］.南京邮电大学学报（社会科学版），2012，12（2）：13-16.

（本文发表在《旅游研究》2017 年第 1 期上）

智慧旅游公共服务评价指标研究[①]
——以四川省为例

黎忠文[1]，唐建兵[2]，刘龙蛟[3]

（1. 成都大学信息科学与技术学院，四川成都 610106；

2. 成都大学旅游学院，四川成都 610106；

3. 西华大学数学与计算机学院，四川成都 610054）

一、引言

2009 年我国通过了《关于加快发展旅游业的意见》，旅游行业的信息化得到了社会各方面的高度重视。2010 年江苏省镇江市在全国率先提出了"智慧旅游"概念，至此不仅学术界围绕该概念开展了广泛的理论研究，各级政府也纷纷出台政策并与大型企业一起进行"智慧旅游"示范区的规划和建设，取得了许多阶段性的成果。但这些研究大多为集中在智慧旅游概念辨析、供给分析和技术框架等方面的定性研究，以提出相应的对策，而对智慧旅游公共服务及其评价指标方面的研究则鲜见。

笔者以"智慧旅游"和"公共服务评价"为主题搜索了国内外学术期刊，截至 2013 年 4 月 15 日，探讨智慧旅游公共服务的论文仅有两篇：一是刘加凤关于常州智慧旅游公共服务平台采用的技术及运行、维护等方面的介绍和探讨，二是周鸠关于金棕榈企业打造智慧旅游公共服务平台的专访。笔者又以"旅游公共服务评价"为主题搜索，但也仅搜索出为数不多的文章。其中，乔海燕、叶全良和荣浩用层次分析法对旅游公共服务评价指标体系进行了研究；李敏通过问卷用等级评价法对江西省总体公共服务水平进行了评价，提出了对江西省旅游公共服务体系的建设性意见；王永桂应用模糊综合评价方法建立了旅游公共服务水平模糊综合评价模型；谷艳艳运用层次法，从目标层、准则层和指标层的角度选取城市旅游公共服务体系质量的评价指标，构建城市旅游公共服务体系；王霞、肖婷婷、黄燕玲等运用因子分析法对旅游公共服务的游客满意度进行了定性分析。

在这些定性和定量分析中，对旅游公共服务评价指标的选择差异较大，说明对旅游公共服务评价方面的研究目前仍处于初级阶段，旅游公共服务体系的评价在我国理论研究和

① 基金项目：四川省哲学社会科学重点研究基地——四川旅游发展研究中心科研课题"智慧旅游视角下四川省旅游公共服务体系的构建及评价指标的研究"阶段性成果（编号：LYC13-32）。

实际应用中尚处于初期，其基础理论亟待进一步研究。而在智慧旅游公共服务评价研究方面却没有找到直接相关的论文，可见在"智慧旅游"概念席卷全国、各地政府部门大力建立智慧旅游示范区的今天，研究智慧旅游公共服务评价的问题显得尤其急迫和重要。

二、智慧旅游公共服务供给分析

旅游公共服务体系是侧重研究如何对旅游公共服务资源进行有效整合，以促进旅游公共服务体系各子系统协调运转，以及旅游公共服务的主体如何提供旅游服务的问题。到目前为止，学术界对"智慧旅游公共服务及体系"还没有统一的定义。

（一）智慧旅游公共服务供给需求分析

对游客而言，旅游服务需求可分为游前、游中和游后；智慧旅游服务体系对应的也有游前、游中和游后公共服务，服务的供给者有媒体、旅游企业、旅游部门等。同理，我们也可分别以旅游部门、旅游企业、本地居民和媒体为需求方进行旅游公共服务供给需求分析。如旅游部门需要公共服务体系为他们提供游客信息、安全设施监控收集与分析、旅游企业服务质量收集与分析、规划建议等；旅游企业需要公共服务体系为他们提供游客对旅游产品的喜好、新产品的预见、与政府和游客的有效沟通渠道等；本地居民需要公共服务体系为他们提供环保信息、旅游产品的选购情况等。图1为智慧旅游公共服务的供需关系。

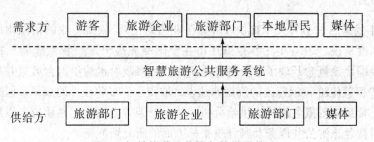

图1 智慧旅游公共服务的供需关系

（二）智慧旅游公共服务供给模式的选择原理

旅游本身的公益性和产业性双重属性必然带来众多利益主体，出现多元供给模式并存：主体的多元化是建立和确保智慧旅游公共服务系统可持续发展的必由之路，旅游本身具有公益性和产业性双重属性这一点正在逐步得到认可，积极探索政府引导性投资带动旅游公共服务体系建设的投入机制，鼓励和引导社会资本、社会力量参与到旅游公共服务体系的建设中来。旅游公共服务可采用的供给模式有多种，如免费和付费相结合、补助、合同外包、政府间协议和特许经营等，分为政府单独提供、市场手段和政府与其他社会组织甚至个人合作共建等类型。在这些供给模式中，政府和其合作者形成了竞争与合作相辅相成的关系。旅游的公益性和产业性很难截然分开，在我们这样一个发展中国家，现阶段不宜过多强调不以营利为目的，但要做好对利润比例的控制。事实上，欧美等地的旅游发达国家尽管基础设施好，但也采取了多种灵活的方式提供旅游公共服务。

多元供给模式的选择要以安全工程做保障：哪些旅游公共服务适合哪种类型的供给模式呢？智慧旅游公共服务系统本身就是一个安全的关键系统。笔者认为，在形成政府主导、各种社会主体共同参与的旅游公共服务供给格局中，从安全工程的角度对这些公共服务系统进行安全等级评估，安全的关键部分由政府直接管理，其他部分可采用多种供给模式相结合的模式。从旅游公共服务的内容入手，以安全和非安全来界定，这样智慧旅游公共服务体系中的各项公共服务子系统可划分为安全关键系统和非安全关键系统，前者由政府主导，后者由市场导向。

三、四川智慧旅游公共服务体系的架构

四川省对如何进行智慧旅游信息化基础能力建设，如何构建多层次、开放式服务的旅游信息化应用平台体系和新技术在旅游信息服务中的应用进行了大量的探索。早在2004年四川省就开展了旅游电子政务网、电子商务网和旅游公共数据库的建设，是全国省级旅游信息化的领先者，为近年来四川省进行智慧旅游系统的建设奠定了坚实基础，也积累了较为丰富的经验。四川省智慧旅游公共服务体系的架构必需基于这些基础。

（一）四川智慧旅游建设的特点

整合全省旅游信息化建设资源，全省一盘棋，统筹安排，减少重复建设和信息孤岛。2012年10月16日《四川省2012—2015年旅游信息化发展纲要》通过评审并发布实施，将建立一个中心、三个集群和五个平台，即"135"工程。一个中心指的是建立全省共享的旅游信息数据中心，对外提供统一的数据采集、处理和访问标准，解决智慧旅游中数据交换和共享难题。在此基础上构架数据分析智能系统，充分挖掘数据综合服务能效。三个集群是指旅游电子政务网站集群、旅游营销与咨询服务网站集群和旅游电子商务网站集群。五个平台是指旅游运行调度及安全应急管理联动指挥平台、旅游行业管理平台、旅游标准化管理平台、旅游营销与咨询服务平台和旅游电子商务平台。通过稳步推进"135"工程建设，将全面提升我省旅游职能部门的管理服务能力、旅游企业的营销推广能力、为游客提供"智慧旅游"的服务能力，为我省旅游信息化的长效发展提供支撑。

新技术运用于旅行社的信息化建设。四川省充分利用省内高新技术实力，着力从三个方面打造现代旅行社。一是采用电子运行计划表。旅行社凭其数字证书在智慧旅游公共服务平台上生成电子运行计划书，用来取代现有的纸质运行计划书。这是在规范旅行社行为、监督旅行社职业操守、提高服务质量和快速处理投诉方面进行了创新性实践。二是旅行社和游客之间采用电子合同。通过加解密技术，方便地进行合同实证性验证、防修改、防抵赖、防多方合谋等特点，在提高工作效率的同时，又有效保障了旅行社和游客的合法权益。三是旅行团动态数据采集采用移动终端。该终端实时采集旅行团的运动轨迹，并与计划表进行比对，把不吻合的数据自动回转到服务平台，作为处理投诉、检查和监察的依据。

根据以上分析，四川旅游特色化建设项目主要为：①信息化"农家乐"。"农家乐"是四川旅游的重要特色，是四川乡村旅游产品的主要代表。"农家乐"信息化一直是四川旅游信息化的重要抓手，目前已初见成效。成都、自贡和绵阳等地已开办了"农家乐"网站，如成都市旅游局和旅游产业促进中心合建的"最美乡村"网站、自贡旅游门户网站UU163旅行在线等。各"农家乐"的咨询、消费情况、交通路线和地理特色等在网站上一览无余。"农家乐"与风景和美食联系在一起，通过旅行在线网站，就可对知名的"农家乐"进行联系。②在全国旅游行业中率先使用"北斗"卫星导航信息系统。四川省是一个多山区和多自然灾害的省份，旅游者在尽情领略大好河山、享受美好

风景的同时，也蕴藏着不少风险，如山洪暴发、泥石流等。此时一般的移动通信方式往往不可用，如何才能及时送出求救信号并快速组织救援呢？只有卫星信号是最可靠的。我国自行研制的北斗卫星通信终端系统几乎可以不受任何地形限制快速地计算出旅游者所处的经度、纬度、高程等三维的精确定位信息，而且支持终端收发短消息功能，这为就近快速施救提供了很好的通信保障，将大大减少因意外事件带来的伤亡。2013 年 5 月 3 日，四川省旅游局与四川省测绘地理信息局共同签订了关于推动四川"才智旅游"建造的《战略协作协议》。该协议的主要内容是根据"天地图·四川"的旅游信息体系进行开发与协作，通过使用"北斗"卫星导航信息系统，提高四川省旅游信息化水平，为四川省智慧旅游系统提供为旅游应急抢险救援、游客安全和景区流量监控、游客自助旅游、旅游线路定制等导航与方位功能，适合四川省多山的特点，也使四川省智慧旅游公共服务能力发生了质变。

重视著名景区示范工程：近年来四川省开展了智慧旅游示范景区的建设，目前省内所有 5A 级景区和 G5 国道所经的广元、绵阳、德阳、成都、眉山、雅安、凉山等地的 10 多个最具代表性的景区加入了该智慧系统，对电子商务系统、门标票条系统、智能化监控系统和多媒体展示系统的建设和营运进行了有益的实践。在四川省智慧旅游系统 G5 国道示范项目中实现了可折叠的"壹旅图"。游客只需打开该图，通过扫描其上的二维码，就能得到旅游信息服务，既轻松又便捷。此外，只要在微信中关注"四川旅游"，就能享受其"随身导""画说四川""旅游资讯"三大功能模块的服务，得到更完整的资讯。

（二）四川智慧旅游公共服务体系的架构

结合四川智慧旅游公共示范建设的实践，笔者设计了四川智慧旅游公共服务体系（见图 2）。

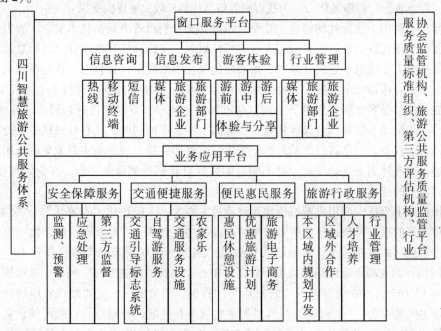

图 2　四川智慧旅游公共服务体系

（三）建设智慧旅游公共服务体系过程中应注意的问题

①以"大旅游公共服务"为指导思想，建立智慧旅游公共服务体系。四川是旅游大省，著名景点较多，但分布广且山区多，随着无线技术的发展，特别是长距离 L Dmesh 网络的出现，偏远、人口分布稀疏的地区都能方便廉价地接入无线宽带，为四川建立统一的旅游公共服务平台提供了技术支撑。因此，全省要统一规划，政策共享，不同地区分功能建设，协同完成公共服务平台的建设，既避免了重复建设，又便于升级换代。②坚持政府主导的机制。智慧旅游是智慧中国的一部分，智慧旅游公共服务平台建设涉及交通、国民经济等重要的基础设施，要从国家安全着想，必须是政府主导。当然，这个平台的建设也是一个复杂的系统工程，仅靠政府很难完成，需要多方参与。③树立服务的观念。建立旅游公共服务体系的主要目的就是为旅客服务，为旅客创造一个安全、舒适和便捷的旅游环境，达到慢旅游的目的。因此，在建设的过程中，不仅要把安全保障和便民设施等放在突出位置，更要在思想上让服务的供给者打下"服务"的烙印。④加强标准的制定和推广。标准是客观评价服务水平的依据，也是智慧旅游公共服务平台长青的保证。

四、智慧旅游公共服务评价指标体系的设计

（一）层次分析法

本文采用层次分析方法（AHP），从目标层、准则层和指标层依次构成多层次分析结构模型。目标层的评价权重为 1.0，用 1~9 标度法作为判别尺度构造比较矩阵来确定模型各层次评价的权重（见表 1）。

表 1   层次分析方法判断尺度及含义

判断尺度	含义
1	事件 A 和事件 B 相比，同等重要
3	事件 A 和事件 B 相比，A 与 B 比稍微重要
5	事件 A 和事件 B 相比，A 与 B 比明显重要
7	事件 A 和事件 B 相比，A 与 B 比强烈重要
9	事件 A 和事件 B 相比，A 与 B 比极端重要
2，4，6，8	事件 A 和事件 B 相比，A 与 B 比的重要性为上述相邻判断的中值
1/3	事件 A 和事件 B 相比，A 与 B 比稍微不重要
1/5	事件 A 和事件 B 相比，A 与 B 比明显不重要
1/7	事件 A 和事件 B 相比，A 与 B 比强烈不重要
1/9	事件 A 和事件 B 相比，A 与 B 比极端不重要

（二）层次结构模型的建立

根据图 2，我们建立了表 2 所示的指标体系，分为目标层、准则层、指标层和因子评价层等 4 层，其中表现形式是对因子评价层的进一步说明。

表 2　　　　　　　　　四川智慧旅游公共服务评价指标体系

目标层	准则层	指标层	因子评价层	表现形式
四川智慧旅游公共服务体系（A）	窗口服务平台（B₁）	信息咨询（C₁）	热线 C₁₁	1. 提供优质旅游热线服务资源
				2. 提供完整的旅游热线服务
			移动终端 C₁₂	3. 移动信号覆盖全面、线路顺畅
				4. 旅游信息查询方便快捷
			短信 C₁₃	5. 短信咨询方便安全快捷
			门户网站 C₁₄	6. 门户网站提供多语种和及时准确的信息服务
				7. 门户网站旅游信息齐全，服务内容多
		信息发布（C₂）	媒体 C₂₁	8. 媒体形式多样，与旅游管理部门、旅游企业合作关系紧密
			旅游企业 C₂₂	9. 建有景区各类资源详细的地理位置图层
				10. 多种形式发布旅游信息
				11. 发布的信息内容丰富、实用
			旅游部门 C₂₃	12. 发布旅游公共信息的形式多样，负责所辖区域旅游信息的真实完整
		游客体验（C₃）	游前 C₃₁	13. 建有 CRM（客户关系管理）系统
				14. 建有数字虚拟景区、虚拟饭店
			游中 C₃₂	15. 景区建有多媒体展示体验中心
				16. 建有现代自助导游系统
				17. 建有智能停车场管理系统
				18. 提供游客咨询投诉联动服务
			游后 C₃₃	19. 建立基于网络平台的服务质量跟踪体系
		行业管理（C₄）	媒体 C₄₁	20. 承担旅游信息发布、咨询的社会责任
			旅游企业 C₄₂	21. 配合旅游行政主管部门在线监管，完成上下游信息的对接
			旅游部门 C₄₃	22. 综合集成旅游信息，实现旅游公共服务信息的采集、处理、发布、利用的规范化和自动化
	业务应用平台（B₂）	安全保障服务（C₅）	监测预警 C₅₁	23. 视频监控
				24. 景观资源监控
				25. 建立旅游市场舆情监测与预警
			应急处理 C₅₂	26. 应急广播
				27. 应急报警点
				28. 应急处置响应
			第三方监督 C₅₃	29. 利用各种媒体发布有关旅游安全保障信息
		交通便捷服务（C₆）	交通引导标志系统 C₆₁	30. 景区道路合理设置电子道路指示系统
				31. 建设智能停车场管理系统
			自驾游服务 C₆₂	32. 省内主要自驾游路线定期发布各种实用信息
			交通服务设施 C₆₃	33. 旅游交通设施实施智能化管理
			农家乐 C₆₄	34. 高星级农家乐按智慧旅游饭店标准建设智慧农家乐
		便民惠民服务（C₇）	惠民休憩设施 C₇₁	35. 实现休憩设施社会效益最大化
			优惠旅游计划 C₇₂	36. 发布优惠旅游信息
			旅游电子商务 C₇₃	37. 建立电子商务平台
				38. 采用电子门票形式
		旅游行政服务（C₈）	本区域内规划开发 C₈₁	39. 打造区域整体智慧旅游管理体系
			区域外合作 C₈₂	40. 打造区域合作智慧旅游管理体系
			人才培养 C₈₃	41. 培训智慧旅游技术人才和管理人才
			行业管理 C₈₄	42. 形成信息共享和协作联动体系，建立旅游预测预警机制，维护旅游市场秩序

（三）构造判断矩阵及一致性检验

由于各地旅游公共服务发展水平存在差异，本研究在评价指标数据的选择上，考虑的是大多数情况。我们用 Matlab 软件计算出各个判断矩阵的 W、CI、CR、Lamda。CI = （Lamda-n）／（n-1），表示一致性指标。CR= CI／RI，表示判断矩阵的随机一致性比例；当 CR<0.1 时，判断矩阵的一致性可接受；当 CR>0.1 时，该判断矩阵需重新修正。RI 为平均随机一致性指标，由表 3 所得。Lamda 为矩阵的最大特征值，W 为判断矩阵的权重向量，计算出的准则层判断矩阵见表 4。显然，CR 小于 0.1，由此说明该判断矩阵的一致性符合标准要求。其他各层的判断矩阵用相同的方法可计算出来，限于篇幅，不再赘述。

表 3   平均随机一致性指标 RI 的值

矩阵阶数 n	1	2	3	4	5	6	7
RI	0	0	0.52	0.89	1.11	1.25	1.35

表 4   准则层的判断矩阵

A	B_1	B_2	权重向量 W
B_1	1	1/3	0.250 0
B_2	3	1	0.750 0

（四）层次总排序

在层次总排序中，因子评价层各指标的最终权重＝其对应的准则层权重×对应的指标层权重×对应的因子评价层的权重，可得到各层次权重的具体分布状况（见表 5）。

（五）综合分析

由表 5 的准则层、指标层和因子评价层的计算结果可得出旅游公共服务体系评价指标排序。在指标体系的准则层中，业务应用平台所占的权重（0.750 0）较大。在指标层中，游客体验（0.548 8）和安全保障服务（0.562 1）所占的权重较大，信息咨询（0.076 3）、旅游行政服务（0.059 6）和便民惠民服务（0.097 1）所占比重较小。在因子评价层中，门户网站（0.454 9）、媒体（0.625 0）、游中（0.587 6）、应急处理（0.637 0）、农家乐（0.537 6）、惠民休憩设施（0.648 3）、本区域内规划开发（0.526 7），所占比重较大。根据综合权重及其排序，可得出应急处理（0.268 5）、农家乐（0.113 4）、第三方监督（0.108 9）、游中（0.080 6），所占比重较大，排序较靠前。而短信（0.001 2）、行业管理（0.002 8）、移动终端（0.003 1）、人才培养（0.004 9）、热线（0.006 2）较靠后，所占比重较小。

表 5　　　　　　　　四川智慧旅游公共服务评价指标权重和综合权重

目标层	准则层	权重	指标层	因子评价层	本层权重	综合权重	排序
四川智慧旅游公共服务体系（A）	窗口服务平台（B_1）	0.250 0	信息咨询（C_1）	热线 C_{11}	0.322 6	0.006 2	23
				移动终端 C_{12}	0.160 5	0.003 1	25
				短信 C_{13}	0.061 9	0.001 2	27
				门户网站 C_{14}	0.454 9	0.008 7	20
			信息发布（C_2）	媒体 C_{21}	0.625 0	0.030 2	10
				旅游企业 C_{22}	0.238 5	0.011 5	17
				旅游部门 C_{23}	0.136 5	0.006 6	21
			游客体验（C_3）	游前 C_{31}	0.323 4	0.044 4	7
				游中 C_{32}	0.587 6	0.080 6	4
				游后 C_{33}	0.089 0	0.012 2	16
			行业管理（C_4）	媒体 C_{41}	0.625 0	0.028 4	11
				旅游企业 C_{42}	0.238 5	0.010 8	18
				旅游部门 C_{43}	0.136 5	0.006 2	22
	业务应用平台（B_2）	0.750 0	安全保障服务（C_5）	监测预警 C_{51}	0.104 7	0.044	18
				应急处理 C_{52}	0.637 0	0.268 5	1
				第三方监督 C_{53}	0.258 3	0.108 9	3
			交通便捷服务（C_6）	交通引导标志系统 C_{61}	0.243 0	0.051	25
				自驾游服务 C_{62}	0.149 4	0.031 5	9
				交通服务设施 C_{63}	0.069 9	0.014 7	14
				农家乐 C_{64}	0.537 6	0.113 4	2
			便民惠民服务（C_7）	惠民休憩设施 C_{71}	0.648 3	0.047 2	6
				优惠旅游计划 C_{72}	0.229 7	0.016 7	13
				旅游电子商务 C_{73}	0.122 0	0.008 9	19
			旅游行政服务（C_8）	本区域内规划开发 C_{81}	0.526 7	0.023 5	12
				区域外合作 C_{82}	0.300 5	0.013 4	15
				人才培养 C_{83}	0.109 8	0.004 9	24
				行业管理 C_{84}	0.063 0	0.002 8	26

　　旅游公共服务建设虽然较好地满足了旅游者对实体性旅游公共基础设施的要求，但在旅游公共信息建设方面滞后，这正好反映出了我国公共服务建设的阶段性。即先侧重于实体性公共基础设施建设，再着力进行公共信息建设，因此加强旅游公共信息建设就成为目前亟待解决的问题。当前我国旅游公共安全服务明显落后，因此应加强旅游者在旅游过程中的安全保障，保证旅游者在消费过程中的合法权益不受侵害，同时旅游消费环境监测也有待完善。门户网站、媒体、旅游企业、旅游部门、旅游企业、旅游电子商务、人才培养、行业管理，主要体现了我国旅游正在向休闲度假型旅游逐步转变，环境保护、可持续发展的重要性已深入民心，发展旅游与环境保护、旅游开发与规划必须得到应有的重视。目前我国旅游法规与政策、旅游公益服务和旅游营销推广还需进一步改善。随着我国服务型政府的建设、政府职能的转变，加强与旅游者的沟通交流，可大大提高旅游公共服务对旅游者的益处。

五、结论

　　智慧旅游公共服务已广泛受到社会关注，但理论研究刚刚起步，研究基础较薄弱。在各大旅游强省纷纷实践智慧旅游建设时，尤其需要开展智慧旅游公共服务体系评价的研究。因此，建立一套科学合理的智慧旅游公共服务体系的评价指标是一个极具挑战的课题，涉及的因素多，包括技术、经济和管理等诸多类别。

本文在深入分析智慧旅游公共服务内涵的基础上，运用安全关键系统构建理论，以四川省为例，提出了一个智慧旅游公共服务体系，并采用层次分析法，选取 42 个指标，建立了相应的评价指标体系。结果表明，旅游公共安全类和游客体验类在智慧旅游公共服务中占据着重要的地位，而旅游消费环境监测还有待完善。

参考文献

[1] 刘加凤. 常州智慧旅游公共服务平台建设研究 [J]. 中南林业科技大学学报（社会科学版），2012（5）：1-3.

[2] 周鸠. 金棕榈打造智慧旅游公共服务平台：专访金棕榈企业机构董事长潘皓波 [J]. 上海经济，2013（8）：56-57.

[3] 乔海燕. 基于 AHP 法的旅游公共服务评价指标体系研究 [J]. 中南林业科技大学学报（社会科学版），2012，6（6）：19-22.

[4] 叶全良，荣浩. 基于层次分析法的旅游公共服务评价研究 [J]. 中南财经政法大学学报，2011（3）：47-54.

[5] 李敏. 江西省旅游公共服务体系现状研究 [J]. 城市旅游规划，2013（4）：129-130.

[6] 王永桂. 旅游公共服务水平评价研究 [J]. 内蒙古农业大学学报（社会科学版），2011（13）：87-89.

[7] 谷艳艳. 城市旅游公共服务体系构建与质量评价：以上海市为例 [D]. 上海：上海师范大学，2011.

[8] 王霞. 基于游客满意度的开封旅游公共服务评价研究 [J]. 开封教育学院学报，2013，33（2）：57-60.

[9] 肖婷婷，黄燕玲，程瑾鹤. 基于因子分析的旅游公共服务游客满意度研究：以桂林国家旅游综合改革试验区为例 [J]. 北京第二外国语学院学报，2011（1）：76-82.

[10] 马峰. 安徽旅游公共服务体系建设研究 [D]. 合肥：安徽大学，2012.

[11] 关于进一步做好旅游公共服务工作的意见 [A/OL].（2012-06-11）[2014-03-21]. http：/ /www. cnta. gov. cn / html /2012-6 /2012-6-11-17-51-85031. html.

[12] 李爽，甘巧林，刘望保. 旅游公共服务体系：一个理论框架的构建 [J]. 北京第二外国语学院学报，2010（5）：8-30.

[13] 李爽，黄福才，李建中. 旅游公共服务内涵、特片与分类框架 [J]. 旅游学刊，2010（4）：20-26.

[14] 叶菁. 福州市旅游公共服务体系有效供给研究 [J]. 价值工程，2013（24）：155-156.

[15] 窦群. 我国旅游公共服务体系：从理论到实践的探索 [J]. 旅游学刊，2012，27（3）：5-6.

[16] 黄超，李云鹏. 智慧旅游公共服务体系建设研究 [J]. 时代经贸，2013（4）：201-203.

（本文发表在《资源开发与市场》2014 年第 11 期上）

智慧旅游公共服务体系
内涵及构建思考[①]

黎忠文[1,2]，张学梅[3]，唐建兵[3]，赵丽琴[1]

（1. 成都大学信息科学与技术学院，四川成都 610106；

2. 成都大学模式识别与智能信息处理四川省高校重点实验室，四川成都 610106；

3. 成都大学旅游文化产业学院，四川成都 610106）

一、引言

移动便携式终端和无线上网技术的快速发展和普及使计算技术从最初的科学计算和信息处理跃升为以物联网、云计算、移动互联和大数据处理为特点的新型计算。嵌入式计算系统、并行计算系统、移动计算系统和基于服务的计算系统大量应用于人们的日常生活，以前所未有的能量改变着人类的生活方式，促成了"智慧旅游"概念的提出和示范区的打造。2009 年 11 月 25 日国务院常务会议讨论通过了《关于加快发展旅游业的意见》，旅游行业的信息化得到了前所未有的高度重视。2010 年江苏省镇江市在全国率先提出了"智慧旅游"的概念，从此不仅学术界围绕这个概念开展了广泛的理论研究，各级政府也纷纷出台政策并和大型企业一起进行"智慧旅游"示范区的规划和建设，取得了许多阶段性的成果。

"智慧旅游"是计算技术在我国发展到一定程度的新产物，国外也没有对应的词汇。目前，国内无论是信息技术界，还是旅游学界和业界，对其都还没有较为一致的定义。学术界针对智慧旅游的大多数研究主要集中在对"智慧旅游"概念和内涵的剖析方面，对智慧旅游的公共服务系统、供给关系和公共服务体系等更深层次的理论探讨较少。

智慧旅游是一个全新的词汇，据《智慧旅游》书中的定义：智慧旅游，是指利用云计算、物联网等新技术，通过互联网（或移动互联网），借助便携的终端设备，主动感知旅游资源、旅游经济、旅游活动、旅游者等方面的信息并及时发布，让人们能够及时了解这些信息，及时安排和调整工作与旅游计划，从而达到对各类旅游信息的智能感

---

① 基金项目：四川省哲学社会科学重点研究基地——四川旅游发展研究中心科研课题"智慧旅游视角下四川省旅游公共服务体系的构建及评价指标的研究"（编号：LYC13-32）阶段性成果；成都大学校级基金"四川省智慧旅游公共服务体系的界定与内涵研究"。

知、方便利用的效果。国外没有与"智慧旅游"对应的词汇，中国学者普遍把"智慧旅游"译成"Smart Toruism"。笔者通过"Smart Toruism"检索国外文献，找到一篇国外学者对"Smart Toruism"的理解，他认为 Smart Toruism（智慧旅游）是通过 IT 设备为游客方便地提供旅游信息，和与旅游相关的服务如旅游、食品、交通、预订和旅游指南的一种方法。我国学术界对智慧旅游的定义与《智慧旅游》书中的定义基本相似：有的学者认为智慧旅游是一场管理的变革，有的则认为其是全新的旅游发展理念与新模式。由此表明智慧旅游研究尚处于初始阶段，目前多数研究还停留在表面上。尽管"旅游公共服务（体系）"一词，近几年在国内各部门旅游工作报告中频繁出现，但现有的研究工作主要集中在从功能组件的角度探索旅游公共服务（体系）的构成，对于旅游公共服务（体系）的内涵、内容构成、如何运作等尚缺乏系统研究，对智慧旅游的公共服务（体系）的研究就更加鲜见了。

张凌云、刘敏提出了智慧旅游的能力、属性和应用三个层面构成的 CAA 框架体系，指明了智慧旅游的属性分为公益和营利两种，阐述了基于多利益主体的智慧旅游价值供给。黄超、李云鹏从旅游者的需求出发，认为智慧旅游公共服务体系应是公共信息服务、公共交通服务、公共安全服务和公共环境服务"四位一体"，但是没有给出服务体系的具体构成。由于没有理论的支持，各地方人民政府正在规划或者建设的智慧旅游示范工程也极具地方特点，是根据本地的技术和经济实力、旅游资源和现有的基础设施而设计的，良莠不齐，提供的功能相差较大，缺少系统性、科学性和可重用性。

智慧旅游的出发点就是服务大众，达到游客对各类旅游信息的智能感知并加以利用的目的。然而建立这样一个系统又是一项极具挑战性的复杂工程，因为旅游本身具有公益性和产业性双重属性，如何把这两种属性平衡于同一系统，并与经济实力、基础设施甚至与传统文化都有所关联，这显然是一个难题；"智慧"性已极大地提高了公共服务系统的智能性，公共服务的供、需角色已不再像过去那样泾渭分明，如何界定也不是一件容易的事；旅游公共系统建设的参与者包括政府、企业、媒体和行业协会等诸多主体，关系如何处理更是难题。可是智慧旅游公共服务的广泛社会需求和当前各地正在兴起的示范区建设，已经对智慧旅游公共服务（体系）理论提出了迫切的需求。本文在此背景下开展研究。

二、智慧旅游公共服务（体系）的内涵与体系构建

目前学术界对"智慧旅游公共服务及体系"还没有一个统一的定义。笔者将对服务的主客体、供需关系和供给模式的选择等方面进行探讨。

（一）智慧旅游公共服务概念与传统旅游公共服务概念的区别

学术界对于"智慧旅游公共服务体系"尚未有统一的定义。笔者未查到对智慧旅游公共服务（体系）做出的专门定义，业界涉及智慧旅游公共服务（体系）时还是基于传统旅游公共服务（体系）的概念，而后者又受到传统公共行政学的影响。从传统公共行政学的角度来说，公共服务是不以营利为目的的服务和产品的总称。前者是无形的，它指的是公共服务的提供者为满足公共需求为公共服务的受益者提供的一系列活动，后者指的是有形的公共服务类产品。李爽、黄福才、李建中（2010）提出，旅游公共服务是由政府或者其他社会组织提供的，不以营利为目的，具有明显公共性的，以满足旅游者共同需要为核心的公共产品和服务的总称。我国旅游公共服务"十二五"专项规划提出，旅游公共服务是政府和其他社会组织、经济组织为满足海内外旅游者的公共需求，而提供的基础性、公益性的旅游公共产品与服务，主要包括旅游公共信息服务、旅游安全保障、旅游惠民便民服务、旅游行政服务等内容。

智慧旅游公共服务系统是一个高技术的复杂系统，它具有以下特点：

第一，投入高，智能性强。要实现云中心、移动计算、大数据处理和智能感知等，投资必然很大，同时系统的智能性也高，这样可以完成复杂的功能，比如山区视频流的实时传输、旅客心理分析、环境监测和精确定位等，可以定制服务。

第二，在这个系统中，服务的提供者同时又是被服务者。服务者必须要依赖这个系统提供的工具，比如统计、风险分析和信息发布等，来进行新服务的规划、实施和旧服务的下线等。

第三，这是一个涉及众多保密信息、国家基础设施的安全系统。服务提供者必须要通过国家安全保密资质的审查。

因此，无论从投入与产出比的角度、系统本身功能的角度还是公共性的角度，笔者认为智慧旅游公共服务应该与传统的旅游公共服务有所区别。一方面它不是为特定的人或团体服务的，即不能是以满足旅游者共同需要为核心的公共产品和服务的总称；另一方面对服务的提供者应该有严格的资质要求。简言之，智慧旅游公共服务是指由政府和通过安全资质审查的其他社会组织或个人提供的，旅游者、旅游部门、旅游企业、旅游协会、媒体及本地居民等都可以享受的旅游服务和公共产品的总称。智慧旅游公共服务体系是各种智慧旅游公共服务系统的有机组成，共同完成既定的公共服务任务，包括供给模式、运营方式和保障机制等。

（二）智慧旅游公共服务流程具有返回性而主体角色具有主体和客体双重性

旅游公共服务提供者（本文称为主体）是谁的问题引发众议。有的学者认为旅游公共服务提供者是政府；有的学者则认为服务的提供者有多个，其中政府是主导，还有其他组织的参与，即多利益主体。目前后者得到多数认可。肖婷婷还具体指出旅游公共服务提供者有政府、居民、旅游企业、旅游协会和旅游者。

针对旅游公共服务的被服务者也就是受益者（本文称为客体）而言，传统研究认为有广义和狭义之分。广义认为政府等部门是旅游公共服务的中间受益者，也可以和游客一样是服务的客体；狭义则认为服务的客体就是游客。在进行供给关系研究时一般都采用狭义概念。然而智慧旅游公共服务系统是一个高投入、高科技的复杂系统，其主体自然是多利益主体，在进行供给关系分析时，笔者认为根据智慧旅游公共服务系统的新特性，不能和传统研究一样采用狭义概念，即把旅游公共服务系统的客体定位于游客。智慧旅游公共服务系统提供的服务不是单向性，即不能简单地认为是服务从主体流向客体。事实上在这个智能系统中，服务反过来又流向主体，为主体提供服务。因此，从服务提供流程来看，主体既是主体又是客体：当主体成为服务对象时，主体的角色就转变成了客体，如图1所示。

（三）智慧旅游公共服务供给模式的研究不能脱离安全工程

智慧旅游公共服务系统是一个安全关键系统。智慧旅游公共服务系统是一个复杂的系统，其支撑技术跨计算机、电子工程、自动控制和系统工程等多个一级学科，所使用

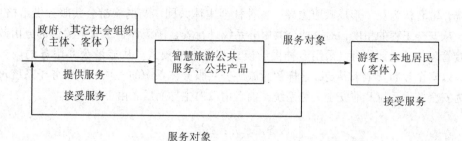

服务对象

图1 智慧旅游公共服务主客体和服务供给之间的关系

的平台可以是基于 windows、linux、安桌等多种异构环境，数据的处理分布在云端。这样的系统无论是在系统需求分析阶段还是系统设计与实施过程中都会毫无疑问地引入缺陷，最终表现为故障和失效。它天然存在两类安全问题：一个是 security，即信息安全；另一个是 safety，即事故安全。Security 的出发点是保密技术，关注对信息的恶意攻击；而 safety 处理的是能导致严重后果的故障，这类故障主要属于疏忽行为，比如车毁人亡等。智慧旅游是智慧城市的组成部分，其所需的大数据处理中心和通信基础设施等与智慧医疗、智慧农业和智慧交通存在共享或者是交叉性。公共服务系统是智慧旅游的一个应用系统，security 或 safety 安全问题都会带来巨大的损失，因此智慧旅游公共服务系统是一个安全关键系统。基于此，笔者认为智慧旅游公共服务供给模式的研究不能脱离安全工程。

（四）智慧旅游公共服务的供给需求关系

供给需求关系的分析是建立旅游公共服务体系的出发点和立项的依据。在智慧旅游的背景下，笔者认为旅游供给需求关系分析面临的主要问题已经超越了传统的观点。也就是说不仅要单独考虑如何实现旅游者与当地居民总体需求最大化满足的问题，而且还要将其纳入整个智慧旅游的大系统中去，要重点考虑到公共服务主客体之角色的可转移性。

智慧旅游公共服务系统的被服务者由多种客体组成，需要针对不同的客体进行供需分析。对于游客而言，旅游服务需求可分为游前、游中和游后；智慧旅游服务体系对应的也有游前、游中和游后公共服务，服务的供给者有媒体、旅游企业、旅游部门等。

从图2可见，针对需求方在旅游过程中的不同阶段，供给方都有相应的服务供给。服务供给方有媒体、旅游企业、旅游部门等，具体哪些服务由哪些不同的主体来供给呢？这就与供给模式的选择原理有关。

旅游本身的公益性和产业性双重属性必然带来多利益主体，进而出现多元供给模式并存的现象。旅游公共服务可采用的供给模式有许多种，比如免费和付费相结合、补助、合同外包、政府间协议和特许经营等，分为政府单独提供、市场手段和政府与其他社会组织甚至个人合作共建等类型。在这些供给模式中，政府和它的合作者形成了竞争与合作、相辅相成的关系。旅游的公益性和产业性很难截然分开，我国是发展中国家，现阶段不宜过多强调不以营利为目的，但要做好对利润比例的控制。事实上欧美等地的旅游发达国家尽管基础设施好，但也采取了多种灵活的方式提供旅游公共服务。哪些旅游公共服务适合哪种类型的供给模式呢？智慧旅游公共服务系统本身就是一个安全关键系统，笔者认为在"形成政府主导、各种社会主体共同参与的旅游公共服务供给格局"中，从安全工程的角度，对这些公共服务系统进行安全等级评估，安全关键部分由政府直接管理，其他部分可以采用多种供给模式相结合的模式。从旅游公共服务的内容入手，以安全和非安全来界定，这样智慧旅游公共服务体系中的各项公共服务子系统可划分为安全关键系统和非安全关键系统，前者由政府主导而后者由市场导向。

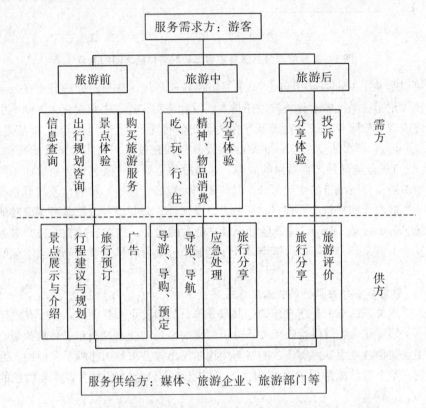

图2　基于游客视角的旅游公共服务供给需求图

（五）智慧旅游公共服务体系的构建方法

对于旅游公共服务体系的构成，目前也没有一个统一的说法。2012年6月国家旅游局下发《关于进一步做好旅游公共服务工作的意见》。意见提出力争到2015年年末，基本建设完善全国旅游信息咨询服务体系、旅游安全保障服务体系、旅游交通便捷服务体系、旅游便民惠民服务体系、旅游行政服务体系五大体系。笔者认为这五大体系可以作为智慧旅游公共服务体系的最基础的公共服务子系统，各地可根据本地的特点，增加一些具有地方特色的公共服务子系统。

智慧旅游公共服务体系构建方法如下：

第一，确定应用层子系统的功能。旅游信息咨询服务、旅游安全保障服务、旅游交通便捷服务、旅游便民惠民服务和旅游行政服务作为基本的五类子系统，各地可以根据自己的特点对这五类子系统的功能进行补充和简化。

第二，针对不同的客体，进行公共服务供给需求分析，把应用层划分为窗口层和应用支撑层，前者为客体直接提供服务。

第三，对应用支撑层进行安全分析，根据安全等级原则，选择应用支撑层的供给模式。

第四，建立旅游公共服务质量监管平台，包括服务质量标准组织、第三方评估机构和行业协会监督机构等。

三、结论

综上所述，本文认为旅游公共服务体系的建设是旅游系统的重要组成部分。尽管都是基于一定的供给模式，在政府的监管下合理分配公共服务资料，为广大需求者提供高效、科学和合理的旅游公共服务。但由于受技术带来的投资规模呈指数级增长、系统智能化不断提高和旅游观念的多样化等因素的影响，与传统的旅游公共服务体系相比，智慧旅游公共服务体系有着自己的特点，比如国家安全、供给模式选择原理、供给的对象和服务的多样性等方面。毫无疑问这些特点与科技能力和人们的旅游观念息息相关，并随着它们的发展而不断完善。我国旅游公共服务体系的研究和实践本身就比较薄弱，智慧旅游公共服务体系的构建本身是一个全新的课题，在各大旅游强省纷纷实践智慧旅游建设的时候，对智慧旅游公共服务体系的研究更应该加强。本文探索了智慧旅游公共服务体系的内涵，下一步将研究其架构及评价指标。

参考文献

[1] 王辉，金涛，周斌，等. 智慧旅游 [M]. 北京：清华大学出版社，2012.

[2] 徐波林，李东和，钱亚林，等. 智慧旅游：一种新的旅游发展趋势：基于现有研究成果的综述 [J]. 资源开发与市场，2013，29（7）：781-784.

[3] 任瀚. 智慧旅游定位论析 [J]. 生态经济，2013（4）：142-145.

[4] 罗成奎. 智慧旅游的智慧性研究 [J]. 当代旅游（中旬刊），2013（2）：14-15.

[5] 付业勤，郑向敏. 我国智慧旅游的发展现状及对策研究 [J]. 开发研究，2013（4）：62-65.

[6] 吴涛. 扬州：首批智慧旅游试点城市 [N]. 扬州日报，2012-5-24（B3）.

[7] 金卫东. 智慧旅游与旅游公共服务体系建设 [J]. 旅游学刊，2012（2）：5-6.

[8] 张凌云，黎巎，刘敏. 智慧旅游的基本概念与理论体系 [J]. 旅游学刊，2012，5（27）：66-73.

[9] 李爽，甘巧林，刘望保. 旅游公共服务体系：一个理论框架的构建 [J]. 北京第二外国语学院学报，2010（5）：8-15.

[10] 徐菊凤. 旅游公共服务：理论与实践的若干问题 [J]. 旅游学刊，2012（3）：6-7.

[11] 马峰. 安徽旅游公共服务体系建设研究 [D]. 合肥：安徽大学，2012.

[12] 肖婷婷. 旅游公共服务体系驱动因素及发展路径研究 [D]. 桂林：桂林理工大学，2012.

[13] 窦群. 我国旅游公共服务体系：从理论到实践的探索 [J]. 旅游学刊，2012（3）：5-6.

[14] 袁力. 智慧蜀旅：四川旅游信息化公共服务体系创新发展刍议 [J]. 四川烹饪

高等专科学校学报, 2013 (6): 49-51.

[15] 叶菁. 福州市旅游公共服务体系有效供给研究 [J]. 价值工程, 2013, 32 (24): 155-156.

[16] 黄超, 李云鹏. 智慧旅游公共服务体系建设研究 [J]. 时代经贸, 2013 (4): 201-201.

[17] 中国旅游公共服务体系建设: 八大工程构筑五大体系: 中国旅游公共服务 "十二五" 专项规划解读 [A/OL]. (2012-08-02) [2014-05-30]. http: //wenku. bai du. com/link? url = sce Gy IBf STZS9D7f3Lfj Rw XK47KZwxm - CSNQ ymv CUXW0iNBZrogq9gew AUYQ Hd Nyhgt YU JedK9KAOoq9p- EcTMHVFnDMU N7Mgp P8MOul CC. html.

(本文发表在《产业观察》2014 年第 30 期上)

第五章
旅游服务

残疾人出游决策内在机制研究
——基于习得性无助理论和协商理论[①]

程励，张同颢，廖小平

（四川大学旅游学院，四川成都 610064）

残疾人与正常人一样，也有外出旅游的需求和渴望（Smith，1987；Darcy et al.，1999；Foggin，2001；Yau et al.，2004）。残疾人旅游市场是旅游业发展中一个非常重要的细分市场（Israeli，2002），拥有巨大的市场潜力，却被忽视了（Burnett et al.，2001），是一个尚未被充分挖掘的细分市场。据推算，到 2010 年年末我国残疾人总人数已经有 8 502 万人。残疾人口约占当时人口总数的 6.34%，也就是说我国每一百人中超过 6 人是残疾人。其中中度和轻度残疾者有 5 984 万人，占当时残疾人总数的 70.38%。刘思敏和朱红端（2012）的调查结果显示，全国有超过六成的残疾人有强烈的出游愿望。因此，发展残疾人旅游对残疾人自身和旅游服务商而言都是机遇（Cavinato et al.，1992）。值得注意的是，社会人口老龄化趋势的加快使得 55 岁以上的老年群体成为近 20 年全球旅游市场中发展最快的一个细分市场，而这一人群很多患病或患有残疾（Gladwell et al.，2004），他们的旅行行为有其特殊性。并且在今天，残疾人的总体生存状态也关乎一个国家社会文明的发展程度（郭鲁芳 等，1999）。

Woodside 和 Etzel（1980）于 20 世纪 80 年代末率先开展了残疾人的度假旅游行为研究。目前，在残疾人旅游理论研究方面，学界已经取得了一些重要的成果，并形成了相对完善的残疾人旅游研究体系。但是，现有的研究侧重残疾人旅游的宏观问题，如残疾人旅游障碍研究及其解决策略，残疾障碍对旅游活动参与的影响，以及残疾人旅游政策法规等；关于出游决策等微观研究较少，且侧重旅游障碍导致的消极心理对旅游意向的影响，无法深度剖析残疾人出游的内在原因。为何不同残疾个体的旅游热衷度不同？如何促进残疾人对旅游的总体参与意向？如何提高残疾人的旅游体验质量以提高其旅游满意度及忠诚度？这些问题亟待进一步的深入研究。

① 基金项目：国家自然科学基金"遗产地资源开发中的公众反应及其对开发决策行为的影响机理研究"（40971297）；四川省哲学社会科学重点研究基地——四川旅游发展研究中心立项课题"基于社会冲突理论的残疾人旅游动机与行为研究"（LYC13-02）；四川省 2012 年学术和技术带头人培养基金"非常规冲突事件后危机阶段潜在遗产旅游者的目的地认知与行为倾向研究"（2012DTPY04）；四川大学杰出青年基金（中央高校基本科研业务费专项资金资助）（SKJC-201001）。

本研究在已有相关理论和研究的基础上（如：Lee et al.，2012；陈楠等，2009），以残疾人旅游障碍对其旅游动机与旅游意向的影响为主线，基于协商理论引入成就感与习得性无助感构成一对中介变量，从微观视角来探索残疾人出游决策的内在机制，为提升残疾人旅游体验质量提供参考，为旅游企业开发和扩大残疾人旅游市场提供理论支持。

一、理论背景

（一）残疾人旅游障碍

残疾人旅游障碍是残疾人旅游研究领域的一个热点，很多研究者对涉及残疾人外出旅游的障碍或者束缚因素进行了研究。

Smith（1987）最早将残疾人休闲活动的参与障碍分为内在障碍（Intrinsic Barriers）、环境障碍（Environmental Barriers）和交流障碍（Interactive Barriers）三大类。其中，内在障碍指受残疾旅游者自身的认知水平、身体功能和心理等因素产生的障碍；环境障碍指外部强加的限制；而交流障碍主要来自于残疾旅游者及其周围人的互动过程。Crawford 和 Godbey（1987）及 Crawford 等（1991）将休闲旅游的束缚因素划归为：①个体内在束缚（Intrapersonal Constraints），包括个体的心理状况、身体功能，还有认知能力等；②个体人际束缚（Interpersonal Constraints），主要指社会互动；③结构性束缚（Structural Constraints），包括金钱、时间、交通、生态，以及政策方面的束缚。这种划分得到学界的普遍认可，有些研究者将其引入残疾人旅游研究，如 Daniels 等（2005）研究了残疾障碍与协商策略间的关系。

Murray 和 Sproats（1990）则将残疾人的旅游障碍划分为经济上的束缚（Economic Constraints）、身体上的束缚（Physical Constraints）和态度上的束缚（Attitudinal Constraints）。Mckercher 等（2003）结合前人的研究，将残疾人旅游障碍归纳为内部障碍（Internal Barriers）和外部障碍（Exogenous Barriers）。内部障碍是残疾人出游前需要克服的障碍，主要包括内在障碍（Intrinsic Barriers）和经济障碍（Economic Barriers），内在障碍包括缺少必要的知识、无效的社交技能、身体以及心理方面的障碍，经济障碍包括支付能力、收入差距以及必要的旅伴和特殊设备；外部障碍主要包括环境障碍（Environmental Barriers）和交流障碍（Interactive Barriers），环境障碍包括建筑设施、生态、交通、法律法规等方面的障碍，交流障碍包括消极的社会态度、不准确的信息等方面的障碍，外部障碍一直存在于残疾人的社会生活中。Lee 等（2012）在运用无助感理论研究旅游障碍对残疾人旅游意向的影响时，使用因子分析法得出残疾人的旅游障碍主要有三大类：内在障碍（Intrinsic Constraints）、交流障碍（Interactional Constraints）和环境障碍（Environmental Constraints）。

还有些学者认为，残疾人外出旅游存在旅游吸引物、信息获取、交通和住宿等几方面的具体障碍（Turco et al.，1998）。并且，多数残疾人无法有效获取旅游相关的网络信息，特别是有着听力和视力障碍的残疾人（Williams et al.，2006）。

综上所述，有关残疾人旅游障碍的研究在时间上具有持续性，一直保持较高的热度；在残疾人旅游障碍的大类别划分上已经呈现出整体一致性，但对具体障碍的归属还存在差异；对于具体旅游障碍影响的研究相对较少。

（二）无助感理论和协商理论

残疾人旅游另外一个重要研究领域是残疾人旅游障碍与其旅游参与之间的关系，这涉及习得性无助感理论和协商理论（Lee et al.，2012）。习得性无助感是在长期重复遭受非可控事情导致的在认知、动机和情感方面的缺陷，它跟社会功能性残疾（如语言、交际、身体方面的障碍）显著相关（Mcguinness，1996）。同一种不可控遭遇对不同人群的习得性无助感影响不同，也许对很多人有影响，也许只有某部分人会形成无助感（Abramson et al.，1978）。习得性无助感理论跟残疾人旅游意向和旅游参与高度相关，残疾人在旅游活动参与过程中不可避免地会遇到一些障碍，当这些消极经历积累到一定程度时，会使残疾人对外出旅游产生无助感，最终使部分残疾人完全放弃对外出旅游的渴望（Lee et al.，2012）。也就是说，残疾人对于外出旅游并不是一开始就存在完全的无助感，也不是所有残疾人对外出旅游都感到无助。无助感的产生是有一个过程的，是残疾人在出游过程中重复遭受各种障碍，产生失落、失望、沮丧等消极情绪并逐渐累加后，才最终演变为对外出旅游的无助感。

旅游障碍虽然影响人们对旅游活动的参与程度。但是，面对旅游障碍，人们会调整自己的行为方式继续完成旅游参与（Scott，1991）。协商理论认为，人们不会因为自己遇到的旅游障碍而轻易放弃旅游参与的意愿，而是会采取多种策略来克服旅游障碍（Jackson et al.，1993）。健全人和残疾人均会采取不同的协商策略来达到旅游参与的目的（Lyu et al.，2013）。Daniels 等（2005）指出，对于不同的内在障碍、人际障碍和结构性障碍，残疾人旅游者会采取不同的措施来尽量消除这些旅游束缚因素的影响。Lee 等（2012）的相关研究虽然涉及了协商理论，但在研究中却只针对习得性无助感理论做了深入探讨。对于残疾人来说，外出度假不仅可以使其照顾者暂时脱离照顾责任，给照顾者留出一定的空间（Shaw et al.，2004），残疾人自己还可以亲自感受自由和体验其他生活方式（Ray et al.，2003）。如果残疾人能够克服或减小自身的障碍，将使他们对外出旅游更加积极主动，增强他们融入社会的自信心（Mckercher et al，2003；Daniels et al，2005），进而获得成就感。本文认为成就感有两层含义，第一层含义是愿意外出旅游并主动寻求外出的旅游机会；第二层含义是通过外出旅游获得对生活的积极态度，树立自信心，建立"我能""我可以"的人生态度，具有旅游获得性。成就感和无助感对应的都是一种内在心理状态，而非外部表象。本文将在前人对残疾人旅游无助感理论的实证基础上，进一步引入协商理论中的成就感（协商成功）作为中介变量，微观解读残疾人士的外出旅游认知与行为意向间的关系。

二、研究假设与模型构建

与普通旅游者比较起来，由于自身残疾缺陷，残疾人在旅游过程中遭遇障碍会更普遍（Smith，1987）。旅游障碍会导致残疾人对旅游出行产生害怕、沮丧及自信心丧失等消极情绪。陈楠等（2009）及 Lee 等（2012）认为旅游障碍对无助感有正向影响，并指出本能障碍和环境障碍对无助感有显著性影响。据此，本文提出以下研究假设：

H1：残疾人旅游障碍对其无助感具有显著性正向影响

旅游能让残疾人获得新奇的旅游体验和内在的满足感（梅丽霞 等，2012）。残疾人克服旅游障碍不仅使其对参加旅游活动持有更加积极主动的态度，而且能提升他们的内在积极心理。但是，受制于自身的残疾束缚，残疾人在旅游过程中很难获得同正常人相同质量的旅游体验，残疾人面临的旅游障碍会使其难以通过旅游活动获得成就感。据此，本文提出以下研究假设：

H2：残疾人旅游障碍对其成就感具有显著性负向影响

根据习得性无助感理论可知，很多残疾人会因为旅游经历中所重复遭受的内在的或外在的障碍，而产生无助感，对外出旅游产生恐惧，以致不愿意外出旅游。本文做出如下研究假设：

H3：残疾人的无助感对其旅游动机具有显著性负向影响

H4：残疾人的无助感对其旅游意向具有显著性负向影响

残疾人外出旅游不仅能休闲放松，还能学会照顾自己，减少对照顾者的依赖，并且通过旅行过程中的人际交往，敞开心胸，获得积极心态；而克服旅行过程的一些障碍，不仅可以提升自信心，还可以提升旅游参与的积极性。因此，本文做出如下假设：

H5：残疾人的成就感对其旅游动机具有显著性正向影响

H6：残疾人的成就感对其旅游意向具有显著性正向影响

旅游动机是刺激潜在旅游者外出旅游的内在驱动力，而旅游意向是潜在旅游者进行旅游活动的可能性或倾向。通常认为旅游动机对旅游意向有正向影响（Li et al.，2012；Alexandris et al.，2011；Jang et al.，2009）。研究表明，与健全人一样，残疾人也有渴望外出旅游的动机，残疾人具有外出旅行的内在动力（Shi et al.，2012）。因此本文同样可以做出如下研究假设：

H7：残疾人旅游动机对其旅游意向具有显著性正向影响

对健全旅游者的研究表明，旅游障碍与旅游动机间具有负向关系（Alexandris et al.，2011）。而残疾人外出旅行的总体频率要小于健全人。为了检验残疾人旅游障碍对其旅游动机是否具有直接的显著性负向影响，本文做出以下假设：

H8：残疾人旅游障碍对其旅游动机具有显著性负向影响

有的实证研究发现，残疾人旅游障碍对其旅游参与意图不存在直接的显著性影响（陈楠等，2009；Lee et al.，2012）。但也有研究表明，旅行障碍对旅游意向具有显著负向直接影响（Hung et al.，2012）。考虑到残疾人参与旅游遇到障碍的可能性要比正常人大得多，本文做出如下假设：

H9：残疾人旅游障碍对残疾人旅游意向具有显著性负向影响

根据假设关系，本文构建了如下的残疾人旅游障碍-中介变量-旅游动机与旅游意向内在机制理论模型（见图1）。其中，椭圆代表各个潜变量因子，H1 ~ H9 为上文提出的本研究的路径假设，图中箭头指向代表各个潜变量之间的影响路径。

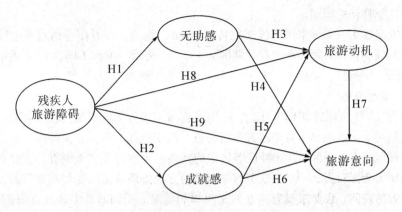

图 1　残疾人出游决策概念模型

三、研究方法

（一）问卷设计

问卷初稿设计过程中除了参考已有的学术研究成果外，还进行了专家咨询，并在对残疾人的访谈过程中进行了预测验，以提升问卷的信度。本研究正式的调研问卷共分三部分。

问卷的第一部分是关于残疾人旅游障碍、无助感、成就感、旅游动机和旅游意向等潜在变量的题目。综合 Smith（1987）、Mckercher 等（2003）、Turco 等（1998）、Williams 等（2006）、Lee 等（2012）学者对旅游障碍的研究，共设计 13 个残疾人旅游障碍测量变量：A1——给他人带来麻烦；A2——无法应对风险；A3——担心独自行动；A4——不能参与旅游活动；A5——消费开支；A6——无障碍设施；A7——旅行社；A8——陌生人；A9——旅伴；A10——家人反对；A11——打交道；A12——旅游从业人员；A13——旅游信息。对于无助感的问卷题目，主要参照了 Lee 等（2012）的研究设计，共 5 个测量变量：B1——遭遇诸多不便，感到沮丧与紧张；B2——感到不能自立；B3——不能享受旅游；B4——旅游只会带来伤痛；B5——享受不到舒适的旅游。对于本研究引入的成就感潜变量，参照 Shaw 和 Coles（2004）、Mckercher 等（2003）、Daniels 等（2005）学者的研究，设计了 4 个测量变量：C1——像正常人一样；C2——减少家人照顾；C3——减少他人的偏见；C4——感到他人的尊重。对于旅游动机，设计了 4 个测量变量：D1——放松身心，缓解压力；D2——锻炼身体，增进健康；D3——结交新朋友；D4——获得他人的尊重。旅游动机的设计主要参考了 Burnett 和 Baker（2001）、Ray 和 Ryder（2003）、Yau 等（2004）、Shaw 和 Coles（2004）、Daniels 等（2005）国外学者关于残疾人旅游的研究。旅游意向在借鉴 Lee 等（2012）的研究基础上，设计了 4 个测量变量：E1——搜集旅游信息；E2——动员其他残疾人旅游；E3——创造出游机会；E4——分享旅行经历。

问卷第二部分是关于受访对象近 3 年来的旅游经历，主要包括结伴旅游人数、出游方式、资金来源、获取信息的渠道等，以及两个开放式问题。

问卷第三部分是关于受访者性别、年龄、残疾类型、职业、受教育程度、月均收入等人口统计学特征的问题。

本研究问卷第一部分采用 5 级李克特（Likert）量表，以方便受访对象能够清楚快速地做出判断和选择，量表程度变化范围为 1~5，1 表示"非常不同意"，2 表示"不同意"，3 表示"一般"，4 表示"同意"，5 表示"非常同意"。

（二）数据采集

2012 年 12 月 6 日到 2012 年 12 月 14 日，在成都市青羊区残疾人联合会的引荐和协助下，我们对生活在成都市青羊区太升路街道、八宝社区、石人北路社区、石人南路社区、战旗社区、文苑社区、清溪社区等区域的残疾人士进行了实地调查，主要采用调研人员同残疾人士面对面、一对一或多对一交流的方式协助或帮助受调研者作答，随时解答受调研者的疑问，以此来提升问卷的回收率和质量。受调研者多是具有视听、语言、肢体缺陷的残疾人。由于数据搜集有难度，所以没有将精神性残疾人列入本次考察的对象。在历时 8 天的调查过程中，共发放问卷 185 份，回收有效问卷 180 份，有效问卷回收率为 97.3%。

（三）样本描述

受调研者的总体基本资料如表 1 所示。调查对象中男女比例各为 57.2% 和 42.8%；45 岁以上的中老年人占大多数，所占比例为 77.2%；被调研者的受教育程度普遍偏低，初中及以下的比例达到 53.3%，高中/中专的比例居其次，为 26.1%；职业以离退休人员的比例最高，达到 41.1%，其次是失业在家者，占到 25%；残疾人的收入水平普遍偏低，月均收入 2 000 元以下的比例高达 87.8%；从残疾类型来看，肢体残疾者占到 48.3%，其次多重残疾者，占 21.1%，再次是视力残疾者，占 18.9%；他们在出游形式上以亲友陪同出游为最多，占 42.8%，费用来源多是自费，占 37.2%，不过这两个指标都只有 55% 的受访者作答，各有 81 人未作答。

表 1　　　　　　　　　　　　　调查对象的总体资料

性别	男	103 人	57.2%	月均收入	≤1 000 元	86 人	47.8%
	女	77 人	47.8%		1 001~2 000 元	72 人	40.0%
年龄	18~25 岁	6 人	3.3%		2 001~3 000 元	14 人	7.8%
	26~35 岁	16 人	8.9%		3 001~4 000 元	7 人	3.9%
	36~45 岁	19 人	10.6%		4 001 元以上	1 人	0.6%
	46~55 岁	60 人	33.3%	出游形式	单独一人	8 人	4.4%
	55 岁以上	79 人	43.9%		与亲友出行	77 人	42.8%
教育	初中及以下	96 人	53.3%		团体出游	9 人	5.0%
	高中/中专	47 人	26.1%		大众旅行社	2 人	1.1%
	大专	17 人	9.4%		专业旅行社	1 人	0.6%
	本科	18 人	10.0%		其他	2 人	1.1%
	硕士及以上	2 人	1.1%		未知	81 人	45.0%

表1(续)

职业	公职人员	12 人	6.7%	费用来源	自费	67 人	37.2%
	私企职员	12 人	6.7%		亲友资助	24 人	13.3%
职业	自谋职业者	15 人	8.3%	费用来源	单位经费	1 人	0.6%
	失业在家者	45 人	25.0%		其他	2 人	1.1%
	学生	4 人	2.2%		未知	81 人	45.0%
	离退休人员	74 人	41.1%	残疾类型	视力残疾	34 人	18.9%
	其他	18 人	10.0%		听力残疾	12 人	6.7%
					言语残疾	9 人	5.0%
					肢体残疾	87 人	48.3%
					多重残疾	38 人	21.1%

（四）数据分析

为了探讨障碍构成因素对残疾人出游的影响力，故对残疾人出游障碍的 13 个测量变量使用 SPSS21.0 软件进行探索性因子分析，采用主成分法并进行方差极大化因子旋转，保留载荷大于 0.5 的题项，得到 3 个特征值大于 1 的公共因子。13 个变量的整体克朗巴哈 α 系数为 0.878，大于普遍认可的 0.7，说明数据的内部一致性是可信的。KMO 值为 0.884，根据 Kaiser 提出的 KMO 值决策标准，数据进行共同因子提取的效果达到"优良"的标准（王保进，2007）；Bartlett 球形检验卡方值为 944.280，自由度为 78，$p < 0.001$，说明偏相关系数矩阵不是单位矩阵，数据适合做因子分析；3 个公因子的克朗巴哈 α 系数都大于 0.6，都是可接受的（Hair et al.，2011），可以解释原有 13 个变量 60.828% 的信息。结合 Smith（1987）、Crawford 和 Godbey（1987）、Crawford 等（1991）、Daniels 等（2005）学者对旅游障碍的划分，将其分别命名为本体障碍、交际障碍和结构性障碍。公因子与测量变量的对应关系如表 2 所示。而且正交因子分析可以在一定程度上消除公因子（即结构模型中的潜变量）间的相关性，从而减小共线性的可能性，有利于本研究进一步探索实际影响关系。

表2   残疾人旅游障碍因子分析结果

公因子	变量	因子载荷	克朗巴哈	特征根	解释方差（%）
本体障碍	A1	0.849	0.894	5.389	30.041
	A2	0.833			
	A3	0.839			
	A4	0.735			
	A6	0.627			
	A9	0.646			
人际障碍	A8	0.597	0.682	1.355	15.985

表2(续)

公因子	变量	因子载荷	克朗巴哈	特征根	解释方差（%）
	A10	0.569			
	A11	0.792			
	A12	0.706			
结构性障碍	A5	0.683	0.629	1.163	14.800
	A7	0.740			
	A13	0.680			

注：KMO=0.884，Bartlett值=944.280，自由度=78，sig=0.000，总体方差解释能力为60.828%。

在对残疾障碍变量因子分析的基础上，对凡是涉及残疾人旅游障碍的每个原假设，都按本体障碍、人际障碍和结构性障碍的顺序拆分为假设 H * 1，H * 2，H * 3，分假设的路径关系与原假设保持一致。使用偏最小二乘法结构方程模型（Partial Least Square Structural Equation Modeling，PLS-SEM）软件 Smart PLS2.0（Beta）M3 对所获取的数据进行模型验证。选择 PLS-SEM 进行模型验证的原因有：第一，PLS-SEM 对数据的正态性没有要求；第二，180 份的有效样本量相对于 30 个测量指标较少，但已充分满足 Smart PLS 要求的 10 倍法则，即要求最小样本量至少是拥有最多测量指标的形成性潜变量测量指标个数，或具有最多直接路径关系的内源潜变量直接路径关系数目的 10 倍（Hair et al.，2014），PLS-SEM 在样本量大于 100 时即可获得显著的统计效果（Reinartz et al.，2009），比协方差为基础的结构方程模型（如 AMOS）对受试样本数的最小要求要小；第三，PLS-SEM 特别适合应用于以预测为导向的研究和对现有理论模型的发展（Hair et al.，2012），这对集理论探索与实证验证为一体的本研究来说具有很强的适用性。

四、研究结果

本研究模型包括测量模型（外部模型）和结构模型（内部模型）两部分，反映型测量模型包含潜变量及其与各自对应显变量之间的关系，而结构模型则是指潜变量之间的关系。本研究采用 Anderson 和 Gerbing（1988）推荐的两阶段评价法，先对测量模型进行评价，再对结构模型进行评价。Smart PLS 软件对反映型模型评价的基本方法通常是用 PLS Algorithm 计算测量模型的参数值（路径系数、信度、效度、外部载荷、AVE 值及判别系数 R2）。通过 Bootstrapping 计算路径系数和外部载荷的显著性，进而确定路径假设是否通过，并通过 Blindfolding 计算结构模型的预测效度（Predictive Validity）。

（一）测量模型评价（见表3）

表3　　　　　　　　　　　　收敛效度和信度评价

构念	指标变量	外部载荷	组合信度	克朗巴哈系数	AVE 值
本体障碍	A1	0.838	0.919	0.893	0.654
	A2	0.854			

构念	指标变量	外部载荷	组合信度	克朗巴哈系数	AVE 值
	A3	0.852			
	A4	0.805			
	A6	0.744			
	A9	0.750			
人际障碍	A8	0.614	0.809	0.686	0.516
	A10	0.717			
	A11	0.755			
	A12	0.775			
结构性障碍	A5	0.755	0.801	0.632	0.574
	A7	0.770			
	A13	0.747			
无助感	B1	0.703	0.879	0.827	0.592
	B2	0.710			
	B3	0.836			
	B4	0.795			
	B5	0.796			
成就感	C1	0.851	0.867	0.798	0.621
	C2	0.738			
	C3	0.773			
	C4	0.787			
旅游动机	D1	0.767	0.889	0.834	0.667
	D2	0.856			
	D3	0.829			
	D4	0.812			
旅游意向	E1	0.844	0.875	0.811	0.638
	E2	0.708			
	E3	0.849			
	E4	0.785			

　　反映型测量模型评价主要是测量模型的信度评价和效度评价。信度指标包括内部一致性信度（Internal Consistency Reliability）和指标信度（Indicator Reliability），内部一致性信度通常使用组合信度（Composite Reliability），因为组合信度要优于克朗巴哈 α 信

度，指标信度指的是变量的外部载荷的平方。效度指标有收敛效度（Convergent Validity）和区别效度（Discriminant Validity），收敛效度指的是一个概念内测量项间的相关程度，区别效度则指构念间的差异性或不相关程度。

由表3可知，测量模型中，潜变量的最小组合信度值为0.801，大于0.7；最小AVE值为0.516，大于临界值0.5（Bagozzi et al.，1988）。而反映型指标的外部载荷为0.614~0.856，虽然有两个指标的载荷小于0.708，但是组合信度和区别效度（AVE值）都大于门槛值，不需要进行剔除后的二次运算。

区别效度有两个评价指标，常用指标是佛内尔-拉奇标准（Fornell-Larcker Criterion），要求各潜变量AVE值平方根大于其与其他潜变量的相关系数（Fornell et al.，1981），若AVE值的开平方根都比其与相对应的潜变量的相关系数大，则说明区别效度好（见表4）。另一个标准是潜变量的指标载荷（Indicator Loadings）大于交叉载荷（Cross Loadings）（Grégoire et al.，2006），交叉载荷指潜变量与其他潜变量指标间的因子载荷，本研究潜变量的交叉载荷见文末附表。由两表可知，测量模型参数评价表明潜变量的信度和效度都很强。

表4　　　　　　　　　　　　构念的相关度和AVE的平方根

	无助感	人际障碍	本体障碍	结构性障碍	旅游动机	旅游意向	成就感
成就感	0.788						
无助感	-0.408	0.770					
人际障碍	-0.332	0.649	0.718				
本体障碍	-0.323	0.618	0.529	0.809			
结构性障碍	-1.103	0.321	0.386	0.497	0.757		
旅游动机	0.608	-0.415	-0.367	-0.236	-0.079	0.817	
旅游意向	0.501	-0.398	-0.326	-0.215	0.005	0.622	0.799

注：表格对角线位置上的粗体数字表示对应AVE值的平方。

（二）结构模型评价

在测量模型得到有效性验证后，对假设模型进行验证及评价，Smart PLS以Bootstrap方法来检验路径系数的显著性，以T值来反映计算结果数值在显著性水平0.1、0.05和0.01情况下的路径系数在统计学上的显著性。Samples取值为推荐的5 000，Samples越大，T值越稳定，结果越可靠。结构模型评价指标常用的有路径系数β及其T值，判定系数R^2（Coef-ficient of Determination）、整体拟合优度GOF（Global Goodness of Fit）以及Blindfolding过程的预测关联度Q^2（Predictiverelevance）。检验结果如表5和图2所示。H1-1：本体障碍对残疾人的无助感具有显著正向影响。H1-2：人际障碍对残疾人的无助感具有显著正向影响。H2-1：本体障碍对残疾人的成就感具有显著负向影响。H2-2：人际障碍对残疾人的成就感具有显著负向影响。H3：残疾人的无助感对其旅游动机具有显著负向影响。H4：残疾人的无助感对其旅游意向具有显著负向影响。H5：残疾人的成就感对其旅游动机具有显著正向影响。H6：残疾人的成就感对其旅游意向具有显著正向影响。H7：残疾人的旅游动机对旅游意向具有显著正向影响。这 9 个假设路径通过验证，其余 8 个假设没有通过验证。

表 5   假设检验结果

原假设	路径关系	路径系数	T 值	是否成立
H1-1	本体障碍→无助感	0.404	5.658***	是
H1-2	人际障碍→无助感	0.457	6.530***	是
H1-3	结构性障碍→无助感	-0.056	0.904	否
H2-1	本体障碍→成就感	-0.253	2.760***	是
H2-2	人际障碍→成就感	-0.244	2.623***	是
H2-3	结构性障碍→成就感	0.177	1.251	否
H3	无助感→旅游动机	-0.186	2.000**	是
H4	无助感→旅游意向	-0.150	1.715*	是
H5	成就感→旅游动机	0.523	7.046***	是
H6	成就感→旅游意向	0.159	2.124**	是
H7	旅游动机→旅游意向	0.452	5.401***	是
H8-1	本体障碍→旅游动机	0.105	1.282	否
H8-2	人际障碍→旅游动机	-0.143	1.557	否
H8-3	结构性障碍→旅游动机	0.038	0.474	否
H9-1	本体障碍→旅游意向	0.005	0.063	否
H9-2	人际障碍→旅游意向	-0.161	0.072	否
H9-3	结构性障碍→旅游意向	0.126	1.344	否

注：* 为 $p<0.1$；** 为 $p<0.05$；*** 为 $p<0.01$。

判定系数 R^2 表示外源潜变量对内源潜变量变异（方差）的解释能力，本研究中内源潜变量有无助感、成就感、旅游动机和旅游意向，其对应的判别系数 R^2 分别为 0.528、0.151、0.420 和 0.440（见图 2），分别表示这些内源潜变量被解释的百分数。内源潜变量的 R2 在不同研究领域的最小接受值不同，还没有取得一致认可的数值（Hair et al.，2011）。不过，通常认为 R2 只需要大于 0.1 即是可接受。

除 R^2 作为预测准确性的指标外，PLS-SEM 用斯汤-盖瑟 Q2（Stone-Geisser's Q2Value）检验模型的预测关联性（Stone，1974；Geisser，1974）。Q2>0 表示模型对内源潜在变量有预测关联性，Q2<0 表示模型不具有预测关联性。本研究采用海尔等人（Hair et al.，2014）推荐的交互检验冗余度（Cross-validated Redundancy）方法计算 Q2。取 D =7，内源潜变量（构念）的 Q2 都大于 0（见表 6），研究模型的预测关联度显著。

结构模型的整体预测能力用拟合优度（Goodness-of-fit）衡量（Chin，2011），它是共同度均值和判别系数均值的几何平均数（Tenenhaus et al.，2005）。而共同度在数值上与 AVE 值相等，本研究的总体拟合优度 Go F =0.484，大于 Wetzels 等（2009）界定的强临界值点 Go Flarge=0.36，说明研究模型的总体拟合效果较强。

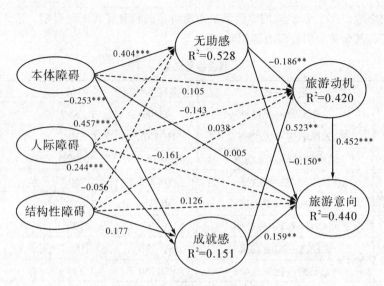

图2　结构模型路径系数

表6　　　　　　内源构念的判别系数 R^2 和预测关联度 Q^2

内源潜在变量	R^2	SSO	SSE	Q^2
无助感	0.528	900	620.308	0.311
成就感	0.151	720	652.658	0.094
旅游动机	0.420	720	532.162	0.261
旅游意向	0.440	720	525.606	0.270

五、结论与讨论

（一）结论

本研究通过对实地调研搜集到的一手数据进行处理分析，运用偏最小二乘法结构方程模型，检验了残疾人的旅游障碍、无助感、成就感、旅游动机及旅游意向之间可能存在的路径关系，重点研究了残疾人旅游决策的内在影响机制。本研究注重的是内在刺激、激发，而不是简单外在引导、促进。本研究主要结论如下：

第一，不是所有障碍因素都会对残疾人的无助感产生显著影响。本研究中本体障碍和人际障碍对无助感存在显著正向影响，而结构性障碍对无助感不存在显著影响。其中人际障碍对无助感的影响效用（β＝0.457）相对最大，本体障碍的影响效用（β＝0.404）其次，而结构性障碍的影响效用（β＝-0.056）甚小。说明影响残疾旅游者无助感的障碍因素主要集中在他们自身和人际关系中。残疾人在旅游中无法回避的生理障碍、心理障碍及社交障碍才是显著影响残疾旅游者无助感的主要原因；而结构性障碍对无助感没有显著影响，说明经济障碍、信息障碍和出行障碍对残疾人旅游的阻碍越来越小。原因首先可能是社会经济的发展使残疾人的经济收入或最低保障收入提升，虽然残疾人总体上的收入依然偏低，但这些收入足够支付一次或几次外出旅游的费用；其次，信息化的快速发展，从传统媒体获得的旅游信息显著增加，从新媒体获取旅游信息也更加快捷；最后，残疾人旅游市场潜力开始凸显，旅游行业已经开始愿意迎合残疾人的旅游需求（Ozturk，2008）。残疾人旅游的结构性障碍是可以降低的，甚至可以消除的；而降低和消除残疾人旅游面临的本体障碍和人际障碍才是未来研究关注的焦点。残疾人士多因自身存在先天或后天缺陷而具有自卑、孤僻、敏感多疑、反应过激等性格特点，他们在日常生活与交际中会遇到很多困难与不便，比正常人更容易产生无助感，这些导致他们在旅游过程中对旅伴的依赖。"残疾人本体障碍对其无助感的显著正向影响"支持了陈楠等（2009）及 Lee 等（2012）的研究；"人际障碍对无助感具有显著性正向影响"则与他们的研究结论相左。"结构性障碍是可以消除的"则支持了 Daniels 等（2005）的研究。

第二，本体障碍和人际障碍对成就感存在显著消极影响，结构性障碍对成就感影响不显著。本体障碍、人际障碍、结构性障碍对残疾旅游者成就感的影响效应不同，其中本体障碍（β=-0.253）、人际障碍（β=-0.244）与成就感呈现显著负向影响，而结构性障碍（β=0.117）与成就感则呈现非显著的正向相关性，说明残疾人士克服旅游中面临的个体生理障碍、心理障碍，获得他人对自己的尊重和认可，对获得成就感有很大的促进作用。这与 Mckercher 等（2003）学者的残疾人士克服自身的障碍有助于他们在旅游活动中变得积极，同残疾人士的有效交流有利于增加他们出游的积极态度的研究结论相似。残疾人克服自身的残疾障碍这一最根本障碍，以及获得社会尊重才能让残疾人获得更大的成就感；而克服结构性方面的障碍，包括经济收入、目的地旅游信息、旅行社态度等方面的障碍，对成就感的提升作用不大。反映出在残疾人收入增多、外出旅游支付能力有所提升的情况下，克服旅游的结构性障碍不再是难事。表明残疾人旅游过程中依然受到旅游从业人员、其他游客及陌生人所表现出的消极态度的影响，社会需要变得更加包容、友爱、和谐，改变其他社会群体对残疾人旅游的歧视依然是非常必要的。而残疾人旅游障碍对成就感的解释能力 R2 只有 0.151，说明影响残疾人成就感的因素还包括其他方面，有待进一步的研究。

第三，无助感对旅游动机和旅游意向均存在直接显著负向影响。它说明对于残疾人士这一特殊弱势群体来说，社会生活中的无助感经历会导致他们外出旅游动机和旅游参与意愿的降低，这些结论与陈楠等（2009）及 Lee 等（2012）的研究结论一致。因此，旅游从业人员在服务残疾客的过程中，应根据他们的心理需求提供贴心服务，降低他们的无助感，提供适合他们身体机能的旅游活动，以保证残疾旅游者顺利安全地完成旅游活动，获得较高品质的旅游体验。同时，要提升社会对残疾人旅游的包容，消除对残疾人及残疾人旅游的歧视。

第四，成就感对旅游动机和旅游意向均存在直接显著正向影响。它说明残疾人通过旅游活动减少对他人的依赖，获得"正常人"的自我心理感知，以及获得他人的尊重与认可，能促进残疾人旅游动机的增强；在旅游中身心得到放松，精神压力得到释放，身体得到锻炼，感受到人与人之间的平等和尊重，将会进一步促进残疾人的外出旅游意愿。这一结论是对残疾人旅游研究理论的丰富，是对协商理论的一种升华，可以有效指导旅游经营管理人员有针对性地开发残疾人旅游市场，以残疾人士的实际身体状况和特殊心理为立足点提供针对性的旅游服务和产品。

第五，旅游动机对旅游意向存在显著正向影响。残疾人和健全人一样，都有外出旅游的动机和意向。残疾人的旅游动机越强，越有助于他们外出旅游的实现，旅游动机是推动旅游活动进行的内部驱动力。即使在残疾人旅游这一领域，也和其他旅游人群具有同样的特点。所以，要促使残疾人外出旅游，可以通过激发残疾人的旅游动机来实现。

第六，旅游障碍对旅游动机和旅游意向不存在显著影响。这一结论与前人的很多研究结论相同，说明旅游障碍仅仅在一定程度上削弱了残疾人外出旅游的可能性，但是对其旅游动机和旅游意向并不具有必然的影响。从而说明，无助感和成就感这一对中介变量对残疾人的旅游障碍和旅游动机、旅游障碍和旅游意向具有完全中介作用，它们的重要性也得以凸显。残疾人的无助感和成就感是一对对立的心理变量，一增一减，此升彼减，减少残疾人的无助感，提升残疾人的成就感，对于残疾人旅游业及整个社会都具有实际意义。

最后，由于本研究具有相对较高的调查难度，有效个案数只有 180 人，考虑到样本量的代表性，虽然采用了具有极好预测效力的 PLS-SEM 方法，而且结论都能得到很好的支持，但从严谨的角度出发，进一步的验证研究还是有必要的。本研究还存在以下不足：被调研者残疾类型不全；受样本量的限制，无法对某一类型残疾人进行深度考察，只能从整体衡量；等等。

（二）讨论

1. 理论意义

尽管对于残疾人旅游的研究已有 30 多年，但主要集中在残疾人旅游障碍划分和残疾障碍对旅游活动参与的影响等宏观方面。现有的研究多是从外部对残疾人旅游进行研究，比如，残疾人旅游会遇到哪些障碍，怎么消除这些障碍，以及如何引导残疾人外出旅行，等等。简而言之，就是降低或消除障碍，引导残疾人出游。这些研究偏向于可以观察到的显而易见的方面，较少关注残疾人出游决策的内在机制，尤其是如何对其进行旅游激发。

本研究以习得性无助感理论和协商理论为基础，对现有残疾人出游决策的研究是一种实践性尝试。以协商理论为基础提出的成就感及其无助感变量，内涵都是人的内在心理状态，反映的都是人对外部环境的心理感知，具有内部性，侧重微观个体。成就感的提出是本研究对残疾人研究最重要的贡献。既然残疾人可以因为遭遇障碍而产生无助感，那么，我们也可以通过某些途径来培养残疾人的成就感。无助感阻碍旅游，成就感促进旅游，抑减促增就是本研究主题的最简洁表述。

尽管残疾障碍促进无助感的产生，阻碍成就感的形成，不过本研究表明，本体障碍和人际障碍会对无助感和成就感同时产生强烈影响，而结构性障碍不对二者产生影响。人际障碍和结构性障碍的结论，与陈楠等（2009）及 Lee 等（2012）的研究结论相左，但与 Daniels 等（2005）的研究结论相同。本研究发现，旅游障碍不对旅游动机和旅游意向有直接显著影响，而是通过无助感和成就感的中介作用产生显著影响。这一方面体现了本研究对前人定性研究结论的定量支持，另一方面体现了残疾人出游决策的内在机制，并解释了不同个体残疾人旅游热衷程度的不同，对于从总体上提升残疾人旅游意向有指导意义。

2. 实践价值

残疾人也具有外出旅游的动机和意向，障碍本身只是减少了残疾人外出旅游的可能性，而这种可能性是通过无助感起作用的。无助感阻碍外出旅游，成就感促进外出旅游，在实践中只要促进残疾人的成就感就可以提升他们的旅游参与意向。可以从本研究得出一些推进残疾人旅游的管理学方面的启示。

本研究的实践意义，主要体现在旅游产业链各个服务项目设计的改进和管理品质的提升上。虽然旅游业对接待残疾人游客的积极性有提升（Ozturk et al., 2008），但是，旅游管理人员和旅游景区管理者却较少给予残疾人旅游者正确的帮助。这在发展中国家最为明显，现有的旅游产品多是按照健全人的旅游需求设计的，而且旅游经营管理者多缺少综合性的训练和必要的专业性知识（Daniels et al., 2005）。这种旅游供给与残疾人旅游者实际需求的不一致性，影响了残疾人的旅游体验质量。因此，旅游景区（点）不仅要完善设施设备，提高残疾人的可进入性，同时在旅游活动项目的设计上也要体现对残疾人旅游者的人文关怀，甚至可以开发一些针对不同类型残疾人群的活动项目。此外，要对旅游业经营者和管理人员进行必要的残疾人旅游相关知识的培训。

总之，本文认为，虽然残疾人的本体障碍很难消除，但是降低残疾人旅游的人际障碍，消除结构性障碍，激发出残疾人旅游的积极心态与实际行动，还是有较高的可操作性的。这需要社会各界提升对残疾人的关爱，进一步消除对残疾人的歧视，增加对残疾人的真诚帮助来推动残疾人旅游的健康发展。

附表 交叉载荷表

指标变量	成就感	无助感	人际障碍	本体障碍	结构性障碍	旅游动机	旅游意向
A1	−0.270	0.479	0.370	0.838	0.354	−0.125	−0.184
A2	−0.287	0.505	0.423	0.854	0.432	−0.145	−0.163
A3	−0.289	0.487	0.448	0.852	0.385	−0.262	−0.182
A4	−0.232	0.567	0.422	0.805	0.394	−0.204	−0.229
A5	−0.085	0.264	0.273	0.306	0.755	−0.112	−0.060
A6	−0.226	0.485	0.398	0.743	0.445	−0.142	−0.139
A7	−0.086	0.233	0.289	0.461	0.770	−0.041	0.047
A8	−0.223	0.363	0.614	0.275	0.300	−0.202	−0.162
A9	−0.264	0.465	0.500	0.750	0.402	−0.254	−0.136
A10	−0.255	0.450	0.717	0.521	0.288	−0.346	−0.223
A11	−0.166	0.502	0.755	0.337	0.260	−0.188	−0.191
A12	−0.296	0.530	0.775	0.366	0.272	−0.29	−0.329
A13	−0.061	0.227	0.321	0.375	0.747	−0.013	0.046
B1	−0.278	0.703	0.503	0.582	0.336	−0.230	−0.136
B2	−0.209	0.710	0.544	0.467	0.215	−0.208	−0.210
B3	−0.384	0.836	0.538	0.502	0.251	−0.401	−0.431
B4	−0.324	0.794	0.458	0.381	0.151	−0.371	−0.363
B5	−0.355	0.796	0.461	0.460	0.291	−0.359	−0.350

指标变量	成就感	无助感	人际障碍	本体障碍	结构性障碍	旅游动机	旅游意向
C1	0.851	-0.429	-0.372	-0.330	-0.087	0.547	0.447
C2	0.738	-0.335	-0.291	-0.412	-0.266	0.390	0.317
C3	0.773	-0.210	-0.172	-0.134	0.008	0.371	0.366
C4	0.787	-0.280	-0.188	-0.136	0.011	0.570	0.431
D1	0.383	-0.401	-0.275	-0.196	-0.042	0.767	0.353
D2	0.505	-0.318	-0.284	-0.177	-0.012	0.856	0.533
D3	0.484	-0.306	-0.319	-0.221	-0.082	0.829	0.532
D4	0.582	-0.348	-0.317	-0.182	-0.112	0.812	0.575
E1	0.476	-0.339	-0.256	-0.260	-0.005	0.516	0.844
E2	0.253	-0.181	-0.171	-0.084	0.029	0.373	0.708
E3	0.417	-0.349	-0.298	-0.181	0.017	0.537	0.849
E4	0.416	-0.366	-0.292	-0.138	-0.017	0.533	0.785

注：表中粗体数字为指标（外部）载荷。

（感谢冯思达在英文摘要翻译、校订上提供的帮助，以及赵太萍对本文后期修改提出的建议。）

参考文献

［1］陈楠，乔光辉，张云耀. 基于无助理论的残疾人旅游障碍与旅游参与意图关系研究：结构方程式模型的应用 ［J］. 旅游学刊，2009（9）：47-52.

［2］郭鲁芳，史芝英. 试论残疾人旅游市场的开发 ［J］. 商业经济与管理，1999（1）：23-25.

［3］刘思敏，朱红端. 残疾人旅游的现状与未来 ［N］. 中国旅游报，2012-04-11（11）.

［4］梅丽霞，张世易. 残疾人无障碍旅游服务标准化研究进展 ［J］. 标准科学，2012（11）：31-34.

［5］王保进. 多变量分析：统计软件与数据分析 ［M］. 北京：北京大学出版社，2007.

［6］ABRAMSON L Y, SELIGMAN M E P, TEASDALE J D. Learned helplessness in humans：Critique and reformulation ［J］. Journal of Abnormal Psychology, 1978, 87（1）：49 -74.

［7］ALEXANDRIS K, FUNK D C, PRITCHARD M. The impact of constraints on motivation, activity attachment, and skier intentions to continue ［J］. Journal of Leisure Research, 2011, 43（1）：56-79.

［8］ANDERSON J C, GERBING D W. Structural equation modelling in practice：A review and recommended two-step approach ［J］. Psychology Bulletin, 1988, 103（3）：411 -423.

［9］ BAGOZZI R P, YI Y. On the evaluation of structural equation models ［J］. Journal of the Academy of Marketing Science, 1988, 16 (1): 74-94.

［10］ BURNETT J J, BAKER H B. Assessing the travel-related behaviors of the mobility-disabledconsumer ［J］. Journal of Travel Research, 2001, 40 (1): 4-11.

［11］ CAVINATO J L, CUCKOVICH M L. Transportation and tourism for the disabled: Anassessment ［J］. Transportation Journal, 1992, 31 (3): 46-53.

［12］ CHIN W W. How to write up and report PLS analyses ［A］. //VINZI V E, CHIN W W, HENSELER J, et al. Handbook of partial least squares: Concepts, methods and applications. Berlin: Springer, 2010: 655-689.

［13］ DARCY S, DARUWALLA P S. The trouble with travel: People with disabilities and tourism ［J］. Social Alternative, 1999, 18 (1): 41-46.

［14］ DANIELS M J, RODGERS E B D, WIGGINS B P. "Travel tales": An interpretive analysis of constraints and negotiations to pleasure travel as experienced by persons with physical disabilities ［J］. Tourism Management, 2005, 26 (6): 919-930.

［15］ FOGGIN S E. The experience of leisure tourism of people with disabilities ［D］. Canada: University of Montreal, 2001.

［16］ FORNELL C, LARCKER D F. Structural equation models with unobservable variables and measurement error: Algebra and statistics ［J］. Journal of Marketing Research, 1981, 18 (3): 382-388.

［17］ GEISSER S. A predictive approach to the random effect model ［J］. Biometrika, 1974, 61 (1): 101-107.

［18］ GLADWELL N J, BEDINI L A. In search of lost leisure: The impact of care giving on leisuretravel ［J］. Tourism Management, 2004, 25 (6): 685-693.

［19］ CRAWFORD D W, GODBEY G. Reconceptualizing barriers to family leisure ［J］. LeisureSciences, 1987, 9 (2): 119-128.

［20］ CRAWFORD D W, JACKSON E L, GODBEY G. A hierarchical model of leisure constraints ［J］. Leisure Sciences, 1991, 13 (4): 309-320.

［21］ GRéGOIRE Y, FISHER R J. The effects of relationship quality on customer retaliation ［J］. Marketing Letters, 2006, 17 (1): 31-46.

［22］ HAIR J F, BLACK W C, BABIN B J, et al. Multivariate Data Analysis ［M］. 7th Ed. Beijing: China Machine Press, 2011.

［23］ HAIR J F, HULT G T M, RINGLE C M, et al. A Primer on Partial Least Squares Structural Equation Modeling (PLS-SEM) ［M］. Thousand Oaks: Sage, 2014.

［24］ HAIR J F, RINGLE C M, SARSTEDT M. PLS-SEM: Indeed a silver bullet ［J］. Journal of Marketing Theory and Practice, 2011, 19 (2): 139-151.

［25］ HAIR J F, SARSTEDT M, RINGLE C M, et al. An assessment of the use of partial leastsquares structural equation modeling in marketing research ［J］. Journal of the Academy of Marketing Science, 2012, 40 (3): 414-433.

［26］ HUNG K, PETRICK J F. Testing the effects of congruity, travel constraints, and self-efcacyon travel intentions: An alternative decision-making model [J]. Tourism Management, 2012, 33 (4): 855-867.

[27] ISRAELI A A. A preliminary investigation of the importance of site accessibility factors for disabled tourists [J]. Journal of Travel Research, 2002, 41 (1): 101-104.

[28] JACKSON E L. Recognizing patterns of leisure Constraints: Results from alternative analyses [J]. Journal of Leisure Research, 1993, 25 (2): 129-149.

[29] JACKSON E L, GODBEY D W C G. Negotiation of leisure constraints [J]. Leisure Sciences, 1993, 15 (1): 1-11.

[30] JANG S, BAI B, HU C, et al. Affect, travel motivation, and travel Intention: a senior market [J]. Journal of Hospitality & Tourism Research, 2009, 33 (1): 51-73.

[31] LEE B K, AGARWAL S, KIM H J. Influences of travel constraints on the people with disabilities' intention to travel: An application of Seligman's helplessness theory [J]. Tourism Management, 2012, 3 (33): 569-579.

[32] LI M, CAI L A. The effects of personal values on travel motivation and behavioral intention [J]. Journal of Travel Research, 2012, 51 (4): 47-487.

[33] LYU S O, OH C, LEE H. The influence of extraversion on leisure constraints negotiation process: A Case of Korean people with disabilities [J]. Journal of Leisure Research, 2013, 45 (2): 233-252.

[34] MCGUINNESS S. Learned helplessness in the multiple sclerosis population [J]. Journal of Neuroscience Nursing, 1996, 28 (3): 163-170.

[35] MC K B, PACKER T, YAU M K, et al. Travel agents as facilitators or inhibitors of travel: Perceptions of people with disabilities [J]. Tourism Management, 2003, 24 (4): 465-474.

[36] MURRAY M, SPROATS J. The disabled travelers: Tourism in Australia [J]. Journal of Tourism Studies, 1990, 1 (1): 9-14.

[37] OZTURK Y, YAYLI A, YESILTAS M. Is the Turkish tourism industry ready for a disabled customer's market? The views of hotel and travel agency managers [J]. Tourism Management, 2008 (29): 382-389.

[38] RAY N M, RYDER M E. "Ebilities" tourism: An exploratory discussion of the travel needs and motivations of the mobility-disabled [J]. Tourism Management, 2003, 24 (1): 57-72.

[39] REINARTZ W, HAENLEIN M, HENSELER J. An empirical comparison of the efficacy of covariance-based and variance-based SEM [J]. International Journal of Market Research, 2009, 26 (4): 332-344.

[40] WOODSIDE A G, ETZEL M J. Impact of physical and mental handicaps on vacation travel behavior [J]. Journal of Travel Research, 1980, 18 (1): 9-11.

[41] SCOTT D. The problematic nature of participation in contract bridge: A qualitative study of group-related constraints [J]. Leisure Sciences, 1991, 13: 321-336.

[42] SHAW G, COLES T. Disability, holiday making and the tourism industry in the

UK: A preliminary survey [J]. Tourism Management, 2004, 25 (3): 397-403.

[43] SHI L, COLE S, CHANCELLOR H C. Understanding leisure travel motivations of travelers with acquired mobility impairments [J]. Tourism Management, 2012, 33 (1): 228 -231.

[44] SMITH R W. Leisure of disabled tourists: Barriers to participation [J]. Annals of Tourism Research, 1987, 14 (3): 376-389.

[45] STONE M. Cross-validatory choice and assessment of statistical predictions [J]. Journal of the Royal Statistical Society, 1974, 36 (2): 111-133.

[46] TENENHAUS M, VINZI V E, CHATELIN Y M, et al. PLS path modeling [J]. Computational Statistics & Data Analysis, 2005, 48 (1): 159-205.

[47] TURCO D M, STUMBO N, GARNCARZ J. Tourism constraints for people with dis-abilities [J]. Parks and Recreation, 1998, 33 (9): 78-84.

[48] WETZELS M, ODEKERKEN-SCHRDER G, VAN O C. Using PLS path modelling forassessing hierarchical construct models: Guidelines and empirical illustration [J]. MIS Quarterly, 2009, 33 (1): 177-195.

[49] WILLIAMS R, RATTRAY R, GRIMES A. Meeting the on-line needs of disabled tourists: Anassessment of UK-based hotel websites [J]. International Journal of Tourism Re-search, 2006, 8 (1): 59-73.

[50] YAU M K, MC K B, PACKER T L. Traveling with a disability: More than an ac-cessissue [J]. Annals of Tourism Research, 2004, 31 (4): 946-960.

（本文发表在《旅游科学》2015 年第 6 期上）

沉浸理论视角下旅游消费者
在线体验对再预订的影响①

刘 燕[1,2]，蒲 波[2]，官振中[2]

（1. 四川农业大学旅游学院，四川都江堰 611830；

2. 西南交通大学经济管理学院，四川成都 610031）

2015 年，电商蓬勃发展，其全年交易规模达到 16.4 万亿元，增长率达 22.7%；旅游电商如雨后春笋般出现在消费者视野中，既有专注综合业务的携程、途牛、驴妈妈，又有专注度假公寓租赁的途家，还有专注房屋租赁的 Airbnb，2015 年旅游电商成交额超过 4 300 亿元。各大企业的竞争已经进入了白热化状态，如何在竞争激烈的环境中吸引在线旅游消费者，并获得其再次青睐已成为旅游电商的重要议题。提高消费者的再预订意愿是旅游电商的重要目的，也是旅游研究者们非常关心的话题。

过往对消费者再预订意愿的研究主要关注了有形的商品，而对于旅游产品的关注较为缺失；同时，研究视角多基于消费者忠诚度[1-2]、在线满意度[3-5]、转换成本[6]、信任[7-8] 等，鲜有学者从在线体验视角关注旅游消费者的再预订意愿；此外，对旅游消费者的在线体验的影响因素更是有待探索。（旅游产品具有一定的特殊性，由于其具有无形性，本身也是体验型的服务产品，旅游消费者仅能通过旅游网站呈现的图片、文字、视频了解所要购买的服务，其在预订的过程中不能与客服进行面对面的交流）。此时，在线体验成了影响消费者预订决策的重要因素，为消费者创造良好的在线体验是有效维系顾客的策略之一[9]，为消费者提供完美的在线体验可以激发其购买意愿[10-11]。就消费者的在线体验如何影响其购买行为，学者们进行了相关的实证研究[12-15]。沉浸理论（Flow Theory）作为其中一个重要的研究视角，主要从心理学角度去探索消费者在线体验与购物行为之间的关系[16-21]。其中，沉浸体验（Flow Experience）是沉浸理论中的核心概念。

消费者在线预订旅游产品时的体验差异是否会影响其再预订意愿？哪些因素会影响其在线体验？消费者对旅游网站的信任在在线体验与再预订意愿间起什么作用？本研究基于沉浸理论，分析沉浸体验与再预订意愿间的关系，探索影响在线旅游消费者沉浸体

① 基金项目：四川省社会科学重点研究基地——四川旅游发展研究中心立项课题"在线旅游服务质量维度研究"（LYC14-09）。

验的前置因素，探明信任在沉浸体验与再预订意愿间的中介作用，深入剖析影响旅游消费者再预订意愿的作用机制。

一、文献回顾

（一）消费者在线体验

消费者在线体验（online customer experience，OCE）是消费者通过直接或间接的接触对某一种商品或某一品牌产生的主观反应[22]，是在与零售商以及和其他消费者互动的过程中所形成的主观建构的心理过程[23-24]。消费者在线购物时会受到零售商网站所陈列的信息、图像、音频、视频的刺激。Gentile 等[23]研究者认为消费者主要从认知和情感两方面来处理所接触的电商网站的刺激。Hoffman 和 Novak[20]则从认知的角度研究消费者的在线交互，将 OCE 定义为在浏览过程中的认知状态，实证了网站的交互速度与远程呈现及消费者的感知挑战和网站技能是显著影响 OCE 的前置因素。OCE 具有某些固定的特征：其一，消费者过去的体验会影响将来的在线行为[7]，即 OCE 不是在浏览网页时才产生的，而是在和电商不断接触的过程中形成的；其二，由于消费者的在线交互场所并非发生在传统的零售商店，而是在家里或者办公室等其他场所，其他外部因素会影响消费者的在线体验，即电商很难全方位地控制消费者的在线体验[23]。消费者在线体验是旅游电商的重要一环，是吸引消费者的一把利剑[9]，良好的在线购物体验会增强消费者的满意度和再购买意愿[25]。对于消费者在线体验的研究主要集中于：在线体验与消费者满意度[28]、忠诚度[1]、再购买意愿之间的关系，影响在线体验的前置因素[9,12,26-27]，在线体验的形成过程[15,22]等。鲜有学者探讨在线旅游消费环境中，影响旅游消费者在线体验的因素以及消费者在旅游网站的在线体验与其再预订之间的关系。

（二）沉浸理论

沉浸理论（flow theory）由美国心理学家 Csikszentmihalyi 首次提出，该理论解释了人们在某些日常活动中如何投入且能过滤掉不相关的知觉，从而达到沉浸的状态[16-17]。沉浸理论的核心概念——沉浸体验（flow experience）被运用于消费者行为研究、心理学、人机交互与信息系统、教育管理等领域[9-12,29-32]。学者们对"沉浸"有着不同的定义，对沉浸状态的测量方式也各不相同。国内研究沉浸理论的学者主要来自心理学、市场营销、信息系统及教育管理、旅游体验等领域。心理学者、信息系统及教育管理学者更多地将"flow experience"翻译成"沉浸体验"，特别是在有关网络环境的研究方面，学者们主要采用的是"沉浸体验"的译义。如李爱梅等将沉浸体验引入积极情绪研究中[29]；魏守波和程岩将沉浸理论用于研究虚拟氛围对在线消费者冲动购买意向的影响[30]；洪红和徐迪基于沉浸体验探索了移动社交应用的持续使用意愿的影响因素[31]；张嵩等基于沉浸理论和信任承诺理论，从行为忠诚和情感忠诚两个维度构建了社会化网络服务用户理想忠诚研究模型[32]。在营销领域，学者们多将"flow experience"翻译成"心流体验"，陈洁等[33]基于心流体验研究了在线消费者购买行为的影响因素；李慢等[34]研究了网络服务场景对在线体验行为意向的作用。在旅游研究领域，康筝在译作《你生命中的休闲》一书中将"flow"译成"畅爽"，并认为"畅爽"是人们在休闲或工作活动时常常产生的一种最佳体验[35]；谢彦君在对旅游、旅游体验、符号的研究评述中进一步阐述了体验的标准模式是"畅爽"，且认为这种状态是"具有适当的挑战性而能让一个人深深沉浸其中，以至于忘记了时间的流逝，意识不到自己的存在"[36]；厉新建[37]在梳理旅游体验研究中提到 Csikszentmihalyi 的"畅爽"理论是体验研究的重要理论；吴茂英等[38]学者在梳理积极心理学及其在旅游研究中的应用时也将"flow"翻译成"畅爽"；张野[39]在中国文化语境下考察休闲的概念时也认为"休闲、动态休闲、旅行、旅游、游戏、竞技的交叉部分为畅爽体验"。本文的研究对象是在线消费者，以网络环境为背景，结合现有文献的梳理与本文的研究环境，本文采用了"沉浸"的翻译。

沉浸体验是人们对某件事情感兴趣时全身心投入而忘却周围环境，继而忘记时间的存在的一种心理状态[16-17]。具体来说，是指一个人完全投入他心仪的小世界，失去自制、完全被其所处的环境所控制的状态[40]。同时，有研究认为，沉浸体验产生于某一环境的特殊刺激[40]。在沉浸理论的现有研究中，Koufaris[41]认为，沉浸体验具有 4 个主要的特征，其中，消费者具有：①高的网站技能和感知控制力；②高的挑战和愉悦唤起；③专注；④网站具有良好的交互和远程呈现。并认为具有以上特征的认知状态是"最佳体验"，且这一状态令人愉悦。在线公司的成功依赖于他们为消费者创造的沉浸体验环境，如客服与消费者的交流、人机交流；并要为消费者创造良好的远程呈现[26]，继而使得消费者产生沉浸体验[1]。另外，有研究表明，一部分在线旅游消费者使用旅游网站是为了搜集相关信息和预订机票及酒店，另一部分人浏览旅游网站仅仅是为了娱乐[2]。

本研究中，"沉浸"被理解为一种无意识的体验，主要指消费者能关注旅游网站的相关活动，具有一定控制力，并能享受其在旅游网站中的一切活动。此时，消费者在与旅游网站进行交互活动时达到的状态就是沉浸体验[17]。本研究中，沉浸被理解为一种重要的结果变量，包括信任。尽管部分学者对沉浸体验的内涵和外延进行了实证研究[2]，但在旅游研究领域中鲜有学者关注沉浸体验的前置和结果变量，尚未重视信任在沉浸体验与再预订意愿间的作用机制。

二、研究假设与理论框架

（一）研究假设

交互速度是网站使用者所引起的一系列反应，对人机交互领域具有重要意义[41]。具体而言，消费者浏览旅游网站时，不同的页面间切换速度、等待付款及填写旅游者详细信息的时间长短等都会对消费者的体验造成重要影响，快速响应会使网站使用者更专注于内容本身，进而正向影响消费者的沉浸体验[21,42]。

本文拟提出以下假设：

H1：交互速度将正向影响旅游消费者的沉浸体验

网站技能是沉浸体验的一个非常重要的前置变量，每一个信息搜寻者都会在使用网站时拥有其特定的经历、能力和偏好[43]。消费者网站技能的测量并非标准化的，仅是用户自身的感知，其又定义为"个人对其使用计算机能力的一种判断"[44]。个体所具备的技能水平被认为是影响其"沉浸体验"产生的重要因素之一[17]。消费者只有在自身的技能越高，同时遇到较高的挑战时，沉浸体验的感觉才会更强[18]。消费者的高技能对于其高沉浸体验来说是非常必要的，高的技能可以使得其战胜挑战并且沉浸其中[21]。由此可知，如果在线旅游消费者拥有越高的网站技能，那么在浏览旅游网站时会有更积极的情绪，进而会正向影响其沉浸体验。

H2：消费者的网站技能越高，其沉浸体验越强

对于在线旅游消费者来说，纷繁复杂的旅游产品及不同类型的旅游电商对其网络预订能力是个挑战，感知挑战是与消费者的网站技能相随的另一个重要变量[16，19-20]。在线购物中的感知挑战是一个中性词汇，并无好坏之分，适当的正向的挑战会直接影响消费者的购物体验，积极适当的挑战会激起消费者的愉悦感，促使消费者产生沉浸体验[41]。

H3：消费者的感知挑战正向影响其沉浸体验

感知控制力被定义为个体对于环境和自身动作的操控水平，在一定程度上是消费者参与体验带来的满意度[45]。一方面，旅游消费者可能因缺少时间在旅游网站上进行旅游产品的预订，进而有特别高的控制要求；另一方面，旅游消费者对网站认知的资源缺乏会使消费者需要感知控制[46]。感知控制力可以减少消费者使用网站时的困难体验，进一步积极影响消费者的使用心情。消费者的感知控制力与愉悦感直接相关[47]。

H4：感知控制力将正向影响消费者沉浸体验的产生

远程呈现是消费者在某个环境下远程感受到的体验，可以是远距离的虚拟环境，也可以是真实的场景[22]。在旅游购物中，远程呈现是消费者在媒介辅助下对某种环境的感知[47]。良好的远程呈现可使用户感觉到美妙的虚拟环境。良好的远程呈现常由漂亮的网站界面设计及订单填写的方便性组成。

H5：良好的远程呈现将正向影响消费者的沉浸体验产生

技 术 接 受 模 型（Technology Acceptance Model，TAM）被广泛地用来解释用户对一项新技术的接受程度。旅游网站对于消费者来说是一种新技术的应用成果，可用技术接受模型来检验消费者对旅游网站的接受程度。感知易用性、有用性是技术接受模型中的两个重要变量。本研究中，感知易用性指消费者使用旅游网站时感知到的容易程度；感知有用性指消费者感知到的预订旅游产品提高其购物效率的程度。根据 TAM 理论，感知易用性影响感知有用性，并且两者共同决定了用户使用旅游网站的态度[48]。对新技术的态度会影响新技术的使用，影响态度的变量无疑包括对技术的"感知有用性"；同时，感知有用性可让消费者预订到自己心仪的旅游产品，从而带来愉悦感。

H6：感知易用性对感知有用性有显著的正向影响

H7：感知有用性对旅游消费者的沉浸体验具有显著的正向影响

在沉浸理论的相关实证研究中，重点研究的是沉浸体验可能导致的具体行为[3-4，49]。为顾客创造沉浸体验可延长消费者在购物网站上的停留时间[20，50]，可以吸引消费者，并对消费者的态度和后续行为产生显著的影响[9，51]。

H8：消费者沉浸体验对再预订意愿具有显著的正向影响

信任是一种抽象关系，是委托方（即信任方）愿意承受可能会被受托方（被信任方）的行为伤害的后果，并且不考虑是否能监督或者控制受托方，原因是委托方相信受托方能够执行对其有特定或者重要意义的行为。这一定义不仅适用于组织间的信任，还适用于人与组织间的信任[22]。有研究表明，沉浸体验的重要结果变量包括信任和再购买意愿[7-8]。本研究中的信任指消费者愿意承受预订在线旅游产品带来的风险。在线信任的建立跟消费者在实体店消费一样，是一个不断交互和感知的过程[22]。

H9：消费者信任在其沉浸体验和再预订意愿间起中介作用

（二）研究框架

根据上述论证，本文的研究框架如图 1 所示。

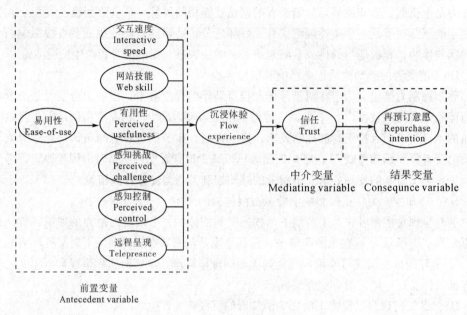

图 1　本文的研究框架

三、研究方法

（一）变量测量

为确保测量工具的信度及效度，本研究尽量采用现有文献中呈现过的相关量表，再根据研究目的适当加以修改。所有的量表经过研究者翻译再回译，再邀请管理学及市场营销学的博士研究生对译文进行审读和修正，并对量表进行第二轮的英汉互译，避免了语义差异对问卷质量造成的影响。此后，邀请了 2 位管理学专业教授和 3 位博士生针对问卷题项进行了深入访谈，删除了调整问卷中部分易产生歧义、翻译生硬和语意不清晰的题项。问卷测试工作在四川省某高校进行，总共发放调查问卷 110 份。回收有效问卷 97 份，对预测问卷进行了因子分析和信度分析，结果显示，所有变量的 Cronbach's α 值均大于 0.7，表明问卷的信度通过了检验。

（二）数据采集和研究样本

本研究采用问卷调研的形式采集数据，因为这项研究所需要的数据是个人感知，消费者的个人感知反映了其对在线消费体验的态度。本研究根据之前的研究使用了网络问卷进行数据采集[12]。2014 年 10—11 月，研究者通过问卷星网站采集数据。为了防止受访者重复填写问卷，对访问 IP 和答题时间进行了限制，共回收问卷 398 份。对这些问卷进行筛选，删除了其中最近一年网上预订旅游产品经验为零的样本，剩下有效问卷 340 份；样本覆盖了广东、四川、吉林、辽宁等全国大部分省市，其中，11 份问卷来自伦敦、贝尔法斯特等海外城市。样本中，男性有 165 名，占 48.5%；年龄在 18~30 岁的有 228 人，占 67.1%；网上预订旅游产品频率为每年 2~3 次的有 178 人，占 52.3%；网购经验 3 年以上的达到 245 人，占被试人数的 72%，其中，网购经验 6 年以上的有 105 人。

四、数据分析

（一）测量模型分析

1. 信度分析

对 340 份有效样本进行信度检验，主要采用 Cronbach's α 系数和组合信度（CR），结果如表 1 所示。所有变量的 Cronbach's α 系数都在 0.853~0.921，均大于 0.700 的标准，表明测量量表具有很好的内部一致性。同时，所有变量的组合信度都在 0.897~0.945，远大于 0.600，表明量表的组合信度通过检验。进而说明，本研究设计的量表能够对所有的潜变量进行可靠的测量。

表 1　　　　　　　　　　变量的信度系数及收敛系数

变量 Variable	测量项数 Tems（项）	克朗巴哈系数 Cronbach's α	组合值系数 CR	平均变异数抽取量 AVE
交互速度 Interactive speed	3	0.853	0.902	0.754
网站技能 Web skill	4	0.894	0.928	0.762
感知挑战 Perceived challenge	4	0.909	0.937	0.789
感知控制 Perceived control	3	0.873	0.897	0.744
远程呈现 Telepresence	4	0.921	0.945	0.81
有用性 Perceived usefulness	4	0.892	0.926	0.757
易用性 Eease-of-use	4	0.874	0.915	0.729
信任 Trust	4	0.857	0.907	0.711
沉浸体验 Flow experiences	4	0.909	0.921	0.745
再预订意愿 Eepurchase intention	5	0.885	0.921	0.745

2. 效度分析

从收敛效度和区别效度两个方面检验测量模型的效度。由表 1 可知，所有变量的平均变异数抽取量（AVE）均大于 0.500，表明收敛效度通过检验。另外，采用验证性因子分析检验变量之间的区别效度，使用 AMOS21.0 对关键变量进行验证性因素分析（Confirmatory factor analyses，CFA），在单因子模型、三因子模型、四因子模型、十因子模型间进行对比。结果如表 2 所示，十因子模型的 χ^2/df 为 2.233，小于 3，CFI 为 0.918，TLI 为 0.910，均大于 0.900 的标准，且 RMSEA 小于 0.080，对实际数据的拟合度比较好，说明本研究的 10 个潜变量之间具有良好的区别效度。

表2　　　　　　　　　　　　　　　　变量的区别效度分析

模型 Model	卡方值 x^2	自由度 df	近似误差均方根 RMSEA	非规准适配指数 TLI	比较适配指数 CFI
单因子模型 Model single-factor	5 127.58	702	0.136	0.542	0.442
三因子模型 Model three-factor	4 403	700	0.125	0.615	0.654
四因子模型 Model four-factor	4 217.79	699	0.634	0.634	0.654
十因子模型 Model ten-factor	1 515.907	679	0.91	0.91	0.918

注：n 为 340；单因子模型为所有的变量合成为一个因子；三因子将易用性及 6 个沉浸体验的前置变量（交互速度、网站技能、感知挑战、感知控制、远程呈现、有用性）合并为一个因子，沉浸体验为一个独立的因子，信任和再预订意愿合并为一个因子；四因子模型是将交互速度、网站技能、感知挑战、感知控制、远程呈现、有用性、易用性合并为一个因子，沉浸体验、信任和再预订意愿为 3 个独立的因子。

（二）变量的描述性统计分析

表 3 总结了变量的平均值、标准差及相关系数。由表 3 可知，沉浸体验与交互速度（$r=0.51$，$p<0.01$）、网站技能（$r=0.46$，$p<0.01$）、感知挑战（$r=0.40$，$p<0.01$）、感知控制（$r=0.51$，$p<0.01$）、远程呈现（$r=0.63$，$p<0.01$）、有用性（$r=0.56$，$p<0.01$）均呈现出显著正相关。此外，感知易用性与感知有用性也呈现显著正相关（$r=0.76$，$p<0.01$），沉浸体验与再预订意愿有显著的正相关（$r=0.57$，$p<0.01$）。

表3　　　　　　　　　　各主要变量的均值、标准差和相关关系

变量 Variable	1	2	3	4	5	6	7	8	9	10
交互速度 Interactive speed	1									
网站技能 Web skill	0.61 **	1								
感知挑战 Perceived challenge	0.25 **	0.17 **	1							
感知控制 Perceived control	0.53 **	0.67 **	0.23 **	1						
远程呈现 Telepresence	0.3 **	0.31 **	0.49 **	0.39 **	1					
易用性 Eease-of-use	0.65 **	0.61 **	0.13 **	0.65 **	0.26 **	1				
有用性 Perceived usefulness	0.64 **	0.57 **	0.18 **	0.61 **	0.31 **	0.76 **	1			
沉浸体验 Flow experiences	0.51 **	0.46 **	0.4 **	0.51 **	0.63 **	0.53 **	0.56 **	1		
信任 Trust	0.49 **	0.52 **	0.15 **	0.6 **	0.41 **	0.61 **	0.59 **	0.61 **	1	
再预订意愿 Eepurchase intention	0.54 **	0.48 **	0.24 **	0.58 **	0.39 **	0.61 **	0.65 **	0.57 **	0.66 **	1
均值 Mean	5.62	5.56	4.41	5.43	4.43	5.86	5.74	5.24	5.53	5.54
标准差 Standard deviation	0.99	1.05	1.47	1.02	1.42	0.94	0.89	1.13	1	1.04

注：n 为 340；*** $p<0.001$；** 为 $p<0.01$；* 为 $p<0.005$。

（三）假设验证

本研究主要采用层次回归的方法来进行假设验证。

1. 主效应

假设 1、2、3、4、5、7 分别提出了网站的交互速度、消费者的网站技能、感知挑战、感知控制以及旅游网站的远程呈现和有用性对消费者的沉浸体验具有显著的正向影响。为了验证这 6 个假设，首先将消费者沉浸体验设为因变量，再加入控制变量（性别、年龄、预订频率、网购经验），最后分别将 6 个前置变量（即网站的交互速度，消费者的网站技能、感知挑战、感知控制，旅游网站的远程呈现、有用性）放入回归方程。由表 4 可知，网站的交互速度（M2，$\beta = 0.51$，$p < 0.001$），消费者的网站技能（M3，$\beta = 0.48$，$p < 0.001$）、感知挑战（M4，$\beta = 0.41$，$p < 0.001$）、感知控制（M5，$\beta = 0.52$，$p < 0.001$）以及旅游网站的远程呈现（M6，$\beta = 0.64$，$p < 0.001$）和有用性（M7，$\beta = 0.56$，$p < 0.01$），都对消费者的沉浸体验有着显著的正向影响。假设 1、2、3、4、5、7 得到了数据的支持。

表 4 假设检验结果

因变量 Dependent variable								t 值
控制变量 Control variable	M1	M2	M3	M4	M5	M6	M7	t value
年龄 Age	0.08	0.07	0.1 *	0.05	0.08	-0.06	0.08	
性别 Gender	0.06	0.03	0.07	0.06	0.08	0.09 *	0.01	
预订频率 Frequency	-0.02	0.01	-0.07	0.04	-0.04	-0.02	-0.05	
网购经验 online shopping experience	0.09	-0.04	-0.04	0.12 *	-0.04	0.11 *	0	
自变量 Independent variable								
交互速度 Interactive speed		0.51 ***						10.6
网站技能 Web skill			0.48 ***					9.57
感知挑战 Perceived challenge				0.41 ***				8.18
感知控制 Perceived control					0.52 ***			10.82
远程呈现 Telepresence						0.64 ***		14.87
有用性 Perceived usefulness							0.56 ***	12.16
判定系数	0.02	0.27	0.23	0.19	0.28	0.41	0.32	
F 值	2	24.6 ***	20.34 **	15.31	25.55	46.89	31.85	
调整 R 值	0.02	0.25	0.21	0.17	0.26	0.41	0.31	
调整 F 值	2	112.34 ***	91.54 ***	66.95 ***	116.97 ***	221.16 ***	147.73 ***	

注：n 为 340；*** 为 p<0.001；** 为 p<0.01；* 为 p<0.005；年龄：1＝18 岁以下，2＝18～25 岁，3＝26～30 岁，4＝31～40 岁，5＝41～50 岁，6＝51～60 岁，7＝60 岁以上；性别：1＝男，2＝女；预订频率：1＝1 年一次，2＝1 年 2 次，3＝1 年 3 次，4＝1 年 3 次以上；网购经验：1＝1 年以下，2＝1～3 年，3＝3～6 年，4＝6 年以上。

假设 6 提出网站的易用性会正向影响其有用性。同理，仍采用层次回归分析加以验证，结果如表 5 所示，该假设也得到了数据的支持（M9，$\beta = 0.76$，$p < 0.01$）。

表5　　　　　　　　　　假设检验和中介效应检验结果

控制变量 Control variable	有用性 Perceived usefulness		信任 Trust		再预订意愿 Eepurchase intention				t 值 t value
	M8	M9	M10	M11	M12	M13	M14	M15	
年龄 Age	0.01	0.06	0.09	0.04	0.02	-0.01	0.12	0	
性别 Gender	0.09	0.08	0.02	0.02	0.07	0.02	0.01	0	
预订频率 Frequency	0.06	0.03	0.03	0.02	0.06	0.07	0.08	0.08	
网购经验 Online shopping experience	0.16 **	0.01	0.15	0.01	0.15	0.1	0.05	0.05	
自变量 Independent variable									
易用性 Eease-of-use		0.76 **							21.21
沉浸体验 Flow experiences				0.6 **		0.56 **		0.26 **	13.68/12.38
中介变量									15.69/12.38
信任 Trust							0.65 **	0.49 **	
判定系数	0.04	0.59	0.04	0.38	0.04	0.34	0.45	0.49	
F 值	3.47 **	96.44 **	3.22 **	41.48 **	3.67 **	34.93 **	54.35 **	53.75 **	
调整 R 值	0.04	0.55	0.03	0.38	0.03	0.33	0.41	0.48	
调整 F 值	3.47 **	449.71 **	3.22 **	187.2 **	3.67 **	153.27 **	246.31 **	97.45 **	

注：n-340；*** $p<0.001$；** $p<0.01$；* $p<0.005$，表中 13.68/12.38 分别是层次回归中 M11 与 M13 的 t 值，15.69/12.38 分别是层次回归中 M14 与 M15 的 t 值。

2. 信任的中介效应检验

为进一步解释信任在消费者沉浸体验和再预订意愿间的中介作用，笔者根据 Baron 和 Kenny 的建议，运用层次回归进行验证[52]。

如表 5 所示，消费者的沉浸体验（M13，$\beta = 0.56$，$p < 0.01$）对再预订意愿有显著的正向影响，假设 8 得到验证。如果一个自变量满足以下条件，就说它起到了中介变量的作用：①自变量的变化能够显著地解释中介变量的变化，即沉浸体验的变化能够显著地解释消费者信任的变化（M11，$\beta = 0.60$，$p < 0.001$）；②中介变量的变化能显著地解释因变量的变化，即信任的变化能显著地解释旅游消费者再预订意愿的变化（M14，$\beta = 0.65$，$p < 0.01$）；③当控制以上两个途径时，自变量与因变量之间在之前所表现出的显著作用减小了，或者不再存在了。由表 5 的 M15 可以看出，加入了中介变量消费者信任后，沉浸体验对消费者再预订意愿的回归系数变小（M15，$\beta = 0.26$，$p < 0.01$），即由 M13 中的 0.56 变成 M15 中的 0.26。但是，在加入了信任这个变量之后，模型的拟合优度却变高（M13，$R2 = 0.33$，M15，$R2 = 0.48$，$\Delta R2 = 0.15$）。由此可以得出：消费者信任在沉浸体验与再预订意愿之间起着部分中介作用，假设 9 得到了验证。

五、研究结论与启示

（一）研究结论

本研究以沉浸理论和技术接受模型为基础，从顾客沉浸体验视角建立了旅游消费者在线体验对再预订意愿的作用机制，阐释了消费者信任所起到的中介作用。

结果表明，网站的易用性正向影响在线旅游消费者对网站有用性的认知；网站交互速度、远程呈现，消费者的网站技能、感知挑战、感知控制、感知有用性对消费者的沉浸体验具有显著正向影响；消费者的沉浸体验正向影响消费者的再预订意愿，消费者对旅游电商的信任在沉浸体验和再预订意愿间起部分中介作用。

（二）研究结果讨论

沉浸理论能够帮助我们很好地理解旅游消费者的再预订意愿，对影响旅游消费者沉浸体验的因素的研究结果表明：

（1）网站的交互速度、远程呈现以及有用性都对消费者的沉浸体验具有显著的正向影响，这与 Hoffman 和 Novak[20] 以及 Rose 等人[9] 的研究结论一致。本研究发现，相较于旅游者自身因素，旅游消费者的沉浸体验更多受到了网站的交互速度、远程呈现及有用性的影响。其中，旅游网站的交互速度对消费者的沉浸体验影响较大，表明快速的页面切换及加载速度可以使得旅游消费者拥有更加完美的沉浸体验，电商管理者应重视这一研究结果，在产品信息陈列完整的同时保证网站较快的交互速度等。旅游电商的远程呈现对消费者的沉浸体验影响最大，说明旅游网站的精美设计、富有画面感的特点能给消费者带来良好的体验，从一个侧面反映消费者的审美诉求。该结论印证了 Kim 等的研究[27]，消费者浏览旅游网站不仅为了预订产品，也有娱乐需求。该结论为旅游电商的管理者提供了新的管理视角，即价格战仅是吸引顾客的一方面，旅游电商应同时加强网站设计，满足目标消费者的审美诉求。此外，旅游网站设计者应考虑网站信息的有用性、定制化等因素，如分类清晰的导航、便捷的关键字搜索工具以及在不同页面之间可以快速切换，这些都能显著提高在线旅游消费者的沉浸体验，从而促进其再次预订。

（2）适当的感知挑战与正向的感知控制也是影响消费者沉浸体验的重要因素。旅游电商将众多旅游产品同时呈现在消费者眼前，本是为了给消费者更多的选择。但是受认知能力的制约，人们的信息处理能力有限，过多的选择可能会导致消费者出现选择过载的问题[54]，进而可能影响到消费者感知控制力和加大感知挑战，随后可能影响到消费者的沉浸体验。

（3）顾客的信任在沉浸体验和再次预订意愿间起中介作用。这一结论对在线旅游消费者在不同的电商刺激下的心理状态进行了更全面的刻画，诠释了顾客沉浸体验对顾客在线行为的作用机理。一方面，该结论与 Pappas 等[25] 关于信任能够促进消费者再次预订意愿的研究结论一致；另一方面，本研究对信任的中介作用的检验结果表明，在线旅游消费者的信任，可以通过在线旅游电商创造沉浸体验的良好前置条件，如网站的交互速度、远程呈现及有用性来获得。该研究结论的启示是，即使旅游电商使消费者获得了沉浸体验，也不一定会确保其再次预订产品，建立消费者的信任才可以留住顾客；换言之，旅游电商需要关注旅游网站的交互速度、远程呈现、有用性，这些都能为获得消费者信任创造条件。具体而言，加强网站功能性及美观性建设、关注自身产品质量、加强客户关系管理以及在消费者进行在线预订时提供良好的人机支持，比如及时的客户服务等。

（三）研究的局限与展望

本研究仅从沉浸理论的视角梳理了影响旅游消费者在线体验的前置变量，并检验了信任在消费者沉浸体验和再预订意愿间的中介作用，研究结果可为后续研究者提供新的研究视角，但仍存在一定的局限。首先，67.1%的被试者年龄在18~30岁，尽管年轻群体一直是在线旅游消费的主力军，但根据中国互联网信息中心对2015年互联网发展的统计报告显示，40~55岁的网民增长速度很快，是未来在线旅游中有待关注的群体。其次，本研究根据Csikszentmihalyi和Le Fevre[18]以及Hoffman和Novak[19]的观点将沉浸体验作为单维度概念处理，但Rose等人认为沉浸体验的概念内涵比较宽泛，应将其看作多维度的概念，如内在享受、注意力集中等，可从认知和感知两个阶段加以分别考虑[9]。未来研究方向可考虑不同的前置变量如何影响沉浸体验的不同阶段。最后，本研究未考虑不同个性以及其他因素的调节作用。以顾客的朋友圈推荐为例，如果消费者身边的朋友都固定在某一旅游电商预订产品，并在其朋友圈进行分享，这势必会影响消费者的再次预订意愿。这些调节因素的影响还有待于进一步研究。

参考文献

[1] TENG C I, HUANG L S, JENG S P, et al. Who may be loyal? Personality, flow experience and customer e - loyalty [J]. International Journal of Electronic Customer Relationship Management, 2012, 6 (1): 20-47.

[2] KIM Y G, LI G. Customer satisfaction with and loyalty towards online travel products: A transaction cost economics perspective [J]. Tourism Economics, 2009, 15 (4): 825-846.

[3] HSU C L, LU H P. Why do people play on-line games? An extended TAM with social influences and flow experience [J]. Information & Management, 2004, 41 (7): 853-868.

[4] LEE S M, CHEN L. The impact of flow on online consumer behavior [J]. Journal of Computer Information Systems, 2010, 50 (4): 1-10.

[5] KHALIFA M, LIU V. Online consumer retention: Contingent effects of online shopping habit and online shopping experience [J]. European Journal of Information Systems, 2007, 16 (6): 780-792.

[6] CHIU C M, FANG Y H, CHENG H L, et al. On online repurchaseintentions: Antecedents and the moderating role of switchingcost [J]. Human Systems Management, 2013, 32 (4): 283-296.

[7] LING K C, CHAI L T, PIEW T H. The effects of shopping orientations' online trust and prior online purchase experience toward customers' online purchase intention [J]. International Business Research, 2010, 3 (3): 63 -76.

[8] BART Y, SHANKAR V, SULTAN F, et al. Are the drivers and role of online trust the same for all web sites and consumers? A large - scale exploratory empirical study [J]. Journal of Marketing, 2005, 69 (4): 133-152.

[9] ROSE S, CLARK M, SAMOUEL P, et al. Online customer experiencein e- retailing: An empirical model of antecedents and outcomes [J]. Journal of Retailing, 2012, 88 (2): 308-322.

[10] PARSA H G, COBANOGLU C. Building a model of commitment for generation Y: An empirical study one-travel retailers [J]. Tourism Management, 2011, 32 (4): 833 -843.

[11] HUANG Y C, BACKMAN S J, BACKMAN K F. The impacts of virtual experiences on people's travel intentions [J]. Information and Communication Technologies in Tourism, 2010, 1 (1): 555-566.

[12] GAO L, BAI X. Online consumer behaviour and its relationship to website atmospheric induced flow: Insights into online travel agencies in China [J]. Journal of Retailing and Consumer Services, 2014, 21 (4): 653-665.

[13] KAMALADEVI B. Customer experience management in retailing [J]. Business Intelligence Journal, 2010, 3 (1): 37-54.

[14] PUCCINELLI N M, GOODSTEIN R C, GREWAL D, et al. Customer experience management in retailing: Understanding the buying process [J]. Journal of Retailing, 2009, 85 (1): 15-30.

[15] VERHOEF P C, LEMON K N, PARASURAMAN A, et al. Customer experience creation: Determinants, dynamics and management strategies [J]. Journal of Retailing, 2009, 85 (1): 31-41.

[16] CSIKSZENTMIHALYI M. Play and intrinsic rewards [J]. Journal of Humanistic Psychology, 1975, 15 (3): 41-63.

[17] CSIKSZENTMIHALYI M. Finding Flow: The Psychology of Engagement with Everyday Life [M]. New York: Basic Books, 1997.

[18] CSIKSZENTMIHALYI M, LE F J. Optimal experience in workand leisure [J]. Journal of Personality and Social Psychology, 1989, 56 (5): 815-822.

[19] HOFFMAN D L, NOVAK T P. Marketing in hypermedia computer-mediated environments: Conceptual foundations [J]. The Journal of Marketing, 1996, 60 (3): 50-68.

[20] HOFFMAN D L, NOVAK T P. Flow online: Lessons learned and future prospects [J]. Journal of Interactive Marketing, 2009, 23 (1): 23-34.

[21] NOVAK T P, HOFFMAN D L, YUNG Y F. Measuring the customer experience in online environments: A structural modeling approach [J]. Marketing Science, 2000, 19 (1): 22-42.

[22] MEYER C, SCHWAGER A. Understanding customer experience [J]. Harvard Business Review, 2007, 85 (2): 117-126.

[23] GENTILE C, SPILLER N, NOCI G. How to sustain the customer experience: An overview of experience components that co-create value with the customer [J]. European Management Journal, 2007, 25 (5): 395-410.

[24] LEMKE F, CLARK M, WILSON H. Customer experience quality: An exploration in business and consumer contexts using repertory grid technique [J]. Journal of the Academy of Marketing Science, 2011, 39 (6): 846-869.

[25] PAPPAS I O, PATELI A G, GIANNAKOS M N, et al. Moderating effects of online

shopping experience on customer satisfaction and repurchase intentions [J]. International Journal of Retail & Distribution Management, 2014, 42 (3): 187-204.

[26] MOLLEN A, WILSON H. Engagement, telepresence and interactivityin online consumer experience: Reconciling scholastic and managerial perspectives [J]. Journal of Business Research, 2010, 63 (9): 919-925.

[27] KIM T G, LEE J H, LAW R. An empirical examination of the acceptance behaviour of hotel front office systems: An extendedtechnology acceptance model [J]. Tourism Management, 2008, 29 (3): 500-513.

[28] HA H Y, JANDA S, MUTHALY S K. A new understanding of satisfaction model in e - re - purchase situation [J]. European Journal of Marketing, 2010, 44 (7/8): 997 -1016.

[29] LI A, LI X, GAO J, et al. The negative effect of pursuing positive emotion and its psychological mechanism [J]. Advances in Psychological Science, 2015, 23 (6): 979 -989.

[30] 魏守波, 程岩. 移动支付中用户信任的影响要素 [J]. 系统工程, 2010, 28 (11): 9-15.

[31] 洪红, 徐迪. 移动社交应用的持续使用意愿的影响因素: 探讨网络外部性和羊群作用的共同行为 [J]. 经济管理, 2015, 37 (5): 40-50.

[32] 张嵩, 丁怡琼, 郑大庆. 社会化网络服务用户理想忠诚研究: 基于沉浸理论和信任承诺理论 [J]. 情报杂志, 2013, 32 (8): 197-203.

[33] 陈洁, 丛芳, 康枫. 基于心流体验视角的在线消费者购买行为影响因素研究 [J]. 南开管理评论, 2009, 12 (2): 133-140.

[34] 李慢, 马钦海, 赵晓煜. 网络服务场景对在线体验及行为意向的作用研究 [J]. 管理科学, 2014, 27 (4): 86-96.

[35] 杰弗瑞. 戈比. 你生命中的休闲 [M]. 康筝, 译. 昆明: 云南人民出版社, 2000: 21.

[36] 谢彦君, 彭丹. 旅游、旅游体验和符号: 对相关研究的一个评述 [J]. 旅游科学, 2005, 19 (4): 109-113.

[37] 厉新建. 旅游体验研究: 进展与思考 [J]. 旅游学刊, 2008, 23 (6): 90-95.

[38] 吴茂英, PHILIP L P. 积极心理学在旅游学研究中的应用 [J]. 旅游学刊, 2014, 29 (1): 39-46.

[39] 张野. 中国文化语境下的休闲及相关概念的考察 [J]. 旅游学刊, 2013, 28 (9): 109-113.

[40] BORRIE W T. Measuring the Multiple, Deep, and Unfolding Aspects of the Wilderness Experience Using the Experience Sampling Method [D]. Virginia: Virginia Polytechnic Instituteand State University, 1995.

[41] KOUFARIS M. Applying the technology acceptance model and flow theory to online consumer behavior [J]. Information Systems Research, 2002, 13 (2): 205-223.

[42] FINNERAN C M, ZHANG P. A person- artefact- task (PAT) model of flow ante-

cedents in computer-mediated environments [J]. International Journal of Human-Computer Studies, 2003, 59 (4): 475-496.

[43] MARCHIONINI G. Information Seeking in Electronic Environments [M]. Cambridge: Cambridge University Press, 1997.

[44] COMPEAU D R, HIGGINS C A. Application of social cognitivetheory to training for computer skills [J]. Information Systems Research, 1995, 6 (2): 118-143.

[45] 汪涛, 望海军. 顾客参与一定会导致顾客满意吗: 顾客自律倾向及参与方式的一致性对满意度的影响 [J]. 南开管理评论, 2008, 11 (3): 4-11.

[46] SHIM S, EASTLICK M A, LOTZ S L, et al. An online repurchaseintentions model: The role of intention to search: Best Over all Paper Award-The Sixth Triennial AMS/ACRA Retailing Conference, Decision made by a panel of Journal of Retailingeditorial board members [J]. Journal of Retailing, 2001, 77 (3): 397-416.

[47] STEUER J. Defining virtual reality: Dimensions determining telepresence [J]. Journal of Communication, 1992, 42 (4): 73-93.

[48] DAVIS F D. Perceived usefulness, perceived ease of use, and use racceptance of information technology [J]. MIS Quarterly, 1989 (9): 319-340.

[49] O'CASS A, CARLSON J. Examining the effects of website-inducedflow in professional sporting team websites [J]. Internet Research, 2010, 20 (2): 115-134.

[50] ZHAO L, LU Y, WANG B, et al. What makes them happy andcurious online? An empirical study on high school students' Internet use from a self-determination theory perspective [J]. Computers & Education, 2011, 56 (2): 346-356.

[51] MATHWICK C, RIGDON E. Play, flow, and the online search experience [J]. Journal of consumer research, 2004, 31 (2): 324-332.

[52] BARON R M, KENNY D A. The moderator-mediator variabledistinction in social psychological research: Conceptual, strategic, and statistical considerations [J]. Journal of Personality and Social Psychology, 1986, 51 (6): 1173.

[53] 温忠麟, 侯杰泰, 张雷. 调节效应与中介效应的比较和应用 [J]. 心理学报, 2005, 37 (2): 268-274.

[54] 胡家镜, 张梦. 选择越多越好吗? 旅游情境中的选择过载效应研究 [J]. 旅游学刊, 2014, 29 (12): 14-21.

（本文发表在《旅游学刊》2016 年第 9 期上）

度假区公共服务设施普适性设计研究[①]

赖昱宏

（四川师范大学美术学院，四川成都 611743）

公共服务设施是在公共区域满足使用群体相关需求而配套建设的为公众服务和使用的各类设施。它的好坏将影响公众对环境的整体印象，并影响着人与环境之间的互动，人与场所之间的交流。对于旅游度假区，应根据社会发展状态完善其服务设施。目前出游人群增多，尤其是还有一些身体有缺陷或不完善的出游人群。对于旅游群体呈多样化的趋势，公共服务设施不能仅侧重于普通旅游者的需求，还应关注弱势群体等更广泛的人群。而当前这类特殊设施的数量还非常少。因此应采用积极的方法，使公共服务设施能服务于多样化群体。对此，本文以普遍适用性为基础，对度假区中的公共服务设施设计进行研究。

一、度假区公共服务设施普适性设计

（一）何为普适性设计

普适性设计的概念最早是在 1985 年被设计师罗·玛斯所使用，它解释了普适设计产品能够在最大限度上满足每一个人需要的设计。20 世纪中期，残障问题引起人们关注，通用设计作为普适设计原型而出现。1974 年美国教授 Ron Maee 在国际残障者生活环境专家会议中提出 Universal Design 一词，开拓了"通用设计"这一概念。20 世纪 90年代对它再次修正为"在最大限度的可能范围内，不分性别、年龄与能力，适合所有人使用的环境或产品之设计"，由此可见普适设计的设计服务对象的范围是广大、全面、普遍的。可以理解为设计对象具有普遍的适用性，能提供给所有人使用。其设计的作品受众为大众，定位于多类人群，既能满足特殊群体需求，正常民众也能够使用。因此若要采用普适性设计，在设计细微之处考虑的问题就更多，并需要通过一定方法使设施具备多样性功能，达到普遍适用的目的。

---

① 本文系四川省哲学社会科学重点研究基地——四川旅游发展研究中心立项课题（LYC13-08）的阶段性成果。

（二）旅游区公共服务设施普适设计

公共服务设施亦称为公共设施，指由政府部门直接或者间接提供、在公共区域供公众享用的各类服务设施。它是满足人们户外活动的辅助设施，为人们提供便捷的服务。旅游公共设施是公共设施中的一部分，它有特定的使用人群。所以旅游区域公共设施应该具备公共设施的一些基本功能，但同时也有自身的特征性。本文所侧重的旅游公共服务设施主要指旅游区域的信息设施（标识导向、宣传栏、售货亭、电话亭、音响设备等），卫生设施（垃圾箱、雨水井、饮水器、公厕等），休息设施（座椅、廊、架、亭等），照明系统设施，交通设施，等等。在此类公共服务设施上采用普适设计，需通过相应的设计方法找到最佳的设计形式，最大限度地缩小各个不同使用群体之间的差距。这种设计不仅仅是为了解决审美和实用的问题，更重要的是满足人的个体价值和尊严的需求。公共设施最终要面向大众，使每一个人都能方便使用，使受用者得到平等的尊重，尤其是妇女、儿童、婴儿、老年人等弱势人群。

二、度假区公共服务设施普适设计的意义

如今旅游环境已经发生了很大变化。首先，由于我国已经进入老龄化时代，60 岁以上人口已经超过 1.6 亿，占总人口的 10% 以上，出游群体中老人占较大比重。其次，经济条件变好，携带儿童、婴儿旅游的人数也在增加，而在行动和感官上有缺陷或不完善的人群数量也在逐年上升。因此，度假区域需要改进公共设施，使其服务于多层次群体。但目前多数旅游区域内的公共设施还存在一定问题。一方面是区域内设施不齐全，部分公共服务设施无法满足广泛人群的使用需求，如缺少母婴设施，常常造成携带婴儿的妇女在厕所给孩子换洗纸尿裤的时候很不便利。另一方面是设施设计不合理，如提供的儿童洗手台设计尺度过高，常造成孩子无法正常洗手；提供的垃圾桶分类图标不清晰，易使垃圾乱丢弃。根据此种情况，度假区中的公共服务设施设计应进一步完善。可使用普适设计的公共服务设施，这样将给旅游环境带来积极的意义，具体做法如下。

（一）提高设施使用率，资源利用最大化，减少对环境、材料的损耗

目前材料和技术上越来越先进与纯熟，在技术实施上基本不存在什么大的障碍。对公共服务设施进行普适设计，能将特殊群体使用的设施与普通群体使用的设施合二为一，减少设施在环境中分配的数量，从而减轻环境负担，也节省了经济开支。

（二）建立相互尊重的度假环境，有利于人与人之间的和谐

采用普适性设计的公共设施，能使设施在分配和享有上对每类群体都是平等的。从心理角度出发，能消除制造人与人之间差别的物质隐患，体现出环境对个体的关怀。无论是特殊群体还是正常民众都能够享有区域内的公共服务设施。尤其是近年出游较多的儿童、老人、携带婴儿的妇女等弱势群体在旅游环境中得到尊重，可使旅游度假环境中的矛盾减少，人们相处更和谐。

三、公共服务设施普适设计的原则

度假区公共服务设施的普适性设计研究，以通用设计和无障碍设计为基础，根据不同人群提出新的设计理念，使公共设施能够满足使用人群的广泛性及多层次性。进行度假区公共服务设施设计时，要把普适性完整和完美地运用到实际中去，需遵循一定的原

则和方法：

（一）平等性原则

从普适性角度看，公共设施的功能是第一位的。使用过程中不应区分使用对象，对不同群体尽可能提供类似或平等的使用方法。

（二）简洁、易于操作原则

普适设计的公共服务设施应简洁，去除不必要的复杂性。使用者在自然姿势下即可操作，尽可能减少重复、长时间操作的动作，身体能量损耗小就不会使身体疲劳。特殊群体便也能有效、轻松地使用这些服务设施。

（三）安全性原则

这类公共设施不会因使用不当或无意识操作的行为而造成危险。必须确保特殊使用者和正常者远离危险，应让危险及错误降至最低，在操作不当时提出危险或错误的警示。即便是操作错误时也能保证安全，让使用者安全操作。

（四）多样性原则

从不同的使用场所、使用人群来看，旅游区公共设施的功能需要整合，把多种功能合而为一。让一个设施提供多元化的选择，这样既能节省资源，又能照顾不同群体的利益。

（五）人机尺寸原则

设计中的一个主要因素就是尺度。公共设施普适设计中的尺度应从使用者的生理、心理方面来考虑。所以在设计时要提供无论是大人还是小孩、有无移动能力都能舒适操作的平台，留出使人轻松使用的空间。

四、对度假区公共饮水台普适设计的建议

下面通过度假区实际使用的公共设施，说明普适设计需要注意的细节。以度假区公共饮水台为例，它是为游客们提供饮水的平台，其水质应达到国家规定的直接饮用水标准。它安装在区域内人流较密集的公共场所，方便游客直接使用。通过轻轻按压喷嘴龙头，直饮水就会呈抛物线流出，饮水者的嘴唇在不接触喷口的情况下接触水流即可饮用。若度假区中配备这类安全、方便、舒适的饮水设施，就能带给游客安全、舒适、便利的旅游度假体验。

配置这类公共设施时，需满足社会各类人群的使用需求，如儿童、坐轮椅者、老人等弱势群体。故饮水台应具备普遍适用性特征，达到功能的通用性与无障碍性，提供给度假区中的所有群体使用。以下是对饮水台普适设计提出的几方面建议：

（一）注重人机尺度

饮水台的尺寸应适合大众的尺寸要求，对于老、中、青、儿童都同时使用的饮水台，在设计尺度上更应该加大推敲力度。尽可能在设施上融合多种尺度，适合多种人群使用。如整个饮水台面的高度可以有高矮之差，解决不同高度人群的使用问题。儿童群体在使用这类设施时很不方便，多受尺度影响，因而可设置垫脚石或降低饮水台台面，帮助儿童在饮水台面上正常饮水。

（二）提供多元化选择

一个饮水台可满足多类人群使用，但不同群体间存在一定差异，使用需求也不一致，因而饮水台应具备多种功能，供使用者选择。但在设计中就应把这些不同类型的功能整合在一起，减少多余的设施，其目的是使饮水台在操作上简洁方便，又能提供多种功能。

（三）设计有效的轻松操作平台

公共饮水台应遵循不同人群的行为特征，针对性地进行设计。让不同类型的群体在操作时，可以轻松自然地进行，尤其是老人、儿童、残障人士。因此水龙头样式、在台面上设置的位置、人操作时的力度、控制水量的大小都需要在设计中反复推敲。

（四）重视形式语言设计

通过饮水台的形状、尺度、比例关系营造出环境氛围，并结合所在度假区的地域特色与文化性质，给造型单一的公共饮水台融入更多的元素。这些元素的运用应根据其使用场所的不同和表达含义的不同而有所变化，从而使公共饮水台在满足功能性的同时具有一定的景观性与文化性。

五、结语

在旅游度假区中，公共服务设施是不可或缺的重要组成部分。在公共服务设施实现普遍适用性的过程中，必须考虑到设施是群体性和个体化的结合，同时应通过人机关系、生活方式等多角度来分析设计方法，才能使设计的设施达到设计的最佳状态，从而为游客提供别样的旅行体验。

参考文献

［1］刘连新，王明旨. 无障碍设计概论［M］. 北京：中国建材工业出版社，2004.

［2］黄群. 无障碍：通用设计［M］. 北京：机械工业出版社，2009.

［3］刘洋，朱钟炎. 通用设计应用［M］. 北京：机械工业出版社，2010.

（本文发表在《环艺设计》2016年第10期上）

基于工作环境变量的四川
中小饭店企业员工组织承诺测量①

秦宏瑶¹，唐勇²，姚在斌³，张命军⁴，李晓强²

（1. 天一学院，四川成都 610400；
2. 成都理工大学旅游与城乡规划学院，四川成都 610059；
3. 四川锦程消费金融有限责任公司，四川成都 610000；
4. 广州市中大管理咨询有限公司，广东广州 510275）

工作环境变量（Work Interferences）是影响员工满意度的前置因素，而离职则是后向结果[1]。社会、经济、心理等多重工作环境变量关系到员工对所从事职业的满意度（Job Satisfaction）[2-3]；而不良的工作环境可能与员工的日常生活发生冲突（Work-Family Conflict）[4-5]，进而影响其组织承诺与工作绩效（Job Performance）。中国饭店企业员工平均离职率为 23.95%，三星级及以下饭店平均离职率为 24.78%[6]。在饭店企业员工流失问题突出的背景下，如何加强员工的凝聚力，发挥员工的积极性，保持员工对饭店企业的忠诚度，是中小饭店企业在发展中必须面对的问题。

"组织承诺"（Organizational Commitment）又称为"员工忠诚"（Employee Loyalty）、"员工承诺"（Employee Commitment）[7]。国外研究始于 20 世纪 30 年代[8]，早期成果一方面关注于组织承诺相关概念的解析，另一方面注意探讨其对于企业稳定发展的重要意义[9-12]。前者如 Myeer 等关于员工忠诚三层次结构的界定——感情承诺（Affective Commitment）、持续承诺（Continue Commitment）、规范承诺（Normative Commitment）[13]；后者如 Zdaniuk 等指出"忠诚的员工在接受和其他员工同样的待遇甚至在遇到外部诱惑时，仍然留在企业，因为留在企业会为企业其他员工带来好处"[14]。近年来，研究重点逐渐转向为组织承诺测量及其与工作、社会、个人等相关变量的关系的探讨[15-17]。

国内学者关于员工忠诚的关注始于 20 个世纪 90 年代对国外文献全面吸收基础上的对比研究[18-20]。如，叶军提出企业内部存在低层次的忠诚和高层次的忠诚[21]，其观点与 Meyer 等相似[13]。然而，以饭店为代表的旅游企业员工忠诚度的研究尚处于起步阶段，但在国外相关研究的基础上取得了新的研究进展[22-23]，主要研究者有罗旭华、姚

---

① 本文系四川省哲学社会科学重点研究基地——四川旅游发展研究中心立项课题（LYC13-08）阶段性成果。

唐、黄燕玲等[24-26]。其中，罗旭华从饭店内部"推力"、社会外在"拉力"[24]的角度，姚唐等从内部营销的角度，就提高酒店员工忠诚度进行了实证研究[25]。黄燕玲提出了与员工建立战略伙伴关系、加强有效沟通、注重培训等提高饭店员工忠诚度的途径[26]。

鉴于组织承诺的概念不断细分，维度逐渐合理，测量方式也相对成熟完善，然而却鲜有专门论及中小饭店企业员工忠诚度的基础性研究，本课题对四川省中小饭店企业员工组织承诺展开实证调研，关注中小饭店员工对于企业环境变量的认知，评价组织承诺现状，探测企业环境变量与组织承诺的关系。研究结论有利于弥补学界对中小企业员工忠诚度问题研究的缺失，丰富饭店及旅游企业员工忠诚度研究的成果，能够为四川省的中小饭店企业的人力资源管理提供决策依据。

一、研究设计

（一）问卷设计

以"组织忠诚量表"（Organizational Commitment Questionnaire）为基础[15]，借鉴"忠诚严格检测调查表"（Loyalty Acid Test Survey）[17]，设计"半结构化自填式问卷"（Semi-structured and Self-administered Questionnaire）。问卷采用5分制李克特量表（Likert）为度量尺度，包括3个部分、27项封闭式问题及1项针对工作环境改善意见的开放性问题（Open Ended Question）。

第一部分测量影响员工组织承诺的12项工作环境变量，如工资收入、企业文化等；第二部分共计15个问题，重点关注员工组织承诺与离职倾向，删除了组织忠诚量表（OCQ）的3个测试项，调整并保留15项。第三部分为人口学特征信息，含性别、年龄、学历、职务等5个问题及1项开放性问题。

（二）数据分析

采用SPSS19.0对问卷数据进行处理。在Cronbach's alpha信度检验以及区分度检验的基础上，依次采用描述性统计对工作环境与组织承诺变量按照平均分值排序；按照感情承诺、持续承诺及规范承诺三个维度对组织承诺的15项指标因子进行缩减；运用相关分析（Correlation Analysis）探测三个维度的主因子与工作环境变量之间的关系。

（三）数据采集

以四川省内的中小饭店企业的在职员工为调研对象，请受访者对他们在中小饭店企业工作环境的真实感知以及组织承诺与离职倾向的实际认知做出选择。调研人员由课题组成员及成都理工大学旅游管理专业学生组成。结合酒店预订网站公布的酒店区域及规模信息，采用便利抽样法（Convenience Sampling Method），选取了四川省内的20余个三星级及以下的酒店作为调研地。调研分两个阶段：第一阶段从2011年2—4月，通过网络发放问卷，同时在眉山市、巴中市、南充市等地选取中小饭店进行抽样调查，共发出问卷110份，回收有效问卷89份；第二阶段从2011年5—6月，选取成都市内部分中小饭店，共发放问卷250份，回收有效问卷194份。前后两次共发放问卷360份，有效问卷为283份，有效问卷率为78.6%。

样本含不同的性别、年龄层次、文化程度、收入水平、职业等信息，随机性强，人口学结构分布与员工实际分布基本一致（见表1）。其中，女性员工显著多于男性员工；在年龄结构上，主要以中青年为主，其中19~30岁的员工比例达到71.7%；从受教育程度来看，中小饭店员工学历相对较低，主要集中在高中（职高）这一水平，超过七成员工学历在高中以下；在员工职务分布中，中小饭店各个层次的员工均有涉及，其中普通员工占到 61.8%，占据样本的绝大部分；就工作时间来看，62.5% 的员工在饭店工作不到一年，仅有 10.9% 的员工工作时间在 3 年以上。

表1 人口学特征

人口学特征变量	频率（人）	百分比（%）	人口学特征变量	频率（人）	百分比（%）
性别			职务		
男	103	36.4	普通员工	175	61.8
女	178	62.9	领班	36	12.7
未回答	2	0.7	主管	43	15.2
年龄			部门经理及以上	23	8.1
18 岁以下	10	3.5	未回答	6	2.1
19~30 岁	203	71.7	工作时间		
31~45 岁	65	23	3 个月以内	47	16.6
46~60 岁	2	0.7	6 个月以内	55	19.4
未回答	3	1.1	1 年以内	75	26.5
学历			2 年以内	36	12.7
小学	2	0.7	3 年以内	32	11.3
初中	28	9.9	5 年以内	14	4.9
高中（职高）	168	59.4	5 年以上	17	6
大专	23	8.1	未回答	7	2.5
本科	55	19.4			
未回答	7	2.5			

12 项组织承诺影响因子及 15 项组织承诺因子信度检验后的一致性系数分别为 0.848 及 0.761，符合 Nunnally 大于 0.5 的标准，说明问卷具有良好同质稳定性。区分度检验表明组织承诺指标高低分组得分均有显著差异，说明此次问卷的 15 项指标鉴别力均较好，可以区分不同受访者在组织承诺上的差异。

二、研究结果

（一）因子排序

工作环境变量排序显示：福利待遇、工资收入两项显著靠前，而企业文化、培训机会两项与排在第 10 位的同事关系的因子差距较大；除去首尾 4 项，其余 8 项集中于 3.1~3.5 这一分值段。据此，以 "0.4" 为一个步长，将因子分成 3 个分值段。福利待遇、工资收入、晋升机会（m>3.5），属于第一分值段；工作成就感、领导方式、酒店发展前景、工作节奏/压力、工作环境、工作内容、同事关系位于第二分值段（3.1<m<3.5）；企业文化、培训机会两个因子，归入第三分值段（m≤3.1）（见表2）。

15个组织承诺的指标因子均值分布在2.55~3.75这一区间，而区间内相邻两个因子的均值分数差异并不明显，尤其排序在前五的因子分数极为集中。以0.4作为步长，把2.55~3.75区间等分为3段。其中，第一分段值（m>3.35）包含"我愿意为酒店的发展贡献力量""继续为本部门工作是出于自愿，也是我必须做的事情"等7项因子。第二分值段（2.95<m<3.35）包括6项因子。例如，"我觉得这里没有家的感觉""近期我不会离开，因为我的离开将会影响同事工作"等。"如果离开的话，我的生活将会被打乱""如果离开的话，我会有负罪感"2项，归入第三分值段（m<2.95）（见表2）。

表2　　　　　　　　　　　　　　　　因子重要性排序

工作环境	均值	排序
福利待遇	3.83	1
工资收入	3.79	2
晋升机会	3.51	3
工作成绩感	3.38	4
领导方式	3.37	5
酒店发展前景	3.36	6
工作节奏/压力	3.34	7
工作环境	3.3	8
工作内容	3.26	9
同事关系	3.21	10
企业文化	3.1	11
培训机会	3.1	12
组织承诺	均值	排序
我愿意为酒店的发展贡献力量	3.75	1
继续为本部门工作是出于自愿，也是我必须做的事情	3.7	2
我对这家酒店没有太多感情	3.68	3
我对本部门工作的绩效的好坏负有责任	3.66	4
我乐意留下来继续工作	3.63	5
在这里工作，我没有归属感	3.55	6
酒店的健康发展对我个人而言意义重大	3.43	7
我觉得这里没有家的感觉	3.29	8
近期我不会离开，因为我的离开将会影响同事工作	3.26	9
想换个工作，但现阶段还很难实现	3.2	10
我感到这家酒店为我做了很多	3.09	11

表2(续)

阻碍我换工作的原因是，我还没找到更好的去处和机会	3.03	12
即使换个工作更有利于我的发展，我仍觉得现在离开不合适	3.03	13
如果离开的话，我的生活将会被打乱	2.66	14
如果离开的话，我会有负罪感	2.57	15

（二）因子缩减

感情承诺是指员工对企业投入感情与否的相关因子，包括"我乐意留下来继续工作""在这里工作，我没有归属感""我对酒店没有太多感情"等6个问题。持续承诺包括了员工是否愿意在企业中持续工作的4个问题，例如"想换个工作，但现阶段还很难实现""阻碍我换工作的原因是，我还没有找到更好的去处和机会"等。规范承诺表明员工对于企业规范及其约束力的认知情况，包括"我感到酒店为我做了很多""近期我不会离开，因为我离开将会影响到同事工作"等5个问题。

采用简单加权求和运算，分别获得组织承诺指标在三个不同维度上的均值。总体上，三项组织承诺主因子的均值得分都大于中值（m>2.5），并且感情承诺（m=3.55）显著大于持续承诺（m=3.16）与规范承诺（m=3.13）（见表3）。

表3　　　　　　　　　　　　　　　组织承诺因子缩减

主因子	指标因子	均值
感情承诺	我乐意留下来继续工作	3.55
	在这里工作，我没有归属感	
	我对这家酒店没有太多感情	
	我愿意为酒店的发展贡献力量	
	酒店的健康发展对我个人而言意义重大	
	我觉得这里没有家的感觉	
持续承诺	想换个工作，但现阶段还很难实现	3.16
	阻碍我换工作的原因是，我还没找到更好的去处和机会	
	继续为本部门工作是出于自愿，也是我必须做的事情	
	如果离开的话，我的生活将会被打乱	
规范承诺	我感到这家酒店为我做了很多	3.13
	近期我不会离开，因为我的离开将会影响同事工作	
	如果离开的话，我会有负罪感	
	即使换个工作更有利于我的发展，我仍觉得现在离开不合适	
	我对本部门工作的绩效的好坏负有责任	

（三）相关分析

感情承诺与企业文化、培训机会、同事关系、工作环境、领导方式、酒店发展前景、工作成就感显著正相关；持续承诺与工资收入、福利待遇显著负相关；规范承诺与企业文化、培训机会、同事关系、工作内容、晋升机会、工作环境、领导方式、酒店发展前景、工作压力、工作成就感显著正相关（见表4）。

表4　　　　　　　　　组织承诺与工作环境变量的相关性分析

		工资收入	企业文化	培训机会	同事关系	工作内容	晋升机会	工作环境	领导方式	福利待遇	酒店发展前景	工作节奏/压力	工作成就感
感情承诺	Pearson相关性	0.009	0.189**	0.192**	0.124*	0.117	0.117	0.154*	0.154*	0.030	0.217**	-0.002	0.174**
	显著性（双侧）	0.890	0.002	0.002	0.047	0.059	0.058	0.013	0.013	0.635	0.000	0.978	0.005
持续承诺	Pearson相关性	-0.173*	0.077**	0.026**	0.090*	-0.090	-0.097	0.090*	0.015*	-0.128*	0.050*	-0.030	0.065**
	显著性（双侧）	0.005	0.213	0.670	0.144	0.148	0.116	0.143	0.812	0.038	0.413	0.624	0.290
规范承诺	Pearson相关性	0.020	0.188**	0.162**	0.161**	0.137	0.151	0.166**	0.148*	0.082	0.235**	0.200	0.291**
	显著性（双侧）	0.739	0.002	0.009	0.009	0.026	0.013	0.007	0.016	0.185	0.000	0.001	0.000

** 水平（双侧）上显著相关，* 0.05 水平（双侧）上显著相关

三、结论与讨论

第一，员工在考量企业工作环境时，最为关注的是福利待遇（m=3.83）、工资收入（m=3.79）和晋升机会（m=3.51）三项因素，而最为忽视的是企业文化（m=3.10）、培训机会（m=3.10）两项内容。这一方面反映出员工对于工作环境中工资、福利与晋升的现实需要，另一方面也说明对于中小饭店企业而言，企业文化建设以及培训机会对员工缺乏吸引力。位于第二分值段的7项因子则反映出在满足了员工对于企业工作环境的基本的现实需求之后，他们对于工作成就感、领导方式与工作环境等得到改善的需求。第二，员工大多表达了对"愿意为酒店的发展贡献力量"（m=3.75）和"继续为本部门工作是出于自愿，也是我必须做的事情"（m=3.70）两项组织承诺因子较高程度的认同，而对"如果离开的话，我的生活将会被打乱"（m=2.66）、"如果离开的话，我会有负罪感"（m=2.57）的认同程度最低。与此同时，对于企业没有太多感情（m=3.68）、缺乏归属感（m=3.55），没有"家的感觉"（m=3.29）等认知，应引起足够重视。第三，组织承诺在三个维度的主因子得分虽略高于中值（m=2.5），但距离理想水平还有一定距离。其中，感情承诺（m=3.55）（m>2.5）显著大于持续承诺（m=3.16）与规范承诺（m=3.13）（见表3），这显示出感情承诺对于企业员工的约束力。因此，对于中小饭店企业而言，"感情留人"的效果优于企业制度以及持续性因素对于员工的约束。第四，相关性分析揭示了组织承诺在三个维度的主因子与工作环境变量之间的关系。其中，培养感情承诺应重视企业文化建设、增加培训机会、改进同事关系、优化工作环境、改善领导方式、明确企业发展前景、提升工作成就感。强化规范承诺除了应重视以上工作环境因素以外，还要合理分配工作内容，提供晋升机会，帮助员工缓解工作压力。持续承诺与工资收入和福利待遇显著负相关的结论表明，单纯的物质激励

并不能起到提升组织承诺的作用，甚至还会适得其反。

综上，本研究是对四川中小饭店企业员工组织承诺研究的一次有益尝试。由于员工组织承诺量表的局限性，暂未给出中小饭店员工组织承诺的绝对高低。在问卷第三部分，对员工工作时间的调查以其在本酒店工作时间为准，忽略了员工之前可能会在行业内其他饭店工作，这可能会对最终的结论产生一定影响，希望在以后的研究中对这一点能够加以改善。（感谢成都理工大学旅游管理专业的石芯瑞、胡泽宇、邵子迁等同学对调研提供的帮助。）

参考文献

［1］ROGERS J D, CLOW K E, KASH T J. Increasing Job Satisfaction of Service Personnel ［J］. Journal of Services Marketing, 1994, 8 (1): 14-26.

［2］TSUI P L, LIN Y S, YU T H. The Influence of Psychological Contract and Organizational Commitment on Hospitality Employee Performance ［J］. Social Behavior and Personality, 2013, 41 (3): 443-452

［3］NAMASIVAYAM K, ZHAO X Y. An Investigation of the Moderating Effects of Organizational Commitment on the Relationships Between Work-family Conflict and Job Satisfaction among Hospitality Employees in India ［J］. Tourism Management, 2007, 28 (5): 1212-1223.

［4］CANNON D F. Better Understanding the Impact of Work Interferences on Organizational Commitment ［J］. Marriage & Family Review, 1998, 28 (1): 153-166.

［5］TSAI M C, CHENG C C, CHANG Y Y. Drivers of Hospitality Industry Employees' Job Satisfaction, Organizational Commitment and Job Performance ［J］. African Journal of Business Management, 2010, 4 (18): 4118-4134.

［6］姚在斌. 公平敏感性视角下成都中小饭店员工忠诚度影响因素实证研究 ［D］. 成都：成都理工大学，2013.

［7］BECKER H. Notes on the Concept of Commitment ［J］. American Journal of Sociology, 1960, 66 (1): 32-42.

［8］HOPPOCK R. Job Satisfaction ［M］. New York: Harper and Brothers, 1935.

［9］SCOTT W. Values and Organizations: A Study of Fraternities and Sororities ［M］. Chicago: Rand Mc Nally, 1965.

［10］HIRSCHMAN A O. Exit, voice and loyalty ［M］. New York: Harvard Uni. Press, 1970.

［11］MOWDAY R, PORTER L, STEERS R. Employee-organizational Linkages ［M］. [S. l.]: Academic Press, 1982.

［12］JAMES K, CROPANZANO R. Dispositional Group Loyalty and Individual Action for the Benefit of an Group: Experimental and Correlational Evidence ［J］. Organizational Behavior and Human Decision Processes, 1994, 60 (2): 179-205.

［13］MEYER J P, ALLEN N J. A Three-Component Conceptualization of Organizational Commitment ［J］. Human Resource Management Review, 1991, 1 (1): 61-89.

［14］ZDANIUK B，LEVIN M. Group loyalty：Impact of members' identification and contributions ［J］. Journal of Experimental Social Psychllogy，2001，37（6）：502-509.

［15］MEYER J P，ALLEN N J. Commitment in the Workplace：Theory，Research and Application ［M］. London：Sage，1997.

［16］PORTER L W. Organizational Commitment，Job Satisfaction，and Turnover among Psychiatric Technicians ［J］. Appl Psychol，1974，59（5）：603-609.

［17］REICHHELD F F. Loyalty Rules：How Today's Leaders Build Lasting Relationships ［M］. Boston：Harvard Business School Press，2001.

［18］刘小平，王重鸣. 组织承诺及其形成过程研究 ［J］. 南开管理评论，2001，4（6）：58-62.

［19］凌文栓，张治灿，方俐洛. 中国职工组织承诺的结构模型研究 ［J］. 管理科学学报，2000，3（2）：76-80.

［20］田喜洲，蒲勇健. 国内外旅游企业员工满意度与忠诚度研究述评 ［J］. 旅游科学，2007，21（2）：33-38.

［21］叶军. 忠诚雇员的经济意义和培养雇员忠诚的对策 ［J］. 南开管理评论，2000，3（6）：45-49.

［22］GUNLU E，AKSARAYLI M，PERIN N S. Job Satisfaction and Organizational Commitment of Hotel Managers in Turkey ［J］. International Journal of Contemporary Hospitality Management，2010，22（5）：693-717.

［23］RAUB S，ROBERT C. Empowerment，Organizational Commitment，and Voice Behavior in the Hospitality Industry：Evidence from a Multinational Sample ［J］. Cornell Hospitality Quarterly，2012，54（2）：136-148.

［24］罗旭华. 我国饭店人才链的失位与调整研究 ［J］. 旅游学刊，2006，21（9）：50-53.

［25］姚唐，黄文波，范秀成. 内部营销视角下饭店员工忠诚度研究 ［J］. 旅游学刊，2008，23（5）：62-67.

［26］黄燕玲. 现代饭店中的 ES 与 EL ［J］. 桂林旅游高等专科学校学报，2000，11（4）：39-41.

［27］NUNNALLY J C，BERNSTEIN I H. Psychometric Theory ［M］. 3rd ed. New York：Mc Graw-Hill，1994.

（本文发表在《乐山师范学院学报》2016 年第 3 期上）

基于网络点评的主题酒店服务质量管理研究①

姜雪，冯晓兵

（乐山师范学院旅游学院，四川乐山 614000）

一、研究背景

服务经济时代，酒店行业的竞争不仅是以产品和服务为中心的设施设备的竞争，更是以顾客为中心的情感精神的竞争。服务质量是酒店行业市场竞争力的关键因素，影响着客人的满意度与酒店的经济收入，对于服务质量的研究已成为酒店管理的重要内容。互联网技术的发展，使得顾客更加趋向于通过在线方式预订酒店，根据在线点评内容对酒店服务质量问题进行管理也逐渐被纳入学术研究的范围。李景通过分析顾客的在线点评内容，测评了酒店的顾客满意度。钟静和艾小艳分别对南京市和湖南省五星级酒店的网络评价服务质量进行了研究；熊伟基于网络评价的内容对中外国际连锁酒店的服务质量进行了比较研究；肖轶男对高端度假酒店的服务质量进行了研究。现有文献中对主题酒店的研究甚少，本文以成都森楠艺术酒店为研究对象，收集艺龙网上该酒店的顾客点评内容，通过人工筛选的方式，剔除无效评论，共收集到有效顾客点评内容 105 条。本文运用 ABC 分析法以及因果分析法对该酒店现存的服务质量问题及问题产生的原因进行了深入分析，并提出相应的管理建议，旨在帮助成都森楠艺术酒店改善服务质量，提高顾客满意度。

二、研究内容

（一）酒店存在的服务质量问题分析

通过对艺龙网上 105 条有效的顾客点评内容进行分析，将成都森楠艺术酒店存在的服务质量问题分为劳务服务、设备设施、卫生环境、交通地理位置、早餐质量五个类别。其中，劳务服务问题累计出现 69 次，包括服务态度 22 条、服务效率 23 条、服务水平 24 条；设施设备问题出现频次为 15 条，交通地理位置为 8 条，卫生环境问题为 7 条，

---

① 基金项目：四川省社会科学重点研究基地——四川旅游发展研究中心立项课题（编号：LYC16-07）成果。

早餐质量问题为 6 条。运用 ABC 分析法将上面发现的问题分为 A、B、C 三类。ABC 分析法遵循"关键的是少数,次要的是多数"这一原理,以问题的个数和发生的频次为基础进行定量分析,通过计算每个质量问题在总体问题中所占的比重,根据其重要性将质量问题分成 A、B、C 三类,以找出对酒店质量影响较大的关键性问题。具体服务质量问题细分类别见表 1。

表 1　　　　　　　　　　　　酒店服务质量问题分类

	细分类别	点评数量（条）	百分比（%）	类别
劳务服务	服务态度	22	20.95	A
	服务效率	23	21.90	
	服务水平	24	22.85	
合计		69	65.7	
设备设施	门窗问题	4	3.81	B
	卫生间	3	2.85	
	床	4	3.81	
	照明灯	2	1.9	
	空调	2	1.9	
交通地理位置	交通便利程度	5	4.76	
	地理位置	3	2.85	
合计		23	21.88	
卫生环境	噪音	3	2.85	C
	房间味道	2	1.9	
	清洁卫生	2	1.9	
早餐质量	早餐类别	4	3.81	
	早餐时间	2	1.9	
合计		13	12.36	
总合计		105	100	

根据不同类别问题发生的次数和频率,绘制巴雷特曲线图（见图 1）。

酒店的 A 类问题主要表现为服务人员的劳务服务问题,涉及服务态度、服务效率、服务水平三个方面,所占的比重分别达到 20.95%、21.90% 和 22.85%。从数据上可以看出,影响酒店服务质量的因素主要是这三个方面,由此可见酒店员工的劳务服务质量存在很明显的缺陷,亟须解决。

B 类问题包括设施设备和地理交通位置,包括酒店的房间门窗、卫生间、床、灯、空调、地理位置等。这说明酒店的硬件设施设备在满足顾客需求方面也存在很大的问题,酒店应及时对存在故障的设施设备进行维修,对老化严重的设施设备进行更新。

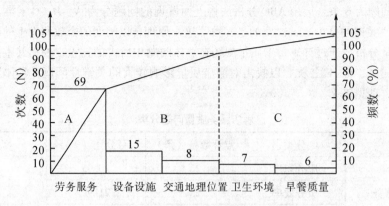

图 1　酒店服务质量巴雷特曲线图

C 类问题主要表现为卫生环境和早餐质量问题，包括噪音、房间味道、清洁卫生、早餐用餐时间和早餐类别等问题。C 类问题在酒店发生的频率较低，但是也会在一定程度上影响酒店的服务质量和顾客满意度。对于 C 类问题，酒店管理者也需要引起重视。

（二）服务质量问题发生原因分析

1. A 类问题发生原因分析

酒店劳务服务是现存最主要的问题。通过绘制因果分析图对 A 类问题产生的原因进行图解（见图 2）。酒店员工存在的服务态度问题，一方面是由于员工自身的职业道德素质不高，没有良好的服务意识与责任意识；另一方面酒店在激发员工工作积极性和创造性方面存在不足。酒店行业由于工作时间较长，员工容易产生工作倦怠感，员工福利和工作绩效等方面也是影响员工工作态度的重要因素。

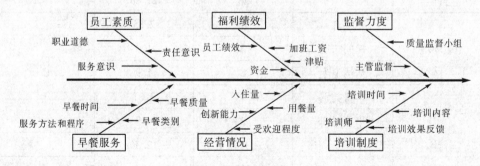

图 2　酒店 A 类问题因果分析图

服务效率与服务水平的问题，主要是由于酒店对员工的培训工作不到位，员工的服务知识和操作技能不熟练；还有就是服务过程中的酒店督导管理不到位——上级领导对下级员工的监督力度是影响服务效率的一个决定性因素。酒店没有制定严格的监督制度，对员工的服务工作没有进行检查和控制，导致员工敷衍了事。

2. B 类问题发生原因分析

B 类问题包括设备设施和交通地理位置两个方面。设备设施表现为酒店的设备过于陈旧，门、床、窗户等都已经存在毁坏的现象，硬件设施配备不完全，不能全面满足顾客的需求。而且该酒店是艺术主题酒店，设备设施与主题不是十分贴切，整体艺术感较差。在交通地理位置方面，大多数的在线点评内容反映酒店的位置不好找，在百度地图等 APP 中没有明确的标识；同时，酒店的周边交通不便捷，乘坐出租车和地铁不方便。虽然周边地理交通状况是酒店的外围环境，不属于酒店服务质量管理的内容，但是却在不同程度上影响着顾客对酒店服务质量的评价。

3. C 类问题发生原因分析

C 类问题主要表现为酒店的卫生环境和早餐服务。酒店的卫生环境问题客观上有清洁设备老化的原因，但是最主要的还是酒店清洁卫生的制度执行不到位，员工没有按照酒店的清洁卫生标准进行操作。早餐服务问题主要表现为菜品的种类不够丰富，客人的选择性较小。除此之外，还有酒店早餐的就餐时间偏短，顾客的时间安排过于紧张，影响客人对早餐服务的评价。

三、研究结论

分析成都森楠艺术酒店的顾客在线点评内容可发现：员工服务质量不高是酒店现存的主要问题，表现在服务效率、服务水平、服务态度三个方面；设备设施和交通地理位置是酒店服务质量存在的相对次要问题。根据这些问题，本文提出以下管理建议，旨在帮助酒店及时解决现有的服务质量问题，提高顾客满意度与忠诚度。

（一）完善员工培训制度，提高员工服务质量

酒店应定期开展员工培训工作，根据酒店的技术和服务要求分别设置培训内容，同时要对培训的过程进行跟踪监督，对员工的培训效果进行评估，确保员工真正学习到知识和技能。对于新入职的经验不足的员工，采取以老带新的方式，使其边学习边工作。在完善酒店培训制度的同时，也要提高酒店员工自身的质量素质，树立主动为客人服务的观念，让员工认识到顾客满意对酒店管理的重要性。

（二）健全绩效管理制度，提高员工积极性

酒店要不断完善绩效考评制度，形成"基本工资+绩效+奖金"的薪酬体系。例如，将员工的工作绩效与酒店的奖金有效地结合，对表现较好、工作绩效较高以及超额完成工作的员工给予一定的奖金作为回报，不仅能够激励获得奖金的员工更加努力地工作，还可以激发没有获得奖金的员工的工作积极性。除去职务晋升、工资增加、年终假期延长等物质激励方式外，也要加强情感交流，管理者要多关注基层员工的工作和生活诉求。

（三）加强服务质量监督力度，改善酒店经营状况

酒店基层和中层管理者要做好对服务过程的质量控制，发现问题要及时反馈、及时解决；还可以聘请行业专家对酒店工作进行突击检查，以保证酒店各项工作达到规定标准。另外，酒店应注重产品和服务创新，通过开展特色主题活动和相关营销宣传方案，吸引消费人群，提高酒店入住率和接待量，改善酒店经营效益。

（四）定期更新和维护设备设施，优化酒店卫生环境

酒店应组织专门人员定期对设施设备进行检查、维护和保养，发现设备出现故障应及时通知相应的部门人员进行维修，确保其处于正常运转的状态；增加对于设备设施的资金投入，对严重老化和存在严重故障的设施设备进行更新。对于酒店的卫生环境，酒店要制定完善的卫生服务制度，出台卫生清洁的标准，并严格要求员工按照相应的标准

去操作，确保酒店环境的干净整洁。

参考文献

［1］李景.基于在线点评的酒店顾客满意度研究［D］.上海：上海师范大学，2015.

［2］钟静，万绪才.基于顾客网络评价的高星级酒店服务质量研究：以南京市五星级酒店为例［J］.南京财经大学学报，2011（2）：82-86.

［3］艾小艳，南晓鹏.基于网络评价的湖南五星级饭店服务质量研究［J］.中南林业科技大学学报（社会科学版），2014（3）：13-15.

［4］熊伟，高阳，吴必虎.中外国际高星级连锁酒店服务质量对比研究：基于网络评价的内容分析［J］.经济地理，2012（2）：160-165.

［5］肖轶楠，李江敏.基于在线点评的高端度假酒店宾客感知服务质量研究：以悦榕庄酒店为例［J］.价值工程，2016（3）：192-193.

［6］薛秀芬.酒店服务质量管理［M］.上海：上海交通大学出版社，2012.

（本文发表在《合作经济与科技》2017年第4期上）

基于在线点评的旅游形象感知研究
——以乐山大佛为例①

冯晓兵

（乐山师范学院旅游学院，四川乐山 614000）

互联网和移动通信技术的发展，使得旅游者可以随时随地上网查询信息。旅游资讯网站、旅游搜索网站、旅游攻略网站等旅游电子商务平台的兴起，可以帮助旅游者获取充分的产品信息，指导旅游行为。由于在线点评信息具有真实性、互动性等特点，以网络点评文本为数据基础，采用内容挖掘的方法，对旅游目的地和旅游景区的形象进行研究，正被越来越多的学者所关注，也产生了较为丰富的成果。相关学者分别对常州市[1]、广州市[2]、西安市[3]、张家界市[4]、中卫市[5]、西藏[6]、重庆市[7]、甘南州[8]的旅游形象进行了研究。传统的旅游形象研究以问卷调查法为主，张珍珍采用问卷调查和网络文本分析两种方法对西安市旅游形象进行了比较研究[9]。在景区旅游形象研究方面，三坊七巷[10]、凤凰古城[11]、平遥古城[12]、嘉峪关[13]、嵩山少林寺[14]、黄山[15]等已经进入研究者的视野。

乐山大佛是世界上最大的石刻弥勒佛坐像，也是国家 5A 级旅游景区，被收入世界文化与自然双遗产名录。目前关于乐山大佛的研究成果主要集中于资源价值与开发、发展与保护等方面。郭剑英对乐山大佛的国内旅游资源价值进行了评估[16]；向玉成对峨眉山-乐山大佛的资源基础和文化内涵进行了研究[17]；陈莎莎提出了峨眉山-乐山大佛可持续发展的相关对策[18]；秦中针对乐山大佛存在的风化现象进行了探讨[19]。关于乐山大佛旅游形象的研究成果较少，邓明艳采用实地调研与问卷调查相结合的方式，对峨眉山-乐山大佛世界遗产地的文化展示与形象管理做了研究[20]。使用网络文本分析乐山大佛旅游形象的成果还很欠缺，文章以蚂蜂窝旅行网和携程网网站上游客对乐山大佛的点评文本作为基础数据，分析游客对乐山大佛旅游形象的感知情况，以期为大佛景区的营销宣传和游客服务管理等提供依据。

一、研究设计与数据来源

蚂蜂窝是国内最大的旅游攻略分享网站，携程网是国内最大的在线旅游企业。本文

---

① 基金项目：四川省社会科学重点研究基地——四川旅游发展研究中心立项课题"基于在线点评的旅游服务质量感知研究"（LYC16-07）。

以这两个网站的游客点评文本作为依据，将海量、零散的游客点评文本整理到一个文档中。其中携程网点评数据为 2 247 条，蚂蜂窝点评数据为 1 923 条，形成了 215 299 个字符的文本内容，作为本文研究的基础数据。首先，使用 ROST Content Mining 软件，通过分词和提取高频词功能，提取网络文本中出现的高频词汇；其次，根据旅游形象评价维度，分别将高频词汇按照其属性进行分类，并对各个维度下的高频词进行排序和分析；再次，通过情感分析工具，根据点评文本中态度词的情感强弱程度，了解游客对乐山大佛旅游形象持有的情感态度；最后，采用共现分析法对点评文本进行语义网络分析，形成乐山大佛旅游形象语义网络图。

二、数据分析与处理

通过 ROST 中的分词和提取高频词功能，提取出现频率排名前 500 的词汇，并剔除一些无具体指代意义的词，再对一些相近的词汇进行统计合并。根据词条出现的频数从高到低选取与主题相关的 200 个高频词，作为乐山旅游形象感知的研究基础数据（见表 1）。

表 1　　　　　　　　　　乐山大佛网络点评前 200 的高频词　　　　　　　　单位：次

词条	词频	词条	词频	词条	词频	词条	词频	词条	词频
大佛	3 572	参观	97	想象	48	耐心	29	司机	20
乐山	1 305	游船	97	唐代	48	厉害	29	山路	20
时间	990	成都	95	摩崖	47	惊叹	29	香火	20
景区	893	四川	93	遗憾	46	好玩	28	圣地	20
导游	765	峨眉山	91	优美	45	对岸	28	小路	20
排队	573	爬山	87	便宜	44	肃穆	28	大巴	20
壮观	478	宏伟	86	小吃	43	体验	28	码头	20
九曲栈道	429	大渡河	83	乌尤寺	43	奇迹	27	好看	19
门票	423	青衣江	79	好吃	42	鬼斧神工	27	豆腐	19
值得	422	中国	78	放弃	42	虔诚	27	著名	19
旅游	406	坐像	76	推销	42	传说	26	巧夺天工	18
乘船	383	停车场	74	风云	41	牛肉	26	电影	18
讲解	352	客运站	71	工程	40	满意	26	游轮	18
佛脚	326	渺小	71	交通	40	收费	26	浪费	18
全貌	299	风化	71	崖墓	40	拉客	26	划算	18
震撼	283	弥勒佛	70	预订	40	人类	26	保险	18
三江	252	佛教	69	开凿	39	弥勒	26	辛苦	18
古人	246	寺庙	68	台阶	39	神奇	26	威严	18
风景	240	临江	68	庄严	38	吃饭	25	路线	18
佛像	220	古代	67	景观	37	肖坝	25	等待	18
拍照	219	保护	64	管理	37	工匠	25	开车	17
凌云山	209	消费	60	人文	37	体力	24	排水	17
人山人海	182	烧香	59	不大	37	性价比	24	公园	17

词条	词频	词条	词频	词条	词频	词条	词频	词条	词频
欣赏	176	学生证	57	拜佛	35	拍摄	24	侵蚀	17
汇流	171	热情	56	开心	35	阶梯	24	失望	17
雄伟	159	环境	54	依山	35	嘉定坊	23	错过	17
方便	151	自然	54	美食	34	船票	23	售票处	17
岷江	139	伟大	54	有名	34	免费	22	费用	16
佛头	139	佩服	54	差不多	33	安全	22	破坏	16
高大	132	仰望	54	气势	33	购票	22	吸引	16
服务	129	遗产	52	雕刻	33	电视	22	慈祥	16
智慧	128	徒步	51	建筑	32	和尚	21	体态	16
东方佛都	118	可惜	51	心情	32	信仰	21	眼睛	16
感受	115	造像	50	不值	32	快艇	21	瞻仰	15
江水	111	严重	50	艺术	31	后悔	21	博物馆	15
历史	109	角度	49	特色	30	好好	21	保佑	15
感叹	104	行程	49	漂亮	29	味道	21	敬畏	15
文化	101	忽悠	49	佛祖	29	陡峭	21	神秘	15
公交	101	修建	48	故事	29	拥挤	21	杰作	15
石刻	99	楼梯	48	毅力	29	不虚此行	21	劳动	15

将乐山大佛网络点评高频词汇输入数据可视化工具中，利用文本权重标签云图功能，形成乐山大佛旅游形象词条"标签云"。其中标签词条字体大小代表在文本中出现的频率高低。乐山大佛在线点评文本出现频率排在前十的词汇分别是：大佛、乐山、时间、景区、导游、排队、壮观、九曲栈道、门票和值得（见图1）。

图1 乐山大佛旅游形象高频词汇标签云

根据乐山大佛网络点评文本中高频词汇同时出现的频率，使用语义网络分析工具，形成乐山大佛旅游形象语义网络图。图中线条的密度越大，说明这几个词汇共现频率越高。从图2中可看出，乐山大佛语义网络图以"大佛"和"乐山"为中心，其次则是"导游""排队""三江""门票""栈道""时间"和"讲解"。

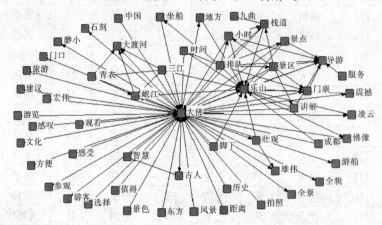

图2　乐山大佛旅游形象语义网络分析图

由于在线点评内容产生于游客的旅游体验经历，涉及很多情感态度词汇，因此在对乐山大佛旅游形象感知研究的时候提出"旅游体验认知形象"这一维度，可解释为游客在游览乐山大佛时的旅游体验感受。结合程圩的旅游空间认知形象、旅游景观认知形象、旅游服务与设施认知形象三维结构，构建乐山大佛旅游形象游客感知的四维评价结构。将上文中提出的高频词汇，根据其属性分别归类到这四个维度当中，分别分析乐山大佛游客感知的旅游空间认知形象、旅游景观认知形象、旅游服务及设施认知形象和旅游体验认知形象。表2是对各维度下词汇出现频次以及排序前20的统计结果。

表2　　　　　　　乐山大佛旅游认知形象词条及词频统计表　　　　单位：次

排序	旅游空间认知		旅游景观认知		旅游服务及设施认知		旅游体验认知	
	词条	词频	词条	词频	词条	词频	词条	词频
1	乐山	1 305	大佛	3 572	导游	765	时间	990
2	景区	893	九曲栈道	429	排队	573	壮观	478
3	凌云山	209	佛脚	326	门票	423	值得	422
4	三江	252	全貌	299	乘船	383	震撼	283
5	岷江	139	风景	240	讲解	352	人山人海	182
6	东方佛都	118	佛像	220	拍照	219	雄伟	159
7	汇流	171	佛头	139	服务	129	方便	151
8	成都	95	江水	111	公交	101	高大	132
9	四川	93	历史	109	游船	97	智慧	128
10	峨眉山	91	文化	101	爬山	87	感叹	104
11	大渡河	83	石刻	99	停车场	74	宏伟	86
12	青衣江	79	坐像	76	烧香	59	渺小	71

表2(续)

排序	旅游空间认知		旅游景观认知		旅游服务及设施认知		旅游体验认知	
	词条	词频	词条	词频	词条	词频	词条	词频
13	中国	78	风化	71	徒步	51	热情	56
14	客运站	71	弥勒佛	70	忽悠	49	伟大	54
15	临江	68	佛教	69	小吃	43	佩服	54
16	乌尤寺	43	寺庙	68	交通	40	仰望	54
17	依山	35	自然	54	预订	40	遗憾	46
18	对岸	28	遗产	52	管理	37	优美	45
19	肖坝	25	造像	50	吃饭	25	庄严	37
20	嘉定坊	23	摩崖	47	购票	22	开心	35

（一）旅游空间认知形象分析

乐山大佛旅游空间认知高频词大致可以分为三类。第一类是关于大佛所在地理位置的描述。它位于中国四川乐山，三江（岷江、青衣江、大渡河）汇流处，依山（凌云山），临江（岷江），对岸是乐山城区。第二类是大佛景区周边的景点，东方佛都属于"峨眉山-乐山大佛"双遗产的一部分，与乐山大佛紧邻，是乐山大佛佛教文化的延伸；嘉定坊位于乐山大佛景区外围，是一条休闲商业街区，是游客进入大佛景区的必经之路；乌尤寺是大佛景区内部的景点。第三类是关于大佛景区外部交通节点的描述，如肖坝旅游车站、客运站（见图3）。

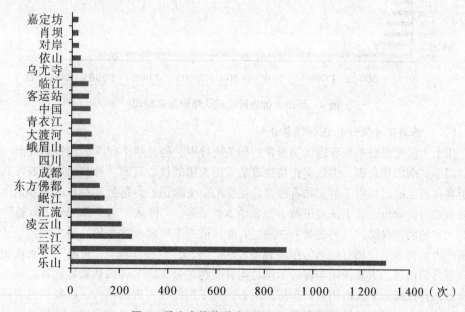

图3　乐山大佛旅游空间认知形象高频词

（二）旅游景观认知形象分析

从表 2 可以看出，乐山大佛的旅游景观认知词条以人文历史景观相关词汇为主。旅游景观认知高频词条前 20 中与人文历史相关的有 15 个，包括寺庙、佛像、石刻、文化、遗产等，表明"乐山大佛——世界上最大的摩崖石刻弥勒坐像"这一形象已深入人心。与自然景观有关的词汇只有自然、江水、风景，反映出乐山大佛在游客的景观认知形象中是属于人文历史活动类的景区。乐山大佛依山傍水，拥有独特的自然地理环境，并且作为世界文化与自然双遗产的一部分，自然风光类景观却不被游客感知，说明游客在大佛景区的旅游活动比较单一，拜佛、观佛是主要的旅游目的；同时也反映出景区在旅游资源开发与产品设计方面有待继续拓展，需要在以"大佛"为核心的基础上，在"山""水"方面做文章，目前大佛景区对于江水资源的开发仅限于游客乘船水上远观大佛全貌。除此之外，对于乐山大佛的保护也是游客比较关心的问题，由于佛像受风吹、日晒、雨淋的影响，出现了较为严重的风化现象（见图 4）。

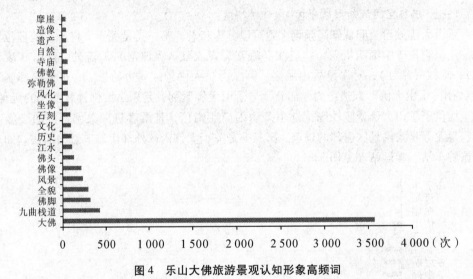

图 4　乐山大佛旅游景观认知形象高频词

（三）旅游服务及设施认知形象分析

乐山大佛旅游服务及设施认知形象的词条统计中，提及频率前 5 的词条是导游、排队、门票、乘船和讲解。佛教文化与建筑是乐山大佛的核心资源，导游的讲解服务有助于游客在游览的过程中了解文物古建背后蕴含的历史知识。但是游客对导游服务也出现了较多的负面评价，如不认真讲解、忽悠游客烧香等。"排队"与"乘船""游船"是游览大佛的两种线路，一种是陆上的通过九曲栈道近距离地欣赏大佛，另一种则是通过乘船的方式在水上以相对较远的距离观望大佛。"公交""停车场""交通"是景区交通管理服务的内容，大佛景区与旅游车站之间有直达的公交，游客到达景区比较方便。在大佛景区存在商家非法占用景区车道的问题，为了招揽客人进店消费，以提供免费停车服务作为卖点，导致景区道路拥堵；而且个别餐馆存在欺诈游客的现象。大佛景区提供自助机器取票服务，游客可以通过网络等渠道提前订票，现场取票，节约排队时间。

在旅游服务及设施认知形象中，住宿和娱乐相关的词汇没有被提及，说明乐山大佛景区仍处于一个过境旅游地的地位，游客在这里停留的时间较短，消费也较少，距离成为休闲度假旅游目的地仍有较大的距离（见图5）。

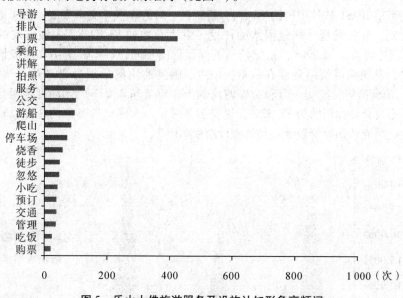

图5　乐山大佛旅游服务及设施认知形象高频词

（四）旅游体验认知形象分析

乐山大佛游客旅游体验认知形象排序前5的词汇分别是时间、壮观、震撼、值得和人山人海。现阶段我国游客出游仍然集中在节假日。景区假日期间游客人山人海，通过九曲栈道观看大佛，排队的时间比较长，基本在2个小时以上。尽管花费的时间较长，但是游客还是给予了大佛景观积极的评价，如"壮观""震撼""值得"。旅游体验认知形象词汇大多是游客目睹乐山大佛后的内心真实情感的流露，以正向积极态度为主，负向评价词汇较少。旅游者感叹乐山大佛的高大、宏伟、庄严，仰望大佛顿感自身的渺小，对古人鬼斧神工的建筑技艺与智慧表示佩服（见图6）。

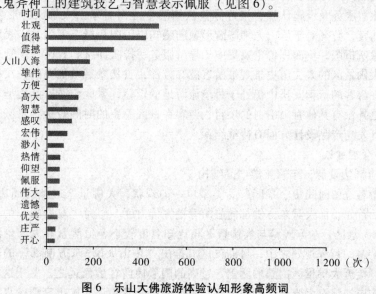

图6　乐山大佛旅游体验认知形象高频词

（五）旅游情感倾向分析

本文采用 ROST 软件中的情感倾向分析工具，对游客点评文本中表达出来的情感态度进行判别。分析发现：积极情绪的评论占发言总数的 83.77%，中性态度的评论占 4.55%，消极情绪占 11.68%。根据情绪的强弱程度不同，对积极情绪和消极情绪进行分段统计，发现积极情绪程度在一般、中度、强度的比例分别为 29.87%、20.13% 和 33.77%，消极情绪程度在一般和中度的比例为 8.44% 和 2.60%，无高度消极情绪。积极和中性态度合计比例约为 88.32%，说明游客对乐山大佛旅游形象的认知以积极正向评价为主，负面认知评价较少。具体统计结果如图 7。

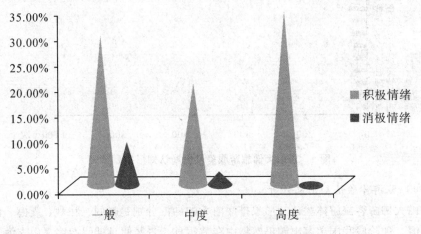

图 7　乐山大佛游客旅游情感倾向统计图

三、结论与建议

（一）研究结论

本文使用内容分析法，通过网络文本提取高频词的方式，从旅游空间认知、旅游景观认知、旅游服务及设施认知、旅游体验认知四个方面对乐山大佛旅游形象进行了研究。总体而言，游客对于乐山大佛旅游形象的感知以正向积极态度为主，表现为被大佛的高大形象所折服；负面评价主要集中于导游服务、排队拥挤和景区外围管理方面的问题。乐山大佛景区的人文历史景观被游客感知较深，自然景观被提及的频次很少，而且大佛景区在游客的行程安排中仍处于过境旅游地的定位，景区旅游产品类型不丰富，除了看大佛之外没有其他有吸引力的项目，游客在景区逗留的时间较短，景区管理机构在旅游资源开发与产品设计方面有待继续深入。

（二）管理建议

1. 整合周边资源，丰富旅游产品结构

针对游客逗留时间短、景区产品类型单一的现状，大佛景区应整合周边旅游资源，联动开发。首先，加大对东方佛都的旅游营销宣传力度。作为"双遗产"的一部分，国家 4A 级旅游景区，东方佛都与大佛景区相比知名度较小。虽然紧邻大佛景区却没被纳入大多数游客的行程规划之中，目前景区有推出"乐山大佛+东方佛都"的套票，但是价格较高，接近大佛景区门票的两倍，过高的门票使游客敬而远之。鉴于这种情况，上级主管机构应加强对大佛景区和东方佛都景区的联合营销，并推出套票优惠的价格。其次，完善嘉定坊的旅游综合服务功能建设，吸引本地特色小店、特色小吃入驻嘉定坊，设立旅游商品购物街，丰富休闲娱乐服务设施，形成集特色餐饮、旅游购物、休闲娱乐等功能于一体的旅游商业街区，提高游客在景区的逗留时间。最后，是对"江水资源"和"太阳岛"的规划与开发。"太阳岛"与乐山大佛隔江相望，也是一个极佳的观景平台，但是目前没有任何旅游开发活动，未来应将太阳岛纳入大佛景区的规划范围之内，在岛上开展相关的度假娱乐项目，通过轮渡和游船，将二者联系起来，丰富大佛景区的产品结构。

2. 加大监管力度，规范旅游市场秩序

从游客点评的文本可以发现，大佛景区仍存在导游诱导购物、黑导游拉客、旅游餐馆宰客等多种乱象，对乐山大佛的旅游形象造成了较大的破坏。因此，旅游行政管理机构，应加大对旅游市场的监管力度，加强与工商、税务、物价等部门的联合执法，对涉嫌欺诈旅游者的商店、餐馆绝不姑息，情节严重时可吊销其营业执照；建立旅游企业认证制度和信用约束机制，注重市场信用监管手段，促进旅游企业诚信经营；对于私自占用景区车道开展违法经营、影响景区交通秩序的商家，严厉警告，依法取缔。对无证上岗、非法揽客、诱导游客购物的导游，根据旅游法和治安管理处罚条例的相关规定，予以惩戒；同时要加强对景区内部管理人员的业务培训和职业道德教育工作，包括但不限于导游讲解人员，提高景区的服务接待能力。

3. 建设智慧景区，提升旅游体验质量

景区的排队拥挤现象是影响游客旅游体验质量的主要因素，大佛景区排队拥挤的情况主要发生在景区入口售票处和陆上九曲栈道两处。可以在传统窗口售票和网络预订现场取票的基础上，建设智能门票系统，使游客通过移动终端购买景区智能门票，景区将门票以二维码的形式发送到游客的移动终端上，通过扫描系统进行自动验票，多渠道并存，减少游客购票等待时间。开发乐山大佛智慧景区旅游 APP，为游客实时提供景区内部各景点的流量分布情况，为游客提供智能导游、导航服务。大佛景区受限于九曲栈道过窄和考虑游客安全等因素，目前的游览线路是单行线，左边下右边上。是否可以考虑左右栈道同时开放，当然景区管理人员要做好栈道终点处的游客流量控制，使游客近距离参观完大佛之后，直接乘坐水上交通工具离开大佛景区。

4. 编制保护规划，做好大佛保护工作

由于大佛直接受到风吹、日晒、雨淋，出现了较为严重的风化现象，这种情况也得到了很多游客的关心。作为全人类共同的遗产，景区管理机构应会同联合国教科文组织、文物保护、石窟保护、水利工程等方面的专家联合会诊，根据《文物保护法》《世界遗产公约》《四川省世界遗产保护条例》等相关法规条约的规定，编制乐山大佛保护规划，做好乐山大佛的保护工作。

参考文献

［1］张保伟. 基于网络文本分析的常州市旅游形象感知研究 ［J］. 湖州师范学院学报，2016，38（4）：99-102.

［2］张春娥. 广州旅游目的地形象感知研究：基于网络文本分析 ［J］. 华南理工大学学报（社会科学版），2015，17（4）：25-32.

［3］吴宝清，吴晋峰，吴玉娟，等. 基于网络文本的 TDI 地域差异研究：以西安的

国内旅游形象为例 [J]. 浙江大学学报 (理学版), 2015, 42 (4): 474-482.

[4] 杨雪珂, 吴健清, 张晓虹, 等. 基于网络文本的旅游目的地投射形象分析: 张家界案例 [J]. 中山大学研究生学刊 (自然科学. 医学版), 2014, 35 (1): 82-97.

[5] 张至楠, 李陇堂, 关红, 等. 基于网络文本分析的中卫市旅游形象定位研究 [J]. 宁夏工程技术, 2014, 13 (1): 56-61.

[6] 王晓辉. 互联网传播的西藏旅游形象研究: 基于中文旅游网站文本的语义网络分析 [J]. 贵州民族研究, 2014, 35 (10): 165-168.

[7] 杨秋风. 基于网络文本分析的重庆都市旅游形象感知研究 [D]. 重庆: 重庆师范大学, 2014.

[8] 王昱力. 基于网络文本分析的甘南州旅游形象研究 [D]. 兰州: 西北师范大学, 2014.

[9] 张珍珍, 李君轶. 旅游形象研究中问卷调查和网络文本数据的对比: 以西安旅游形象感知研究为例 [J]. 旅游科学, 2014, 28 (6): 73-81.

[10] 尹小娜, 郑向敏. 基于网络文本分析的三坊七巷游客文化感知研究 [J]. 北京第二外国语学院学报, 2015 (9): 62-66.

[11] 王永明, 王美霞, 李瑞, 等. 基于网络文本内容分析的凤凰古城旅游地意象感知研究 [J]. 地理与地理信息科学, 2015, 31 (1): 64-67.

[12] 屈册. 基于网络文本分析的旅游世界建构对比研究: 以平遥古城为例 [J]. 北京第二外国语学院学报, 2014 (3): 69-79.

[13] 苗红, 马金涛, 张欢. 基于网络文本分析的嘉峪关市游客感知形象研究 [J]. 西北师范大学学报 (自然科学版), 2014, 50 (2): 99-104.

[14] 李芷若. 嵩山少林景区旅游形象研究: 以网络文本为例 [J]. 吉林工商学院学报, 2014, 30 (3): 51-54.

[15] 黄胜男. 基于网络文本分析法的旅游目的地形象感知研究 [D]. 合肥: 安徽大学, 2014.

[16] 郭剑英. 乐山大佛旅游资源的国内旅游价值评估 [J]. 地域研究与开发, 2007, 26 (6): 104-107.

[17] 向玉成. 复合型世界遗产及其资源基础和文化内涵: 以 "峨眉山-乐山大佛" 与 "青城山-都江堰" 为例 [J]. 旅游学刊, 2005, 20 (2): 25-29.

[18] 秦中, 张捷, 彭学艺, 等. 四川乐山大佛风化的初步探讨 [J]. 地理研究, 2005, 24 (6): 928-934.

[19] 陈沙沙, 孙克勤. 中国世界文化-自然遗产可持续发展研究: 以峨眉山-乐山大佛为例 [J]. 资源开发与市场, 2010, 26 (12): 1141-1143.

[20] 邓明艳, 旅游目的地文化展示与形象管理研究 [D]. 武汉: 华中师范大学, 2012.

[21] 程圩, 隋丽娜, 程默. 基于网络文本的丝绸之路旅游形象感知研究 [J]. 西部论坛, 2014, 24 (5): 101-108.

(本文发表在《乐山师范学院学报》2016 年第 12 期上)

酒店服务质量网络评价研究[①]

冯晓兵[1]，侯瑞萍[2]

（1. 乐山师范学院旅游学院，四川乐山 614000；
2. 广州科技职业技术学院管理学院，广东广州 510000）

一、研究背景

　　酒店产品由于其生产消费同时性、一次性等特点，使得顾客无法对产品提前试用，因此酒店的市场口碑成为左右顾客消费行为选择的重要因素，而且口碑对于消费者品牌选择的影响要大于电视、广告等促销方式。旅游电子商务的发展，使得顾客可以将自己的消费经历分享到网络平台上，这些海量的真实点评信息共同构成了酒店的网络口碑形象。由于网络传播的低成本、高扩散性，使其具有很大的受众群体。为了降低购买风险，通过第三方点评信息来进行消费决策行为的顾客规模越来越大。张子坤、郑国涛分别对在线点评影响消费者购买意愿和购买行为的机理进行了实证研究。Dellarocas，Awad 和 Zhang 在对电影点评的研究中发现，电影点评的分值高低与票房收益呈正相关关系。与正面网络口碑带来的产品收入增加的效果相比，负面点评对于产品收入减少的影响更大。雷晶通过实证检验发现：负面点评和主观评价型的点评信息对消费者行为意向的影响要强于正面点评和客观事实型点评信息。陈涛从社会网络的视角出发对负向点评有效性的影响因素进行了分析。顾客的网络点评内容正被越来越多的管理者所重视，在线点评信息在酒店管理方面主要被应用于酒店服务质量和顾客行为研究等领域。朱峰以艺龙网的游客点评文本为例，分析了国内游客对饭店服务质量的评价，艾小艳对湖南省五星级酒店的服务质量做了分析，郑加莲发现服务质量的有形性特征对顾客重复购买意愿的影响最大。张诚建立了酒店顾客满意度的在线点评测评体系，李景基于在线点评对酒店顾客满意度进行了研究。

　　作为现代服务业，提高服务质量是酒店管理者所追求的重要目标。纵观国内外对酒店服务质量的研究，服务质量差距模型、SERVQUAL、服务蓝图等测评方式是酒店服务质量的主流研究模式。在线点评的爆炸式增长为酒店企业了解其服务质量提供了有利的工具。本文使用内容分析法，对旅游者在线点评内容进行深度挖掘，构建了基于在线点

―――――――――――――

　　① 基金项目：四川省社会科学重点研究基地——四川旅游发展研究中心立项课题（LYC16-07）。

评视角的酒店服务质量测评体系，是对旅游服务质量研究领域的丰富和完善，为酒店行业管理者测评服务质量提供了一种新的方法与思路，有助于酒店及时对顾客的点评做出反馈，提高服务质量，改善市场口碑。

二、研究设计

携程旅行网是国内最大的在线旅游代理商，携程及其控股的去哪儿网和艺龙网合计占有 2015 年在线酒店交易市场份额的 70% 以上，拥有的会员数量和在线点评数据也是国内最多。红珠山宾馆位于峨眉山山麓，曾荣获"中国饭店业最佳温泉度假酒店""中国最受欢迎温泉度假酒店"等称号，是乐山地区唯一的五星级酒店。首先，以携程网上的游客对峨眉山红珠山宾馆的 3 618 条 96 676 个字符的在线点评文本为本文研究的基础数据，通过 ROST Content Mining 软件，提取峨眉山红珠山宾馆在线点评文本中出现的高频词汇，采用共现分析法构建高频词汇的共现矩阵，形成红珠山宾馆网络口碑的共现语义图。其次，根据词汇属性将其归类到酒店服务质量网络评价指标体系中；根据在线点评文本中出现的态度词，结合其表达出的情感程度，分析游客对红珠山宾馆的情感评价，了解影响顾客消费体验的关键环节。最后，针对游客点评文本中存在的服务质量问题，提出相关的管理建议。

三、研究内容

（一）文本语义网络分析

首先对在线点评文本进行分词处理，然后提取文本中出现的高频词汇。根据词汇出现的频率高低和词汇之间的相关性，使用 ROST 软件中的语义网络分析工具，绘制红珠山宾馆在线点评形象语义网络图。图 1 是在线点评文本中出现频率较高的词汇，词汇之间的线条代表二者之间存在联系。从图 1 可以看出，红珠山宾馆在线点评语义网络图以"酒店""服务""房间""环境""温泉"和"设施"为中心，构成游客在线点评的核心内容，也是游客感知最深的几个指标，其他词汇基本围绕这几个指标，共同组成红珠山宾馆的在线点评语义网络分析图。

（二）网络评价体系构建

酒店产品是有形设施设备和无形劳务服务的结合。朱峰以艺龙网上的游客评论内容为例，认为酒店服务质量文本分析主要从服务和设施设备两方面进行。熊伟在朱峰的研究基础上，提出"基础服务、设施设备、总体评价"的三维星级酒店服务质量文本分析体系，并被其他学者广泛引用。陈素平、艾小艳、张慧、宗圆圆分别采用服务质量文本三维分析体系对长沙经济型酒店、湖南五星级酒店、闽南地区高星级酒店、武汉地区中外酒店的服务质量进行了研究。峨眉山红珠山宾馆属于度假酒店，对于环境、卫生等方面的要求较高，同时在网络文本中对酒店环境、位置等点评的内容较多，因此本文在"基础服务、设施设备、总体评价"的基础上，提出"卫生环境"这一指标，"卫生环境"包括酒店所处区域的外围环境和内部的服务环境，构建峨眉山红珠山宾馆服务质量网络文本分析指标体系。对高频词汇按照其属性进行分类，并对相近词汇的频次进行合并统计，归纳出红珠山宾馆服务质量网络评价体系的词汇统计表（见表 1）。

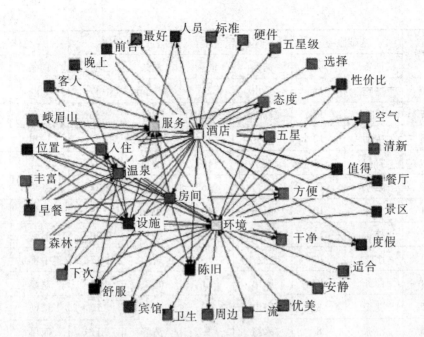

图1   红珠山宾馆在线点评语义网络图

表1   红珠山宾馆服务质量网络评价词条及词频统计表   （单位：次）

排序	基础服务		设施设备		卫生环境		总体评价	
	词条	词频	词条	词频	词条	词频	词条	词频
1	温泉	864	房间	652	环境	1 196	五星级	231
2	服务	563	设施	363	峨眉山	237	方便	169
3	餐饮	404	陈旧	141	位置	213	性价比	133
4	住宿	339	餐厅	72	空气	161	舒服	130
5	服务员	136	装修	69	森林	133	值得	127
6	态度	100	硬件	61	景区	125	满意	121
7	前台	87	停车场	53	干净	113	丰富	101
8	停车费	86	窗户	47	风景	100	舒适	64
9	收费	62	温度	38	卫生	86	划算	57
10	预订	55	卫生间	36	安静	85	好评	57
11	咨询	48	空调	33	幽静	80	老牌	50
12	周到	36	地毯	28	异味	71	不值	49
13	热情	35	隔音	27	优美	65	唯一	38
14	办理	21	大堂	25	潮湿	50	失望	32
15	休息	20	淋浴	24	清新	47	首选	25

表1(续)

排序	基础服务		设施设备		卫生环境		总体评价	
	词条	词频	词条	词频	词条	词频	词条	词频
16	好吃	17	毛巾	21	报国寺	47	一如既往	22
17	接待	17	游泳池	21	发霉	36	特色	21
18	主动	12	灯光	19	漂亮	27	三星	18
19	打扫	11	被子	16	惬意	24	贴心	14
20	素质	10	阳台	16	整洁	23	豪华	14
21	意识	10	面积	13	天然	23	大气	11
22	接送	10	宽敞	13	绿化	20	温馨	11
23	小吃	10	电瓶车	13	湖泊	17	美中不足	10
24	商务	10	床单	11	宜人	14	遗憾	9
25	礼貌	8	浴巾	10	公园	12	糟糕	8
26	游泳	8	冰箱	9	清静	11	四星	8
27	投诉	7	水质	9	负氧离子	7	将就	7
28	及时	7	电梯	9	脏兮兮	7	安逸	7
29	咖啡	6	枕头	9	得天独厚	7	惊喜	7
30	按摩	6	汤池	8	植被	6	完美	7

1. 基础服务网络评价

从基础服务网络评价的高频词汇中可以看出，"温泉""餐饮"和"住宿"构成红珠山宾馆的核心服务。作为酒店产品的重要组成部分，"服务员"也被较多地提及，服务员的素质、态度、意识以及服务过程中的及时、主动性，都是游客评价酒店服务质量的重要指标。前厅部作为游客进入和离开酒店的必经部门，为游客提供咨询、办理入住、处理投诉、接送等服务，与游客面对面接触最为频繁。"商务""游泳""小吃""咖啡""按摩"等词汇体现出酒店服务项目的丰富性。"停车费""收费"这两个词汇出现的频次也较高，而且是影响顾客消费体验的重要因素。绝大部分酒店会为住店客人提供免费的停车服务，但是入住红珠山宾馆的游客需要额外支付停车的费用，"停车费"成为游客在线点评吐槽最多的服务质量评价指标。

2. 设施设备网络评价

客房收入是酒店经营收入的重要部分，客房也是游客在酒店待的时间最久的地方。设施设备网络评价的高频词汇前30位，与客房相关的词汇有19个，足见客人对于客房内的设施设备的关注。客房内设施设备不仅出现的频率高，而且分布也比较广泛，说明客房服务内容复杂且注重细节。而诸多经济型酒店、高星级酒店客房清洁乱象的曝光，使得游客对酒店客房设施设备服务的信任度不断降低。作为一家老牌的五星级酒店，红珠山宾馆具有比较久的历史，设施设备的"陈旧"是现阶段酒店面临的一个较大的问题，在管理过程中应注意硬件设施设备与酒店档次的匹配性。温泉是红珠山宾馆的特色服务项目，与温泉相关的词汇也较多，如"水温""水质""汤池"等。由于属于室外森林温泉，会有落叶洒落在汤池周边，使得环境不美观，"卫生环境"评价指标中的"脏兮兮"主要就是针对酒店的"温泉汤池"。

3. 卫生环境网络评价

游客对于红珠山宾馆"卫生环境"评价的词条大致可以分为三类。一是酒店所在的地理位置，选址对于酒店经营发展的重要性不言而喻。"峨眉山""报国寺""景区"等是酒店所在位置的关键节点，红珠山宾馆位于峨眉山景区内部，紧邻报国寺，具有"得天独厚"的位置优势。二是对酒店外部环境的描述与评价，这部分词条占"卫生环境"评价指标的大部分，也表现出了较高的游客认可度。红珠山宾馆是温泉度假酒店，对于自然环境的要求较高，"空气""森林""公园""湖泊""负氧离子"等是对酒店外部环境资源的描述，"安静""幽静""清新""漂亮""惬意""整洁"等是对酒店外部环境的评价，且评价词汇的属性都是积极正向的。三是酒店存在的问题。除了上文提到的酒店温泉汤池"脏兮兮"之外，酒店客房还存在不同程度的"潮湿""发霉""异味"等问题。酒店外部优美的自然生态环境提升了游客的住宿体验，但同时也带来了房间潮湿发霉等负面影响。

4. 服务质量总体评价

根据"总体评价"指标中高频词汇所表达的情感态度，将其分为正面评价、中性评价和负面评价三类。其中正面评价的词汇有 17 个，中性词汇有 6 个，负面评价有 7 个。总体来看，游客对于红珠山宾馆的评价以正面为主，红珠山宾馆五星级酒店的品牌形象深入人心，而且服务项目丰富、装饰豪华大气、服务贴心舒适。但是对于"性价比"这个指标，游客评价之间有分歧，"值得""划算"出现的频次一共有 184 次，但是"不值"也出现了 49 次。"三星""四星"虽然本身是个中性词汇，但是红珠山宾馆作为五星级酒店，得到诸如"三星""四星"的评价，很明显是对酒店的负面点评，应将其归为负面评价这一类。除此之外，还有"失望""糟糕""遗憾""美中不足"等词汇。

使用情感倾向分析工具发现：积极情绪的点评文本占总体数量的 81.35%，中性情绪占 7.21%，消极情绪占 11.44%。同时，对积极情绪和消极情绪的强弱程度不同进行分段统计，一般、中度、强度的积极情绪比例分别为 40.05%、27.11%、14.18%，一般消极和中度消极的情绪比例分别为 8.21% 和 2.24%。积极和中性情绪的点评文本的合计比例约为 88.56%（见图 2）。

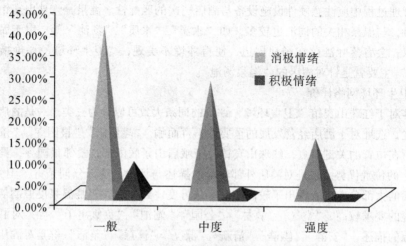

图 2　红珠山宾馆点评文本情感倾向统计图

四、结论与建议

本文通过内容分析法对峨眉山红珠山宾馆的在线点评文本进行了分析，发现红珠山宾馆得到的总体评价以正向积极的评价为主。五星级酒店的品牌形象、服务质量、服务项目被顾客所认可，房间设施、员工服务、酒店环境是客人最关注的三个方面，在文本中提到的次数也最多。但是，在点评文本中也暴露出一些影响顾客住宿体验的问题，比如酒店房间潮湿有异味、设施老旧等问题。针对文本中顾客关注的服务内容和酒店服务质量管理中存在的问题，本文提出以下管理建议：

（一）重视顾客网络评价

对网络平台的点评信息进行整理，有助于酒店有效识别顾客需求和服务管理中存在的问题。针对客人的点评内容进行细致耐心的回复，与客人进行有效互动，可以缓解酒店与顾客因沟通不畅产生的矛盾。酒店应安排专门的员工负责网络运营，充分利用互联网资源，做好酒店的客户维系和品牌推广工作。

（二）更新和维护设施设备

硬件设施设备是酒店服务产品的重要载体，是服务质量的主要构成要素。酒店相关部门应制定设施设备定期维护保养计划，并按照计划严格执行，建立"谁使用、谁保养、谁负责"的管理制度，同时结合设施设备的使用年限与新技术在酒店服务工作中的应用，对陈旧的、落伍的设施设备进行更新替换。

（三）注重员工服务培训

除了有形的设施设备外，无形的劳务服务也是酒店产品的重要组成部分。在红珠山宾馆网络评价指标"基础服务"中，由酒店劳务人员提供的软性服务被客人提及的频次较高，服务人员的"主动""热情""意识"等对顾客的评价影响较大。酒店应注重对一线接待员工的服务培训，提高员工积极主动的服务意识和及时准确地履行服务承诺的能力。

（四）保持环境干净整洁

优良的生态环境是红珠山宾馆的核心优势之一。酒店的环境问题主要表现为客房潮湿有异味、汤池不干净两方面。酒店应分析造成房间潮湿有异味的原因，如果是外部环境造成的，切记要关门关窗，并使用空调的除湿功能，同时保证客房楼道内的通风透气系统完好；如果是房间内部的原因，应保证房间通风，在房间内放置除湿剂。针对户外森林温泉的环境问题，应加强温泉周边的清洁卫生工作，为游客提供干净、舒适的温泉环境。

（五）提供差异性停车服务

红珠山宾馆不为住店的客人提供免费的停车服务，客人停车需要额外支付停车费用，"停车费"是游客负面评价比较集中的指标之一。酒店应针对不同类型的客人提供不同的停车收费服务，如住宿客人在酒店逗留时间较长，消费项目也较多，应为其提供免费的停车服务，为餐饮、温泉客人提供不超过 3 小时的免费停车服务，对不在酒店消费的游客提供收费停车服务。

参考文献

[1] 卢向华，冯越. 网络口碑的价值：基于在线餐馆点评的实证研究 [J]. 管理世界，2009（7）：126-132.

[2] 张子坤. 在线点评平台如何影响人们的消费行为？一个信息性社会影响的观点 [D]. 合肥：中国科学技术大学，2010.

[3] 郑国涛. 在线点评对消费者网上购买意愿的影响研究 [D]. 天津：河北工业大学，2012.

[4] 雷晶，李霞. 在线点评对消费者行为意向影响的实证检验 [J]. 统计与决策，2015（18）：117-121.

[5] 陈涛，刘旭青. 负向在线点评有效性影响因素研究：基于社会网络视角的实证研究 [J]. 上海管理科学，2014，36（3）：12-16.

[6] 朱峰，吕镇. 国内游客对饭店服务质量评论的文本分析：以 e 龙网的网友评论为例 [J]. 旅游学刊，2006，21（5）：86-90.

[7] 艾小艳，南晓鹏. 基于网络评价的湖南五星级饭店服务质量研究 [J]. 中南林业科技大学学报（社会科学版），2014，8（3）：13-15.

[8] 郑加莲. 基于在线点评的饭店顾客行为意向研究 [D]. 杭州：浙江大学，2011.

[9] 庞兆玲，林美珍，郑向敏. 基于在线点评的顾客感知服务质量对顾客重复购买意向的影响研究：以福州、厦门、泉州星级酒店为例 [J]. 旅游研究，2013，5（1）：67-72.

[10] 张诚. 基于在线点评的饭店顾客满意度测评体系研究 [D]. 上海：上海师范大学，2014.

[11] 李景. 基于在线点评的酒店顾客满意度研究 [D]. 上海：上海师范大学，2015.

[12] 熊伟，高阳，吴必虎. 中外国际高星级连锁酒店服务质量对比研究：基于网络评价的内容分析 [J]. 经济地理，2012，32（2）：160-165..

[13] 陈素平，杨帆. 长沙市经济型连锁酒店服务质量分析：基于网络评论内容 [J]. 湖南财政经济学院学报，2014，30（1）：135-141.

[14] 宗圆圆，张姝. 武汉地区中外酒店服务质量对比研究：基于 OTA 住客点评的内容分析 [J]. 武汉商学院学报，2016，30（2）：79-84.

[15] 张慧. 基于内容分析法的高星级饭店服务质量实证比较研究 [J]. 华中农业大学学报（社会科学版），2012（2）：77-84.

（本文发表在《科技和产业》2017 年第 3 期上）

酒店类企业内部控制设计框架探析[①]

梅淑先，闵建华，曾炜，彭瑶瑶

（乐山职业技术学院财经管理系，四川乐山 614000）

随着社会与经济的发展，国内酒店不断增多，这也使酒店面临激烈的竞争。在这种严峻的形势下，酒店企业如何更好适应外部环境变化，并充分利用企业内部资源形成特色，在市场竞争中占据优势地位，成为企业管理者最关心的问题。因此加强企业内部控制就显得尤为必要，内部控制是酒店企业内部进行有效管理的重要战略工具，也是酒店企业的自动维护系统与预警系统，但是目前酒店的有关内部控制框架的目标不明确，层次不清晰，定位参差不齐。为了实现企业目标有必要对企业内部框架进行设计，为酒店创造更大价值，在竞争中发挥优势作用。

一、内部控制框架的含义

内部控制框架指的是各种目标与基础要素组成的一个相互联系、相互影响的有机整体，并形成内部控制标准，为企业内部控制的职能、性质以及存在的缺陷和问题，找到合理的解决方式。内部控制框架一般是由政府监管机构或者是权威的民间职业组织建立的，其主要目的是为本国或者是整个行业或者是企业建立并且保持良好的内部控制，以协助企业达成既定的目标。良好的内部控制框架设计必须从一个国家或者是一个行业企业经营的内外环境的特点进行综合的考虑。内部控制框架有三个方面的作用：一是内部控制框架对企业形成内部控制标准具有导向作用，科学且合理的内部控制框架形成的内部控制标准的适用范围更加广泛，具有更强的通用性以及更高的权威性；二是在政府机构或者是企业没有形成内部标准的情况下，内部控制框架可以为实施内部控制制度提供明确的判断范围，为解决内部控制问题提供参考的框架；三是内部控制框架为企业选择内部控制方法提供引导，企业可以同时采用多种方法实施内部控制，从而实现企业内部控制目标。

二、酒店类企业内部控制存在的问题

（一）对内部控制的认识存在偏差

首先，酒店类企业对内部控制存在理解上的偏差。酒店类企业已经意识到企业内部

---

① 基金项目：四川旅游发展研究中心课题"内控视角下酒店管理研究"（LYC14-12）。

控制的重要性，但是对内部控制的理解却存在偏差。很多酒店管理人员认为内部控制等同于内部牵制，或者是仅把内部控制局限在会计控制范围内。这两种理解都存在片面性，没有把内部控制贯穿于企业管理的全流程。不仅没有健全内部监控制度，而且也没有对现有的内部监控制度进行监控管理。其次，酒店类企业管理层不注重内部控制环境建设，主要表现为酒店类企业管理层内部控制意识淡薄，对于经营者的约束力较小，关键人控制现象较为突出，内部控制力度小，不重视企业文化建设，企业中的人员素质不高，特别是管理者。最后，企业管理者没有把内部控制与酒店的发展目标联系起来，很多酒店把内部控制理解为与资产安全、成本控制等一样的控制手段，而没有把内部控制与酒店类企业的经营目标有效联系起来。酒店类企业的经营目标应当是为体现股东的目标而设立的，也就是创造最多的股东财富，这属于一个综合性的目标，需要酒店类企业统筹所有方面综合运营来实现，并不仅以资产安全或者成本控制等简单的手段表现出来。

（二）酒店类企业内部控制没有执行力，缺乏监督力度

首先，目前酒店类企业很注重内部控制编写工作，但是并不注重其执行的力度。很多酒店类企业设置了内部控制制度但是在实际的操作中并没有按照相关的制度执行，制定的内部控制制度形同虚设。其次，内部控制缺乏有效的监督措施，很多企业存在内部审计虚设以及内部控制自我评估体系缺失的现象。

三、酒店类企业内部控制框架设计

（一）内部控制环境设计

控制环境指的是企业文化基调与工作气氛，良好的内部控制环境是企业实施内部控制的基础保障。要设计出良好的内部控制环境，应从以下几个方面进行。首先，加强企业文化建设。企业文化是企业经营理念的集中表现，企业文化直接影响着企业员工的思维方式以及行为模式。其次，加强董事会、审计委员以及CEO对内部控制的监督作用，两权分离是酒店企业制度建立的基础。董事会除了委派CFO对整个企业进行财务监督外，也可充分发挥董事会的职能对CEO以及内部控制进行监督。酒店类企业应该严格按照公司的相关规定构建企业经营框架，促使经营权与决策监督权尽快分离，保证董事会的独立地位。再次，制定审计委员会制度，有效连接企业内外审计。加强对酒店类企业管理层的培养以及激励，企业管理高层是内部控制制度的推行者与执行者，他们对于企业内部控制的认知直接影响着企业内部控制的执行状况，酒店类企业要实现财产的增值保值，需要组建高执行能力的高层管理团队。最后，提升企业员工素质。员工既是企业内部控制的对象，又是内部控制的执行者，员工的能力素质直接关系着企业内部控制的实施成效。因此，酒店类企业要不断地提升员工的能力素质。

（二）风险控制设计

酒店类企业要想在市场竞争中处于优势地位，建立良好的口碑，就要保证企业经营能取得利润，而取得利润的关键就是风险控制。酒店类企业与其他类企业一样也需要面对各种风险，如市场风险、政策风险等，这些风险对企业信誉的建立以及盈利等产生很大的影响。由于风险所涵盖的领域与范围非常广，这就给风险控制的实施造成很大的困难。酒店类企业必须不断规范风险管理流程，才能更好地识别与评估各种风险。酒店类

企业可以通过以下几方面实现这一目标。首先，酒店类企业必须明确自身目标。酒店目标一般可以分为两个层面：宏观目标与微观目标。宏观目标明确体现了企业长期战略目标，而微观目标体现了企业内部的各方面，以合理性目标、财务操作目标以及短期经营目标为主。酒店类企业对目标的设立并不归属于内部控制的范围，目标的设立仅是针对管理层而言的，只有设立了目标，管理层才能对企业的发展前景有所憧憬，才能促使其积极奋斗；从另一方面来说，设立合理的目标才能对高层防范风险起到辅助的作用，从这个角度来说，设置合理的目标是酒店类企业进行高效风险控制与内部控制的关键所在。其次，酒店类企业要识别所面临的风险。企业面临的风险是企业目标实现的阻碍，由于企业所处的内部以及外部环境不断复杂化，酒店类企业在经营中将面对很多内外阻力，在内外阻力的共同作用下，很多企业会偏离自身的目标。再次，酒店类企业要对风险进行分析，企业面临的风险被识别后，就要对风险可能带来的后果进行分析与判断，对危害较严重的风险，酒店类企业要给予高度的重视；对于危害较小的风险可以适当关注或者是可以忽略。最后，酒店类企业要采取较为恰当的风险控制活动。当各类风险发生的结果被判断出来以后，企业要采取合适的风险处理方式，从而取得最佳的风险防控效果。在风险控制活动中，根据不同类型的风险，相应地选择风险回避、接受风险、风险转移以及减少风险的方式，同时建立风险应急机制与预警系统，进而及时预测企业可能发生的风险，提醒相关部门采取必要的措施，把风险造成的危害降到最低。

（三）信息系统设计

信息是酒店类企业能够正常运行的基础，因此酒店要充分利用先进的信息技术建立符合酒店经营特点的信息系统，来实现对信息的收集、处理、传递、反馈以及储存等。根据信息的内容对酒店进行集中管理以及快速反应，进而拓展酒店的经营空间，节约运营成本，提升管理以及决策的成效。酒店类企业要建立协同化信息系统，高级信息系统不止包括计算机的辅助功能，还应该包括集成化的协同管理效应。企业不同，对信息系统的要求也是不同的。集成酒店的信息系统一般包括会计信息系统、客房服务管理系统、餐饮管理系统、采购与仓储系统、人力资源管理系统等，各个管理系统之间是密切联系不可分割的整体，连接着企业经营管理的所有步骤与预计流程，并且在集成的基础上实现功能的协同管理运作。在建立信息系统时要注意以下几个方面。首先，重视信息系统的协同应用，各大系统的合作配合的效率要超出单一系统，即使单一系统非常强大与先进，也是无法与协同系统相比拟的，只有各个系统协同运作才能更好地提升企业的管理效率并为企业创造最大的价值。其次，高管要高度重视。高管的重视程度是企业的强大精神支柱，对企业存在很大影响，因此企业高管要引导各个系统与各部分协同运作，从而提升企业的价值。最后，注重方案的审核。信息管理系统与其他系统协调运作可以优化企业的内部控制流程。在促使信息管理与其他协同协作的决策中，必须要咨询相关的专家，并通过董事会认可与审核，这才算是对企业负责。

总之，随着经济高速发展，国外的酒店类企业也加快步伐进驻中国市场，我国的酒店行业面临着更加激烈的市场竞争以及经营中存在的各种风险。因此，酒店类企业必须加强内部控制框架设计，从而提升内部控制的意识，提升内部控制的执行力与监督力以预防和控制风险，从而保证酒店类企业的生存与发展。

参考文献

[1] 李丽. 内部控制的发展及我国内部控制的现状和思考 [J]. 经济研究参考, 2010，58：17-18.

[2] 申彦林. 企业内部控制的发展与创新 [J]. 中国集体经济，2011（1）：66-67.

（本文发表在《城市发展理论》2015 年第 47 期上）

旅游景区星级酒店一线服务人员工作压力与职业倦怠的关系
——特质应对方式的调节作用[①]

付洪利，罗利

（内江师范学院地理与资源科学学院，四川内江 641199）

自 Freuden-berger 通过对助人行业人员的心理压力进行研究后，职业倦怠的概念便得以正式提出，之后心理学、管理学等领域的学者进行了大量的研究。不同的研究者对职业倦怠的概念进行了不同的阐述。Freuden-berger[1]认为职业倦怠是由职业、生活等方面没有达到预期的回报而产生的一种疲劳或沮丧的状态；Pines 等[2]认为职业倦怠是长期处于情绪要求高的工作情景中所产生的生理、情绪、心理上的枯竭；Maslach 等[3]认为职业倦怠是情绪衰竭、去个性化和个人成就感低等方面的一种综合征。研究发现职业倦怠的现象普遍存在于与人密切接触的服务行业中，如教育、社会工作、警察、护士等助人行业中。在我国，有关职业倦怠的研究时间不长，但其很快成为服务等助人领域和管理领域的研究热点之一。

Schaufeli 等[4]将可能导致职业倦怠的因素分为生理特点、人格因素、工作相关的态度、工作和组织特征。对本研究而言，主要集中于旅游星级酒店一线服务人员的感知压力和特质应对方式。旅游业是一个高交互的服务行业，它需要通过一线服务人员在服务过程中与顾客进行交流、互动，了解顾客需要，为顾客提供有价值的服务，来实现旅游企业的效益。因此该行业具有高接触性、高参与性、高互动性的特点，这一工作特点使得旅游企业一线服务人员更可能出现职业倦怠。职业倦怠对旅游企业一线服务人员的身心健康、服务质量、企业人力资源队伍的稳定性构成了巨大的威胁[5-7]，职业倦怠高的个体更可能出现对企业的不忠诚行为，以及离职倾向和离职行为[5]，同时职业倦怠也会对他们的家庭生活产生负面影响[8]。已有的研究发现，个体的工作压力越高，越可能出现职业倦怠[9-10]，如果压力长期得不到有效的调节、控制，将可能导致员工的职业倦怠。服务行业的从业人员便时常面临很大的工作压力。如高源[11]对导游的工作压力进行了研究，发现导游的工作压力水平较高，其中由工作本身引起的压力和职业生涯发展带

① 基金项目：四川省哲学社会科学规划资助项目（SC12LY05），四川省哲学社会科学重点研究基地——四川旅游发展研究中心立项课题（LYM11-20）。

来的压力最为明显；郭琳等[12]的调查发现星级酒店员工的压力较大，特别是男性员工；对酒店女性员工而言，压力主要来源于人际关系的不和谐和疲劳心理等[13]。

个体的人格特征也会影响到职业倦怠。杜建刚等[14]对高交互行业的服务人员进行研究后发现，个体对负性情绪事件的归因方式能有效地预测员工的负面情绪，突发的单次负性事件会对一线服务人员的长期情感承诺产生负面的累积作用；从情绪劳动角度看，员工常采用深层劳动的调节方式能显著地维护员工的心理健康[15-16]；就应对方式而言，它是指个体处理压力源以减轻不良影响而采用的方式[17]，积极的应对方式有助于缓解个体的职业倦怠，消极的应对方式可能带来更多的职业压力和心理健康方面的不适[18]。

目前对于工作压力、应对方式等因子与职业倦怠的关系的研究虽然较多，但对各因子如何共同作用于职业倦怠的研究却较少。同时旅游业作为一个具有高交互性和情感要求的行业，其企业一线员工对维护企业形象、地区旅游形象也起着重要作用[19]，目前对这方面的研究也较少。如何有效地提高他们的应对能力、缓解他们的职业倦怠、提高心理健康水平是一个重要的课题，此类研究成果也有助于为酒店行业维持人力资源队伍的稳定提供指导。本研究以四川省乐山市旅游景区星级酒店的一线服务人员为例，考察员工的工作压力对职业倦怠的影响，以及特质应对方式在两者之间的调节作用，以期为员工提供心理调节的方式，也为酒店人力资源管理提供思路。

一、研究对象、研究资料与研究方法

（一）研究对象

以乐山市旅游景区星级酒店中的一线服务人员为研究对象。发出问卷110份，回收有效问卷98份，有效回收率为89.1%。其中男性39人，女性59人。调查对象的年龄在18～48岁，平均年龄27岁。

（二）研究资料

1. 工作压力问卷

本研究参照House等的工作压力量表，选用其中的12个条目，包含生理压力和心理压力两个维度。前者有8个条目，克隆巴赫α系数为0.85；后者有4个条目，克隆巴赫α系数为0.84。问卷采用5级评分，分数越高，压力越大。

2. 特质应对方式问卷（TCSQ）

本研究采用特质应对方式问卷。该问卷用于评定被试在应激状态下的应对策略。问卷共20个条目，包含积极应对和消极应对两个维度，各10个条目，采用5级评分，从5（肯定不是）到5（肯定是）。本研究中积极应对的克隆巴赫α系数为0.79，消极应对的克隆巴赫α系数为0.71。分数越高，表示被试越习惯采用此种应对方式。

3. 职业倦怠问卷（MBI-GSM）

本研究采用李超平等[21]修订的Malsach的职业倦怠问卷。该问卷共15个条目，包含情绪衰竭、去个性化和效能感三个维度，采用7点量表。本研究中，将效能感维度所包含的题项进行反向计分，所以各维度分数越高表示职业倦怠的程度越大。情绪衰竭的克隆巴赫α系数为0.69，去个性化的克隆巴赫α系数为0.71，效能感的克隆巴赫α系数为0.62。得分越高，表明在该维度上的职业倦怠程度越大。

此外，本研究还采集了性别、年龄、工作种类、工龄等人口统计学变量。

（三）统计方法

本研究采用 SPSS17.0 对数据进行录入和统计分析，主要进行了描述性分析、独立样本均值差异检验、相关分析和分层回归分析。对调节作用的考查采用分层回归分析和简单斜率分析。[22]

二、结果

（一）描述性分析

对酒店一线服务人员在工作压力、应对方式和职业倦怠及其他维度进行了描述性统计，结果如表1所示。总体而言，酒店一线服务人员的生理压力、心理压力处于中等水平；在应对方式上，采用积极应对方式显著地高于采用消极应对方式（$t = 6.94$，$P < 0.001$）。

表1　　　　　工作压力、应对方式和职业倦怠的描述性统计

	总体	男性	女性
生理压力	22.44（±6.47）	22.35（±7.63）	22.51（±5.65）
心理压力	10.67（±3.89）	10.26（±4.06）	10.95（±3.78）
工作压力总分	33.11（±9.73）	32.61（±11.12）	33.46（±8.76）
积极应对	35.23（±5.17）	36.41（±5.87）	34.45（±4.54）
消极应对	29.04（±6.52）	27.97（±7.63）	29.74（±5.64）
情绪衰竭	17.85（±5.34）	17.26（±6.09）	18.24（±4.8）
去个性化	14.4（±4.57）	13.56（±5.04）	14.95（±4.12）
效能感	20.81（±4.52）	19.88（±5.32）	21.43（±3.82）
职业倦怠总分	53.06（±11.12）	50.7（±14.02）	54.62（±8.47）

男女性员工在积极应对、效能感、职业倦怠的总分上达到边缘显著（$P < 0.1$），其余差异不显著；具体来讲，相对于男性来说，女性更习惯采用消极应对方式，效能感更低，职业倦怠程度更高。

（二）工作压力、特质应对和职业倦怠的相关分析

对工作压力、特质应对方式和职业倦怠的相关分析如表2所示。职业倦怠与工作压力、消极应对呈显著正相关（r分别为0.72、0.66），与积极应对呈显著负相关（$r = -0.33$）；工作压力与积极应对呈显著负相关（$r = -0.33$），与消极应对呈显著正相关（$r = 0.50$）

表2　　　　　　　　特质应对方式和职业倦怠的相关分析

	生理压力	心理压力	工作压力总分	积极应对	消极应对	情绪衰竭	去个性化	效能感	职业倦怠总分
生理压力	1								

表2(续)

	生理压力	心理压力	工作压力总分	积极应对	消极应对	情绪衰竭	去个性化	效能感	职业倦怠总分
心理压力	0.75***	1							
工作压力总分	0.96***	0.9***	1						
积极应对	0.32***	0.28***	0.33***	1					
消极应对	0.44***	0.53***	0.5***	0.13	1				
情绪衰竭	0.68***	0.75***	0.75***	0.18	0.59***	1			
去个性化	0.63***	0.67***	0.69***	0.27***	0.62***	0.79***	1		
效能感	0.13	0.25*	0.19	0.33***	0.31**	0.16	0.18	1	
职业倦怠总分	0.64***	0.74***	0.72***	0.33***	0.66***	0.87***	0.86***	0.56***	1

注：* 为 $P<0.05$，** 为 $P<0.01$，*** 为 $P<0.001$（下同）。

（三）特质应对方式在工作压力和职业倦怠上的调节作用分析

为考查特质应对方式在工作压力和职业倦怠上的调节作用，本研究采用分层回归和简单斜率分析的方法来进行分析[22]。分层回归步骤是：第一步放入工作压力总分与积极应对（或消极应对），第二步放入工作压力与积极应对（或消极应对）的交互作用。进行回归分析前，先对要分析的自变量进行中心化处理以克服共线性问题。

1. 积极应对在工作压力和职业倦怠上的调节效应

对工作压力、积极应对在职业倦怠上的分层回归分析，如表3所示。工作压力对职业倦怠有正向预测作用，即工作压力越大，职业倦怠的程度也越大；工作压力越小，职业倦怠的程度也越小；积极应对在工作压力和职业倦怠上的调节作用显著（$\beta=2.21$，$P=0.003$）。对其进行简单斜率分析，结果见图1。

表3　　　　　　　工作压力、积极应对在职业倦怠上的分层回归分析

		Model 1	Model 2
第一步	工作压力	7.64***	7.06***
	积极应对	−1.16	−0.87
第二步	工作压力 * 积极应对		2.21***
	R^2	0.53	0.573
	F	53.46***	62.97***
	ΔR^2		0.043
	ΔF		9.51***

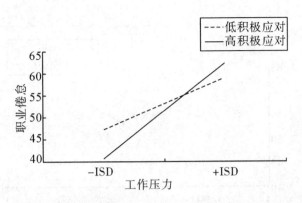

图 1　积极应对在工作压力和职业倦怠上的调节作用

在低积极应对方式下斜率 $\beta = 5.98$，达到显著（ $t = 6.08, P < 0.001$ ）. 在高积极应对方式下斜率 $\beta = 8.92$，也达到显著（ $t = 6.93, P < 0.001$ ）。无论是在高积极应对还是低积极应对下，当工作压力增加时，职业倦怠的程度也在增加；但是在工作压力低时，高积极应对方式能有效地降低职业倦怠程度，低积极应对方式会导致更高的职业倦怠；在工作压力高时，高低两种积极应对方式对职业倦怠的作用均较小。

2. 消极应对在工作压力和职业倦怠上的调节效应

对工作压力、消极应对在职业倦怠上的分层回归分析如表 4 所示。

表 4　　　　　　工作压力、消极应对在职业倦怠上的分层回归分析

		Model 1	Model 2
第一步	工作压力	5.77***	5.08***
	积极应对	4.47***	3.68***
第二步	工作压力 * 积极应对		-2.26***
	R^2	0.64	0.68
	F	84.58***	97.46***
	ΔR^2		0.05
	ΔF		12.88***

工作压力和消极应对对职业倦怠有正向预测作用，即工作压力越大职业倦怠的程度也越大，工作压力越小职业倦怠的程度也越小；个体越习惯采用消极应对，职业倦怠程度也会越大。消极应对在工作压力和职业倦怠上的调节作用十分显著（ $\beta = -2.26$, $P = 0.001$ ），对其进行简单斜率分析，结果见图 2。在低消极应对方式下斜率 $\beta = 8.34$，达到显著（ $t = 6.62, P < 0.001$ ）。在高消极应对方式下斜率 $\beta = 4.47$，达到显著（ $t = 4.28, P < 0.001$ ）。由图 2 可以看出，无论是在高消极应对还是低消极应对下，当工作压力增加时职业倦怠的程度也在增加；在工作压力低时，采用低消极应对方式能有效地降低职业倦怠程度，而高消极应对方式所导致的职业倦怠程度更高；在工作压力高时，高低两种消极应对方式对职业倦怠的作用较小，但习惯采用高消极应对的个体的职业倦怠程度会

更高。

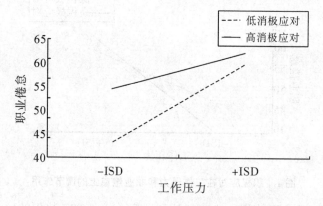

图2　消极应对在工作压力和职业倦怠上的调节作用

三、讨论

（一）酒店一线服务人员的工作压力、特质应对方式和职业倦怠

目前我国酒店员工的高流动性给酒店业发展带来了不利影响，因为员工流失会造成酒店经营成本增加、客源流失、服务质量的下降并影响酒店员工的凝聚力。而造成员工流失的主要原因就是工作压力[23-24]。本研究对旅游区星级酒店的一线服务人员进行了调查，结果发现一线服务人员的工作压力和职业倦怠程度处于中等水平，女性体验到的职业倦怠比男性大，这可能是因为女性作为酒店服务人员的主力军以及社会角色的要求，使得她们更容易体验到来自家庭和工作的压力[8]。同时，酒店作为一个高交互的行业，对人际关系处理的要求更高，女性作为人际取向的群体，人际的不和谐更会对她们的心理健康产生更大影响[13]，而且她们更习惯采用消极应对的方式，如迁怒于人、责怪自己、很难将烦恼忘记，因此更容易出现职业倦怠。

（二）特质应对方式在工作压力与职业倦怠上的调节作用

相关分析结果显示，职业倦怠与工作压力、消极应对呈显著正相关，与积极应对呈显著负相关。回归分析结果显示工作压力和消极应对可以正向预测职业倦怠，积极应对方式对职业倦怠的预测则不显著。对工作压力和应对方式在职业倦怠上的调节作用进行分析后发现，工作压力与积极应对和工作压力与消极应对的调节作用均达到显著的水平。

个体在工作中感到压力是不可避免的，如何对工作压力进行调节以减轻工作压力对心理健康的影响显得非常重要。出现工作压力时，采用更多的积极应对方式和更少的消极应对方式，能有效调节个体的心理压力。叶红等[25]对酒店员工的研究显示，消极应对方式是影响员工心理健康的第一因素，这是因为消极应对方式主要是个体在面对困难时采取消极的态度和行为方式，如沉湎于不幸中或逃避事实，而不是积极地去面对困难和解决问题。因此，对于酒店一线员工来说，当出现工作压力时，应采取积极应对方式，如往好的方面想、采用幽默的方式、参加活动或者将困难挫折当作锻炼人的机会，而不应该逃避现实或陷入回忆和幻想之中。当然，在压力过高时，积极应对和消极应对对调节压力的作用均不太明显，这时可能需要借助外界的力量，如组织关怀、求助于他人，或者心理咨询[13]。

（三）本研究的不足与展望

本研究主要探讨了旅游区星级酒店一线服务人员的特质应对方式在工作压力和职业倦怠上的调节作用，结果发现特质应对方式对两者的调节作用显著，这种考虑多个变量及其调节作用对职业倦怠的影响的研究还比较少。当然，本研究也存在一些不足。第一，被试数量较少。本研究主要选取的是乐山市旅游区星级酒店的一线服务人员，样本选取范围较为狭窄，因此在以后的研究中应该扩大被试的数量。第二，目前对酒店员工的职业倦怠研究主要是采用量化的研究方式，而质性的研究方式较少，这样不利于深入地考察引起他们职业倦怠的原因，以及如何调节工作压力对他们的心理健康更为有效。

四、结论

第一，旅游景区星级酒店一线服务人员的工作压力和职业倦怠程度处于中等水平，女性体验到的职业倦怠比男性大。第二，职业倦怠与工作压力、消极应对呈正相关关系，与积极应对呈负相关关系。第三，工作压力和消极应对方式可以正向预测职业倦怠。第四，两种应对方式在工作压力和职业倦怠上的调节作用均达到显著。

参考文献

[1] FREUDENBERGR H J. Staff burnout [J]. Journal of Social Issues, 1974, 30 (1): 159-165.

[2] PINES A, ARONSON E. Why managers burnout [J]. Salrsand Marketing Management, 1989, 141 (2): 34-44.

[3] MASLACH C, JACKSON S E. The measurrment of experienced burnout [J]. Journal of Occupatinal Bchabior, 1981, 2 (2): 99-113.

[4] SCHAUFELI W B, BAKKER A B. Job demands, job resources and their relationship with burnout and engagement: a multi-sam-plestudy [J]. Journal of Orgenizatinal Behavior, 2004, 25 (3): 293-315.

[5] 陈彩萍. 山西省酒店员工职业倦怠与离职倾向关系实证研究 [J]. 现代商业, 2012 (14): 164-167.

[6] 何立萍, 肖余春. 高星级酒店员工职业倦怠与其社会支持的关系研究 [J]. 旅游论坛, 2008, 1 (3): 389-392.

[7] 凌茜, 陈茂钦. 基于工作倦怠的酒店员工职业生命周期研究 [J]. 北京第二外国语学院学报, 2013, 34 (1): 47-54.

[8] 朱玉华. 酒店女性员工职业倦怠与工作家庭冲突 [J]. 安顺学院学报, 2012, 14 (2): 106-108.

[9] WIESE L, ROTHMANN S, STORM K. Coping, stress and burnout in the South African Police Service in Kwazulu-Natal [J]. South African Journal of Industrial Psychology, 2003, 29 (4): 71-80.

[10] MALAKOUTI S K, NOJOMI M, SALEHI M, et al. Job stress and burnout syndrome

in a sample of rural healthworkers, behbvarzes, in Thehran, Iran [J]. Iranian Journal of Psychiatry, 2011, 6 (2): 70-74.

[11] 高源. 论工作投入与避免导游工作倦怠 [J]. 现代商贸工业, 2012, 50 (24): 99-100.

[12] 郭琳, 朴丰源. 大连市高星级酒店员工工作压力现况调查 [J]. 预防医学情报杂志, 2009, 25 (10): 816-819.

[13] 李爽. 星级酒店基层女性员工工作压力问题与对策 [J]. 出国与就业 (就业版), 2011 (20): 33-34.

[14] 杜建刚, 马婧, 王鹏. 负面情感事件对一线服务人员情绪、满意及承诺的影响: 以高交互服务行业为例 [J]. 旅游学刊, 2012, 27 (8): 60-67.

[15] 黄敏儿, 吴钟琦, 唐淦琦. 服务行业员工的人格特质、情绪劳动策略与心理健康的关系 [J]. 心理学报, 2010, 42 (12): 1175-1189.

[16] 李晓艳, 周二华. 心理资本与情绪劳动策略、工作倦怠的关系研究 [J]. 管理科学, 2013, 16 (1): 38-47.

[17] BEEHR T A, JOHNSON L B, NIEVA R. Occupation alstress: Coping of police and their spouses [J]. Journal of Organizatinal Behacior, 1995, 16 (1): 3-25.

[18] 何银春, 郑向敏. 关于酒店员工心理健康的实证研究: 以长沙高星级酒店为例 [J]. 旅游论坛, 2009, 2 (1): 105-109.

[19] 付洪利. 景区依附型旅游小企业对景区形象影响研究: 基于峨眉山景区游客的问卷调查 [J]. 中国商贸, 2010 (14): 150-151.

[20] 朱海燕. 饭店员工组织公民行为、角色知觉、工作压力的关系研究: 一种个体层面的研究视角 [D]. 厦门: 厦门大学, 2009.

[21] 超平, 时勘. 分配公平与程序公平对工作倦怠的影响 [J]. 心理学报, 2003, 3 (5): 677-684.

[22] HOLMBECK G N. Post-hoc probing of significant moderatinal and mediational effect in studies of ediatric populations [J]. Journal of Pediatric Psychology, 2002, 27 (1): 87-96.

[23] 殷红卫, 祝晔, 赵志霞. 星级酒店员工流失诊断与对策 [J]. 商场现代化, 2008, 528 (3): 294-295.

[24] 郭琳, 朴丰源. 大连市高星级酒店员工工作压力现况调查 [J]. 预防医学情报杂志, 2009, 25 (10): 816-819.

[25] 叶红, 曹立人. 酒店员工心理压力及影响因素研究 [J]. 应用心理学, 2010, 16 (3): 272-279.

(本文发表在《内江师范学院学报》2014 年第 8 期上)

四川省政府推动无障碍旅游发展对策[①]

周亚

（内江师范学院经济与管理学院，四川内江 641199）

党的十八大提出 2020 年我国全面建成小康社会。我国是世界人口总数第一的大国，残疾人总数达 8 500 万，占比达 6.1%，包括残疾人在内的全体社会成员将共享经济增长成果。旅游可以提高残疾人的生活质量，提高他们的社交能力，以及提升社会对他们的认可度。笔者在中国知网用关键词"残疾人旅游"进行搜索，仅得到 48 篇文献，研究文献数量较少。这些研究关注点主要集中在以下几个方面：于冬梅等人[1]研究国外残疾人旅游对国内发展的启示；巫英慧等人[2]从国内整体研究残疾人旅游市场的开发与发展；王德刚等人[3]从理论的角度研究残疾人的旅游需求；赵萍等人[4]从东部发达城市的角度研究残疾人旅游。从这些文献来看，研究者从各种角度研究证实残疾人有权利、有欲望、有条件外出旅游，但缺少对西部城市的残疾人旅游研究，缺少对四川省残疾人旅游的研究，也缺少从政府的角度来研究如何推动残疾人旅游。无障碍旅游主体一般包括残疾人、老人、孕妇等，但本文研究对象仅指残疾人。四川省是人口大省，残疾人数位居全国第二，残疾人是旅游市场不可缺失的参与群体，研究推动全省无障碍旅游显得非常的重要。"十三五"时期是全面建成小康社会的决胜阶段，四川省应抓住机遇，推动全省无障碍旅游的发展，促进旅游业走向更成熟的阶段。

一、四川省残疾人现状

四川省公布的《四川省第二次残疾人抽样调查主要数据公报（第二号）》显示，四川省各类残疾人的总数为 622.3 万人，数量居全国第二，残疾人占总人口的比例为 7.57%，残疾人占总人口比例为全国最高。其中视力残疾有 121.4 万人，听力残疾有 147.6 万人，语言残疾有 8.2 万人，肢体残疾有 153.8 万人，智力残疾有 40.7 万人，精神残疾有 51.4 万人，多重残疾有 99.2 万人。全省有残疾人的家庭共 557 万户，占全省家庭总户数的 23.55%。全省残疾人口中，0～14 岁的残疾人口为 31.75 万人，占 5.10%；15～59 岁的人口为 264.72 万人，占 42.54%；60 岁及以上的人口为 325.86 万人，占 52.36%[5]。

---

① 基金项目：四川旅游发展研究中心项目（LYC14-45）。

从以上数据可以看出，四川省的残疾人数较多，涉及的家庭也较广，潜在的旅游残疾人数比例较高，所以推动四川省无障碍旅游的发展很有必要。

二、四川省无障碍旅游发展现状

四川省旅游资源丰富，拥有 3 项世界自然遗产，1 项文化与自然双重遗产，12 个 5A 级旅游景区，且旅游资源种类丰富。作为旅游资源大省，四川省政府非常重视旅游业的发展。2016 年 1—9 月，全省旅游总收入达 6 167.86 亿元，同比增长 24.7%[6]。《四川省"十三五"旅游业发展规划》提出，"十三五"时期，四川省将大力发展现代旅游业，加快旅游资源开发和产品打造，促进旅游与三次产业融合发展，积极发展旅游新业态，构建现代旅游产业体系，加快建设旅游经济强省和世界重要旅游目的地[7]。

虽然四川省旅游业发展得较好，但其无障碍旅游发展状况却不容乐观。四川省无障碍旅游目前仍面临着无障碍设施设备缺乏、相关标准亟待完善、旅行社不愿接待等诸多问题。旅行社对于残疾游客一般都是"敬而远之"，不愿承担旅途中的风险。四川省于 2015 年才举行了首届全国无障碍旅游发展论坛，推出了无障碍旅游专项产品，专为残疾人打造的旅游产品正式进入常态化运营，首条线路为成都到九寨沟，但无障碍旅游专项产品仍存在数量少的问题。

四川省无障碍旅游发展严重滞后的原因很多，面临的问题、难题也很多，仅靠旅游行业来推动无障碍旅游的发展，将会举步维艰。这需要地方人民政府的牵头和推动，且协同旅游行业以及社会残疾人组织共同努力，共同推动和促进无障碍旅游的稳步发展，减少残疾人外出旅游的各种有形和无形的障碍。

三、无障碍旅游主体需求特点分析

(一) 无障碍旅游主体的旅游需求强烈

残疾人虽然有缺陷，但是他们渴望与大自然亲密接触，向往大自然、名胜古迹的愿望不比一般人小。正是因为他们鲜有机会外出旅游，所以他们外出旅游的需求比一般人更强烈，因此只要他们有机会且在条件许可的情况下，他们会付诸实际行动成为旅游者。据调查，美国的成年特殊群体每年至少外出旅游一次，用于旅游的总花费高达 135 亿美元[8]。除此之外，残疾人在旅游类型上更喜欢选择与自然风光、休闲度假和康体疗养等相关的旅游活动，更倾向于融入大自然，感受大自然美好。

(二) 无障碍旅游主体的关注点更广

首先，残疾人对旅游过程中的安全关注度很高，希望能安全顺利地完成旅行，达到愉悦身心的目的。其次，他们外出旅游的机会较少，所以对旅游的期望更高，更关注旅游品质，希望旅行能成为他们美好的回忆。再次，他们外出旅游对旅行社的依赖更大，对旅行社及导游服务人员的责任感更为关注。他们希望旅行社能为其解决旅游过程中的食、住、行、游、购、娱，让他们无后顾之忧，能为他们解决旅游过程中存在的各种问题。最后，他们会关注旅游线路中的各个景点是否方便出行，是否有无障碍设施，无障碍设施能否正常使用，等等。虽然政府一直非常重视残疾人的就业，但各种原因导致他们的收入有限，因此他们也很关注旅游花费是否在他们承受范围之内。正是因为残疾人在旅游过程中的关注点更广、更特殊，所以对旅游的选择会非常的慎重。

（三）无障碍旅游主体的选择更为固定

由于残疾人的心理特征和身体原因，他们外出旅游一般会选择同家庭成员或者是同类群体的人一起外出旅游，作为散客外出旅游的较少，所以会给旅行社带来更多的经济效益，旅游企业应该开发无障碍旅游产品。他们在选择旅游目的地的时候，常会选择距离较近的周边旅游景区，方便他们的出行。而且他们回游率较高，只要确定此条线路的可行性和通达性，他们大多会选择再次回游，且会在同类群体中广为宣传。

四、四川省政府推动无障碍旅游发展的对策

（一）促进政策的制定和完善

四川省政府及相关部门需贯彻执行国家有关部门制定的各项规章制度，如，国务院办公厅发布的《国民旅游休闲纲要（2013—2020 年）》中提到的要"落实对残疾人等群体实行减免门票等优惠政策"；要"加快公共场所无障碍设施建设，逐步完善街区、景区等场所语音提示、盲文提示等无障碍信息服务"；要"开发适合残疾人等不同人群需要的旅游休闲产品"[9]。还要落实中国残疾人联合会制订的《无障碍环境建设"十三五"实施方案》、中华人民共和国住房和城乡建设部制定的《无障碍设计规范（GB50763—2012）》等相关规章制度，促进残疾人无障碍旅游环境的形成。同时省政府应结合省内残疾人的特点、旅游企业的条件、旅游景区的特色，制定更具操作性且体现特色的政策促进四川省无障碍旅游更快更好地发展。

（二）加强无障碍旅游宣传

政府在无障碍旅游宣传方面的作用不同于旅游企业对旅游产品的宣传，政府宣传的侧重点在于让社会公众认可无障碍旅游理念。现在大部分公众认为残疾人外出旅游很不现实，还停留在只关注残疾人的身体康复、就业、福利等方面。但其实早在 1975 年联合国大会通过的《残疾人权利宣言》中就提出：人人都拥有旅游的权利，包括广大的残疾人。残疾人是旅游市场的重要组成部分，他们有权利外出旅游，而且正是因为他们自身身心上的特殊原因，让他们外出旅游的动机更强烈，使他们想和大自然亲密接触、想感受民俗文化、想体验异域风情的欲望更加强烈。所以政府应通过线上和线下宣传相结合的方式让社会公众认可无障碍旅游理念，促进无障碍旅游的不断发展，这也有利于社会主义和谐社会的构建。

（三）建立无障碍旅游网络信息库

中国在建立网络信息库方面与欧美国家相比还比较落后，中国残疾人联合会根据《加快残疾人小康进程规划纲要（2016—2020 年）》制订的《残疾人事业信息化建设"十三五"实施方案》，还没有涉及旅游信息库的建立。而美国 51% 的残疾人旅行者使用网络来预订旅游行程，网络已经成为参加人与外界沟通、购物、休闲、学习的良好媒介[10]。欧洲的 OSSATE（On-Top-Shop for Accessible Tourism in Europe）数据库提供了欧洲所有为残疾人旅游服务的供应商和各种接待设施的数据信息[11]。

残疾人人数居全国第二、所占比例全国最高的四川省，应该走在无障碍旅游发展的前列，建立无障碍旅游网络信息库，带动其他省市共同发展，促进我国无障碍旅游网络信息库的早日形成和完善。同时四川省政府应加强和残疾人组织、旅游从业人员以及残疾人的合作，共同收集有关无障碍旅游的信息并及时发布，为残疾人的旅游决策提供帮助。

（四）推动无障碍环境的建设

无障碍环境的建设对残疾人能否实现外出旅游至关重要。因无障碍设施建设成本较高，现有残疾人游客数量有限，没有政府的推动，追求利益的企业不会重视无障碍环境的建设，所以加强政府对无障碍建设的主导作用，是无障碍环境建设的关键。无障碍设施并不只是用于残疾人，还可以为老年人、儿童等需要特殊服务的群体提供服务。中国已进入老年化阶段，且二胎政策的全面开放，更多的人将需要和使用无障碍设施。

无障碍环境包括城市空间无障碍、景点无障碍、酒店无障碍、交通无障碍、餐饮无障碍等。确保无障碍设施建设的系统化，使每个环节都需畅通无阻；加强无障碍设施的管理，保证无障碍设施的正常使用，不让无障碍设施成为摆设或者另作他用。这样才能真正形成无障碍环境。同时政府可以制定奖励措施，通过采用补助金、减免税等奖励办法来促进企业完成无障碍设施的建设，促进四川省无障碍环境建设的有序推进。

（五）促进无障碍旅游平台的建成

为了更好地发展无障碍旅游，政府应加大力度促进各类无障碍旅游平台的建立。2014 年 5 月 13 日中国残疾人旅游同业联盟在成都成立，该联盟专门为残疾人旅游服务；2015 年 7 月 5 日四川师范大学历史文化与旅游学院成立了"无障碍旅游研究与发展中心"，该中心主要从事无障碍旅游理论研究、无障碍旅游事业推广、无障碍旅游产品线路研发设计、无障碍旅游相关从业人员培训等工作；同年，"四川圆梦助残公益服务中心"也获得四川省民政厅的批复，正式挂牌。政府需推动更多旅游平台建立，帮助残疾人走出家门融入社会，推动无障碍旅游发展。

除此之外，政府应推动更多旅游企业加入服务残疾人的队伍，如山东的让爱飞翔国际旅行社，是全国首家专门为特殊群体量身打造的国际专属旅行社。像这样的旅游企业，四川省还较为欠缺。

四川省无障碍旅游的发展任重而道远。除了政府的推动以外，还需社会各界的共同努力，如残疾人机构、旅游企业、高校等。开发无障碍旅游将丰富四川省旅游细分市场，有助于四川省的旅游业走向更为成熟的阶段，也能够促进残疾人共享社会物质文明发展的成果，促进和谐社会的构建。

参考文献

[1] 于冬梅，朱海森，徐克帅. 国外残疾人旅游研究评述及对我国的启示 [J]. 桂林旅游高等专科学校学报，2008 (4)：277-281.

[2] 巫英慧. 浅析我国残疾人旅游市场开发对策研究 [J]. 东方企业文化，2004 (7)：351.

[3] 王德刚. 旅游权利论 [J]. 旅游科学，2009 (8)：1-5.

[4] 赵萍，谢维新. 上海残疾人旅游服务发展现状与对策 [J]. 当代经理人，2005 (15)：209.

[5] 四川省统计局. 四川省第二次残疾人抽样调查主要数据公报：第二号 [EB/OL]. (2007-06-26) [2015-12-14]. http://www.doc88.com/p-704221481202.html.

[6] 四川省旅游局政策法规处. 2016 年 1-9 月四川省旅游经济基本情况简述 [EB/

OL］．（2016-10-25）［2016-11-01］．http：//www. scta. gov. cn/sclyj/lytj/tjfx/system/ 2016/10/25/001128707. html.

［7］四川出台十三五规划纲要 现代旅游发展方向确定［EB/OL］．（2016-02-26）［2016-11-02］．http：//travel. cnr. cn/list/20160226/t20160226_ 521473881. shtml.

［8］残疾人旅游：不该被忽视的需求［EB/OL］．（2006-12-06）［2016-11-02］．http：//www. docin. com/p-195485388. html.

［9］国务院办公厅. 国务院办公厅关于印发国民旅游休闲纲要（2013-2020 年）的通知：国办发［2013］10 号［A/OL］．（2013-02-18）［2017-02-16］．http：//www. gov. cn/zwgk/2013-02/18/content_ 2333544. htm.

［10］梅丽霞，张世益. 残疾人无障碍旅游服务标准化研究进展［J］．标准科学，2012（11）：31-34.

［11］许晓薇. 福州市旅游景区残疾人无障碍环境调查与分析［J］．皖西学院学报，2011（10）：116-118.

［12］周亚. 重庆会展旅游的 SWOT-PEST 分析及对策［J］．内江师范学院学报，2011（4）：62-65.

［13］傅晶. 残疾人无障碍旅游发展对策研究［J］．学习与探索，2008（3）：175-177.

（本文发表在《内江师范学院学报》2017 年第 6 期上）

第六章
旅游经济

房地产业与旅游业关联度的实证分析[①]

王叶兰

（西昌学院，四川凉山 615000）

房地产业和旅游业作为目前国家重点发展的两个产业，有着产业关联度强、附加值高的特点。房地产业为旅游业提供了必要的物质基础，而旅游业也促进了房地产业的发展，二者互相促进、优势互补，体现出了较强的关联性。旅游地产指在特定的土地上开发的、与某一类旅游区域在内外空间方面和主题内涵方面具有明确关联性的地产项目。目前，我国房地产业呈现出以商品房为主流，商业地产和旅游地产并重，动漫地产、文化地产等市场方兴未艾的局面，其中以旅游地产的发展最为迅速。因此，从产业关联角度研究二者协同发展的规律有着较强的实践意义。

一、文献综述

当前学界对房地产和旅游关联度的研究主要集中于旅游地产的成因、开发模式、投资策略、风险管理等领域。施金亮、周德力运用投入产出表计算，认为房地产业和旅游业有着较强的产业关联度。李宇翔、黄国安利用单位根检验、协整检验以及格兰杰因果检验等计量方法对山东青岛房地产和旅游业的关系进行了实证研究，得出结论：旅游产业的发展可以促进当地房地产市场的发展；从长期来看，两者存在着长期稳定的均衡关系。王洪玲、孟广文运用灰色关联方法，对内蒙古准格尔旗房地产业与第三产业产值及其细分行业的关系程度进行计算。研究结果表明：准格尔旗房地产业与三次产业间的关联度依第三、第二、第一产业顺序递减，是带动三次产业发展的核心力量。刘婕、谭华芳对房地产和旅游业的产业关联度进行深入分析，认为大规模、多功能、综合性、集群化的旅游复合地产将成为我国旅游房地产业发展的主要方向。在目前的研究中，学术界多将旅游地产视为"房地产业"和"旅游业"的简单结合，并未对旅游地产的产业属性进行更深入的研究，也未对房地产业和旅游业的关系做进一步研究。为准确描述旅游产业对房地产业的影响，本文用协整回归分析和格兰杰因果检验等方法对两个产业间的内在关系进行研究，探索我国的房地产业与旅游业的关系。

---

① 基金项目：四川省教育厅资助科研项目（编号：10SB063）、四川省哲学社会科学重点研究基地——四川旅游发展研究中心立项课题（编号：LY10-25）成果。

二、数据来源和研究方法

本文在现有研究成果的基础上，依据数据的可得性，用 1995—2011 年的"商品房销售额"作为房地产业的替代变量，"旅游总收入"作为旅游业的替代变量。为检验商品房销售额和旅游总收入等变量是否具有稳定性，比较常用的方法是进行单位根检验。本文采用 ADF 进行单位根检验。如果变量是单整的，且阶数相等，便可进行协整检验。协整检验的作用在于揭示变量之间是否存在长期且稳定的均衡关系。本文采用基于极大似然算法的 Johansen 方法来对协整关系是否存在及协整关系的系数进行判断。当存在协整关系时，本文采用格兰杰因果检验，以消除可能存在的伪相关问题，对变量间的经济关系进行判断。对相关变量的处理均采用 EViews5.0 计算。之后，进一步选择合适的模型，计算出模型数据，对两者的关系进行拟合。

三、实证分析

（一）协整检验

为了消除模型数据中可能存在的异方差现象，因此对变量"商品房销售额"和"旅游总收入"取自然对数，分别表示为 LNRS 和 LNTC。如表 1 所示，通过 ADF 单位根检验，可以看出两组数列在一阶差分上都能达到 1% 显著水平的平稳性，可以使用 Johansen Cointegrate 协整及格兰杰因果分析进行进一步研究。

表 1　　　　　　　　　　　　　ADF 检验结果

变量		ADF 统计量	1%临界值	5%临界值	10%临界值	单整阶数
LNRS	水平值	−2.453	−2.74	−1.97	I（1）
	一阶差分值	−4.356	−2.75	−1.97	
LNTC	水平值	−3.326	−2.74	−1.97	I（1）
	一阶差分值	−2.134	−2.75	−1.97	

表 2 检验结果中，迹统计量值为 24.044 31，大于 5% 检验水平统计值 15.4，最大特征值 18.22 大于 5% 检验水平统计值 14.2，所以两个变量之间存在协积关系，即两变量存在长期趋势上的协整关系。

表 2　　　　　　　　　　　　　协整检验结果

			商品房销售额	旅游总花费
Person 相关性	商品房销售额		1	0.967
	旅游总花费		0.967	1
原假设	特征值	迹统计量	5%显著水平临界值	概率
0 *	0.703 192	24.044 31	15.494 71	0.002
至多一个 *	0.321 781	5.824 265	3.841 466	0.015 8

注：* 表示在 5% 显著水平临界值下通过检验。

协整方程为：

LNRS = 2. 17LNTC

长期来看，我国房地产业与旅游业存在着较为稳定的协整关系，每一单位的旅游业收入提高，会带来房地产业约 2. 17 单位的销售额收入。

（二）格兰杰因果检验

根据表 3 中的检验结果，在滞后期为 3 期的情况下，原假设"LNTC 不是 LNRS 的变化原因"和"LNRS 不是 LNTC 的变化原因"都被拒绝，可以得出结论：商品房销售额和旅游总花费互为彼此变化的格兰杰原因。

表3　　　　　　　　　　　　　　格兰杰检验结果

零假设	F 值	伴随概率	结论
LNTC does not Granger Cause LNRS	7. 597 87 *	0. 163 4	拒绝
LNRS does not Granger Cause LNTC	5. 614 95 *	0. 033 96	拒绝

注：＊表示在 5% 置信水平下通过显著性检验。

（三）模型设定

首先对两变量的相关性进行分析，结果如表 4 所示。从表 4 中可知，两变量的相关性高达 0. 978，可以得出结论：两者之间存在着显著相关关系。再根据两变量的散点图来观察散点图的形式。散点图如图 1 所示。

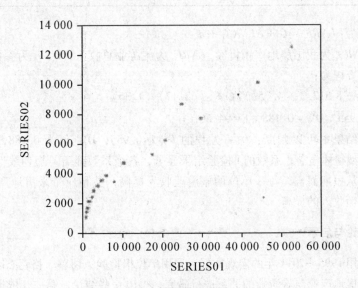

图 1　两变量散点图

表4   变量相关性分析

项目		商品房销售额	旅游总花费
Person 相关性	商品房销售额	1	0.978
	旅游总花费	0.978	1
Sig（单侧）	商品房销售额		0
	旅游总花费	0	

注：＊表示在 5% 置信水平下通过显著性检验。

从两变量散点图的形状可知：两者的关系可能是线性关系或者为指数关系。需要利用 SPSS 软件，对模型进一步进行选择，对函数形式进行判断。从表 5 可判断，线性模型及指数模型拟合效果都是可以接受的。比较方程拟合度，可看出线性模型拟合度更优。因此本文认为：二者之间的关系为线性关系。

表5   模型对比表

方程	模型汇总					参数估计值	
	R 方	F	df1	df1	sig	常数	b1
线性	0.975	334.514	1	15	0	−8 512.88	4.689
指数	0.879	109.026	1	15	0	1 200.022	0

设方程为：$LNRS_t = C + \alpha LNRC_t + \varepsilon_t$

其中 $LNRS_t$ 为我国房地产销售额，$LNRC_t$ 为旅游业总收入，C、α 为参数，ε_t 为随机变量。估算方程为：

$LNRS = -8\ 512.3 + 4.75 LNTC + \varepsilon_t$ （2.17）（1.35）

$R^2 = 0.955$ $DW = 0.188$ $F = 94.661$

从估计结果中可以判断：估算方程的 R^2 为 0.955，DW 值为 0.188，F 统计量为 94.661，模型整体显著；系数的 t 检验结果显著，各个系数显著。短期线性方程的拟合效果较好。从短期而言，每一单位的旅游业收入提高，会相应带来房地产业约为 4.75 单位的销售额收入的提高。

四、结论与启示

本文利用 1995—2011 年的宏观数据，采用单位根检验、协整、格兰杰因果检验等定量方法，对房地产业与旅游业的关系进行研究，得出一些结论。第一，依据时间序列的分析结果，我国房地产业和旅游业存在着显著的线性相关关系。从短期而言，每一单位的旅游业收入提高，会促进房地产业约 4.75 单位的销售额收入增长。第二，从长期而言，我国房地产业和旅游业有着较为稳定的均衡关系。每一单位的旅游业收入提高，会带来房地产业约 2.17 单位的销售额收入提高。第三，房地产业与旅游业互为格兰杰原因。旅游业对房地产业有较强的依赖，而房地产对旅游业也有较大的推动力，二者相互促进，具有较强的正向产业关系。

房地产业与旅游业较强的互补性和相关性为旅游地产的发展提供了可信的理论依据。开发商须认清形势，做好充分准备，把握时机，谋求新一轮的发展。旅游界人士也须更新观念，不能仅依赖政府投资，要积极面向市场找投资、找商机。总之，房地产业和旅游业两个产业间较强的关联性和对效益最大化的追求，是产业融合发展的内在动力，房地产业与旅游业结合发展是顺应这种趋势的。

参考文献

[1] 刘艳红. 旅游房地产业形成的分蘖理论分析 [J]. 生产力研究，2004 (3)：131-132.

[2] 王国平. 加快推进"1+6"工程：全力打造南宋御街国际旅游综合体 [J]. 杭州（周刊），2009 (6)：5-7.

[3] 罗红宝，林峰. 让"旅游综合体"成为旅游综合改革创新的战略抓手：上 [N]. 中国旅游报，2010-12-17 (11).

[4] 陈雯婷，金权杰，程澄. 基于城市化背景下的旅游综合体研究 [J]. 现代城市，2011，6 (2)：27-28.

[5] 吴必虎，徐小波. 旅游导向型土地综合开发（TOLD）：一种旅游-房地产模式 [J]. 旅游学刊，2010，25 (8)：34-38.

[6] 祝晔，黄震方. 旅游景区房地产开发模式研究 [J]. 安徽农业科学，2006，34 (21)：5675-5677.

[7] 吴悦芳，徐红罡. 大理古城旅游房地产的发展及社会文化影响研究 [J]. 人文地理，2010，4：67-71.

[8] 林立民. 休闲度假旅游地产市场的消费趋势与开发策略 [J]. 中国高新技术企业，2009 (14)：90-91.

[9] 麻学锋，张世兵，龙茂兴. 旅游产业融合路径分析 [J]. 经济地理，2010，30 (4)：678-681.

[10] 施金亮，周德力. 从产业关联视角看房地产业与旅游业的结合发展 [J]. 经济师，2007 (12)：27-28.

[11] 王岳平. 我国产业结构的投入产出关联分析 [J]. 管理世界，2000 (4)：59-65.

[12] 马勇，王宏坤. 基于全价值链的我国旅游地产投资策略研究 [J]. 商业研究，2011 (10)：208-211.

[13] 李宇翔，黄国安. 旅游业与房地产市场关系的实证研究：以青岛市为例 [J]. 经济研究导刊，2010 (25)：158-159.

[14] 周霄，黄猛. 解读旅游地产投资的八大成功要素：以深圳华侨城为例 [J]. 建筑经济，2007 (1)：69-72.

[15] 王洪玲，孟广文. 内蒙古准格尔旗房地产产业关联度研究 [J]. 天津师范大学学报（自然科学版），2012，32 (1)：54-59.

[16] 刘婕，谭华芳. 旅游与房地产业的关联融合度研究 [J]. 经济体制改革，2011 (2)：150-153.

（本文发表于《商业时代》2014 年第 2 期）

论基于地域文化特色的
旅游纪念品设计①

田海英，邱勇

（四川商务职业技术学院，四川成都 610065）

如今，旅游业发展如火如荼，而旅游纪念品销售作为其中的一个重要环节，其发展已经越来越不能满足人们的需求，从而导致了旅游者对纪念品兴趣下降。这很大程度上影响了纪念品相关企业的发展。为了转变这种状况，就必须结合地域文化特色，设计出独一无二且具有深厚文化内涵的纪念品。

一、旅游纪念品对于游客的意义

旅游观光纪念品虽然对于游客而言并没有巨大的实用价值，但游客看重的却是它的代表意义。它不仅仅是代表了一段美好回忆，更代表了对地域文化的一种体验。旅游纪念品首先具有标记旅游经历的作用。旅客到达一个旅游地点，大多都希望能够有某样东西可以将这段记忆保留。旅游纪念品反映了游客对旅游目的地的地域文化的理解和感受，体现了景区独特的魅力和文化个性。比如在众多的四川旅游景点，到达峨眉山的游客可能会选择购买一个具有当地特色的猴子玩具，或者购买各种和佛教有关的纪念品等。峨眉山作为四大佛教名山，猴群出没，设计和猴子以及佛教相关的纪念品无疑能体现峨眉山地域文化。

旅游纪念品具有概括旅游意象和感受地域文化的功能。旅游是在一个特定的空间进行的活动，由于那个空间无法移动，所以游客除了保留美好的记忆之外，也希望通过各种方式保存那种空间意象。而购买旅游纪念品无疑就是一种极好的选择，它不仅满足了游客的需求，而且让游客充分感受到了当地的地域文化特色。九寨沟是四川最著名的旅游景点。位于四川阿坝藏族羌族自治州的九寨沟地质条件复杂，遍布原始森林和 108 个湖泊，并且拥有丰富的少数民族文化，因此它在国内外都享有盛誉。结合九寨沟文化特色设计的纪念品丰富精美，比如白马藏民雕塑摆件、熊猫公仔、侉舞挂饰等。这些纪念品充分结合本土文化，凸显了九寨沟特色。

---

① 本课题名称：四川地域性旅游纪念品的设计语言国际化。四川省哲学社会科学重点研究基地——四川旅游发展研究中心立项课题（编号：LYC13-44）成果。

二、基于地域文化的旅游纪念品设计

地域文化作为设计旅游纪念品的根基，而且也是游客在旅游过程当中所体验到的主要内容，是纪念品展现自身特点的一个重要因素。通过合理的设计将地域文化特色融入纪念品中，可以体现文化特色和丰富纪念品的内涵。这样，既能够满足游客的需求，又能够吸引更多的游客前来，从而促进旅游业的发展。

（一）地域文化在旅游纪念品当中的传承和创新

地域文化是某一个区域不同于其他区域的特色文化，它体现了当地的地方文化和民族特性。基于地域文化进行旅游纪念品设计，需要不断地挖掘和汲取地域文化当中的优秀部分，这是保障设计成功的基础和前提。在地域文化的基础上进行旅游纪念品设计，并不是生搬硬套，而是将纪念品的特点和地域文化的特色进行有机结合，是一种全新的诠释和呈现。应该让旅游纪念品以其独具的特色吸引眼球，同时成为传承优秀地域文化的平台。

（二）以体验文化方式为主的旅游纪念品设计

在旅游过程当中缺少不了对于旅游的体验，也就是人们通过旅游体味到不同的风土人情、传统技艺等。旅游者通过参与其中得到亲身体验，可以细细品味地域文化特色。四川的一些旅游景区以四川的三国文化作为背景，开发出了一系列具有地域特色的旅游纪念品。三国是我国历史上最辉煌、最精彩并且惊心动魄的时代之一，留下了丰富多彩的三国文化。比如戏曲、历史人物、传说等，这些东西不仅紧紧地吸引了国内旅游者的眼球，而且对国际友人也具有巨大的吸引力。并且四川具有三国文化特色的旅游点数不胜数，比如武侯祠、剑门关、庞统祠等。针对这些四川三国文化旅游地进行的旅游纪念品设计也颇具特色，比如三国人物脸谱、雕塑等。

三、基于四川三国文化的旅游纪念品设计

下面对四川三国文化的旅游纪念品设计进行分析。第一，通过形态体现。基于地域文化特色的旅游纪念品设计主要就是通过形态的设计，然后对特定形态符号的把握、表示等体现其约定俗成的文化心理。比如对三国人物张飞、关羽等的设计，在形态上就必须充分体现其个性特色。第二，通过色彩体现。色彩是旅游纪念品设计中的一个重要表现元素，通过强烈的色彩能够有力地刺激游客，增加纪念品的销售。比如三国中的人物，关羽是个大红脸，这几乎是众所皆知的事情。所以在进行设计之时必须充分结合人物特色，体现色彩的独特性。第三，通过材质体现。材料本身就具有一定的感情色彩和地方特色，所以把握好材料的独特性也是体现地域文化特色的重要环节。比如蜀锦，历史悠久，工艺独特，有中国四大名锦之称。所以将这一具有特色的物品和三国文化相互结合，最终设计出来的纪念品必然能够充分地展示四川的地域文化。第四，通过包装体现。随着新观念和社会文化现象的影响，人们对于包装的要求越来越高，在包装设计上也在不地增添新的内涵。从某种意义上说，包装对于纪念品有着一定的体现作用。设计良好的包装无疑有利于对内部纪念品的呈现和对游客的吸引。应该在旅游纪念品设计和包装上达成一定的统一，设计出具有地域文化特色并体现纪念品特点、风格等的独特包装。

四、结语

综上所述，基于地域文化特色进行旅游纪念品的设计，不但可以增加纪念品的文化内涵和特色，而且能够有效地对当地优秀的地域文化进行传承。

[本文发表于《现代装饰（理论）》2014 年第 1 期]

旅游纪念品的设计语言国际化探析[①]

邱勇

（四川商务职业技术学院，四川成都 610065）

随国际旅游业的繁荣，我国旅游纪念品的设计也应越来越贴近全球市场。就旅游纪念品设计的国际化语言来看，应与人类对旅游所期望的需求相联系。本文提出土、奇、趣、玩、智、美，旨在为产品设计提供更为便捷、易操作的思路。

我国的旅游纪念品将面临的是高速成倍增长的国际市场，而怎样增强国际游客的购买欲，适应当前旅游业的态势，以及怎样塑造良好的软实力、传播中国优秀文化，成为当前急需从理论上解决的问题。设计的国际化是一个长期困扰中国设计业界的难题，其论述也可谓众说纷纭，概括起来有：要求从传统中寻找出路；要求中西合璧探寻道路；要求走西化道路迎合西方发达市场。在全球化的前提下，我们发现不管人类拥有多少不同类型的民族习惯、多少相异的文化遗产，但其共同的需求还是有迹可循的，故本文针对游客普遍的"需求"提出旅游纪念品的设计语言定位：土、奇、趣、玩、智、美。

一、土

"土"在百度词典中与设计对应的解释有三：一、本地的，地方性的；二、民间生产的；三、不合潮流的。全球化使"人"的见识和适应性极度扩展，钝化了人类的好奇感知又激发了更多的好奇欲。旅者前往一个完全陌生的空间，目的是希望通过时空的转换来体验不同地域所特有的人文、自然景观，体验不同地域的民风和民俗。故"土"（或称地方特色）是旅游纪念品最为本质的特征，正因为商品烙上了强烈的土味才使得它与其他商品区别开来，更能承载纪念意义。

土，体现旅游纪念品的地域性特征，是旅游纪念品的根本属性，也是其设计的核心要素。地域特色一般通过两种方式体现：一是物质资源的地域特色，二是文化的地域特色。首先，旅游纪念品的设计应该从当地的风景名胜、标志性建筑、历史文化、神话传说、英雄人物等方面入手，在充分了解地方文化的基础上对这些内容进行总结概括，提取地方文化的精髓。其次，归纳提炼"土"的元素符号并融入旅游纪念品的主题、材质、功能、形态、色彩、装饰、包装等具体的设计要素中，设计出主题鲜明、易于认同

① 四川省哲学社会科学重点研究基地——四川旅游发展研究中心立项课题（编号：LYC13-44）成果。

的特色纪念品。最后，除了延续已有的设计题材，还要进行深度挖掘与之相关的或新的题材，在选择的方式、立意角度等方面，注重表达的新颖性。还须指出，土不是简陋，在"土"元素的运用过程中，我们不能将其标签式地、孤立地粘贴到产品表面，如把旅游景区的主要景点照片直接印制到日用品、衣服上等，这样的转化是肤浅的。而应当从文化内涵的角度将两者真正融合到一起，以达到"形神兼备"的效果。

"土"不仅是保护和传承文化遗产的有效措施，也是传统文化的现代延续，具有长远的意义。旅游纪念品须具备"地标"性意义，纵观世界各国旅游商品市场，地方特色是永恒的主题，因此我们必须大力开发体现本民族、本地区特色的土味旅游纪念品，既要继承传统，又要开拓创新，以满足全球消费者的需求。

二、奇

在这里，"奇"被解释为特殊、稀罕，不常见的；或指出人意料，令人惊异的。好奇是人类的天性，正所谓无限风光在险峰，大凡人类好奇的东西，都不是那么容易得到的。就此而言，旅游者前往目的地游览的动机和诉求便在于"猎奇"，以及对这种"猎奇性"身临其境的体验。我们的旅游纪念品设计就应充分帮助游客满足这一愿望：使之充满着独特与惊异，使之成为探索的过程，且成为充满乐趣的载体。

旅游纪念品设计的"奇"，首先，应是挖掘当地所特有的物质原料和当地所特有的人文资源以作为旅游纪念品设计与开发的依据，并将不同文化环境圈内的旅游纪念品是如何带有各自区域文化的烙印的现象作为调研的重点，从中分析出那些传统造型中最能吸引现代消费者眼球的形象。其次，创新是产品设计的核心，概念创新比比皆是，使用方式的层出不穷也让人匪夷所思。通过求"奇"来让产品受到消费者的青睐，可以借鉴前人的劳动成果，但是不能简单拿来，要让每一件创意产品都有新的创作激情注入，创造出产品的独特魅力，捕获旅游者的芳心，获得高额的回报。最后，还要让产品有故事，它的纪念意义可能来源于一种文化、一种传说或者是某种地域性的特点。总之旅游纪念品需要某种"东西"来完成对好奇的回报，即当旅游纪念品本身具有了某种特殊含义之后，它的主要任务就是传播这种特殊含义。

"奇"，除了传统文化本身所散发出的魅力外，更重要的是设计师应将传统元素与现代科技巧妙地结合，通过现代设计手段创新出承载着传统元素并让我们惊艳的产品。这需要充分调动视觉、触觉、听觉甚至嗅觉等来创造吸引力。正是这样的刺激，将游客带入对发现新事物的无比喜悦和对新问题的再追寻之中。

三、趣

趣味，指事物能使人感到愉快、引发兴趣的特性。趣味标明个人的生活境况与文化、文明、道德相契合的和谐度。趣味化特征的产品使人感到愉快，趣味化的产品更能吸引眼球。游客通过"时空"的移动和转换，离开自己熟悉的生活环境到了一个陌生而新颖的环境中。这时旅游纪念品须更多关注趣味性的传递，使旅游纪念产品所承载的信息与游客的旅游体验、情感产生共鸣，进入一种轻松惬意的状态。

趣味旅游纪念品应通过设计将产品情感化。快乐、有趣味都是我们情感需求的一部分，这些都能引起游客极大的兴趣。趣味的表达有时来自纪念品本身：幽默的造型或色彩、装饰上的出人意表；艺术感强或有丰富的文化底蕴；具有某种情调或特色。趣味的表达也可以由纪念品所引发：由可玩带来的快乐或可变化带来的惊喜；产品所暗示的隐藏的故事或秘密。不同性质的旅游纪念品具有不同的可开拓的情趣，这都需要设计师根据需要来合理选择和运用。主要设计方法是通过对比、夸张和比喻等手法给产品赋予形态或者材质上的趣味性，另外也可在产品的收纳方式和携带方式上进行情趣性设计。纪念品的趣味性，能给予游客轻松愉悦的心情，特别是打破常规的使用方法，能给人眼前一亮的感觉，使纪念品增添更多的娱乐色彩。

在旅游纪念品的设计中，虽然游客是否与之互动、是否与之产生交流和沟通并不是必须考虑的，但是如果在旅游纪念品设计中适当加入情趣化元素，那么在对该情趣化元素的思考以及参与中，游客将更容易取得心理上的满足。这样，就改变了以往游客在心理上被动接受的模式，有趣的旅游纪念品不再是冰冷的"叙述"，而是能与游客快乐地交流。

四、玩

玩不是儿童的专利。成年人的玩的欲望只是被生存压力所掩盖，而旅游是成人尽情"玩"的最有效方法。游客对纪念品的消费分为三个层次：一是完成任务，随意地购买纪念品；二是情感性体验，游客对纪念品产生心理效应；三是随着人与物的交流，带来的一种互动性情感体验，一件优秀的旅游纪念品能够激起购买者的"最高级体验"，即将好玩的体验全部融入纪念品中。从某种意义上看，"玩"是精神文化的产物，并以互动形态渗透到人们的旅途中，极大提高了纪念品的价值和核心竞争力。

我们常常说"功能决定形式"，"玩"的功能同样也可决定旅游纪念品的形式和造型。玩，是指可反复观赏把玩，在旅游纪念品设计制作中通过造型、装饰、做工实现精美度与舒适感，让人爱不释手。玩，也指将旅游纪念品作为媒介，使之成为游戏的工具，来实现人与人之间的互动，让人乐在其中。玩，可通过设计来实现人与物的互动，即游客与旅游纪念品的相互交流。旅游纪念品在设计时，如果能够借助互动的手段，变客为主，将主体的游戏体验体现出来，必会带来特殊的旅游效果，这样既让旅途充满乐趣，又让体验过程成为美好的回忆。还有，好玩的设计策略应与大众心理、社会历史文化紧密结合，以满足不同年龄层次消费者的心理和社会文化需求。

纯粹的民族工艺品已不再是现代旅客的消费主流。旅游本身就是一种"玩"的过程。旅游纪念品的设计可以围绕游戏文化，从旅游体验情境出发，营造感官体验及赢得游客的心理认同，使旅游纪念品成为人们旅游经历的情感媒介。

五、智

乔治·亚罗认为"设计的内涵就是智慧的文化"。智慧是建立在知识之上的人性化需求，是人生存的基础。旅游的目的之一是渴望与亲友共享美好的经历，也希望在心底永远珍藏这份记忆。旅游纪念品的作用实际上就是要把这个经历作为便于记忆的"物化"后的"精神偶像"来留存，这种留存需要建立在智慧之上或将智慧融入其中。人类对智慧物有着一种天生的"拥有"渴望，充满智慧的产品会具有永恒的魅力。

首先，智慧的旅游纪念品设计，为的是"唤醒"眼睛和心灵，人类的传播行为和接受行为本身并不是简单的发送和接收，而是视觉在所有层次上参与并相互交融、影响的过程，意在从平淡无奇的事物中寻求可塑的元素，突破条律与习惯的制约，重新发现、不断创造。创意大师奥格威对设计的智慧有着高度评价："一个伟大的创意是美丽与高度而且是智慧与疯狂的结晶，智慧的创意能改变我们的语言，使默默无闻的品牌一夜之间闻名全球。"若把人类寻求智慧的思想注入形式之中并予以具体化，我们就仿佛进入了一个充满情感、智慧和灵性的世界，引起人们内心深处的共鸣。其次，旅游产业需要高新技术支持，因科技本身就是智慧的结晶，产品设计师需要利用科学手段，帮助产品变得更加直观、动感、形象，科技也可为设计创新提供更多思路。追求科学技术和艺术的完美结合，是每一位产品设计师坚持不懈的奋斗目标。

在旅游纪念品的设计中，需要在元素运用中不断地去发现、提炼、升华，通过筛选来凝聚出地域文化、中国文化最精髓的部分。同时还需找到文化元素与旅游纪念品的结合点，更好地通过纪念品来艺术地表达民族的智慧，提升产品的附加值。

六、美

现实中，只有美的东西才具有动人的魅力，故精致美观是旅游产品的基本要求，多数情况下旅游纪念品是用来观赏的。传统上我国旅游纪念品非常重视装饰美，尤其是民间工艺品，多具有装饰功能，成为提高产品的美观度的最有效的途径。但随时代的发展，游客对旅游纪念品的审美需求变得更全面。

当代对旅游纪念品设计提出了艺术美、材质美、功能美的要求，即从产品设计的角度来讲，一件优秀产品，应是材质美、艺术美（装饰美）和功能美的完美结合。而在进行产品设计时对三者关系的权衡是否合理，直接影响到产品的优劣。首先从艺术美上看，涵盖了造型美、色彩美、装饰美三方面。需要指出的是，东西方对美的认识有一定差异性，即中国人讲究"合"，追求人与人之间的平和、和谐，与中国传统道德观相契合，故中国传播美学所表现出来的多为一种静怡、调和的意韵，这些都是中国文化（内涵）精髓所在，也是最能吸引西方游客的支点，切不可抛弃这些而去盲目迎合西方的审美观。其次是材质美，材料一般都带有地方特色和地域感情色彩，可从感性的角度出发，把握材料独特的情感因素和地方特色，使之成为创新设计的重要切入点。最后是功能美，可从两个方面来进行创意活动：一是产品使用的功能，即"这个产品是做什么用的"；二是纪念意义，即旅游纪念品作为记忆"身份"所具有的功能。

市场上，凡具备艺术气息的旅游纪念品均能迅速获得游客的好感。在设计时，我们的旅游纪念品应立足传统美学，不拘一格地挖掘素材，形成自己独创的设计特点，在造型美、材质美、色彩美、装饰美及工艺美等几个方面下功夫，从而让消费者一接触就有"值得买"的想法。

七、结语

时下，有许多观点将旅游纪念品市场的单一、平淡、雷同化归罪于发达的物流业，却没有看到我国旅游纪念品设计上投入的人力、物力、智力较微弱的状况。旅游纪念品不是单纯的商品，它承载着景点的历史文化内涵，集审美、收藏、实用、时尚等于一身，是游客旅游经历的最佳见证。旅游纪念品在一定程度上承载着景点的自然或人文资源信息元素，是旅游地的名片。借纪念品设计帮助旅游业发展，却可重新振兴、延续我们的优良传统文化，也能让世界更了解中国文化。

（本文发表在《旅游纵览》2014 年 7 月下半月刊）

旅游经济空间特征
及其溢出效应研究[①]

向艺[1]，郑林[2]，王成璋[3]

（1. 西南交通大学经济管理学院，四川成都 610031；

2. 四川工商职业技术学院，四川成都 610031；

3. 西南交通大学经济管理学院，四川成都 611830）

一、引言

我国经济正处于转型发展时期，我们应当充分认识旅游业在经济转型过程中的作用。日本经济转型时发展旅游业的经验给我国两个启示：一是旅游业对转型时期的经济发展具有重要作用，二是政府在旅游业发展过程中所发挥的作用。政府已经注意到旅游业在经济转型时期的重要作用，继 1999 年以来，政府不断调整旅游产业地位，并于 2009 年将旅游业定位为"国家战略性支柱产业和人民群众满意的服务业"。设立"黄金周"以来，以"政府为主导"的产业发展模式极大地提高了我国旅游业的发展速度，产业规模喜人；但在转型发展的背景下，"政府主导"的产业发展模式是否可以促使旅游业发挥出应有之功用？其关键原因是什么？要回答这两个问题，则需对 2000 年以后的旅游经济状况进行剖析。基于此，本文对旅游经济的空间特征进行分析，探讨政府主导的发展环境与旅游经济供需因素对旅游经济发展的影响。

对我国旅游业或旅游经济的空间特征，现有研究主要基于空间差异角度，多以旅游收入衡量省域层面旅游业的发展水平，且主要研究入境旅游的空间特征。研究显示，我国关境内省域间入境旅游业发展的空间差异显著，呈现出"三阶梯、两顶峰"的空间发展格局，存在团状、带状与散点 3 种特征，全局空间自相关不显著，局部空间自相关却呈现出一定的规律性。自 1999 年 10 月 1 日实施"黄金周"休假制度以来，我国旅游业从发展入境旅游转向发展国内旅游，国内旅游业发展迅速，2006 年达到人均出游一次，2012 年国内出游人数达 29.6 亿人次，旅游收入达 22 706 亿元，旅游（外汇）收入达

① 基金项目：本文系四川旅游发展研究中心立项课题"旅游产业升级路径研究"（LYB12-04），和国家社会科学基金项目"空间面板计量技术在我国通信业区域外溢效应度量中的应用研究"（CTJ）的阶段性研究成果。

500.28 亿美元，国内旅游收入约为入境旅游收入的 3 倍。可见，若以入境旅游收入作为度量指标则难以反映这一阶段国内旅游的发展情况。为避免因度量指标不全而可能导致的有偏分析，本文采用各省份（本文提到的"各省份"，是指除港澳台地区以外的其他省级行政区）旅游总收入作为度量旅游经济发展水平的指标，以期得出较为全面的分析结论。

二、旅游经济的空间特征

（一）方法

笔者首先运用 ArcGIS 软件分析旅游业发展的空间特征，然后运用空间探索性分析方法揭示省域间旅游经济的空间关系。空间探索性分析（Exploratory Spatial Data Analysis，ES-DA）是一种分析空间相连关系的方法。这种方法基于样本数据驱动的分析，在没有先验理论假设下，通过作图、制表、方程拟合、计算特征量等手段来了解被观察单元在空间分布、空间结构以及空间相互影响方面的特征。其优点在于可将具有相同或相异属性值的地区以图像化的形式展示出来，并把空间关系分为空间全局自相关和空间局部相关两个部分，来揭示空间效应中的空间依赖性和异质性。常用测度空间关系的指数有 Geary' 指数和 Morans'I 指数，笔者采用 Morans'I 指数，取值在 [-1，1] 之间。若 Morans'I 指数为负，说明相似地区在空间上呈离散状；若为正则呈集聚状；若为 0，则不存在空间相关关系。

（二）数据

笔者采用旅游总收入作为度量旅游业发展水平的指标。文中数据来自国家旅游局网站、国家统计局网站、四川省旅游局网站、中国统计年鉴数据库各省份统计年鉴（2000—2012 年）、《四川省旅游统计便览》《浙江省旅游统计便览》《湖北省统计便览》。入境旅游收入根据当期年末美元与人民币兑换汇率进行了换算。

（三）旅游业空间特征分析

1. 旅游经济空间差异显著，发展水平由东部沿海向西北内陆递减；表现出总体上既有聚集又有分散、多中心、局部呈现"中心-外围"等特点

笔者运用 Arc GIS 软件分析了 2000—2012 年各省份旅游总收入均值的 5 级分布，发现我国旅游经济发展水平的空间差异显著。总体上，旅游经济发展水平的分布符合"腾冲-黑河"人口地理分界线，分界线以东为高发展区，分界线以西为低发展区，大致呈由东及西的阶梯状分布。旅游经济发展水平最高的省区市由南到北为广东、浙江、上海、江苏、山东、北京；第二级由东到西为辽宁、福建、河南、湖北、湖南、四川；第三级由东到西为河北、山西、安徽、陕西、云南；第四级由东到西为黑龙江、吉林、江西、重庆、贵州、广西；发展水平最低的由南到北为海南、西藏、青海、宁夏、甘肃、内蒙古、新疆。就全国而言，旅游经济的空间分布既有集聚、规则的分布，也有随机分布。集聚分布表现为旅游经济发展水平最高的省份聚集在东部沿海，最低的省份则集聚在西北部；发展水平相近的省份在空间上相邻，如第四级发展水平的黑龙江与吉林相邻、重庆与贵州、广西相邻；规则分布表现为东、中、西部虽呈梯度递减、但东部、西部区域内仍然存在旅游经济发展高低相间分布；随机分布则表现为在"腾冲-黑河"以东地区，多种分布方式共同存在。由此可见，旅游经济发展水平高的地区多分布在东

部，但西部的四川省旅游经济发展水平较高；旅游经济发展水平低的地区多分布在西部，但东部的海南省旅游经济发展水平较低。从描述性分析可知，旅游经济发展水平存在多样性，空间特征显著，聚集与分散同时存在。无论是高发展水平区，还是中、低发展水平区，旅游经济发展水平相似的省份皆存在空间相邻的状况；局部既有发展的"中心"也有发展的"凹点"。

2. 旅游经济发展存在较强的空间依赖性，空间集群呈增强-降低趋势空间

全局自相关揭示的是旅游经济的空间依赖性。根据 2000—2012 年旅游总收入、以边和点相邻作为空间链接关系（将广西、广东作为海南的邻居），运用 Geo Da 软件计算出其全局 Morans'I 指数（见表 1）。2000—2012 年，指数值皆为正值，即我国旅游经济发展水平具有显著的空间正相关关系，意味着在此期间旅游经济发展水平相似的省份在空间上表现为集聚状态；其空间相关水平呈现先急剧增强后又有所下降但下降较为平缓的趋势。旅游经济发展水平的空间聚集程度在 2005 年达到最高（0.312 3），最低的是 2000 年（0.209 1）。可见，我国旅游经济发展水平存在很强的空间全局自相关，即存在很强的空间依赖性。

表 1　　　　　　　　　2000—2012 年旅游经济全局相关指数

年度	2000 年	2001 年	2002 年	2003 年	2004 年	2005 年	2006 年
Moran'I	0.209 1**	0.204 4**	0.232 4**	0.308 2***	0.303 ***	0.312 3***	0.297 1***
年度	2007 年	2008 年	2009 年	2010 年	2011 年	2012 年	平均值
Moran'I	0.289 5**	0.287 7***	0.272 1***	0.289 4	0.276 6**	0.213 4**	0.277 8**

注：表中数值为 moran'I 指数，空间权重为 Queen 一阶连接，即具有共边和共点的邻接；***、**、* 为蒙特卡洛迭代 999 次的 P 值，分别表示 1%、5%、10%的显著水平。

3. 相邻省份的空间关系显著与不显著的数量各占 1/2

局部空间分析旨在了解某一省份与其相邻省份之间的关系，揭示的是旅游经济发展的空间异质性特征，其分布模式分为 4 类：高-高、低-低、高-低、低-高。高-高、低-低相关模式指的是某一省份的邻省具有同样的特征，为正相关，表示空间集聚；高-低、低-高相关模式指的是某一省份的邻省与其特征相反，为负相关，表示空间离群。笔者根据旅游总收入进行了旅游经济发展水平的局部空间分析。笔者分析后发现，旅游经济空间关系的空间聚集与"中心-外围"特征共存；同时，我国部分省份与其相邻省份的空间关联性不显著，部分省份的局部空间关系明显。旅游经济发展水平高-高相关的省份有上海、江苏，低-低相关的省份从东到西有甘肃、新疆；这说明高发展水平省份集聚在东部，低水平发展省份集聚在西北；高-低相关的省份仅有四川；低-高相关的省份有安徽、福建。这两者"中心-外围"特点突出，四川省是西部旅游经济的发达地区，安徽、福建是东部地区的欠发达地区；也是说，四川是西部旅游经济发展的极点，安徽、福建是东部的塌陷点。

三、旅游经济空间溢出效应计量分析

旅游经济发展的空间特征表明，相邻省份间的旅游经济存在较强的空间依赖性，这

从描述性角度说明，2000—2011 年旅游经济存在空间溢出效应，其溢出效应的大小则要通过定量分析而得。

（一）计量模型构建

本文旨在分析政府主导模式下旅游经济发展是否可以持续的问题，且从旅游经济系统本身入手。旅游经济系统包含了旅游需求、旅游供给两个方面。具体而言，需求主要指的是可支配收入以及闲暇时间，而 2000 年以来，闲暇时间并未大量增加。因此，此处的旅游需求主要是指可支配收入。供给主要指旅游资源、旅游接待设施。相关研究结果认为，旅游资源禀赋、交通可达性、区位、基础设施、产业结构、经济发展水平等均可对旅游业的发展产生影响。产业发展环境反映了政府主导模式的具体内涵，起主要作用的是制度环境。因此，笔者构建空间面板回归模型考察旅游需求、旅游供给与产业发展环境对旅游经济发展的影响。

空间滞后回归模型：

$$\lg Y_{i,\,c} = \alpha 0 + \rho\omega\lg Y_{j,\,t} + \beta_1\lg D_{i,\,t} + \beta_2\lg S_{i,\,t} + \beta_3\lg P_{i,\,t} + \beta_1\lg X_{i,\,t} + \mu_i \qquad (1)$$

空间误差回归模型：

$$\lg Y_{i,\,c} = \alpha 0 + \beta_1\lg D_{i,\,t} + \beta_2\lg S_{i,\,t} + \beta_3\lg P_{i,\,t} + \beta_1\lg X_{i,\,t} + \mu\mu_i = \rho\pi\mu_j + \varepsilon_i \qquad (2)$$

其中，Y 是各省份旅游经济发展水平，D 是各省份的旅游消费需求，S 是各省份的旅游供给，P 是各省份的旅游发展环境，ρ 表示空间溢出效应，ω 表示空间相关关系，$X_{i,\,t}$ 为一组控制变量，μ_i 为空间随机项。

（二）变量说明

旅游经济发展水平：用各省份的国内旅游收入表示旅游经济发展水平，原因在于入境旅游收入受区位和开放程度的影响（广东、上海、北京作为我国重要入境口岸，入境旅游收入远高于内陆地区），为了剔除由于入境旅游与国内旅游的结构差异所导致的不一致，笔者未将各省份的旅游总收入作为衡量旅游经济发展水平的度量指标。

旅游产业发展环境：由两个方面构成。①旅游交通：交通被誉为旅游业三大支柱，对旅游业的发展具有重要的促进作用；旅游经济的特点之一是旅游消费者（即旅游者）的空间转移，便捷的交通为旅游者提供良好的空间转移服务，促进旅游经济的发展。该指标由本地交通密度即铁路、公路的营业里程除以国土面积表示。②税收：用税收占旅游企业营业收入的比例代表政府对旅游企业发展的相关政策变量。税收比例越低说明政府支持力度越大，反之则相反。

旅游需求：旅游者出游主要受闲暇时间和可自由支配收入的约束。因休假制度的限制，大部分旅游者的闲暇时间比较确定，受可自由支配收入的约束更强。由于可自由支配收入数据获取存在困难，本文将人均可支配收入作为衡量旅游消费的指标。

旅游供给：由旅游景区点表示。旅游景区点是旅游业的发展基础，是吸引旅游者出游的主要因素。我国存在多种旅游资源评价体系，分别由国务院不同部门进行评价。为了保持评价体系的一致性和避免重复，笔者选择 4A 级景区和 5A 级景区作为旅游资源的代理变量，未将遗产类景区纳入分析，原因在于遗产类景区包含在 5A 级景区内。由于 A 级景区体系始于 2001 年，2000 年旅游资源的数据则由国家级风景名胜区、世界遗产、优秀旅游城市加总而得。旅游接待设施是为旅游者提供服务的，它依托旅游景区点的吸引力而存在，因此，未将旅游接待设施作为旅游供给的变量。控制变量：对外开放水平，由外资酒店固定资产投入与酒店固定资产投入的比例表示，表示政府在产业发展过程中对产业的管制状态；由于部分省份部分年度对外开放水平的值为零，参照刘卫东等的做法，将其赋予一个很小值；各省份人口总数，用于衡量人口规模对旅游出游率的影响。

为了剔除价格因素的影响，笔者利用各个省份的居民消费价格指数对居民人均可支配收入、旅游收入进行了折算。

（三）模型估计与结果分析

面板模型的回归估计包括固定效应和随机效应两方面。由于本文是对我国关境内所有省份旅游经济中的本地消费倾向进行分析，所考察的截面单位是总体的所有单位；同时，旅游经济的两大特点即旅游产品的不可转移和旅游消费者的空间移动，致使各个地区的地理特定效应对于旅游经济发展具有重要意义。因此，采用地区固定效应回归模型更加合适。对模型进行空间效应检验可知，旅游经济发展水平的空间依赖性是通过空间误差冲击所致（见表2），应选择模型（2），并对模型（2）进行估计，结果见表3。

表2　　　　　　　　　　　空间效应检验结果

LM test no spatial lag, probability = 11.06, 0.00	LM test no spatial error, probability = 1.21, 0.27
robust test no spatial lag, probability = 11.76, 0.00	LM test no spatial lag, probability = 5.88, 0.01

表3　　　　　　　　　　　估计结果

变量	空间误差模型	空间滞后模型	无空间效应
旅游需求	1.362*** (18.09)	0.801*** (7.00)	1.356*** (20.13)
旅游交通	0.511*** (9.49)	0.386 (7.84)	0.456*** (8.73)
旅游税负	−0.025 (−0.92)	−0.012 (−0.41)	−0.011 (−0.37)
旅游资源	−0.044 (−1.11)	−0.003 (0.08)	−0.035 (0.88)
对外开放水平	−0.002 (−0.6)	−0.002 (−0.82)	−0.003 (−1)
城市化水平	−0.088 (−0.82)	−0.034 (−0.42)	−0.033 (0.38)
空间效应	0.449*** (6.4)	0.357*** (5.47)	
对数似然值	83.601 7	82.293 3	
R2	0.932 9	0.933 6	0.934 3
观察个数		403	

注：结果采用 stata13.0 软件估计得出，空间权重矩阵采用共边的邻接连接矩阵，由于海南省在地理上为一独立岛屿，本文设定其与广东省、广西壮族自治区相邻。表中括号内为 z 值。

表3中列出空间误差模型、空间滞后模型和无空间效应项时的估计结果，笔者主要以空间误差模型估计结果进行分析，将后两者的估计结果作为模型和变量参数是否稳健的参考。从3个模型估计结果来看，模型与变量参数在统计上具有稳健意义，但变量参数的大小存在差异。

1. 旅游需求

旅游需求对旅游经济发展的弹性系数为 1.362，且在 1% 的水平上显著。这说明，国内旅游需求在 2000 年以后的旅游经济发展中具有重要的作用。旅游业是第三产业的重要组成部分，是国民经济发展到一定阶段的产物，从这个角度而言，旅游经济的发展水平与旅游需求的大小相关。按照国际经验，在人均 GDP 为 1 000 美元时，旅游需求开始增长，尤其是国内旅游；为 2 000 美元时，国内旅游进一步发展，出境旅游增长；5 000 美元时则出现城市的度假旅游。2000 年以后我国旅游业的发展也佐证了这一发展途径。如 2006 年我国人均 GDP 为 2 070 美元，同年，我国国内旅游人次达 13.94 亿人次，达到国民平均每人出游一次的规模，标志着我国进入大众旅游时代；2011 年我国人均 GDP 为 5 450 美元，这意味着旅游需求进一步增加。

2. 旅游产业发展环境

旅游交通对旅游经济发展具有重要影响，弹性系数为 0.451，且在 1% 的水平上显著。旅游经济的旅游产品的不可转移和旅游消费者的空间移动两大特点决定了交通在产业发展过程的重要作用。交通作为旅游业发展的三大支柱之一，承载了游客从客源地到目的地往还的运输任务，是客流流向的主导力量之一，这样的矛盾集中体现在黄金周出游现象中。虽然有研究表明交通对旅游业的发展影响不显著，但其原因可能在于所采用的计量模型有差别。产业发展环境的另一变量税负的估计系数在统计上不显著，可能的原因在于现阶段旅游经济发展并未过多受到制度环境的影响。

3. 旅游供给

表示旅游供给的变量——旅游资源对旅游经济的估计系数不显著。旅游资源作为旅游业的基础之一，主要指的是旅游资源对游客的吸引力，旅游的基本内涵是"愉悦"和"异地"（与住地相异），只要能够对游客构成吸引力的客观事物皆可称之为"旅游资源"。从旅游的基本意义来讲，旅游资源具有广义性，这也许是以星级旅游景区、国家风景名胜区、历史文化名城、优秀旅游城市等国家评定的旅游资源级别、数量来分析旅游资源，发现其对旅游经济发展影响不显著的原因。

4. 旅游经济空间溢出效应

从上述描述性分析中可知，旅游经济存在较强的空间依赖性。计量结果说明，空间依赖性达到 0.449，且在 1% 的水平上显著。这说明，旅游经济发展存在较强的空间相互作用。这种作用是正向而有益的，即相邻空间的省份（本文指的是边界相邻的省份）在旅游经济发展过程中具有相互促进的作用；这种作用可以理解为空间示范作用，即一省的旅游经济发展可以带动相邻省份旅游经济的发展，其促进程度为 47.4%。这也就解释了旅游经济发展水平相似的省份为什么在空间上出现集聚。

四、结论与建议

旅游业是国民经济发展到一定阶段的产物。日本的经验表明，旅游业可以反哺经济，在国家经济转型过程中扮演调结构、促增长的杠杆角色，反过来促进经济发展；同时，它又具有重要的社会作用，可以调节人的身心，降低现代社会带给个人的负面影响。因此，发展旅游业对经济转型时期的中国来说意义重大。

我国设立"黄金周"以来，旅游经济呈现出"东高西低"、相似发展水平空间聚集、局部地区"中心-外围"特点突出的空间特征，且存在较高的空间依赖性（即空间集群），在时间上呈现出"增强-降低"的趋势。旅游需求、产业的发展环境以及旅游经济的空间溢出效应是形成这一空间特点的重要原因。2000 年以来，旅游经济发展的事实说明政府主导旅游经济发展的有效性，而不断增长的旅游需求是保证政府主导旅游经济发展模式的关键点；另外，政府为产业经济发展所提供的基础环境也是旅游经济能够发展的重要保障。

笔者认为，政府主导的旅游经济发展模式在这一阶段取得了较好成绩，若要继续以此模式发展旅游经济，必须处理好 3 种关系，即：旅游需求、旅游需求的地区差异与旅游业发展、相邻省份旅游经济发展、产业发展环境的关系。具体而言，根据旅游经济发展的特点，中央人民政府则要掌握旅游需求的规律，合理引导旅游产业的发展与空间布局；地方人民政府则要因地制宜，考虑本省旅游需求以及相邻省份的旅游经济发展程度，考虑相邻区域的合作，开发本地和相邻省域的旅游资源；低水平省份可以借助相邻高水平省份的相关经验，如可采取"邻里模仿"等策略拓展现有的发展方式和路径；而高发展水平的省份则要考虑邻近的低水平发展省份的影响，在旅游业发展过程保持既有的发展政策之外，还需加强与邻近省份的合作，并继续保持领先发展。不论哪级政府，均要保障旅游经济的发展环境。

参考文献

[1] 陈蕙. 日本旅游业发展及特点研究 [D]. 上海：华东师范大学，2009.

[2] 张建民. 日本旅游产业发展研究 [D]. 长春：吉林大学，2012.

[3] 国务院关于加快发展旅游业的意见：国发〔2009〕41 号 [A/OL]. (2009-12-03) [2014-01-12]. http://www.gov.cn/gongbao/content/2009/con-tent_1481647.htm.

[4] 陆林，余凤龙. 中国旅游经济差异的空间特征分析 [J]. 经济地理，2005 (3)：406-410.

[5] 周玉翠，陆玉麒，谢江红. 我国国际旅游的区域差异 [J]. 经济问题探索，2005 (9)：39-45.

[6] 陈秀琼，黄福才. 中国入境旅游的区域差异特征分析 [J]. 地理学报，2006 (12)：1271-1280.

[7] 敖荣军，韦燕生. 中国区域旅游发展差异影响因素研究 [J]. 财经研究，2006 (3)：32-43.

[8] 曾军，崔郁. 中国入境旅游经济的区域差异分析 [J]. 经济问题探索，2006 (12)：94-97.

[9] 吴三忙. 1987 年以来我国入境旅游区域差异特征与演变趋势分析 [J]. 旅游科学，2008 (2)：38-43.

[10] 赵东喜. 中国省际入境旅游发展影响因素研究 [J]. 旅游学刊，2008 (1)：41-45.

[11] 郭金海，韩雪，罗浩，等. 省域入境旅游经济的区域差异及发展模式 [J]. 中国人口·资源与环境，2009 (5)：131-135.

[12] 汪德根，陈田. 中国旅游经济区域差异的空间分析 [J]. 地理科学，2011

（5）：19-27.

[13] 方叶林，黄震方，王坤，等.基于PCA-ESDA的中国省域旅游经济时空差异分析 [J].经济地理，2012（8）：37-156.

[14] 袁宇杰.中国旅游经济影响的省际差异与区域特征 [J].山东青年政治学院学报，2012（1）：114-119.

[15] 2012年中国旅游业统计公报 [EB/OL].（2013-09-26）[2014-02-11].http：//www.cnta.gov.cn / html /2013-9 /2013-9-12-%7B @ hur%7D-39-08306. html.

[16] 刘卫东，刘红光，范晓梅，等.地区间贸易流量的产业：空间模型构建与应用 [J].地理科学，2012（2）：147-156.

[17] 何一民，邓真.岷江上游历史城市保护与旅游开发的思考 [J].天府新论，2014（4）：81-85.

（本文发表在《经济体制改革》2014年第5期上）

省域旅游经济发展水平测度[①]

向艺[1]，王成璋[1]，苏伟洲[2]

（1. 西南交通大学经济管理学院，四川成都 610031；

2. 西南科技大学经济管理学院，四川绵阳 621010）

单就经济数据而言，近年我国旅游经济发展成绩显著。2012 年国内旅游人数为 29.57 亿人次，收入达 22 706.22 亿元；接待入境旅游 1.32 亿人次，实现国际旅游（外汇）收入 500.28 亿美元[②]。旅游经济虽蓬勃发展，但旅游企业获得的利润却不乐观[③]，旅游经济的真实发展水平也难窥端倪。因此，在将"旅游业培育成为国民经济的战略性支柱产业和人民群众更加满意的现代服务业"的背景下，测度旅游经济真实发展水平具有重要的现实指导意义。

现有的测度旅游经济发展水平的文献较少。国内有学者以旅游收入、旅游人次、旅游企业数或固定资产投资、营业收入，兼以旅游收入增加比例或速度、旅游收入占比（GDP 或服务业增加值）等为指标，对我国各省份（不含港澳台地区，下同）旅游经济发展水平以及长江三角洲或具体某一省的旅游经济发展水平进行测度。其采用的方法有因子分析方法、主成分分析方法、聚类分析方法；且主要关注某年的旅游经济发展水平，只有极个别的文献涉及连续时间段的旅游经济。这些研究对旅游经济发展水平的测度进行了有益探索，但在选取度量指标方面缺乏经济理论支撑。本文欲弥补这方面的不足，尝试在分析旅游经济发展水平内涵的基础上构建内在逻辑一致的测度指标体系，并对我国各省、自治区、直辖市（不含港澳台地区，以下统称为省份）2001—2011 年的旅游经济发展水平进行测度。

一、旅游经济发展水平测度模型的构建

（一）旅游经济发展水平的内涵

旅游经济是"指以旅游市场有效需求和旅游产业供给为基础，在一定的社会文化、经济、技术、自然、政治、法律等环境下，游客在由客源地往返目的地之前、之中和之

---

① 基金项目：四川省哲学社会科学重点研究基地——四川旅游发展研究中心立项课题：旅游产业升级路径研究（LYB12-04），四川省旅游客流规模时空分布及优化——基于旅游交通视角。

② 参见《2012 年中国旅游业统计公报》。

③ 中国旅游统计年鉴显示，多数年度旅游企业的利润为负。

后的整个过程中，出于满足旅游需要的目的而与各类旅游从业者发生各种交易的现象与关系的总和"。这说明：①旅游经济是由旅游者的旅游活动引起的；②旅游经济是由旅游业发展而产生的一种经济现象；③旅游经济包含旅游企业的行为；④旅游经济是国民经济活动的一种。由此可见，旅游经济活动具有一般经济活动的共性，即在经济活动过程中必然涉及投入、产出和活动三个方面；当然，它也具有旅游产业的特征，即为旅游者提供服务。

《财经大辞典》将"发展水平"定义为某一现象或活动在一定时期内达到的数量和质量状态。通过对旅游经济以及发展水平的内涵分析，本文认为旅游经济是由旅游者的游览活动引起的旅游者与旅游企业之间、旅游企业相互之间，系统的相互作用的一种国民经济活动，其发展水平则是该活动达到的程度、状态。

（二）旅游经济发展水平测度的指标体系

经济活动的水平应该运用经济活动的投入、活动、产出三方面因素来测度，其指标由投入类、活动类、产出类综合构成。本文将旅游经济发展水平的测度界定为对旅游经济活动的投入、产出以及活动的数量规模的测度。

针对旅游产业的特殊性，旅游经济活动投入类指标应由旅游经济发展过程中的资本、劳动、信息技术、土地等构成。由于信息技术与土地相关数据难以获取，本文选择旅游企业固定资产投入来度量旅游资本投入，旅游从业人数来度量旅游劳动投入。旅游经济活动类指标应由旅游企业活动构成。企业是旅游经济活动的主体，主体的数量越多表示旅游经济活动越具有活力。本文选取参与旅游经济活动的旅游企业数量表示旅游经济活动的强度，旅游企业的劳动生产率表示旅游经济活动的效率。旅行社、旅游饭店、旅游景区是旅游产业的核心企业，本文选取三者的数量和劳动生产率作为旅游经济活动类指标。鉴于数据的可获得性与一致性，旅游景区的数量以国家旅游局评定的 A 级景区数量作为替代。旅游产出是旅游经济系统运行结果的反映，现有研究文献将旅游收入与旅游者接待规模用来度量旅游经济活动的最终产出；而本文选择国内、入境旅游收入反映旅游经济活动带来的货币收入，国内、入境旅游者接待人次反映旅游经济的综合产出（见表 1）。

表 1 　　　　　　　　旅游经济发展水平的测度指标

项目	维度	指标	基础指标
旅游投入	资本	固定资产投入	旅游固定资产投入（x_1）（万元）
	劳动	旅游从业人数	就业人数（x_2）（人）
旅游活动	数量	旅行社	旅行社数量（x_3）（家）
		旅游饭店	旅游饭店数量（x_4）（家）
		旅游景区	A 级景区数量（x_5）（家）
	经营水平	旅行社	劳动生产率（x_6）（万元/人）
		旅游饭店	劳动生产率（x_7）（万元/人）
		旅游景区	劳动生产率（x_8）（万元/人）

表1(续)

项目	维度	指标	基础指标
旅游产出	旅游者	旅游者 接待人数	国内旅游者人数（x_9）（人次）
			入境旅游者人数（x_{10}）（人次）
	旅游收入	旅游收入	国内旅游收入（x_{11}）（万元）

（三）指标权重的确定

1. 指标权重确定方法的比较

对多指标综合评价而言，关键在于确定各指标权重。现有的权重确定方法有主观赋值法和客观赋值法，主观赋值法主要有德尔菲法、专家打分法，客观赋值法则有因子分析方法、主成分分析方法、泰尔指数、熵值法、粗糙集等。主成分分析方法也称主分量分析，利用降维、化简的思想，基于数据结构和特点来确定权重，把多指标转化为少数几个综合指标，在处理的指标存在相关性时更具优势；熵值法的运用前提是各个指标之间不存在相关性；粗糙集主要处理离散数据，对于旅游收入等指标难以处理；泰尔指数则适宜于进行不同空间尺度的分析；因子分析法在降维和确定权重方面具有与主成分分析法同样的优点。以上方法仅是对某一时点进行截面的静态评价，难以将评价主体的动态影响纳入权重中。本文采用动态因子分析方法（Dynamic Factor Analysis，DFA）确定指标的权重。

2. 指标权重的确定方法

动态因子分析方法由 Coppi 与 Zannella 于 1978 年推出并发展，Alessandro Federici 与 Andrea Mazzitelli 则编写了此方法的 stata 程序。动态因子分析方法的优点在于可以使用面板数据对评价主体进行静态和动态两个方面的评价。相比传统的评价方法，其增加了样本的数量和自由度，能做出更全面的评价。此方法见于评价房地产发展水平、城市竞争力等。

给定一组评价对象：

$X(I, T, J) = \{X_{i, j, t}\}$，

其中：$i=1, 2, \cdots, I$；$j=1, 2, \cdots, J$；$t=1, 2, \cdots, T$。I 表示评价对象，J 表示评价指标，T 表示评价的时期。

其计算步骤为：

（1）对所有数据 $X_{i, j, t}$ 进行标准化处理，以消除指标量纲的影响。

（2）根据各年份的协方差矩阵 $S(t)$，求解平均协方差矩阵 S_t。其综合反映了数据静态结构差异和动态变化的影响，具体表现形式为：$S_t = \dfrac{1}{T}\sum_{t=1}^{T} S(t)$。

（3）求解 S_t 的特征值与特征向量，以及各个特征值的方差贡献率。

（4）计算得出各评价对象（I）的平均得分矩阵：

$c_{ih} = (\bar{Z}_i - \bar{Z}.\ )' \cdot a_h$

其中：$\bar{Z} = \dfrac{1}{T}\sum_{t=1}^{T} Z_{it}$，$i=1, \cdots, I$。$i=1, \cdots\cdots I$ 为单个评价对象的平均向量；$\bar{Z}. =$

$\frac{1}{I}\sum_{i=1}^{t}\bar{z}_i$，为总体平均向量；$Z_{it}=(Z_{ilt},\cdots\cdots Z_{ijt})'$，$i=1，2\cdots\cdots T$。

（5）计算得出各评价对象（I）的动态得分矩阵：

$$c_{iht}=(z_{it}-\bar{z}_{\cdot t})'\cdot a_h,$$

$h=1，2，\cdots，k$；$t=1，2，\cdots，T$。其中 $\bar{z}_{\cdot t}=\frac{1}{I}\sum_{i=1}^{I}\bar{Z}_i$，为第 t 年各指标的平均值。

（6）将各主成分所对应的特征值占所提取主成分对应的总特征值之和的比例，即方差贡献率，作为权重，计算平均得分 E，$E=\sum d_i f_i$（f_i 是公因子，d_i 是该公因子的贡献率）。

此方法运用的前提是所有指标（J）均为正向指标，不能是逆向指标。而本文各指标皆为正向指标，故无需进行指标转换。

二、实证结果及分析

（一）数据

本文数据来自国家旅游局网站、国家统计局网站、四川省旅游局网站、中国统计年鉴数据库各省市统计年鉴（2001—2011 年）、《四川省旅游统计便览》《浙江省旅游统计便览》《湖北省旅游统计便览》。因部分省份的部分年份缺乏旅游景区劳动生产率数据，因此采用旅游企业总的劳动生产率替代。

（二）评价结果分析

根据动态因子实现的步骤，首先运用 stata 软件计算各个因子的特征值、方差贡献率以及累计贡献率（见表2）。

表 2　　　　　　　各个因子的特征值、方差贡献率及累计贡献率

	e1	e2	e3	e4	e5	e6	e7	e8	e9	e10	e11	e12
特征值	56.94	15	11.82	9.62	4.14	3.58	2.38	2.02	1.87	1.61	1.18	0.4
方差贡献率	0.52	0.14	0.11	0.09	0.04	0.03	0.02	0.02	0.01	0.01	0.01	0
累计贡献率	0.52	0.65	0.73	0.84	0.88	0.91	0.94	0.95	0.97	0.98	0.99	1

表 2 显示，前四个因子贡献了整个指标 84% 的信息。因此，我们选择前四个公因子作为新的因子，代表原始指标对各省份旅游经济发展水平进行分析与评价。

评价模型为：

$$E=0.52\times C_1+0.14\times C_2+0.11\times C_3+0.09\times C_4 \tag{1}$$

式（1）中，E 为测度的平均得分，$C_1\sim C_4$ 表示公共因子。根据此评价模型，计算出 2001—2011 年我国 31 个省份的旅游经济发展水平得分和平均得分，并根据综合得分进行排序。

表 3 列出各省份 2001—2011 年的旅游经济发展水平得分以及该时期内的平均得分，并按平均得分的大小进行排序。平均得分最高的是广东，2.93 分；最低的是青海，-1.50 分。按照现行东、中、西部划分标准，前十位包括东部省份 7 个，中部省份 1 个，西部省份 2 个；中间十位包括东部省份 2 个，中部省份 6 个，西部省份 2 个；后十一位

包括东部省份2个，中部省份1个，西部省份8个。

表3　　　　　　　　各省份2001—2011年旅游经济发展水平　　　　　　　单位：分

地区	2001年	2002年	2003年	2004年	2005年	2006年	2007年	2008年	2009年	2010年	2011年	平均	排序
广东	2.49	2.76	20.8	2.54	3.35	2.69	2.84	3.1	3.07	3.25	3.33	2.93	1
江苏	1.09	1.09	1.44	1.18	2.08	2.45	2.7	2.61	2.86	3.22	3.75	2.23	2
北京	1.76	1.98	1.58	1.97	1.96	2.26	2.15	2.17	2.03	2.17	2.28	2.03	3
浙江	0.94	1.21	1.26	1.25	1.61	1.84	2.06	2.14	2.24	2.52	3.09	1.83	4
山东	0.76	0.94	1.11	0.72	1.26	1.45	1.7	2.08	2.15	2.75	3.058	1.63	5
上海	1	0.97	0.83	1.32	1.49	1.47	1.68	1.49	1.23	1.69	1.66	1.35	6
辽宁	0.24	0.29	1.4	0.29	0.56	0.67	0.72	0.92	1.05	1.02	1.14	0.76	7
四川	0.02	0.18	0.32	0.66	0.4	0.68	0.75	0.72	0.67	0.55	0.73	0.52	8
湖北	0.2	0.25	0.14	0.08	0.07	-0.01	0.21	0.15	0.17	0.3	0.15	9	
云南	0.05	0.4	0.23	0.22	0.15	0.1	0.03	0.38	-0.01	-0.39	-0.28	0.08	10
河北	-0.07	-0.03	-0.1	-0.22	-0.02	0.26	0.28	0.01	-0.11	0.29	0.12	0.04	11
河南	-0.23	-0.22	-0.34	-0.02	-0.27	-0.19	-0.14	0.04	0.31	0.67	0.49	0.01	12
湖南	-0.33	-0.22	-0.17	-0.11	-0.11	0.27	-0.2	0.11	-0.09	0.11	0.16	-0.05	13
安徽	-0.2	-0.25	-0.27	-0.18	-0.35	-0.33	0.48	-0.3	-0.33	0.13	0.58	-0.09	14
福建	-0.06	-0.12	-0.07	-0.2	-0.31	-0.22	-0.28	-0.22	-0.25	-0.15	-0.09	-0.18	15
陕西	-0.29	-0.18	-0.31	-0.34	-0.48	-0.48	-0.57	-0.57	-0.23	-0.55	-0.71	-0.44	16
广西	-0.12	-0.19	-0.26	-0.26	-0.48	-0.48	-0.57	-0.7	-0.7	-0.69	-0.74	-0.47	17
黑龙江	-0.28	-0.39	-0.4	-0.39	-0.52	-0.61	-0.72	-0.37	-0.57	-0.53	-0.71	-0.05	18
江西	-0.34	-0.44	-0.48	-0.53	-0.5	-0.45	-0.74	-0.48	-0.47	-0.73	-0.71	-0.53	19
山西	-0.51	-0.47	-0.43	-0.45	-0.44	-0.45	-0.49	-0.57	-0.68	-0.95	-0.93	-0.58	20
重庆	-0.49	-0.38	-0.46	-0.43	-0.58	-0.62	-0.67	-0.81	-0.76	-0.77	-0.63	-0.6	21
新疆	-0.54	-0.54	-0.55	-0.4	-0.4	-0.54	-0.65	-0.9	-0.54	-0.78	-0.99	-0.62	22
天津	-0.14	-0.23	-0.48	-0.43	-0.65	-0.72	-0.85	-0.95	-1.01	-0.98	-0.88	-0.67	23
贵州	-0.58	-0.6	-0.68	-0.65	-0.98	-1.01	-0.94	-0.03	-0.01	-0.76	-1.21	-0.68	24
吉林	-0.53	-0.64	-0.61	-0.64	-0.79	-0.81	-0.94	-0.92	-0.89	-1.07	-1.37	-0.84	25
内蒙古	-0.73	-0.78	-0.86	-0.79	-0.78	-0.78	-0.89	-0.99	-0.88	-0.96	-1.05	-0.86	26
海南	-0.58	-0.6	-0.55	-0.48	-0.95	-1.01	-1.16	-1.17	-1.26	-1.47	-1.67	-0.99	27
甘肃	-0.72	-0.72	-0.81	-0.77	-1.02	-1.08	-1.21	-1.37	-1.46	-1.4	-1.58	-1.1	28
西藏	0.03	-1.01	-1.04	-0.83	-0.63	-1.67	-1.43	-2.04	-1.93	-2.06	-2.55	-1.38	29
宁夏	-0.93	-1.11	-1.11	-1.03	-1.26	-1.27	-1.48	-1.86	-1.82	-2.01	-2.27	-1.47	30
青海	-0.92	-1.03	-1.12	-1.08	-1.43	-1.45	-1.48	-1.63	-1.78	-2.26	-2.34	-1.5	31

注：表中的计算得分是标准化后的数值，非原值，为相对得分；且得分按照四舍五入法保留后两位。

旅游经济发展水平空间差异显著，大致呈现由东部沿海向西北内陆逐渐降低的空间梯度格局；发展水平高的省份多集中在东部，发展水平低的省份集中在西部，大多数中部省份居于中等水平。东部沿海为旅游经济发达区，平均得分大于零，包括广东、上海、浙江、江苏、山东、北京、辽宁、河北，此区域的人文、历史旅游资源丰富，经济发达，经济总量高，是我国经济开放较早的地区，也是旅游业的传统入境口岸；长江中上游及黄河中下游为旅游经济中等发达区，包括四川、湖北、云南、湖南、陕西、安徽、河南，此区域的自然与人文旅游资源丰富、品类齐全，知名度与美誉度较高；西北和东北为旅游经济不发达区，包括黑龙江、吉林、内蒙古、山西、新疆、甘肃、西藏、宁夏、青海，此区域地域广阔，经济不发达，主要有以少数民族风情和宗教文化为主的人文旅游资源和广阔的自然旅游资源；其他为旅游经济欠发达区，包括福建、广西、江西、重庆、海南、天津、贵州，此区域旅游资源的丰度与经济发展水平皆较弱。

从时间来看，位于前 9 位的省份 2001—2011 年旅游经济发展水平持续保持提高趋势，而云南则经历了降低-回升过程。位于 11~20 位的省份，旅游经济发展水平有升有降，11~15 位的省份总体趋势是提高，但中间有下降过程；16~20 位的省份总体趋势是下降，中间有上升过程。位于 21~31 位的省份的旅游经济发展水平下降趋势显著，仅贵州在此期间有大幅度提高的过程。

同时，旅游经济发展水平高的省份和低的省份差距在持续扩大。2001 年旅游经济发展水平最高的广东与最低的宁夏相差 3.41 分；到 2011 年，最高的广东与最低的西藏相差 5.88 分（见图 1）。旅游经济发展水平高的省份发展越好，越能持续提升；旅游经济发展水平低的省份发展越差，越是不断下降。

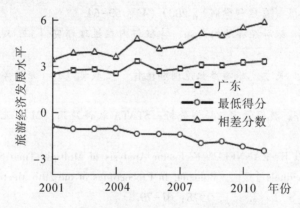

图 1　2001—2011 年旅游经济发展水平比较

三、结论

在对旅游经济及其发展水平内涵研究的基础上，本文从经济活动的投入、产出与活动三个方面共 12 个指标构建了旅游经济发展水平的测度模型，并运用能够同时处理时间维度和截面个体维度影响的动态因子方法来确定权重。用该模型对 2001—2011 年我国各省份旅游经济发展水平进行评价，结果显示：

第一，总体而言，我国旅游经济发展水平空间差异显著，大致上呈现从东南沿海向西北内陆逐渐降低的梯度空间格局。

第二，就时间趋势而言，旅游经济发展水平存在"马太效应"，居于前 10 位的省份的发展水平持续提高，居于后11位的省份中的大部分发展水平持续下降。"好的越好""差的越差"，各省份旅游经济发展水平的差距随时间变化而逐渐扩大。

参考文献

［1］郭磊. 主成分分析法在我国各省旅游经济发展水平评价中的应用［J］. 农业与技术，2010（6）：86-89.

［2］李敏，李涛. 我国区域旅游经济发展水平的综合评价［J］. 统计与决策，2005（6）：33-35.

［3］徐颂，黄耀丽. 旅游经济综合实力评价与类型划分：以珠江三角洲为例［J］. 统计与决策，2005（17）：70-71.

［4］唐顺英，代合治，孙晋芳. 山东省旅游经济综合实力评价与类型划分［J］. 资源开发与市场，2007（3）：207-209.

［5］庞会敏. 辽宁省14市旅游经济发展综合评价分析［J］. 经济研究导刊，2009（32）：66-68.

［6］孙文斐. 山东省旅游经济发展水平评价分析［J］. 经济研究导刊，2011（1）：168-170.

［7］张广宇，简王华，付艳. 广西市域旅游经济发展差异的综合评价与分析［J］. 广西师范学院学报（自然科学版），2009（4）：59-64.

［8］田纪鹏. 旅游经济结构内涵、特征与内在机理研究［J］. 现代管理科学，2011（5）：76-78.

［9］罗明义. 关于"旅游产业范围和地位"之我见［J］. 旅游学刊，2007（10）：5-6.

［10］杨菊华. 数据管理与模型分析：STATA软件应用［M］. 北京：中国人民大学出版社，2012.

［11］COPPI R, ZANNELLA F. Factor Analysis of Multiple Time Series Observed on a Given Set of Individuals［C］//Bologna. In Proceedings of the 29th Meeting of the Italian Statistical Society,［S. l.：s. n.］，1978：61-79.

［12］ALESSANDRO F, ANDREA M. Dynamic Factor Analysis with Stata［EB/OL］. (2005-10-10)［2013-08-27］. http：//www. stata. com/meeting/Italian/Federici. pdf. http：//www. stata. com/meeting/2italian/Federici. pdf.

［13］胡日东，李颖. 我国房地产业发展的综合评价：基于动态因子分析法［J］. 经济地理，2011（11）：104-108.

［14］王飞，黄璨. 基于动态因子分析法的中部六省省会城市竞争力比较与分析［J］. 特区经济，2013（4）：26-29.

（本文发表在《西南交通大学学报》2014年第3期上）

四川藏区旅游精准扶贫
驱动机制与微观机理[①]

耿宝江，庄天慧，彭良琴

（四川农业大学，四川成都 611130）

旅游扶贫被列为国家新时期精准扶贫的十大工程之一，在新阶段中旅游精准扶贫工作的主要任务是聚焦"扶持谁""谁来扶""怎么扶"等核心问题，抓住如何构建好的旅游扶贫机制，找对路子，在精准推进和精准落地上下好功夫。作为全国第二大藏族聚居区的"四川藏区"，位于青藏高原东缘，地质灾害频发，生态环境脆弱，是四川省情况最特殊的、面积最大的、贫困集中性也最高的地区。四川藏区旅游产业在政府主导下已经取得很大成效，但旅游业如何使贫困人口脱贫减贫，如何建立旅游精准扶贫机制，仍然是个新课题。基于以上分析，本文以四川藏区为研究对象，分析四川藏区旅游精准扶贫的驱动机制与微观作用路径。

一、四川藏区旅游扶贫现状

四川藏区范围包括甘孜藏族自治州、阿坝藏族羌族自治州和凉山彝族自治州木里藏族自治县，共计 32 个县。其中大多属于国家生态功能区的限制性和禁止性开发区域，其经济社会跨越式发展的必然选择是旅游产业。目前四川藏区发展虽然相对落后，但旅游资源丰富，旅游经济后发优势明显，开展旅游扶贫有助于帮助四川藏区创造新的经济增长点。2014 年年底，四川藏区已建设有 110 个乡村旅游示范县、乡（镇）、村，3 600余家藏家乐和农家乐，迎接旅客达 894 万人次，带动创收 9.7 亿元，新增农牧民就业人口 13 万人，实现农牧民增收 7 120 万元。目前旅游产业已经成为四川藏区精准扶贫的主要手段。

同时，四川藏区在实施旅游扶贫过程中，不仅存在藏区反贫困的共性制约因素，社区旅游扶贫还由于旅游产业的特殊性制约，致使旅游扶贫驱动力不足，社区旅游参与率较低。这虽然与贫困人口自身参与能力低、利益相关主体协调不畅等有密切关系，但更深层次原因在于旅游扶贫主体驱动机制、帮扶路径不健全，从而导致旅游扶贫过程中所

① 国家社科基金"四省藏区多维贫困及其治理对策研究"（编号：14XMZ006）；四川旅游发展研究中心立项课题"四川高原藏区社区旅游减贫效应研究"（编号：LYB14-01）。

采取的措施与当地环境适应性不强，与旅游扶贫目标发生偏离。因此针对当地贫困人口，实施精准到户和精准到人的旅游扶贫措施，确保目标减贫农牧户能够真正得益于旅游，并防止重返贫困显得十分重要。

二、四川藏区旅游精准扶贫驱动机制

四川藏区旅游精准扶贫的关键就在于依托当地生态环境及民族文化旅游资源，通过市场机制，使贫困人口摆脱贫困。追求个体利益最大化是每一个"理性人"的选择，根据拥有的资源量及行动方案，个体均可以追求最大化的利益。根据博弈论的原理，假设经济行为主体之间的关系是利益冲突与协调、竞争与合作、作用与制约，那么，由于"集体理性"存在，在不同旅游扶贫模式下，利益相关者之间都在进行"合作博弈"。因此，旅游主体与旅游客体构成了四川藏区的旅游扶贫动力系统。藏区旅游扶贫活动主要利益相关者主要包括政府、企业、旅游者、社区居民，四者之间相互作用，共同推动藏区扶贫工作的进一步展开（见图 1）。四川藏区贫困人口的利益诉求及其理性行为是旅游扶贫的原动力，政府、企业、社区等旅游扶贫主体行为驱动旅游扶贫可持续发展。

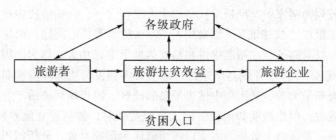

图 1　四川藏区旅游扶贫利益相关者

（一）四川藏区贫困人口行为驱动

个人行为会因为社会经济环境的不同而出现巨大的差异，四川藏区贫困人口的社区旅游参与决策实际上是在其所处背景下的理性行为。实践证明，四川藏区农牧民存在明显的、广泛的学习过程，即存在着人们以一种系统的方式从市场经济社会中学习的过程。他们正在冲破各种传统的枷锁，不断适应着市场化的社会经济环境，把传统的理性行为转化为适应市场环境的理性行为。四川藏区发展旅游可以一定程度上突破资源与环境的制约，一方面旅游扶贫相关政策的制定保障了贫困人口的参与，另一方面贫困人口的理性学习行为提高了自身参与旅游的能力。

（二）四川藏区扶贫主体行为驱动

政府、企业、当地社区是四川藏区旅游扶贫开发的主要利益相关者，也是推动四川藏区旅游发展的扶贫主体。此外，非政府组织通过参与旅游扶贫规划的制定和实施，同时带动当地社区居民参与旅游，也成为政府扶贫工作当中的重要组成部分。四川藏区旅游扶贫主体与空间要素耦合形成不同地域的旅游空间布局和差异化的旅游产品类型，保障四川藏区旅游扶贫的可持续发展。目前，政府主导型、社区主导型、企业带动型三种旅游扶贫模式已成为四川藏区最主要的扶贫模式（见图 2）。

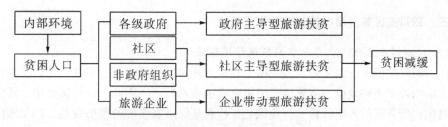

图 2　四川藏区旅游扶贫主体驱动机制

政府是四川藏区旅游扶贫活动的主导者，强调政府主导是因为完全遵循市场机制来发展是不利于贫困人口直接受益的。没有政府主导，旅游扶贫很难起步和发展；没有政府主导，旅游漏损现象会更加严重。倡导政府主导并不是指完全不依靠市场，单纯依靠政府或市场是达不到扶贫目标的。扶贫方式的演进一般通过三个阶段，即自然扶贫、政府扶贫、市场扶贫（见图3）。

图 3　民族地区扶贫发展阶段

处于发展阶段的四川藏区，为确保能够顺利实现旅游扶贫目标，当地政府应该引导、监督、协调、规范其他利益相关者的目标和行为。政府的主导作用具体表现在：组织旅游规划的编制、审批旅游开发的项目、建立旅游扶贫基金、配套相关基础设施的建设、出台有利于贫困人口参与的政策、引导本地产业链构建等。

四川藏区的旅游企业作为"经济人"，应该权衡经济利益与社会责任，严格遵守当地社区的法律法规，健全企业内部管理制度，切实降低对当地社区的环境的负面影响。为提高当地社区的参与程度和参与能力，企业可以提供当地的文化历史等旅游信息给村民，把收入的一部分用来支持当地的环境保护和扶贫事业等，以达到旅游就业人数增加、扶贫经济效益显著、旅游人文和生态环境改善的目标。

周边社区对发展藏区旅游业的态度也会在一定程度上影响藏区扶贫事业的发展。一方面，社区具有环境保护和发展经济的双重功能，旅游扶贫可引导贫困地区居民提高对环境保护的意识和对可持续发展的认识；另一方面，发展旅游还能够增加少数民族地区的农牧民就业机会，当地社区的自我发展能力也会得到一定程度的提升。因此，在大多数旅游扶贫活动中，社区对旅游发展是十分支持的，他们也愿意积极主动地参与到旅游开发的过程中来。

另外一方面，非政府组织除了可以协助社区主导扶贫项目的制定与实施监督，还可以在经济层面上给贫困社区提供一定的人力和财力支持，加速促进贫困地区旅游事业发展。

三、四川藏区旅游精准扶贫微观作用机制

（一）四川藏区旅游精准扶贫的微观作用路径

四川藏区贫困程度深重的农牧民由于在地理环境、生活习惯、宗教文化、受教育程度等方面均处于不利地位，从旅游发展中获得的收益较低。因此，在扶贫当中，要特别重视贫困户所获得的各项收益和就业机会，特别是保障农牧民的经济效益，确保藏区贫困户在旅游扶贫当中获得社会、经济、环境效益的"净收益"。另外，四川藏区通过发挥释放旅游产业的"集聚经济"和"涓滴效应"来促进藏区的经济不断稳定增长，尽可能地缩小地区之间的收入差距。微观层面，四川藏区旅游精准扶贫可用分享、匹配和学习三种路径来说明（见图4）。

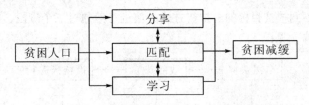

图4 民族地区旅游减贫微观作用机制

第一，分享。旅游扶贫能够使贫困人口有效地分享不可分割的旅游服务或旅游设施、外部风险、专业化和多样化等。一方面，四川藏区通过旅游扶贫开发逐步完善配套设施及旅游服务，旅游产业在空间上的集聚可以降低运输成本。另一方面，社区可以通过主动的联合行动抵御外部风险，如通过成立旅游合作社促进贫困人口减贫及社区旅游产业发展。

第二，匹配。四川藏区发展旅游能够让贫困人口和旅游企业、关联产业的企业更好地匹配，这是一种优化资源配置的理性行为。贫困人口的脱贫路径：一是利用有限的剩余产品进行市场交换，即向游客出售农畜产品获取收入；二是以家庭制作手工业品或家庭作坊式的生产方式从事第二产业产品的生产，产品出售给旅游商品经营户或自己零售；三是进入旅游企业打工从而获得工资收入。由此看来，扶持藏区旅游产业是促进四川藏区脱贫致富的有效途径。

第三，学习。民族地区贫困人口通过"干中学"获得知识，这种学习过程包括以下组成部分：①与外来旅游者的交往学习过程；②外出务工；③模仿本地旅游经营大户的行为。民族地区贫困人口具有优化资源配置和利用市场机会的意识，其相比发达地区差距在于：寻找和获得机会的能力存在差异。民族地区旅游产业发展促成外来旅游者与贫困人口的面对面交流，能够促进知识和技术的交流和传播；不断的交流过程和学习过程促进了知识的累积，进而推动了新知识和新思想的创造。

（二）四川藏区旅游业的微观减贫效应

四川藏区旅游业发展过程中，贫困人口通过分享、匹配和学习三种路径参与旅游发展，并可能在机会、收入、能力三个方面达成减贫目标。

一是四川藏区通过发展乡村和藏式旅游，可以为贫困人口提供更多就业和创收的机会。世界银行（2000）提出了减少贫困的核心是通过刺激经济增长促进就业机会的增

加，使市场更好地惠及穷人，让穷人有谋生的工作机会。旅游业作为集"吃、住、行、游、购、娱"为一体的产业，可以有效拓展农牧民的就业渠道。四川藏区在旅游扶贫开发中，条件较好的家庭可以参与民居接待、餐饮、运输、商品销售等经营活动；相对较差的家庭则可选择拉马、照相、兜售小商品或进入旅游企业打工的形式。这些选择可使贫困家庭经济活动发生转变，劳动力配置得以优化。

二是旅游促进四川藏区贫困人口增收。民族地区贫困有很多复杂原因，微观上看，依靠农业产出，摆脱不了"谷贱伤农"的现象。伴随产业结构转型升级，农民增收不再依赖第一产业，非农产业反而成为增收的关键性因素。宏观上看，发展旅游能够带来涓滴效应，拓展新的增收渠道，促进贫困人口增收，但是可能由于集聚向心力和制度缺失，使民族地区的资源流出，从而使区域间更加不平等。所以，在藏区发展旅游的同时，使贫困人口有机会参与和分享其中的收益，才是不平衡发展战略的关键所在。

三是四川藏区贫困人员经营管理能力有效提升。阿玛蒂亚·森认为贫困不仅是收入低，还有能力上的贫困，且收入贫困的根源就是能力不足。旅游扶贫主体要通过人力资本途径来使藏区脱贫，就要在一定水平上改善贫困人口的健康水平和素质水平，一方面加大对藏区贫困人员教育培训的资金投入；另一方面在旅游建设过程中，指导和帮扶藏区贫困户安装自来水和修建现代化家庭的卫生设施，改善其卫生条件，提高人力资本水平。

四、四川藏区旅游精准扶贫的政策启示

（一）提升贫困人口参与旅游的能力

由于家庭资源或资产的约束，四川藏区贫困人口在很大程度上存在旅游参与障碍，因此要尽可能地打破这种资源约束现状。一是提升贫困地区的人力资本，贫困人口在旅游扶贫之中的参与能力和参与积极性受其自身素质、思想及其技能的影响，因此政府应该划拨专项资金支持社区基础教育和职业教育，为贫困学生提供多种形式的奖助学金，举办针对藏区贫困户的劳动技能与经营管理的培训。二是完善贫困地区融资系统。一般而言，贫困社区和贫困人口由于缺乏信贷担保，都很难进入金融机构去融资，因此民族贫困地区金融机构可以为当地贫困人口提供抵押担保和诚信担保，从提供小额信贷开始，丰富融资形式。

（二）优化贫困人口旅游受益机制

发展旅游事业，就要让贫困人口看到实实在在的脱贫致富的机会，进而能够依靠自身力量和社会帮扶充分利用这种发展机会。这是旅游精准扶贫的根本立足点。旅游扶贫第一步就是为贫困人口提供发展机会，但是目前贫困人口由于存在各种障碍，还没有充分地利用旅游这个契机。四川藏区减贫受制度性约束，民族地区的法律体系和政治秩序亟待完善，为确保贫困人口顺利拥有和行使自身权利，制度性的"增权"必不可少，这样才能抵制权力对权利的侵犯。其实质是推动社区共管（社区自治），在此社区中，人人是参与者，人人都是管理者，都能通过有效途径去维护自身合法经济权益。

（三）建立多维立体化旅游扶贫战略

四川藏区贫困原因十分复杂，只考虑旅游扶贫事业，可能会忽视藏区贫困产生的多种内外部原因。由于不同地方有不同的贫困等级情况，因此四川藏区旅游扶贫开发的关

键是联合扶贫，可以通过发展地区旅游，政府牵头引入多个扶贫主体，采取多种扶贫方式来扶贫。政府围绕旅游精准扶贫主客体情况，整合当地的优势资源，进行合理规划，设置区域重点项目和一般项目，全面探索民族地区旅游扶贫的手段和途径，做好旅游规划和扶贫战略部署，建立扶贫重点项目遴选机制，形成一套特色鲜明、因地制宜的立体化扶贫战略。

越来越多的人也认识到，就少数民族贫困而言，由于地处偏远、缺乏家庭资产、社会排斥、教育程度低和健康状况不佳等，所以不能轻易地通过提供基础设施等方式来解决贫困问题。有步骤、多层面地采取细致入微、量身定制的扶贫方式来解决迄今为止根深蒂固的贫困问题才是关键。

参考文献

［1］谢识予. 经济博弈论［M］. 上海：复旦大学出版社，2003.

［2］王洛林，朱玲. 如何突破贫困陷阱：滇青甘农牧藏区案例研究［M］. 北京：经济管理出版社，2010.

［3］王弘. 新时期少数民族地区旅游扶贫［J］. 贵州民族研究，2013（3）：86-89.

［4］钟甫宁，何军. 增加农民收入的关键：扩大非农就业机会［J］. 农业经济问题，2007（1）：62-70.

［5］森. 以自由看待发展［M］. 任赜，余真，译. 北京：中国人民大学出版社，2012.

（本文发表在《贵州民族研究》2016年第4期上）

四川藏区县域经济空间结构演变与政策启示[①]

耿宝江[1]，庄天慧[1]，蒲波[2]

（1. 四川农业大学，四川雅安 625000；

2. 西南交通大学，重庆 400000）

一、前言

区域经济差异是区域经济发展过程中存在的一个普遍性问题，因不同区域之间自然资源、社会资源、社会制度和历史文化等方面差异的客观性，决定了不同区域间经济差异的客观存在，这是一种客观现象。改革开放以来，随着区域经济非均衡化发展战略的实施，我国区域经济间呈现出较大的发展差异，区域经济发展差异成为经济学研究的焦点与热点。国内学者借鉴西方区域经济差异理论和方法，结合我国实际，对我国区域经济差异开展了系统性、多元性的学术研究。一方面，随着区域经济差异研究的深入，研究方法创新和数据精度增加，研究尺度由从宏观尺度逐步转向县域、乡镇等微观尺度，更为清晰地揭示出区域间经济发展不均衡的现状。县域是度量行政区域经济发展水平的基本单元，是政府宏观调控、政策实施的落脚点。基于县域单元对区域经济空间格局进行研究有着较大的空间，对减少经济发展差异、促进县域经济发展有着重要意义。另一方面，有关区域经济空间差异的研究方法和分析技术也日趋成熟，量度区域经济差异的指标主要有塞尔指数、基尼系数、变异系数、加权变异系数等。ESDA（Exploratory Spatial Data Analysis，探索性空间数据分析）是一系列空间数据分析方法和技术的集合。它根据空间数据特点选择适当模型，以空间关联测度为核心，通过对事物或现象空间分布格局的描述和可视化，发现空间集聚和空间异常，揭示研究对象之间的空间相互作用机制，从而克服了传统测度方法的局限性。近年来，已有学者运用 ESDA 技术探究区域经济发展问题，但这些研究仅重点关注了省域、市域经济发展的空间差异以及某一省域内（如福建、江苏、浙江等）县域的空间差异情况，鲜有研究运用探索性空间数据分析方法探索民族贫困地区县域经济发展的空间差异问题。目前，我国农村扶贫工作进入新阶段，民族地区扶贫减贫的地位及作用更加

① 本文系国家社会科学基金项目"四省藏区多维贫困及其治理对策研究"（编号：14 XMZ006）、四川旅游发展研究中心立项课题"四川高原藏区社区旅游减贫效应研究"（编号：LYB14-01）的研究成果。

突出。未来几年里，国家将重点把民族聚居的集中连片特困地区作为扶贫减贫工作的重点开发区域。可见，探索民族贫困地区县域经济差异，厘清其空间格局演化机理，对加快民族贫困地区经济发展、保持发达地区的竞争力具有十分重要的现实意义。鉴于此，本文以四川藏区为典型案例，使用 ESDA 方法，并以 2004 年、2008 年和 2013 年作为时间断面，分析四川藏区 32 个县在 2004—2013 年期间经济增长差异在空间上的演变状况，探讨其空间结构演变规律，并提出民族贫困地区县域经济增长的政策建议。

二、研究区域、数据来源与研究方法

（一）研究区域

我们以四川藏区 32 个县作为少数民族贫困地区县域经济差异及其空间格局演化分析的基本研究单元。四川藏区位于青藏高原东部横断山区，与西藏、云南、甘肃、青海等省接壤，是全国第二大藏族聚居区，集民族地区、汶川地震灾区、革命老区、贫困地区、生态敏感区于一体，还是国家确定的 14 个集中连片特困地区中的四省藏区之一，也是四川省面积最大的集中连片特殊困难地区。研究四川藏区县域经济空间演变特征对于揭示民族贫困地区县域经济增长及空间演变规律有重要意义。四川藏区包括甘孜藏族自治州全部县域（18 个县）、阿坝藏族羌族自治州全部县域（13 个县）和凉山彝族自治州木里藏族自治县，共计 32 个县，其总面积达 24.59 万平方千米，占四川省总面积的51.6%，地理位置为东经 97°22~104°27′、北纬 27°45~34°27′。2013 年年末，其户籍总人口为 216.0 万，其中农业人口为 177.7 万，占总人口的 82.3%。

（二）数据来源

我们选取了四川藏区 32 个县 2004—2013 年的人均 GDP 作为基础数据进行分析，数据主要来自历年的《四川统计年鉴》（2004—2013）、《中国区域经济统计年鉴》(2004—2013) 和《中国县（市）社会经济统计年鉴》(2004—2013)。

（三）研究方法

空间自相关是检验某一现象是否显著地与其相邻空间单元的现象相关联的重要指标，包含全局空间自相关和局部空间自相关。我们采用空间自相关分析方法，意在探索四川藏区县域经济的空间效应。

1. 全局空间自相关

全局空间自相关反映空间邻接区域单元属性值的相似性，常被用于分析区域总体空间关联和空间差异程度，不适用于验证局部区域存在的空间异质性，通常用 Global Moran's I 指数进行度量。计算公式如下：

$$I(d) = \frac{\sum_{i=1}^{n} \sum_{j=1}^{n} W_{ij}(X_i - X)(X_j - X)}{S^2 \sum_{i=1}^{n} \sum_{j=1}^{n} W_{ij}} \tag{1}$$

式中：$I(d)$ 表示整个研究区域内空间相关性的总体趋势；Xi 表示在 i 处的属性值（此处为各县的人均 GDP 综合得分）；X 表示算术平均数；S^2 表示方差 $S^{2S^2 = \frac{1}{n}\sum_{i=1}^{n}(X_i - X)^2}$；$W_{ij}$是指对称空间权重矩阵（本文采用邻接矩阵），表示 n 个位置的空间邻接关系，当 i 和 j邻接时，$W_{ij} = 1$，否则 $W_{ij} = 0$。Moran's I 取值一般在 [−1，1] 之间，I>0 表示正相关，其值越趋近于 1，表示县域经济单元空间集聚性越显著；I<0 表示负相关，越趋近于−1，

则意味着县域经济单元空间趋异性越显著；I=0 表示县域经济单元间相互独立，为空间不相关，呈随机分布状态。

2. 局部空间自相关

局部空间自相关用于反映某个县域与周边县域之间经济增长的相似性，主要用于验证局部县域间存在的空间异质性。采用 Local Moran's I 指标来测度县域单元 i 与 j 之间空间要素的异质性，其计算公式为：

$$I = Z_i \sum_{j=1}^{n} W_{ij} Z_j \tag{2}$$

其中：Z_i、Z_j 为县 i 和县 j 属性值（人均 GDP）的标准化值，表示各县人均 GDP 与均值的偏差程度；W_{ij} 为空间权重；$\sum_{j=1}^{n} W_{ij} Z_j$ 为相邻区域人均 GDP 偏差的加权平均值。从公式中可知，Local Moran's I 指标的计算分为两个部分。一是 Z_i（局部 i 县域人均 GDP 的标准化值），二是 $\sum_{j=1}^{n} W_{ij} Z_j$（相邻县域的空间滞后向量）。将变量 Z_i 与其空间滞后向量 $\sum_{j=1}^{n} W_{ij} Z_j$ 之间的相互关系，以散点图的形式加以描述，则构成 Moran 散点图。其中横轴对应变量 Z_i 的所有值，纵轴对应空间滞后向量 $\sum_{j=1}^{n} W_{ij} Z_j$ 的所有值。Moran 散点图划分为 4 个象限，对应于不同的四种经济联系类型：第一象限为 HH 类型，第二象限为 LH 类型，第三象限为 LL 类型，第 4 象限为 HL 类型。其经济地理意义分别是：

当 $Z_i > 0$，$\sum_{j=1}^{n} W_{ij} Z_j > 0$ 时，县域 i 位于第一象限，说明县域自身和周边县域的经济发展水平都较高，二者呈正相关空间关系，具有"近朱者赤"的特点。该类县域可称为"扩散型"（HH 类型）。

当 $Z_i > 0$，$\sum_{j=1}^{n} W_{ij} Z_j < 0$ 时，县域 i 位于第四象限，则表示县域自身的经济发展水平较高，而周边县域较低，二者呈负相关空间关系，表现为"中心高而四周低"的经济空间格局。此类县域可称为"极化型"县域（HL 类型）。

当 $Z_i < 0$，$\sum_{j=1}^{n} W_{ij} Z_j > 0$ 时，县域 i 位于第二象限，即说明县域自身经济发展水平较低，但周边县域相对较高，两者的空间差异程度相对较大，在空间上呈现出"中心低而周边高"的负相关联特性，可称为"沉陷型"县域（LH 类型）。

当 $Z_i < 0$，$\sum_{j=1}^{n} W_{ij} Z_j < 0$ 时，县域 i 位于第三象限，则表示县域自身和周边县域的经济发展水均较低，二者空间差异程度较小，二者呈显著正相关关系，空间上具有"近墨者黑"特征，可称为"传染型"县域（LL 类型）。

三、四川藏区县域经济空间全局自相关性分析

通过 Geo Da 软件，计算四川藏区 32 个县 2004—2013 年人均 GDP 的全局自相关系数 Moran's I（见表 1）。

从图 1 Global Moran's I 的变化曲线可知，2004 年以来，四川藏区县域经济发展水平表现出较强的全局空间自相关，总体上呈不断增大趋势，四川藏区县域经济空间分布格局及其变化具有较强的空间集聚性。2004 年以来，四川藏区县域人均 GDP 的全局 Moran's I 逐渐增大，说明对四川藏区的扶持政策（如扶贫政策）强化了该区域县域经济

之间的相互作用与联系。2008 年起，因受汶川特大地震影响，四川藏区县域经济空间集聚程度出现收缩。到 2013 年，四川藏区经过灾后重建，县域经济水平得到普遍恢复发展，县域经济总体差异下降。比较四川藏区县域人均 GDP 的变异系数（CV）与 Moran's I（见图 1），其变异系数与全局 Moran's I 变化趋势具有一致性，这进一步表明在四川藏区经济发展过程中，较高的空间集聚往往会引起区域经济差异的扩大。

表 1　　　　　　　　四川藏区县域经济 Moran's I 指数及变异系数

年份	Moran's I	变异系数（CV）	年份	Moran's I	变异系数（CV）
2004	0.107 677	0.645 722	2009	0.198 729	0.469 559
2005	0.141 444	0.622 924	2010	0.232 309	0.527 671
2006	0.165 144	0.629 122	2011	0.312 419	0.543 955
2007	0.127 487	0.577 524	2012	0.351 989	0.526 591
2008	0.120 211	0.475 114	2013	0.379 585	0.504 422

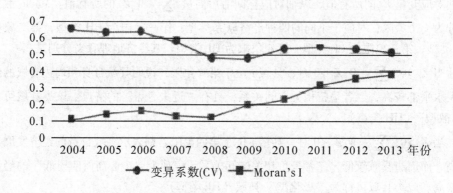

图 1　四川藏区县域经济差异变化（2004—2013 年）

四、四川藏区县域经济空间局部相关性分析

从四川藏区县域空间关联类型及空间分布上看，2004—2013 年，四川藏区县域空间关联类型以传染型与沉陷型为主，占县域总数的 2/3 以上。特别是低经济水平的县域数量在过去 12 年间基本未发生变化（见表 2）。我们以 2004 年、2008 年和 2013 年作为时间断面，分别展示四川藏区县域经济及其增长差异在空间上的演变状况。

（一）2004 年四川藏区县域经济差异变动分析

2004 年，四川藏区县域经济发展水平呈现较明显的空间分异格局（见表 3）。空间差异较小、县域自身和周边水平都较高的 HH 集聚区，主要集中在阿坝州，并形成以大九寨环线为发展轴的增长极格局，说明大九寨旅游圈对区域经济增长起到较大的推动作用。同时，HH 区域的两端及甘孜州西北部分布有大量空间差异小、县域自身和周边县发展水平均较低的 LL 类型县域；马尔康县、康定县为州府所在地，经济格局属 HL 类型，表明这些县域虽然具有较快的经济增长，但自身对周边地区的涓滴效应强度还比较弱。

表2　　　　　　　　　四川藏区县域空间关联类型变动（2004—2013年）　　　　　单位：个

年份	扩散性（HH）	极化型（HL）	沉陷型（LH）	传染型（LL）
2004	6	2	9	15
2005	7	2	7	16
2006	7	2	7	16
2007	7	3	6	16
2008	3	5	11	13
2009	6	5	8	13
2010	6	5	6	15
2011	8	4	4	16
2012	8	4	4	16
2013	9	3	4	16

表3　　　　　　　　　　2003年四川藏区县域经济差异对应县域

关联类型	HH 型	HL 型	LH 型	LL 型
对应县域	汶川县、理县、松潘县、九寨沟县、若尔盖县、红原县	马尔康、康定县	黑水县、阿坝县、泸定县、木里县、九龙县、茂县、小金县、丹巴县、雅江县	石渠县、得荣县、德格县、乡城县、金川县、壤塘县、道符县、炉霍县、甘孜县、新龙县、白玉县、理塘县、稻城县、巴塘县、色达县
数量（个）	6	2	9	15

（二）2008年四川藏区县域经济差异变动分析

2008年，由于受汶川特大地震影响，四川藏区各县的经济遭受严重破坏（见表4）。原经济热点地区除康定县外，其他县的经济都呈负增长状态，特别是汶川、茂县等极重灾区尤为明显。在国家政策的大力扶持下，灾后恢复重建推动了四川藏区县域固定资产投资增长，进而减小了地震对县域经济发展的影响。

表4　　　　　　　　　　2008年四川藏区县域经济差异对应县域

关联类型	HH 型	HL 型	LH 型	LL 型
对应县域	九龙县、红原县、康定县	乡城县、九寨沟县、汶川县、马尔康、白玉县	得荣县、木里县、小金县、雅江县、丹巴县、茂县、道符县、巴塘县、阿坝县、泸定县、理县	石渠县、色达县、甘孜县、新龙县、德格县、松潘县、金川县、黑水县、壤塘县、若尔盖县、炉霍县、理塘县、稻城县
数量（个）	3	5	11	13

（三）2013年四川藏区县域经济差异变动分析

2013年，四川藏区通过灾后重建恢复了经济增长动力，康定、马尔康、九寨沟等经济集聚区逐渐恢复，九龙、汶川、理县、茂县等是全局空间自相关的较大贡献者（见表5）。甘孜州受历史、地理、自然环境等因素的影响，经济发展量小质弱，发展差距极大，致使2013年形成范围更大的LL集聚区。从总体数量上看，2013年，四川藏区HH类型县的数量呈增加趋势，而HL型、LH型县域的数量减少。2013年的四川藏区县域经济增长空间格局的演变说明，四川藏区县域经济差异呈现两极分化趋势，县域经济增长呈显著正相关关系。

表5　　　　　　　　　　2013年四川藏区县域经济差异对应县域

关联类型	HH型	HL型	LH型	LL型
对应县域	九龙县、汶川县、理县、茂县、松潘县、黑水县、红原县、康定县、泸定县	乡城县、九寨沟县、马尔康	木里县、小金县、阿坝县、得荣县	石渠县、色达县、理塘县、金川县、巴塘县、壤塘县、若尔盖县、丹巴县、雅江县、道孚县、炉霍县、甘孜县、新龙县、德格县、稻城县、白玉县
数量（个）	9	3	4	16

五、研究结论与政策启示

（一）研究结论

上文运用Geo Da、Arc GIS软件及ESDA分析方法，以县域人均GDP为研究对象，对2004—2013年四川藏区县域经济的时间和空间演变特征进行了研究，通过空间全局自相关、空间发展趋势及空间局部自相关分析得到，县域经济发展水平综合指数，利用其分析四川藏区县域空间分布特征，得出如下基本结论。

第一，2004—2013年，四川藏区县域经济发展总体差异和相对差异都呈现出扩大趋势，但四川藏区县域经济的总体格局变动较小，热点与冷点经济地区相对集中，总体呈现空间贫困固化态势。

第二，四川藏区各县经济增长存在正的空间自相关性，相似经济发展水平的县域在空间上呈现出显著聚集趋势，并有先增强后减弱之势，这说明藏区扶贫阻力较大，经济增长需注入新活力。

第三，四川藏区经济空间结构呈现明显的"核心-边缘"结构，这种"核心-边缘"结构在研究时段内未发生较大的空间变迁。HH类型县市均分布在由机场、旅游环线组成的区域交通轴圈上，而石渠县、炉霍县、甘孜县、色达县、道孚县等交通偏远地域形成集中式的LL类型集聚区，表明区位条件、资源禀赋及公路交通条件在四川藏区区域经济发展和空间结构形成过程中扮演了重要的角色。

（二）政策启示

1. 地域政策的制定与实施

县域经济总体格局演变规律显示四川藏区呈现贫困空间固化态势。鉴于民族贫困地区致贫因子及地理环境的差异性，民族贫困地区应选择因地制宜的地域政策，探索差异性扶贫模式，建立扶贫绩效评价体系，规范空间扶贫秩序，形成合理有效的空间扶贫开发结构，从而降低扶贫成本，提高扶贫效率。地域政策制定的关键是要精确瞄准贫困地区和贫困社区（贫困人口），特别是瞄准空间贫困固化的 LL 类型集聚区，消除民族贫困地区内部经济发展差异。首先，依托地域优势资源，因地制宜扶持产业发展。如充分挖掘民族贫困地区旅游资源，推进旅游产业发展。其次，通过建立生态补偿机制，加大民族贫困地区专项转移支付力度，降低民族贫困地区经济增长的地域影响。最后，从贫困社区的区位交通、经济发展、人口结构、教育文化、医疗卫生等方面，辨析贫困社区的特征和主导问题，分类划分减贫区域，制定差异发展型减贫政策。

2. 制定全局发展政策

研究显示，四川藏区县域经济呈现空间不均衡发展趋势，贫困县域扶贫阻力较大。需要修正地方人民政府的"功利化"思想和最大化本地经济增长的政治逻辑，从区域经济整体发展的互补性与协调作用出发，制定全局的发展政策。首先，要制定产业融合发展政策。产业融合强调市场化的介入和产业链的合作延长，以实现生产效率和组织效率。突破"城市搞工业、农村搞农业"的旧格局，引导城市非农产业和资本进入农村地区，农民和农村地区能够分享工业化和城市化的巨大收益，在城乡之间建立起一体化的产业体系。其次，增强县域经济政策的指向性，通过资金的集中使用来为县域经济发展与民生的改善创造条件。通过更明确的产业发展规划，构建贫困社区利益分享机制，实现资金的集中使用和产业的集中发展。

3. 区域发展与片区扶贫联动

区域联动发展强调的是缩短经济距离，打破经济分割。从历史经验来看，人类发展从未离开人类社会与"距离专制"的斗争。经济距离的缩短，为原来位于区位劣势的地区提供了脱贫致富的途径。四川藏区因基础设施落后和制度障碍产生经济距离，因此需要加大基础设施建设（例如改善贫困乡镇、贫困村的交通条件），消除不同县区间的市场壁垒、贸易壁垒、行政壁垒。民族贫困地区各级政府需要立足全局，制定合理的兼顾效率和公平的产业发展政策，让贫困地区和贫困社区也能够分享经济集聚带来的福利。

参考文献

[1] TIAN L, WANG H H, CHEN Y. Spatial externalities in China regional economic growth [J]. China Economic Review, 2010 (21)：20-31.

[2] FAN C C, SCOTT A J. Industrial agglomeration and development：a survey of spatial economic issues in East Asia an da statistical analysis of Chinese regions [J]. Economic geography, 2003 (3)：295-319.

[3] YU D. Understanding regional development mechanisms in Greater Beijing Area, China, 1995—2001, from a spatial temporal perspective [J]. Geo Journal, 2014 (2)：195 -207.

［4］孟德友，李小建，陆玉麒，等．长江三角洲地区城市经济发展水平空间格局演变［J］．经济地理，2014（2）：50-57．

［5］李建豹，白永平，罗君，等．甘肃省县域经济差异变动的空间分析［J］．经济地理，2011（3）：390-395．

［6］仇方道，佟连军，朱传耿，等．淮海经济区县域经济差异变动的空间分析［J］．地理科学，2009（1）：56-63．

［7］白永平，张秋亮，黄永斌等．兰新铁路沿线经济带区域经济差异变动的空间分析［J］．干旱区地理，2013（1）：147-155．

［8］ANSELIN L. Interactive techniques and exploratory spatial data analysis ［M］. Cambridge：Geo information Int，1999.

［9］徐建华，鲁凤，苏方林，等．中国区域经济差异的时空尺度分析［J］．地理研究，2005（1）：57-68．

［10］蒋海兵，徐建刚，商硕．江苏沿海乡镇经济差异的空间分析［J］．经济地理，2010（6）：998-1004．

［11］陈培阳，朱喜钢．福建省区域经济差异演化及其动力机制的空间分析［J］．经济地理，2011（8）：1252-1257．

［12］李丁，冶小梅，汪胜兰，等．基于 ESDA-GIS 的县域经济空间差异演化及驱动力分析［J］．经济地理，2013（5）：31-36．

［13］柯文前，陆玉麒，俞肇元，等．多变量驱动的江苏县域经济空间格局演化［J］．地理学报，2013（6）：802-812．

［14］周扬，李宁，吴文祥，等．1982—2010 年中国县域经济发展时空格局演变［J］．地理科学进展，2014（1）：102-113．

［15］蒋天颖，华明浩，张一青．县域经济差异总体特征与空间格局演化研究：以浙江为实证［J］．经济地理，2014（1）：35-41．

［16］刘湘辉，姬冠，孙艳华．连片特困地区县域经济发展差异综合评价研究：以湘西地区为例［J］．经济地理，2013（10）：35-39．

［17］黄承伟．防灾减灾：灾后重建与扶贫开发结合的理论解析［C］//黄承伟，陆汉文．汶川地震灾后贫困村重建：进程与挑战．北京：社会科学文献出版社，2011．

［18］汪晓文，何明辉，李玉洁．基于空间贫困视角的扶贫模式再选择：以甘肃为例［J］．甘肃社会科学，2012（6）：95-98．

（本文发表在《农村经济》2016 年第 2 期上）

四川省旅游产业用地配置与管理研究[①]

杨曦

（成都信息工程大学银杏酒店管理学院，四川成都 611743）

高度发达的旅游产业是我国社会经济发展的重要标志之一，也是我国新型城镇化的重要推手之一。旅游业快速和剧烈的发展急需充足的土地资源保障和优化的土地管理策略。在城市群周边、世界遗产地等高级别旅游景区附近，乡村旅游、休闲活动的发展在全国促进了近 9 万个村开展形式多样的乡村观光、休闲活动。

近期出台的《关于支持旅游业发展用地政策的意见》被视为优化旅游业用地配置、提高节约集约利用水平的重要标志。但是在 2009 年国务院启动的旅游产业用地改革时的最初 5 个试点城市中，仅有桂林和秦皇岛得到落实。在旅游土地改革试点的背景下，研究旅游业产业用地的配置问题显得尤为必要。

一、四川省旅游产业用地的特点

（一）需求量大，增长速度快

四川省 2014 年接待游客达 5.4 亿人次；2015 年四川省新开工重点旅游项目 100 个，旅游规划用地约为 8 万公顷。据 2014 年全国星级饭店统计公报显示，四川省总共有 388 座星级饭店，按各星级饭店不同的占地面积计算，总面积约为 237 公顷。

（二）生态脆弱区和敏感区的旅游用地矛盾突出

四川拥有国家级湿地公园 14 处、国家级自然保护区 30 处。这些自然资源富集区，是全省旅游重点开发建设区，又是全省生态保护红线和耕地保护红线保护范围。2016 年纳入生态保护红线范围的土地面积达 19.7 万平方千米。旅游用地增加符合经济社会发展要求，但许多地方旅游用地的使用效率还不高，旅游用地供需矛盾依然突出。

（三）旅游用地的定义与分类标准不明确

旅游用地概念不清晰，分类体系不完善。缺乏合理有效的界定，导致旅游用地大量占用城市土地，并使资源配置的效率降低。四川省国土资源厅将国有建设用地共分为 7

---

① 资助项目：教育部人文社会科学项目（15YJC790129）、四川省教育厅项目（15ZB0371）、成都信息工程大学银杏酒店管理学院项目（YXK2015-03）、四川旅游发展研究中心项目（LYC16-12）、四川省民办教育研究中心项目（MBXH16YB21）、四川省农村发展研究中心项目（CR1609）、西南减贫与发展研究中心项目（SCP1608）。

类，其中既未将旅游产业用地单独列出，也未指明旅游产业用地属于其中任何一类。这说明，目前界定四川旅游产业用地的标准还不明确，针对旅游产业用地的管理制度还有待完善。

（四）旅游用地规划与其他规划衔接不紧密，旅游用地节约集约水平较低

旅游规划与当地土地总体规划、城乡规划等的衔接不紧密，对旅游用地的界定存在矛盾，并且旅游规划本身对旅游用地的使用缺乏细则，使其真正实施起来时缺乏可操作性。旅游用地规划的"落地难"问题致使旅游区在建设或扩建过程中出现了违规违禁开发的现象。此外，个别地区没有充分考虑原有的旅游用地的资源开发是否充分，使旅游用地利用效率低或者造成闲置浪费的情况。

二、四川旅游用地改革建议

（一）科学界定、计划旅游用地

首先加大对旅游用地的界定标准的研究，制定适用于旅游产业、与现有的国土等分类体系相统一的概念及分类标准。在此基础上，科学评估全省旅游产业发展规模，厘清现有旅游产业用地的规模、质量、利用率等。在确保旅游产业需求的基础上，充分考虑旅游的季节性特征，科学设置旅游用地需求的上限和下限指标。

（二）建立健全监控体系

严格遵守生态红线划定标准中对一类管控区和二类管控区的指导意见。对生态保护区开展的旅游产业用地布局实施重点监控，采用遥感与实地调研相结合的方式，对重点区域实施动态、全面监控，确保旅游基础设施用地、旅游活动场所用地等对生态保护区的扰动降低到最小。

（三）实施旅游用地规划"多规"合一

落实《旅游法》中关于"旅游规划应当与土地利用总体规划、城乡规划等规划相衔接"的要求，提高旅游管理部门在多规编制过程中的参与度，确保在编制城乡规划、土地利用总体规划时将旅游设施、旅游活动等方面的用地纳入考虑。

（四）综合发挥旅游用地功能，提高集约度

推进全省旅游区土地的综合开发，提高现有旅游景区用地的效率。一方面，对已开发的旅游用地和新旅游用地要尽可能复合其他功能，增强土地的利用效率。另一方面，鼓励旅游企业、旅游景区等利用荒山、荒滩、荒丘等土地类型进行建设性的旅游项目，对这类旅游开发，可以给予相应的政策扶持。

（本文发表在《旅游纵览》2016 年 10 月下半月期刊上）

四川省旅游经济强省评价体系构建[①]

芮田生，李益彬，张科

（内江师范学院经济与管理学院，四川内江 641199）

2015 年，四川省旅游总收入达 6 210.52 亿元，同比增长 27%，旅游业增加值在全省第三产业增加值中占比达 20.4%。由此可见，旅游业保持高速增长对于四川省 GDP 增长具有非常重要的意义。为了建设旅游经济强省，有必要完善旅游业评价体系，从而掌握四川省旅游业发展的现状以及存在的问题。从评价指标的分类来看，旅游经济评价指标可以分为规模性指标和结构性指标、直接指标和间接指标、硬性指标和软性指标、静态指标和动态指标等。其中，规模性指标和结构性指标更具有实用性，本文从该角度进行研究。

一、旅游经济强省规模性指标评价体系分析

（一）规模性旅游经济指标的来源与分类

规模性旅游经济指标是对旅游经济发展现状最直接的统计和描述，其应用较为普遍，是评价旅游经济的基础性指标。为了保证规模性指标的系统性，本文参考了全国旅游较为发达的三个省（广东省、江苏省、山东省）以及四川省的"十三五"旅游业规划。通过归纳，可知这些"十三五"旅游业发展规划总体可以分为三个方面：基础性发展规划、特色性发展规划和创新性发展规划。其中，基础性发展规划是各省在制定"十三五"规划时都基本涉及的发展规划；特色性发展规划是根据本省旅游业的特点提出的发展规划；创新性发展规划是针对新时期旅游业发展面临的机遇与挑战而提出的规划。通过对"十三五"旅游发展规划的分析，可以进一步将相关的旅游经济指标归纳为四类：旅游业总体发展指标、旅游业支撑性指标、旅游业战略发展指标和旅游业发展环境指标。

（1）旅游业总体发展指标：该指标是对旅游业总体发展情况的描述性统计指标，如旅游收入、旅游人次、就业人数等相关的指标。其中，旅游业增加值是一个非常重要的指标，该指标客观反映了旅游业所提供的全部增加值。

（2）旅游业支撑性指标：该指标是旅游业主要相关行业的指标，这些行业部门具有

---

① 基金项目：四川旅游发展研究中心规划课题（LYC13-28）。

较高的独立经营权。该指标主要涉及旅游景区、旅行社行业、餐饮业、住宿业、交通业、旅游教育科研机构等相关的旅游经营指标。

（3）旅游业战略发展指标：该指标是政府整合各地区、各行业和各部门资源，优化资源配置，提高资源效率的相关指标。主要有旅游目的地、旅游产品、旅游商品、旅游线路、旅游项目、发展资金、集群发展、品牌建设等相关的指标。

（4）旅游业发展环境指标：该指标是指影响一个地区旅游发展的外部环境指标，包括竞争环境、经济环境、生态卫生环境、社会环境、保障能力等相关指标。

（二）规模性指标关系分析

以上四类指标之间的关系，可以用图1表示。旅游业支撑性指标与旅游相关行业具体的经营主体有关，因此，对地方人民政府而言，旅游业支撑性指标的参考意义主要是通过一些政策来进行调整；而旅游业战略发展指标则对地方人民政府采取积极的旅游发展措施有重要的参考价值，地方人民政府可以以此为依据积极整合各类资源；旅游业发展环境指标则为地方人民政府提供前瞻性的预测，有利于对发展措施做出及时的调整。通过对规模性指标的分类以及建立规模性指标体系，能更清楚地把握旅游业发展的总体情况，又能把握旅游业发展的重点。

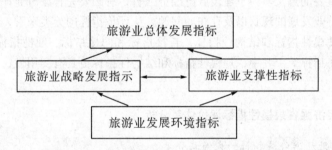

图1　旅游经济强省规模性指标评价体系结构

二、四川省旅游经济强省结构性指标分析

旅游经济结构性指标提供了旅游经济组成成分之间的结构关系，是基于规模性指标之上的进一步分析所采用的指标。旅游经济结构性指标对应的分析方法较多，如旅游竞争力分析、旅游卫星（附属）账户分析、旅游经济技术效率分析、旅游产业结构分析等。通过对这些方法进行对比分析，可将这些方法归为三类——旅游竞争力评价、投入产出评价和旅游产业结构评价，而这三类评价体系之间又存在一定的关联，进而可以构建一个较为系统的省域旅游经济结构性评价体系。以下基于四川省相关数据进行具体分析。

（一）旅游竞争力评价体系分析

旅游竞争力评价法是衡量一个地区旅游业总体结构水平的有效途径。评价旅游竞争力的方法众多，主要有加权求和法、因子分析法、Topsis法、灰色关联法、熵值法，以及在此基础上的组合评价法。芮田生等采用该方法并选取旅游竞争业绩、旅游竞争潜力和旅游竞争环境支持力三个方面共23个指标，对中国西部十二个省市区的旅游竞争力进行评价。研究结果表明，2009年四川省旅游竞争力在西部十二个省市区中位列第一位。谢双玉等分别选取 44 个指标，从现实竞争力、潜在竞争力和发展环境竞争力三个方面采用因子分析方法对我国省域旅游竞争力进行对比分析得到：2014 年，我国综合竞争力第一梯队的省市区有广东、北京、浙江、江苏、上海、山东、四川、辽宁、安徽和湖北 10 个，第二梯队的省市区有湖南、重庆、福建、河南、陕西、云南、海南、广西、天津和贵州 10 个，第三梯队有江西、河北、山西、西藏、黑龙江、新疆、内蒙古、吉林、甘肃、宁夏和青海 11 个省市区。四川省在现实竞争力、潜在竞争力和发展环境竞争力三个方面的发展状况，分别排名第 7、第 13 和第 19 位，其总体竞争力位于全国前列，但在三个方面的发展并不均匀，而且差距较大。由此可见，通过旅游竞争力分析，可以得到四川省旅游竞争力结构状况。虽然竞争力分析比较全面，但主要从总量的角度进行分析，无法了解旅游业资源利用的情况，需通过投入产出分析才能进一步了解旅游业经济发展的质量。

（二）投入产出评价体系分析

分析投入产出关系的重要途径之一是采用旅游卫星（附属）账户分析法。由于旅游卫星账户数据的获取较为困难，该法目前没有得到大量的推广和应用。另外一种方法是数据包络分析法（Data Envelope analysis，DEA），是由 Farrell（1957）提出的以相对效率概念为基础的一种被广泛使用的效率评价方法。岳宏志等采用 DEA 模型对 2001—2007 年中国旅游产业的技术效率及其区域差异进行实证分析。结果表明：中国旅游产业技术效率大致呈"U"形变化，近年来有上升趋势，但整体水平偏低。杨春梅等采用三阶段 DEA 方法，选取 2010 年 50 个著名旅游城市为研究对象，对旅游业效率值进行了测算。通过采用 DEPA Version 2.1 软件和运用 DEA 方法可以计算旅游产业效率，包括经营效率、技术效率和规模效率。其中，经营效率是对决策单元的资源配置能力、资源使用效率等多方面能力的综合衡量与评价；技术效率是企业由于管理和技术等因素影响的生产效率；规模效率是由于企业规模因素影响的生产效率。三者之间存在如下关系：经营效率＝技术效率×规模效率。

为了保证指标选取的合理性，本文参照杨春梅采用 Pearson 相关性检验的结果，选取旅游人数和旅游总收入作为衡量旅游业效率的 2 个产出指标；选择旅游资源的吸引力、星级饭店数量和旅行社的数量 3 个要素衡量效率的投入水平。其中，旅游资源吸引力指标使用旅游景区质量级别中的 5A、4A 和 3A 级旅游区（点）来反映旅游资源的综合吸引力，确定 5A 级景区的分值为 10 分，4A 级景区的分值为 7 分，3A 级景区的分值为 5 分，将城市中所有 5A、4A 和 3A 级旅游区（点）的分值加总求和，用以衡量各地旅游资源的吸引力。具体数据来自《中国旅游统计年鉴》（2013 年和 2015 年），通过 DEA 模型，可以得到我国各省市区 2012 年和 2014 年旅游产业的效率。

如表 1 所示，2012 年，四川省经营效率和规模效率小于 1；2014 年，四川省经营效率、技术效率和规模效率则全部达到最大值 1。由此可见，四川省旅游业的效率整体在提高。另外，通过对比分析 2012 年和 2014 年四川省饭店、旅行社和旅游景区的收入可知，2012 年四川省饭店、旅行社和景区的收入分别为 80.52 亿元、71.66 亿元和 224.9 亿元；2014 年则分别为 66.86 亿元、57.81 亿元和 294 亿元。由此可知，这三类行业的业务收入情况存在差异，饭店和旅行社的收入在减少。尽管 2014 年四川省旅游业的效率较高，但各投入量对总体产出的贡献程度是不同的，而投入产出评价体系不能具体分析各要素的贡献程度，需要进一步采用旅游产业结构评价体系进行分析。

表 1   2012 年、2014 年我国各省市区旅游效率值

省市区	2012 年				2014 年			
	经营效率	技术效率	规模效率		经营效率	技术效率	规模效率	
北京	0.742	0.749	0.991	irs	0.791	0.796	0.995	drs
天津	1.000	1.000	1.000	—	1.000	1.000	1.000	—
河北	0.341	0.346	0.984	drs	0.570	0.573	0.995	irs
山西	0.894	0.903	0.989	irs	1.000	1.000	1.000	—
内蒙古	0.339	0.404	0.837	irs	0.352	0.380	0.926	irs
辽宁	0.817	1.000	0.817	drs	0.837	1.000	0.837	drs
吉林	0.480	0.535	0.898	irs	0.526	0.556	0.945	irs
黑龙江	0.968	1.000	0.968	drs	0.329	0.453	0.727	irs
上海	1.000	1.000	1.000	—	1.000	1.000	1.000	—
江苏	0.713	1.000	0.713	drs	0.672	1.000	0.672	drs
浙江	0.639	0.666	0.959	drs	0.663	0.873	0.760	drs
安徽	0.514	0.634	0.811	drs	0.675	0.703	0.959	drs
福建	0.683	0.721	0.984	irs	0.570	0.572	0.996	irs
江西	0.575	0.584	0.984	irs	0.749	0.750	0.998	irs
山东	0.469	1.000	0.469	drs	0.558	1.000	0.558	drs
河南	0.643	1.000	0.643	drs	1.000	1.000	1.000	—
湖北	0.539	0.873	0.618	drs	0.796	0.815	0.975	drs
湖南	0.594	0.658	0.903	drs	0.794	0.795	0.960	drs
广东	1.000	1.000	1.000	—	1.000	1.000	1.000	—
广西	0.563	0.575	0.979	irs	0.686	0.692	0.991	irs
海南	0.329	0.761	0.432	irs	0.372	0.780	0.477	irs
重庆	0.801	0.834	0.961	drs	1.000	1.000	1.000	—
四川	0.960	1.000	0.960	drs	1.000	1.000	1.000	—
贵州	1.000	1.000	1.000	—	1.000	1.000	1.000	—
云南	0.672	0.687	0.979	irs	0.802	0.808	0.992	irs
西藏	0.232	1.000	0.232	irs	0.392	1.000	0.392	irs
陕西	0.544	0.547	0.994	drs	0.692	0.692	1.000	—
甘肃	0.283	0.414	0.684	irs	0.345	0.476	0.725	irs

表1(续)

省市区	2012 年				2014 年			
	经营效率	技术效率	规模效率		经营效率	技术效率	规模效率	
青海	0.116	0.673	0.173	irs	0.113	0.626	0.180	irs
宁夏	0.213	1.000	0.213	irs	0.193	1.000	0.193	irs
新疆	0.210	0.347	0.604	irs	0.156	0.339	0.460	irs
总计	18.873	23.911	24.743		20.603	20.680	25.713	
均值	0.061	0.077	0.080		0.066	0.079	0.083	

资料来源:《中国旅游统计年鉴》(2013 年和 2015 年)。

(三)旅游产业结构评价体系分析

通过计算旅游产业结构变动对旅游经济增长的贡献率,可以了解一个地区旅游发展的状况。其中,偏离-份额分析法(Shift Share Method,SSM)具有较强的综合性和动态性,是一个比较有效的宏观分析方法。该分析认为区域(产业)经济增长与三个因素相关,即经济增长的全国分量、经济增长的产业结构分量、经济增长的部门分量。通过该方法可以解释区域与旅游产业部门结构变化的原因,从而确定未来发展的主导方向。具体模型构建分析如下:假设某地区在经历了时间 $[0, t]$ 之后,初始期(基年)旅游业经济总规模为 b_0。以 $b_{j,0}$ 与 $b_{j,t}$ 表示在全国旅游产业初期与末期第 j 个部门的规模,该地区旅游产业第 j 个部门在 $[0, t]$ 时间段的变化率为:

$$r_j = (b_{j,t} - b_{j,0})/b_{j,0}, \quad (j = 1, 2, \cdots, n) \tag{1}$$

全国旅游产业 j 部门在 $[0, t]$ 内的变化率为:

$$R_j = (B_{j,t} - B_{j,0})/B_{j,0}, \quad (j = 1, 2, \cdots, n) \tag{2}$$

根据全国旅游产业各部门所占的份额,将该地区旅游产业各部门的规模标准化得到:

$$b_j' = b_{j,0} \times B_{j,0}/B_0, \quad (j = 1, 2, \cdots, n) \tag{3}$$

在 $[0, t]$ 时段内,该地区旅游产业第 j 个部门的增长量 G_j 则可以分解为 N_j、P_j、D_j 等 3 个分量,表达式为:$G_j = N_j + P_j + D_j$。其中:

$$N_j = b_j' \times R_j \tag{4}$$

$$P_j = (b_{j,0} - b_j') \times R_j \tag{5}$$

$$D_j = b_{j,0} \times (r_j - R_j) \tag{6}$$

$$G_j = b_{j,t} - b_{j,0} \tag{7}$$

$$PD_j = P_j + D_j \tag{8}$$

根据《中国旅游统计年鉴》(2012 年、2014 年)发布的原始数据,得到四川省饭店行业、旅行社和旅游景区三个旅游产业部门的业务收入情况,以 2012 年为基期,2014 年为报告期,对四川省旅游产业进行 SSM 分析,得到 Shift Share 分析表(见表2)。

表2　　　　　　　　　　四川省旅游产业结构 SSM 分析因子　　　　　　（单位：亿元）

指标 产业部门	R_j	r_j	b_j'	N_j	P_j	D_j	PD_j
饭店行业	−0.170	−0.115	15.169	−1.740	−7.496	−4.424	−13.661
旅行社	−0.193	−0.194	18.746	3.637	10.267	−27.748	−13.844
旅游景区	0.090	0.307	50.540	4.534	15.642	48.924	69.100

其中，份额分量 N_j 表示四川省旅游标准化的 j 产业部门按国家的平均增长率发展所发生的变化量；结构偏离分量 P_j 表示四川省部门比重与全国相应部门比重的差异所引起的四川省第 j 个产业部门增长相对于全国标准所产生的偏差，该值越大说明该部门结构对经济总量增长的贡献越大；竞争力偏离分量 D_j 表示四川第 j 个产业部门的增长速度与全国相应部门增长速度的差异所引起的偏差，反映了四川第 j 个产业部门的竞争能力，该值越大说明四川第 j 个产业部门竞争力对经济增长的作用越大；总偏离分量 PD_j 反映了四川第 j 个部门总的增长优势。

由表2可知，四川省饭店行业的区域增长分量、结构偏离分量和竞争力偏离分量的值分别为−1.740亿元、−7.496亿元和−4.424亿元，总的偏离分量为−13.661亿元；四川省旅行社区域增长分量、结构偏离分量和竞争力偏离分量的值分别为3.637亿元、10.267亿元、−27.748亿元，总的偏离分量为−13.844亿元；四川省旅游景区区域增长分量、结构偏离分量和竞争力偏离分量的值分别为4.534亿元、15.642亿元、48.924亿元，总的偏离分量为69.1亿元。以上结果表明，四川省在饭店行业和旅行社方面的竞争力比较低，而旅游景区的竞争力则比较强。

（四）各评价方法的优缺点分析

通过以上实证分析可知，以上不同的评价方法都存在优缺点，而且存在互补关系，这正是这些方法能构建旅游业经济结构评价体系的重要依据。这些评价方法的优缺点如下。

第一，旅游竞争力评价。旅游竞争力方法采用的指标较多，研究分析比较详细，是了解一个地区旅游结构的重要途径。不足的地方是，各影响因素对最终旅游竞争力的影响关系并不是很清楚。因此可以考虑在竞争力评价的基础上，对投入产出的关系进行分析，如采用效率评价法，以及向量自回归模型等对各因素的影响力进行进一步分析。总之，旅游竞争力评价法和投入产出分析法有较强的互补关系，配合使用两种方法有助于提高实证结果的科学价值。

第二，投入产出评价。投入产出评价是了解旅游业发展质量的重要指标。投入产出评价的方法较多，如通过卫星账户进行投入产出分析，如采用效率方法进行分析。如本文对四川省旅游业经营效率、技术效率和规模效率情况的分析。通过效率情况，可以判断一个地区旅游业发展的总体质量，如四川省旅游业的总体质量较高。但由于旅游卫星账户的数据获取较难，因此本文采用技术效率法，通过采用向量自回归模型（VAR 模型）和脉冲响应函数可以对旅游收入的影响因素进行计量分析。袁宇杰采用向量自回归模型分析了中国36个大中城市的出游率、人均旅游花费、旅游购买力与人均可支配收入的关系；徐秀美等对丽江市入境旅游游客量与国内旅游游客量的关系进行了分析。由于这些方法在投入量方面存在可替代性，因此这些效率值反映的是总体投入的效率情况，不能分析各投入量对总产出的影响情况，需要进一步采用旅游产业结构评价方法。

第三，旅游产业结构评价。旅游产业结构评价可以了解旅游产业内部各组成要素的作用，如前面采用偏离-份额分析法对四川省旅游产业结构进行分析。结果表明：之前采用的四川省三种投入因素（饭店、旅行社和景区），只有景区的竞争力高于全国的平均水平，而饭店和旅行社的竞争力则低于全国的平均水平。偏离-份额分析法的缺点在于不能分析多个要素对旅游业的总体影响情况。由此可见，技术效率分析法和偏离-份额分析法两种方法互为补充，单独采用其中一种方法得到的结果不全面。

三、结论

为了全面分析四川省旅游发展情况，建设旅游经济强省，本文从两个方面建立指标体系，即规模性指标体系和结构性指标体系。其中，对结构性指标构建了评价方法体系。

规模性旅游指标主要分为四类，即旅游业总体发展指标、旅游业支撑性指标、旅游业战略发展指标和旅游业发展环境指标。这些指标是旅游经济评价的基础。其中，旅游业战略性发展指标是地方人民政府整合旅游资源、提升旅游经济水平和质量的重要参考指标。

在对结构性指标进行实证的过程中，首先，对四川省旅游竞争力进行了分析，参考相关研究结论，得到了四川省旅游竞争力的发展情况，即 2014 年四川省在现实竞争力、潜在竞争力和发展环境竞争力三个方面的发展状况。由此可见，四川省旅游业未来发展的主要瓶颈是旅游发展的环境，比如经济环境、基础设施条件等。其次，采用技术效率法得到了四川省旅游业经营效率、技术效率和规模效率的值。结果表明，四川旅游业在这三项指标上的效率值，都说明四川省旅游业的效率较高。再次，由于各投入量的发展情况存在差异，本文进一步分析了各个投入量的发展情况，采用偏离-份额分析法对四川省旅游业的结构进行实证分析，得到结论：四川省饭店和旅行社的竞争力水平较低，而旅游景区的竞争力水平则较高。

综上可知，四川省旅游业相对省内其他产业的平均发展水平而言较好，而发展环境对旅游业的发展有一定的制约，客观上不利于旅游业的发展；四川省旅游业的效率较高，全国排名靠前；四川省的酒店业和旅行社发展效果还不理想，需要进一步调整，而景区对旅游业发展的促进作用则比较明显。由此可见，四川省在旅游资源方面的优势比较明显，大力开发旅游景区是当前提升旅游经济的有效途径。

通过实证分析，本文构建了一个相对全面的旅游结构评价体系，该体系主要由旅游业竞争力评价法、旅游业投入产出法和旅游产业结构评价法以及相应的指标构成，这三个评价法具有一定的逻辑关系，从而构成了一个有机的旅游业结构评价体系。

从规模性指标和结构性指标两个方面所构建的评价体系可较为全面地评价一个地区旅游业发展的总体情况，从而为旅游业的发展完善提供参考。

参考文献

[1] 陈加林. 旅游业与区域发展关系研究：四川的实践与探索 [M]. 北京：中国旅游出版社，2013.

[2] 芮田生，阎洪. 西部十二省、自治区、直辖市旅游竞争力的组合评价 [J]. 旅游科学，2011，25（3）：14-23.

[3] 谢双玉，冯娟. 2015 中国旅游业发展报告 [M]. 北京：中国旅游出社，2016.

[4] 岳宏志，朱承亮. 我国旅游产业技术效率及其区域差异：2001—2007 年 [J]. 云南财经大学学报，2010（2）：36-43.

[5] 杨春梅，赵宝福. 中国著名旅游城市旅游业的效率研究 [J]. 旅游科学，2014（1）：65-75.

[6] 王良举. 基于 SSM 的安徽省国际旅游产业结构分析 [J]. 华东经济管理，2006（10）：76-78.

[7] 袁宇杰. 基于面板模型的城市居民国内旅游消费实证分析 [J]. 旅游科学，2011，25（4）：28-35.

[8] 徐秀美，丁林. 基于 VAR 模型的入境旅游与国内旅游关系的定量研究：以丽江为例 [J]. 旅游论坛，2013，5（4）：72-77.

（本文发表在《内江师范学院学报》2017 年第 6 期上）

四川省入境旅游市场拓展策略研究①

邓谋优[1,2]，李平[2]，张冬云[2]，罗茜[2]

（1. 乐山师范学院四川旅游发展研究中心，四川乐山 614004；
2. 内江职业技术学院经济管理系，四川内江 641199）

一、问题的提出

四川省地处我国西南和长江上游，东连重庆，南邻云、贵，西接西藏，北接青、甘、陕，位于 26°03′N~34°19′N、92°21′E~108°12′E，东西长 1 075 余千米，南北宽 900余千米，总面积为 48.5 万平方千米，约占全国国土总面积的 5.1%，位居全国第 5 位。全省旅游资源类型丰富，分布广泛，品位高，对境外游客具有极强的吸引力，入境旅游发展潜力巨大。

随着西部大开发的持续深入推进，四川省入境旅游取得了长足的发展，已成为全省旅游市场的重要组成部分。但从总体上看，无论是旅游人数还是旅游收入，入境旅游在全省旅游所占份额仍然偏低，国内旅游一枝独秀的格局基本不变。首先，据统计，2013年接待入境游客 209.6 万人次，实现旅游外汇收入 7.6 亿美元，分别约占全省旅游总人数和旅游总收入的 0.4% 和 1.2%。其次，受"非典""5·12"汶川大地震和 2008 年以来全球经济恢复乏力等因素的影响，四川入境旅游发展呈大起大落的现象，2003 年、2008 年和 2013 年 3 次出现大幅下滑态势，入境旅游人数和旅游外汇收入较上年环比均呈现明显下降（见表1）。特别是 2008 年入境旅游下滑严重，下降幅度双双超过 50%。这突出反映了四川入境旅游市场仍较脆弱，易受自然灾害、疾病和国际国内社会经济状况等因素的影响。最后，自 2008 年国际金融危机爆发以来，全球经济发展不确定因素进一步增多，给四川入境旅游的发展带来严峻的挑战。因此，进一步深入研究全省入境旅游客源市场的特征和规律，全面、准确把握其发展的优势和劣势、机遇与挑战，从而采取更加有效的举措，积极拓展入境旅游市场，对保持入境旅游持续、健康和稳定发展，有着十分重要的意义。

本课题拟运用 SWOT 法全面深入地探讨四川省入境旅游市场发展的优势、劣势、机遇和面临的挑战，并提出相应的市场拓展对策，以期为有关政府部门、机构和旅游企业

① 基金项目：四川旅游发展研究中心 2012 年立项研究课题（LYC13-41）。

提供拓展入境旅游市场的决策依据。

表1   四川省入境旅游对比

年份	入境旅游人数 （万人次）	环比增长速度 （%）	旅游外汇收入 （亿美元）	环比增长速度 （%）
2002	66.72	–	2.00	–
2003	45.09	−32.3	1.50	−25.3
2007	170.87	–	5.12	–
2008	69.95	−59.06	2.15	−58.05
2012	227.34	–	7.98	–
2013	209.60	−7.8	7.60	−4.3

资料来源：根据参考文献整理。

二、四川省入境旅游市场发展的 SWOT 分析

SWOT 分析即区域环境分析，是指对影响区域发展的内部和外部环境因素进行分析，SWOT 为优势（strengths）、劣势（Weaknesses）、机遇（opportunities）和挑战（Threats）的首个字母的缩写。充分认识四川省入境旅游市场发展的优势、劣势、机遇和挑战，是制定科学合理的入境旅游市场拓展策略的基础和前提。

（一）优势（strengths）

1. 旅游资源丰富，品位高，特色鲜明

旅游资源的互补性是不同地区之间产生旅游空间相互作用的重要推动力量。两地间的旅游地理环境差异越大，旅游资源的互补性就越强，产生的旅游梯度力也相应越大，越有利于促使人们产生外出旅游的动机，从而推动游客、物资和货币等旅游要素实现在空间上的移动。四川是旅游资源大省，在我国西部 12 个省市区中，旅游资源丰度排名第二位（见表2），仅次于云南。全省现拥有国家级风景名胜区 5 处、国家级自然保护区 27 处、国家地质公园 14 处、国家级森林公园 31 个、全国重点文物保护单位 229 处、国家级非物质文化遗产 120 项、国家级历史文化名城 7 座。最值得一提的是，四川拥有世界遗产 5 处、世界地质公园 2 处、国际重要湿地 1 处，4 处自然保护区加入"世界人与生物圈保护区网络"，5A 级旅游景区有 9 处。四川悠久的历史、独特的巴蜀风情和优美的自然景观，既同入境旅游客源地之间存在着巨大的差异，也不同于渝、滇、黔、桂、青、藏、陕、甘等周边省市区而独具特色，对入境游客有着极强的吸引力。突出的区域差异，成为四川与入境客源地国家和地区加强国际旅游合作，实现旅游共赢的物质基础，入境旅游发展潜力巨大。

表2   我国西部省市区旅游资源丰度对比

省市区名称	旅游资源丰度	旅游资源排名
滇	78.7	1
川	55.7	2

省市区名称	旅游资源丰度	旅游资源排名
桂	43.5	3
陕	40.0	4
新	27.3	5
甘	25.5	6
渝	19.0	7
黔	19.0	8
内	14.5	9
藏	12.5	10
青	7.5	11
宁	5.0	12

2. 旅游综合接待能力明显增强

中华人民共和国成立以来，经过60多年的艰苦奋斗，特别是改革开放以来30多年的持续努力，四川旅游服务设施显著改善，旅游服务能力明显增强，已基本形成了具有较强旅游综合接待能力的产业体系。旅游交通方面，截至2013年年末，全省铁路营运里程达3 518千米，高速公路通车里程达5 046千米；成都双流国际机场开通国际航线71条，可直航国际城市12个，开通国内航线151条，可直航国内各大城市、部分中等城市和旅游城市，初步形成了贯通南北、连接东西、通江达海的综合运输体系。旅游通信方面，全省拥有局用交换机容量（含接入网）1 407万门，移动电话交换机容量14 821万户；固定电话用户1 314万户，移动电话用户6 283万户，电话普及率94.4%；固定互联网用户835万户，移动互联网用户数4 333万户，光缆线路长度107.2万千米，主要城市和景区国际直拨电话可达200多个国家和地区，已基本建成覆盖全川、内外畅通的通信网络体系。旅游服务方面，截至2014年7月，全省现有星级饭店519家、国际国内旅行社759家，各主要旅游景区实现通邮、通电、通水，均建立了游客服务中心，旅游服务质量显著提升。

（二）劣势（Weaknesses）

1. 地处西南内陆，旅游区位条件相对较差

根据空间相互作用理论，旅游区位条件是影响一个地区旅游业能否实现可持续发展的基础性要素，直接关系到本地区对境外游客的吸引力和境外游客进入的可达性。在一定的交通条件下，空间距离越长，两地间产生相互作用的阻力越大。四川省地处我国西部地区，深居西南内地，既无沿海之便，也无与邻国接壤之利，与主要旅游客源国和地区之间的距离遥远，旅游区位优势不明显，不能同我国东部沿海相提并论。即使在我国西部的12个省市区中，四川旅游区位条件也仅处于中等水平（见表3）。目前，除少数国际城市与成都之间实现直航外，其余大多数旅游客源地仍需通过珠三角、长三角和环渤海的口岸城市或西南地区的旅游城市进入四川。受空间组织的距离衰减规律支配，周

边省市区的旅游过滤作用和替代效应显著，这成为影响境外游客选择四川作为旅游目的地的限制性因素。

表3 我国西部省市区入境旅游区位指数

省市区	桂	滇	陕	渝	内	川	甘	新	宁	黔	青	藏
区位指数	23.1	18.5	15.4	13.8	13.2	13.1	8.3	7.6	7.2	6.7	5.4	2.3
区位排序	1	2	3	4	5	6	7	8	9	10	11	12

2. 经济基础薄弱，旅游投入不足

经济发展水平是影响旅游业发展的重要因素。一个地区经济越发达，其对旅游的投入就越大，旅游服务设施越完善，旅游服务水平越高，从而对境外游客的吸引力也越强。自改革开放以来，经过30多年的不懈努力，四川省经济总量有了大幅度增长，经济结构也显著改善。据统计，2013年全省GDP实现增加值23 850亿元，排名全国第8位；三次产业的比重从1978年的44.5%：35.5%：20.0%变成13.8%：52.8%：33.4%。随着经济实力的不断增强，全省逐渐加大了对旅游的投入力度。特别是自开展西部大开发以来，围绕建设"美丽幸福四川"，正式启动了《四川省"十二五"旅游发展规划》方案，旅游发展投入力度持续增强，旅游服务设施更趋完善，旅游服务质量水平显著提升，大大缩小了同旅游业发达的省市区的差距。但是，同东部沿海发达地区相比，四川经济实力仍然较弱。2013年，全省人均GDP为26 627元，仅为全国平均水平的69.2%，排名第24位，居于中下水平，属经济欠发达地区。相对薄弱的经济基础，在一定程度上制约了对旅游业的投入，影响一大批优质旅游资源和旅游产品的开发与建设。全省各地均有旅游规划，但受资金有限等因素的制约，落实起来困难重重，难以较快完成全省旅游资源的有效整合。长此以往，必将给全省入境旅游市场竞争力带来不利的影响。

（三）机遇（opportunities）

1. 国家和地方政策扶持区域旅游发展

必须同国家旅游发展战略目标保持一致，以获得较多的政策和资金支持。自中华人民共和国成立以来，我国就高度重视入境旅游市场的发展，把入境旅游作为旅游产业优先发展的方向，将其作为赚取外汇、积累国家建设资金的重要途径。2014年8月，国务院出台了《关于促进旅游业改革发展的若干意见》。该意见从国家层面上明确把大力拓展入境旅游市场作为我国旅游业改革的重要目标之一，并提出了拓展入境旅游市场的一系列具体举措。

四川省历来重视入境旅游市场的建设，把入境旅游发展作为促进全省旅游发展和对外开放、加强国际交流与合作的重要途径。2006年5月，四川省政府出台了《关于加快四川省入境旅游发展的意见》。该意见提出加快全省入境旅游发展的总体要求、发展目标和具体工作措施。2011年12月，四川省政府对外发布《四川省"十二五"旅游规划》。该规划从服务全省、扩大对外开放、树立四川形象的战略高度，明确提出把发展入境旅游放到更突出的位置，进一步提升全省入境旅游竞争力。

随着国家和地方旅游发展政策的落实，必将进一步优化四川省的旅游环境，促进旅游资源全面整合，提升旅游服务水平，增强四川入境旅游市场竞争力。

2. 国际旅游合作加强

良好的国际旅游合作是入境旅游发展的重要保障。随着对外开放水平的不断提升，我国对外旅游交流与合作逐渐加深。我国先后加入了世界旅游组织（WTO，1983）、亚太旅游协会（PATA，1993）、世界旅行社协会联合会（UFAA，1995）等国际旅游组织，同 132 个国家和地区签订了旅游合作协议，进一步完善了双边和多边旅游合作机制，积极推进同有关国际旅游组织、国家和地区在旅游安全、市场管理、诚信建设、游客权益维护等方面的务实合作。在此背景下，四川本着"走出去，请进来"的基本原则，继续保持和加强同各旅游客源国和地区的密切合作，为入境旅游市场的拓展提供了良好的体制和机制保障。

（四）挑战（Threats）

1. 入境旅游市场竞争激烈

作为旅游业的重要组成部分，入境旅游是推动旅游业全面发展、增加外汇收入和就业的有效途径，也是扩大对外开放、促进民间交流、树立良好国际形象和改善投资环境的重要手段。因此，我国各省市区无一例外地把入境旅游作为旅游发展的重要一环，纷纷出台各种政策和措施，积极主动地推进入境旅游市场的发展，入境旅游客源市场争夺空前激烈。如何在激烈的市场竞争中利用自身优势，推出独具特色和具有市场号召力的旅游产品，更加有效地拓展入境旅游市场，对四川来说无疑是一大挑战。

2. 旅游服务规范度低

随着旅游大众化和全球化程度的加深，人类已经开始进入了旅游体验时代。入境旅游的可持续发展，离不开国际化水准的旅游服务。四川主要旅游客源国和地区的旅游业发达，旅游市场成熟，因此境外游客对旅游服务的要求普遍较高。为此，必须建立健全一整套适应入境旅游发展的标准化旅游服务体系。当前，四川旅游标准化服务程度还较低，突出表现在：旅游标准体系还不完善，大部分旅游标准尚在酝酿阶段；已经制定和发布的旅游标准落实不到位，缺乏有效的监管，从而导致旅游服务还不够规范，旅游市场经营管理混乱。如旅行社之间削价竞争；导游私拿回扣，欺诈游客；黑车、黑导游屡禁不绝；景区周边环境问题严重；旅游服务质量难以满足境外游客的需求，导致境外旅游投诉呈逐年增多趋势。所有这些，给四川旅游形象带来严重的负面影响，影响入境旅游的可持续发展。

3. 入境旅游市场发展制约因素增多

第一，全球经济持续疲软。自2008年国际金融危机爆发以来，全球经济持续震荡，世界主要经济体经济增长和恢复乏力。在未来较长一段时期内，全球经济前景仍不容乐观。受此影响，四川入境旅游市场发展面临严峻的挑战。第二，周边国际局势复杂。一直以来，四川入境旅游市场均以亚洲为主体。亚洲国家和地区的政局稳定、经济繁荣和良好的国际关系是保持四川入境旅游可持续发展的基本保证。近几年来，一些重要的旅游客源国和地区内部政治动荡，经济滑坡；少数国家因领土领海问题同我国争端日益增加，冲突不断。这必然导致国际旅游发展不稳定因素增多，给四川入境旅游的发展带来较大的变数。

三、关于四川省入境旅游市场拓展策略的思考

通过上述分析可知，四川入境旅游市场发展既有着较为突出的优势和良好的战略机遇，也存在明显的劣势，面临着严峻的挑战。结合四川省入境旅游市场发展的实际，笔者提出拓展四川入境旅游市场的策略，以供有关部门和单位参考。

（一）突出鲜明的国际旅游形象，全力打造国际化旅游产品

旅游形象是旅游者对某一旅游目的地的总体认识和评价。随着入境旅游市场竞争的日益激烈，国际旅游形象在入境旅游市场的发展中发挥着至关重要的作用。个性鲜明、充满魅力的国际旅游形象有助于提高境外旅游者的认同感，激发其兴趣和旅游动机，从而产生旅游行为。四川的国际旅游形象定位于"天府四川，熊猫故乡"，因此，无论是旅游宣传口号和旅游地标识系统的设计，还是旅游景观的建设和大型旅游节事活动的举行，都必须充分展示这一主题旅游形象。同时，面向海外旅游市场的信息传递必须以之为核心，主打旅游形象品牌，直接传递和四川相关的旅游信息。

围绕"天府四川，熊猫故乡"，全力打造国际化旅游产品。要充分利用国家和省上的政策扶持，按照高标准、高水平、高质量的要求，重点建设"中国第一山"峨眉山国际旅游区、大九寨国际旅游区、卧龙中华大熊猫生态旅游区、三星堆古遗址文化旅游区、青城山-都江堰旅游区，抓紧四川香格里拉生态旅游区、川南旅游区、成都国际旅游城市的建设，全力打造一批特色突出，具有国际竞争力的旅游精品。根据不同国际市场需求，大力开发多层次和多元化的旅游产品，着力解决旅游产品结构单一的问题。充分挖掘四川历史文化和地域文化的深厚内涵，大力开发三国文化、古蜀历史文化和民族民俗文化旅游产品。商务、经贸、文化、体育等部门要充分发挥行业优势，大力发展会展旅游、商务旅游、体育旅游，积极申办国际性会议、大型博览会、体育赛事和文化文艺活动，带动入境旅游发展。

（二）加强区域旅游协作，积极推动旅游区域一体化进程

四川地处西南内陆地区，距离主要旅游客源地路途遥远，面临激烈的入境旅游市场竞争。因此必须加强同其他省市区的密切协作，共谋旅游发展，实现旅游共赢。

第一，进一步巩固西南旅游联盟。加强同滇、桂、渝、黔等的全方位合作。要全面落实"大香格里拉生态旅游"和"川渝黔旅游金三角"等旅游合作协议，积极推动西南旅游发展的一体化进程。全面整合区内旅游资源，联合设计和开发区域旅游线路，共同建设区域旅游精品线路，构建整体旅游形象，全力打造区域优势旅游品牌，从而实现资源共享，优势互补。实行联合促销，共同开发入境旅游市场。通过建立联盟合作机制，实行联合营销，共担营销费用，协同进行旅游品牌和旅游产品促销等活动，逐步实现共享营销资源，不断巩固和发展营销网络联盟，进一步增强整个区域的旅游市场拓展和竞争能力。

第二，积极融入泛珠江三角洲旅游经济圈。积极利用泛珠江三角洲地区10+2旅游协作机制。四川要与相关省市区达成互送游客协议，做到互联互通，消除省际旅游障碍和壁垒，逐步实现区域间无障旅游；旅游部门间应加强联系，密切合作，共同开展旅游接待和服务工作，尽快实现泛珠江三角洲区域内的交通、信息和服务的网络化等，确保入境游客在华旅游期间能得到满意的服务。

（三）不断完善旅游服务配套设施，全面提升旅游服务质量

1. 加快交通建设，构建完善的旅游交通网络体系

四川与旅游客源国或地区之间的空间距离遥远，地域辽阔，相当大一部分重要旅游目的地位置偏远，构建快捷完善的交通旅游服务体系成为加快全省入境旅游发展的必然选择。一方面，必须尽快完善空中旅游交通网络体系。海外游客绝大部分选择航空方式入境四川，为此，要加快成都天府新区和省内重要旅游目的地的支线机场建设工作，构建以成都双流国际机场为门户枢纽，省内支线机场合理布局的旅游航空网络体系；不断拓展国际航线，增开支线航班，建立省内外重点旅游城市和旅游目的地之间的"旅游空中巴士"。另一方面，进一步加快全省公路建设步伐，构建完善的国道、省道、县道三级公路交通体系和旅游景区路网，确保重点旅游城市和旅游景区点"进得去，出得来，散得开，游得畅"。

2. 加快旅游服务设施建设，不断提升旅游服务质量

旅游服务质量是旅游业发展的生命线。要按照两化（国际化、标准化）的要求，加快全省星级饭店的软硬件改造，满足入境游客的多样化和个性化服务需求；要建立高水平的旅游客运队伍，保证旅游客运服务质量；要加快重点旅游饭店、购物中心和商业街的建设，方便游客购买旅游商品和纪念品；要逐步完善旅游景区的中英文旅游标志、标牌布局，合理配置治安、医疗、餐饮、环卫、通信等服务设施；要建立省、市（州）、县三级旅游安全救援指挥系统，联合组建"旅游安全紧急救援中心"，统一组织和指挥旅游安全救援工作；要建立健全快速通关程序，简化境外游客入境手续。通过改建、扩建和新建等手段，合理布局，逐步完善旅游服务设施，全面提升全省的旅游服务质量，提高入境游客的满意度。

（四）整合营销资源，做好境外旅游促销

旅游消费是一种分散的、理性的个人消费方式，需要通过旅游促销向旅游市场释放旅游信息，树立良好形象，强化竞争优势，从而刺激旅游需求，引导旅游消费。同时，区域旅游营销具有很强的整体性，即政府在对外促销时，将本地区旅游业作为一个整体推出，全面、完整地说明其旅游产品的特质、树立独特、鲜明的旅游目的地形象。为此，必须全方位整合营销资源，进行联合促销，从而更加有效地拓展入境旅游市场。

第一，要完善旅游促销体系，形成境外旅游营销合力。全省要尽快建立健全旅游宣传促销工作体系，构建以政府为主导、以企业为主体、多方联合、市场化运作的宣传促销工作格局。要进一步提升国际旅游合作的水平和质量，加强与有关国家和地区驻川旅游办事机构的合作，建立信息共享和定期交流工作机制，深度开发旅游市场。要积极争取我国驻外使机构的支持，加强与海外旅游企业、媒体和航空公司的沟通、交流与合作，加强对客源地旅游市场的宣传促销。

第二，要积极创新旅游宣传促销方式，加快旅游信息化建设进程。旅游部门与信息部门密切配合，尽快在海外主要客源国建设多语种的四川旅游海外专题网站，提高入境旅游宣传促销的便捷度和影响力。要把加强旅游宣传促销与对外文化交流相结合，促进旅游与文化的紧密融合，增强旅游对外宣传的吸引力。要采取既"走出去"、又"请进来"的方式，开展大型旅游对外促销活动，加大旅游对外促销力度，提高促销实效。

（五）构建良好的旅游环境

良好的旅游环境是实现入境旅游市场旅游发展的基本保证。第一，要不断完善旅游安全服务规范体系，加强旅游安全的监督检查，建立健全旅游景区突发事件、高峰期大客流应对处置机制和旅游安全预警信息发布制度与统一的应急体系。第二，加强市场诚信建设，要严格旅游市场综合执法，依法严厉打击黑导游和诱导、欺骗、强迫入境游客消费等行为，依法严肃查处串通涨价、哄抬价格和价格欺诈的行为，积极营造诚实守信的消费环境。建立严重违法企业黑名单制度，加大曝光力度，完善违法信息共享机制。充分发挥游客、社会公众和新闻媒体的监督和引导作用，推进入境旅游服务质量的提升。第三，规范景区门票价格，严格控制价格上涨，所有景区都要在醒目位置公示门票价格、另行收费项目的价格及团体收费价格。通过构建良好的旅游环境，确保在川入境游客的合法权益，树立良好的四川旅游海外形象。

参考文献

[1] 杨国良. 四川生态旅游 [M]. 北京：中国林业出版社，2010.

[2] 黄远水. 中国旅游地理 [M]. 北京：高等教育出版社，2010.

[3] 四川省统计局. 2013 年四川省国民经济和社会发展统计公报 [N]. 四川日报，2014-03-04（7）.

[4] 四川省统计局. 2002 年四川省国民经济和社会发展统计公报 [EB/OL].（2010-05-28）[2014-06-11]. http：//www. sc. stsata. gov. cn.

[5] 四川省统计局. 2003 年四川省国民经济和社会发展统计公报 [EB/OL].（2010-05-28）[2014-06-11]. http：//www. sc. stsata. gov. cn.

[6] 四川省统计局. 2007 年四川省国民经济和社会发展统计公报 [EB/OL].（2010-05-28）[2014-06-11]. http：//www. sc. stsata. gov. cn.

[7] 四川省统计局. 2008 年四川省国民经济和社会发展统计公报 [EB/OL].（2009-02-25）[2014-06-11]. http：//www. sc. stsata. gov. cn.

[8] 四川省统计局，国家统计局四川调查总队. 关于 2012 年四川省国民经济和社会发展的统计公报 [N]. 四川日报，2014-02-25（6）.

[9] 保继刚，楚义芳. 旅游地理学 [M]. 北京：高等教育出版社，1999.

[10] 刘振礼，王兵. 新编中国旅游地理 [M]. 天津：南开大学出版社，2011.

[11] 孙根年，冯茂娥. 西部入境旅游市场竞争态势与资源区位的关系 [J]. 西北大学学报（自然科学版），2003，33（4）：459-464.

[12] 四川省旅游局. 四川概况 [EB/OL].（2013-03-27）[2014-06-11]. http：//www. sc. stsata. gov. cn.

[13] 陈进忠，陈红涛. 四川旅游资源学 [M]. 成都：西南交通大学出版社，2014.

[14] 孙劲敏. 1978—2005：四川省就业结构演变状况分析：基于产业结构的视角 [D]. 成都：西南财经大学，2007.

[15] 张朝枝. 旅游与遗产保护：政府治理视角的理论与实证 [M]. 北京：中国旅游出版社，2006.

[16] 吴必虎，余曦. 旅游规划原理 [M]. 北京：中国旅游出版社，2010.

［17］赵西萍. 旅游市场营销［M］. 北京：高等教育出版社，2011.

［18］郑耀星，储德平. 区域旅游规划、开发与管理［M］. 北京：高等教育出版社，2004.

（本文发表在《内江师范学院学报》2015 年第 2 期上）

中国各省市区旅游经济效率分析[①]

芮田生，李益彬

（内江师范学院，四川内江 641100）

2015 年中国旅游总收入突破 4 万亿元，接待国内外旅游人数超过 41 亿人次，比去年同期分别增长 12% 和 10%，全面完成了预定目标，实现了"十二五"时期旅游发展的完美收官，开启了旅游发展的新篇章。另外，随着经济结构进一步调整，我国 GDP 增速放缓，旅游业的持续高速增长对于各省市区 GDP 的增长具有非常重要的意义，如何促进旅游经济增长成为旅游业研究的重点。

研究和分析旅游宏观经济的方法众多，如基于旅游附属账户的投入产出分析、旅游竞争力分析、旅游产业结构分析、旅游经济技术效率分析等。其中，采用技术效率分析能清楚地分析投入产出的情况，总体把握旅游业经济效益情况，是研究旅游产业经济发展的一个重要途径。本文运用技术效率分析法的分析框架和测算方法，对比分析我国 31 个省市区（不含港澳台地区）旅游产业的技术效率情况，对存在的问题进行分析，为促进旅游经济的发展提供参考。

目前关于我国旅游产业效率分析的研究逐渐增加，相关的研究文献有：张根水利用 DEA 方法对江西、陕西、广东三省 1998—2002 年的旅游业效率进行了定量对比分析，进而为江西旅游业的发展提出了一些建议。朱顺林根据 2003 的统计数据，运用 DEA 方法得出我国旅游产业综合技术效率低下的结论。张根水、熊伯坚、程理民运用 DEA 方法对我国 2001 年各地区旅游业进行了效率与规模收益分析。研究结果表明，地区间的效率差距明显，各地区旅游业的规模效益是递增的，旅游业的管理与技术水平落后，资源配置在旅游业的发展中起重要作用等。杨荣海、曾伟运用 DEA 方法对云南省 1995—2006 年的旅游业效率进行了实证分析，同时运用计量经济模型分析了导致效率出现差异的原因，并认为第三产业产值的增长没有促进云南旅游业经营效率的提高。岳宏志、朱承亮则运用 DEA 模型对 2001—2007 年中国旅游产业技术效率及其区域差异进行实证分析。结果表明，中国旅游产业技术效率大致呈"U"形变化，近年来有上升趋势，但整体水平偏低。杨春梅、赵宝福采用三阶段 DEA 方法，选取 2010 年的 50 个著名旅游城市为研究对象，对旅游业效率值进行测算。

---

① 基金项目：四川旅游发展研究中心规划课题（LYC13-41）。

综合分析已有文献可以发现以下两个方面值得进一步思考：一方面，有的研究只对某一年的截面数据进行旅游产业效率量化分析，这样不能反映我国旅游产业效率发展变化的全貌；另一方面，缺乏对采用的数据的合理性分析。为此，本文对数据的合理性进行分析，使 DEA 模型分析的结果更准确，具体如下。

一、DEA 模型实证分析

（一）变量选择

为了保证指标选取的合理性，本文参照杨春梅的研究，采用 pearson 相关性检验的结果，选取旅游人数和旅游总收入作为衡量旅游业效率的 2 个产出指标；选择旅游资源的吸引力、星级饭店数量和旅行社的数量 3 个要素衡量效率的投入水平。其中，旅游资源吸引力指标使用旅游景区质量级别中的 5A、4A 和 3A 级旅游区（点）来反映旅游资源的综合吸引力，确定 5A 级景区的分值为 10 分，4A 级景区的分值为 7 分，3A 级景区的分值为 5 分，将城市中所有 3A、4A、5A 级旅游区（点）的分值加总求和，用以衡量各地旅游资源的吸引力。具体数据根据中华人民共和国国家旅游局主编的《中国旅游统计年鉴》（2013—2014 年）。

通过采用 DEAP Version 2.1 软件，运用 DEA 方法计算出 2013—2014 年我国 31 个省市区旅游产业技术效率值（见表 1）。其中，经营效率是对决策单元的资源配置能力、资源使用效率等多方面能力的综合衡量与评价；技术效率是企业受管理和技术等因素影响的生产效率；规模效率是受企业规模因素影响的生产效率。三者之间存在如下关系：经营效率=技术效率×规模效率。

（二）实证结果分析

从表 1 可知，2013—2014 年我国各省市区旅游产业技术效率值总体在提高。2013 年我国各省市区的经营效率均值为 0.609，2014 年为 0.665；2013 年技术效率均值为 0.771，2014 年为 0.796；2013 年规模效率均值为 0.798，2014 年为 0.829。2014 年有 8 个省市区的经营效率、技术效率、规模效率都为 1，表明这 8 个省市区的旅游业效率较高，其中上海、天津、广东、贵州三省市的效率值连续两年都为 1，重庆、四川、河南、山西的效率值则在 2014 年达到 1。

表 1   2013—2014 年各省市区技术效率值

各省市区	2013 年				2014 年			
	经营效率	技术效率	规模效率		经营效率	技术效率	规模效率	
北京	0.742	0.749	0.991	irs	0.791	0.796	0.995	drs
天津	1.000	1.000	1.000	—	1.000	1.000	1.000	—
河北	0.341	0.346	0.984	drs	0.570	0.573	0.995	irs
山西	0.894	0.903	0.989	irs	1.000	1.000	1.000	
内蒙古	0.339	0.404	0.837	irs	0.352	0.380	0.926	irs
辽宁	0.817	1.000	0.837	drs	0.837	1.000	0.837	drs

各省市区	2013 年				2014 年			
	经营效率	技术效率	规模效率		经营效率	技术效率	规模效率	
吉林	0.480	0.535	0.898	irs	0.526	0.556	0.945	irs
黑龙江	0.968	1.000	0.968	drs	0.329	0.453	0.727	irs
上海	1.000	1.000	1.000	—	1.000	1.000	1.000	—
江苏	0.713	1.000	0.713	drs	0.672	1.000	0.672	drs
浙江	0.639	0.666	0.959	drs	0.663	0.873	0.760	drs
安徽	0.514	0.634	0.811	drs	0.675	0.703	0.959	drs
福建	0.683	0.721	0.948	irs	0.570	0.572	0.996	irs
江西	0.575	0.574	0.984	irs	0.749	0.750	0.998	irs
山东	0.469	1.000	0.469	irs	0.558	1.000	0.558	drs
河南	0.643	1.000	0.643	drs	1.000	1.000	1.000	—
湖北	0.539	0.873	0.618	drs	0.796	0.816	0.975	drs
湖南	0.594	0.658	0.903	drs	0.764	0.795	0.960	drs
广东	1.000	1.000	1.000	—	1.000	1.000	1.000	—
广西	0.563	0.575	0.979	irs	0.686	0.692	0.991	irs
海南	0.329	0.761	0.432	irs	0.372	0.780	0.477	irs
重庆	0.801	0.834	0.961	drs	1.000	1.000	1.000	—
四川	0.960	1.000	0.960	drs	1.000	1.000	1.000	—
贵州	1.000	1.000	1.000	—	1.000	1.000	1.000	—
云南	0.672	0.687	0.979	irs	0.802	0.808	0.992	irs
西藏	0.232	1.000	0.232	irs	0.392	1.000	0.392	irs
陕西	0.544	0.547	0.994	drs	0.692	0.692	1.000	—
甘肃	0.283	0.414	0.684	irs	0.345	0.476	0.725	irs
青海	0.116	0.673	0.173	irs	0.115	0.626	0.180	irs
宁夏	0.213	1.000	0.213	irs	0.193	1.000	0.193	irs
新疆	0.210	0.347	0.604	irs	0.156	0.339	0.460	irs
总计	18.873	23.911	24.743		20.603	24.680	25.713	
均值	0.609	0.771	0.798		0.665	0.796	0.829	

（三）对实证结果的进一步思考

效率的高低来自于投入量与产出量的比较，相同的产量，投入量相对少则效率高，但这样的效率提升可能是以减少就业为代价的。如 2014 年效率值全为 1 的 7 个省市区，在饭店数、旅行社总数或旅游资源吸引力方面有所减少。而饭店数、旅行社总数以及旅游资源吸引力数量的减少意味着就业岗位的减少，而且减少的程度各不相同。由此可见，相同的效率值，其意义不一样，最理想的综合效率是效率值不仅高，还能提供就业机会。为了提供更全面的分析，有必要对投入量进行修正，使效率值能更加客观准确地评价一个省市区的综合效率。

二、修正模型分析

（一）修正模型构建

数据值的修正基于以下三个方面的考虑：相同效率条件下，旅游业产出与投入量呈正比；相同收入条件下，投入量少意味着结构优化；效率不完全相同的情况下，需综合考虑旅游业产出对投入量的影响，以及由于结构调整对投入量的影响。由此建立如下模型，对投入量进行修正。

用 $R_{i,j}$ 表示第 i 个省市区第 j 年的投入量，则 $R_{i,j+1}$ 表示第 i 个省市区第 $j+1$ 年的投入量。用 $R'_{i,j+1}$ 表示修正之后的第 i 个省市区第 $j+1$ 年的投入量。$R'_{i,j+1}$ 需要考虑两个方面，一方面是第 j 年的产出量，另一个方面是旅游业结构的实际变化，即实际的投入量差异。即 $R'_{i,j+1}$ 可以表示为：

$$R'_{i, j+1} = R_{i, j+1} + \alpha_1\beta_1 + \alpha_2\beta_2 \tag{1}$$

其中 β_1 与第 j 年的产出量有关，β_2 与第 j 年的实际投入量的变化值有关。令 $\alpha_1+\alpha_2 = 1$，当 α_1 时，$\alpha_2 = 0$，表示只考虑产出量对投入量的影响；当 $\alpha_1 = 0$ 时，$\alpha_2 = 1$，表示只考虑结构变化对投入量的影响，也就是实际的投入量。β_1 和 β_2 则采用如下公式确定。

β_1 与第 j 年的产出量有关，为此，可先确定其比例为 $\dfrac{R_j}{\sum_{j=1}^{n} R_{ij}}$；另一方面，$\beta_1$ 与所有省市区投入量的变化量有关，可确定为 $\sum_{j=1}^{n} | R_{i, j+1} - R'_{i, j+1} |$ 即：

$$\beta_2 = \frac{R_j}{\sum_{j=1}^{n} R_{ij}} \times R'_{i, j+1} = R_{i, j+1} \tag{2}$$

其中 n 为省市区的总数。β_2 与第 j 年的实际投入量的变化值有关，由此建立如下公式：

$$\beta_2 = R_{i, j+1} - R_{i, j} \tag{3}$$

将公式（2）和（3）代入（1）中，则有：

$$R'_{i, j+1} = R_{i, j+1} + \alpha_1 \frac{R_{i, j}}{\sum_{j=1}^{n} R_{i, j}} \times | R_{i, j+1} - R'_{i, j+1} | + \alpha_2(R_{i, j+1} - R_{i, j}) \tag{4}$$

由于 $\alpha_1+\alpha_2 = 1$，如前所述，当 $\alpha_1 = 1$ 时，$\alpha_2 = 0$，表示只考虑产出量对投入量的影响；当 $\alpha_1 = 0$ 时，$\alpha_2 = 1$，表示只考虑结构变化对投入量的影响。如果将两个因素同等考虑，则有 $\alpha_1 = \alpha_2 = 1/2$，代入公式则有：

$$R'_{i, j+1} = R_{i, j+1} + 1/2 \frac{R_{i, j}}{\sum_{j=1}^{n} R_{i, j}} \times | R_{i, j+1} - R'_{i, j+1} | + 1/2(R_{i, j+1} - R_{i, j}) \tag{5}$$

（二）实证分析结果

根据公式（5）对 2014 年我国 31 个省市区的投入量进行数据修正，并采用 DEAP Version 2.1 软件，运用 DEA 方法计算出 2014 年我国 31 个省市区旅游产业技术效率值，计算结果如表 2 所示。其中，有 7 个省市区的经营效率、技术效率、规模效率都为 1，与表 1 中的结果一致。河南省技术效率为 1，经营效率、规模效率值则略小于 1。

表 2   2014 年各省市区技术效率表

各省市区	经营效率	技术效率	规模效率	
北京	0.779	0.780	0.999	drs
天津	1.000	1.000	1.000	-
河北	0.569	0.576	0.988	drs
山西	1.000	1.000	1.000	-
内蒙古	0.387	0.425	0.910	irs
辽宁	0.850	1.000	0.850	drs
吉林	0.479	0.538	0.890	irs
黑龙江	0.330	0.444	0.742	irs
上海	1.000	1.000	1.000	-
江苏	0.708	1.000	0.708	drs
浙江	0.699	0.866	0.807	drs
安徽	0.681	0.746	0.912	drs
福建	0.654	0.661	0.990	irs
江西	0.781	0.781	1.000	-
山东	0.562	1.000	0.562	drs
河南	0.914	1.000	0.914	drs
湖北	0.801	0.894	0.896	drs
湖南	0.770	0.808	0.953	drs
广东	1.000	1.000	1.000	-
广西	0.750	0.773	0.970	irs
海南	0.391	0.778	0.503	irs
重庆	1.000	1.000	1.000	-
四川	1.000	1.000	1.000	-
贵州	1.000	1.000	1.000	-
云南	0.807	0.816	0.989	irs
西藏	0.340	1.000	0.340	irs

表2(续)

各省市区	经营效率	技术效率	规模效率	
陕西	0.707	0.708	1.000	–
甘肃	0.370	0.499	0.742	irs
青海	0.132	0.651	0.203	irs
宁夏	0.196	1.000	0.196	irs
新疆	0.167	0.334	0.498	irs
总值	20.824	25.078	25.562	
均值	0.672	0.809	0.825	

（三）实证结果合理性分析

总体而言，采用修正数据之后的效率值变化不大，说明新的方法具有较好的稳定性。另外，效率值还是存在一些差异，这些差异表明采用数据修正后得到的效率值有两个方面的优点：

1. 总体而言，数据修正后的结果更符合效率变化的规律

数据修正后的计算结果更符合效率值变化幅度的规律。直接采用投入量的相关数据得到的效率值的变化幅度更大，采用数据修正后得到的效率值的变化幅度相对小一些。从效率变化的规律来考虑，相差一年，效率值变化幅度太大的可能性很小，如2013年浙江省的规模效率值为0.959，直接采用原数据得到2014年浙江省的规模效率为0.76，采用数据修正后得到的效率值为0.807。相比而言，采用数据修正之后的效率值更符合实际情况。如表1和表2所示，除了对河北省规模效率的分析结果不一致之外，两者在规模效率增减方面的分析结果高度一致。2013年河北省的规模效率为0.984，规模效率是递减的。直接采用原数据时，2014年的规模效率为0.995，规模效率是递增的。采用修正数据后，2014年的规模效率为0.988，规模效率是递减的。而对比表1中2013年和2014年的数据可知，规模效率递减的情况下，如果2014年的规模效率值更大，则2014年规模效率总体也是递减的，如辽宁、安徽、山东、湖北和湖南5省。由此可见，直接采用原数据的计算结果与此规律不一致，而修正后的计算结果则符合该规律。

2. 采用数据修正后得到的效率值能更进一步衡量综合效率

对比表1和表2可知，效率值变化不大。其中没有采用数据修正时，有8个省市区的经营效率、技术效率、规模效率都为1；而在采用数据修正之后，河南省的规模效率和经营效率略低于1。这说明河南省旅游效率的提高主要是通过结构优化产生的，但在提供就业方面还略微存在不足。由此可见，采用数据修正方法能够对原效率值相同的情况进行深入分析，从而能更准确地评价各地旅游业的综合效率。

三、结论

2014年我国各省市区旅游业效率各方面总体上在提升，表现为全国各省市区总的经营效率值、技术效率值和规模效率值在提升。2013年，我国各省市区的经营效率平均值

为 0.609，技术效率平均值为 0.771，规模效率平均值为 0.798；修正后的 2014 年经营效率平均值为 0.672，技术效率平均值为 0.809，规模效率平均值为 0.825。经营效率、技术效率和规模效率分别提升了 0.063、0.038、0.027。2013 年只有 3 个省市区的经营效率、技术效率和规模效率全为 1，而 2014 年则有 8 个省市区的 3 个效率值全为 1。其中，东部和西部各有三个省市区，中部有 1 个。东部为上海、天津和广东，中部为山西，西部为重庆、四川和贵州。这表明即使在经济相对不发达的地方，其旅游业效率仍然可以较高。

此外，通过对实证结果的对比分析可知，采用新的数据修正方法得到的结果相对更客观准确，表现在对综合效率能进行更深入的区别和判断，对规模效率增减的判断更符合客观规律，以及规模效率值的变化幅度更符合实际情况。

参考文献

[1] 张根水. 江西省旅游业经营效率评价：比较中的启示 [J]. 统计与决策，2005 (3)：81-84.

[2] 朱顺林. 区域旅游产业的技术效率比较分析 [J]. 经济体制改革，2005 (2)：116-119.

[3] 张根水，熊伯坚，程理民. 基于 DEA 理论的地区旅游业效率评价 [J]. 商业研究，2006 (1)：179-182.

[4] 杨荣海，曾伟. 基于 DEA 方法的云南旅游业效率研究 [J]. 云南财经大学学报，2008 (1)：88-92.

[5] 岳宏志，朱承亮. 我国旅游产业技术效率及其区域差异：2001—2007 年 [J]. 云南财经大学学报，2010 (2)：36-43.

[6] 杨春梅，赵宝福. 中国著名旅游城市旅游业的效率研究 [J]. 旅游科学，2014 (1)：65-75.

[本文发表在《赤峰学院学报》（自然科学版）2017 年第 2 期上]

第七章
旅游规划

川南旅游地质资源开发
与旅游产业发展战略研究[①]

李鹏举[1]，陈一君[1]，李红英[2]

[1. 四川理工学院经济与管理学院，四川自贡 643000；

2. 中国地质大学（北京）地球科学与资源学院，北京 100083]

川南地区位于四川盆地的南部，在行政区划上包括内江、泸州、宜宾、乐山和自贡5个地级市。川南地区区位条件优越，地处成渝腹心地带和四川省的出海南通道，不仅是承接成渝两地产业转移的最佳地带，也是联系四川、重庆和广西、广东、云南、贵州等"泛珠"地区的重要纽带；川南地区区域经济基础良好，2013年生产总值达5 689.1亿元，占四川省生产总值的21.66%，是四川省除成德绵经济区以外的第二大经济区。经过野外调查和室内研究，笔者对川南地区旅游地质资源的位置、数量、资源类型等方面有了比较详细的了解，认为川南地区拥有丰富的特色旅游资源，应加快川南地区旅游地质资源的开发，走特色旅游产业道路，实现川南地区旅游产业的转型升级。但是，如何有效地将旅游地质资源转化为旅游产品并产生预期的经济和社会效益，以及如何实现川南地区旅游产业的战略转型等问题，还需要充分论证和研究。因此，文章拟从旅游地学的角度探讨川南地区旅游地质资源的开发和目的地建设，并从战略管理的角度分析川南地区旅游产业发展战略的实现步骤。

一、川南旅游地质资源概况

川南地区地质地貌条件得天独厚、植被景观繁盛茂密，各类旅游资源较为丰富。其中，最丰富的还是旅游地质资源，比如，四川仅有的两处世界地质公园（兴文世界地质公园、自贡世界地质公园）就位于该区；有国家地质公园和国家矿山公园共4处，分别是嘉阳国家矿山公园、兴文石海国家地质公园、自贡恐龙国家地质公园和大渡河峡谷国家地质公园。此外，包括峨眉山-乐山大佛、蜀南竹海、美女峰、黑竹沟、画稿溪、西

① 基金项目：四川省旅游发展研究中心项目"川南地区地学旅游资源的调查评价与规划开发研究"（LYC15-26）；四川旅游发展研究中心项目"四川旅游企业核心竞争力评价及提升对策研究"（LYC14-20）；四川资源型城市发展研究中心项目"资源型城市地学旅游资源开发与科学生态旅游战略规划——以川南地区为例"（ZYZX-YB-1502）。

部竹石林、马边大风顶等在内的数十个风景区均蕴含着丰富的旅游地质资源（见表1），部分风景区还有望建设成为新的世界级或者国家级的地质公园。

表1　　　　　　　　　　　　川南地区旅游地质资源汇总表

城市	景区名称	旅游地质资源类型
自贡	自贡恐龙博物馆	古生物资源
	盐业历史博物馆	人文地质旅游资源
	荣海井	人文地质旅游资源
	荣县大佛	人文地质旅游资源
	飞龙峡	丹霞地貌资源
	金华桫椤自然保护区	古生物资源
乐山	峨眉山	玄武岩、岩溶地貌资源等
	乐山大佛	丹霞地貌、人文地质旅游资源
	大渡河峡谷地质公园	河流峡谷地貌等
	黑竹沟国家森林公园	温泉地热、冰川地貌资源等
	美女峰国家森林公园	岩溶地貌资源
	嘉阳国家矿山公园	人文地质旅游资源
	马边大风顶	丹霞地貌资源
	黄丹溶洞	岩溶地貌资源
	桫椤湖	古生物资源
	沐川竹海	丹霞地貌资源
	千佛岩	人文地质旅游资源
宜宾	兴文世界地质公园	岩溶地貌资源
	蜀南竹海	丹霞地貌资源
	西部竹石林	岩溶地貌资源
	芙蓉山	温泉地热、古生物资源
	筠连岩溶	岩溶地貌资源
	屏山老君山	丹霞地貌资源

城市	景区名称	旅游地质资源类型
泸州	福宝森林公园	丹霞地貌资源
	画稿溪自然保护区	丹霞地貌资源
	黄荆老林	丹霞地貌资源
	天仙硐	丹霞地貌资源
	方山	丹霞地貌资源
	丹山	丹霞地貌资源
	玉蟾山	人文地质旅游资源
	大黑洞	岩溶地貌资源
内江	圣灵山省级地质公园	岩溶地貌资源
	罗泉溶洞	岩溶地貌资源
	重龙山	人文地质旅游资源
	隆昌古湖	岩溶地貌资源

二、旅游地质资源开发的原则与步骤

我国旅游地质学的研究起步较晚，始于 20 世纪 70 年代。几十年来，在几代地质和地理学者的不懈努力下，这门学科不断发展壮大。然而，由于研究历史短、底子薄，我国当前绝大部分旅游地质资源的开发仍然停留在浅层次的景色外观描述，如黄山的"猴子观海""仙人指路"、三清山的"巨蟒出山"等；还有历史人物、神话传说的打造，如峨眉山的舍身崖，传说凡人从舍身崖上跳下即可得道成仙。这些开发方式虽能给游人带来观感的愉悦，但是都没有以科学的态度来打造旅游资源，未把旅游地质资源的科学优势真正发掘出来。而在美国，由于建立国家公园最早，开发和管理经验丰富，对我国旅游地质资源的开发建设有着重要的借鉴意义。如对地质资源景观的形成原因、形成过程均配有详细说明，甚至配以专门的科学导游手册、地质书籍等，讲解图文并茂、深入浅出，旅游者能从中学到通俗的科普知识，有利于科学精神的传播和普及。

（一）旅游地质资源开发的原则

1. 突出特色，崇尚科学

旅游地质资源的开发一般包括商业价值和科学价值的开发。现今国内的旅游区基本上还停留在旅游资源商业价值的开发层面，评价景区的好坏以它所创造的经济效益为标准，忽视了资源本身的科学价值和其他内在价值，而旅游地质资源最突出的特色就是其蕴含的科学价值和科普教育功能。因此，旅游地质资源的开发必须要突出资源的特色，崇尚科学。

2. 避免单一，提倡复合

传统单一观光型模式正面临着一系列的问题，如：旅游产品均质化导致的激烈竞争，发展空间受限；单一的内容不能满足旅游者多样性的需求，单一观光型旅游产业的发展缺乏后劲；等等。因此，旅游地质资源的开发应该避免单一的观光模式，走复合发展模式。在对地学景观充分开发的同时，还应关注其他旅游产品的开发，如科普教育产品、休闲娱乐产品或其他专项旅游产品，优化旅游产品结构。

3. 因地制宜，总体规划

在旅游地质资源的开发中，比较突出的问题是人文景观的杂乱、无规则建设破坏了旅游地质资源的整体性、和谐性。因此，在开发之前进行详尽的总体规划，因地制宜，使自然景观与人文景观有机组合，巧妙地融合为一体，这样才能保持景区的整体性以及和谐性，维持景区的生态平衡。

4. 先保护，再开发

旅游地质资源是一种不可再生、不可复制的珍贵自然资源，当前重开发、轻保护的开发模式往往会给资源带来无法弥补的损失。如近期在云南省安宁市因采石而发现的一个天然溶洞，洞内布满大量珍贵的钟乳石，但是由于相关部门保护不力，钟乳石被周围居民大规模盗采，使资源遭受了极其严重的破坏。

（二）已开发旅游地质资源的深度挖掘

每个旅游产品一般都要经历由推出、增长、成熟到衰退的周期性变化。为实现旅游区的可持续发展，对已开发的旅游地质资源进行深度挖掘即再开发是十分必要的。位于自贡市东北部的自贡恐龙博物馆，是世界三大恐龙遗址博物馆之一。在实地考察过程中，发现该旅游区面临着旅游产品单一、游客逐渐流失的状况。目前，解决这种问题，比较好的策略就是原有旅游景点的完善改进和新型景点的开辟。如：增加恐龙化石的品种和数量，陈列与恐龙同时代或其他时代的岩石、矿物标本；有条件的情况下进行珍贵宝石矿物的展览以吸引游客的眼球；在改善原有景点的同时，还要大胆地创新，争取在景区周围开辟新的旅游景点，比如建设侏罗纪恐龙主题公园或主题游乐场等。

（三）待开发旅游地质资源的初次建设

待开发旅游地质资源需要前期详细的总体规划和论证才能进行下一步的景区建设。总体规划应该因地制宜，兼顾保护和开发，保持景区的完整和谐。景区的建设主要包括地质资源的景观建设、旅游景区解说系统建设两部分。首先从岩石学、矿物学、构造学、古生物与地层学等方面考察和分析景区的特色景观，在美学价值和科学价值俱佳之处建立景点，并查清地质体的形成原因、形成时代、所属类型以及主要组成部分等；然后进行景区的第四纪地貌和水文工程地质考察，如河流、湖泊、瀑布、洞穴等的分布，景区地下水的动态，在有可能发生塌陷、滑坡、泥石流等自然灾害的地点，做好开发和防护措施；最后，景观规划设计在突出以人为本思想的前提下，因地制宜地把各种人文景观巧妙地融合在自然景观之中。

旅游解说系统的建设也是景区建设的重要环节，它对于任何一个景区建设机构都是一项必需的工作，小到路边餐馆，大到某个城市或某个国家，但这个环节往往被一些景区所忽略。旅游地质景区解说系统主要由四个部分组成，分别是地质博物馆（展览馆）、地质景观标识系统、园区指引系统和宣传出版物。通过旅游解说系统的建设，我们能够将深奥的科学原理通过生动立体的景物以及图文并茂、深入浅出的解说传播给每一位旅游者，从而使景区变成一个科普基地和科学普及的大课堂。

（四）旅游潜在市场开拓

除了景区的建设，潜在市场的开拓同样重要。旅游地质资源由于具有独特的科普教育价值，可通过开展科学普及活动来扩大旅游地质资源的影响力。如：进行乡土科普活动，组织景区周围各县市中小学学生深入大自然，通过郊游、踏青等形式开展地球科学普及教育，推进科普教育基地和研学旅行体系的建设；与国内一些高等教育院校合作建立固定的教学实习基地，开展地球科学、地质学、地理学以及旅游学等学科的实习教育，大学生在实习的同时还能进行科学研究及论文写作，对进一步挖掘景区的科研价值有重要作用；此外，还可面向全体游客举办专项科普活动，基于景区的特色内涵，设计适合不同层次需求的科普考察路线，并尝试设置游客互动区，让游客亲自体验矿产、宝石、化石等的挖掘过程，切身感受科学的乐趣。

三、川南旅游产业的发展战略思考

川南地区作为成渝经济区的中部脊梁，其旅游业在近些年取得了较快的发展，但无法掩盖区域内旅游产品开发程度低、产品热点散乱、资源定位不突出、特色优势不明显、旅游产品竞争力低下的严峻现实。因此，在充分开发和利用川南旅游地质资源的基础上，探索全新的资源利用方式、发展复合高效的旅游产业模式是川南旅游产业发展的当务之急。

（一）建设多元化旅游产业

川南地区在保持传统旅游业态——休闲观光旅游的基础上，可通过充分开发区域内丰富的旅游地质资源，布局科普旅游、工业旅游、保健旅游等新的旅游模式，实现旅游产业的多元化，以满足旅游者的多样化消费需求。以自贡市为例，自贡市可以依托市内丰富的地质资源——井盐资源，利用其科普价值和保健康疗作用，将其打造为以盐温泉为主体的中国盐疗养生度假基地，发展科普旅游和保健旅游；一些废弃的采矿遗址，也可以将其作为人文地质旅游资源开发利用起来，发展工业旅游，如建立矿山公园，向游客展示矿产地质遗迹和探矿、采矿、选矿、冶矿等矿业生产过程，供旅游者游览观赏或科学考察。

（二）建设智慧化旅游景区

2014 年是中国智慧旅游年，四川省深入打造了四川智慧旅游系统项目，让更多游客通过移动终端就能轻松玩转四川。在此契机下，川南地区借助智慧旅游手段，将整个区域内的旅游地质资源串联起来，形成集群式发展优势，实现资源互补，互通有无。智慧旅游的实施步骤可以细分为：首先，构建一个涵盖整个区域的多媒体旅游数据库，为下一步的工作打下基础；其次，建设大型专题网站并对所有游客开放，使其能够简便直接获取所需要的旅游信息；最后，通过物联网、云计算、地理信息系统、虚拟现实技术、高速无线通信等技术手段，实现旅游资源及社会资源的共享与有效利用，满足海量旅游者的个性化需求，改善旅游体验，提升旅游服务，并为广大企业（尤其是中小企业）提供服务，增强旅游企业竞争力。

（三）建设生态化旅游产业

旅游业作为资源环境依托型产业，它的快速发展一方面对资源环境的可持续发展带来了潜在的威胁，另一方面对旅游地的环境也提出了更高的要求。随着旅游景区环保压力的逐渐增大，旅游生态化建设迫在眉睫。生态旅游等旅游模式是当前实现旅游产业生态化的重要途径。生态旅游的概念最早在 20 世纪被提出，它更强调的是对自然资源景观的保护，是一种可持续发展的旅游模式。但由于生态旅游比较缺乏趣味性，一直没有得到市场的认可。

川南的旅游地质资源大多位于生态环境良好、水文和动植物资源丰富的地区，生态既是这些旅游区的价值点，也是其需要保护的重点。在开发旅游地质景区的同时，深入挖掘景区的生态、科普信息，开展生态科普旅游，既可以增加生态旅游的趣味性，也可以丰富科普旅游的生态内涵，有利于川南旅游资源生态环境的保护和改善，并实现川南地区旅游业的可持续发展。

四、结语

旅游地质资源是一种独一无二的特色旅游资源，它的开发应坚持崇尚科学、因地制宜和先保护后开发等原则。川南地区旅游地质资源丰富，可加强旅游地质资源的开发建设；同时，对已开发的旅游景点的潜力需要进行更深层次的挖掘。在开发利用川南旅游地质资源的基础上，探索全新的资源利用方式，发展复合高效的旅游产业模式，积极开展多项活动开拓旅游市场，实现旅游产业的多元化、智慧化和生态化，是川南旅游发展的当务之急。

参考文献

［1］陈一君，易鹏飞. 构建川南都市圈的战略分析 ［J］. 生态经济，2009 (1)：96-100.

［2］李鹏举，陈一君，李红英，等. 川南地区旅游地质资源的类型与开发利用价值 ［J］. 资源开发与市场，2015 (7)：881-885.

［3］谢洪忠，刘洪江. 美国国家公园地质旅游特色及借鉴意义 ［J］. 中国岩溶，2003，22 (1)：73-76.

［4］陈成宗，何发亮，李苍松. 旅游地质资源的开发与保护 ［J］. 地质灾害与环境保护，2001，12 (2)：36-39.

［5］胡伯俊. 论旅游产业由单一观光型向复合消费型的转变 ［J］. 湖南社会科学，2009 (1)：181-183.

［6］杨喜鹏. 关于生态旅游经济可持续发展问题的研究 ［J］. 生态经济，2014 (1)：148-149.

［7］同红霞. 旅游业的可持续原则与低碳路径 ［J］. 生态经济，2014 (8)：118-120.

［8］田里. 旅游经济学 ［M］. 北京：高等教育出版社，2006.

［9］陈安泽. 中国花岗岩地貌景观若干问题讨论 ［J］. 地质论评，2007，53 (增刊)：1-8.

［10］明庆忠，陈英. 旅游产业可持续发展行动：旅游循环经济与产业生态化 ［J］. 旅游研究，2009 (1)：32-38.

［本文发表在《西南石油大学学报（社会科学版）》2016 年第 1 期上］

峨眉山温泉旅游群落深度开发研究[①]

杨爽

（成都师范学院史地与旅游学院，四川成都 611130）

随着社会经济的发展，我国的旅游市场逐渐开始从观光旅游向休闲度假旅游升级转型。温泉旅游作为休闲度假旅游的主要类型之一，是一种以养生、休闲为主题的旅游形式，受到了越来越多旅游者的青睐。峨眉山温泉旅游开发较早，借助峨眉山世界自然文化遗产的名气，在四川温泉旅游市场拥有一定的知名度。但是由于温泉是一种多在性资源，而且受地理位置、开发时间、发展程度、交通条件、周边环境等的影响非常大。因此，如何让峨眉山温泉在众多温泉旅游地中脱颖而出，在市场中占有一席之地，并成为四川温泉旅游度假首选地，是本文研究的目的。

一、峨眉山温泉旅游资源状况

峨眉山因独特的山势地貌，拥有丰富的温泉资源。其温泉主要分为两大类。一是氡温泉，源自地下 3 000 米的深处，属于古生界下三叠栖梁履山断层深部之循环增温的温泉，距今约 2 500 年，被峨眉山道、佛两门誉为"大峨神水"。泉水清澈透明，水量丰富，出口温度达 68℃，富含锶、溴、氟、硼、氡、二氧化硅等多种对人体有益的微矿元素，尤其是氡含量达 9.8 Bq/L，堪称温泉中的"贵族"。经现代医学泉疗临床证明，长期进行氡温泉泉疗，对人体的消化系统、心血管、呼吸系统、运动神经系统等方面的疾病有特殊的疗效。二是硫温泉，源于峨眉山下 2 000 多米的地心深处，具有 5 000 多年矿化龄，富含偏硼酸、偏硅酸和硫化氢、氟、锶、镭等多种对人体有益、康疗有益的矿物质，矿化度适中，水质清澈且水色宜人，贮量丰富，出井温度为 63℃，具有很高的医疗保健价值。

二、峨眉山温泉旅游开发现状

目前峨眉山从山脚到半山均有已开发利用的温泉，比较具有代表性的有红珠山森林温泉、瑜伽禅意温泉、灵秀运动温泉、天颐硫温泉、七里坪温泉等，各家温泉风格不一，各具特色。经过二十多年的开发，峨眉山温泉旅游具有以下特点：

---

① 基金项目：四川旅游发展研究中心，政府部门委托招标项目"峨眉山温泉旅游群落深度开发研究"（LYZ13-05）。

（一）温泉历史悠久，但旅游开发较晚

据资料记载，峨眉山温泉洗浴历史悠久。古时，过往的香客来峨眉朝山拜佛，回转时总要木桶土罐带一点"圣水"回去，而当地的农民朝晚洗涤，也常常以此洗脸擦身，治病疗伤。但直到 20 世纪 90 年代初，地质勘探队在峨眉山脚下打井勘探时打出了温泉水，才让人们发现了氡温泉的价值，并大规模开发利用，建成了峨眉山低山区的温泉疗养院和度假区。

（二）温泉项目较齐全

峨眉山温泉产品经历了由单纯的温泉洗浴到温泉洗浴、康体、休闲、娱乐并重，再向多种旅游功能综合发展的过程，温泉项目较为齐全。以灵秀温泉会所为例，其占地面积 26.67 公顷，投资 1.6 亿，是中国最大的露天氡温泉浴场，拥有 1 000 平方米以上的温泉大池 3 个，贵妃浴、珍珠气泡浴、冲浪按摩浴、针刺疗身浴、体型健美浴等中小型浴池 30 多个，可同时容纳数千人。其温泉内容也非常丰富，娱乐项目多，包括灵秀禅汤（药疗温泉）、仙山泥疗、儿童乐园、室内温泉馆、浴足按摩、小吃长廊等，集休闲、娱乐、康体、健身、餐饮于一体。

（三）配套设施较完善

峨眉山温泉地经过多年的建设，旅游配套设施较完善，接待能力和水平都有较大的提高。天下名山牌坊区内的配套住宿既有五星级度假酒店红珠山宾馆、峨眉山温泉饭店，也有经济实惠的小宾馆，高中低档皆能满足游客的需求；名特小吃一条街和峨眉山特色美食村，包罗乐山峨眉特色饮食；此外，还配套有温泉欢乐谷拓展训练基地、自驾露营基地、灵秀欢乐会所、灵秀剧场等完善的软硬件设施。新建的天颐温泉乡都温泉度假村位于"峨眉山-乐山大佛"黄金旅游线上，紧邻成乐绵高铁出口，毗邻峨眉院子特色街区，交通便利。

（四）温泉旅游品牌未形成

峨眉山温泉资源的天然优势在国内凤毛麟角，但峨眉山温泉旅游地的知名度却很有限。虽然当地政府大力开发"温泉度假"主题的旅游产品，但效果甚微。灵秀温泉、红珠山温泉、天颐温泉等几大温泉品牌各自为政，没能从整体视角出发来打造峨眉山温泉旅游品牌形象，被屏蔽在峨眉山世界自然和文化遗产的品牌形象之外。到峨眉山旅游的游客很多，但是对峨眉山温泉的关注度却很低。

（五）人才稀缺，管理水平不高

目前，峨眉山温泉主要还是以"酒店 + 温泉"的模式，温泉管理是在酒店管理的基础上进行的。而温泉的经营管理虽与酒店在某种意义上有很大的相似性，但在实际操作中，需要与温泉相关的大量专业知识。在走访调查中，游客普遍反映峨眉山温泉接待水平有待提高。此外，峨眉山吸引的是全世界的游客，但温泉接待人员中会外语的极少，这和峨眉山打造国际温泉度假休闲中心的目标不太相符。

三、峨眉山温泉旅游客源分析

在研究过程中，为了深入了解峨眉山温泉旅游的现状和游客的真实体验感受，笔者采取了向游客发放调查问卷的方式，通过在灵秀温泉、红珠山温泉、瑜伽温泉景区集中发放，较好地控制了问卷的回收，共发放问卷 150 份，回收有效问卷 120 份，有效率为

80%。调查内容主要是对峨眉山温泉旅游主体相关情况（包括旅游主体个人情况调查和出游动机调查）和温泉旅游体验要素的调查（包括温泉景观、温泉设施、温泉文化、温泉地环境、温泉服务等）。

（一）游客人口学特征分析

如表1所示，游客性别男女比例构成较均衡，各占50%，这意味着性别对温泉旅游的影响非常小；从年龄分布来看，主要以25~54岁的年龄群为主，比例高达65%，这说明中青年群体是温泉旅游的主力军，相对来说，18岁以下的未成年人和55岁以上的老年人所占比例较小，分别是4.2%和8.3%，可见在未来的开发中，在家庭旅游和老年人养生旅游上还有很大的拓展空间；从文化层次构成上看，呈现出"中间大两端小"的分布，大专、本科学历的游客占最大比例，占76.6%，这部分游客多为教师、公务员、企事业员工，有固定的收入和稳定的工作，是温泉旅游的主要消费群体；从月收入看，受访者月收入达到3 000元以上的比例占66.7%，这说明在游客心目中，温泉旅游是一种较为高端的消费行为，游客的收入对温泉项目的开发有很大的影响。

表1　　　　　　　　　　　　调查对象人口学特征构成

性别	比重	文化水平	比重	职业	比重	月收入	比重
男	50%	初中及以下	3.4%	学生	7.5%	1 500元以下	10%
女	50%	高中或中专	10.8%	教师	7.5%	1 500~2 999元	23.3%
年龄	比重	大专	20.8%	公务员	11.7%	3 000~4 999元	31.7%
18岁以下	4.2%	本科	55.8%	企事业管理人员	28.3%	5 000元以上	35%
18~24岁	22.5%	研究生及以上	9.2%	公司员工	25%		
25~34岁	40%			农民	1.7%		
35~54岁	25%			其他	18.3%		
55岁以上	8.3%						

（二）游客来源地分析

由表2可知，峨眉山温泉旅游群落的客源市场以成都及其他省内大城市为主，占到55%；其次是乐山市及周边地区，占20%；省外游客仅占到了17.5%。这说明峨眉山温泉在省内知名度较高，符合温泉旅游客源地集中在半径400千米之内的特点。但峨眉山作为世界遗产有着广阔的客源市场，2014年，峨眉山景区接待人数达276.77万人次，相较而言，其温泉旅游的开发力度还不够。

表2　　　　　　　　　　　　峨眉山温泉群落旅游者来源

地区	人数（人）	百分比
峨眉本地	10	8.3%
乐山市及周边地区	24	20%
成都及其他省内大城市	66	55%
四川省外	20	16.7%

（三）游客行为分析

从调查结果看（见表3），大多数游客出游次数在2次以上，占到了76.7%，这说明峨眉山温泉旅游的游客回头率还是很高的。从停留天数上看，仅有12.5%的游客在温泉旅游地逗留1天以内，据访谈了解，他们大多数是峨眉山本地或乐山市区人，离温泉地比较近，交通便利，不需要在温泉地住宿；1~2天的比例最大，占53.3%。游客主要利用双休日到温泉旅游。从消费水平上，超过500元的高消费群体比重比较大，占到了一半以上，这说明游客在温泉旅游过程中的购买力比较强。调查结果还显示，游客中52.5%是自驾车；29.2%乘坐公共交通（2013年高铁未开通）；8.3%是旅行社跟团，这部分游客主要来自省外，对峨眉山温泉不太熟悉，也说明旅行社在行程安排中对温泉旅游还不够重视。游客中休闲、娱乐的占到85%，养生保健、商务的分别占6.7%、15.8%。由此可见，峨眉山温泉在养生保健、商务市场等方面还有很大的提升空间。

表3　　　　　　　　　　　　峨眉山温泉旅游者行为分析

出游次数	比重	消费水平	比重	旅游目的	比重
0~1次	23.3%	200元以下	13.4%	养生保健	6.7%
2~3次	41.7%	200~500元	30%	休闲	49.2%
4次以上	35%	500~1 000元	35.8%	娱乐	35.8%
停留天数	比重	1 000元以上	20.8%	商务	15.8%
1天以内	12.5%	出游方式	比重	其他	7.5%
1~2天	53.3%	旅行社跟团	8.3%		
2~3天	18.4%	自驾车	52.5%		
4天以上	15.8%	公共交通	29.2%		
		其他	10%		

注：①该问卷调查发生在成绵乐城际铁路开通之前，出游方式中的公共交通不包括高铁出行；②旅游目的为多项选择。

（四）游客满意度分析

本次调查结果显示（见表4），游客对峨眉山温泉洗浴的评价很高，33.3%的游客觉得温泉种类多，25%的游客认为温泉有特色，35%的游客对优美的度假环境赞不绝口。同时，大多数游客认为峨眉山温泉交通便利，消费价格实惠。但是对温泉旅游配套设施和服务质量的满意度相对较低，满意的仅占18.3%和15%。这说明温泉旅游景区的接待、服务能力还存在较大问题。据访谈了解，有游客反映，在温泉旅游旺季，住宿价格高昂，有时还会出现"一房难求"的情况，这些都大大降低了游客旅游的舒适度。

表4　　　　　　　　　　　　游客对峨眉山温泉旅游的评价

温泉种类多	33.3%	温泉有特色	25%	优美的度假环境	35%
交通便利	35%	消费价格实惠	18.3%	品牌知名度大	19.2%
温泉旅游配套设施好（住宿、餐饮、购物等）		18.3%	服务质量好		15%
其他					8.3%

四、峨眉山温泉旅游群落深度开发的策略

（一）深耕佛教养生文化，打造特色主题温泉

文化是温泉旅游产品的重要依托。经过十多年的打造，峨眉山温泉已经初步形成了以佛教文化为根底、以佛学保健养生为理念的特色，比如围绕"瑜伽、禅意"打造了瑜伽温泉会所。但是从游客的反馈上看，其温泉旅游产品与其他温泉旅游地差别不大，特色并不突出。究其原因，主要是还缺乏有文化内涵的产品和服务来支撑自己的文化定位，仅做到了"有形"却"无神"。因此，峨眉山温泉地还需要继续深耕佛教文化、养生保健文化，不仅应从硬件上烘托主题形象，而且在体验上还要让游客真切感受佛学养生的文化氛围。比如研究温泉沐浴的时间、方式、配料、程序，真正将温泉沐浴与佛学保健养生联系起来。

（二）整合温泉资源，塑造温泉旅游度假品牌

峨眉山温泉资源集中在天下名山牌坊以内，呈群落状分布，但是经营分散，没有形成整体合力和对外影响力，这使得峨眉山温泉旅游度假品牌在川内温泉旅游市场上并不突出。据调查了解，峨眉山温泉群落中几个较大规模的温泉，如红珠、灵秀、瑜伽温泉等，均属于峨眉山管委会。笔者认为可将几家温泉资源进行整合，组建专门的温泉度假开发公司，塑造统一形象、制定温泉服务标准、加强宣传与推广，按景区内已有温泉的规模进行特色定位，加大开发力度，逐步把峨眉山打造成著名的温泉旅游度假区。

（三）细分温泉旅游客源市场，发展多元化温泉旅游产品组合

峨眉山拥有丰富的旅游资源，已形成了较为成熟的观光、拜佛、生态、文化等方面的旅游产品，每年来朝山拜佛观光的国内外游客逐年递增，但温泉旅游发展却不理想。因此，在面对广阔的客源市场，做到精准的"市场细分、量体裁衣"是峨眉山温泉旅游发展的必然选择。例如，稳定发展乐山市本地客源市场，开发"温泉+饮食文化""温泉+康体养生文化""温泉+美体减肥"等主题旅游产品，形成一种常态的社会生活方式。依托便利的交通条件，特别是高铁开通后，大力发展成都、德阳、绵阳等川内城市的周末度假客源市场，开发"温泉+休闲度假旅游""温泉 + 生态旅游""温泉+会议旅游""旅游+运动康体"等特色旅游产品，形成全新的四季休闲产业的集聚和整合。借助峨眉山国际旅游名片效应，积极发展省外乃至国际的佛教文化体验客源市场，打造"温泉+佛教文化旅游""温泉+佛学养生旅游"等经典旅游产品，丰富峨眉山旅游种类，延长游客停留时间。

（四）引入现代化营销手段，丰富旅游营销方式

开展全方位、多领域的宣传营销工作。一是强化新媒体营销手段，运用好互联网、微博、微信、微视频等多种现代化营销手段，迎合移动社群中受众的个性化偏好，在微博微信上推出各种活动，迅速聚集大量粉丝，以销售产品；二是对接各大旅行社，推出特色温泉线路，比如"游佛教仙山，沐峨眉圣水"等，安排丰富且合理的旅游线路；三是探索峨眉山景区与温泉景区联票经营、整体打包促销的营销机制。

（五）改善温泉地配套设施条件，提高温泉服务水平

针对调查中游客对温泉旅游配套设施和服务质量的满意度较低的问题：首先，应改

善吃、住、行等的配套设施条件，建立良好的温泉体验基础环境，毕竟旅游者每天实际浸泡温泉的时间是有限的，而在温泉地需要逗留较长的时间，舒适的配套环境，如特色餐饮、休闲文化娱乐活动等，能让游客留下良好的印象，从而增加再次旅游的可能性；其次，温泉服务并不等同于一般的酒店服务，需要聘请专门的温泉服务技术人员，为游客提供按摩、水疗、健身、养生等专业化的技术指导，让游客充分享受"泡温泉"的过程；最后，面向峨眉山广大的国际客源市场，加强对员工基本服务性外语的培训。

（六）加强温泉资源保护，实现可持续发展

温泉是极易被破坏和污染的旅游资源。在经营管理上，不能片面追求经济效益，忽视社会效益和环境效益。在对游客进行问卷调查的过程中，游客普遍反映对温泉水质的要求，特别在旅游旺季时，环境容量严重超标，带来环境污染，损害了温泉资源。因此，应强化温泉资源保护理念，坚持合理开发、综合利用，严禁超量开采，同时加强热废水的综合利用，实现温泉地的可持续发展。

参考文献

[1] 余化平，张智佳，廖忠友，等. 成都军区峨眉疗养院自然疗养因子的调查研究 [J]. 中国疗养医学，2011，20（7）：582-586.

[2] 张智佳，廖忠友，余化平. 峨眉山氡温泉疗养因子医疗康复作用的初探 [J]. 西南国防医药，2009，19（2）：216-217.

[3] 阮丹. 对开发峨眉山温泉旅游的思考 [J]. 中共乐山市委党校学报（新论），2008（1）：50-51.

（本文发表在《成都师范学院学报》2016年第12期上）

甘孜藏区人文旅游资源开发现状及对策分析[①]

曹含梅

（四川民族学院教育科学系，四川康定 626001）

甘孜藏区复杂的地形地貌和特定的地理位置，形成了门类齐全且具有综合性、稀缺性、易逝性的旅游资源。为此，甘孜州被列为四川省旅游优先发展的地区之一，也被世界旅游组织定位为中国推向世界的自然生态旅游和康巴文化旅游目的地。大力发展甘孜藏区文化旅游，顺应世界旅游产业发展趋势，实现甘孜州自然生态旅游与文化旅游产业协调发展，逐步与国内市场融合、与国际市场接轨。

一、甘孜藏区人文旅游资源的特点

（一）人文旅游资源类型丰富，原生性资源众多

甘孜州是康巴文化的发祥地，有历史文化遗址遗存类、民族风情与民俗节庆类、建筑文化类、名镇名村名寨类、红色文化资源类、民间信仰类、服饰文化类、饮食文化类、地域特色文化类等不同类型的文化旅游资源。资源种类繁多，类型多样，而且每种资源都积淀丰厚，历史久远、文化古老、底蕴深厚的原生性资源尤为珍贵。

甘孜藏区聚居着藏、彝、回、羌、纳西族等民族，拥有高原游牧民族独特的民风习俗、民族特色浓烈的节庆活动等省级、国家级或世界级非物质文化遗产。德格印经院丰富的历史、地理、天文、哲学、医学和文学藏书、世界上最长的史诗《格萨尔王传》、激越嘹亮的藏歌、刚劲豪放的藏舞、游牧文化戏剧——藏戏，还有唐卡、壁画、雕塑、建筑艺术、饮食文化等，藏民族的生活习俗与光辉灿烂的藏文化是极富吸引力的人文旅游资源，构成了旅游活动的要素，可以开发成为适合现代旅游趋势的各种旅游产品。

（二）地域文化特色浓厚，品位高

甘孜藏区有着独特的地域文化，文化面貌多姿多彩、文化类型多种多样，形成众多的亚文化圈，如嘉绒文化、扎坝文化、木雅文化、帕错文化、游牧部落文化、茶马古道文化等，文化内涵丰富、特色鲜明，文化原生态保存良好，原汁原味的民族文化对游客

① 基金项目：四川省教育厅人文社会科学重点研究基地——四川旅游发展研究中心重点研究课题"甘孜州旅游目的地建设中的文化因素分析"（LY09-22）。本文是其研究成果。

极具吸引力，是发展文化旅游产业的重要资源。

（三）高品质自然旅游资源和人文旅游资源交相辉映，和谐共融

甘孜藏区是中国香格里拉生态旅游核心地区，生物景观、地文景观、水域风光、气象气候景观及其他生态旅游资源类型齐全，特色鲜明。海螺沟冰川公园、稻城亚丁景区、康定情歌木格措景区是国家旅游景区，夹金山等是国家级森林公园，四川贡嘎山、察青松多白唇鹿、海子山、亚丁等是国家级自然保护区，墨尔多山、莫斯卡、卡萨湖、瓦灰山等是省级自然保护区，海螺沟是国家级地质公园，乡城巴拉七湖是省级地质公园。雪山、冰川、江河湖泊、草原、温泉、珍稀动植物等丰富的自然旅游资源与民族风情长期融合，是开展观光、风情体验、登山、科考、探险、徒步等生态旅游活动的理想场所。

（四）原生态环境与文态环境脆弱，保护难度大

甘孜藏区位于青藏高原东南缘横断山系的高山峡谷区，自然条件极端，海拔高，气温低，干热河谷范围大，自然生态环境系统表现出明显的脆弱性特征，高原山地系统对外界人为干扰的抵抗力弱，自然恢复能力差，一旦遭到干扰破坏就难以恢复。再加上新构造运动和地震活动活跃，自然作用强烈，自然环境稳定性差，山地自然灾害频繁，植被保护困难，加大了生态环境建设与保护难度。

甘孜藏区文化旅游资源存在着文态环境脆弱、保护难度大的问题。如资源保护意识薄弱、盲目开发、资源保护投入少，难以全面、有效地实施保护，等等，这些都必须采取强有力的措施加以制止和克服。

二、甘孜藏区人文旅游资源开发现状及存在的问题

（一）文化旅游市场发育不成熟

甘孜藏区文化旅游投入低，缺乏系统、科学的规划，处于高成本低效率的起步阶段，尚未形成具有相当实力的文化产业集团。由政府或民间组织的文化旅游活动，其文化旅游产品开发品位低，小打小闹，沿袭"接待"模式，更多发挥的是"文化搭台，经济唱戏"的作用，没有形成对游客的吸引力，表明文化旅游市场发育不成熟。目前甘孜藏区旅游市场现状是各自为战，宣传力度不够，营销手段单一，没有构建整体形象进行对外宣传促销，缺乏可以牵动客源市场的文化旅游特色品牌。一些好的景点，如措普沟、莲花湖等景点，由于地处偏远、交通不便、信息匮乏等原因，还没有形成市场。

（二）文化旅游产品缺少内涵，民族文化研究不深入

甘孜藏区在旅游开发过程中，还是走了许多地区旅游开发的老路子，人造节庆、人造景观比比皆是，极为明显地暴露出文化底蕴的缺失。还有对具有很高知名度的民族文化遗产开发不够或开发不当的情况，如《康定情歌》《格萨尔王传》这些蜚声海内外的优质资源没有能转化为优质资本，至今也没能给甘孜州带来多少经济效益。究其原因，就是对传统民族文化和文化旅游的研究不够，旅游产品开发中没能准确挖掘独特的民族文化内涵。甘孜州没有民族文化研究的专门机构，没有民族文化与文化旅游规划开发的专业人才，更缺乏云南丽江宣科那样真抓实干有强大影响力的领军人物。

（三）文化旅游产品形式单一，游客参与性不强

旅游产品异质化和形象力的竞争是市场经济条件下旅游业竞争的焦点。甘孜藏区文

化旅游产品与四川其他民族地区相比较，大多是观光型旅游产品，没有形成异质化产品竞争优势。产品结构单一，无论是民族文化节，还是宗教寺庙观光旅游、民俗村寨游等，大都是表演、展示给游客看，除跳锅庄、吃藏餐外，游客可体验参与的活动很少，大多数情况下游客都是旁观者，无形中产生了"看点虽多，卖点稀少"的不良印象，更无法树立起甘孜藏区独特的旅游形象，因而市场竞争力弱。

没有实现文化旅游与生态旅游资源的有机结合，旅游线路几乎是周游型线路。甘孜藏区生态旅游资源分布零散，景区间距离远、基本特征相近，只有将特定区域内特有的民俗文化风情相结合，自然景区注入民族文化、民族风情，使其自身有了灵气和底蕴，而更富魅力的民族文化也找到了展示空间，天人合一，相得益彰，才可能对游客产生吸引力。目前各景区的现状是旅游产品缺乏个性，"你有我也有，我也未必精"，产品雷同，品位低，缺乏内涵，缺乏包装，没有特质，没有形成自己的特色品牌。但目前，"以享受异域文化资源、感知异域文化差异、体验异域文化氛围的个性化旅游理念正在成为旅游消费的主流。"形式单一的旅游产品不能满足细分客源市场的需求，再加上独立景区的配套设施建设落后，消费者的消费性价比低，很多景区的游客都只是"过客"，留不住客人。

（四）民族文化旅游资源开发过程中短视行为多，可持续发展意识淡薄

甘孜藏区人口密度低，地区经济落后，传统民族文化的自我保护和复制能力差。在发展民族文化旅游的过程中，民族文化越来越受到外来文化或现代文化的冲击，甚而有的原生态文化正处于濒临消亡的边缘。有的开发商为了刻意满足游客的需要，对原汁原味的民族文化进行改造，如：民族服饰展演，完全舞台化、时装化，与传统服饰完全不沾边；民俗村寨体验，将民俗风情、节庆活动甚至是日常生活起居，都程序化、规范化，完全没有了生活气息，参与表演的人没有节日到来时的欢乐和喜悦，没有真心投入，常常应付了事，没有让游客感受到真情，反而使其有被戏弄的感觉，会起到相反的效果。

在开发民族文化旅游资源的过程中，开发商和利益相关者为了追求利益最大化，对资源进行掠夺式开发或利用，使得旅游资源受到严重破坏。在自然景观或历史文化遗迹遗址景点范围内，开山炸石、伐木毁林、大兴土木，修建人造景观、休闲会所，不利于文化旅游的可持续发展。

目前，很多景区中的普通老百姓只是旁观者、被开发者和消极影响的受害者，而不是民族旅游开发的参与者、开发者和受益者。民族文化的保护不能只局限在政府部门的文件上或社会有识人士的著作中，如果得不到原生环境中文化的创造者的支持，要想实现民族文化的保护目标是比较困难的。

三、甘孜藏区人文旅游资源开发策略

文化旅游资源具有不可再生性和稀缺性，"少数民族文化旅游资源的特色和永续传承是文化旅游业存在和发展的基础"，旅游活动对民族文化旅游资源造成的消极影响对文化旅游业的可持续发展构成严重威胁。甘孜藏区在发展过程中，必须遵循"保护为主，抢救第一"的方针和"有效保护，合理利用，加强管理"的原则，文化开发与文化保护并重，实施科学的规划开发，保证文化旅游业可持续发展。

（一）民族文化旅游资源的保护性开发

进行民族文化旅游资源的保护性开发，要将民族文化置于自然生态系统中。任何文化生态都是自然和人文的结合，各自都不是孤立存在的。很多民族文化项目、人文景观必须与相应的自然生态和环境相结合才显出其价值，离开了相应的自然环境，人文景观的价值就会降低。

民族文化旅游资源的保护性开发，要突出民族文化的原生性和完整性。民族文化的差异性是旅游行为产生的主要动机。特定地域环境下形成的生活方式、饮食习俗、语言文字、宗教信仰、建筑服饰、婚丧嫁娶、生产技术、民族历史等民族文化延续发展的重要形式，当地人习以为常，旅游者却趋之若鹜。开发过程中，一方面是保持原有面貌，体现出地方特色就有生命力，另一方面是避免为迎合市场去"肢解"深具内涵的文化资源甚至使其庸俗化，使文化的独特性和差异性受到损害。各民族语言、居住、饮食、服饰、信仰、观念等民族文化共同构成了类型多样、稳定有序、互相共生的民族文化生态系统，具有完整性。文化结构的复杂性和文化种类的多样性会影响到文化生态系统的稳定性和平衡性；文化生态系统的组成成分会影响其调节能力，结构越复杂、成分越多样，调节能力就越强。所以，文化旅游资源开发必须关注文化的完整性和原生性。

要进行民族文化旅游资源的保护性开发，就要拓展民族文化的生存空间，寻求民族文化的传承载体。发展旅游业、文化产业，是传承和发展民族传统文化的最现实的社会需求，这既可以创造经济价值，也可以使许多文化事物获得新生。通过旅游观光、节事活动，以及举办民族艺术节、民族传统体育运动会等形式，展示民族传统服饰和民间歌舞文化、歌舞艺术，传承民族传统体育文化；通过电视剧、曲艺等方式，将民族传统文化中的美好道德情操、乐观豁达的生活态度、崇高的爱国主义精神加以传扬。

（二）加强区域旅游开发合作

甘孜藏区目前的旅游市场经营还局限在企业个体行为层面，行业之间没有联合经营，更不会联合开发市场，与其他行业的合作也很松散，造成资源的巨大浪费。甘孜藏区旅游企业应在谋求自身发展的基础上，与区域内其他企业建立横向、纵向战略合作伙伴关系，以市场为导向，以旅游合作项目或企业为主体，以可持续发展或技术引进为支撑，建设互补的旅游产品群，形成一批核心能力强的旅游品牌和旅游企业集团。甘孜藏区旅游开发的区域合作可从三个层面上进行。一是甘孜藏区各旅游区的合作，既联合推广，又各自突出自身品牌。二是产品开发上的合作，用异质化旅游产品推动游客在不同的旅游区内逗留。尽量避免开发同质化产品，各旅游区产品要各具特色，产生联动，要给游客创设"不到不同的景区，旅游体验就不完整"的印象。三是与其他民族地区的合作，形成产品互补，客源共享。

（三）加大文化旅游人才的培养，保证文化旅游可持续发展

民族旅游业的发展所依托的主要是当地居民、特色文化以及造就和哺育这些民族的生态环境。在景区开发中，要形成当地居民与开发商的利益联动机制，不仅让开发商有利可图，还要让当地居民分享利益，使其在保护和开发本民族文化中获得实惠，促进社区居民积极参与，从而使其增强保护民族文化的自觉性。

发展甘孜藏区旅游业的当务之急是培养开发文化旅游资源的人才，建设一支能开发民族文化资源的人才队伍。具备民族学、文化学、人类学、历史学、经济学、管理学等

专业知识的人才，对民族文化旅游资源的开发以及利用起着决定性的作用，可以使文化旅游资源的保护有保障，可以开发出高品位、高质量的旅游产品。

加强旅游从业人员的素质和技能培养，提高旅游服务质量。

（四）以市场为导向，提升产品竞争力

开发民族文化旅游资源也要看准市场。把文化旅游资源变为旅游产品，就是一个变民族文化中"显在文化"为有形旅游产品的过程，都是由市场需求决定的。但民族文化不可能被全部开发，由观念、态度、价值观等构成的"隐性文化"，作用于人民的精神生活，并不以特定的物质形态表现出来，不适合被开发为旅游产品。

以市场为导向开发旅游产品，也要把握好开发的"度"。将民族文化肤浅化、庸俗化，对民族文化的失真表述，甚至为迎合游客制造一些虚假的民族文化，都是不可取的。

以市场为导向开发旅游产品，要遵循产品生命周期的基本规律。依托丰富的旅游资源，不断调整创新，不能有一蹴而就的思想，要保证产品不断出奇、出新，焕发新的生命力。有个性、品牌化、精品化的产品才有旺盛的生命力。让甘孜藏区的"文化"成为产品的核心竞争力、成为旅游产品的"灵魂"，就能使文化旅游资源真正转化为甘孜藏区经济的一个新的支撑点和增长点。

参考文献

[1] 刘小辉.甘孜州文化旅游发展中存在的主要问题研究 [J].康定民族师范高等专科学校学报，2006，15（5）：32-35.

[2] 李左人.四川民族地区文化旅游发展的调查与思考 [J].中共四川省委党校学报，2006（3）：48-52.

[3] 徐文燕.论民族文化多样性保护与旅游资源的合理开发 [J].黑龙江民族丛刊，2008（2）：135-139.

（本文发表在《云南社会主义学院学报》2014年第1期上）

革命老区旅游业与新型
城镇化耦合协调发展研究
——以川陕苏区为例[①]

陈国柱

（四川文理学院生态旅游学院，四川达州 63500）

  城镇化是伴随工业化而发展的，非农产业在城镇聚集、农村人口向城镇集中的自然历史过程，是人类社会发展的客观趋势，是国家现代化的重要标志。而"新型城镇化"是对"城镇化"概念的进一步扩展，是以民生、可持续发展和质量为内涵，以以人为本、四化同步、优化布局、生态文明和文化传承为核心目标，实现区域城乡统筹与协调发展、产业升级与低碳转型、生态文明和集约高效的有中国特色的新型城镇化过程。旅游业作为一项关联性强的综合性产业，是中国城镇化发展动力的一项特殊因素，这是因为旅游活动的开展能有效带动商业、饮食、娱乐、房地产及服务等行业的发展，从而推动城镇化进程，实现旅游引导的就地城镇化。近年来，旅游业与城镇化的协调发展关系逐渐引起国内外学者的注意，但这些研究成果大多以热点旅游城市为研究对象，很少涉及革命老区等边远贫穷地区。这些地区旅游资源丰富，城镇化水平却远远低于全国平均水平，使得区域发展面临旅游与城镇化建设的双重任务，如何促使二者协调发展尤为重要。本文以川陕苏区的达州、巴中、南充、广安、广元 5 个地级市为研究对象，通过构建耦合评价模型对 5 个城市的旅游业与新型城镇化的耦合协调关系进行实证研究，并在此基础上提出针对性的对策和建议。

一、国内外文献回顾

  旅游是现代城市的重要功能之一，旅游业也成为某些城市的支柱性产业之一，很早就引起研究者的注意。最早关注的是一些城市地理学家，如英国的奥隆索和美国的哈里斯，他们将旅游城市引入城市分类体系中，并将旅游作为城市的一种职能。20 世纪 70 年代，美国的豪和威廉斯认为，城市在旅游业中具有非常重要的作用，城市旅游也成为一种重要的旅游形式。20 世纪 90 年代，澳大利亚的马林斯最早提出"旅游城市化"概

---

① 基金项目：四川省教育厅资助科研项目（12SA218）、四川旅游发展研究中心资助项目（LYM12-37）。

念，这使人们认识到旅游可以促进经济增长和城市的可持续发展，自此旅游开始"城市化"，城市也成为现代旅游业的支撑点。随后国外的城市旅游逐步转向为城镇旅游，旅游业与城镇化的关系研究开始兴起。

国外旅游城镇化的研究内容包括：

（1）旅游城镇化发展模式研究。马林斯以澳大利亚黄金海岸和阳光海岸为研究对象提出了旅游城市化的理论，并分析了旅游城镇化对当地的影响；格莱斯顿则通过引入"区位商"的概念，将美国的旅游城市分为旅游大都市和休闲城市；裘德则将旅游城市分为三种不同的类型（旅游城市化、历史名城和转型城市）；韩宁根和常也分析了旅游城镇化的类型、特征与模式。

（2）旅游业与城镇化的关系研究。德罗伊认为小城镇旅游在发达国家农村地区增长迅速；布莱尼和高兰则认为城镇旅游对推动经济不景气的农村地区的发展起非常重要的作用；欧意德等更是认为城镇旅游对当地经济的贡献和意义完全超乎人们的预期；另外通过对西班牙、以色列、加拿大、澳大利亚、新西兰等地的研究发现，城镇旅游业都促进了当地的农村经济发展和经济多样化。

近年来，国外运用回归分析、结构方程分析等方法来探讨旅游业与城镇化的协同发展机理。

国内旅游城镇化研究始于 2000 年，最早聚焦于旅游景区开发建设中的破坏问题，也有学者从理论角度关注旅游业与城镇化协调发展的问题。更多学者则从实证的角度研究城镇化与旅游业发展的关系。徐洁等利用国际旅游收入和城市化率作为旅游业发展水平和城市化水平的解释性指标，建立时间序列的自回归模型，并用 Granger 法对二者间的关系进行因果检验。结果显示，旅游发展水平和城市化水平二者不存在显著的互为因果的关系。钟家雨等采用 2000—2012 年省级面板数据，从全国范围及东中西 3 个区域对我国旅游与城镇化间的关系进行实证分析。研究结果表明，旅游业与区域经济增长能否协调发展对城镇化进程影响较大，另外旅游直接投资额能对中西部地区城镇化产生显著影响，但对东部地区影响并不明显。余凤龙等利用人口城镇化指数及和旅游经济发展相关的时间序列数据和面板数据，通过回归分析及 Granger 因果关系检验，认为在国家层面上，城镇化与旅游经济发展水平存在稳定的协整关系，旅游经济发展是城镇化的单向 Granger 因果作用关系。杨昌鹏则运用相关分析法与 Granger 因果关系分析对贵州的 4 个市州的相关数据进行分析，认为这些地区的城镇化水平与旅游业发展的相关性较强但不存在显著的因果关系。王亚奇等对新疆的相关数据进行分析后认为，新疆旅游业发展水平与城镇化发展水平存在一定的因果关系。王坤等通过空间计量模型，利用 2000—2013 年省级面板数据，探讨了城镇化规模和质量对旅游经济的影响。研究结果证实城镇化规模和质量对旅游经济发展具有明显的促进作用。还有学者采用耦合协调度模型，对不同地区的旅游业与城镇化的耦合协调关系进行了实证研究。张燕等用耦合协调度函数对桂林市旅游-经济-生态复合系统可持续协调发展程度的动态演变趋势进行实证分析。王兆峰等以张家界为例，对旅游城市旅游业发展与小城镇建设的耦合协调度进行理论和实证分析。之后还有学者对黔东南苗族侗族自治州、湘西地区等地的旅游业发展与城镇化耦合协调发展进行实证研究。

综上所述，目前国内外的研究集中于旅游城市化或旅游城镇化上，且研究对象要么是国家或省级区域，要么是旅游资源禀赋较好的旅游城市；而对旅游业与城镇化的关系则多是通过 Granger 方法，检验二者之间是否存在因果关系，但对二者间的协调发展程度则较少关注。因此本文通过耦合评价模型，构建旅游业与新型城镇化协调发展的耦合评价模型，并以川陕苏区范围内的 5 个市州为例，探讨旅游业与城镇化的耦合协调关系。

二、研究区域、数据来源及研究模型

（一）研究区域

川陕苏区是中国工农红军第四方面军在四川、陕西边界地区，在川陕边区党组织和广大劳动群众的配合、支持下建立的一块苏维埃区域，是中华苏维埃共和国的第二大区域，鼎盛时期区域面积达 4.2 万平方千米，包括现在四川省的巴中、达州、广安、南充、广元 5 个地级市，以及陕西省的安康和汉中 2 个地级市。为研究方便，本文中的研究区域仅包括四川境内的 5 个地级市。川陕苏区所处地带属于秦巴山区，旅游资源丰富，类型多样，既有邓小平故居等红色旅游景区，也有阆中古城等三国历史文化旅游景区，还包括南江光雾山和通江诺水河等自然生态旅游景区。2014 年整个区域共接待入境旅游者 7 万人次，旅游外汇收入达 2 420.5 万美元，接待国内旅游者 1.63 亿人次，国内旅游收入达 606.4 亿元。川陕苏区所处的秦巴山区，2010 年城镇化率仅为 30.4%，而在"十三五"末期预计要达到 42% 左右，因此城镇化建设任务相当繁重。

（二）数据来源及处理

1. 数据来源和指标体系的建立

以往关于城镇化水平的研究，多使用城镇化率即研究区域内城镇的常住人口占该地区总人口的比例这一指标来衡量城镇化水平的高低。但新型城镇化更强调城乡统筹、城乡一体、产城互动、节约集约、生态宜居以及和谐发展，强调大中小城市、城镇以及农村社区协调发展、互促共进，因此新型城镇化评价指标体系要充分体现"新型"内涵。本文在遵循科学性、系统性、统一性、可行性等原则的基础上，在借鉴相关研究成果的基础上，结合我国尤其是研究区域新型城镇化的实际发展情况，并考虑数据的可获得性，构建了如表 1 所示的革命老区的旅游业与新型城镇化协调发展评价指标体系，数据主要来源于 2006—2015 年的《中国区域经济统计年鉴》《中国城市统计年鉴》《四川统计年鉴》，有部分数据通过简单的计算得到。

2. 数据的标准化处理

由于指标体系中各指标项的量纲差距很大，需要采用一定的方法对指标值进行标准化处理，使其能相互比较。本研究中采用极值标准化法对原始数据进行处理：

正向指标：
$$X_{ij} = [x_{ij} - \mathrm{Max}(x_{ij})]/[\mathrm{Max}(x_{ij}) - Min(x_{ij})] + A \tag{1}$$

逆向指标：
$$X_{ij} = [\mathrm{Max}(x_{ij}) - x_{ij}]/[\mathrm{Max}(x_{ij}) - Min(x_{ij})] + A \tag{2}$$

其中，X_{ij} 是第 i 地区第 J 指标项的实际值，X_{ij} 是经过标准化处理后的值。$\mathrm{Max}(X_{ij})$、$Min(X_{ij})$ 是相应指标的最大值和最小值，因为采用极值标准化法处理后的指标值会有 0 值，但在指标权重计算过程中需要用到对数，要求指标必须为整数。为了解决 0 值造成的影响，相关文献对标准化后的数值进行平移，公式（1）、（2）中的 A 即为平移幅度，是一个略大于 0 的正值，在本文中为 0.000 1。

表 1　　　　　　　　　　　　旅游业与新型城镇化协调发展评价指标体系

目标层	准则层	指标层	指标属性
旅游业发展		入境旅游人数（万人次）	正向
		旅游外汇收入（万美元）	正向
		国内旅游人数（万人次）	正向
		国内旅游收入（亿元）	正向
		星级饭店数量（个）	正向
新型城镇化发展	人口城镇化	城镇化率（%）	正向
		非农业人口比重（%）	正向
		二、三产业从业人数比重（%）	正向
	经济城镇化	人均 GDP（元）	正向
		二、三产业产值占 GDP 比重（%）	正向
		人均社会消费品零售总额（元）	正向
		城镇登记失业率（%）	逆向
	社会城镇化	养老及医疗保险参与人口比重（%）	正向
		科学与教育支出占财政支出比重（%）	正向
		城镇社会保障资金（万元）	正向
		每万人医院床位数（个）	正向
		每万人移动电话数（户）	正向
		每百万人公共图书馆藏书（册、件）	正向
	城乡协调发展	农民人均纯收入与城镇居民人均可支配收入之比（%）	逆向
		农民与城镇居民人均消费水平之比（%）	逆向
		农村非农产业从业人员比重（%）	正向
		人均园林绿地面积（平方米）	正向
	生活方式城镇化	城镇生活污水处理率（%）	正向
		生活垃圾无害化处理率（%）	正向
		固体废弃物综合利用率（%）	正向
		燃气普及率（%）	正向

3. 指标体系权重的计算

指标权重的确定方法主要有 Delphi（德尔菲法）、层次分析法、变异系数法、主成分分析法以及信息熵法。本文中指标权重采用信息熵法确定。信息熵法作为一种客观赋权法，能尽量避免主观因素带来的偏差。它根据来自客观收集的指标值，通过分析各指标之间的关联程度及各指标所提供的信息量来决定指标的权重。其计算步骤如下：

设 X_{ij} 是第 i 区域第 j 指标经过标准化处理的数值（$i = 1,2,\cdots,n$；$j = 1,2,\cdots,m$），其中 n 和 m 分别为地区数与指标个数，则第 i 区域第 j 指标值的比重为：

$$P_{ij} = X_{ij} \Big/ \sum_{i=1}^{n} X_{ij}$$

计算指标信息熵 E_j，$E_j = -K \sum_{i=1}^{n} P_{ij} \ln P_{ij}$，其中 $K = 1/\ln(m)$；计算信息冗余度 F_j，$F_j = 1 - E_j$；计算指标权重 W_j，$W_j = F_j \Big/ \sum_{j=1}^{m} F_j$；计算综合评价得分：$S_{ij} = W_j P_{ij}$，$S_i = \sum_{j=1}^{m} S_{ij}$。其中，$S_{ij}$ 为第 i 区域第 j 项指标的评价值，S_i 为旅游业和新型城镇化的总评价值。

（三）耦合度、协调度模型

耦合度是描述系统或系统内的各组成要素间相互影响的程度，在本文中用以衡量旅游业和新型城镇化系统从无序走向有序的协同作用的大小，参考物理学中的容量耦合系数模型，两系统的耦合度模型可以表示为：$C = (\sqrt{S_1} \times \sqrt{S_2}) \div (S_1 + S_2)$。其中 S_1、S_2 分别为旅游业和新型城镇化水平的综合指数，C 为耦合度，其值介于 [0，1] 之间。当 $C = 0$ 时，耦合度最差，$C = 1$ 时耦合度最好。"旅游业-新型城镇化"系统的耦合阶段如表 2 所示。

表 2　　　　　　　　　　　　　　　　耦合度阶段划分类型

耦合度	耦合阶段
C = 0	无序
0<C≤0.3	低水平耦合
0.3<C≤0.5	颉颃
0.5<C≤0.8	磨合
0.8<C<1.0	高水平耦合
C = 1.0	有序

为了避免出现旅游业与新型城镇化两个子系统发展水平较低、耦合度却很高的伪评价结果出现，引入旅游业与新型城镇化耦合协调度模型，即 $D = \sqrt{C} \times \sqrt{T}$，$T = \sqrt{a_1} S_1 \times \sqrt{a_2} S_2$。其中 D 为旅游业与新型城镇化水平的协调度；T 为综合协调指数，反映旅游业与新型城镇化两个子综合发展水平对协调度的贡献；S_1、S_2 分别为旅游业和新型城镇化水平的综合指数；a_1、a_2 为待定系数，a_1 表示旅游业对新型城镇化水平的贡献度，a_2 表示新型城镇化对旅游业发展水平的贡献度，且 $a_1 + a_2 = 1$。参考相关文献，本文中将 a_1、a_2 分别赋值为 0.4、0.6（有部分文献将 a_1、a_2 赋值为 0.5、0.5，在本文中，经过计算，两种赋值完全不会影响研究对象的耦合协调等级，并且这样的赋值更能表明城镇化对旅游业发展具有促进作用）。其协调度等级划分如表 3 所示。

表3　　　　　　　　　　　　　　　　协调度等级划分类型

协调度	协调等级
0<D<0.2	严重失调
0.2≤D<0.3	中度失调
0.3≤D<0.4	轻度失调
0.4≤D<0.5	濒临失调
0.5≤D<0.6	勉强协调
0.6≤D<0.7	初级协调
0.7≤D<0.8	中度协调
0.8≤D<0.9	良好协调
0.9≤D<1.0	优质协调

为从整体上衡量川陕苏区"旅游业-新型城镇化"系统的耦合度及耦合协调度，借鉴相关研究成果，本文建立了区域综合耦合度模型及耦合协调度模型，即 $C(\Phi) = \sum_{i=1}^{n} k_i \varphi_i$。其中 C 为区域综合耦合度，Φ 为单个城市耦合度，k 为权重，表示研究区域内各个城市对研究区域整体而言的相对重要性。考虑到川陕苏区5个城市联系广泛并且彼此相互影响，因此本文令5个城市具有相同权重，即均为0.2。区域综合耦合协调度模型公式及取值方式与区域综合耦合度相同。

三、结果及分析

（一）旅游业与新型城镇化评价结果

根据前述所列公式分别计算2005—2014年各年的指标权重及各地区旅游业和新型城镇化的综合指数得分，结果如表4所示。

表4　　　2005—2014年川陕苏区5个地级市旅游业与新型城镇化综合指数

年份	巴中市		达州市		广安市		广元市		南充市	
	旅游业	新型城镇化	旅游业	新型城镇化	旅游业	新型城镇化	旅游业	新型城镇化	旅游业	新型城镇化
2005	0.017 6	0.102 0	0.133 1	0.188 3	0.317 1	0.204 0	0.144 2	0.254 6	0.569 6	0.251 1
2006	0.010 8	0.080 3	0.210 8	0.213 5	0.384 0	0.184 0	0.098 1	0.275 9	0.591 1	0.246 3
2007	0.002 6	0.074 8	0.259 1	0.207 9	0.725 4	0.142 5	0.167 7	0.325 9	0.619 0	0.249 0
2008	0.007 2	0.066 2	0.187 2	0.191 5	0.334 7	0.113 7	0.061 1	0.381 4	0.417 3	0.247 2
2009	0.000 1	0.100 1	0.157 4	0.190 8	0.327 1	0.144 9	0.060 2	0.303 7	0.443 0	0.360 5
2010	0.018 1	0.087 6	0.080 3	0.200 3	0.350 7	0.160 4	0.090 5	0.266 0	0.460 4	0.285 6
2011	0.010 7	0.099 3	0.069 0	0.180 1	0.307 0	0.178 5	0.257 6	0.259 4	0.355 7	0.282 7

年份	巴中市		达州市		广安市		广元市		南充市	
	旅游业	新型城镇化	旅游业	新型城镇化	旅游业	新型城镇化	旅游业	新型城镇化	旅游业	新型城镇化
2012	0.000 1	0.105 8	0.123 9	0.182 0	0.217 9	0.147 9	0.144 0	0.272 7	0.514 1	0.291 6
2013	0.000 1	0.134 0	0.117 6	0.200 8	0.276 6	0.135 3	0.204 3	0.272 8	0.401 5	0.257 1
2014	0.000 1	0.137 5	0.083 2	0.188 4	0.284 0	0.153 8	0.236 6	0.264 3	0.396 1	0.256 0
平均值	0.006 7	0.098 8	0.142 2	0.194 4	0.352 5	0.156 5	0.146 4	0.287 7	0.476 8	0.262 7

从表4可以看出，研究区域的5个城市旅游业综合指数波动较大，大部分城市在2007年达到峰值；2008—2014年处于逐渐恢复的过程，这主要是始于2008年的全球经济危机带来的严重负面影响。另外各城市之间旅游业发展也不均衡，其中广安市和南充市的旅游业综合指数相对较高，波动较小，这主要得益于这两个城市拥有良好的旅游资源及较好的可进入性，而巴中市、达州市和广元市旅游业指数较低，波动较大。

过去十年间，5城市的新型城镇化综合指数较低，最大值为广元市的0.381 4，最小值为巴中市的0.066 2。从新型城镇化综合指数的均值来看，也是广元市最高，南充市次之，并且其他3个城市新型城镇化水平与广元市和南充市的差距较大。

由2005—2014年旅游业与新型城镇化综合指数的平均值比较可知，南充市和广安市的旅游业综合指数大于其新型城镇化综合指数，其余3个城市均为新型城镇化综合指数大于旅游业综合指数。由此可见，2005—2014年南充市和广安市的旅游业发展水平优于新型城镇化发展水平，而其余城市的旅游业发展相对滞后，推进新型城镇化进程优先于旅游业发展。

（二）耦合度与协调度结果

根据前述公式分别计算5个城市2005—2014年旅游业和新型城镇化水平的耦合度和协调度以及区域综合耦合度和区域综合协调度，如表5和图1所示。

表5　　　川陕苏区5个地级市旅游业与新型城镇化水平的耦合度与协调度

年份	巴中市		达州市		广安市		广元市		南充市	
	耦合度	协调度	耦合度	协调度	耦合度	协调度	耦合度	协调度	耦合度	协调度
2005	0.353 9	0.085 7	0.492 6	0.195 4	0.488 1	0.246 6	0.480 5	0.212 4	0.460 8	0.292 2
2006	0.322 8	0.068 2	0.500 0	0.228 0	0.468 0	0.246 9	0.439 9	0.188 3	0.455 6	0.291 8
2007	0.180 4	0.035 1	0.497 0	0.237 7	0.370 4	0.241 5	0.473 6	0.232 9	0.452 3	0.294 9
2008	0.298 1	0.056 5	0.500 0	0.215 4	0.435 0	0.203 9	0.345 0	0.160 6	0.483 3	0.275 8
2009	0.021 2	0.004 7	0.497 7	0.205 6	0.461 3	0.203 9	0.345 0	0.160 6	0.482 9	0.283 5
2010	0.376 9	0.085 8	0.452 0	0.167 6	0.464 1	0.232 2	0.435 2	0.181 9	0.464 1	0.293 9
2011	0.295 8	0.068 7	0.447 5	0.156 3	0.482 2	0.235 2	0.500 0	0.251 6	0.496 7	0.277 9
2012	0.022 1	0.005 0	0.490 9	0.190 1	0.490 8	0.207 8	0.475 6	0.214 9	0.480 6	0.301 9

年份	巴中市		达州市		广安市		广元市		南充市	
	耦合度	协调度	耦合度	协调度	耦合度	协调度	耦合度	协调度	耦合度	协调度
2013	0.017 8	0.004 6	0.482 6	0.190 6	0.469 7	0.211 0	0.494 8	0.239 2	0.487 8	0.277 1
2014	0.017 6	0.004 6	0.461 0	0.168 1	0.477 4	0.221 1	0.499 2	0.247 3	0.488 3	0.276 0

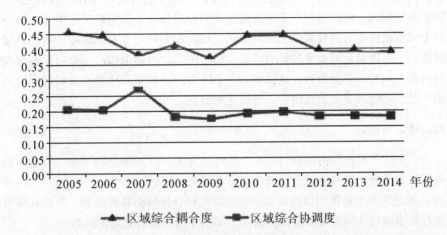

图1　川陕苏区5个地级市旅游业与新型城镇化区域综合耦合度、协调度时间演变趋势（2005—2014年）

1. 区域综合耦合协调度演化特征

由图1可以看出，2005—2014年川陕苏区5个地级市旅游业与新型城镇化的区域综合耦合度处于颉颃阶段，波动较大，"W"形发展的趋势特征明显，具体表现为：2005—2007年为下降阶段，2007—2009年为反弹阶段，2009—2014年为恢复稳定期。其中2005年区域综合耦合度最高，其值为0.455 2，2007年下降至0.376 8，2008年增长为0.412 3，2009年又降为0.366 9，为十年最低，2011年恢复为0.444 4，2012—2014年维持在0.39左右。就区域综合协调度而言，川陕苏区5个地级市区域综合协调度2005—2007年处于中度失调状态，2008—2014年处于严重失调状态，"Λ"形发展的趋势特征明显，具体表现为：2007年区域综合协调度最高，达0.273 9，其后长期保持在0.17~0.19。

2. 耦合协调度时空格局演化

从表5可以看出，就耦合度而言，2005年达州市的耦合度最高，为0.492 6；广安市和广元市次之，分别为0.488 1和0.480 5；巴中市最低，为0.353 9。这表明2005年，川陕苏区5个地级市的旅游业与新型城镇化处于颉颃阶段。2014年广元市的耦合度最高，为0.499 2；南充市和达州市分别为0.488 3和0.461，处于颉颃阶段；巴中市仍为最低，仅有0.017 6，退化为低水平耦合阶段。从协调度来看，2005年南充市的协调度最高，其值为0.299 2，为中度失调阶段；巴中市最低，其值为0.085 7，处于严重失调阶段。2014年南充市的协调度为0.276，仍然位于5市之首，巴中市为0.004 6，较2005

年有所下降，两市分别处于中度失调和严重失调阶段。

从时间维度来看，5个城市的耦合度与协调度也有明显差异。南充市和广元市的耦合度略有增加，分别从0.4608和0.4805增长到0.4883和0.4992，而广安市、达州市和巴中市则表现为下降，尤其是巴中市下降明显；协调度方面，只有广元市略有增加，其他城市均为下降。

可以看出，经过近十年的发展，区域内5个城市的旅游业与新型城镇化整体上并没有形成协同发展的局面，两个系统之间相互促进、相互提升的作用没有得到充分发挥，其原因也各不相同。南充市和广安市的旅游业综合指数高于新型城镇化综合指数，这表明这两个城市旅游业与新型城镇化耦合协调发展程度不高的主要原因在于新型城镇化进程相对落后，不能满足旅游业发展的需要；而巴中市、达州市和广元市则是新型城镇化综合指数高于旅游业综合指数，这说明这3个城市的新型城镇化快速发展的同时，旅游业贡献不足，不能满足新型城镇化质量提升的需要。

四、结论与建议

本文以川陕苏区范围内的四川省5个地级市为例，以2005—2014年为评价年份，对旅游业与新型城镇化之间的耦合协调度进行了研究，得到如下结论：

（1）通过对5个地级市旅游业和新型城镇化综合指数测算后得知，并没有城市处于旅游业与新型城镇化同步发展阶段，而是全部处于滞后或者超前的状态。

（2）通过对旅游业和新型城镇化区域综合耦合度和协调度进行分析发现，整个区域的区域综合耦合度处于颉颃阶段，波动较大，"W"形发展的趋势特征明显；区域综合协调度2005—2007年处于中度失调状态，2008—2014年处于严重失调状态，"∧"形发展的趋势特征明显。

（3）通过对旅游业与新型城镇化耦合度和协调度的分析发现，2005年5个城市旅游业与新型城镇化耦合度处于颉颃阶段，而2014年巴中市退化为低水平耦合阶段，另外只有南充市和广元市耦合度略有增加；2005年和2014年南充等4个城市的旅游业与新型城镇化协调度处于中度失调阶段，巴中市处于严重失调阶段，并且只有广元市协调度略有增加，其余城市均有所下降。

由此本文对川陕苏区如何实现旅游业与新型城镇化协调发展提出如下建议：

（1）完善旅游业与新型城镇化耦合协调发展的顶层设计。目前旅游业与新型城镇化均得到高度重视。如国务院印发的《"十三五"旅游业发展规划》、国家发展改革委员会印发的《川陕革命老区振兴发展规划》《秦巴山片区区域发展与扶贫攻坚规划（2011—2020）》均提出，苏区旅游业和新型城镇化要实现快速发展。但目前该地区旅游业发展与新型城镇化进程缺乏协调，处于各自为政的状态。因此，有必要强调完善顶层设计，在对各地区旅游资源与新型城镇化条件进行综合评估的基础上，强调川陕苏区旅游业与新型城镇化耦合协调发展，各地市要根据自身发展状况，因地制宜选择合适的耦合协调发展模式。

（2）强化旅游业与新型城镇化耦合协调发展的制度保障。为推动川陕苏区旅游业与新型城镇化耦合协调发展，应从如下方面做好保障：第一要推动政府职能转变，强化政府的宏观调控与协调职能，弱化对旅游市场的直接干预，要充分发挥市场在旅游资源配置中的决定性作用；第二要采取市场化资本运作方式促进投资主体多元化，充分利用外资、企业资金和民间资本共同开发旅游业，推动收益共享；第三要加强环境保护与治理，在旅游开发和新型城镇化建设过程中坚持科学开发、合理开发；第四要注意提升旅游业服务水平。

（3）因地制宜选择旅游业与新型城镇化耦合协调发展模式。如前所述，川陕苏区5个地级市旅游业发展与新型城镇化发展阶段各不相同，应根据各个城市不同的情况选择合适的发展模式。游资源丰富、新型城镇化基础相对较好的南充市，应一方面加强旅游宣传和营销，提升城市知名度，以吸引国内外游客前往而带动当地旅游业的进一步发展和提升，并适时促进旅游产品的转型和升级，另一方面也需要完善当地交通、酒店等基础设施建设，提升地区的旅游接待能力和可进入性。对旅游资源丰富但新型城镇化基础较差的广安市，应围绕丰富的旅游资源大力打造相关产业，形成旅游产品加工产业集群，由此可以推动地区劳动力由农业向制造业、手工业等非农产业转移，这样有助于加快地区城镇化进程。对旅游资源较丰富和新型城镇化基础较好的广元市，则应加强对旅游景区的宣传营销力度，以提高景区知名度吸引更多游客，同时也要注意旅游配套服务设施的建设。对旅游资源相对缺乏、新型城镇化基础较差的巴中市和达州市，则应抓住西部大开发、精准扶贫和川陕革命老区振兴的机遇，优化城镇空间布局，加快推进新型城镇化建设尤其是城镇配套设施建设，提高城镇的容纳空间和发展水平，为旅游业的发展提供良好的基础和条件。

参考文献

[1] 国务院. 国家新型城镇化规划：2014—2020 年 [EB/OL]. （2014-10-14）[2016-10-22]. http：//www. gov. cn/ gongbao /content.

[2] 单卓然，黄亚平. "新型城镇化"概念内涵、目标内容、规划策略及认知误区解析 [J]. 城市规划学刊，2013（2）：16-22.

[3] 蔡建明. 中国城市化发展动力及发展战略研究 [J]. 地理科学进展，1997，169（2）：9-14.

[4] 李志飞，曹珍珠. 旅游引导的新型城镇化：一个多维度的中外比较研究 [J]. 旅游学刊，2015，30（7）：16-25.

[5] 李柏文. 国内外城镇旅游研究综述 [J]. 旅游学刊，2010，25（6）：88-95.

[6] 李强. 旅游城镇化发展模式与机制研究 [D]. 长春：东北师范大学，2013.

[7] 钟家雨，柳思维，熊曦. 旅游业与城镇化协同发展的区域差异分析 [J]. 经济地理，2014，34（2）：187-192.

[8] 蒙睿，刘嘉纬，杨春宇. 乡村旅游发展与西部城镇化的互动关系初探 [J]. 人文地理，2002，17（2）：47-50.

[9] 马江. 四川省民族地区旅游业与城镇化互动发展 [J]. 经济研究参考，2006，67：40-43.

[10] 徐洁，华钢，胡平. 城市化水平与旅游发展之关系初探：基于我国改革开放三十年的时间序列动态计量分析 [J]. 人文地理，2010，25（2）：85-90.

[11] 余凤龙，黄震方，曹芳东，等. 中国城镇化进程对旅游经济发展的影响 [J].

自然资源学报，2014，29（8）：1297-1309.

[12] 杨昌鹏. 贵州城镇化水平与旅游业发展关系研究 [J]. 贵州社会科学，2012（1）：76-79.

[13] 王亚奇，陈学刚，关丽萍. 新疆地区旅游业与城镇化互动发展研究 [J]. 安徽农业科学，2013，41（14）：6353-6353.

[14] 王坤，黄震方，余凤龙，等. 中国城镇化对旅游经济影响的空间效应：基于空间面板计量模型的研究 [J]. 旅游学刊，2016，31（5）：15-25.

[15] 张燕，徐建华，曾刚，等. 旅游-经济-生态系统可持续协调发展评价模型构建与实证研究：以广西桂林为例 [J]. 旅游科学，2008，22（3）：34-35.

[16] 王兆峰，余含. 张家界旅游产业发展与小城镇建设耦合发展研究 [J]. 经济地理，2012，32（7）：165-171.

[17] 张英，陈俊合，熊焰. 旅游发展与城镇建设耦合协调研究：以黔东南苗族侗族自治州为例 [J]. 贵州民族研究，2013，34（5）：155-158.

[18] 昌晶亮，余洪. 大湘西地区旅游与城镇化耦合发展研究 [J]. 经济地理，2016，36（6）：204-208.

[19] 国家发展改革委员会地区经济司. 国务院扶贫办国家发展改革委关于印发秦巴山片区区域发展与扶贫攻坚规划（2011—2020年）的通知 [EB/OL]. (2012-05-22) [2016-10-11]. http：//dqs. ndrc. gov. cn/qygh/201304/t20130425_ 538612. html.

[20] 张超，李丁，魏秀梅，等. 西北河谷型城市新型城镇化与土地利用效益耦合协调发展研究：以兰州市为例 [J]. 兰州大学学报（自然科学版），2015，51（2）：173-179.

[21] 贾兴梅，贾伟. 中国新型城镇化协调水平测度及空间差异分析 [J]. 统计与信息论坛，2015，30（7）：22-29.

[22] 杨丽，孙之淳. 基于熵值法的西部新型城镇化发展水平测评 [J]. 经济问题，2015（3）：115-119.

[23] 国家统计局国民经济综合统计司，国家统计局农村社会经济调查司. 2005 中国区域经济统计年鉴 [M]. 北京：中国统计出版社，2006.

[24] 国家统计局国民经济综合统计司，国家统计局农村社会经济调查司. 2006 中国区域经济统计年鉴 [M]. 北京：中国统计出版社，2007.

[25] 国家统计局国民经济综合统计司，国家统计局农村社会经济调查司. 2007 中国区域经济统计年鉴 [M]. 北京：中国统计出版社，2008.

[26] 国家统计局国民经济综合统计司，国家统计局农村社会经济调查司. 2008 中国区域经济统计年鉴 [M]. 北京：中国统计出版社，2009.

[27] 国家统计局国民经济综合统计司，国家统计局农村社会经济调查司. 2009 中国区域经济统计年鉴 [M]. 北京：中国统计出版社，2010.

[28] 国家统计局国民经济综合统计司，国家统计局农村社会经济调查司. 2010 中国区域经济统计年鉴 [M]. 北京：中国统计出版社，2011.

[29] 国家统计局国民经济综合统计司，国家统计局农村社会经济调查司. 2011 中国区域经济统计年鉴 [M]. 北京：中国统计出版社，2012.

[30] 国家统计局国民经济综合统计司，国家统计局农村社会经济调查司. 2012 中

国区域经济统计年鉴［M］. 北京：中国统计出版社，2013.

［31］国家统计局国民经济综合统计司，国家统计局农村社会经济调查司. 2013 中国区域经济统计年鉴［M］. 北京：中国统计出版社，2014.

［32］国家统计局国民经济综合统计司，国家统计局农村社会经济调查司. 2014 中国区域经济统计年鉴［M］. 北京：中国统计出版社，2015.

［33］国家统计局. 2005 中国城市统计年鉴［M］. 北京：中国统计出版社，2006.

［34］国家统计局. 2006 中国城市统计年鉴［M］. 北京：中国统计出版社，2007.

［35］国家统计局. 2007 中国城市统计年鉴［M］. 北京：中国统计出版社，2008.

［36］国家统计局. 2008 中国城市统计年鉴［M］. 北京：中国统计出版社，2009.

［37］国家统计局. 2009 中国城市统计年鉴［M］. 北京：中国统计出版社，2010.

［38］国家统计局. 2010 中国城市统计年鉴［M］. 北京：中国统计出版社，2011.

［39］国家统计局. 2011 中国城市统计年鉴［M］. 北京：中国统计出版社，2012.

［40］国家统计局. 2012 中国城市统计年鉴［M］. 北京：中国统计出版社，2013.

［41］国家统计局. 2013 中国城市统计年鉴［M］. 北京：中国统计出版社，2014.

［42］国家统计局. 2014 中国城市统计年鉴［M］. 北京：中国统计出版社，2015.

［43］四川省统计局，国家统计局四川调查总队. 2006 四川统计年鉴［M］. 北京：中国统计出版社，2006.

［44］四川省统计局，国家统计局四川调查总队. 2007 四川统计年鉴［M］. 北京：中国统计出版社，2007.

［45］四川省统计局，国家统计局四川调查总队. 2008 四川统计年鉴［M］. 北京：中国统计出版社，2008.

［46］四川省统计局，国家统计局四川调查总队. 2009 四川统计年鉴［M］. 北京：中国统计出版社，2009.

［47］四川省统计局，国家统计局四川调查总队. 2010 四川统计年鉴［M］. 北京：中国统计出版社，2010.

［48］四川省统计局，国家统计局四川调查总队. 2011 四川统计年鉴［M］. 北京：中国统计出版社，2011.

［49］四川省统计局，国家统计局四川调查总队. 2012 四川统计年鉴［M］. 北京：中国统计出版社，2012.

［50］四川省统计局，国家统计局四川调查总队. 2013 四川统计年鉴［M］. 北京：中国统计出版社，2013.

［51］四川省统计局，国家统计局四川调查总队. 2014 四川统计年鉴［M］. 北京：中国统计出版社，2014.

［52］四川省统计局，国家统计局四川调查总队. 2015 四川统计年鉴［M］. 北京：中国统计出版社，2015.

［53］吴玉鸣，张燕. 中国经济增长与环境的耦合协调发展研究［J］. 资源科学，2008，30（1）：25-30.

［54］高楠，马耀峰，李天顺，等. 基于耦合模型的旅游产业与城市化协调发展研究：以西安市为例［J］. 旅游学刊，2013，28（1）：62-68.

[55] 关伟，刘勇凤. 辽宁沿海经济带经济与环境协调发展度的时空演变 [J]. 地理研究，2012，31（11）：2044-2054.

（本文发表在《内江师范学院学报》2017 年第 4 期上）

古镇特质文化的挖掘与开发研究
——以川西古镇为例[①]

饶世权，鞠廷英

（西南交通大学政治学院，四川成都 610031）

一、古镇文化体系结构：古镇特质文化挖掘与开发的路径

什么是古镇？对这一问题的回应，学术界目前有"人类聚居地说""有历史的建筑群说""文化体现与载体说"等。诚然，古镇的外在表象似乎就是古建筑物，但实质上，古镇是人类建造的，不仅作为聚居，还作为从事社会交往、进行各种社会活动的场所。建筑不是目的，居住和从事社会交往、社会活动才是目的。因此，古镇的本质不是建筑物，而是自然人化的过程和结果，也是人自身人化的过程和结果，自然人化和人自身人化的过程和结果就是"文化"，并且古镇是在人类历史发展过程中逐渐形成的文化遗产。我国《历史文化名城名镇名村保护条例》《全国历史文化名镇（名村）评选和评价办法》等都将古镇作为历史文化遗产而不是作为旅游资源予以保护。

（一）人、自然环境与历史：古镇文化的构成要素结构

古镇文化是自然人化和人自身人化的过程与结果，因此，古镇文化的构成要素应当是人自身人化的结果、人化自然的结果，人自身人化、人化自然的过程（即人文化、自然环境文化），以及人文化、自然环境文化的历史文化。

人作为古镇文化要素，是指居住和生活于古镇的，人化自然、人化自身的主体，同时也是文化的客体。一方面，人作为文化主体，他们改造自然，进行社会交往，建设适合于人类生活的建筑物、生存方式、生活习惯以及交往方式等。简而言之，人创造了文化。另一方面，人作为文化客体，他们本身就生活在文化中，尤其是随着历史的演进，后来者必然受到已有古镇文化的影响和制约，即人的文化化。再一方面，人也是古镇文化的载体，即通过人自身及其活动体现古镇文化，人的社会活动、衣食住行、人的精神风貌等都是文化的重要内容。因此，人既是古镇文化的创造者，也是古镇文化的传承者，更是古镇文化的重要组成部分，表现为人的民族、服饰、家庭组织、婚俗、民俗节

① 基金项目：四川省哲学社会科学重点研究基地——四川旅游发展研究中心立项课题"川西古镇特质文化的发觉与开发研究"（LYM12-06）。

庆活动、语言、生活习俗等。

而作为古镇文化构成要素的自然环境是指古镇的自然地理风貌等。古镇一般是人类长期生活中，在气候、地貌适宜之地逐渐聚居而形成的。从整个人类的宏观层面来说，似乎并非有意识地选择。而从群体的中观层面和个体的微观层面来说，则是群体和个体有意识的选择。但自然环境并不能必然完全适合人的需要，人必须对自然环境进行改造。因此，人是自然环境的产物，人同时也可以改造自然环境以使其更适合人的需要。

作为古镇文化的构成要素的自然环境文化可以表现为自然地理风貌、交通节点、交通工具、建筑面貌风格、生活设施等。作为古镇文化要素的历史是指古镇从古代产生发展至今的过程，是人自身人化、自然人化的演化过程。今天古镇所呈现的人、自然景象是从过去逐渐演化而来的，因此，认识古镇文化不能仅对现存的景象做现代人的解读，更不能以现代人的审美情趣进行为所欲为的改造。

上述要素形成"三位一体"的结构。人适应自然环境而产生特定的语言、生活习俗等，也是在自然环境中生产、生活。自然环境是经过人改造的人化自然，体现人的生活习俗、价值观念等。而这些人、自然环境的要素是在历史的长河中，人与自然互动而逐渐形成的。

（二）表现文化与价值文化：古镇文化的形态结构、古镇文化的结构

除从文化内涵进行分析外，文化学上一般从文化形态上进行结构分析，有：精神文化的一分法；物质文化和精神文化，或者精神层和符号层的二分法；物质文化、精神文化、行为文化，或者精神文化、制度文化、物质文化的三分法；物质、精神、制度和行为文化的四分法。这些文化结构的分析，虽然显得有些杂乱，但在纷乱中，有一些共同点，即文化有的是可以直观感觉到的，有的却不能直观感受到，并且这些分类也力图间接回答不同类型文化之间的关系。由此启发我们，文化形态结构分析的目的是为了让人类能更好地认识人化的成果，从而为进一步人化提供帮助。因此，对古镇文化的形态结构分析还应当从人的认知的角度进行分类。由此，本文将古镇文化分为表现文化和价值文化。古镇的表现文化是通过各种物质形态、活动等方式表现出来，能为认识主体通过感觉、知觉直接感知的文化。古镇的价值文化是内含于表现文化中的表现文化追求的目的，是需要认识主体通过思维才能认知的文化。因此，古镇表现文化是古镇价值文化的形式，主要有古镇建筑物、人、自然环境、人的社会生活方式、交往方式、社会活动（民俗活动）等，回答了古镇文化"是什么"。而古镇价值文化是古镇表现文化体现的价值目标或目的，是古镇表现文化的内容，回答了古镇文化的"为什么"。古镇的价值文化决定着表现文化。

二、定位混乱与偏差：对古镇特质文化挖掘与开发现状的审视——以川西古镇为例

古镇文化旅游产品的特色是表象，特质文化是本质。要创造出古镇文化旅游产品特色，就必须充分挖掘并准确定位、开发古镇特质文化。以古镇文化结构体系为标准，对当前古镇特质文化挖掘与开发的现状进行审视，可以发现，国内知名古镇都从不同角度定位了自己的特质文化，如乌镇从历史角度，以"一样的古镇，不一样的乌镇"定位特质文化；周庄从自然角度，以"中国第一水乡"定位特质文化；平遥古城从历史角度，以"推开厚重的城门，走过千百岁月雕饰的街巷，回归历史，往昔一幕幕繁市富邑的兴

盛景象，浮现在我们眼前"定位特质的商旅文化；丽江古城从人的角度，以"民族特色"定位特质文化。如果说早期开发的古镇都自觉或不自觉地抓住先机，定位了自己的特质文化，那么后期开发的古镇就出现了特质文化定位混乱的问题，以川西古镇为例，可以窥见特质文化定位的乱象。

根据川西古镇特质文化挖掘、开发的现状，可以将其问题分为五类。第一类以黄龙溪为代表，特质文化从最初"明确"变为后来的"消解"。黄龙溪古镇最初从自然环境角度，以"水"定位自己的特质文化，并在新街区的建设中较好地突出了"水"文化，如建设九龙雕像，表现溪水及其中的蛙等动物形象。但由于价值文化没有得到充分挖掘，使得老街区与新街区的表现文化形成隔断，比如老街区的镇江寺、潮音寺的价值内涵应当与"水"有关，却没有相关文字性说明，从而使得二寺在"水"文化特质的古镇中显得很突兀。后期，黄龙溪以"天府第一古镇"为定位，完全消解了其特质文化。第二类以洛带为代表，其特质文化定位明确并持之以恒，但其特质文化开发不突出。洛带古镇一直从人文化的角度，以"中国西部第一客家文化"定位特质文化。一些学者认为，洛带古镇的这一"文化定位缺乏广度"，"它需要与其他古镇或景区（点）进行协同的更大的文化背景"，以解决洛带古镇旅游业发展存在的"诸如产品落后老化、旅游者停留时间短且消费低、旅游发展方式落后等"问题。实质上，恰恰相反，洛带古镇的特质文化定位并不是"过窄"，也不应当扩大"广度"，而是古镇建设表象上的"客家性"不突出，许多民俗并没有体现出客家的民族特性。新街区的现代建筑风格进一步淡化了客家的民族性。其表现文化已经如此，价值文化则更是缺失。第三类包括大多数古镇，并没有充分挖掘、准确定位特质文化并一以贯之，总是摇摆不定。比如清溪古镇曾有"清泉石上流""建昌道上小潼关"等定位，街子场曾有"青城后花园""川西水乡"等定位，上里曾有"南方丝路上的古驿站""川西小桥流水人家"等定位，平乐曾有"南方丝绸之路上的重镇""古韵清幽休闲胜地"等定位。第四类是古镇特质文化定位偏差。比如"桃坪羌寨"以"碉楼栋立中的古巷人家"定位特质文化。而实际上，"桃坪羌寨"以羌民族定位其特质文化具有得天独厚的人文资源优势和特点，是其他川西古镇不可比拟的。第五类是一些古镇至今没有对特质文化做出任何定位。

造成川西古镇特质文化定位乱象的原因，首先，是各古镇从商业宣传、营销的角度来标示自己的文化，而挖掘古镇特质文化的自觉性、主动性较弱。典型如上里古镇已经完成的《雅安市雨城区上里镇规划》《雅安市上里古镇风貌整治规划》中所说："文化旅游主要脉络不清，主题形象不突出，历史沉淀内容繁多，没有加以梳理，仅仅是对外观内容进行了包装设计。"其次，缺失挖掘和开发古镇特质文化的古镇文化结构体系路径与多样化标准，各地力图将本古镇所有文化发挥到极致，或者宣传、营销自己的所谓优势文化，结果反而不知不觉中走向与其他古镇同质的道路。实践中，如街子场自称"川西水乡"，与黄龙溪宣称"天府第一水乡"一样，都是定位"水"文化；上里自称的"南方丝路上的古驿站"，与平乐自称的"南方丝绸之路上的重镇"，清溪的"南方丝绸之路"同样都是定位"南方丝绸之路"文化。理论上，学者们也主张全面发挥古镇的所有文化，如有的学者就主张洛带古镇全面发挥其移民文化、客家文化、蜀文化、建筑文化、其他文化。如此，必然出现与其他川西古镇相似甚至相同的移民文化、蜀文化、建筑文化元素。再次，特质文化挖掘与开发管理缺位。如以人文化定位特质文化的洛带古镇，在政府主导下的开发中却抛弃了"人"——作为原生态文化传承者的客家人基本被排除在外。黄龙溪古镇的经营与管理，以非物质文化遗产火龙灯舞的组织管理为例，在非专业人士的管理之下，一些本来是非物质文化遗产的传承人后代的骨干人士已经退出，整个队伍缺乏掌握表演技术的人才，"陷入为市场而市场的艰难境地"。如此的经营、管理方式，又怎么能充分挖掘和开发特质文化？

三、差异化：古镇特质文化挖掘与开发的对策——以川西古镇为例

（一）挖掘和开发特质文化的差异化原则

挖掘和开发古镇特质文化的原则即基本准则，是总的指导思想，具有总领挖掘和开发特质文化具体对策的作用。根据上文中对特质文化的理解，挖掘和开发古镇特质文化的原则主要有两种：优势化原则与差异化原则。所谓优势化原则就是指以古镇的突出性文化要素或文化形态为特质文化，对其加以挖掘和开发的基本准则，比如周庄的"水"文化、平遥古城的商旅文化、丽江古城的少数民族文化等。差异化原则是将古镇文化要素、文化形态的比较而显示出的不同性作为特质文化，对其加以挖掘和开发的基本准则。优势化原则是古镇文化内在各要素、各形态的比较，是自我审视型原则。而差异化原则则是古镇与其他古镇的比较，是外向型原则。

如果说，不同地域的古镇因为人、自然和历史的巨大差异，表现文化、价值文化也产生巨大差异，可以通过优势化原则来挖掘、开发古镇的特质文化的话，那么，同一地域的古镇因为人、自然和历史的相似性，因而表现文化、价值文化也产生相似性，挖掘、开发同一地域古镇特质文化则更应当遵循差异化原则。川西古镇数量众多，且属同一地域，因此，川西各古镇个体的特质文化挖掘、开发应当遵循差异化原则。

（二）川西古镇特质文化的挖掘与开发的方法

1. 川西古镇特质文化的挖掘方法

根据差异化原则，要找到川西各古镇的特质文化，首先，应当从人、自然、历史和表现文化、价值文化的视角，全面梳理各古镇的文化要素、文化形态。比如钱永红在其《四川孝泉古镇文化旅游开发探讨》一文中，梳理了孝泉古镇的川西平原田园风光、孝文化、古街巷和街名掌故、民间节会（上九会、城隍出驾、庙会、祭塔仪式）、红色旅游资源等。类似研究可以全面而深刻地发掘古镇的文化内容，为特质文化的挖掘和开发提供基础。

其次，全面比较川西各古镇的文化（见表1），即全面、深刻发掘古镇文化内容，对各古镇文化进行归类、比较，找到古镇文化要素、文化形态的差异。

最后，协调各古镇特质文化的挖掘与开发。在梳理的基础上，区别不同古镇，从人、自然、历史的表现文化和价值文化的角度，协调特质文化的安排，黄龙溪、洛带已明确了自己的水、客家文化的特质文化。对桃坪羌寨而言，"民族村寨独特的建筑确实是更易为旅游者感知也更具吸引力的组成部分。一般意义上讲，无形的非物质文化遗产对旅游经济的拉动力，尤其在民族村寨旅游开发初期，也许比不上物质类遗产，但它也是一张烫金的名片。在越来越多的民族村寨加入旅游开发且开发日趋成熟的背景下，非物质文化遗产在民族村寨旅游开发中的地位和作用日益彰显。非物质文化遗产最大的特点是不脱离社区、群体特殊的生活、生产方式，是社区、群体个性、审美习惯的活的显

现"，是民族旅游的灵魂。因此，桃坪羌寨比起其他川西古镇，具有独特的羌民族文化，应当从人的表现文化和价值文化定位其特质文化为"羌民族文化"，而不应是自然环境的表现文化——古建筑。孝泉古镇可以从价值文化角度定位为孝德文化。虽然许多古镇都有"川西民居"的称号，但安仁古镇自身除"川西民居"外无其他突出的文化，因此，其他古镇应将"川西民居"的特质文化让渡给安仁古镇。上里古镇与平乐古镇应当避免同时以"南方丝路"作为特质文化。以此类推，其他古镇都应当从古镇文化结构体系中通过比较找到自己的特质文化定位。

表1 　　　　　　　　　　川西各古镇的文化因素、文化形态

主要古镇	表现文化									价值文化		
	人		自然				历史			人	自然	历史
	民族	民俗	水	桥	民居	寺院古刹	商旅文化	南方丝绸之路	年代久远			宗教
黄龙溪		√	√	√	√	√			√			√
洛带	√	√			√				√			
街子场		√				√			√			√
上里				√			√	√				√
清溪							√		√			
悦来				√	√							√
平乐								√				
桃坪羌寨	√				√							
西来					√		√		√			
孝泉						√						√
安仁					√							

2. 川西古镇特质文化的开发方法

川西古镇特质文化的开发是将川西古镇特质文化创造、生产为川西古镇文化旅游产品。因此，需要通过深刻的研究揭示特质文化与古镇其他文化在价值上的必然联系，比如黄龙溪的镇江寺与水文化有关，但一般人并不能很好地理解，在建设中应当进行深刻的研究和说明。另外，特质文化定位决定了古镇开发的重点是挖掘其价值文化，而后期的开发则必须围绕特质文化，重在表现文化的建设，兼顾价值文化，努力弥补当前特质文化表现不足的问题。比如洛带古镇民俗多，但表现文化如民居等不足，应当多开发建设客家民居。中国典型的客家民居是围屋，洛带可以在后期开发中，建设围屋，通过不同地域客家民居的不同特点表现客家文化随地域的变迁形态。洛带还可以建设客家民俗博物馆，通过实物、图片、文字说明等方式展示客家文化的表现文化与价值文化。

川西古镇特质文化的开发不仅要打造"客观的"文化旅游特色产品，而且还要加强川西古镇特质文化的营销，让消费者认知、认同特质文化和古镇文化旅游特色，即开发

"主观的"文化旅游特色产品。因此,应当积极建设古镇文化旅游产品的商标、商务标语等商业标记,向消费者简捷、快速地传递,并让消费者简捷、快速地感知、认同古镇的文化特质和文化旅游产品特色。此外,还应当通过与旅行社合作,由导游讲解古镇的表现文化、价值文化和与其他古镇相比较所体现的特质文化;通过在建筑物、民俗活动等场所设置说明书的方式,说明古镇的特质文化;通过设立网站,生动、具体、直观、声情并茂地介绍、宣传古镇特质文化。

(三)川西古镇特质文化挖掘与开发的管理

川西古镇特质文化的挖掘、开发,必须要有统一的协调、管理机构,而且这个机构应当具有跨地域性、权威性和公信力。因此,借鉴全国著名古镇的管理经验,可以由四川省旅游局或者川西古镇成立相关协会;或者成立川西古镇旅游文化有限责任公司(总公司),在各古镇设立分公司,以市场化方式进行经营和管理,也以市场化方式在利益相关者之间进行利益分享。

参考文献

[1] 李继先.企业文化结构层次新论 [J].中州学刊,2010 (6):44-47.

[2] 万健,卢忠菊,赵烨烨.文化结构视角下的大学制度文化建设 [J].中国高等教育,2012 (19):60-61.

[3] 冯辉.关于文化的分类 [J].中州大学学报,2005,22 (4):40-41.

[4] 李建,刘洋.对于洛带古镇文化定位的再思考 [J].中国商贸,2011 (24):160-161.

[5] 孙大江,刘建,孙大远.传统古镇文化旅游研究与发展建议:以雅安市上里古镇为例 [J].四川建筑,2008 (4):15-17.

[6] 王朝辉.洛带古镇的开发模式与思考 [J].旅游纵览 (行业版),2011,4:27.

[7] 张晓林.黄龙溪古镇特色文化旅游产品开发研究 [J].中国商贸,2011 (11):181-182.

[8] 王汝辉.非物质文化遗产在民族村寨旅游开发中的特殊性研究:以四川理县桃坪羌寨为例 [J].贵州社会科学,2010 (11):37-40.

[本文发表在《湖北民族学院学报(哲学社会科学版)》2014年第1期上]

基于老年旅游者角度的
都江堰市旅游设施评价与建设[①]

陶长江[1]，朱红玲[2]，王颖梅[3]，郭 凌[1]

(1. 四川农业大学旅游学院，四川成都 611830；

2. 浙江省宁波市慈溪浒山镇源艺广告公司，浙江宁波 315000；

3. 成都农业科技职业学院经济管理分院，四川成都 611130)

　　根据国家人口计生委统计数据，2009 年全国 60 岁以上人口达 1.671 4 亿人，占总人口的 12.5%，这标志着我国正式成为国际上公认的老龄化国家。计生委还指出，2015 年我国老年人口总量将突破 2 亿人，占总人口比例超过 15%，中国将成为世界上居首位的老龄人口大国。我国步入老龄化时期，老年旅游市场蕴藏着巨大潜力。根据中国老龄科学研究中心调查，2009 年城市老年人中的 42.8% 拥有储蓄存款，2010 年我国老年人口消费规模超过 1.4 万亿元。因有可观的收入、充足的余暇时间和更好的身体状况，老年人外出旅游次数增多。目前，在我国的一些发达地区，参加旅游的离退休职工的人员比重在各类出游人员中占第二位，而且大多数老年旅游者有更多的时间进行旅游，他们在旅游、娱乐和食宿等方面比其他旅游者花费得更多。

　　发展老年旅游市场，首要问题是消除他们的安全顾虑，为老年旅游者提供安全、舒适的旅游设施和相关服务。相比其他年龄段的旅游者，老年旅游者更加关注自己的身体健康、旅途中的安全舒适程度和旅游过程中能否得到细致周到的照顾等问题，这些旅游顾虑会直接影响老年人的旅游决策。根据权威调查机构 CTR（央视市场研究机构）对我国 10 个典型城市近 4 000 位老年游客样本的分析，因受体力、健康等因素影响，相比于旅游服务和消费价格，老年旅游者更多关心旅游过程中的安全问题（占总数的 62%）。有研究指出，目前老年旅游市场隐而不旺的原因主要是未真正考虑老年人的需求。针对老年旅游者，旅游目的地提供的包括食、住、行、游、购、娱在内的旅游设施质量如何？是否满足他们的需求？这不仅影响着旅游目的地的建设和发展，且与"老有所乐"的社会事业建设密切相关。分析近十余年的国内相关文献可以看出，研究者多从老年旅游市场开发角度出发，立足旅游活动安排，提出放慢旅行速度、降低旅游强度、增强旅

---

　　① 基金项目：四川旅游发展研究中心课题（LYG13-24）；四川农业大学青年教师双支计划课题（34270020）。

游行程的舒适性、为老年旅游团队配备医生等建议，但鲜有研究者基于老年游客视角，关注旅游目的地的旅游设施建设问题。

都江堰市气候宜人，生态环境优良，是世界文化遗产"青城山–都江堰"所在地，有丰富的道教文化、养生文化和水文化。近 10 年来，老年旅游者约占整个都江堰游客市场份额的 1/4，且有增长趋势（都江堰市旅游局资料）。为更好地满足老年游客需求，促进世界遗产地的旅游发展，本研究基于实地调研，尝试分析都江堰市旅游设施建设方面存在的问题，并探讨改进措施。

一、文献回顾分析

回顾近 10 年国内对旅游设施的研究文献可知，研究者的主要兴趣点有三：一是探索乡村旅游景区和风景名胜区的旅游设施的建设和配置问题；二是结合时事，讨论某个地区或区域的旅游设施建设问题；三是探讨旅游设施建设的融资渠道和模式。

在乡村旅游设施建设研究方面，陈俊敏等指出人工芦苇湿地技术可有效处理农家乐旅游设施的污水问题；邹宏霞等通过研究证明，将仿生学用于休闲农业旅游设施的设计中，不但可使农业资源永续利用，还能设计出更多有趣的作品以增加多种游憩机会；应舒等则证实，基于农业旅游者的审美偏好及其对设施的满意度的分析，有利于改进农业旅游示范区旅游设施建设。此外，赖启福等关注到福州主要乡村旅游点的旅游设施建设与市场需求存在较大差距，提出应将旅游设施建设与新农村建设相结合，充分利用当地资源，走可持续发展道路。

在风景区旅游设施建设研究方面，李山认为在 PRED 协调原则允许下，风景名胜区修建索道等旅游设施是可行的。王鹏通过研究指出，风景区旅游购物设施的建设要与景区环境、文化协调一致；应布局在景区风景线的必经之路上。赵愿愿等研究认为运用空间句法，测算景区旅游线路的集成度，有利于风景区旅游设施的合理建设。周蕾芝等认为在森林公园内，不同性质的旅游设施点（如木屋、蒙古包、湖边沙滩和跑马场等）和原生林地相比，会给旅游者带去不同程度的舒适度。彭文惠则基于传统艺术的传习、追求地方感的人文景观风貌和注重生态复育与重建的绿色环保实践，对台湾传统艺术中心的附属旅游设施进行了规划设计。另外，在滨海地区旅游设施评估体系探索方面，汪小春等以深圳市大鹏半岛为个案，指出应依据旅游相关规范和城市规划标准确定评估指标，旅游设施的评估应与资源、滨海旅游发展趋势、当地发展和规划管理相结合。

此外，李晓莉根据对 2010 年广州亚运会客源市场接待规模的预测，讨论了广州市旅游住宿、交通、公益服务及吸引物等设施的科学配置；崔永虎等基于国家实施的海南国际旅游岛建设，对海南的交通、水利、能源等旅游基础设施建设提出了建议。在旅游设施建设的融资渠道上，钱益春认为可采取 BOT（建设–经营–转让）、BTO（建设–转交–运营）、TOT（移交–经营–移交）、ABS（资产抵押债券）和 PPP（政府合社会资本合作）模式；于玲玲还进一步讨论了旅游基础设施的贷款和收益证券化的融资模式。

综上所述，目前，国内对旅游设施的研究总体上较分散，在研究景区的类型上，有乡村旅游景区、风景名胜区和森林公园；在研究内容上，大多关注旅游风景区旅游索道、旅游购物场所的建设和乡村旅游设施建设中的新技术应用问题；在研究视角上，除关注旅游设施的具体建设外，还关注融资渠道、模式；在研究方法上，除定性分析外，也有部分在实地开展定量研究。但旅游设施的核心功能是为游客提供安全、舒适的服务。目前的研究多从旅游客体出发，而很少从旅游者（尤其是老年旅游者）的角度关注旅游设施建设。国外学者研究表明，老年群体内心渴望参加超过他们能力或环境许可范围的活动，但同时又对户外活动可能引发身体健康问题存在顾虑。旅游业发达的澳大利亚为方便老年旅游者，在交通设施方面设计了便捷的公路系统和路标；饭店提供方便老年人入住的公寓式住房；景区旅游服务设施包括满足老年人身体素质的安全保障措施以及游客呼叫系统。而在国内，伴随老年旅游市场蓬勃发展，旅游目的地提供的旅游设施是否满足老年旅游者因其身体素质和心理消费特征而提出的需求，这是值得关注的重要问题。

二、都江堰市旅游设施建设情况分析

（一）震后重建改善了旅游设施条件

2008 年汶川地震后，都江堰市旅游业的恢复重建工作主要有两大块：一是投资 30 亿元，耗时 3 年，于 2011 年完成了对都江堰和青城山景区被毁旅游设施的修复；二是从 2009 年开始，投资 28 亿元，对 1.92 平方千米的古城区实施的恢复重建工程。该工程按照"一山一水一古城"的空间格局，明确"以水为魂、以文为脉、以商为道、以游为本"的打造方针，以"一轴、两翼、三主题、六片展示区和七条旅游街"为亮点打造古城。古城区恢复重建规划 62 个项目，涵盖古民居文物古迹保护与建设、拆旧后场地恢复重建、保留建筑物立面整治、基础配套设施提升和商业旅游业态等方面，截至 2012 年年底，累计动工 38 个项目，已完成 16 个项目。

以两大遗产景区和古城区为主的恢复重建工程，正改善着都江堰市的旅游设施条件。"道解都江堰"和"夜游离堆"丰富了游客的夜晚旅游活动；幸福路已打造成步行街，以时尚精品购物和水文化深度体验为特色；夜啤酒长廊为游客提供特色饮食；杨柳河步行街正规划建设不同档次的客栈、主题酒店和特色主题酒吧；以井福街、书院街、文庙街、老灌县县衙、水利府和文庙为中心，正建设古文化展示和养生休闲设施；即将建成的古城中心水文化广场的高铁站台，将进一步提升交通便利性，将游客从成都到古城区的交通时间缩短到 30 分钟左右。

（二）旅游设施建设现状——基于对老年旅游者的调查

1. 问卷设计与调查

为调查老年旅游者对都江堰市旅游设施（包括食、住、行、游、购、娱）现状的看法，在借鉴相关研究者观点的基础上设计了调查问卷，问卷内容主要包括两部分：一是设计衡量旅游设施重要性的若干个指标，如（用餐、住宿等）环境、服务质量、消费价格、安全性能、准时性（交通）、便利度（交通）等，以调查老年旅游者对都江堰市各旅游设施中最关心的指标；二是设计李克特量表，邀请老年旅游者对旅游设施的硬件（设施本身）和软件（服务、价格、安全等）进行评分。调查于 2012 年 8—10 月在都江堰旅游景区、南桥、幸福路和杨柳河步行街等区域开展，采取目标抽样法，共发放 180

份问卷①，回收有效问卷 165 份，有效率为 91.67%。数据分析方法采用 SPSS17.0 数理统计软件。

2. 被调查者的基本情况

出游的老年旅游者中男性比例高于女性，占总数的 60%；55 岁以上的老年旅游者占47.9%，其中，56~65 岁的年龄层所占比重最大（占 35.2%）；文化程度在初中及以下的占到 66.1%，高中学历占 19.4%，受过高等教育的占 14.6%；从曾经从事的职业上看，企事业单位管理人员约占一半，其次是农民、服务销售人员和工人（分别占20.6%、13.3% 和 10.3%）；从月收入看（主要是退休金、养老金等），1 001~2 000 元和 2 001~3 500 元所占的比例最大，分别为 43% 和 21.8%，3 501 元以上的占比为19.4%。另外，老年旅游者在交通工具选择上偏向于大众化，多选择常规性、价格适中、和身体状况相适应的交通工具，60% 的人乘坐大巴车来都江堰，另有 30.3% 的人选择乘坐高铁。

3. 老年旅游者对旅游设施各要素、指标的关注度

在旅游活动六要素的旅游设施上，老年旅游者的关注度由高到低的排序依次是：餐饮、住宿、游览、娱乐、交通和购物。其中，餐饮和住宿设施的受关注度最高，分别占总体样本的 47.3% 和 24.8%。本研究将影响旅游设施重要性的要素分为：功能、消费价格、安全性、使用寿命、外观和便利性等 7 个指标，老年旅游者认为旅游设施的功能最重要（占总样本的 50.9%），其次是消费价格和安全性（各占总样本的 19.4% 和18.8%）（见表 1）。

表 1 旅游设施中最重要的指标

指标	频率（人）	百分比（%）	有效百分比（%）	累计百分比（%）
功能	84	50.9	50.9	50.9
消费价格	32	19.4	19.4	70.3
安全性	31	18.8	18.8	89.1
使用寿命	7	4.2	4.2	93.3
外观	5	3.1	3.1	96.4
便利性	4	2.4	2.4	98.8
其他	2	1.2	1.2	100.0
合计	165	100.0	100.0	

4. 老年旅游者对各项旅游设施要素的关注度

就都江堰市旅游设施的总体情况看，超 70% 的被访者认为旅游设施总体上是完备的，3.6% 的人认为不完备和非常不完备。在旅游设施布局上，77.6% 的人表示满意，5.5% 的人表示不满意。这一定程度上说明老年旅游者对都江堰市的旅游设施总体上感

① 本文所说的老年旅游者为领取退休金的群体。按国家相关规定，从事某些特殊工种或符合某些特殊条件的女性，年满 45 周岁可以退休，同样条件的男性年满 50 周岁可以退休。本文的调研对象包括这部分群体。

觉满意，这很大程度上得益于灾后旅游设施的恢复和重建。

（1）旅游餐饮和住宿设施。老年旅游者基于特殊身体素质和特殊心理，他们在选择住宿和餐饮时更需要舒适的就餐环境和个性化的服务。据调查，他们主要关注就餐环境、消费价格和服务质量，并不太关注餐饮的安全性能（仅占总体的7.9%）；在住宿设施方面，他们认为住宿的便利程度、安全性、消费价格和住宿环境近乎同等重要（分别占28.5%、20.6%、20.0%和18.2%）。但通过回归分析发现，老年旅游者最关心的旅游住宿设施指标=4.540−0.634×年龄，即表明随着年龄增长，老年旅游者越关注住宿设施的服务质量和住宿环境（见表2和表3）。就住宿环境而言，根据访谈了解到他们喜欢方便出入、临窗和适宜观景的位置，最好能配备完善的健身娱乐设施以丰富在旅途中的精神文化生活。

表2 方差分析

模型	平方和	自由度	均方	F	显著性
回归	50.846	1	50.846	24.497	0.000
残差	338.329	163	2.076		
合计	389.175	164			

表3 回归系数

模型	非标准化系数		标准化系数	t	显著性
	β	标准误	β		
常量	4.540	0.242	—	18.762	0.000
年龄	−0.634	0.128	−0.361	−4.949	0.000

（2）旅游交通服务、游览、购物和娱乐设施。在旅游交通设施的便利度、准时性、消费价格、安全性能和服务质量等要素中，老年旅游者最关注交通的便利度和安全性能（各占总体的29.7%和29.1%），其次是消费价格（占14.5%），最后是服务质量和准时性（均占12.7%）。对游览设施，老年旅游者最关注消费价格和安全性能（各占38.8%和35.2%），其次关注的是便利度（占16.4%），其余9.7%的人关注服务质量、景区游览氛围等。在旅游购物设施的消费价格、购物环境、服务质量、安全性能和便利度等要素，他们最重视消费价格（占40.6%），其次是服务质量和安全性能（各占25.5%和20.6%），只有10%左右的被访者关注购物环境和便利度。针对旅游娱乐设施的娱乐项目本身、消费价格、安全性能、服务质量、消费环境、便利度等要素，老年旅游者最看重娱乐项目本身和消费价格（各占29.7%和23.0%），其次是安全性能和服务质量（各占17.6%和15.8%），13.9%的被访者关注娱乐环境和便利度。

5. 老年旅游者对都江堰市旅游设施的满意度

将都江堰市"食、住、行、游、购、娱"的旅游设施细分硬件设施（功能、外观等）和软件设施（服务、安全、价格等），请老年旅游者分别打分。其中，1~5分分别代表"非常差、差、一般、好和非常好"。在老年旅游者人口统计信息中，年龄层的差异对旅游设施满意度的影响最为明显。据分析，总体均值低于 4 分的有餐饮设施、住宿设施、交通设施、娱乐设施的硬件和景区设施的软件。其中，以餐饮设施得分最低（3.15 分）。对应老年旅游者的各年龄阶层，发现均值低于 4 分的还有所有年龄层对餐饮设施和住宿设施硬件的评分、45~55 岁和 76 岁及以上的老年旅游者对住宿软件设施和交通硬件设施的评分、45~65 岁的被访者对游览软件设施和 66 岁及以上的被访者对购物软件设施的评分。具体到各年龄阶层，在 56 岁及以上的老年旅游者中，随着年龄增长，对餐饮设施硬件、住宿设施（硬件和软件）、交通设施硬件和购物设施软件的满意度基本上呈逐步下降趋势。尤其是 86 岁以上年龄的老年旅游者，对住宿设施和交通设施硬件的均值均为 3，是表内数据最小值（见表 4）。

表 4　　　　不同年龄的老年旅游者对都江堰旅游设施满意度的均值比较　　　单位：分

年龄（岁）	餐饮设施		住宿设施		交通设施		游览设施		娱乐设施		购物设施	
	硬件	软件	硬件	软件	硬件	软件	硬件	软件	硬件	软件	硬件	软件
45~55	3.45	3.16	3.95	3.72	3.91	3.86	3.99	3.81	3.91	4.60	4.48	4.20
56~65	3.67	3.09	3.98	4.19	4.10	3.79	4.28	3.95	4.07	4.33	4.60	4.17
66~75	3.58	3.17	3.83	4.00	4.50	4.25	4.42	4.50	3.92	3.83	4.17	3.58
76~85	3.57	3.29	3.86	3.71	3.43	3.86	4.86	4.43	4.14	4.00	4.29	3.86
86 以上	3.50	3.50	3.00	3.00	3.00	5.00	4.50	4.50	4.50	4.50	4.50	3.50
综合	3.55	3.15	3.94	3.90	3.99	3.87	4.17	3.95	3.98	4.42	4.49	4.12

从性别上看，男性老年旅游者对旅游餐饮、住宿、交通和游览设施的满意度低于女性，对旅游娱乐设施和购物设施的满意度高于女性（见表 5）。另外，将性别（定类变量）与老年旅游者最关注的旅游设施（定类变量）做交叉列表进行卡方检验（见表 6），似然比卡方统计量双尾检测结果为 0.02，小于 0.05 的显著水平，这也表明性别与关注旅游设施类别间关系显著。进一步运用相关分析发现，不同受教育程度、月收入、职业的老年旅游者对旅游设施的满意度没有明显差异。

表 5　　　　不同性别的老年旅游者对都江堰旅游设施满意度的均值比较　　　单位：分

性别	餐饮设施		住宿设施		交通设施		游览设施		娱乐设施		购物设施	
	硬件	软件	硬件	软件	硬件	软件	硬件	软件	硬件	软件	硬件	软件
男	3.47	3.12	3.88	3.81	3.95	3.79	4.13	3.87	4.00	4.44	4.52	4.12
女	3.65	3.18	4.03	4.03	4.05	3.98	4.23	4.06	3.95	4.39	4.45	4.12
综合	3.55	3.15	3.94	3.90	3.99	3.87	4.17	3.95	3.98	4.42	4.49	4.12

表 6　　　　　　　　　　　卡方检验

项目	值	自由度	渐进显著性（双侧）
Pearson 方差	17.552	5	0.004

项目	值	自由度	渐进显著性（双侧）
似然比	19.503	5	0.002
线性和线性组合	3.679	1	0.055
有效案例中的数	165		

三、对旅游设施建设的建议

（一）全面改进旅游餐饮和住宿设施

吃和住是旅游活动中最基本的两个环节，老年旅游者的生理状态导致对食物种类、休息环境等尤其关注。在整个旅游活动中，他们在旅游餐饮设施方面最关心就餐环境、消费价格和服务质量。在住宿设施方面最关心便利程度、安全性、消费价格和住宿环境；随着年龄增加，他们对住宿的服务质量和住宿环境的关注度也越来越高。据调查，老年旅游者对都江堰市旅游活动六要素中的餐饮和住宿设施满意度最低，在56岁以上的老年人群中，随着年龄增加满意度越来越低，尤其是86岁以上的老年旅游者对住宿设施评分均值为3分（所有指标均值的最低分）。因此，都江堰市应关注老年旅游者的特殊餐饮需求，提供适合老年人就餐的饭店和餐饮食品，为他们提供安全、健康、卫生、便于消化的饮食。在住宿方面，推出针对老年旅游者的专用宾馆或客房，客房要安静，出入要方便，位于适宜楼层，并适宜观景。在客房设施上更注重安全，如防火、防盗、防摔倒；客房服务上要更多细心和耐心，多提醒、预报，让服务时刻陪伴在老年人身边。另外，在定价上要比其他年龄群体稍低，以符合老年旅游者的消费能力。

（二）提高交通设施的通达性和安全性

老年旅游者最关注交通设施便利度和安全性能。调查发现老年旅游者对都江堰市的旅游交通设施均值评分小于4分，并且随着年龄增长，他们对交通设施硬件的满意度越来越低。86岁以上老年旅游者对交通设施硬件的均值也为3分。部分游客对交通便利性不太满意的原因，主要是快铁站到都江堰核心景区还需换乘20分钟左右的公交车，该状况将随着未来水文化广场快铁站台的建成而得到缓解。基于老年旅游者的安全和方便，应关注都江堰市公交车、景区缆车和电瓶车等交通设施的座位、扶手、停靠站台和候车点休息室等设施的改进和设计。

（三）进一步提升景区游览设施的服务水平

老年旅游者最关注游览设施的价格和安全性能，对都江堰市的研究发现，45~65岁的群体对游览设施的软件不太满意（占老年旅游者总数的87.3%）。这在一定程度上说明，灾后对世界遗产景区的游步道、桥、亭廊等硬件设施的重建得到了老年旅游者的认可，但在景区工作人员和导游人员的服务水平等方面还有待提高，应关注老年旅游者行动迟缓、听力衰退、活动强度下降等特征，有针对性地提供服务。

（四）提高购物场所服务质量

老年旅游者最关注旅游购物设施的消费价格，其次是服务质量和安全性能。调查显示，66岁及以上的被访者对购物软件设施的评分低于4分；在56岁及以上的老年旅游者中，随着年龄增长，对购物设施软件的满意度基本上呈逐步下降趋势。这表明旅游购物商场应关注老年旅游者对旅游商品价格的敏感性，促销上凸显价格实惠性和产品实用性；旅游商品销售人员的服务应更热情、周到，多提醒、多关心，免费提供茶水服务和休息处。

（五）其他

老年旅游者关注旅游娱乐设施的项目内容和消费价格，其次是安全性能和服务质量。他们对都江堰的娱乐设施评价均值在4分以上，总体上是满意的，但要注意继续保持，尤其是应设计更多适合老年旅游者年龄和活动能力的娱乐项目。

此外，还应重视所有旅游设施的功能。据调查，超过一半的老年旅游者最关注旅游设施的功能，其次是消费价格和安全性能。"功能"是旅游设施最本质的属性，如旅游餐饮设施的功能是提供安全、卫生、色香味俱全的佳肴，以满足游客日常就餐和品尝当地特色餐饮的需求。需要指出的是，设施的功能在某种程度上也包括了设施的安全性能，如提供安全的饮食、住宿环境和交通方式是对相关旅游设施功能最基本的要求。另外，赴都江堰市的老年旅游者的男女比例为6∶4，不同性别的老年旅游者对各旅游设施的感知度、满意度均存在差异。建议都江堰市关注不同性别老年旅游者的需求差异，根据男性老年旅游者的需要，更好地提供旅游餐饮、住宿、交通和游览设施；对女性老年旅游者，应进一步改进旅游娱乐设施和购物设施。

四、结论与讨论

我国是旅游大国，也将成为世界上居首位的老龄人口大国，从方便老年旅游者的角度对旅游设施进行规划建设，不只可以获取老年旅游市场的经济收益，更重要的是，这是我国从旅游大国向旅游强国迈进的必然要求，也是社会进步的重要指标。

安全、方便、周到的设施和服务，是老年旅游者普遍的诉求。国内对老年旅游者的研究多从市场角度分析出游动机、影响旅游决策的因素以及市场营销策略等，鲜有对老年旅游者设施需求的研究。部分研究者虽建议从旅游产品设计和旅游线路安排上关注老年旅游者的特殊需求，但这只涉及旅游活动中"游"的环节。本研究以都江堰市为研究对象，是因为都江堰市是国内外闻名的世界文化遗产地，良好的自然、人文环境和特有的道文化、水文化、养生文化正吸引越来越多的老年朋友前来旅游。作为知名的和发展较成熟的旅游目的地，在为老年旅游者提供满意的旅游设施方面，自然应走在同行前列。但据研究，2008年汶川地震后的重建虽使都江堰市旅游设施的硬软件得到全面提升，但从老年旅游者角度来看，在旅游餐饮、住宿和交通设施的便利性、安全性、环境、价格和服务等方面仍需改善，在景区游览和旅游购物的服务方面仍有较大提高空间。关注老年旅游者的多方面需求是一个意义重大且需系统研究的课题。本研究只是基于老年旅游者关注了目的地旅游设施的建设需求，未来还可以基于老年旅游者角度研究景区解说系统、旅游目的地安全旅游标识系统建设；从老年旅游者需求角度探讨特种旅游交通设计；还可从旅游目的地资源的不同类型（如文化遗产景区、自然保护区、风景名胜区）多角度关注老年旅游者的需求。

参考文献

[1] IRMGARD B. Australian Senior Adventure Travelers to Peru: Maximising Older Tourists' Travel Health Experience [J]. Travel Medicine and Infectious Disease, 2012 (10): 59-68.

[2] 余颖, 张捷, 任黎秀. 老年旅游者的出游行为决策研究: 以江西省老年旅游市场为例 [J]. 旅游学刊, 2003, 18 (3): 25-28.

[3] 魏立华, 丛艳国. 老龄人口旅游空间行为特征及其对旅游业发展的启示 [J]. 人文地理, 2001, 16 (1): 20-23.

[4] 周丽洁. 中国老年旅游市场特征及发展路径 [J]. 财经理论与实践, 2010 (5): 113-118.

[5] 周刚. 养老旅游理论与实践研究 [J]. 地域研究与开发, 2009, 28 (2): 112-116.

[6] 陈俊敏, 贾滨洋, 付永胜. 表面流人工湿地用于农家乐旅游设施污水处理的试验研究 [J]. 农业环境科学学报, 2006, 25 (S): 191-193.

[7] 邹宏霞, 李振民, 于吉京. 论仿生学在休闲农业旅游设施设计中的应用 [J]. 人文地理, 2009, 24 (3): 71-74.

[8] 应舒, 刘铸贤, 谭寅寅, 等. 从审美心理角度解读农业旅游示范区旅游设施建设 [J]. 广东农业科学, 2009 (8): 260-262.

[9] 赖启福, 刘森茂, 黄源财. 福州乡村旅游配套设施研究 [J]. 林业经济问题, 2009, 29 (6): 534-538.

[10] 李山. 基于PRED协调的风景名胜区旅游设施建设初探: 以风景名胜区索道建设为例 [J]. 人文地理, 2002, 17 (5): 7-11.

[11] 王鹏. 旅游景区内购物设施选址及商品选择策略 [J]. 企业活力, 2007 (12): 47-48.

[12] 赵愿愿, 魏峰群. 基于空间句法的景区旅游服务设施布局探析: 以潼关古旅游城规划为例 [J]. 安徽农业科学, 2011, 39 (30): 18687-18689.

[13] 周蕾芝, 周淑红, 钱新标. 森林公园旅游设施建设中生态气候的变化 [J]. 浙江林学院学报, 2002, 19 (1): 48-52.

[14] 彭文惠. 结合艺术传承与休闲旅游的创意园区景观规划设计: 台湾传统艺术中心全区景观及附属服务设施规划设计 [J]. 中国园林, 2011 (12): 47-51.

[15] 汪小春, 叶伟华, 孟丹. 滨海地区旅游设施评估体系探索: 以深圳市大鹏半岛为例 [J]. 规划师, 2011, 27 (1): 105-110.

[16] 李晓莉. 2010年广州亚运会客源市场分析与旅游设施配置对策研究 [J]. 商业经济文荟, 2006 (5): 31-33.

[17] 崔永虎, 石玲. 国际旅游岛背景下海南旅游配套设施建设研究 [J]. 中国商贸, 2010 (29): 146-147.

[18] 钱益春. 旅游基础设施融资模式初探 [J]. 特区经济, 2006 (9): 241-242.

[19] 于玲玲, 张建萍. 旅游基础设施资产证券化融资模式初探 [J]. 特区经济, 2010 (5): 151-152.

[20] 黎筱筱，马晓龙. 基于群体心理特征的老年旅游产品谱系构建：以关中地区为例 [J]. 人文地理，2006，21（1）：45-50.

[21] 张益. 澳大利亚的旅游设施及服务 [J]. 中国高校后勤研究，2001，10（4）：82-83.

（本文发表在《地域研究与开发》2014 年第 1 期上）

基于游客满意度的成都采摘旅游季节性特征研究①

肖艳[1]，杨丽娟[2]，孙佳媛[1]，高丽楠[1]，詹 毅[1]，王岑涅[1]，罗晓波[3]

(1. 成都大学旅游与经济管理学院，四川成都 610106；

2. 四川农业大学风景园林学院，四川成都 611130；

3. 四川省自然资源科学研究院，四川成都 610015)

一、引言

乡村旅游在成都具有深厚的群众基础，经过多年的发展，已经形成了自己的特色和品牌。根据成都市旅游局的统计，2013—2015 年，全市分别接待乡村旅游游客 8 559.50 万人、8 896.43 万人和 9 519.18 万人，分别占全市旅游接待总人数的 55.22%、47.83%和 49.84%；实现乡村旅游总收入 142.95 亿元、160.97 亿元、200.06 亿元，分别占全市旅游总收入的 10.74%、9.68%和 9.81%。

采摘旅游是一种新兴的乡村旅游模式，与农业契合度较高，市民参与热情也高。目前，成都已经形成了以双流县、龙泉驿区、大邑县等为核心的水果采摘旅游带。由于采摘旅游受季节影响显著，加之该产业整体发展水平不高，因此，进行成都采摘旅游的季节性特征研究和游客满意度研究，对于调整采摘园经营策略、提升成都采摘旅游品质具有重要的意义。

二、研究设计

(一) 问卷设计

游客满意是研究游客管理和优化旅游资源开发的重要根据。调查问卷主要包含 4 个部分：第一部分为游客基本资料，包括游客年龄、职业、收入等；第二部分为游客季节性感知调查，包括出游时间、动机、次数等；第三部分为游客满意度调查，包括果品质量、旅游服务、旅游设施等；第四部分为后续影响调查，包括重游意愿、向他人推荐意愿等。

① 基金项目：四川省教育厅哲学社会科学重点研究基地——四川旅游发展研究中心项目 (LYG16-49)；四川省教育厅人文社科重点研究基地四川景观与游憩研究中心项目 (JGYQ2015008)。

（二）调研过程

2016 年 3—6 月，课题组共选取成都市双流县、龙泉驿区、大邑县的 9 个采摘园进行现场随机问卷调查。此次共发放问卷 300 份，回收有效问卷 291 份，有效问卷率为 97.0%。

（三）数据分析方法

采用 SPSS16.0 软件和 EXCEL2010 软件对调查问卷数据进行统计分析。

三、结果分析

（一）信度分析

为了保证数据的可靠性，本研究运用 SPSS16.0 软件对调查问卷进行了克朗巴哈信度系数（Cronbach's Alpha）检验。一般来说，克朗巴哈系数小于 0.35 为低信度，大于 0.7 为高信度。检验结果表明本次问卷的克朗巴哈系数为 0.825，说明问卷具有很高的置信度。

（二）描述性统计分析

1. 游客基本信息分析

调查结果显示：在性别方面，女性游客占 63.5%；在年龄方面，25~45 岁游客占 58.73%；在婚姻状况方面，已婚游客占 78.61%；在受教育程度方面，本科学历的游客最多，占 37.26%；在职业方面，企事业单位的游客占 53.28%；在收入方面，月收入 3 000~6 000 元的人群是消费的主力，占 27.28%；在客源地方面，成都本地游客比例高达 81.20%。

2. 游客出游特征分析

在出游频率方面，首次出游的占 52.69%；在消费方面，支出 200~300 元的人最多，占 48.33%；在出游结构方面，以家庭为单位出游的占 51.57%；出游动机方面，以带孩子出游增长其见闻的居多，占 41.26%；在出游方式方面，自驾游的占 56.32%；在停留时间上，选择当天返回的占 96.73%。

3. 游客出行意愿季节性分布特征

根据对游客选择出行时间的调查，成都采摘旅游游客出行意愿季节性特征大致呈现"M"型分布（见图 1）。游客大多愿意选择果品丰富、节庆活动多、假期集中、气候适宜的时节出游，因此，5 月和 10 月的出行意愿最为强烈，分别占总调查人数的 21.65% 和 23.37%；受龙泉桃花节和大邑蓝莓节的拉动，愿意在 3 月和 4 月出游人数分别占到 8.59% 和 7.56%；7 月和 8 月，在暑期的带动下，愿意出游的人数出现小幅回升，分别达到 8.25% 和 7.22%；而受天气、农时等的影响，仅有 2.75% 和 3.44% 的游客选择在 1 月和 12 月出游。

总体来讲，成都采摘旅游的季节性特征十分明显，且淡季时间较长，这给经营者造成了很大的困扰。在淡季，游客的骤减导致运营成本的上升，不少业主只能采取裁员、"打低价战"的方式艰难维持；而到了 5 月、10 月的旺季，采摘园又不得不超负荷运转，出现价格暴涨、服务质量下降、环境压力上涨等问题。

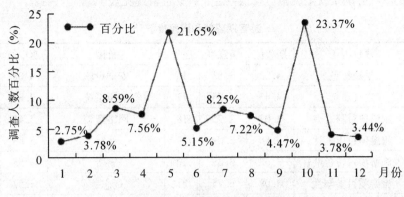

图1 游客出行意愿季节性分布特征

（三）游客满意度分析

1. 总体满意度分析

总体来讲，游客对采摘游的满意度不高，出游前满意度期望值为3.87，而实际仅达到3.11，表明游客体验值没有达到预期，成都采摘旅游还需要改进和提高。

2. 评价维度分析

利用李克特五量表法为每个问题进行赋值，1、2、3、4、5分别表示非常不满意、不满意、一般、满意、非常满意。统计结果表明，8个维度中，仅有采摘园环境一项让游客感到满意，其余得分均在4.0以下。其中服务质量、旅游项目、旅游商品、基础设施、交通的评价为一般，而餐饮服务和门票价格的评价为不满意（见图2）。

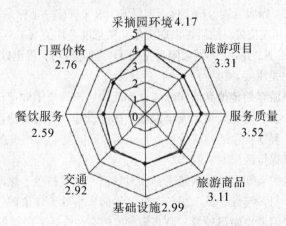

图2 各评价维度满意度

3. 期望值与满意度的IPA分析

从29个评价因子的游客期望值和满意度统计结果中可以看到，游客期望值最高的3项分别是空气质量、景观特色和餐饮卫生；最低的3项分别是旅游商品多样性、网络覆盖和解说系统。游客最满意的3项分别是空气质量、员工服务态度、员工服务效率；最不满意的 3 项分别是安全设施、餐饮卫生、餐饮价格（见表 1）。

表 1　　　　　　　　　　　　　游客期望值和满意度统计

序号	评价因子	期望值	满意度	序号	评价因子	期望值	满意度
1	景观特色	4.32	3.83	16	安全设施	4.08	2.33
2	空气质量	4.43	4.35	17	解说系统	2.87	2.54
3	旅游项目科普性	4.03	2.75	18	网络覆盖	3.41	2.77
4	旅游项目丰富性	3.58	3.09	19	住宿	3.83	3.02
5	旅游项目特色性	3.67	3.38	20	厕所	3.55	3.03
6	旅游项目参与性	4.08	3.75	21	标志牌	3.57	3.46
7	投诉处理	3.93	3.05	22	休憩设施	4.01	3.08
8	员工衣着形象	3.99	3.24	23	交通便利性	4.13	2.73
9	投诉便利	3.80	3.08	24	停车便利性	3.79	3.25
10	员工服务效率	4.02	3.87	25	餐饮价格	4.12	2.14
11	员工服务态度	4.11	4.02	26	餐饮卫生	4.25	2.26
12	旅游商品价格	3.64	2.83	27	餐饮设施	3.95	2.43
13	旅游商品多样性	3.52	2.85	28	餐饮特色	4.02	2.81
14	旅游商品特色性	3.83	3.63	29	门票价格	3.96	2.76
15	果品质量	4.17	3.86				

　　根据 IPA 分析法，以满意度为横坐标、期望值为纵坐标建立坐标系，将各评价因子的评价值确定在坐标的相应位置。然后再以期望值和满意度总均值（3.87，3.11）为象限分割线将图划分为Ⅰ、Ⅱ、Ⅲ、Ⅳ4 个不同象限（见图3）。通过分析，得出以下结果：

　　第 1 象限：集中关注区。

　　该象限的特征是游客期望值高而实际满意度低。处于该象限的评价因子共有 10 项，分别为旅游项目科普性、投诉处理、安全设施、休憩设施、交通便捷性、餐饮价格、餐饮卫生、餐饮设施、餐饮特色、门票价格，是今后需要高度关注和重点改善的方面。

　　第 2 象限：继续保持区。

　　该象限的特征是游客期望值和满意度都相对较高。景观特色、旅游项目参与性、员工服务效率、旅游项目参与性、员工服务态度、果品质量处于该象限，说明游客对这些方面较为重视，而经营者也做得较好，游客满意度较高，今后需继续保持。

　　第 3 象限：改进区。

　　该象限的特征是游客期望值和满意度均不高。旅游项目丰富性、投诉便利、旅游商品价格、旅游商品多样性、解说系统、网络覆盖、住宿、厕所 8 个因子处于该象限，说明采摘园的基础设施建设及旅游商品开发还存在很多问题。经营者要在今后主动改进，努力提高游客满意度。

　　第 4 象限：过度努力区。

　　该象限的特点是游客期望值低而满意度较高。旅游项目特色性、员工衣着形象、旅游商品特色性、标志牌、停车便捷性处于该象限。这些方面游客虽然不太重视，但采摘园已做得相对较好，游客也较为满意，今后可不必在这些方面花费过多精力。

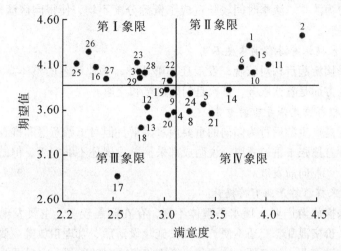

图3　游客期望值和满意度的IPA分析

（四）后续影响分析

1. 游客重游意愿

通过对游客重游意愿的分析发现，不愿意和肯定不愿意重游的人分别占到了总数的18.43%和10.24%（见表2），而犹豫的游客则达到了43.34%，说明游客再次前来的积极性较低，重游意愿较小。

2. 推荐意愿

表2显示，明确表示愿意或非常愿意推荐的人仅占总数的6.14%和24.91%，表示可能推荐的占46.08%，表明大多数游客愿意将去过的采摘园推荐给其他人。总体来讲，游客向他人推荐的意愿大于重游意愿。

表2　　　　　　　　　　　后续影响统计表

	重游意愿		推荐意愿	
	人数（人）	百分比（%）	人数（人）	百分比（%）
非常愿意	21	7.22	18	6.19
愿意	60	20.62	72	24.74
可能会	126	43.30	134	46.05
不愿意	54	18.56	41	14.10
肯定不愿意	30	10.31	26	8.93

四、结论

通过对成都采摘游的季节性特征及游客满意度的分析，本文得出以下结论：

（一）成都采摘旅游季节性特征明显

成都采摘旅游淡旺季明显，其中5月和10月属于旺季，3月、4月、7月和8月为平季，其余月份为淡季。淡季时间较长造成了资源分配不均，使得园区淡季经营困难，而旺季超负荷运转。

（二）成都采摘旅游游客满意度不高

由于成都采摘游起步相对较晚，发展还不够成熟，因此游客的整体满意度并不高。游客最不满意的方面是餐饮服务，其次是门票价格和交通。

（三）游客推荐意愿强于重游意愿

游客满意度是产生游后行为倾向的重要前置因素，但对重游意愿和推荐意愿的效应不同。游客推荐意愿强于重游意愿，说明成都采摘游发展还不够完善，但游客又愿意创造机会帮助这个产业向前发展。

（四）成都采摘旅游产业有待提升

目前成都采摘旅游产业发展水平整体不高，存在问题较多，主要表现在季节性突出、缺乏特色、价格混乱、交通不便、基础设施建设落后、管理粗放等。要想从根本上提升成都采摘旅游产业，就必须改变现状，否则将很难突破瓶颈，实现更大发展。

五、对策与建议

（一）统筹规划，整合资源

由于没有统一的规划和建设标准，因此成都采摘园的建设并不规范，水平也参差不齐。成都相关政府职能部门要尽快统筹，编制和落实成都市采摘旅游发展规划。同时，还建议制定《成都市采摘园星级评定标准》，整体提升成都采摘旅游产业的发展和建设水平。

（二）优化农产品结构，延长采摘期

农产品的季节性是制约成都采摘园发展的重要因素之一。由于目前很多园区的果蔬品种较为单一，因此采摘旅游淡旺季更加明显，这对经营十分不利。而改善这一状况最直接的方式就是调整农产品结构，实现由单一品种向复合型品种的转变，不断延长采摘期和旺季时间。

（三）丰富旅游活动，深度开发旅游产品

采摘园要改变以往仅仅依靠"采摘"吸引游客的传统经营模式，要大胆推行"观光+度假+康体休闲"的复合型产业发展模式。在产品设计时，要充分考虑项目的参与性和延展性，比如开展果树认养活动，让游客参与果树施肥、喷药、采摘的全过程，增加游客的回游率。另外，还可以根据游客需求为水果套上专用纸袋，通过阳光照射后形成特殊的图案或文字，成为游客的专属产品。在淡季可以举办一些诸如成都农耕文化展、农产品销售展等活动吸引游客。要让旅游商品充分体现园区特色，并逐步形成集生产、加工、包装、销售为一体的完整产业。

（四）加强基础设施建设，完善配套设施

由于成都采摘园的准入门槛低，总体定位不高，因此大多数采摘园的基础设施和配套设施都不完善。首先，应建立完善的道路标识系统和旅游公交系统，为旅游者提供交通便利。其次，要狠抓餐饮和住宿，做到卫生、价格合理、有特色，这是成都采摘旅游亟待解决的问题之一。最后，规范的停车场、干净的公厕、舒适的游憩设施、通畅的网络、清晰的导视图和完善的解说系统也都是为游客创造良好旅游环境必不可少的部分。

（五）规范管理，完善旅游服务体系

要建立健全服务管理体系，加强园区服务规范化管理；加强从业人员培训体系，提高员工业务素质和服务水平；完善服务监管体系，建立高效的咨询和投诉平台。通过对管理、培训及监督的全方位改革，不断提高服务"软实力"和游客满意度。

（六）重视促销宣传，强化网络营销

成都采摘旅游的宣传营销力度并不强，亲朋推荐是主要信息渠道。针对这一情况，要结合成都采摘旅游的具体特点，制定有效的宣传和营销方案，充分利用网络、电视、报纸、广告牌等媒体手段进行宣传。要建立成都采摘旅游专业网站、微信公众号、微博公众号，及时发布和更新旅游信息。

（七）加强市场价格监管，规范市场价格行为

目前成都采摘旅游市场价格较为混乱，旺季部分商家会肆意哄抬物价，而淡季又会进行低价恶性竞争，严重扰乱了市场秩序，损害了游客利益。对此，相关管理部门和行业协会要强化价格监督检查，加大对违价案件的惩治力度，防止价格无序竞争。同时，要开通投诉举报电话，发动全社会进行监督。

参考文献

［1］邹统钎. 中国乡村旅游发展模式研究：成都农家乐与北京民俗村的比较与对策分析［J］. 旅游学刊，2005（3）：63-64.

［2］于静. 论乡村旅游对农村经济发展的意义［J］. 经济问题，2008（5）：91-93.

［3］戴斌，李仲广. 游客满意：国家战略视角下的理论建构与实践进路［J］. 旅游学刊，2014，29（7）：15-22.

［4］仇梦嫄，王芳，沙润，等. 游客对旅游景区声景观属性的感知和满意度研究［J］. 旅游学刊，2013，28（1）：54-61.

［5］蔡蓉蓉，张维亚. 基于结构方程的智慧旅游满意度实证研究［J］. 资源开发与市场，2015，31（3）：378-382.

［6］胡迎春. 京郊休闲果园游客满意度研究［D］. 北京：北京林业大学，2007.

［7］张文萍. 基于游客感知的乡村旅游服务质量的IPA分析：以成都市三圣乡为例［J］. 乐山师范学院学报，2010，25（12）：70-74.

［8］WANG H Y, WANG S H. Predicting Mobile Hotel Reservation Adoption：Insight from a Perceived Value Standpoint［J］. International Journal of Hospitality Management，2010，29（4）：598-608.

［9］王钦安，孙根年，汤云云. 传统型景区游客感知满意度及游后倾向实证分析：以琅琊山景区为例［J］. 旅游资源开发与市场，2016，32（1）：99-110.

［10］吴玉琴，陈志钢，陈会娜. 基于结构方程模型的乾陵游客满意度研究：以文化价值感知和文化体验为中介变量［J］. 资源开发与市场，2016，32（6）：754-758.

［11］林琴玉，吴光玲，李和平，等. 采摘型乡村旅游目的地季节性研究：以福建省为例［J］. 中外企业家，2015（19）：180-183.

[12] 胡敏. 我国乡村旅游专业合作组织的发展和转型：兼论乡村旅游发展模式的升级 [J]. 旅游学刊, 2009 (2): 70-74.

[13] 陈怡君. 成都市两种观光农业类型经营模式与农户效益比较研究 [D]. 雅安: 四川农业大学, 2010.

[14] 郭威. 西安市发展秦岭麓农业休闲观光旅游应注意的问题 [J]. 西北建筑工程学院学报 (自然科学版), 2001, 18 (4): 101-104.

[15] 蔡雪洁, 鲁林红. 基于游客满意度的乡村旅游景区服务质量提升策略研究: 以安徽省宿州市为例 [J]. 长沙大学学报, 2014, 28 (6): 25-27.

[16] 周学军, 杨勇. 基于 SEM 的休闲避暑地游客满意度及忠诚度关系研究: 以重庆市黄水镇为例 [J]. 资源开发与市场, 2014, 30 (2): 231-234.

[17] 刘新颜, 延军平, 王诺梅. 基于 IPA 分析的陕西历史博物馆游客满意度研究 [J]. 资源开发与市场, 2014, 30 (9): 1120-1122.

[18] 彭嘉. 基于游客满意度的乡村旅游服务质量提升策略研究 [D]. 长沙: 湘潭大学, 2013.

[19] 高丽婧. 基于利益相关者理论的京郊观光采摘节研究 [D]. 北京: 首都师范大学, 2011.

[20] 唐成努. 规范旅游价格管理 促进旅游产业发展 [J]. 企业家天地, 2002 (2): 65 -66.

[21] 刘代兴. 整治旅游市场秩序 规范旅游价格行为 [J]. 粤港澳价格, 2005 (6): 35-36.

（本文发表在《四川林业科技》2017 年第 1 期上）

基于正能标准的低碳景区评价与建设研究[①]

王小红[1]，张弘[2]

(1. 成都大学旅游文化产业学院，四川成都 610106；

2. 成都大学城乡建设学院，四川成都 610106)

一、导言

随着气候变化的加剧，人们越来越重视因温室气体排放而导致的全球气候恶化问题，采用低碳技术降低生产生活过程中的碳排放已成为人们的共识。虽然旅游业一直被认为是低污染的环境友好型产业，但面对低碳产业的要求并不具备绝对优势。旅游业活动性非常强，无论是游客的旅行过程还是旅游活动本身都需要消耗能源，与居家生活相比，其碳排放量明显增加。据 WTO 研究表明，2005 年旅游业的 CO_2 排放量约占全球总量的 5%，其中旅游住宿和交通的 CO_2 排放量分别达到 284 万吨和 1 192 万吨。随着旅游业的快速发展和远程旅游的比重增加，其碳排放总量及比重将会持续增加，因此降低碳排放、发展低碳旅游已成为旅游界的共识。

近年来已有较多有关低碳旅游的研究和尝试，且主要集中于低碳和绿色能源技术在旅游业中的应用及相关行业标准和评价指标体系的构建。虽然这些研究均致力于降低旅游业的碳排放，对发展低碳旅游具有积极作用，但总体上研究的出发点仍然停留在对原有发展模式进行改进的纠错阶段。即大多局限于对原有旅游或经营方式进行改进以降低碳排放，而并非以杜绝碳排放或零废物排放为目标，这种较低要求的发展模式决定了很难达到最佳的减碳和低耗目标。

目前在其他领域如低碳城市建设中已出现了要求更严苛、减碳目标更为彻底和纯粹的发展模式，即"正能城市"。正能城市是目前被各国低碳经济推崇者所普遍关注和热议的低碳城市建设模式，是碳排放要求更严格的低碳城市建设模式。简而言之，就是"能量产出大于消耗"的城市，且要求产出的能源为可高效利用的清洁能源。正能城市的提出是对低碳发展模式最为严苛的诠释和践行。目前世界上真正接近正能城市要求的

① 本文是 2012 年度四川旅游发展研究中心"四川省低碳旅游景区评价指标体系构建研究"（LYM12-03）的阶段性成果之一。

只有阿联酋的马斯达尔，该市以零碳、零废物和可持续发展为建设目标，虽然在具体的实施过程中遇到了非常大的困难，但已取得的成绩足以证明这种发展模式的可行性。更为重要的是，作为具有开拓意义的先驱和探路者，这一全新的模式对其他领域的低碳建设具有重要的指导意义。

旅游业具有接待游客范围广、数量多，以及社会影响大的特点，如果能借鉴"正能城市"的思想，建设具有标杆和示范意义的正能景区，则对进一步降低旅游业的碳排放、推广低碳生产和生活方式、促进低碳技术的应用具有重要的意义。本文在分析正能城市核心理论的基础上，构建了正能景区评价指标体系，并探讨将其用于正能景区建设的可能性和具体路径，以期能将正能思想应用于旅游业，为实现更高标准的低碳旅游模式提供理论及方法借鉴。

二、正能景区建设可行性分析

（一）"正能"概念解析

"正能"是一个系统概念，评价某个城市或区域是否为正能，应按能的量值、能的形式和能效提升三个方面的标准进行判断。能的量值指某城市或区域在一定时间内（自然年度）所生产的总能量（Eg），该值应大于其所消耗的总能量（Ec）值，即 Eg-Ec>0；能的形式指清洁能源，包括水力发电、风力发电、太阳能、生物能（沼气）、海潮能等可再生能源和核能，以及传统的清洁能源利用技术；能效提升指对能源的使用效率应处于高水平，在工业生产、生活、交通等方面使用多项节能减排新技术。

从正能概念及其界定标准可见，正能区域与以能源输出为主的资源型区域有本质的区别。它并非仅仅是能量产出大于消耗，而是产出的能量必须为清洁能源，是不依赖化石原料的产能形式，且在能源消耗上做到高效节能。这三个标准互相牵制补充，从不同角度对正能系统的建设进行约束和规定，依据此标准可直接构建正能系统的评价指标体系和评定标准，而对评定标准的践行则可构成正能系统建设的模式和路径框架。将正能系统标准应用到具体的空间对象和产业中，则可对其能源的使用及碳排放起到直接的指导和约束作用，将低碳产业和低碳系统建设提升到新的高度。

（二）正能景区建设的可行性

对旅游业来说，景区既是旅游各种要素和主体的汇集区域，又是物质、能量和废弃物的集中使用、消耗和排放的空间。如果能应用正能思想，以正能作为景区建设和经营的标准，将具有积极意义。从国内外实际发展来看，目前只有阿联酋的马斯达尔市进行了正能城市建设，还没有旅游企业尝试该低碳模式，也没有学者进行这方面的研究。因此，正能景区仍然是个全新的概念，而对于新事物来说，是否具有可行性至关重要。本文经过对正能概念和景区建设特点的深入分析，发现正能景区建设不仅具有较高的可行性，而且相对于正能城市，其建设更易进行。

主要体现在：①景区的闭合性区域特点有利于正能系统建设。目前，受到广泛关注的可持续发展社区或绿色社区均不约而同地选择了封闭式社区的管理理念，而基于更严格的能量消耗、碳和废物排放要求的正能系统更希望能在封闭空间内进行。因为只有封闭的空间才能确保系统内部能量流动与物质循环的可控性，从而按照特定的要求与程序完成清洁能源生产、废物和水资源的回收利用等低碳措施。我国大多数景区为收费制，为了管理方便，景区或借助于工程措施或依托于自然地理位置进行了闭合式管理。因此，大多数景区一旦建成之后就形成了封闭或半封闭的闭合管理区域，所有的游览和服务设施均包含在闭合式区域之中，这种集中闭合式的空间特点非常适合于正能景区建设。②景区能源构成特征有利于正能系统建设。正能系统要求能量的正输出，即系统内产生的能量必须要等于或大于其能量消耗，且能量产生方式必须为清洁能源。虽然目前马斯达尔已完成了正能城市的建设规划并进入了实际建设阶段，但对于一个位于沙漠中的城市来说，完全依赖于清洁能源如太阳能、风能等满足整个城市的能源需求，尤其是要满足酷热沙漠天气情况下的舒适生活，温度是个非常大的挑战。而正能景区的建设则不同，大多数景区位于气候环境较好的自然区域，且其永久性居民不多、人口密度较小，即相对于其具有的环境资源来说其能量供应的压力较小。同时很多景区具有非常好的生物资源和自然条件，生物能源储备充足，只要采用合理的能源生产和高效的利用方式，基于清洁能源的正能输出是比较容易实现的。此外，相对于城市，景区的碳汇资源和潜力是较大的，更加有利于正能景区的建设。③景区生态系统的构成有利于零废物排放。虽然正能系统概念并没有对废物排放做出具体的要求，但马斯达尔为了建设更纯粹和严格的正能城市，将其废物处理目标定为零废物排放。废物是人类社会经济系统不可避免的产物，要实现零废物标准，就必须制定严格的物质循环利用制度，利用系统内的能流和物质循环规律来处理废物和垃圾。对正能景区来说，游客产生的垃圾和废物比城市的成分更简单、处理难度更小，而且景区生态系统相对于城市具有更为丰富的生物多样性，物质和能量流动更趋于复杂的网状结构，这些也为废弃物的生态无害化处理提供了更为有利的条件，因此建设零废物排放的正能景区同样也是可以实现的。

三、正能景区评价指标体系及评价标准

（一）正能景区评价指标体系

要建设具有标杆意义的正能景区，就必须严格按照正能系统的标准来要求。因此，在确定具体的正能景区实施路径之前就需建立相应的评价指标体系，然后根据该指标体系确定建设标准，并以此作为正式实施的目标和依据。结合其他学者的研究成果，本文建立了正能景区评价指标体系及评价方法。

评价指标体系由具体评价指标、计算说明和指标方向三大部分构成。具体评价指标反映的是正能景区必须要考核的有关能量产生、物质消耗、碳排放以及环境影响等方面的具体内容；计算说明是各指标值的考核计算方法；而指标方向反映的是指标对正能景区评价的作用，正向表示该指标有助于正能景区的达成和实现，负向则反之。

为了能准确反映正能景区的特点，本文将正能景区的指标划分为三大主题层，分别为能值指标、物质指标和环境指标：①能值指标。能值指标主要是用于评价正能景区的能源产生和消耗。为了更清晰地反映景区的能源产生和利用情况，这一总指标又分为总能量指标、能值结构指标与能耗效率指标三个主题层。以这三大主题层为基础又设立大类，每个大类又包括一些具体指标。②物质指标。物质指标主要用于评价正能景区对物质的循环利用情况，具体包括景区消耗类物质的种类、人均消耗量、废物产生量等反应物质消耗的指标。为了体现正能系统完全无污染的物质利用方式，物质指标重点关注废弃物的产生与处理，尤其是污染性废弃物的产生量与无害化处理比例。③环境指标。环

境指标主要用于评价景区对环境的影响。由于旅游景区与普通的城市居住区具有本质差别，其环境影响指标也应具有其特定标准，尤其应重点关注旅游活动对景区特有的环境因子，如珍稀动植物栖息地中各生态因子、生态系统特有生物关系等方面的影响，并设定具体标准。基于景区特定的自然环境、游客活动、管理者行为、正能系统对能量消耗以及环境影响的要求，本文构建了正能景区评价指标体系（见表1）。

表1　　　　　　　　　　　　　　　　正能景区评价指标体系

主题层	副主题层	指标层	计算说明	指标方向
能值指标	总能量指标	能量生产与消耗比	能量生产总值/总能耗	+
	能值结构指标	化石能源消耗比	化石能源消耗总量/总能耗	−
		清洁能源消耗比	清洁能源消耗总量/总能耗	+
		可再生能源消耗比	可再生能源消耗总量/总能耗	+
		景区自产能耗比	景区自产能耗总量/总能耗	+
	能耗效率指标	GDP 能耗	总能耗/总销售收入（万元）	−
		人均能耗	总能耗/游客接待总量	−
		年人均生产能耗	景区生产能量总值/景区工作人员数	+
物质指标	物质消耗指标	GDP 物质消耗	物质消耗总量（t）/总销售收入（万元）	−
		废弃物产生	废弃物产生量（t）/接待游客数量	−
	物质处理指标	废弃物回收	废弃物回收量/废弃物生产总量	+
		物质回收效果	回收物质再使用/物质消耗总量	+
		废弃物生态化处理	废弃物生态无害处理量/物质消耗总量	−
		废弃物处理产能	废弃物处理产生能值/废弃物总量	−

表1(续)

主题层	副主题层	指标层	计算说明	指标方向
环境指标	碳排放	碳排放总量	碳排放总量-碳汇总量	−
		碳生产力	碳排放总量（t）/总销售收入	−
		游客人均排放量	碳排放总量（t）/接待游客人次数	−
		旅游交通碳排放量	碳排放总量（t）/游客里程数（km）	−
	碳汇	景区碳捕捉量	景区平均单位面积碳汇量/景区总面积	+
		景区森林覆盖率	森林面积/土地总面积	+
		景区湿地面积	湿地面积/土地总面积	+
	环境影响	大气污染物排放	景区 CO、SO、PM2.5 等有害物质含量	+
		空气质量	景区 O_2、负离子含量	−
		水体污染物排放	景区水体中有害物质含量	−
		废渣处理	景区土壤中有害物质含量	+
		噪声	旅游旺季景区内 13 点及 0 点声音响度	−
	生态干扰	游客接待密度	游客接待数量/景区游览区面积	−
		景区接待压力	最大日接待游客数量/景区最大容纳量	−
		动植物栖息地干扰	珍稀动植物栖息地游客数量/游客总量	−
		植物干扰	林草地游客数量/游客总量	−

注：本表所涉及的各项指标数量均以年为测量区间，如游客接待人次数指年接待数量。表 2 同。

（二）正能景区评价标准

相对于普通的低碳建设，正能系统要求更为严格，要求零碳排放、零废物排放和可持续发展。本文基于正能系统的要求和指标的重要性将所有指标分为硬性指标、关键指标和普通指标三大类。硬性指标是指这些指标有明确的取值区间，且为正能景区的必须满足项，若硬性指标中有一项不达标则整个景区被否定；关键指标为正能景区建设的核心内容，虽然并非必须满足项，但其测定值在正能景区评价中具有重要作用；普通指标的重要性次于关键指标，但其具体的数值会影响景区的正能等级。

硬性指标：硬性指标指的是系统的必须满足项，即此类指标为不可替代项，其数值必须达到规定要求才可进行其他指标的评定，否则被一票否定。此类硬性指标的确定是基于对正能景区概念的界定，其明确的取值规定保证了基本目标的实现，即零碳、零废物排放以及能源的自给和绿色化。在根据评价指标进行评价时，必须对指标进行无量纲化处理，并且确定每个指标的权重。被列为硬性指标的指标权重最大，属于一级指标。具体指标与取值标准见表 2。

表 2   正能景区指标分类表

指标分类	指标层	计算说明	取值标准	指标方向
硬性指标	能量生产与消耗	景区自产能量总值/总能耗	≥1	+
	清洁能源	清洁能源生产能值/景区	≥1	+
	废弃物处理	废弃物生态无害化处理量/废弃物总量	≥1	+
	碳排放总量	碳排放总量-碳汇总量	≤0	−
关键指标	游客人均碳排放量	碳排放量（t）/接待游客人次数	优于普通景区	−
	人均能耗	总能耗/接待游客人次数		−
	废弃物产生	废弃物产生量（t）/接待游客人次数		+
	景区植物覆盖率	植被面积/土地总面积		+
	空气质量	景区 O_2、负氧离子含量		+
	景区接待压力	最大日接待游客人数/景区最大容纳量		−
	动植物栖息地干扰	珍稀动植物栖息地游客数量/游客总量		−

这些指标的实际位置反映了景区在低碳建设方面的层次和品质。关键指标作为正能景区评价的关键性指标，更注重景区自身的特点，并基于旅游活动的基本特征进行测算，其权重仅低于硬性指标，属于二级指标。其取值虽未进行硬性规定，但必须要优于普通景区的测定值。指标体系中除了硬性指标和关键指标之外的其余指标均为普通指标，其权重仅低于一级和一级指标。

（三）正能景区综合指标计算

与其他利用评价指标体系进行系统评价的方法类似，正能景区评价在确定了评价指标体系和基本的评价标准之后，就是针对具体景区的指标调查进行测定和评价。为了使评价结果更为直观，正能景区评价可采用综合指数法。在评价过程中，由于各指标的量纲不一样，所以不能直接将指标权重和指标观测值相乘来求综合指数，需对各指标进行无量纲化处理，可采用极差归一化公式进行数据处理：

$$H_{ij}' = \frac{H_{ij} - H_{ij}min}{H_{ij}max - H_{ij}min} \tag{1}$$

式中，H_{ij}' 为第 j 指标中第 i 样本原始数据正规化后的值；H_{ij} 为第 j 指标中第 i 样本原始数据实测值；$H_{ij}min$ 为第 j 指标各样本实测值中的最小值；$H_{ij}max$ 为第 j 指标各样本实测值中的最大值；i 为样本号；j 为指标种号。无量纲化处理后，正能景区评价按综合指数公式进行计算：

$$H = \sum_{i=t}^{m} \sum_{j=1}^{n} W_{ij} H_{ij} \tag{2}$$

式中，H 为正能景区综合评价得分；m 为指标组指标数；n 为每指标组下指标种指标数；W_{ij} 为指标种指标权重；H_{ij} 为第 j 指标种第 i 样本原始数据正规化后的值。根据式（2）可计算出正能景区的综合指数，根据指数可判断景区低碳和低排放程度。在计算综合指数过程中，需要特别注意的是具体指标与最终指数值的正负相关性，即指标方向。如果为正相关，则 H_{ij} 取正值，该指标值有利于正能景区的实现。如能量产生总值/总能耗，该指标得分越高，反映出景区能量的自我生产和满足度越高，越符合正能系统的要求；如果是负相关，则 H_{ij} 取负值。如化石能源消耗总量/总能耗，该指标得分越高，则反映出景区石化能源消耗量越大，就不符合正能系统标准。在评价过程中，确定各指标种的权重对最终的评价结果非常重要，其具体的取值可根据景区的自然环境类型以及人们旅游方式的不同，用专家打分的方式来确定。

根据各个指标在具体景区的测定值，采用式（1）和式（2）就可算出最终的正能综合指数，数值越大，耦合度越高。为了更为准确地对正能景区的低碳程度进行定性和定量比较，可根据 H 值即正能景区综合评价得分将景区细分为 4 个等级，其等级划分范围见表 3。

表 3   正能景区等级分类

等级	不符合	基本符合	良好正能景区	优质正能景区
H 值	0~0.40	0.40~0.65	0.65~0.85	0.85~1.00

四、正能景区建设对策建议

具体来看，正能景区的建设要从生态、能源、建筑、景区管理几个方面进行具体的技术攻关，从技术层面上解决减少碳排放、废物排放、能源生产和使用的问题。

（一）正能景区实现路径

正能系统最典型的特征为系统内能量产出大于等于消耗，这一目标在正能景区的实现中需要借助景区的自有能源尤其是可再生能源的开发。大多数景区位于自然生态系统之中，具有较丰富的自然资源和能源储备，如以植物为主的生物能源和以江河湖泊为主的水力资源，正能景区可借助现代清洁能源开发技术挖掘景区的能源潜力，尽可能地多生产少消耗，从而实现能源生产大于消耗的目标。

（二）零碳排放的实现路径

零碳排放指标为正能景区的硬性指标，为必须满足项，其评价标准为景区碳汇量与碳排放量之差大于等于零。对景区来讲，该指标实现的核心在于利用景区的资源优势增加碳汇，减少碳排放。森林和湿地碳汇是目前世界公认的"碳吸收"手段，可通过充分利用景区生态系统中的碳吸收和储存能力，如增加植被覆盖度、增加单位面积绿化量、增加湿地面积等措施促进碳的固定；同时通过增加非机动车的使用比例，兴建绿色低碳建筑、践行低碳旅行及生活方式等方法尽量减少碳排放。从增加碳汇和减少碳排放两个方面同时入手，最终达到零碳排放和负排放。

（三）零废物排放实现路径

景区的废物排放需要从废物产生源头和后期处理两个方向进行控制。第一，从废物产生源头进行控制。主要是进行严格的废物或垃圾分类回收，按照可回收和不可回收垃圾两大类进行分类，将可回收部分严格进行分类后确保进入回收企业或景区内再利用；对不可回收的垃圾和景区内的生物残体，可修建沼气池堆肥处理，不仅可以实现垃圾的无害化处理，还可以生产沼气供应景区。第二，废水必须进行严格的生态化处理后方能排放，其生态化处理主要可利用水生植物进行净化处理。国内无论是沼气池、厨余垃圾堆肥还是水生植物净化水质均有较成熟的技术规范，只要专业人员参与建设或进行指导就可实现。

（四）可持续发展实现路径

正能系统要求可持续发展，主要表现在系统的自维持和动态平衡发展。正能景区从建设初期就应关注其可持续发展，主要包括经济可持续、生态可持续和社会可持续三个方面。从正能景区建设特点来分析，其零碳、零废物排放目标的实施即为其可持续发展的重要保障。如果在景区规划建立之初就以正能输出、零碳和零废物排放为重要目标，就能保证在能量使用和物质利用方面的可持续。这种物质能量的可持续既是经济可持续的基础，也是社会和生态可持续的重要保障。

五、总结与展望

低碳经济的发展已成为全世界的共识，但对具体的发展模式和技术开发还需要进一步的研究和探索。景区作为旅游活动的集中区域，其碳排放和能源经营模式不但影响旅游业的形象，而且对其他行业亦具有一定的影响作用，低碳景区的建设意义重大。本文借鉴正能城市的概念和发展模式，探讨了正能景区建设的可能性以及具体的建设标准和评价指标，并从理论上提出了正能景区开发建设的路径方法，希望借此推进正能景区在国内的普及与建设，最大可能地减少旅游业的负面影响，为地球气候和环境的改善贡献力量。但本文只对正能景区建设进行了理论上的初步论证和分析，真正实现正能景区还需要从国家旅游发展政策、清洁能源使用技术、生物能源开发利用、旅游垃圾的生态化处理等方面进行具体研究，同时还需要其他行业的专业人员的共同参与。

参考文献

[1] 钱亚林，李东和，徐波林，等. 基于规划视角的低碳景区创建研究 [J]. 资源开发与市场，2012，28（9）：841-847.

[2] 汪燕，李东和，吴晨. 国家公园创建低碳景区模式研究：以汤旺河国家公园为例 [J]. 资源开发与市场，2012，28（8）：243-247.

[3] 李晓琴，银元. 低碳旅游景区概念模型及评价指标体系构建 [J]. 旅游学刊，2012，27（3）：84-89.

[4] 刘燕桃，李东和，徐波林，等. 基于旅游者低碳意识的景区低碳教育系统构建研究 [J]. 科技与产业，2012，12（8）：24-28.

[5] 曹世武，邹永广，郑向敏. 技术嵌入视野下的低碳旅游景区建设研究 [J]. 科技管理研究，2012（6）：10-15.

[6] 曲俊义，穆英，眭纪刚. 正能城市：一种新型城市发展模式 [J]. 科技促进发展，2012（3）：72-79.

[7] 眭纪刚，马金平. 正能城市：概念与评价指标体系研究 [J]. 科技进步与对策，2012，29（13）：107-111.

[8] 谭锦. 旅游景区低碳评价指标体系：基于全球气候变化背景 [D]. 杭州：浙江

大学，2010.

[9] 李文苗. 低碳旅游城市发展评价指标体系研究 [D]. 上海：上海师范大学，2011.

[10] 颜文涛，王正，韩贵，等. 低碳生态城市规划指标及实施途径 [J]. 城市规划学刊，2011 (3)：39-50.

（本文发表在《资源开发与市场》2014 年第 2 期上）

旅游开发过程中的凉山彝族
节日民俗文化变迁研究[①]

冉燕

（四川文理学院，四川达州 635000）

　　民族民俗文化是少数民族在历史发展过程中积淀下来的生活习惯或文化传统，包括民间艺术、民族服饰与建筑等。与大众民俗文化相比，少数民族独特的民俗风情和丰富的文化底蕴正是其文化资源优势所在。在地方政府和当地民众的共同努力下，越来越多的节庆民俗文化资源在旅游业发展过程中得到开发利用。民族文化和民族经济结合也一直是民族研究中的热点课题。凉山彝族拥有火把节、彝族年、赛装节等丰富的节日民俗文化资源，为了提高凉山少数民族地区人民的经济收入，推进民族区域经济发展，四川凉山地区应充分挖掘民俗文化资源。作为当地民俗节庆活动之一的火把节，其成功开发实现了从少数民族传统节庆到现代旅游产品的完美转化。民族民俗文化是旅游开发过程中宝贵的文化财富和精神财富，民俗文化的走向和发展直接关系着民俗文化的传承与保护。凉山彝族节庆民俗文化在推动当地旅游经济发展的同时，自身也在悄然发生着变化，分析当地民俗文化变迁，不仅有助于凉山彝族节庆民俗的旅游开发更加科学合理，更可以为现实社会中逐渐边缘化的众多民族节日民俗在新形势下的发展提供借鉴。

一、旅游开发过程中凉山彝族节日民俗文化的变化特征

　　原本由彝族人民自发开展的火把节等彝族原生节日习俗，通过旅游开发，已成为当地品牌化的民族旅游项目。将彝族节日民俗文化与其他自然资源相结合的开发模式已成为凉山地区旅游业发展的基本模式。节日习俗在新环境中的功能和定位，以及为了推动民族旅游发展而对节日民俗采取的种种措施和方法，使得彝族节日习俗在无形中发生了众多变化，形成了新的面貌。具体而言，彝族节日民俗文化变迁主要表现在以下几个方面：

　　（一）由民间自发到政府主导

　　凉山彝族有火把节、彝族年等众多节日，这些节庆习俗本身是彝族民众在历史发展

---

　　① 基金项目：四川省社会科学重点研究基地——四川旅游发展研究中心立项课题（LYC14-05）。

过程中积累下来的生活习惯和方式，在长时期的岁月沉淀后，这些活动已经成为当地民众约定俗成的规矩和习惯，不需要集体组织，众人便会自觉自愿自发参与。民间发起是凉山彝族节庆习俗文化展开的主要特征。而在旅游开发语境下，当地政府把彝族节庆民俗文化视为经济系统的重要资源，相关节日民俗开始由民间发起转变为政府主导。以每年一度的火把节为例，自 1994 年当地政府开始组织国际火把节以来，此后当地火把节便从民间行为转向政府主导，成为由政府集体组织的民族狂欢活动。虽然近年来该活动开始引入市场机制，但是政府仍然在其中发挥主导作用。

（二）由民间习俗到商业平台

在传统社会环境中，凉山彝族节日民俗文化更多地作为当地民族长期以来的文化传统和习惯模式而存在，属于文化习俗的范畴。而在当地旅游开发过程中，凉山彝族节日民俗文化成为当地旅游开发系统的重要节点，旅游产业发展的重要支撑要素，从原始的文化资源要素向经济发展要素转型，表现出了更多的经济属性。相关节庆活动的开展不再是单纯的民众集体娱乐，经济利益成为活动开展的重要内在驱动力。

（三）由生活化转向多样化

凉山彝族节日众多，每个节日都有自己特殊的主题，如彝族年活动，是在每年庄稼收割完毕的农历十月形成的祭祀兼庆贺性节庆。从彝族年头夜到节日的第三天，每天都是遵照当地习俗进行祭祖、娱乐等活动，整个节日充满了浓厚的祖先至上色彩。在原来节庆习俗中，这些活动更多地限定于民众的娱乐和祭祀，而在旅游开发中，这种以祖先崇拜为基础的节庆习俗开始具有更为丰富的内涵，活动内容从祭祀、娱乐向招商引资转变。当地的凉山彝族火把节更是把这种节庆习俗内容延伸至各个领域，在 2004 年火把节中，除却火把节的常规内容，同时还组织了斗牛、斗羊等各种比赛，并举行了服饰大赛和盛装表演游行、产品展销会等，集政治、经济、娱乐为一体。

（四）价值功能扩展

在旅游经济还没渗透到凉山彝族节日习俗之前，传统节日习俗的价值功能主要表现为文化价值功能和社会价值功能。从文化价值功能来看，凉山彝族节庆习俗是当地民众在民族历史发展过程中对社会及环境的认知，这些民族节庆习俗对当地独特的民族智慧、民族经验、民族文化进行了良好的呈现、表达和传承。从社会价值功能来看，节庆习俗的各种活动也有利于民族之间的情感沟通交流，是促进社会交往、形成社会秩序空间的主要因素，对调节民众身心和情感都有重要影响，有利于民族社会秩序的维护。而在旅游开发背景下，凉山彝族节日习俗逐渐由文化价值功能和社会价值功能向经济价值功能扩展，使现代节庆习俗活动在开展时具有了更多的经济色彩。

二、旅游开发过程中民俗文化的变迁趋势

民俗文化是少数民族独有的文化资源，也是当地民族珍贵的文化遗产，传承和发展民俗文化是民族地区经济发展的重要课题。因此对市场经济环境下凉山彝族节庆习俗的旅游开发，不仅要关注当下的习俗变迁状况，更要基于社会环境分析未来的变迁趋势，才能准确掌握民俗文化在旅游开发中的发展脉络，从而进行必要的调整和管理，使民俗文化更多地为旅游经济服务，发挥其时代价值，同时又能使民俗文化在发展中更好地传承与保护。

（一）民俗文化产业化

在市场经济环境下，越来越多的文化资源走向市场，文化产业化已经成为文化发展的必然趋势。民俗文化也不例外，民俗文化产业化将是民俗文化发展的重要途径。在凉山地区彝族节庆民俗文化开发的初期，节庆习俗被纳入旅游产业开发系统，成为旅游产业发展的重要支撑点，借助旅游产业的发展来实现民俗文化的经济价值转化，而并非是发展一种独立的民俗文化产业。随着旅游产业对民俗文化的深度开发，民俗文化将逐渐走向产业化发展模式。自2004年凉山国际火把节举办至今，在火把节推动当地旅游业发展的同时，火把节也已经形成了完整的产业操作流程，从活动操办到企业参与，围绕火把节衍生了各种产业项目，这些项目以火把节为基点向上下游各自延伸，产业发展渐成雏形。少数民族民俗文化是民族思想文化、物质文化、制度文化等方面的综合，民俗文化是民族文化的镜像折射，隐含着丰富的文化内涵。民俗文化向外可以延伸至民俗文化活动的表演娱乐功能，向内可以发掘民族的发展源流、思想特质和历史进程。深刻的文化内涵和多样化的社会功能，意味着民俗文化的产业化发展可以向民族生活的各个领域延伸渗透，民族物质资源、精神资源都可以转化为多种多样的物质产品和精神产品，具有广阔的发展空间。

（二）回归民众需要

民俗文化的产生基于民族民众的实际生活方面的物质和精神的需求。凉山彝族节庆民俗文化是当地彝族民众在当地特定社会环境下形成的文化习俗，这些文化习俗的重复进行满足了当地民众在社交、信仰、意识观念各方面的需求。如在彝族的传统年中，人们要杀猪杀羊祭祀祖先，同时还要盛装宴饮，访亲拜友，这种节庆活动既有利于满足民众对祖先的祭拜需求，也有利于促进当地民众的社会交往，同时也慰藉了民众一年的劳动和辛苦。正是由于民众需求的长期存在，才使得这些传统文化习俗代代传袭下来。而在以上分析中已经指出，当前凉山彝族的节庆文化资源开发主要是由政府主导下引入市场机制的模式来操作，这种模式的形成更多是由于经济利益的驱使，民族民众的参与需求也由原来的精神需求向当下的经济利益需求转变，各种节庆民俗文化的旅游开发策略或方式更多由经济来决定。民俗文化最本真的价值是满足民众的精神需求。无论是当地民众的需求，还是外来游客的需求。因此在未来旅游产业发展中，凉山彝族节庆民俗文化资源的开发必然要回归民众的精神需求，物质利益的实现也只能通过精神需求的满足来实现。在民族民众精神需求得到满足的前提下，民俗文化的旅游开发才会有源源不竭的动力。而真正能满足游客的精神需求，才能使这种资源开发得到持续性发展。

三、旅游开发过程中民俗文化变迁的思考

（一）旅游开发是民俗文化的时代选择

民俗文化能够在特定地区代代传承，最根本的原因是其能够与时代同步，满足历代民众的物质需求或精神需求。要使民俗文化在现实社会中发展，就必须采用现代社会民众认可的社会方式来发展，汲取时代营养，只有浸润于时代环境中，民俗文化才能更好地成长发展。凉山彝族节庆民俗在长期历史过程中基本上都保持了相同的发展节奏，但是其后来模式并不和最初的模式完全一致，而是在历代民众不断结合时代需求的调整中，才形成了当下的面貌。只是这种变化因当地民族长时期保持着基本相似的发展模式，变化相对隐性，但不是没有。和现实社会结合，才能在现实社会中扎根。在当下市场经济环境下，凉山彝族民俗文化资源通过旅游开发的方式来发展既在情理之中，也是其适应社会变迁的必然选择。因此对凉山彝族火把节等节俗的发展不能以原有的发展模式来否定当下和旅游产业相结合的展开方式。正是有了火把节和时代要素的紧密结合，才使得火把节的内容扩展、功能增加、社会影响力增强，形成了新的生长姿态。不能否认，当下凉山彝族节俗的旅游开发还存在种种问题，但是各种问题的存在并不能成为否定彝族民俗文化新生长方式的借口和理由。

（二）维护彝族民众的利益主体地位

当前以火把节为代表的一系列凉山彝族节庆民俗文化资源的开发主要由政府主导，同时引入了市场竞争机制，此种运作模式有效地解决了民俗节庆资源开发的资金难题，并且更加有利于民俗文化资源开发与市场需求密切接轨。但是这种运作模式同时也意味着民俗文化资源的利益分享主体必然要从当地民众扩展至更多的投资者，在资金力量强势主导下，投资者往往是主要既得利益者，享有更多的话语权。另外相较于少数民族大众的分散话语权，投资者的具体化可以使其话语具有更多的影响力。因此在民俗文化资源的开发中，虽然当地少数民族民众有更多的参与机会，但是其经济利益主体地位很难得到切实保障。民族民俗文化是少数民族世代知识经验积累沉淀后形成的文化传统和生活习惯，属于少数民族集体的文化遗产，因此对民族地区民俗文化资源的开发，少数民族民众理所当然是受益主体。另外，从文化资源特征上来说，凉山彝族节庆民俗文化活动是全民参与的活动，由于全民的参与，才使活动具有丰富的意味；反之，没有民众广泛地、真实地参与，这种习俗便缺乏了生机和魅力，其独特形式可能会在短时间内吸引大众猎奇的目光，但是从长远来看，必然不能持续发展。而少数民族民众对民俗活动的积极参与，取决于活动参与的物质获得和精神享受程度，对经济较为贫困的凉山地区，物质利益的满足更具有积极的现实意义。由于当地少数民族民众是参与民俗活动的主体，因此应突出民众的主体利益地位。在当前错综复杂的利益关系中，当地民众的主体利益更应得到有效维护。

（三）坚持民俗文化的传承和保护

少数民族独特的民俗文化是一个民族的精神慰藉和历史记忆载体，是民族文化的具体表现形式和载体，因此，传承并保护民俗文化具有极其深远的意义，是发展民俗文化永恒的课题。节庆民俗文化在众多民俗文化中更具有典型的民族意义。虽然每个节庆民俗各有不同主题，但是在节庆民俗中，往往都需要调动民族生活的各种知识和技能。从民俗文化中可以折射出民族历史发展，以及少数民族民众的心路历程。凉山彝族节俗文化是当地经济发展的新着力点，对民俗旅游资源进行大力开发，有助于当地旅游业更好发展，推动当地经济增长，当下凉山彝族火把节所带来的经济效应已经证明了这一点。同时，旅游开发的经济价值并不能否定四川凉山彝族节俗的社会功能和文化功能，传承和保护当地民族节俗应是当地旅游开发的基本前提和原则。

四、结论

凉山地区彝族民族节俗因其独特的文化姿态成为旅游产业开发中重要的文化瑰宝。在旅游业全面开发进程中，在当地政府和民众共同努力下，彝族节俗的旅游开发取得了丰硕成果，形成了凉山彝族火把节等具有国际影响力的节庆品牌，完成民俗文化向旅游产品的完美转变。但需要注意的是，民俗文化的旅游开发也带来了当地节庆民俗文化的诸多变化。关注这些变迁，关注变迁规律和问题，不仅有助于当地节庆民俗的健康开发，更有助于形成经济、文化多方共赢的发展格局。

参考文献

[1] 阿牛木支. 试论凉山彝族火把节的传承与变迁 [J]. 中华文化论坛，2014（5）：157-161.

[2] 李玉臻. 从边缘到中心：旅游背景下民族传统节日转型研究：以四川凉山彝族火把节为例 [J]. 学术论坛，2009（2）：90-93.

[3] 格坡铁支. 非物质文化遗产"火把节"对凉山旅游的作用及策略研究 [D]. 成都：四川师范大学，2008.

[4] 黄成华. 旅游驱动下民族村寨的文化认同研究 [J]. 贵州民族研究，2016，37（1）：70-74.

[5] 罗安平. 凉山火把节：传承与变迁 [J]. 民族文学研究，2012，4：11.

（本文发表在《贵州民族研究》2016年第8期上）

民族村落型景区管理与决策的新思路
——回归分析法的应用探讨[①]

刘韫，沈兴菊

（西南民族大学四川省旅游局民族地区旅游研究重点科研实验室，四川成都 610225）

我国的西部地区分布着大量的少数民族传统村落。这些村落集中体现了当地少数民族居民与长期所处的自然地理环境的和谐关系，是记录着丰富民族历史与文化的珍贵遗存，延续性地保存了传统文化的精髓，是该民族多样生存智慧的充分体现，也是当地经济、社会和文化可持续发展的重要资源。目前，广大乡村民族社区正面临着前所未有的经济发展的挑战：当地经济发展的历史起点低，同时传统产业的没落促使社区寻找新的发展之路。由于这些地区拥有特殊的自然条件和独特的民族文化，发展旅游业既满足了多样的旅游需求，同时又有效促进了乡村社区的经济发展，旅游开发已逐渐成为一种趋势。以少数民族传统村落为核心而形成的景区，既是居民的生存空间又是游客的游览空间；既要为游客创造愉悦的旅游体验，又要保护当地资源与环境并促进村落长期发展。因此，这类景区的管理涉及面多、难度大，而且对村落社区的长期和谐发展具有重要意义。

现代村落社区的发展应充分尊重当地居民的发展意愿，这也是管理部门做出正确决策的重要前提。本文以四川省甘孜藏族自治州丹巴县的甲居藏寨景区为例，采用问卷调查的方式搜集居民对社区旅游发展的意见，运用多元回归模型进行统计分析，根据分析结果为景区的管理决策提出相关建议。

一、研究地点与研究方法

（一）甲居藏寨景区及其发展背景

甲居藏寨景区位于四川省丹巴县聂呷乡境内，共有上、中、下三个传统村落，景区面积约为 5 平方千米，平均海拔为 2 500 米。从山脚下远观，百余幢嘉绒民居从大金河谷底依山就势分布，从山谷中延伸到卡玛布绕群峰脚下。甲居的民居是独特的嘉绒藏房建筑。甲居藏房目前的形式，完整保留了嘉绒藏族民居的基本特征：依然使用原始材

---

① 基金项目：四川省教育厅人文社科重点研究基地——四川旅游发展研究中心项目（LYC13-05）；四川省教育厅西部区域文化研究中心项目（XBYJC1320）；西南民族大学中央高校专项资金项目（13SZYQN30）。

料，并采用沿袭至今的原始技术，从而保持了传统而古朴的风貌。醒目的白色藏房星罗棋布于山腰，掩藏在绿树青山之中，与周围的绿荫、梯田形成了恬静如诗的美妙画卷，素有"藏区童话世界""康巴风情名片"的美誉。

在未发展旅游业之前，甲居藏寨同样是以传统农业为主的乡村社区。在 20 世纪末，甲居藏寨仅有少量自助游游客进入。丹巴县文化旅游局提供的数据显示：2000 年全县共接待游客约 2 000 人次。由于前期到来的摄影爱好者发布的风景图片在网络上广泛传播以及旅游者口碑效应的影响，该景区知名度越来越大。2005 年，以甲居为首的丹巴嘉绒藏寨在《中国国家地理》杂志社组织评选的"中国最美丽的地方"这一活动中，荣获"中国最美丽的六大乡村古镇"之第一名。随后，甲居藏寨吸引了大批游客前来，最多时全年接待游客超过 20 万人次。大量游客造访，在促进社区经济发展和促使居民生活改善的同时，也给村落带了一系列问题，例如景区风貌的保护、群众利益的保障、居民人际关系的变化等。对于村落型景区而言，居住在景区内的居民有着更为复杂的身份，他们既是旅游经营活动的重要参与群体，又是地方和民族文化的活态展示者和传承者。居民对旅游这种经济行为的了解程度通常会决定他们对之所持的态度，进而指导他们对村落旅游发展给予何种程度的支持。

（二）研究设计

回归分析是被广泛应用的数据分析方法之一。它基于观测数据建立变量间的关系以分析数据内在规律，并可用于预报、控制等问题。本研究拟在景区内对居民进行抽样调查，对调查所得数据进行多元回归分析，运用分析结果了解居民对旅游带来的影响的态度、旅游参与程度以及旅游支持程度与居民特征之间的关系，进而对景区管理提出有针对性的建议。

本次研究所使用的问卷综合考虑了研究的目的以及研究区域所具有的特点，同时参考了前人的研究成果，在此基础之上设计出调查问卷。问卷由两部分组成：第一部分主要调查居民对旅游发展的积极影响、消极影响的看法，包括 14 项必答题，采用了李克特量表，备选项有"强烈反对"（1 分）、"反对"（2 分）、"无所谓"（3 分）、"赞同"（4 分）、"非常赞同"（5 分），需要受访者回答对每项问题的赞同程度。第二部分主要收集居民的社会经济和人口统计信息。2013 年 5 月，调查小组事先在景区进行预调查，根据预调查的情况对问卷进行适当调整，并最终确定调查问卷内容。最后，会将调查结果作为多元变量进行回归分析，探析这些因素对景区管理决策产生的影响。

二、问卷调查的结果及其分析

（一）问卷调查概况

2013 年 6 月，调查小组在景区开始正式的问卷调查。抽样地区为甲居藏寨景区核心区所在社区：甲居一村、二村，抽样对象为景区内生活的当地居民，采用随机抽样的方法。在调查的过程中，根据本次研究目标的总体特征和问卷设计的结构，同时也为了便于被调查者填写，避免漏填、错填，采用了面对面访谈调查的方式，即调查者将问卷内容对被访者进行口头询问并根据所答情况进行问卷填写。由于采用了面访的调查方式，问卷的有效性较有保障。本次问卷调查共抽取调查样本 100 人，回收有效问卷共 82 份，调查有效率为 82%，达到了调查有效性的要求。

（二）实证分析

1. 分析原理

本研究主要选取了如下几种计算方法：算数平均值能够反映居民态度的平均水平；结合标准差（标准差是方差的算术平方根）能够反映一个居民态度的离散程度；以被调查居民的社会经济及人口学统计特征为自变量、居民对旅游发展的积极和消极态度为因变量进行回归分析，探察他们之间是否存在联系，如果存在联系，这种联系是否有规律可循。

2. 调查样本的数据分析

（1）调查区域受访者的主要人口学特征如表 1 所示：男女性别比基本平衡，保持在 1.1：1；被调查人口以藏族居多，占调查总人数的 93.9%；20~50 岁的被调查者占主体，占样本总数的比例为 63.4%；居民的受教育程度以小学、初中居多，占总样本的比例为 62.2%。出于开办民居接待的需要，有少数居民接受过一些职业培训，如厨师培训等。

表 1 样本分布的基本特征

项目	选项	人数（人）	比例（%）
性别	男	39	47.6
	女	43	52.4
民族	藏	77	93.9
	汉	5	6.1
年龄段	16~20 岁	5	6.1
	21~30 岁	12	14.6
	31~40 岁	29	35.4
	41~50 岁	11	13.4
	51~60 岁	17	20.7
	60 岁以上	8	9.8
受教育程度	没受过正规教育	9	11.0
	小学	22	26.8
	初中	29	35.4
	高中	15	18.3
	大学及以上	5	6.1
	其他	2	2.4

注：1. 样本总数为 82 人；2. 百分比计算为四舍五入，每一大项的百分比总和可能不会等于 100%。

（2）问卷调查结果的相关数据分析如下。第一，关于旅游影响的态度调查，问卷的第一部分需要受访者对旅游发展带来的各种影响选择自己的赞同程度。表 2 和表 3 对调查结果分布进行了总结。

表 2 对旅游业积极影响的态度调查

项目	平均值	标准差	各分值所占比例（%）				
			1	2	3	4	5
①旅游提升了本地经济水平	3.89	0.92	2.3	7.6	11.0	56.5	22.6
②旅游收益超过其消极影响	3.61	0.97	2.7	11.4	24.4	45.5	16.1
③将来旅游业应当占主导地位	3.60	0.94	2.7	13.0	17.0	56.0	11.3
④旅游为居民提供了好的工作岗位	3.47	1.06	4.3	18.7	15.0	49.7	12.3
⑤旅游提高了生活水平	3.40	1.15	7.0	17.9	18.3	42.2	14.6
⑥旅游使甲居藏寨为外界所知	3.20	1.07	5.3	24.7	23.3	38.3	8.3
⑦甲居应成为更重要的旅游目的地	3.13	1.01	5.4	23.4	29.4	36.1	5.7
⑧甲居应吸引更多旅游者进入	3.87	0.99	5.7	15.7	28.3	36.7	13.7

注：1. 样本数量为82；2.1=强烈反对，2=不同意，3=无所谓，4=同意，5=非常赞同。

表 3 对旅游业消极影响的态度调查

项目	平均值	标准差	各分值所占比例（%）				
			1	2	3	4	5
①旅游业更易受政策影响	3.99	0.94	1.7	7.9	10.6	49.0	30.8
②旅游使物价上涨	3.93	1.00	1.0	12.3	10.9	44.4	31.5
③旅游带来更多垃圾	3.92	0.99	2.3	20.4	33.4	33.1	10.7
④旅游增加交通拥堵	3.21	0.85	2.0	15.0	50.0	26.0	7.0
⑤旅游造成环境破坏	3.16	1.04	3.4	26.3	31.3	28.6	10.4
⑥居民娱乐活动质量降	3.03	0.87	2.7	25.8	40.8	27.8	3.0

注释同表2。

如前所述的李克特量表等级评分标准中，平均值在1~2.4的表示反对，2.5~3.4表示中立，3.5~5表示赞同。在表2中可以发现，景区内的居民对第①、②、③、⑧四项持赞成态度。这表明：在经济影响方面，对居民来说，旅游带来的经济收益依然排在首位，大多数居民意识到通过发展旅游提高了本地经济发展水平。由于依然处于旅游发展的初期，居民希望有更多旅游者前来。从数据上来看，多数居民认为旅游带来的收益超过了其负面影响，而且支持未来旅游业在地方经济中占据主导地位。社会交换理论认为：人类的一切行为互动都是为了追求最大利益的满足。根据这一理论，在发展旅游的民族村落中，居民对旅游影响所持的态度取决于他们从旅游中的获益程度。

被调查居民对其余四项④、⑤、⑥、⑦持中立态度。调查发现，虽然居民通过参与旅游获得了一定的经济收益，但由于地理和气候原因，景区旅游依然存在季节性。季节性工作带来的是季节性收益，当地居民依然需要从事农业生产等寻找替代性收入来源。第⑥、⑦两项的标准差值较高，表明居民对这两点的意见差异较大。在实地调查中发现，那些没有参与到旅游业中的居民从旅游中受益有限，同时又需要承担旅游发展带来的负面影响，因此他们对甲居藏寨发展旅游并不支持。

表3表明：旅游发展带来的负面影响中，居民对①、②反应较大。旅游业本身是受政策性影响较大的产业，甲居藏寨景区也是如此。尤其是在经历了汶川大地震以及之后的旅游复苏，居民对这一点有一定认知。通常，旅游发展会给东道主带来物价上涨的困扰。调查中，位于景区核心区的甲居一、二村由于游客接待量大，为了获得适当的利润，向游客提供的商品和服务价格必定是高于价值本身的；同时由于接待所需物品较多，在自己家庭内部供给无法满足的情况下，必须要到县城甚至更远的产品市场采购相关物资，由此成本增加，因而对商品和服务价格上涨的感知强烈。

对其余四项，居民持中立态度。例如第③项关于村落卫生状况的调查，数据显示居民感知均值为3.29，标准差为0.99，说明居民总体上对该问项持中立态度，而且居民感知基本趋于一致。有56.1%的居民对该问项持反对和中立态度，即多数居民倾向于认为游客活动并未对当地的卫生状况带来明显不良影响。目前，景区对10座以上客车实行限入，除旅游旺季以外，景区内通常不会出现交通拥挤的状况。而且，甲居藏寨属于观赏体验型的乡村社区，游客进入对景区环境的破坏不明显。在娱乐活动这一点上，被调查居民表示，旅游旺季时如果遇到节庆活动，会优先考虑照顾好游客；加之民居接待户会举办一些为满足游客观赏需要的民俗表演活动，这些活动会对居民参与自己的娱乐活动及其参与质量造成影响。

3. 统计数据的回归分析

将社会经济和人口统计资料作为自变量进行回归分析，从中寻找居民特征与居民所持观点之间的关系。将第一部分所使用的调查问题根据旅游发展的积极、消极影响分成两部分，这两部分内容与社会人口统计数据一起作为独立变量进行分析（见表4）。

表4   居民特征与居民对旅游发展所持观点的回归分析

自变量	参数向量	极差	相关指数	F 检验
收入水平	0.04			
住所距离中心旅游区的距离	−0.06			
年龄	0.02			
性别	−0.03			
旅游对副业的重要性	0.02			
供职于旅游业	−	0.13	0.02	0.43
消极看法		0.31	0.09	
积极看法	−			

由表 4 的统计结果发现：第一，那些意识到旅游业负面影响的居民更倾向于认为相关管理部门应加强对旅游的规范和控制（p<0.05）；第二，那些从旅游业中获益较少、甚至没有获益的居民更加支持管理部门加强对旅游业的控制（p<0.01）。在旅游开发背景下，处于同一社区的居民对旅游活动的参与程度越低，从旅游中的获益就越少。在相同消费环境之下，收益分配不均衡势必会在一定程度上削弱居民间原有的情感联系，甚至会引起纠纷和矛盾。由于旅游发展，整个村落内分裂成了经济、社会等级不同的两个群体：旅游产业的参与者和农业劳动者。这种不断加剧的分化削弱了传统亲戚感情，导致了村落内的冲突与不和谐。从事旅游相关工作的居民对社会影响的感知普遍高于没有从事旅游工作的居民，而且在居民关系方面的困扰也相对更多。由于女性在积极参与旅游发展的同时还要兼顾家务，因此也造成她们对旅游业认识与男性之间的部分差异。比如，她们对本地商品和服务价格的上涨更加敏感，而且也更加支持景区应当有更多旅游者前来。陈志钢（2007）在研究中指出，利益驱动导致旅游社区的农民利益诉求增长。这一点更加突出地表现在甲居藏寨景区的内部，开展旅游的村落社区内利益主体日趋多元化，随着农民自我意识的增长和现有参与程度的不同，必然导致利益分配上的矛盾凸显。因此，他们都希望管理部门加强对旅游的管控，实现利益分配的平衡。

数据分析结果同时证明，村落居民对旅游所带来的影响抱持的看法存在较大差异。距离主干道越远的居民户对旅游的参与度越低，因此从旅游中获益有限。那些认为旅游业在其副业中占据重要地位的居民对旅游发展持积极态度（p<0.01）。当旅游管理部门对景区内发生的一些个人事件（如个别讲解员带领游客逃票等）进行规范和处理时，那些持消极意见的居民便会更加支持管理部门的管理行为。这反映出当地居民对某些不良旅游经营行为的关注也在不断增加。

三、决策建议

综上所述，本文对甲居藏寨相关旅游管理部门的未来的管理决策提出如下建议：

第一，由于少数民族传统村落的特殊性，现阶段的社区参与仍然需要政府适当引导和扶持。由于历史原因等，参与旅游开发的少数民族村落往往基础相对薄弱，发展过程中积累了一定的问题，也面临着一些难题，这种情况下更应当积极发挥政府的引导作用，在政策扶持、资金拨付和教育倡导等方面发挥建设性作用。旅游业发展的实践表明，旅游业发展过程中出现的生态环境遭到破坏的问题往往是由于宏观政策与管理不到位导致的。管理部门应当展开广泛深入的调研，以便在景区及其周边范围内找到那些没能从旅游业中受益的居民，并充分了解他们在社区旅游发展过程中的经历以及他们对旅游所产生的影响，进而采取有针对性的扶持措施。这是解决景区内居民利益的分配、平衡问题的重要环节。

第二，在未来的旅游发展过程中，应当将旅游发展对村落造成的消极影响纳入综合考虑，联合相关部门进行规范和引导。在处理旅游发展带来的村落内部问题时，应当充分考虑当地居民的态度。不能广泛吸纳群众意见，就不能更好地解决问题。

第三，旅游管理部门应当更加重视与居民进行交流。景区相关管理部门应当以更公开的方式就旅游业目的、过程、目标等与当地居民进行更多交流，建立畅通的公众交流渠道。培育居民参与公众事务的意识，引导他们客观看待旅游发展的影响，探索合理的居民参与方式与方法，从而增强其参与感和自豪感。

第四，景区应当建立一个数据采集和分析系统，对旅游发展带来的影响和社区对旅游政策的支持程度进行监测。将景区管理纳入数字化、科学化管理，运用数据比较分析帮助管理部门做出更加科学的管理决策。

四、结语

接受和充分理解居民意见，并将之与景区管理和发展相结合，能够促进民族村落进一步发展，同时也能给予旅游者更加真实的旅游体验。社区参与的实现也需要运用科学方法采集相关数据，并对统计数据进行分析。统计技术是分析数据以了解客观现象内在规律的一种科学方法论，这种方法有助于决策部门的管理，并加强做出决策的正确性且更富有针对性。在景区管理中对掌握的数据进行回归分析是一个有益尝试。需要指出的是，在建立回归公式或模型时，回归变量的选择必须依据景区特点慎重选择。在今后的研究中，还应当对统计方法应用的准确性和有效性做进一步研究，从而让景区管理逐步走向更加科学化的道路。

参考文献

[1] 纳什. 旅游人类学 [M]. 宗晓莲，译. 昆明：云南大学出版社，2004.

[2] 黄福佳. 论我国少数民族地区经济的发展 [J]. 三峡大学学报（人文社会科学版），2008，12 (30)：97-98.

[3] SIMMONS D G. Community participation in tourism planning [J]. Tourism Management，1994，15 (2)：98-108.

[4] 祝勇. 丹巴藏寨：空谷有佳人 [J]. 中国国家地理，2006 (10)：365-372.

[5] 郭伟，陆旸. 目的地居民对旅游影响的感知研究综述 [J]. 燕山大学学报（哲学社会科学版），2005，6 (4)：89-92.

[6] 巴比. 社会研究方法 [M]. 李银河，编译. 成都：四川人民出版社，1987.

[7] AP J. Residents' perceptions on tourism impacts [J]. Annals of tourism Research，1992，19 (4)：665-690.

[8] 陈志钢，孙九霞. 城市边缘区乡村旅游化动力机制分析：以山东日照城市边缘区乡村为例 [J]. 西南民族大学学报（人文社科版），2007 (3)：206-208.

[9] 肖晓. 论西部地区旅游扶贫 [J]. 软科学，2004，18 (6)：77-79.

[本文发表于《湖北民族学院学报（哲学社会科学版）》2014年第5期]